Bien pénétré de la vérité de cette pensée :

« Le temps n'épargne pas ce qu'on a fait sans lui, »

nous avons mis trois ans à dépouiller les 15 000 pièces que contenaient les dossiers, et vingt ans à composer le livre et à en publier deux éditions. Le souvenir du temps consacré à ce travail nous a empêché de continuer ce dépouillement, il eût pu modifier le rang des groupes, il n'eût pas changé la genèse des causes.

C'est, sans doute, le soin apporté par nous dans le choix des matériaux qui nous a valu l'approbation presque générale de la presse scientifique et littéraire, la remarquable analyse de M. Cerise (1) et l'appréciation de M. Caro, professeur de philosophie à la Sorbonne, que nous reproduisons textuellement. « Les critiques, que nous venons de faire, n'enlèvent rien à l'intérêt réel, fondamental du livre, non plus qu'à la sympathie élevée qu'inspire l'auteur. Il y a un attrait si vif, si douloureux dans le sujet lui-même, tant d'honnêteté, de bon sens, de sagacité morale dans la manière dont il est traité, que des *objections littéraires* n'ont, en pareille matière, qu'une *valeur très-relative* et *subordonnée*. Il restera toujours, à l'honneur de M. de Boismont, le livre le plus complet qui ait été écrit jusqu'ici sur le suicide, un

---

(1) Cerise (*Débats*, 1er décembre 1855). — A. Tardieu (*Annales d'hygiène publique et de médecine légale*, octobre 1856). — Delasiauve (*Gazette hebdomadaire*, janvier 1856). — Ch. Loiseau (*Gazette méaicale*, février 1856). — Brochin (*Gazette des hôpitaux*, mars 1858). — Parigot (*Journal de médecine* publié par la Société des sciences médicales et naturelles de Bruxelles, juillet 1856). — Ch. Lasègue (*Archives générales de médecine*, octobre 1856). — F Winslow (*Journal of psychological medicine and mental pathology*, London, 1856). — Blount (*Journal of mental pathology*, 1856). — Ph. Monlau (*El siglo medico*, Madrid, 1857). — Europa (*Chronik der gebildeten Welt*, Leipzig, mars 1857).

livre très-substantiel, nourri de faits, point déclamatoire, où la statistique la plus rigoureuse vient en aide aux considérations les plus élevées, et qui se lit avec entraînement jusqu'à la dernière page, en dépit des imperfections de détail (1). »

Nous avons cité cette appréciation, parce qu'elle était accompagnée de critiques, et que les philosophes nous paraissent avoir sur la composition des livres scientifiques d'autres idées que les nôtres.

Les auteurs qui nous ont précédé avaient écrit des dissertations dont plusieurs se lisent encore avec intérêt, mais ne déposent pas dans l'esprit ces germes féconds que produisent les faits bien observés. Il faut toutefois en excepter le *Mémoire du suicide* d'Esquirol, le *Traité du suicide* de M. Falret, la *Statistique morale* de M. Guerry et, postérieurement à ces ouvrages, le *Suicide politique* de M. Des Etangs.

L'esprit positif de ce siècle ne pouvait, en effet, se contenter des histoires particulières et collectives des Grecs et des Romains, des pages éloquentes écrites sur le suicide, des recommandations morales et religieuses, destinées à le guérir.

Les tendances actuelles qui poussent à pénétrer les mobiles secrets de la conduite, à étudier l'homme dans son for intérieur, qui font rechercher avec tant d'ardeur les mémoires, les correspondances (2), les lettres, les autographes,

---

(1) *Revue contemporaine, Du suicide dans ses rapports avec la civilisation*, t. XXIV, p. 51 et 692, 1856. Ce résumé de l'opinion de M. Caro nous a très-sensiblement touché. Mais si nous n'avons pas adopté plusieurs de ses objections parce qu'elles s'adressaient à la nature même de nos études dont la base est complétement différente de celles des métaphysiciens, notre honorable critique verra que cette question sociale a été l'objet de toute notre sollicitude.

(2) Dans une des dernières soirées littéraires de la Sorbonne, M. le professeur Boissier, comparant les correspondances de Cicéron et de madame de

auxquels on doit la rectification d'une multitude de notions fausses, nous traçaient naturellement notre plan. On comprend dès lors l'emploi que nous avons fait des 4595 procès-verbaux que nous devions à la bienveillance de la magistrature, des 265 observations que nous avions rédigées, et pourquoi nous avons commencé notre livre par les deux chapitres des causes prédisposantes et déterminantes du suicide, et de l'analyse des derniers sentiments exprimés par les suicidés dans leurs écrits.

Par la connaissance de ces nombreux faits et manuscrits, nous entrions de plain-pied dans le suicide contemporain, celui qu'il nous importait le plus de mettre en lumière.

A ce point de vue, son histoire devait se composer de chiffres exacts et instructifs, d'observations recueillies avec soin et décrites sans parti pris, de statistique, en un mot, qui, convenablement interprétée, peut vivement intéresser et fort bien émouvoir.

Il y a cependant une réflexion à faire sur cette science nouvelle ; autorité puissante pour les faits matériels, elle n'a plus la même valeur pour les faits moraux ; elle ne saurait peser les phénomènes de conscience ; néanmoins, même dans cet ordre d'idées, le chiffre, qui ne dit que ce qu'il doit dire, peut encore rendre des services. Ainsi, lorsque parmi les 4595 exemples de suicides qui forment la première partie de ce travail, nous constatons 672 morts violentes dues aux chagrins, si nous faisons ensuite observer que cette cause entre pour un sixième environ dans le relevé général, et a, par cela même, beaucoup d'influence sur la production de la maladie, notre déduction est admissible ; mais si, nous ap-

Sévigné, en a fait ressortir deux observations importantes : la première, la prééminence de la famille actuelle sur celles de ces deux époques ; la seconde, son progrès successif. (*Revue des cours de littérature*, 2ᵉ année, nᵒ 2, 1864.)

puyant sur des moyennes, que des circonstances peuvent faire varier, nous affirmons qu'il y aura toujours un même nombre d'aliénés, de suicidés, de criminels, cette conclusion doit être combattue, parce qu'elle est contraire à l'idée de la divinité et à la loi du progrès.

Ces réserves établies, nous croyons ne pas nous écarter de la vérité, en admettant que la statistique *morale* est utile; aussi n'avons-nous pas hésité à nous en servir, pour former un certain nombre de groupes, dans lesquels sont venus se ranger, suivant leurs analogies, comme derrière autant de têtes de colonnes, les milliers de faits que nous avons examinés. Il est impossible, en les parcourant, de ne pas s'apercevoir que l'étude du suicide touche aux grandes questions sociales de notre époque, liberté, éducation, paupérisme, travail, salaire, famille, propriété, avenir des artisans, de la société, etc., etc.; tous ces sujets et beaucoup d'autres encore, trouvent dans l'étiologie de nombreux enseignements; de même qu'ils révèlent la profondeur d'un mal qui a fait plus de 300 000 victimes en France, depuis le commencement de ce siècle (1).

Les deux chapitres qui servent d'introduction et de base fondamentale à l'étude du suicide, sont un tableau saisissant de ses causes. C'est une reproduction fidèle de tous les sentiments qui agitent l'homme, les plus élevés, comme les plus bas, et de toutes les impulsions qui l'entraînent. Là, c'est un vieillard qui se tue pour ne pas réduire sa fille à la dernière misère. Ici, c'est un misérable qui s'immole pour une prostituée qu'il proclame une femme vertueuse. D'autres fois,

---

(1) Voyez p. 27, 486, 546. Nous comprenons dans cette énumération les suicides constatés, les suicides dissimulés, les morts par accident, derrière lesquelles se cachent plus d'un suicide, et enfin les tentatives.

ce sont des infortunés qui attentent à leurs jours par chagrins, amour, jalousie, etc.

La lecture si douloureuse et si attachante de ces documents, en nous initiant d'une manière plus intime aux causes du suicide, nous montre en même temps la part de l'homme, du milieu environnant et des idées dominantes à l'accomplissement de cet acte.

Si les sentiments, l'état social ont une influence considérable dans la production du suicide, les maladies, la folie surtout, y entrent également pour un chiffre énorme.

Les différences de causes de ces deux catégories doivent donc être signalées avec une grande attention, parce qu'elles les constituent ce qu'elles sont, chacune dans leur essence. Ainsi les motifs invoqués par les gens raisonnables, pour se donner la mort sont pris dans les passions, les désirs, les regrets, en un mot, dans tous les excitants ordinaires de la vie. Chez les aliénés, au contraire, la tendance au suicide est occasionnée par des hallucinations, des illusions, des conceptions délirantes, des impulsions irrésistibles, un véritable état maladif; c'est ce que la symptomatologie de la folie démontre de la façon la plus évidente. Enfin, la liberté est conservée chez les uns, tandis qu'elle n'existe plus ou est profondément lésée chez les autres. Après avoir lu les chapitres des causes, de l'analyse des derniers sentiments, de la nature du suicide et de la symptomatologie, personne ne confondra l'aliéné avec l'homme qui a la conscience de son état.

L'opposition de ces catégories est nettement tranchée dans les deux exemples suivants :

Un militaire qu'une révolution a obligé de quitter l'épée, parce qu'il ne veut pas jurer fidélité à un principe qu'il déteste, ne trouve d'autre distraction à ce changement de vie et à l'ennui qui en est la suite, que les excitations du jeu. La passion se développe, elle s'empare de lui, elle le dévore. Après quelques années d'enivrements, de désespoirs, de résolutions, de remords, il a un temps d'arrêt. Il examine froidement la situation : la moitié de sa fortune est perdue, mais il en reste assez pour élever son fils et assurer une honnête aisance à sa femme : « Je profite de cette lueur de raison, écrit-il, pour empêcher votre ruine, » et il tombe foudroyé par une balle.

Un mélancolique s'imagine qu'il est en butte à des persécutions. Bientôt il voit ses prétendus ennemis l'entourer, lui dresser des embûches; ils lui tiennent des discours menaçants; ils jettent des substances empoisonnées dans ses aliments. Il n'a plus un instant de repos. L'existence lui devient insupportable; pour échapper à un pareil supplice, la mort lui paraît sa seule ressource; il s'empare d'un cordon et s'étrangle. Placerez-vous sur la même ligne ces deux hommes? Le sens commun, sans l'aide de la science, se charge de la réponse.

Cet aperçu sur les causes serait nécessairement incomplet, si nous n'y joignions quelques remarques touchant l'influence du physique.

Il est peu de personnes qui n'aient des notions sur l'hérédité; et rien de plus ordinaire que d'entendre dire, il ressemble à son père, il a la santé délicate de sa mère, mais là s'arrêtent les connaissances. Les travaux de M. P. Lucas et d'autres observateurs ont cependant prouvé que les parents transmettent à leurs descendants leurs traits, leurs caractères, leurs vertus, leurs vices, leurs qualités, leurs défauts, et jusqu'à leurs maladies. Cette transmission est quelquefois tellement profonde qu'elle passe de génération en génération, comme chez les Valois, les Guises, les Condés, etc.

L'influence du physique n'est point particulière à l'hérédité, elle s'observe aussi dans les maladies dont l'effet est d'altérer le tempérament, l'humeur, c'est ce qu'on constate à la suite des fièvres cérébrales qui prédisposent à la tristesse, à l'apathie, à l'aliénation.

La propension au meurtre volontaire n'est pas seulement déterminée chez l'homme par son organisation physique, son aptitude intellectuelle, l'état morbide de ses parents, les propriétés de sa race, elle reçoit encore une nouvelle activité des passions et des idées dominantes, en définitive, des dispositions de l'âme et du corps, qui constituent l'indivisible dualité humaine.

L'examen des causes prouve, en effet, à chaque page la puissance des passions. Nous les avons scrutées, autant qu'il a été en notre pouvoir, en nous aidant de la volumineuse correspondance laissée par les victimes. Ces écrits de la dernière heure qui sont un des caractères différentiels du suicide des gens raisonnables et de celui des aliénés, puisque ceux-ci n'écrivent presque jamais à ce moment suprême, nous dévoilent les sentiments de ces infortunés, nous guident dans ce dédale obscur, et nous autorisent à les rapporter aux trois chefs suivants : motifs *vrais*, motifs *exagérés* ou *futiles*, motifs *faux*. Il est donc certain qu'à l'instant même, pour le plus grand nombre, de paraître devant Dieu, pour tous d'avoir la solution du problème de la vie, les uns avec la consolation de l'espérance, les autres avec l'anxiété du doute, plusieurs avec la pensée du néant, il y a encore des hommes qui conservent le masque sous lequel se cachaient leur hypocrisie, leurs mensonges et leurs vices.

Ce qu'il nous faut noter, c'est qu'à mesure que les suicides sont plus nombreux, il semble que les causes en deviennent moins graves. On dirait qu'ils ont perdu l'aspect grandiose de l'antiquité, pour se rapetisser aux proportions de l'individu.

Cette remarque n'est pas la seule. En parcourant cette vaste collection d'autographes, il est impossible de ne pas s'apercevoir que, les raisons alléguées pour se détruire sont excessivement variées, souvent plausibles, quelquefois si logiques, qu'on doit se trouver embarrassé pour répondre, et que les mêmes règles ne sauraient s'appliquer à tous. A ce groupe appartiennent les suicides accomplis avec un extrême sang-froid, et les testaments écrits d'une main ferme.

L'influence des idées dominantes ne saurait non plus échapper aux médecins et aux moralistes. Le tableau des civilisations dans leurs rapports avec le suicide en donne une esquisse rapide mais suffisante. On y voit l'antiquité contribuer fortement au développement de ce mal par les doctrines essentiellement panthéistes et mystiques de l'Inde; le moyen âge en diminuer les progrès par la prédominance du sentiment religieux et de la philosophie spiritualiste; les temps modernes, au contraire, lui imprimer une marche plus accélérée par l'esprit d'individualité, l'exaltation du moi, l'intensité de la sensibilité, la propension au scepticisme, le principe d'orgueil, que M. Tissot a nommé l'esprit de révolte, et qui n'est qu'une manifestation exagérée de l'idée démocratique, destinée à gouverner le monde, quand son éducation sera faite.

Il y a dans cet exposé un genre de considérations qui peut prêter à la critique, c'est la tendance de nos idées à se préoccuper de la partie psychologique du suicide, et c'est même le caractère distinctif de nos travaux. Mais si ce côté nous a plus particulièrement attiré, nous n'en avons pas moins pris pour règle l'observation directe, méthode dont le livre sur la menstruation a prouvé l'exactitude. C'est cette méthode, mise en pratique pour l'étude des causes qui nous a également dirigé pour la question de l'accroissement du suicide.

Ayant remarqué que c'est surtout aux époques de surexcitabilité nerveuse que la disposition au suicide est prononcée, nous étions naturellement amené à conclure qu'il devait avoir acquis de notre temps des proportions considérables. Les relevés statistiques, entrepris par un savant d'une grande autorité, établissent, en effet, au chapitre de la civilisation, que le suicide progresse plus rapidement que la population et la mortalité générales; mais comme la civilisation ne s'arrête jamais, la proportion ira en décroissant, lorsque la raison, la religion et la liberté auront conclu leur alliance définitive.

Indiquer, avec le plus de précision possible, les origines du mal, c'est avoir fait faire un grand pas à la question; la mission du médecin ne se borne pas à ce résultat; il doit chercher à le guérir ou mieux encore à le prévenir. Nous avons dit ailleurs, que le traitement du suicide était la pierre d'achoppement de son étude, et nous avons mis cette proposition hors de doute, en prouvant que le mal, favorisé par la nature des idées fausses ou exagérées de chaque époque avait par cela même une antiquité très-reculée. Un instant cette considération nous a découragé, en nous montrant en perspective la durée des réformes qu'il faudrait faire subir à l'éducation, à l'instruction, aux institutions; mais plein de confiance dans l'avenir et le mouvement actuel des esprits, nous en avons signalé les principales. C'est cette confiance et la conviction où nous sommes, que le rôle du médecin de notre temps n'est pas une longue méditation sur la mort, et qu'il doit regarder en face les périls, les fléaux, lutter contre eux, dût-il, comme notre infortuné compagnon Legallois, y laisser la vie, ou, comme tant d'autres, n'être pas écouté, qui nous ont fait combattre le meurtre de soi-même par tous les moyens en notre pouvoir.

Au suicide des gens raisonnables, nous avons opposé les remèdes puisés dans l'éducation maternelle, la pédagogie éclairée, l'enseignement de la religion, de la morale, des devoirs, l'exemple, le raisonnement, les émotions, les diversions, etc. Une observation, qui est elle-même un fragment détaché d'une méthode, modifiée selon les caractères, montre par quelle série de précautions l'homme intelligent peut s'empêcher de tomber. A tous ceux qui souffrent du point noir, mais qui ont le cœur bon, nous avons recommandé la pratique de la charité agissante.

Contre le suicide des aliénés, l'expérience nous a conseillé l'isolement, les mesures de contention, dans les cas de tentatives répétées, les bains prolongés et les irrigations continues, dans les formes aiguës, mais surtout *la vie de famille*, que nous regardons comme un véritable progrès, et que nous appliquons aux aliénés depuis vingt-cinq ans. — Enfin nous avons tracé les précautions à prendre pour les enfants nés de parents qui ont la tache originelle. Une conclusion qui résulte de l'examen des suicides de cette deuxième catégorie, c'est qu'eu égard à leur proportion considérable, l'Église devrait être très-réservée sur l'emploi des peines disciplinaires ou plutôt prendre pour règle de conduite ces paroles d'un des prêtres les plus éminents du

diocèse de Paris : « En matière d'alimentation et de suicide, c'est le médecin qu'il faut surtout consulter. »

Il est, d'ailleurs, incontestable que la religion sera sans efficacité sur celui qui manque de foi. Il y aura beaucoup d'hommes, en effet, qui répondront comme le condamné Barthelemy au shérif de Londres : « La foi est au-dessus de la volonté ! je ne l'ai pas. Hâtez-vous donc d'exécuter la sentence rendue contre moi, ou je l'exécuterai moi-même ; je suis las de la vie, et il m'importe peu comment finira mon existence ! »

Le suicide a souvent des rapports avec la loi, nous devions donc l'envisager à ce point de vue. L'accueil fait à nos premières recherches, leur utilité dans plusieurs procès célèbres et notamment dans celui de la cour d'Aix (1864), où elles ont prouvé la possibilité, chez les suicides, de se lier les mains derrière le dos, ne pouvaient que nous engager à persévérer dans cette voie. La science médicale, ainsi limitée aux faits, sera toujours favorablement accueillie des magistrats, qui ne repoussent que les assertions dogmatiques.

Si nous avons réalisé le plan conçu par nous, nos lecteurs ont en main une histoire véritable du suicide contemporain. Les acteurs de ces sombres drames ont vécu au milieu d'eux ; ils leur ont légué l'expression de leurs derniers sentiments et facilité les moyens de retrouver les causes de leurs suicides et de ceux des temps antérieurs, dans l'hérédité, l'organisation physique et morale, les influences atmosphériques et telluriques, le milieu ambiant et les idées dominantes des siècles divers.

Ils connaissent également les agents thérapeutiques souvent employés avec succès pour la guérison de la maladie ; l'exposé du traitement préventif, c'est-à-dire des réformes à accomplir, ne leur est pas moins utile. C'est, sans aucun doute, entrer dans le cœur de la question, mais c'est aussi soulever les objections les plus vives.

Comment faire comprendre à ceux qui ne veulent pas entendre, que le suicide ne peut être avantageusement combattu que par les institutions libres, appuyées sur l'éducation et l'instruction obligatoires, enseignées par des maîtres convenablement rétribués et occupant dans l'État le rang auquel les appellent leurs nobles fonctions. Comment oser dire que, pour concourir à un bon résultat, il est nécessaire de faire appel à la religion respectée, rendant à Dieu ce qui appartient à Dieu, à César ce qui appartient à César, se consacrant exclusivement à apprendre aux hommes les vérités éternelles, l'amour de leurs semblables et à les consoler dans leurs nombreuses afflictions, quelles que soient leurs croyances.

Là ne sauraient s'arrêter les recommandations ; il faut, en outre, développer le sentiment du sens moral, en appelant aux emplois la vertu et le mérite ; améliorer le sort des artisans, en écoutant leurs observations, et leur procurer les moyens de s'asseoir au banquet de la vie, pour qu'ils ne s'irritent pas à la vue de la richesse. Il faut encore changer les conditions misérables des femmes, en répandant parmi elles l'instruction et en les rendant aptes à exercer les professions qui leur conviennent. Mais tout en ne perdant pas un seul instant de vue les besoins des classes laborieuses, il faut aussi les éloigner du cabaret et de la débauche, en multipliant les bibliothèques publiques populaires, en établissant des cours sur les matières qu'ils ont intérêt à connaître, en leur créant des distractions plus dignes d'elles, à l'imitation des Italiens qui leur ouvrent des théâtres, moralisateurs, à bon marché, où elles s'empressent de se rendre. Il faut enfin réduire la guerre à la défense contre d'injustes attaques ou à la punition des attentats contre l'humanité et perfectionner les idées, de telle sorte que l'histoire publie un jour sa seconde édition, considérablement revue, augmentée et surtout corrigée.

A ces réformes sur lesquelles nous n'avons cessé d'insister dans le cours de cet ouvrage, en les montrant, toutefois, dans l'éloignement des siècles, nous désirerions un avenir plus rapproché; mais nous n'oublions pas qu'un écrivain de nos amis a dit récemment : « Si la réclamation a un cachet de nouveauté, d'imprévu, on l'enterre sous les objections; si elle est simple, prévue, de sens commun, on n'y répond pas, on ne l'écoute pas. »

La pensée et l'ordonnance de l'œuvre nous paraissant suffisamment expliquées, il nous reste à dire quelques mots de l'exécution. Les philosophes se sont étonnés de la multiplicité des observations, de l'importance secondaire des faits d'un ou deux chapitres, de la sobriété des considérations psychologiques. Voici notre réponse à ces critiques : nos études, quoique ayant plus d'un point de contact, diffèrent cependant de celles des métaphysiciens, leur domaine est celui des phénomènes invisibles, le nôtre celui des faits sensibles. Ces observations, qui les fatiguent, ont leur place déterminée dans le plan général de la nature. Ces détails, qu'ils regardent comme ne représentant rien de sérieux, touchent aux rapports si étroitement liés de l'homme avec les agents extérieurs : ainsi il est impossible de ne pas rechercher l'action des saisons sur la distribution des suicides, etc. Quant aux considérations métaphysiques, si familières aux philosophes, elles ont été exposées avec talent par d'autres avant nous, et nous n'aurions fait que les répéter. Nous avons préféré la science pratique de la vie, les réflexions morales que suggèrent les faits, et nous nous sommes laissé aller à cette pente naturelle de notre esprit.

Malgré ces divergences, nous sommes de l'avis de ceux qui croient que les médecins et les philosophes n'ont qu'à gagner à se connaître, et cette opinion, depuis quelques années, n'est plus un vœu stérile.

En terminant la première édition du suicide, je la plaçais sous l'invocation de deux jeunes filles que j'avais eu le bonheur de sauver de la mort. M. E. Bersot, après avoir cité avec éloge ce passage dans son analyse (1), ajoute, qu'en pareille circonstance, un peu de superstition ne lui déplaît pas.

Un post-scriptum nous a paru nécessaire pour compléter le sens de ce dernier paragraphe et la préface actuelle. Tout livre sérieux doit son existence à un fait, à une idée. Pour écrire un traité du suicide, il fallait, en effet, être sous l'empire de l'une ou de l'autre de ces considérations, peut-être même de toutes les deux, car le sujet force à broyer du noir. Nous commençons par le fait, nous finirons par l'idée.

Peu de temps après que nous eûmes pris la direction de notre premier établissement, on nous confia une jeune dame mélancolique. Dans une de ces crises de désespoir, si fréquentes chez ces malades, elle révéla à son mari un secret déchirant, que celui-ci écouta avec un calme si parfait, que nous le considérâmes comme une de ces faussetés que les fous ont malheureusement tant d'habileté à inventer. L'amélioration fut rapide, et cette jeune dame alla terminer sa convalescence à la campagne. Au bout de deux mois, se trouvant parfaitement établie, elle voulut rentrer chez elle, ce

(1) *Revue de l'instruction publique*, avril 1857.

qu'elle avait déjà demandé à diverses reprises. Cette fois, la mère, qui avait toujours éludé la question, lui dit : « Ce retour n'est pas possible ; dans ta maladie, tu as parlé, et une séparation est indispensable, au moins pendant quelques temps. » Qu'on me ramène à la maison de santé, se borna-t-elle à répondre, et, cinq jours après, elle expirait, en répétant à chaque exhortation : Laissez-moi mourir !

Cette fin si rapide, chez une femme dont la maladie avait été d'abord un accès d'aliénation mentale, et dont l'idée de revenir à l'établissement paraissait due à un chagrin profond, nous causa une impression des plus pénibles et une grande perplexité. Si la folie était certaine dans la première époque, la raison semblait avoir pris le dessus dans la seconde. Nous ne pûmes cependant porter un jugement définitif. La question à ce double point de vue avait une importance réelle. C'est après avoir recueilli et examiné avec le plus grand soin les matériaux de cet ouvrage que nous nous sommes décidé à lui donner pour titre : *Du suicide et de la folie suicide.*

DU SUICIDE

ET

DE LA FOLIE SUICIDE

CHAPITRE PREMIER.

DES CAUSES DU SUICIDE.

Antiquité du suicide. — Rapports du physique et du moral. — Généralités sur la race, l'hérédité. — Faits confirmatifs. — Considérations sur la sensibilité générale, le tempérament, le caractère, la capacité intellectuelle, les sentiments, l'harmonie des éléments, le groupement des causes. — Division des causes : 1° **Causes prédisposantes.** — Hérédité. — Influences climatériques et météorologiques. — Sexes. — Ages. — État civil. — État de fortune. — Moralité. — Instruction. — Professions. 2° **Causes déterminantes.** — Passions. — Influence de la douleur. —Tableaux. — Réponse aux critiques sur la statistique. — Division de cette seconde catégorie de causes en deux sections : 1° suicide moral ou philosophique; 2° suicide de la folie; remarques sur les causes morales, physiques et mixtes. Subdivision en dix groupes. — *Premier groupe* : Ivrognerie, pauvreté, misère, embarras d'argent, revers de fortune, inconduite, paresse, manque d'ouvrage. — *Deuxième groupe* : Chagrins domestiques, chagrins en général, contrariétés. — *Troisième groupe* : Amour, jalousie. — *Quatrième groupe* : Remords, crainte du déshonneur. — *Cinquième groupe* : Jeu. — *Sixième groupe* : Orgueil. — *Septième groupe* : Motifs divers, exaltation, politique, etc. — *Huitième groupe* : Maladies. — *Neuvième groupe* : Folie, délire, caractère exalté, hypochondrie, caractère triste, *tædium vitæ*. — *Dixième groupe* : Motifs inconnus.

La maladie du suicide se perd dans la nuit des temps; une fois déclarée, elle a dû se propager avec les progrès et les agitations de la pensée. La première connaissance que nous en ayons eue, nous vient de l'Orient, où elle sévissait déjà sous la forme épidémique. C'était la conséquence des doctrines philosophiques, religieuses et mystiques de cette pépinière de l'humanité, comme nous le montrera le tableau des civilisations dans leurs rapports avec le suicide. Les livres sacrés de l'Inde, où l'on retrouve partout la doctrine de l'unité et de l'identité de Dieu, des âmes et de la matière, c'est-à-dire le pur panthéisme, font, en effet, de la mort un simple changement de forme, et du suicide une action indifférente et même louable. Mais chez les Indiens, comme chez les Chinois, les Japonais, les Celtes, les Grecs et les Romains, le suicide est surtout philosophique; les rapports du moral dominent, seuls, ceux du physique, sont complétement négligés.

Il y a cependant, dans cette question, des influences de race, d'hérédité, de climat, de saison, etc., dont l'action puissante ne saurait être méconnue. L'élément physique a donc, dans la production du suicide, une part considérable qu'il importe de bien établir, aussi lui consacrerons-nous plusieurs paragraphes.

La goutte de sang par laquelle nous commençons cette étude est l'origine de la race dont les signes distinctifs se manifestent par des différences de forme, de caractère, d'aptitudes, qui ne sont pas moins tranchées à l'état physiologique qu'à l'état pathologique. Dans un article sur la mortalité proportionnelle des Français et des Anglais, à la suite des opérations chirurgicales, un professeur agrégé de la Faculté de médecine de Paris, s'appuyant sur des statistiques exactes, prouve que la proportion des chirurgiens anglais dans la réussite n'est pas moindre de 15 à 20 pour 100. Déjà M. le docteur Legouest, professeur de clinique chirurgicale au Val-de-Grâce, avait constaté dans la guerre de Crimée que nos alliés perdaient de 27 à 28 opérés pour 100, tandis que nos pertes s'élevaient à 70 sur ce même chiffre. Après avoir tout pesé, pour se rendre compte de cette douloureuse infériorité, l'auteur de l'article conclut qu'il n'y a qu'une seule explication possible, l'influence de la race. Ainsi les Anglais supportent l'ébranlement des excessifs traumatismes, parce que leur impassibilité n'est pas seulement apparente et superficielle, mais réelle et radicale ; tandis que chez nous, toute émotion physique, tout désordre local retentit buyamment sur l'ensemble organique, et que les sensations vitales, mises en branle, dépassent incessamment la mesure (1). Cette considération ne doit pas être négligée dans l'appréciation du suicide en Angleterre, car elle fait présumer que ce pays, si longtemps regardé comme la terre classique de la mort volontaire, pourrait bien ne pas mériter cette réputation; il importe cependant de remarquer que les statistiques anglaises sont loin de s'accorder.

Une influence d'une grande valeur, l'hérédité qu'on pourrait appeler mixte, puisqu'elle transmet non-seulement les traits, mais encore les qualités, les défauts, les vertus, les vices, les maladies des parents aux enfants, a droit à une mention spéciale dans l'histoire du suicide.

Il est réellement pénible de penser que l'homme auquel on inflige tant de notions inutiles et si facilement oubliées, n'ait pas les premières teintures de la physiologie et de l'hygiène; à tel point que chaque jour des écrivains tombent dans des erreurs grossières. Cette ignorance a les conséquences les plus fâcheuses relativement à l'hérédité, soit qu'il s'agisse de l'éducation, soit qu'il faille appliquer les peines de la loi, parce qu'elle empêche, dans le premier cas, de prendre les mesures nécessaires pour l'avenir, et dans le second, de mettre dans la balance les circonstances commémoratives. Ce sujet a une gravité assez notable pour que nous nous y arrêtions quelques instants.

Une observation fort concluante a déjà été faite par Buffon, sur la puissance du principe héréditaire; elle est relative au cheval qui, d'après d'anciens auteurs, peut transmettre, par la génération, presque toutes ses bonnes ou mauvaises qualités. « Un cheval, naturellement ombrageux, hargneux, rétif, écrit l'illustre naturaliste, produit des poulains qui ont le même naturel.»

Cette transmission est encore plus frappante pour l'homme. En Flandre, les Nassau; en Angleterre, les Stuarts; en France,

(1) Chauffard, *Considérations touchant l'influence des races sur le résultat des opérations chirurgicales* (*Gazette médicale*, 30 octobre 1863).

pour ne parler que des morts, les maisons de Guise, de Valois, de Condé, nous montrent la même hérédité des types de famille, dans les qualités les plus éminentes, comme dans les vices les plus profonds.

Tel fut sous Philippe II, Guillaume le Taciturne; tel, sous Louis XIV, se montra le prince d'Orange, l'arrière-petit-fils de l'indomptable stathouder. Tel vient d'être, de nos jours, le feu roi de Belgique, Guillaume des Pays-Bas. On sait si, chez ce prince, l'obstination faite homme, l'invincible et froide opiniâtreté d'esprit des Nassau se sont démenties. Le même entêtement, mais dans le bigotisme, dans la plus étroite et la plus orgueilleuse superstition des droits, des prérogatives du rang et du pouvoir, aveugle jusqu'au bout, finit par perdre la dynastie des Stuarts, à laquelle du moins Rome a accordé la dernière hospitalité sous la coupole de Saint-Pierre. La famille des Valois était sujette aux plus soudaines et aux plus frénétiques inspirations de toutes les passions qui fermentaient en elle.

Toute la lignée des Guises, fait observer Voltaire, fut factieuse, téméraire, pétrie du plus insolent orgueil et de la politesse la plus séduisante. Depuis François de Guise jusqu'à celui qui, seul, sans être attendu, alla se mettre à la tête du peuple de Naples, tous furent d'une figure, d'un courage et d'un tour d'esprit au-dessus du commun des hommes. Voltaire ajoute : « J'ai vu les portraits en pied de François de Guise, du Balafré et de son fils, leur taille est de six pieds; mêmes traits, même courage, même audace sur le front, dans les yeux et l'attitude; » ce qui revient à dire, mêmes caractères physiques et mêmes caractères moraux.

La famille des Condés, dont Saint-Simon a si vigoureusement buriné les portraits, est digne, au même point de vue, d'être mise en regard de cette ancienne maison. Chez presque tous les princes de ce nom qu'il évoque, Saint-Simon nous fait voir une chaude et naturelle intrépidité, une remarquable entente de l'art militaire, de brillantes facultés de l'intelligence, mais à côté de ces dons, des travers de l'esprit voisins de la folie, des vices odieux du cœur et du caractère, la malignité, la bassesse, la fureur, l'avidité du gain, une avarice sordide, le goût de la rapine, de la tyrannie, et cette sorte d'insolence qui, dit-il, a fait plus détester les tyrans que la tyrannie elle-même (1). Cette réflexion si vraie a toujours son application, sans jamais corriger personne.

Il faut évidemment tenir compte dans ces esquisses historiques du caractère des temps, de l'influence des époques, de l'éducation, de l'exemple de la famille; mais cela n'ôte rien à la puissance de l'hérédité, dont nous avons sans cesse autour de nous des modèles.

La perversion morale léguée par les parents peut aussi se manifester sous l'influence de la maladie; elle est constatée par tous les auteurs dans les symptômes qui précèdent l'apparition de la folie. Nous l'avons mise hors de doute dans la période prodromique de la paralysie générale, pendant laquelle on voit des individus dont la conduite avait jusqu'alors été à l'abri de tout reproche, devenir ivrognes, prodigues, menteurs, libertins, voleurs, etc.

Cette perversion des instincts par la maladie n'est pas plus extraordinaire que le changement de caractère par la même influence. Les recueils de médecine abondent en observations de folie, de coups sur la tête, de congestions, d'apoplexie, de fièvres typhoïdes, etc., qui ont transformé un lourdaud en un savant, un homme doux en emporté, une femme rangée en une personne dissipée, un individu hardi, audacieux, en un être craintif, timide.

Les questions des transmissions héréditaires et des rapports du physique et du moral ont une importance si réelle dans l'étude du suicide, qu'il nous paraît indispensable de les éclairer par quelques faits généraux.

Pour nous borner à une cause bien connue, celle de l'abus des

---

(1) P. Lucas, *Traité philosophique et psychologique de l'hérédité naturelle*, t. I, p. 542 à 544.

boissons alcooliques, on sait aujourd'hui qu'elle produit l'altération des éléments du sang, la dégénérescence graisseuse du cœur, la diminution relative du cerveau, la congestion des méninges, des exsudats plastiques à leur surface, les folies ébrieuses avec leurs singulières hallucinations, la paralysie générale, l'imbécillité, etc.

Ces résultats ne sont pas les seuls. Le professeur Magnus Huss (de Stockholm), qui a publié un très-bon livre sur l'alcoolisme chronique, a fait une peinture fort triste des effets de l'ivrognerie chez les Suédois. D'après ses observations entreprises sur une large échelle, il énumère comme suites de cette ignoble passion : la stérilité des parents, la mort précoce des enfants, l'augmentation du tiers à la moitié dans la proportion des idiots aux aliénés ; le nombre considérable d'ivrognes dans la folie, porté à plus de la moitié ; l'élévation du chiffre des suicides, fixé à 2157 (période de 1836 à 1845), proportion qui, à raison de la mortalité naturelle dans le même temps, de 61 212 individus du sexe masculin, âgés de vingt-cinq à cinquante ans, et de celle de morts violentes de 1082 personnes du même âge, donne, à peu de chose près, 1 suicide sur 57 hommes. On peut encore consulter, sur ce sujet, les travaux spéciaux de M. Morel.

Ici les preuves de l'influence héréditaire sont patentes, nombreuses, leur démonstration est aussi complète que possible. Il n'est personne qui ne comprenne qu'une partie de ceux qui présentent ces conditions organiques devront attenter à leurs jours, comme l'a établi le professeur suédois, et comme nous l'établirons à notre tour dans l'étiologie du suicide. Mais cette dégénérescence ne borne pas là ses effets ; ces mutilés en partie double, réfractaires à l'éducation, s'ils viennent à comparaître devant la justice, y apporteront fatalement une infériorité certaine ; leur condamnation, d'après les règles ordinaires de la loi, serait alors une grave erreur, et la tranquillité de la conscience, en pareil cas, ne pourrait s'expliquer que par le défaut de connaissance des lois physiologiques.

Cette dépendance de la fonction et de l'organe n'est pas moins certaine dans l'exemple suivant, dont tous les médecins ont constaté maintes et maintes fois l'exactitude, et qui est du domaine des lois de la pathologie.

Un jeune homme, fils d'un de nos meilleurs amis, a, dans son enfance, une fièvre cérébrale, dont l'intensité est telle, pendant un jour, que le médecin qui le soignait écrit au père qu'il tremble pour sa vie. Les symptômes se dissipent promptement, et l'enfant entre en convalescence. Il grandit et se développe convenablement sous le rapport physique, mais on remarque qu'il est apathique et indifférent. Dans ses classes, il ne fait aucun progrès. Sa mémoire est faible, il ne peut apprendre ses leçons ; son raisonnement est cependant juste. Ses maîtres prennent pour des actes de paresse ce qui n'était que la conséquence de la maladie, et l'accablent de punitions. L'affection cérébrale lui avait laissé une impressionnabilité si prononcée, que ses larmes coulaient facilement ; au lieu de se saisir de cette corde sensible, véritable ancre de salut, on redouble de châtiments. Son caractère contracte une opiniâtreté invincible, aussi est-il noté comme un des plus mauvais élèves de divers pensionnats où il est successivement placé. Cette opiniâtreté, sans cesse combattue par une pédagogie peu éclairée qui s'irrite, au lieu d'en chercher la cause, se change en un sentiment vindicatif qui devient un élément constitutif de son tempérament. Heureusement ses autres sentiments sont bons, mais il ne pardonne jamais une blessure faite à son amour-propre, quelque faible qu'elle soit, et il lui serait impossible de remplir aucune occupation sérieuse par son défaut de mémoire (1). Comme corollaire de cette observation, nous ajouterons que la plupart de ceux qui ont réclamé nos

---

(1) A. Brierre de Boismont, *De quelques incapacités civiles et criminelles et de la responsabilité partielle* (*Annales d'hygiène et de médecine légale*, 1863, p. 377).

soins, après avoir eu, dans leur enfance, des fièvres cérébrales, étaient apathiques, sombres, tristes ou aliénés.

Cette action des maladies sur le moral, à peine soupçonnée des personnes étrangères à la médecine, ne doit pas être perdue de vue, car on en trouve à chaque instant des exemples, et ce qu'il faut bien se rappeler, c'est que l'éducation est presque toujours sans force contre ces infirmités.

Ces considérations générales sur les rapports du physique ne nous donneraient qu'une notion imparfaite des conditions de causalité, si nous n'appelions l'attention sur plusieurs autres points, et en particulier sur la sensibilité.

Sentir et réagir, voilà les deux grands leviers de la vie, et bien qu'un philosophe illustre ait eu raison de dire : *Je pense, donc je suis*, la formule suivante : *Je sens, donc j'existe*, n'est pas moins évidente. C'est, en effet, dans l'état de la sensibilité ou de l'impressionnabilité, et dans le mode de la réaction sur l'impression, qu'il faut chercher les motifs des problèmes que soulèvent à chaque instant les actions humaines. En quoi consiste cette sensibilité générale (1) ? Pourquoi est-elle si différente, non-seulement de peuple à peuple et d'individu à individu, mais encore d'enfant à enfant dans la même famille? Là est l'inconnue que nous poursuivrons longtemps avant de l'atteindre. Si nous ne pouvons remonter à la cause première, il nous est beaucoup plus facile d'étudier les influences secondaires qui exaltent la sensibilité, la pervertissent ou l'affaiblissent, et celles qui la développent, la maintiennent, la modifient ou la rétablissent dans l'état normal.

De tous les peuples modernes, il n'en est aucun chez lequel la sensibilité générale, trait d'union du monde des faits et du

---

(1) La sensibilité générale a sa racine physique (somatique) dans le système nerveux, véritable laboratoire des sensations, qui comprend le cerveau, la protubérance annulaire, le cervelet, la moelle épinière, le grand sympathique, les ganglions, les plexus et les nerfs, unis entre eux de la manière la plus intime et formant un immense réseau qui enlace tout l'organisme.

monde des idées, soit plus développée que chez le Français.

D'une mobilité prodigieuse, passant d'un excès à l'autre; enfantant des prodiges et donnant le spectacle des plus infimes misères; affrontant les plus grands dangers et s'annihilant pour sauver sa vie et sa fortune; ayant au plus haut degré le courage guerrier et presque complétement dépourvu de courage civil; traînant aux gémonies ce qu'il a encensé la veille; recherchant les émotions jusque dans les raffinements de la mort, et s'en lassant à tel point qu'il oublie même le nom des choses qui l'ont le plus vivement impressionné; spirituel, gai, généreux, puis fatigué de l'esprit, des plaisirs, de la charité; voulant tout avec ardeur et changeant en un instant d'idées, de pensées, de volonté; sans cesse emporté par le sentiment, le Français présente à lui seul la réunion de tout ce qui caractérise les qualités et les défauts de la sensibilité générale, et dès à présent il est facile de concevoir pourquoi le suicide trouve chez lui autant d'accès.

A quoi tient cette prédominance de la sensibilité dans notre pays? A la race, à la goutte de sang dont on a voulu contester l'influence.

Ainsi, dès nos premiers pas dans la recherche des conditions de causalité du suicide, nous nous trouvons liés dans le passé à la chaîne des temps par l'hérédité, preuve indubitable que si, d'un côté, l'homme est une individualité nouvelle par la force de création qui est en lui, de l'autre, il est la continuation de sa race, de sa famille, dont il représente une évolution quelconque, parce qu'il est impossible que, dans le plan général de la nature, il n'ait pas sa destination. Pour compléter ce travail, il faut examiner les conditions de causalité qui peuvent être fournies par les éléments constitutifs de l'homme et par ses rapports avec le milieu environnant.

Le mode de sentir est le résultat, chez l'individu, de l'action simultanée de plusieurs éléments primordiaux parmi lesquels le tempérament, le caractère, l'aptitude intellectuelle, occupent le premier rang. Les philosophes ont eu le tort, dans leurs belles études sur le moral, de trop négliger les influences physiques. On ne doit jamais perdre de vue que l'ambition, l'amour, le goût des arts, la piété même sont soumis à l'action du sang et des nerfs, de la bile et de la lymphe, et que la même passion peut revêtir une forme splendide et majestueuse ou une forme méprisable et abjecte, suivant la nature des agents (1).

L'organisation, telle est, en effet, la première impulsion à laquelle obéit l'homme ; vif, impressionnable, irritable ou flegmatique, selon que le tempérament est sanguin, nerveux, bilieux ou lymphatique, il se modifie avec le mélange de ces divers éléments, ou, pour parler plus exactement, d'après la prédominance de tel ou tel système d'organe. Il est, en effet, à remarquer que l'équilibre parfait est excessivement rare, et que dès les jeunes années, on voit poindre les signes précurseurs qui font pressentir de quel côté l'édifice s'inclinera et tombera. Et voici un exemple, il est d'hier et il se renouvellera jusqu'à la fin des siècles. Un érudit que nous avons tous connu et aimé, parvenu à force de travail, de persévérance et d'années, à une position des plus honorables où il semblait à l'abri des coups du sort, est profondément blessé dans une vieille amitié. Cette ingratitude, si peu prévue, bouleverse tout son être ; son sang s'altère, se décompose ; il meurt foudroyé, victime de cette impressionnabilité dont il avait donné des preuves dès son enfance et qui se manifestait encore par des larmes, lorsqu'il entendait quelque récit touchant. Un savant médecin auquel je racontais cette triste anecdote s'écria : « Voilà comme nous mourons tous ; aussi suis-je tenté cent fois de laisser là rapports et mémoires qui peuvent devenir la source de tant de douleurs poignantes, et c'est ce qu'il a fait. »

En France, les tempéraments sanguin et nerveux étant excessivement communs, la sensibilité et la réaction sont les caractères dominants des individus ; à leur tour, ces deux propriétés modi-

---

(1) Émile de Montégut, *Scènes de la vie et de la littérature américaines* (*Revue des deux mondes*, janvier 1855).

fient d'autant plus le tempérament, que l'habitude et la périodicité y ont une plus grande part. Il en est de même des maladies qui le changent quelquefois totalement ; c'est ce qui s'observe, en particulier, dans la folie où l'aliéné guéri ne conserve souvent que très-peu de traits de son tempérament primitif.

Le caractère qu'on a surnommé le *tempérament moral* n'est pas moins important à étudier comme signification physique de la valeur des organes. Il ne se perd presque jamais à travers les vicissitudes de la vie, aussi n'est-il pas rare de le retrouver vers la fin de la carrière, tel qu'il se montrait dès l'origine. M. Renaudin le considère avec raison comme un fait mixte qui relie l'ordre psychique à l'ordre somatique. L'aptitude ou la capacité intellectuelle termine la série des éléments constitutifs de l'homme, dont l'appréciation est indispensable dans la recherche des conditions de causalité du suicide. Que l'intelligence pèche par défaut ou par excès, elle entre pour une part considérable dans la pathogénie de cette maladie, par suite des mécomptes et des déceptions de tout genre dont elle est sans cesse la victime. Le défaut d'équilibre d'un tempérament, le trouble d'un système, produisent des changements remarquables dans le caractère. Qui ne connaît l'influence des digestions sur l'esprit ? J'ai donné des soins à une dame qui ne pouvait manger d'un grand nombre de mets, quoiqu'elle les eût pris avec un certain plaisir, sans en être incommodée. Toutes les fois que cela arrivait, elle éprouvait subitement une tristesse indéfinissable, perdait la conscience de ce qui se passait autour d'elle, et pendant quelques instants ses propos étaient décousus ; cette crise durait à peine quelques minutes. J'ai été consulté par plusieurs personnes chez lesquelles une sécrétion plus abondante de bile, des difficultés dans la digestion, faisaient naître des idées noires, et qui, tout en appréciant très-bien leur point de départ, ne pouvaient s'en débarrasser. Fréquemment alors la pensée de la mort se présentait à elles, et ce n'était plus évidemment, dans ce cas, qu'une question de degré.

Tourmenté par ces perturbations physiques, le caractère, avec le temps, devient morose, sombre ; il perd de son activité, de son énergie, il concentre toute son attention sur des objets tristes ou sans rapport avec le but habituel, et lorsque la crise se prolonge, on voit grandir l'idée du suicide, si la prédominance morbide du tempérament pèse fortement sur le caractère. Il faut aussi reconnaître que la condition de causalité peut se trouver dans la constitution. Les caractères exclusifs, originaux, bizarres, n'ont qu'un pas à faire pour arriver à l'état maladif, mais heureusement beaucoup ne le font pas.

A mesure que nous passons en revue ces divers éléments, nous voyons grossir le courant qui entraînera la volonté ; ce qui, surtout, contribue à ce résultat, c'est la propriété inhérente à la sensibilité, de développer chez chaque individu un degré quelconque d'irritabilité qui le constitue ce qu'il est, ou, pour parler le langage médical, lui donne son idiosyncrasie propre, de telle sorte que la même impression déterminera les sentiments les plus opposés : ainsi celui-ci s'extasiera devant un tableau ; celui-là le regardera froidement ; l'un rira d'un bon mot qu'un autre trouvera détestable. C'est cette variété dans la manière de sentir qui explique la différence des déterminations et l'impossibilité de persuader et de réussir par les mêmes moyens. Plus l'irritabilité est grande, plus le sentiment l'emporte sur le jugement, moins aussi le raisonnement a de prise ; c'est alors qu'ont lieu ces paradoxes étranges, ces sorties excentriques, ces défaillances morales qui remplissent l'âme de douleur lorsqu'ils viennent de ceux qui sont chers, et font regarder le monde comme un vaste pandémonium, lorsque leurs auteurs sont des indifférents. A un plus haut degré, l'irritabilité devient élément délirant.

Tout côté humain a deux faces opposées. L'irritabilité, par exemple, peut ne pas exister, et à sa place se montre un véritable état apathique. Lorsqu'on n'a pas été habitué dès l'enfance à combattre cette fâcheuse tendance, on se heurte plus tard contre le découragement et l'impuissance, auxquels succède le désespoir, origine d'une proportion considérable de suicides.

Sentir et réagir, tels sont, avons-nous dit, les deux faits primordiaux de la vie ; mais celle-ci serait incomplète sans la faculté de réfléchir. Comment, en l'absence de ce puissant auxiliaire, pouvoir diriger les sentiments, et vouloir qu'ils convergent vers un but déterminé? C'est donc dans l'harmonie de tous ces éléments que consiste la raison, dont la virtualité se manifeste par le plus ou moins d'énergie de la force morale. De leur désharmonie, au contraire, résulte la condition principale de causalité du suicide (1).

Dans l'esquisse que nous venons de tracer des principales conditions de causalité du suicide, on a vu que pour bien comprendre la genèse de cette maladie, il ne fallait pas s'attacher à une cause exclusive, mais à des groupes de causes. Le plus souvent, en effet, le suicide n'est pas amené brusquement, il est préparé de longue main par une élaboration successive d'influences qui remontent quelquefois à plusieurs générations ; ces influences elles-mêmes sont empruntées aux éléments constitutifs de l'homme ou au milieu environnant ; enfin le suicide est surtout entretenu et activé par les éléments morbides qui, s'ajoutant les uns aux autres, n'attendent plus qu'une dernière impulsion pour produire la catastrophe. Ce serait cependant tomber dans une grave erreur que de croire qu'il en est toujours ainsi. La sensibilité, qu'on apprécie et qu'on ne mesure pas, dont les degrés sont aussi variables que les figures et les caractères, peut être subitement mise en jeu par une seule cause, et le meurtre de soi-même est alors la conséquence d'un chagrin ou d'un accident physique, sans qu'il y ait d'incitation bien évidente dans les antécédents.

Il est hors de doute que l'homme issu de parents qui se sont suicidés peut apporter avec lui les germes de cette funeste ten-

(1) Dans ses *Études médico-psychologiques sur l'aliénation mentale*, Paris, 1854, M. Renaudin a développé d'une manière très-remarquable l'influence de ces divers éléments sur la pathogénie de la folie. (Voyez l'analyse que nous avons faite de ce savant ouvrage dans l'*Union médicale*, 20 janvier 1855.)

dance. Il n'est pas moins certain que les individus nerveux, impressionnables, chez lesquels la sensibilité est très-développée, qui sont enclins à la tristesse, à la mélancolie, aux idées noires, à l'hypochondrie, seront beaucoup plus portés au suicide que les personnes d'un tempérament sanguin, lymphatique, d'un caractère égal, d'une humeur gaie. A ces dispositions organiques il faut joindre d'autres influences dues au sexe, à l'âge, à l'état civil, à la moralité, à l'instruction, aux professions. Ces causes, néanmoins, toutes puissantes qu'elles soient, n'agissent pas constamment; car il faudrait alors ramener invariablement le suicide à une loi de fatalité, et la liberté humaine se trouverait détruite sur ce point, comme on a essayé de la détruire sur d'autres. L'observation montre, en effet, qu'il y a des hommes qui se tuent sans ces antécédents, avec le plus grand sang-froid et après avoir mûrement et longuement réfléchi, mais elle montre aussi qu'il y en a d'autres qui, nés sous les plus tristes présages, n'ont jamais la pensée du suicide. On a voulu rattacher le suicide à certaines conformations cérébrales, comme Gall, à l'épaississement des os du crâne. Outre que les faits sont contraires à cette hypothèse, nous ferons remarquer que c'est encore faire tout dépendre du physique.

L'examen des causes prédisposantes est le péristyle de l'étiologie, c'est par lui que nous allons commencer ; après avoir fait la part de l'élément somatique, une source de recherches d'un extrême intérêt, l'étude des passions (causes déterminantes) viendra donner à la question l'attrait qu'ont toujours eu les faits philosophiques et moraux, dont le privilége est d'être éternellement jeunes, tandis que les données scientifiques vieillissent rapidement. Enfin l'influence des maladies, et en premier lieu celle de la folie sur la genèse du suicide, termineront l'exposition de l'étiologie que les organes de la presse ont considérée comme la plus complète qui ait été publiée jusqu'à présent.

1° Causes prédisposantes.

1° *Hérédité.* — Sa fréquence probable, moins grande dans les suicides de l'état de raison que dans ceux de l'état de folie. — Exagération de l'influence de l'hérédité. — Antagonisme des lois d'hérédité et d'innéité ou de création. — 2° *Influences climatériques et météorologiques.*

L'influence de l'*hérédité* dont nous venons de signaler plusieurs faits généraux, est incontestable dans la production du suicide. Le plus ordinairement la transmission a lieu directement par le père et la mère ; elle peut remonter jusqu'aux aïeux et venir même par les branches collatérales. Le genre de vie des parents, leurs maladies, leur âge lors de la conception, leurs habitudes, leur tempérament, leur caractère, leurs vices, parmi lesquels l'ivrognerie a une part énorme, contribuent puissamment à produire la prédisposition au suicide. Combien d'idiots et d'imbéciles ne doivent leur triste sort qu'à cette cause ! Souvent même plusieurs générations subissent ainsi la peine de la faute d'un seul. La prédisposition héréditaire ne suppose pas toujours que la tendance au suicide ait été léguée par les parents, elle dépend aussi des conditions dans lesquelles ils se sont trouvés et qui ont réagi sur eux. Cette prédisposition est même progressive d'une génération à une autre. C'est de cette manière qu'entrent dans la production du suicide les grandes commotions sociales et certaines épidémies, laissant après elles une misère profonde ou produisant une exaltation désordonnée.

Il suffit de parcourir les traités *ex professo*, pour recueillir de nombreux exemples d'hérédité du suicide. Gall, dans son ouvrage sur le système nerveux, en a rapporté de fréquentes observations [1]. Nous avons recueilli plusieurs faits d'individus dont les parents s'étaient suicidés, qui, à leur tour, avaient fait des tentatives ou avaient eu des idées de mort, douloureusement affectés

[1] F. G. Gall, *Sur les fonctions du cerveau et sur celle de chacune de ses parties*, t. IV, p. 144 et suivantes, 6 vol. Paris, 1825.

qu'ils étaient par les luttes de la vie. D'un autre côté, nous avons donné nos soins à des personnes, en nombre plus considérable, dont les parents n'avaient jamais offert le moindre indice de cette funeste tendance.

Cette première nature de suicide, d'après l'observation de Prosper Lucas, rentre, comme acte volontaire, dans la catégorie des déterminations de la liberté humaine, et ne subit, à ce titre, de la génération que l'espèce d'influence commune aux actes libres et en laissant à l'homme l'imputabilité. L'impulsion ou le penchant à cette forme de suicide peut, en d'autres termes, être aussi réellement héréditaire que la disposition à tous les autres actes ; mais l'acte en soi ne l'est pas.

De toutes les formes de l'aliénation, la lypémanie suicide est peut-être celle dont le délire se lie le plus fréquemment au transport séminal. Dans notre chapitre sur la *Physiologie du suicide chez les aliénés*, nous insistons vivement sur cette disposition ; les extraits suivants que nous avons pris dans l'excellent livre de Prosper Lucas, confirment cette observation.

« La transmission séminale du suicide est d'autant plus à craindre, affirme Cazauvieilh, que les ascendants sont devenus aliénés, ou ont été portés à la mort volontaire, sans motif appréciable, ou pour une cause légère ou imaginaire (1). »

On n'a, malheureusement, que l'embarras du choix entre les faits désolants qui prouvent l'hérédité.

On a vu, lit-on dans Esquirol, des familles entières se tuer ou devenir aliénées ; et il cite, en effet, des observations de membres de la même famille qui ont succombé successivement à cette fascination maladive de la mort. Gall, Falret, Müller, J. Moreau (de Tours), Marc, Ellis, etc., en rapportent à l'envi les exemples les plus saisissants. Le premier de ces auteurs a connu une fa-

---

(1) Cazauvieilh, *Du suicide, de l'aliénation et des crimes contre les personnes, comparés dans leurs rapports réciproques. — Recherches sur ce premier penchant chez les habitants des campagnes*, p. 16-26. Paris, 1840.

mille dont la grand'mère, la sœur, la mère se sont suicidées : la fille de cette dernière a été sur le point de se suicider, et le fils s'est pendu. Falret a vu atteintes de mélancolie suicide la grand'mère et la petite-fille. Dans une autre famille, dont parle le même médecin, le père, d'humeur taciturne, avait eu six enfants, cinq garçons et une fille : l'aîné, à quarante ans, se précipite, *sans motifs*, d'un troisième étage ; le second a des chagrins et s'étrangle à trente-cinq ans ; le troisième se jette d'une fenêtre en essayant de voler ; le quatrième se tire un coup de pistolet ; un des cousins s'était jeté dans la rivière pour une cause futile (1). Krugelstein (d'Ohrdruff, en Saxe) a connu une famille où l'hérédité de la même monomanie venait surtout des femmes ; la grand'mère et une des parentes de cette dame s'étaient suicidées ; la mère et les deux fils se suicidèrent comme elle dans l'espace de quinze mois. M. Moreau cite ces autres faits : M. H. de la C... était affecté de penchant au suicide ; son père et son oncle paternel se sont tués. Un frère, qui venait lui rendre visite à Charenton, était désespéré des idées horribles qui le tourmentaient lui-même, et ne pouvait se défendre de la conviction qu'il finirait par succomber. Dans la famille de O..., de la noblesse la plus ancienne de Ténériffe, deux sœurs sont affectées de manie suicide, leur frère unique s'est tué, leur grand-père et deux oncles se sont donné la mort. Il est difficile de rencontrer un fait présentant une plus triste combinaison de cas et de parenté suicides que le suivant, rapporté par Cazauvieilh : D..., fils et neveu de parent suicidés, prend une femme, fille et nièce de parents suicidés ; il se pend, et sa femme épouse en secondes noces un mari dont la mère, la tante et le cousin germain se sont tués.

Ellis fait la remarque qu'il n'est point d'affection de l'intelligence où l'hérédité ait plus de fidélité dans la répétition.

Voici des faits qui prouvent jusqu'à quel degré l'impulsion au

---

(1) J. P. Falret, *De l'hypochondrie et du suicide*, pages 6, 296 et autres. Paris, 1822.

suicide peut être poussée : M... père était monomaniaque, et s'est donné la mort à l'âge de trente ans ; son fils touche à peine à sa trentième année, qu'il est frappé, comme lui de monomanie, et fait deux tentatives de suicide.—Madame B... essaye à trois reprises de se détruire : la première fois en se précipitant dans un puits, deux autres fois en se pendant. Sa mère, folle comme elle, a eu recours aux mêmes moyens pour terminer sa vie. Un dégustateur des ports se jette à l'eau ; sauvé, il donne à Marc cette raison bouffonne, que s'étant trompé sur la qualité d'un vin, il a craint que ses confrères ne le prissent pour une ganache. Marc apprit plus tard que ce Vatel d'un autre genre s'était suicidé, et que son père et l'un de ses frères avaient mis fin à leur existence à la même époque et de la même manière que lui. Un autre individu est, à la fleur de l'âge, pris de mélancolie, par suite d'une suppression de flux hémorrhoïdal, et se noie volontairement. Son fils, d'une bonne santé apparente, jouissant des dons de la fortune, père de deux enfants adorés, arrivé au même âge de la vie où son père s'est noyé, se donne la mort par le même mode de suicide.

Nous empruntons enfin au premier des tableaux du travail du docteur Cazauvieilh, ces derniers exemples où la répétition héréditaire se manifeste, comme dans les précédents, non pas seulement par la reproduction de l'acte, mais souvent, après de très-longues années d'intervalle, par la copie la plus exacte du genre de mort.

Le n° 2 se *noie* en 1804, son neveu se *noie* en 1809.
Le n° 9 se *pend* en 1807, son neveu se *pend* en 1823.
Le n° 24 s'est *pendu* en 1817, son grand-oncle s'était *pendu* en 1803.
Le n° 29 s'est *pendu* en 1817, sa fille se *pend* en 1820.
Le n° 30 s'est *pendu* en 1817, sa sœur en 1821, son aïeule en 1802.
Le n° 61 s'est *pendu* en 1827, son grand-père en 1799, et son frère et sa sœur ont tous deux essayé de se suicider.

Enfin, comme dernière preuve de ce qu'il y a souvent de

purement séminal dans cette répétition instinctive de tel ou tel genre de mort, dans la monomanie suicide, nous citerons un fait rapporté par M. Moreau, et qui rentre, selon nous, dans la classe si nombreuse et si bien indiquée par Cazauvieilh, des cas d'*innéité* de cette forme d'aliénation : C..., à diverses fois, sauvé du suicide, réussit à se tuer. Ce malheureux ne pouvait passer près d'un puits ni près d'une rivière sans être à l'instant même assailli de son idée fixe de destruction. Désirs analogues, dans les mêmes circonstances, chez une sœur aînée, comme lui morte de suicide (1).

La tendance au suicide peut être le seul signe caractéristique; le malade qu'elle pousse à l'abîme, cherche à lutter, mais la volonté impuissante ne peut le retenir, et il tombe. Ce sujet, qui a été vivement contesté, sera examiné avec soin lorsque nous traiterons de la folie suicide, dans le paragraphe consacré à la symptomatologie de l'aliénation.

Ces faits reconnus, il y a cependant quelques réserves à faire. Oui, l'hérédité joue un rôle immense dans les rapports du physique et du moral, l'observation ne permet pas la moindre incertitude à cet égard ; mais, dans ce cas comme dans beaucoup d'autres, on a été au delà des limites. Après avoir reconnu l'action de la ligne directe (père et mère), rétrospective (aïeux), on a signalé celle de la ligne collatérale (oncles, tantes, cousins). Les efforts ne se sont pas arrêtés là : on a étudié l'influence de maladies qui paraissaient n'avoir aucune relation avec celle qui était en question ; c'est ainsi que l'on a établi des liens étroits entre l'aliénation et le rhumatisme, les affections scrofuleuses, la phthisie pulmonaire, etc. Chaque jour a vu s'agrandir le cercle. En continuant à suivre cette voie, on parviendrait à

---

(1) Prosper-Lucas, *Traité philosophique et physiologique de l'hérédité naturelle dans les états de santé et de maladie du système nerveux*, 2 vol. in-8, 1847 et 1850, t. II, p. 780 et suiv. Paris. (Voyez notre analyse, *Ann. d'hygiène*, t. XLII, 1849, p. 221.)

prouver que tous les désordres physiques prédisposent à l'aliénation mentale. Il y a cependant un argument à opposer à cette théorie, c'est que s'il en était ainsi, la maladie sur laquelle l'hérédité pèse d'un si grand poids envahirait toutes les classes de la société, et que le monde en serait infecté. Il est pourtant notoire qu'on voit naître de parents malades, des enfants parfaitement sains, et la vie refleurir plus brillante là où ses sources paraissaient altérées. Ce travail individuel, qui n'est autre que la force créatrice en antagonisme constant avec la force héréditaire, est la barrière qui s'oppose à la domination universelle de l'hérédité.

Influences climatériques et météorologiques. — En parlant de la prédisposition héréditaire, nous avons dit qu'elle était parfois liée à des conditions de climat. L'observation montre, en effet, que la crétinisation est transmise par des parents sains à leurs enfants, lorsqu'ils viennent habiter un pays où la maladie règne endémiquement. Cette influence se remarque, non-seulement de pays à pays, mais encore de province à province, et même d'homme à homme. Deux circonstances météorologiques doivent être surtout notées par leur action sur l'économie, ce sont la température et les mouvements atmosphériques. Les extrêmes de température contribuent à la propagation du suicide. Pendant l'expédition d'Égypte, l'élévation de la chaleur donna lieu à un certain nombre de suicides, et l'intensité du froid, lors de la retraite de Moscou, détermina de nombreux accidents du même genre. Sous les tropiques, il n'est pas rare de voir des hommes se précipiter brusquement à la mer, quand le soleil darde verticalement ses rayons. Le docteur Dietrich raconte que dans un voyage autour du monde, accompli de 1844 à 1847 par M. le comte Charles de Gortz, il observa une impulsion irrésistible, qu'il nomme *the horrors*, chez les marins de l'équipage. « Le mal se manifeste, dit-il, généralement dans la saison d'hiver, lorsque, après une longue et pénible traversée, les marins, ayant mis pied à terre, se placent sans précaution autour d'un poêle ardent, et se livrent, suivant l'usage, aux excès de tout genre. C'est en rentrant à bord que se déclarent les symptômes du terrible *horrors*. Ceux que l'affection atteint sont poussés par une puissance irrésistible à se jeter dans la mer, soit que le vertige les saisisse au milieu de leurs travaux, au sommet des mâts, soit qu'il survienne durant le sommeil, dont les malades sortent violemment, en proférant un hurlement affreux.

Le capitaine d'un vaisseau, avisant un jeune matelot debout sur le pont, la physionomie bouleversée, lui demande ce qu'il a. « Je n'en sais rien, » dit-il, et à l'instant il s'élance dans l'abîme et disparaît. Suivant le narrateur, témoin oculaire de ces faits, les infortunés qui résistent à cet entraînement se rétablissent lentement. Deux matelots, miraculeusement sauvés par son intervention opportune, avouèrent ne posséder, au moment de la détermination, aucune conscience de leur état.

On reconnaît ici une forme particulière de l'affection qu'on appelle *calenture*. Ce qu'il y a de particulier dans les faits rapportés par Dietrich, c'est que le trouble cérébral s'est montré pendant l'hiver, tandis que la calenture se rencontre ordinairement l'été et sous le soleil des tropiques. On conçoit très-bien que l'action excessive de la chaleur du poêle jointe aux excès, agisse à peu près comme celle du soleil, de manière à déterminer une congestion cérébrale, et que la maladie, conséquemment, n'en mérite pas moins le nom de *calenture*. Il est à noter encore que, chez les malades frappés du *the horrors*, l'envie de se jeter à la mer nous paraît s'être manifestée subitement, sans délire préalable, ce qui n'est pas ordinaire dans ce genre singulier de désordre cérébral, mais ce qui s'explique par l'action des liqueurs alcooliques (1).

(1) *Allgem. Zeitsch. für Psychiat.*, t. II, liv. III (*Gazette hebdomaire de médecine et de chirurgie*, 2 février 1855, p. 92). M. le docteur Le Roy de Méricourt, professeur à l'École de médecine navale de Brest, vient, dans un mémoire bien fait, d'établir qu'il n'existe pas d'individualité morbide qui puisse justifier le maintien de la calenture dans le cadre nosologique. Il

L'action des vents, et en particulier du *siroco* (*khamsin*, *simoum*), a été signalée fort anciennement.

Pendant qu'il souffle en Afrique, il n'est pas rare de voir des militaires frappés de délire, de folie, d'accès fébriles pernicieux, diriger contre eux-mêmes un suprême effort, et mettre fin par le suicide à une horrible torture. On en a eu de trop nombreux exemples : « C'est ainsi, dit M. Guyon (1), que dans les deux expéditions du général Bugeaud, en 1836, dans la province d'Oran, pendant les plus fortes chaleurs de l'été, on en compta jusqu'à onze... Les vents du sud régnaient depuis deux jours et la chaleur était étouffante, lorsque, le 17 août, cinq hommes se firent sauter la cervelle.

De nouveaux suicides, en juin 1837, dans la province d'Oran, furent signalés par M. Payen. En juin 1840, M. Rhul en enregistrait aussi de Philippeville à Constantine (2).

M. Larrey et plusieurs chirurgiens militaires nous ont également assuré que l'élévation de la température et l'action du siroco étaient des occasions fréquentes de suicide.

Il y a cependant une remarque importante à faire sur le climat, et que nous retrouvons presque partout, c'est qu'il n'est pas une influence, quelque forte qu'elle puisse être, qui ne soit modifiée, limitée, combattue, par d'autres influences. Pour n'en citer qu'un exemple pris dans notre sujet, le suicide était rare chez les Bretons à l'époque de l'invasion romaine, tandis qu'il y est très-fréquent de nos jours ; il était alors excessivement commun chez les maîtres de l'Italie, ce qui est le contraire aujourd'hui, à l'exception peut-être du Piémont. Or, comme le climat de ces pays a peu ou pas varié, ces changements doivent être attribués

---

résulterait de son travail que les observations des auteurs ne seraient que des délires aigus, idiopathiques ou sympathiques (*Archives générales de médecine*, août 1857).

(1) *Mémoires de médecine militaire*, t. XLIV.

(2) Feuilleton de la *Gazette hebdomadaire*, 23 décembre 1853.

CAUSES PRÉDISPOSANTES. — SEXES.

à d'autres causes, parmi lesquelles les mœurs et les institutions jouent un rôle important.

3° *Sexes.* — Prédominance du sexe masculin, tableau des suicides à Paris et dans les départements. — Influence des prisons. — Nécessité de tenir compte des tentatives. — Des suicides non connus et non déclarés.

L'influence du sexe sur la production du suicide est un fait incontestable. Partout la proportion des hommes est bien supérieure à celle des femmes. Nos recherches ne laissent aucun doute sur ce point; nous les avons limitées, il est vrai, au département de la Seine; les motifs de cette préférence sont faciles à saisir. Les suicides sont d'abord beaucoup plus nombreux à Paris que dans toute autre partie de la France, et, ce qui est de la plus haute importance, les documents sont plus complets et mieux recueillis que dans les autres localités.

Les matériaux de notre travail, qui embrassent la période décennale de 1834 à 1843, forment un total de 4595 suicides (1), se subdivisant en 3215 hommes et 1380 femmes.

La portion du sexe féminin est environ du tiers (3,33). Cette infériorité numérique semble déjà montrer qu'il faut, pour prendre une semblable détermination, un degré d'énergie, de courage, de désespoir, qui n'est pas en rapport avec la constitu-

(1) Ce chiffre diffère de ceux de la préfecture de police et des comptes rendus de la justice criminelle pour le même laps de temps. En effet, le relevé de la première administration est de 4875, et celui de la seconde de 4663, ce qui fait pour la préfecture un excédant de 280 suicides, et pour la justice une augmentation seulement de 68. Il y a donc évidemment erreur dans les totaux de ces deux administrations; quant au nôtre, il résulte de l'analyse des procès-verbaux eux-mêmes que nous avons tous collationnés. — Nous ferons d'ailleurs remarquer qu'en comparant année par année les trois relevés, nous avons constaté qu'il y avait pour chaque administration deux années où, pièces en main, notre nombre de suicides était supérieur à celui des tableaux officiels. Il est fort possible qu'il y ait eu des doubles emplois et qu'on ait porté à la colonne des suicides des morts violentes ou accidentelles; peut-être aussi des dossiers ont-ils été égarés : ce qu'il y a de certain, c'est que notre travail est basé sur les pièces originales.

tion faible et délicate de la femme. Chez elle aussi, le sentiment de la famille, le principe religieux, beaucoup plus prononcés, sont des obstacles qui luttent victorieusement contre l'idée de la destruction.

M. Devergie, dans son relevé de la *Statistique décennale de la Morgue*, de 1834 à 1846, admet une proportion plus faible. Suivant lui, le suicide à Paris serait quatre fois et demie plus fréquent chez les individus du sexe masculin que chez ceux du sexe féminin : ce résultat n'est pas conforme à ses chiffres qui s'élèvent à 1398 pour les hommes et à 368 pour les femmes. Cette opinion est aussi celle de M. Lélut. En admettant cette évaluation, elle ne ferait que donner plus de force aux arguments que nous venons d'exposer ; les documents que nous avons réunis pour toute la France, de 1834 à 1843, ceux de M. Petit, qui comprennent la période de 1835 à 1846, reproduisent la proportion que nous avons établie pour Paris. Ainsi, notre relevé général constate que les femmes entrent pour un tiers dans le nombre total, puisqu'elles sont au nombre de 5969, et les hommes de 17 904. M. Petit a trouvé que sur ses 33 032 suicides, il y avait 24 762 hommes et 8270 femmes. Ces chiffres sont entre eux, à très-peu de chose près, comme 3 est à 1 (rigoureusement : : 2,99 : 1). Ce rapport est exactement celui qu'a indiqué Esquirol. Dans une statistique fort bien faite du canton de Genève, publiée par M. Prévost dans les *Annales d'hygiène*, t. XV, le rapport des individus du sexe féminin à ceux du sexe masculin est aussi d'un tiers.

Le tableau comparatif suivant indique le chiffre relatif des eux sexes pendant la période de dix ans :

CAUSES PRÉDISPOSANTES. — SEXES.

	SUICIDES DE PARIS.			SUICIDES DE TOUTE LA FRANCE.		
Années.	Hommes.	Femmes.	Total.	Hommes.	Femmes.	Total.
1834	257	95	352	»	»	2078(1)
1835	287	107	394	1784	221	2305
1836	297	118	415	1775	565	2340
1837	292	144	436	1811	632	2443
1838	309	163	472	1886	700	3586
1839	332	138	470	2049	698	2747
1840	351	165	516	2040	712	2752
1841	336	147	483	2139	675	2814
1842	355	161	516	2129	737	2866
1843	399	142	541	2291	729	3020
	3215	1380	4595	17904	5969	25951

La persistance de cette progression, à peu de chose près la même chaque année, se retrouve dans tous les départements, qu'ils soient très-populeux ou moins peuplés. Il y a cependant une différence pour la période de quinze à vingt ans, ainsi que nous le montrerons en examinant l'influence des âges.

Cette faible proportion des femmes par rapport aux hommes est surtout prononcée parmi les condamnées.

« On ne compte pas de suicides, dit M. Ferrus, ou du moins ils sont excessivement rares, parmi les prisonnières, bien qu'on ait pu voir qu'il se développe pour elles plus de cas de folie. Cette différence tient évidemment à ce que la sensibilité joue chez les femmes un rôle plus actif que les penchants énergiques et meurtriers : elles s'exaltent aisément, aggravent leurs maux, exagèrent leurs douleurs; mais elles tiennent à la vie, ont horreur du sang, et lors même qu'elles puisent dans le paroxysme du chagrin la fermeté nécessaire pour se suicider, elles trahissent encore leur faiblesse et un dernier instinct de coquetterie, en recourant aux moyens qui ne causent pas de douleurs et tuent sans défigurer. Cette dernière remarque concourt aussi à expli-

---

(1) La séparation des sexes n'étant pas indiquée dans le compte rendu de l'année 1834, nous n'avons pu donner que le total.

quer l'extrême rareté du suicide parmi les femmes captives, puisqu'elles n'ont pas, dans la prison, la possibilité de recourir à la submersion ou à l'asphyxie, et qu'il leur faudrait, pour se donner la mort, faire usage de procédés douloureux auxquels ont le plus souvent recours les détenus hommes, en se brisant la tête contre leur cachot, en se pendant ou bien en se mutilant avec de mauvais couteaux (1). »

Indépendamment de la faiblesse relative des femmes due à la différence d'appareil musculaire, et par conséquent à la diminution de la contractilité, il existe chez elles une mobilité de sentiments qui ne leur permet pas de s'arrêter longtemps aux mêmes choses ; il faut cependant faire exception pour les sentiments affectifs qui acquièrent un grand développement. Sensibles au plus haut degré, elles vivent surtout par l'imagination, tandis que le raisonnement leur fait souvent défaut. Ces conditions, et d'autres que nous avons indiquées, contribuent à diminuer chez les femmes le penchant au suicide; il en est cependant d'inhérentes à leur organisation qui peuvent, au contraire, les entraîner dans cette voie : telles sont les difficultés d'une première menstruation, les irrégularités de ce flux périodique, sa suppression dans certaines circonstances et l'âge critique. La grossesse, l'accouchement et ses suites, peuvent également produire des perturbations dans la sensibilité générale; aussi ces influences figurent-elles pour un chiffre assez élevé dans les relevés statistiques des asiles parmi les causes du suicide. Les circonstances dans lesquelles se produit la grossesse doivent aussi être prises en considération ; il est hors de doute que la femme trompée se trouve dans un milieu bien différent de celui de la mère entourée de sa famille. Il résulte de ces remarques que la statistique, en présence de l'individualité humaine,

(1) Ferrus, *Des prisonniers, de l'emprisonnement et des prisons*, p. 137. Paris, 1850. Voyez notre analyse de cet ouvrage, *Annales d'hygiène*, t. I, 2ᵉ série, 1854, p. 468.

CAUSES PRÉDISPOSANTES. — TENTATIVES.

doit toujours être admise avec beaucoup de réserve et après mûr examen ; car si chez les femmes, des dispositions psychiques et somatiques particulières diminuent considérablement le chiffre général des suicides, d'autres tendent à l'accroître dans certains états spéciaux. Cette observation n'est pas moins applicable aux âges.

Tentatives. — Les suicides suivis de mort sont sans doute un élément important de la question, mais ils n'en représentent pas le chiffre exact, il faut encore y ajouter celui des tentatives. D'après le tableau de l'administration, leur nombre à Paris, de 1834 à 1843, s'est élevé à 1864, ainsi répartis :

TABLEAU DES TENTATIVES.

Années.	Hommes.	Femmes.	Total.
1834	79	59	138
1835	110	73	183
1836	110	82	192
1837	118	94	212
1838	111	108	219
1839	102	64	166
1840	99	94	193
1841	92	89	181
1842	90	96	186
1843	106	88	194
	1017	847	1864

Ce chiffre, qui forme un peu moins de la moitié du nombre total (4595), n'est pas encore l'équivalent du nombre vrai, car, dans beaucoup de familles, les tentatives sont soigneusement cachées, et les médecins sont souvent forcés, dans l'intérêt de leurs clients, dans le leur même, de les ensevelir sous le plus profond secret. Il faut ajouter que les relevés adressés par les procureurs généraux sont loin de comprendre tous les suicides connus, qui ne forment eux-mêmes qu'une partie des suicides commis; ils n'offrent, d'ailleurs, que les suicides constatés judiciairement; de plus, parmi les morts regardées comme accidentelles, et surtout parmi celles qui ont lieu par chute et submersion, il en est beaucoup de volontaires. On peut donc évaluer, sans crainte de se tromper, le nombre des suicides commis, en y comprenant les tentatives, presque au double de celui des suicides constatés. On peut consulter, sur les tentatives, Falret, p. 95 et 96.

4° *Ages*.— Résumé par périodes décennales.—Suicide des enfants.— Maximum des suicides à Paris et dans les départements. —Comparaison des suicides avec le chiffre des individus existants à chaque période correspondante. — Suicide des vieillards. —Moyenne des suicides suivant les périodes. — Élévation des suicides chez les femmes pendant la période de quinze à vingt ans.

Le suicide étant, dans le plus grand nombre des cas, le résultat d'une détermination, il faut que celui qui la prend ait déjà une certaine force de volonté. Aussi cet acte est-il rare avant quinze ans. Depuis quelques années, cependant, on a constaté plusieurs suicides de sept, huit et neuf ans. L'observation montre, en effet, qu'il existe des enfants dont l'imagination se développe de très-bonne heure, et s'ils vivent au milieu des influences sociales de l'époque, cette faculté mise, pour ainsi dire, en serre chaude, peut acquérir une impressionnabilité extrême.

Dans nos 4595 faits, nous avons trouvé, à dix ans, un garçon et une fille; à treize ans, 6 garçons et 3 filles; à quatorze ans, 5 garçons et 7 filles; à quinze ans, 12 garçons et 9 filles ; à seize ans, 15 garçons et 18 filles.

Ce relevé enseigne que 44 enfants ont attenté à leurs jours avant seize ans, ce qui établit 1 suicide sur 104 environ pour le chiffre total, et 10 plus une fraction par année. Cette proportion est plus élevée que celle de M. Durand-Fardel, ce qui n'a rien de surprenant puisqu'elle s'applique aux suicides de Paris.

Ce sujet offrant de l'intérêt, nous allons lui consacrer quelques pages.

Du suicide chez les enfants.— Quoique ce mal affecte de préférence l'époque de la vie où les passions sont dans toute leur force, il fait néanmoins d'assez nombreuses victimes parmi les jeunes gens et même aussi parmi les enfants. M. Durand-Fardel (1) a constaté, en France, pendant une période de dix ans (1835-1844), sur un chiffre de 25 760 suicides, 192 cas avant seize ans, ce qui donne 1 sur 134 pour le chiffre total, et 19 par année. Dans vingt observations qu'il a recueillies, l'âge se distribue ainsi :

1 avant 5 ans.	6 avant 12 ans.
2 — 9	7 — 13
2 — 10	2 — 14

Nous avons compris le suicide du jeune âge, en lisant dans les *Confessions de saint Augustin*, qu'un enfant à la mamelle ne pouvait voir sa nourrice donner le sein à un autre enfant sans entrer dans un violent état de colère, au point d'en avoir des convulsions. Il y a des enfants, en effet, d'une telle précocité, qu'on les prendrait pour des hommes en miniature, et si une bonne hygiène et une éducation sagement dirigée n'arrêtent pas ce développement trop hâtif, il peut en résulter les plus graves conséquences. Les auteurs ont rapporté plusieurs exemples de mort volontaire chez les enfants.

« Pendant nos dernières guerres de Milan, raconte Montaigne,
» et tant de prises et reprises, le peuple, impatient de si divers
» changements de fortune, print telle résolution à la mort, que
» j'ai ouï dire à mon père qu'il y veit tenir compte de bien vingt
» et cinq maistres de maison qui s'estoient desfaicts euls mêmes
» en une semaine : accident approchant à celui des Xanthiens,
» lesquels, assiégés par Brutus, se précipitèrent pesle mesle,
» hommes, femmes et enfants, à un si furieux appétit de mourir,
» qu'on ne faict rien pour fuyr la mort que ceuls cy ne fassent

(1) *Études sur le suicide chez les enfants* (*Annales médico-psychologiques*, janvier 1855).

» pour fuyr la vie : de maniere qu'à peine Brutus en peut sauver
» un bien petit nombre.

» Nous avons plusieurs exemples en notre temps de ceulx,
» jusques aux enfants, qui, de crainte de quelque légère incom-
» modité, se sont donné la mort (1). »

Ce même fait a été observé dans la Grande-Bretagne. Le relevé des années 1838 et 1839, qui, pour l'Angleterre proprement dite et le comté de Galles, comprend 2000 individus, note sur ce nombre 10 enfants de neuf à dix ans qui s'étaient tués par contrariétés. La statistique de la Prusse atteste qu'il n'est pas rare de voir des enfants, avant quinze ans, attenter à leurs jours. Casper fait remarquer que, depuis un demi-siècle, le nombre des suicides de jeunes sujets a augmenté en Prusse d'une manière déplorable. De 1788 à 1797, on ne comptait à Berlin qu'un suicide d'enfant. De 1798 à 1807, la statistique en signale trois, et de 1812 à 1831, le chiffre monte à trente et un (2).

En 1845, M. Morel nous écrivait de Bruxelles : « Une petite fille de onze à douze ans prend une pièce de monnaie valant à peine quelques centimes, qu'elle trouve sur une fenêtre. La propriétaire de cette misérable pièce vient à la maison des parents de cette petite fille, pour lui faire des reproches. L'enfant pleure, s'excuse sur la faim qui l'a portée à faire ce vol. La propriétaire, se faisant une espèce de plaisir de son effroi, la menace des gendarmes. — Eh bien ! alors, dit l'enfant, je vais aller au catéchisme, ils ne viendront pas me chercher là. — Au contraire, répond l'autre, ils viendront te prendre à l'église. » Sur ce l'enfant perd la tête, se sauve en courant de la maison paternelle et va se précipiter dans les étangs qui sont derrière la ville, d'où on l'a retirée noyée. Suivant ce savant médecin, plusieurs de ces suicides devraient être attribués à l'imitation.

A ces faits nous joindrons les suivants : « On écrit de Mag-

---

(1) Montaigne, *Essais*, liv. I, chap. xi, p. 295, édition de Lefèvre.
(2) Friedreich, *Handbuch der Allgemeinen Pathologie der psychisken kranhheiten.*

CAUSES PRÉDISPOSANTES. — AGES. 31

debourg, 7 octobre 1854, que l'avant-veille, dans la soirée, on avait amené au bureau de police de cette ville un petit garçon de cinq ans, le fils d'un vitrier, qu'on venait de retirer de l'Elbe, dans lequel il s'était précipité à cause des mauvais traitements dont sa mère l'accablait (1).

» Une petite fille de neuf ans s'est donné la mort en se précipitant par une croisée. Il paraît qu'elle venait de casser un petit gobelet, et qu'elle craignait d'être grondée par ses parents. Elle avait manifesté, quelques jours avant sa mort, du chagrin d'être malproprement habillée; ses parents étaient pauvres.

» Les époux V..., fabricants d'orfévrerie, quai du Marché-Neuf, avaient pour unique enfant une jeune fille âgée de onze ans, et de la plus intéressante figure. Joséphine V... n'était pas moins heureusement douée sous le rapport de l'intelligence. Toutes ses facultés s'étaient développées avec une surprenante rapidité, et son esprit avait de beaucoup devancé son âge.

» Depuis quelque temps, Joséphine se chagrinait d'être traitée en enfant. Dans cette jeune tête germait sourdement la pensée du suicide. Sachant que l'opium donne la mort et que cette liqueur se tire du pavot, elle amassa l'argent qu'on lui donnait pour acheter des gâteaux, et se procura, chez différents herboristes, huit ou dix têtes de pavot; elle les fit bouillir pendant l'absence de ses parents dans une certaine quantité d'eau qu'elle but ensuite d'un trait. Ce breuvage la plongea dans une léthargie dont elle ne put être tirée que le lendemain.

» Les époux V... avaient grondé leur enfant et veillaient à ce qu'elle ne se trouvât pas seule. Hier, cependant, ils furent obligés de sortir pour une affaire qui ne devait leur prendre que peu d'instants, et ils laissèrent Joséphine à la maison. Cette affaire n'était pas encore terminée, lorsque la dame V..., saisie par un sinistre pressentiment, entraîna son mari et le pressa de retour-

(1) *Annales médico-psychologiques*, octobre 1854, p. 675.

ner chez eux. Celui-ci, voyant les abords de la maison aussi calmes que d'habitude, la railla sur ses craintes. Ils entrèrent dans l'allée et se mirent en devoir de monter l'escalier qui conduit à leur logement, situé au troisième étage.

» A peine avaient-ils gravi quelques marches, qu'ils entendirent des cris s'élever dans la rue. Ils s'élancèrent au dehors, et aperçurent leur fille étendue sanglante sur le trottoir. Elle venait de se précipiter par la fenêtre, et était tombée devant l'établissement d'un marchand de vin, qui la recueillit dans son arrière-boutique où des secours empressés lui furent donnés par le docteur Cavé. Après une enquête, faite par le commissaire de police de la section, la malheureuse enfant a été transportée chez ses parents. Malgré les soins affectueux dont elle est l'objet, on a peu d'espoir de la sauver (1). »

La pensée du suicide, chez les enfants, plus commune dans la capitale, tient à la mauvaise éducation qu'on leur donne. En les conduisant aux drames modernes, en leur laissant lire des romans, en racontant devant eux les histoires de suicides rapportées dans les journaux, on dépose dans leur cœur les germes du mal, et vienne une contrariété un peu vive, qui acquiert à leurs yeux les proportions d'un violent chagrin, ils n'hésitent pas à se donner la mort. M. Falret a consigné, dans son ouvrage, le suicide d'un garçon de douze ans qui se pendit de désespoir, pour n'avoir été que le second dans sa classe.

Le dévouement filial, dont l'antiquité nous a laissé un souvenir si touchant, peut aussi porter les enfants à se sacrifier pour prolonger les jours de leurs parents.

« Les époux B..., demeurant place des Trois-Maries, se trouvaient depuis quelque temps dans une extrême misère ; relevant d'une grave maladie, le mari, dont la profession exige une assez grande force manuelle, ne pouvait trouver d'occupation. Les veilles prolongées avaient causé à sa femme une inflamma-

(1) Journal le Droit, 1er juillet 1851.

tion des yeux. Tous les objets de quelque valeur avaient pris le chemin du mont-de-piété. Ces infortunés s'affligeaient de leur détresse, moins pour eux-mêmes que pour leur fille Élisa, âgée de douze ans, qui les soignait et s'efforçait de les consoler en leur disant que le bon Dieu aurait pitié d'eux. Aux heures des repas, elle se privait de nourriture et déclarait qu'elle n'avait pas faim, de peur de diminuer la part de ses parents. Enfin, elle s'imagina que si elle n'était plus à leur charge ils seraient moins à plaindre.

« Ayant, hier au soir, une commission à faire, elle les embrassa tendrement et sortit. Bientôt elle se précipitait dans la rivière, à peu de distance des bains de la Samaritaine. La Providence veillait sur l'enfant égarée par son amour filial. Le sieur L..., marchand de charbon et porteur d'eau, se trouvait en ce moment sur un bateau d'où il aperçut Élisa se débattant contre la mort. Il se jeta à la nage et réussit à la ramener vivante. La jeune fille a été rendue à ses parents, dont on va s'occuper d'améliorer la position (1). »

Nous pourrions réunir à ce fait celui d'une jeune fille de notre ville natale que nous connaissons, dont le dévouement exagéré chercha aussi dans les flots une diminution anx charges de sa famille; elle fut assez heureuse pour être sauvée, et son action fut au moins récompensée par la pitié que ce sacrifice produisit dans des cœurs compatissants.

Nous avons eu, malheureusement, trop d'occasion de constater des suicides, pour ne pas avoir rencontré parmi eux de jeunes sujets. Une demoiselle de dix ans à laquelle sa mère adressait des réprimandes sur sa conduite, répondit avec emportement: « Si vous me tormentez ainsi, vous me trouverez pendue aux colonnes de votre lit. »

Je fus appelé, il y a une douzaine d'années, par une dame avec laquelle nous étions très-liés, pour donner des soins à sa fille, âgée de quatorze ans et demi, qui venait de faire une tentative

(1) Journal *le Droit*, 15 mars 1855.

d'empoisonnement, en avalant plus de 30 grammes de laudanum. Elle avait beaucoup vomi et était encore dans un état de stupeur. Lorsque les moyens employés en pareil cas l'eurent rappelée à elle-même, je lui parlai avec tous les ménagements possibles de ce qui venait de se passer. « Je vous remercie, me dit-elle, de vos bons soins, je ne regrette cependant pas ce que j'ai fait. Ma mère et moi nous ne pouvons nous entendre. J'aime la lecture, les ouvrages sérieux, en un mot tout ce qui peut cultiver l'intelligence, et ma mère ne se complaît que dans les soins du ménage, les détails du pot-au-feu. Cette vie m'est insupportable, et s'il fallait qu'elle se prolongeât longtemps, j'aimerais mieux être morte. » Tout cela était dit avec résolution, sang-froid et sans qu'il y eût la moindre hésitation dans les paroles. Le dessein avait été aussitôt exécuté que conçu.

Il est, en effet, d'observation que les enfants et les jeunes gens n'ont pas peur de la mort, et que cette idée ne les préoccupe que très-peu ; cela tient incontestablement à ce que, chez eux, le raisonnement et la réflexion sont presque nuls, tandis que les sentiments sont tout.

Les tableaux suivants, pour Paris et les départements, feront facilement saisir l'influence des diverses époques de la vie sur la production des suicides.

Résumé général, pour Paris, de l'influence des âges pour les deux sexes, par périodes décennales.

AGES.	Hommes.	Femmes.	Total.
De 10 à 20 ans.	166	122	288
20 à 30	676	343	1019
30 à 40	681	254	935
40 à 50	654	241	895
50 à 60	500	191	691
60 à 70	310	136	446
70 à 80	111	51	162
80 à 90	25	3	28
90 à 91	2	0	2
Rien d'indiqué.	90	39	129
	3215	1380	4595

Résumé général, pour tous les départements, de l'âge des deux sexes, par périodes décennales.

AGES.	Hommes.	Femmes.	Total.
Jusqu'à 20 ans	905	446	1351
De 20 à 30	2876	992	3868
30 à 40	3303	945	4248
40 à 50	3571	1111	4682
50 à 60	2903	1026	2929
60 à 70	2166	779	2945
70 à 80	1175	370	1545
80 et plus.	247	80	327
Age inconnu.	761	217	976
	17907	5966	23873

En comparant les deux tableaux, on voit que le chiffre le plus élevé, à Paris, est de 20 à 30 ans, tandis que dans les départements, c'est celui de 40 à 50. Si ce résultat était toujours le même, il faudrait en conclure que les jeunes gens, dans la capitale, sont plus portés à se donner la mort; cette disposition serait alors due au genre d'éducation trop sévère ou trop indulgente, à l'ennui de la vie (*tædium vitæ*, *spleen*) si commun à cet âge, et sur lequel nous avons particulièrement insisté dans le chapitre des *causes*, au développement plus hâtif des facultés et des penchants, et, si l'on pouvait se servir de cette expression, au passage rapide de la jeunesse à un désillusionnement plus fictif que réel, car à cet âge l'homme ignore encore les déceptions. Aux États-Unis, on a remarqué que la folie était plus commune chez les jeunes gens, ce que les auteurs de cette nation expliquent par la préoccupation des affaires à une époque où les fils de l'ancien monde sont encore au collége.

La proportion numérique des suicides est en général plus forte de 20 à 50 ans, puisque dans ce laps de trente ans, on compte pour Paris 2846, tandis que le chiffre réuni de toutes les autres périodes qui embrasse cinquante-deux ans, n'en présente que 1746. Il en est de même pour les départements. Dans la première période, en effet, sur un total de 23 873 individus, on constate 14 149 suicides, et dans la seconde 9724 seulement. Si l'on compare maintenant chaque période décennale avec le chiffre correspondant de la population à cette époque, on arrive à cette conclusion, que la proportion des suicides augmente avec l'âge et que chez les vieillards elle est relativement plus élevée que chez les adultes. Cette proportion est numériquement même plus forte de 70 à 80 ans, que de 10 à 20 ans, puisqu'elle est, dans le premier cas, de 1545, tandis qu'elle n'est que de 1351 dans le second. — De 10 à 30 ans, on compte 5219 suicides, et de 60 à 80, on en trouve 4490, différence qui n'est aucunement en rapport avec les populations respectives de ces diverses séries.

C'est donc à tort qu'on a affirmé d'une manière générale, qu'à mesure que le vieillard s'avance vers le tombeau, il paraît s'attacher davantage à l'existence, ce qu'on a attribué à l'affaiblissement de ses forces, de ses émotions, de ses sentiments, en un mot à son égoïsme. Cette règle, comme toutes les autres, souffre de nombreuses exceptions. Il y a plus, l'énergie et la force de volonté peuvent même être très-prononcées à cet âge ; tous les journaux du temps ont raconté le drame lugubre qui se passa entre une jeune femme et un vieillard de plus de quatre-vingts ans. Les détails qui nous ont été donnés sur le lieu même de ce grave événement, montrent à quel degré peut être poussée cette énergie à une époque aussi avancée de la vie. M. Etoc-Demazy nous paraît avoir été dans le vrai, lorsqu'il a soutenu, contrairement à l'opinion d'Esquirol, que la vieillesse avait aussi ses morts volontaires, et qu'elles étaient plus fréquentes qu'aux autres époques de la vie (1).

Un fait curieux de suicide parmi les vieillards, est celui relaté dans un mémoire publié par le ministre de l'intérieur à Saint-Pétersbourg : « Le paysan Netfried Astapon, dans le cercle de Mohilow, s'est pendu dans son écurie à l'âge de cent vingt ans (2). »

Les motifs qui paraissent porter plus particulièrement les

(1) Etoc-Demazy, *Recherches statistiques sur le suicide*, p. 67. Paris, 1844.
— *De la folie dans la production du suicide* (*Annales médico-psychologiques*, 1846).
(2) *Débats*, 27 avril 1854.

vieillards au suicide sont les suivants ; voici du moins ce que nous avons constaté dans 192 cas :

Tableau des causes chez les 192 vieillards de soixante-dix à quatre-vingt-onze ans.

CAUSES.	Hommes.	Femmes.	Total.
Aliénation, dérangement ou affaiblissement de l'esprit, dégoût de la vie, hypochondrie....	34	14	48
Souffrances physiques, infirmités............	35	12	47
Misère, revers de fortune, embarras d'affaires.	25	10	35
Chagrins domestiques, pertes de personnes chères...............................	22	4	26
Ivrognerie.............................	12	5	17
Causes inconnues....,................	10	9	19
	138	54	192

Pour apprécier le nombre des suicides à chaque période de la vie, il faut connaître combien il existe d'individus de chaque âge. La table de M. Mathieu, dans l'*Annuaire du bureau des longitudes*, permet de faire cette comparaison.

D'après les calculs de cet astronome, on trouve :

De 16 à 21 ans, 1 suicide sur 22417 individus du même âge.
21 à 30 — 11143 — —
30 à 40 — 10425 — —
40 à 50 — 8078 — —
50 à 60 — 8378 — —
60 à 70 — 8125 — —
70 à 80 — 8717 — —
80 et au-dessus — 10544 — —

Il résulte de ce tableau que la période de 40 à 50 ans est celle où la prédisposition au suicide atteint son maximum, ce qui est conforme à notre résumé général ; elle reste à peu près stationnaire durant la vieillesse, et quoiqu'elle diminue d'une manière notable dans la caducité, elle s'y maintient encore au niveau de la période de 31 à 40 ans.

Les faits que nous avons observés dans cette période appartenaient plus spécialement à la catégorie des lypémaniaques (monomanies tristes).

Lorsqu'on examine les différentes périodes décennales sous le rapport de la population des deux sexes, on constate que pour toute la France les hommes sont aux femmes comme 3 : 1. Il n'y a d'exception que pour l'époque de 10 à 20 ans, ou plutôt de 15 à 20 ans, dans laquelle la proportion des femmes subit un accroissement remarquable. A Paris, où cette élévation est réellement considérable, l'action continuelle du milieu où vivent les femmes, l'amour, les malheurs de toute espèce qui les accablent, l'isolement ou l'abandon de la famille, expliquent jusqu'à un certain point cette augmentation. L'âge critique, signalé comme ayant une grande influence, n'a point d'action particulière sur le suicide ; il est certain qu'alors plusieurs femmes attentent à leurs jours par suite de la violence des maladies cancéreuses, ou par le chagrin de vieillir, mais la proportion est toujours du tiers. Déjà dans notre livre sur la menstruation, nous avions établi que la mortalité des femmes à cette époque était moindre que celle des hommes, quoique les affections cancéreuses fussent fort communes (1).

L'élévation du chiffre des femmes dans la période de 15 à 20 ans, qui atteint à Paris les deux tiers, et dans les provinces la moitié de celui des hommes, nous paraît, indépendamment des influences signalées, due en grande partie aux phénomènes de la puberté, de la menstruation, et surtout aussi à l'action toute-puissante des passions amoureuses.

Relativement aux âges, il importe de faire la remarque générale que, si l'évolution normale d'une époque est troublée, il s'établit une prédisposition morbide qui s'accroît à chaque période critique, lorsque le désordre n'a pas été réparé. Considérés dans leurs rapports avec le suicide, les âges peuvent être scindés en trois sections qui donnent lieu à quelques observations particulières. Ainsi on a signalé, au temps de la puberté, ce sentiment de vague, de malaise indéfinissable, de tristesse, d'aspiration vers l'inconnu, qui, n'étant pas suffisamment contenu, peut

(1) Brierre de Boismont, *De la menstruation considérée dans ses rapports physiologiques et pathologiques*, p. 211, 428, 435. Paris, 1842.

avoir les plus tristes conséquences. L'onanisme et les pertes séminales se manifestent ordinairement dans cette évolution de l'organisme; leur action sur la sensibilité est de produire des idées noires, des états mélancoliques et des pensées de suicide. Ces résultats sont surtout prononcés, lorsque les impulsions de l'organisme sont en lutte avec les principes de religion et de moralité.

Dans la période de l'âge mûr, on voit se développer une autre condition de causalité du suicide, lorsque l'éducation a été mal dirigée : c'est une tendance, souvent impuissante, vers un but déterminé; la personnalité, froissée à chaque pas, s'abandonne aux regrets, au découragement, à la déception et au désespoir. C'est encore dans cette période que l'homme, en proie aux préoccupations les plus sérieuses, est assailli de chagrins de toute nature ; aussi l'âge mûr compte-t-il une proportion considérable de morts violentes. Leur nombre diminue dans la vieillesse, lorsqu'on a compris les nécessités impérieuses de ce temps de décadence ; mais si l'on veut y vivre avec les passions, les désirs, les habitudes d'un autre âge, auxquels il faut joindre les désillusionnements et les souffrances physiques, l'aliénation, le suicide reparaît avec une nouvelle force. C'est donc avec justesse qu'on peut appliquer à cette maladie ce que M. Renaudin a dit de la folie, qu'au point de vue de l'âge, la condition de causalité essentielle se trouve dans la disproportion, entre les forces vives et l'usage qu'on en fait ou qu'on en veut faire.

5° *État civil.*— Influences du célibat, du mariage, du veuvage. — Action de l'isolement. — Nombreux suicides d'individus ayant des enfants. — Causes qui affaiblissent l'amour des enfants.

Le célibat, le mariage, le veuvage, ont-ils une influence sur l'acte du suicide? Voici les résultats du relevé général :

CÉLIBAT.			MARIAGE.			VEUVAGE.			RIEN.
Hom.	Fem.	Total.	Hom.	Fem.	Total.	Hom.	Fem.	Total.	
1501	579	2080	1129	515	1644	210	211	560	311

Total............ 4595

Les proportions qui résultent de ces divers nombres sont les suivantes :

Pour le célibat, les femmes sont aux hommes dans le rapport de 1 à 2,76 ; pour le mariage, de 1 à 2,19 ; pour le veuvage, de 1 à 1,32.

Relativement aux hommes célibataires et mariés, les veufs sont aux premiers comme 1 : 4,71, et aux seconds comme 1 : 3,85. La proportion des veuves pour ces deux catégories est de 1 à 2,40 pour la première, et de 1 à 2,13 pour la seconde.

Dans un relevé de M. Devergie, les suicides du sexe masculin n'excédaient que de 3/10 celui du sexe féminin chez les veufs, tandis que chez les individus mariés et dans l'état célibataire, la proportion mâle était deux fois supérieure à celle du sexe féminin pour les veufs.

L'isolement doit donc être considéré comme une circonstance prédisposante, favorable à l'accomplissement du suicide, et cette remarque prend encore plus de force, si l'on réunit dans la même catégorie les veufs qui, dans une mesure donnée, doivent être rangés dans la classe des célibataires. Pour apprécier toute l'influence du célibat, il faut se rappeler que l'état de mariage, par rapport à la population, est bien supérieur au célibat et au veuvage. Parmi les nombreux arguments invoqués en faveur de la famille, celui-ci mérite de fixer l'attention ; nul doute que l'influence du mariage ne fût bien autrement prépondérante, si les considérations qui servent de base à cette institution n'étaient exclusivement prises dans les intérêts matériels. Il faut aussi tenir compte de l'irréflexion qui préside à tant de mariages !

1180 individus se sont donné la mort, quoiqu'ils eussent des enfants. Sur ce nombre, 803 hommes avaient depuis 1 enfant jusqu'à 8, et 377 femmes, depuis 1 jusqu'à 6.

Dans le chiffre total (4595), il se trouvait 48 enfants naturels, 94 maris et femmes séparés, 27 femmes enceintes. La considération des enfants, si puissante dans un grand nombre de cas, est donc souvent sans force dans le suicide, comme beaucoup

CAUSES PRÉDISPOSANTES. — FORTUNE.

d'autres sentiments; il ne faut pas perdre de vue néanmoins que la folie, l'ivrognerie, la débauche, les mauvaises passions doivent beaucoup affaiblir le sentiment de famille.

6° *État de fortune.*— Richesse. — Aisance. — Salaires assurés. — Gêne. — Pauvreté. — Misère. — Départements industriels, leur nombre plus grand de suicides. — Éléments favorables et défavorables de la civilisation.

Si la misère est souvent invoquée par ceux qui attentent à leurs jours, il n'est pas moins vrai que beaucoup de ces suicidés sont mus, en même temps, par d'autres motifs. En examinant avec le plus grand soin toutes les pièces, nous croyons nous être approché le plus possible de la vérité, en les classant de la manière suivante:

Riches............................	126	697
Aisés.............................	571	
Gagnant leur vie.................	2000	2000
Gênés............................	256	
Ruinés...........................	159	
Pauvres..........................	709	1588
Misérables......................	464	
Rien.............................	310	310
	4595	4595

Ainsi, nous trouvons que 697 individus (le sixième environ) étaient dans de bonnes conditions de fortune ; 2000, lorsque leur suicide a été constaté, gagnaient leur vie par le travail : il est certain que parmi eux, il y en avait qui étaient mécontents de leur position ou qui avaient plus ou moins souffert, mais aucun n'était alors dépourvu de ressources. Dans la troisième catégorie (le tiers environ), plusieurs conservaient encore quelque argent, quelques-uns étaient sur le bord du précipice. Tous les autres étaient plus ou moins malheureux ; sur ce nombre, 282 paraissent s'être donné la mort par suite de leur profonde misère.

Dans les trois tableaux que M. Petit a consacrés aux rapports des suicides avec la population, le sol, le climat, l'industrie et l'instruction, il établit que les départements de la première série, les plus avancés sous le rapport industriel, sont aussi ceux qui comptent le plus de suicides (1). Ce médecin fait observer que l'agglomération des individus, l'agriculture, l'industrie, l'instruction, éléments principaux de la civilisation, favorisées par la nature du sol, les influences climatériques, prennent aussi un développement plus considérable sur le moral. L'auteur ajoute : la civilisation elle-même entraîne l'agrandissement du domaine moral, elle fait croître les passions affectives et les passions ambitieuses, sources perpétuelles de tourments et de sollicitude. Il ne faut donc pas s'étonner si ces éléments réunis exercent une action puissante, incontestable. Il est évident que la civilisation ne saurait être rendue responsable de ces résultats, parce que dans le monde moral, comme dans le monde physique, il n'y a pas de chose, quelque bonne qu'elle soit, dont les avantages ne soient accompagnés d'inconvénients.

7° *Instruction bonne, passable, nulle, inconnue.* — Instruction de Paris. — Nombre des élèves qui ont fréquenté les écoles. — Les départements où l'instruction est le plus répandue sont plus prédisposés au suicide. — Dangers de l'instruction incomplète ou fausse.

Les influences exercées par l'instruction et la moralité sur le développement du suicide appartiennent, sans aucun doute, à l'étude de la civilisation dans ses rapports avec le suicide, mais d'un autre côté, comme elles ont une action préparatoire sur la genèse du mal, nous les conservons parmi les causes prédisposantes qui, d'ailleurs, ont aussi leur élément mixte.

Toutes les statistiques, et surtout celles de la justice criminelle, s'appliquent à faire connaître le degré d'instruction des individus qui font la base de leurs travaux. C'est toujours au fond la recherche de la solution de ce problème : quelle est la part de l'enseignement et de l'ignorance sur la moralité des peuples? Voici les données qui nous ont été fournies à cet égard par l'examen de l'éducation, des professions et des écrits.

(1) Petit, *Recherches statistiques de l'étiologie du suicide. Tableaux synoptiques.* Thèse, Paris, 1850.

CAUSES PRÉDISPOSANTES. — INSTRUCTION.

	Hommes.	Femmes.	Total.	
Instruction bonne...	467	106	573	1362
Lisaient, écrivaient bien...	601	188	789	
Lisaient, écrivaient sans orthographe..	1145	511	1656	
Lisaient sans écrire...	1	2	3	
Instruction nulle (illétrés)...	36	29	65	
Instruction inconnue...	969	540	1509	
	3192	1376	4595	

Si l'on défalque du nombre total les individus dont l'instruction est inconnue, on remarque que la proportion de ceux qui ont reçu une instruction plus ou moins complète est au chiffre restant comme 2 : 26, et le rapport des individus qui lisaient et écrivaient sans orthographe comme 1 : 86.

Parmi les 1509 individus sur lesquels les renseignements manquent, il y en avait incontestablement un bon nombre qui savaient lire et écrire. Il y a une autre remarque nécessaire pour Paris, c'est que l'instruction des ouvriers n'est pas seulement due à l'enseignement des écoles, elle se fait encore par les journaux, les feuilletons et surtout le théâtre (1). Aussi beaucoup de ces individus qui ne savent lire et écrire que fort imparfaitement, ont-ils des notions plus étendues, une imagination plus active que des milliers d'habitants de la province qui ont reçu une instruction plus complète. La conséquence à tirer du tableau et des réflexions précédentes, c'est que l'instruction, à Paris, doit entrer dans les éléments de suicide. Il ne faut pas oublier en même temps, que cette instruction puisée dans les romans, les drames, les publications de l'esprit de parti, n'est pas de nature à former le jugement, à rectifier le sens moral, et qu'elle tend au contraire à exagérer les désirs, les chagrins, et à faire considérer le suicide comme la fin de cette multitude de prétendus maux dont ces malheureux se croient les victimes.

Un moyen d'apprécier l'état de l'instruction dans un département est de comparer le nombre des élèves qui ont fréquenté les

(1) Nos relevés embrassent la période de 1834 à 1843.

écoles avec le chiffre de la population. Le rapport de 1845, publié par M. le ministre de l'instruction publique, fait seulement connaître les quinze départements qui ont fourni relativement le plus d'élèves, et les quinze où il y en a eu le moins. Les départements de la première catégorie sont compris, en général, dans la première et la deuxième série du tableau, et ceux de la seconde catégorie dans la deuxième et la troisième série. Ces renseignements, sans établir une relation directe entre l'instruction et le suicide, semblent néanmoins indiquer une tendance à l'augmentation du nombre des suicides dans les départements où l'instruction est le plus répandue. Il y a dans l'influence de l'instruction, comme dans celle de la civilisation, des réserves à faire. L'instruction ne consiste pas seulement à savoir lire, écrire, calculer, il faut qu'elle s'appuie sur une bonne éducation morale. Si elle est seule, incomplète, elle a souvent des résultats pernicieux, et ces suites sont d'autant plus inévitables qu'elle a été corrompue par de mauvaises lectures. C'est le cas de répéter cet aphorisme : « Peu de science mène au doute, beaucoup de science conduit à la foi. »

8° *Moralité* bonne, mauvaise, inconnue. — Prédominance des vices et de l'inconduite.

Il n'y a rien d'absolu dans le monde. Si l'on prétendait, par exemple, que l'inconduite mène toujours au suicide, on commettrait la même erreur que si l'on prétendait que les excès abrègent toujours la vie, puisqu'on pourrait citer, comme l'a fait M. Cuvillier-Fleury, dans son article sur la *longévité humaine* de M. Flourens, des hommes qui sont arrivés sains et saufs à l'âge de quatre-vingts ans, malgré l'oubli de tous les préceptes de l'hygiène. C'est la règle, sans aucun doute, mais il y a l'exception. En faisant le relevé du genre de vie des 4595 personnes qui ont attenté à leurs jours, on a les matériaux du tableau suivant :

CAUSES PRÉDISPOSANTES. — MORALITÉ.

MORALITÉ BONNE.			MORALITÉ MAUVAISE.			MORALITÉ INCONNUE.		
Hom.	Fem.	Tot.	Hom.	Fem.	Tot.	Hom.	Fem.	Tot.
1256	689	1945	1009	445	1454	962	234	1196

Si l'on décompose les éléments qui forment la moralité mauvaise, on peut les classer sous ces cinq chefs:

IVROGNERIE.	CONCUBINAGE.	ADULTÈRE.	JEU.	VOL.
Hom. et fem.	Hom. et fem.	Hom. et fem.	Hom. et fem.	Hom. et fem.
780	663	170	50	46

Il importe de remarquer que le concubinage, l'adultère et l'ivresse se trouvent souvent réunis dans les deux sexes et chez les mêmes individus. Ainsi se trouve expliquée par les doubles et triples emplois, l'élévation du chiffre de la moralité mauvaise (1718).

En défalquant les 1196 cas sur lesquels on ne possède aucun renseignement, on constate que plus de la moitié du chiffre restant (1,75) avaient une bonne conduite, tandis que les individus mal notés n'en formaient qu'un peu moins du tiers (2,23).

Considérés individuellement, les cinq chefs d'immoralité se présentaient dans les proportions suivantes : l'ivrognerie pour le quart environ (4,35); le concubinage pour le cinquième (5,12) ; l'adultère pour le dix-neuvième ; le jeu pour le soixante-septième, et le vol pour le soixante-dixième.

Mais la proportion des individus ayant une vie régulière et qui attentent à leurs jours diminue singulièrement, si l'on se rappelle qu'il y a parmi eux un nombre considérable d'aliénés, d'esprits faibles, exaltés, d'hypochondriaques, de malades, de gens réduits à la pauvreté et à la misère. Il est donc vrai de dire que les vices et les passions exercent une influence fâcheuse sur nos actes et nos déterminations, et que ceux qui s'y abandonnent ont en perspective la pauvreté, la prison, les maladies, la folie et le suicide.

9° *Professions*. — Tableau des principales professions. — Artisans. — Grands industriels. — Domestiques. — Militaires. — Professions libérales. Filles publiques. — Prisonniers. — Résumé général.

Si toutes les professions étaient constamment exercées par les mêmes individus, on pourrait apprécier avec exactitude la part qu'elles prennent dans l'acte du suicide; il s'en faut de beaucoup que les choses se passent ainsi. Un grand nombre d'hommes, nés avec l'instinct de la paresse, n'ont d'aptitude pour aucun état, et font successivement tous les métiers. L'influence de l'éducation ne lutte que très-faiblement contre celle de l'ignorance. On aura beau faire, d'ici à longtemps il y aura des milliers de gens que la nécessité et la force pourront seules contraindre à s'occuper.

Comme il eût été extrêmement fastidieux de présenter un résumé complet de toutes les professions, parce qu'il s'en serait trouvé des centaines qui n'eussent figuré sur le tableau que pour des proportions très-minimes, nous avons pensé qu'il valait mieux en constituer différents groupes, fondés sur le plus d'analogies possible. Le chiffre des professions qui offrait un nombre assez élevé de suicides a été indiqué; nous avons réuni sous le titre de *divers genres*, celles qui, rentrant dans le groupe par un ou plusieurs côtés, sans s'y assimiler complétement, ne représentaient le plus ordinairement que des unités ou des collections très-faibles, et celles que les individus abandonnent à chaque instant.

Tableau des professions par ordre numérique.

1° *Ouvriers avec désignation d'état :* Couturières, lingères 195
Blanchisseurs et blanchisseuses 121
Tanneurs, corroyeurs, mégissiers, cordonniers.... 117
Tailleurs.. 99
Menuisiers...................................... 85
Bijoutiers...................................... 59
Tailleurs de pierre, maçons..................... 54

A reporter........... 730   730

CAUSES PRÉDISPOSANTES. — PROFESSIONS.

Report	730	730
Ébénistes	38	
Perruquiers, coiffeurs	31	
Forgerons, serruriers	30	
	829	829

2° Marchands en détail et autres... 494
   Aubergistes, limonadiers, marchands de vin, restaurateurs... 150
   Commis marchands... 52
   Marchands en gros, banquiers... 31
   Marchands épiciers... 30
   Colporteurs... 6
                        763   763

3° Hommes de peine et journaliers... 241
   Domestiques... 217
   Cochers... 58
   Concierges, portiers... 55
   Cuisiniers, cuisinières... 53
                        624   624

4° Employés... 164
   Avocats, avoués, notaires... 27
   Étudiants en droit, clercs, élèves... 24
   Agents de la force publique... 16
   Médecins, chirurgiens, dentistes... 15
   Étudiants en médecine... 14
   Architectes, géomètres, toiseurs... 7
   Fonctionnaires d'un ordre plus élevé que l'employé. 5
   Étudiants en pharmacie... 5
                        277   277

5° Soldats et invalides... 138
   Sous-officiers... 69
   Officiers... 39
   Soldats remplaçants... 14
                        260   260

6° Rentiers... 182
   Propriétaires... 50

            A reporter... 2985   2985

Report....................	2985	2985
7° Compositeurs, imprimeurs...................	53	
Peintres en bâtiments......................	41	
Peintres...............................	37	
Graveurs..............................	16	
	147	147
8° Commissionnaires, porteurs d'eau..............	49	
Voituriers, rouliers, charretiers................	23	
Porteurs aux halles........................	13	
Mariniers, bateliers........................	12	
	97	97
9° Cultivateurs, bergers........................	47	
Jardiniers................................	45	
	92	92
10° Boulangers, pâtissiers........................	32	
Bouchers, charcutiers.......................	22	
Meuniers................................	5	
	59	59
11° Professeurs, instituteurs, hommes de lettres.....	36	
Musiciens...............................	11	
Artistes.................................	10	
	57	57
12° Filles publiques...........................	17	17
13° Ouvriers de divers genres, sans désignation d'état, ou en changeant continuellement (699) ; professions inconnues, individus sans professions (442).....	1141	1141
		4595 (1)

Avant de présenter quelques observations sur ces différentes professions, il est nécessaire de faire remarquer qu'on manque

(1) Dans un *Tableau statistique et comparé des qualités distinctives des souverains de diverses nations, depuis l'origine des empires jusqu'à la fin du* XVIII° *siècle*, M. Sainte-Fare Bontemps a trouvé que, sur 2542 chefs appartenant à soixante-quatre pays, 20 (1 sur 127) s'étaient suicidés, et 11 (1 sur 224) étaient devenus insensés.— Voyez aussi les *Études sur le genre de mort des hommes illustres de Plutarque*, par le baron Desgenettes, dans le *Journal complémentaire des sciences médicales*, 1829.

complétement de base pour bien apprécier leur influence. Dans le groupe, par exemple, qui comprend 47 cultivateurs et bergers, 45 jardiniers, pour établir un rapport approximatif, il faudrait connaître le nombre des cultivateurs, bergers et jardiniers qui existent dans le département de la Seine. Or, ce nombre n'a jamais été indiqué et il est tout à fait inconnu pour la France entière. Il serait aussi fort intéressant de savoir si certaines occupations prédisposent plus que d'autres au suicide ; si les professions libérales développent cette impulsion plus souvent que les travaux purement manuels ; si les causes morales inhérentes à plusieurs professions occasionnent autant de morts volontaires qu'on l'a prétendu (Petit).

Tout en reconnaissant la justesse de ces objections pour la France, nous croyons qu'elles n'ont pas la même valeur pour Paris, où le rapport approximatif des professions est généralement mieux apprécié. Il y a d'ailleurs des considérations d'un autre ordre, suggérées par l'examen des causes qui déterminent le suicide dans les diverses professions, et qui ne sont pas sans intérêt pour l'analyse morale du cœur humain.

Si nous passons maintenant en revue ces différents groupes, nous remarquerons d'abord l'énorme quantité d'artisans qui se donnent la mort. La proportion de cette catégorie est de près de la moitié (2,70) des professions connues. Les causes très-variées de cette fatale influence sur cette classe peuvent être ramenées aux suivantes: la concentration de toutes les industries dans la capitale, l'attrait des salaires élevés, la concurrence qui amène à chaque instant des perturbations dans la main-d'œuvre, le chômage, les privations de toute nature, la cherté des vivres, la mauvaise disposition des logements, la facilité des plaisirs, parmi lesquels la débauche et le vin ont une part considérable (1), l'ignorance ou le mépris des devoirs, les mauvaises lectures et les mauvais spectacles, l'exemple si contagieux du vice, la vue

(1) Frégier, *Des classes dangereuses*, 2 vol. Paris, 1840.

continuelle du luxe, et l'absence ou l'affaiblissement des principes religieux et moraux.

Parmi les catégories d'ouvriers qui occupent un rang élevé dans cette triste énumération, il faut placer les couturières, les lingères, les blanchisseurs, les cordonniers, les tailleurs, les menuisiers, les bijoutiers, les maçons, les ébénistes, les perruquiers, les serruriers, etc. Sans doute, les motifs que nous venons de faire connaître rendent compte de la fréquence du suicide dans ces états et doivent éveiller la sollicitude de l'autorité, il faut aussi avouer que le besoin impérieux de s'amuser, *de faire la noce*, pour nous servir d'une expression consacrée, est une cause de gêne continuelle, de ruine même pour les ouvriers. Plus on s'est diverti, plus les privations sont dures, et il arrive un moment où l'on préfère la mort à ce jeûne forcé.

L'industrie n'est pas seulement frappée dans ses soldats, ses chefs sont également décimés. La proportion de ceux qui se sont donn la mort est du cinquième environ (5,44). Les chances si diverses du commerce expliquent jusqu'à un certain point ce chiffre élevé.

Une des professions qui présentent le plus de victimes est celle des marchands de vin, ce qu'il faut attribuer, dans un grand nombre de cas, aux excès alcooliques et à la folie.

La classe des domestiques, des gens de peine, compte un nombre considérable de suicides; les vices nombreux des premiers doivent avoir une part active dans ce déplorable résultat. Paresseux, ivrognes, grossiers, menteurs, médisants, curieux, libertins, bavards et souvent voleurs, ils subissent toutes les conséquences de ces défauts, dont les principales sont le changement continuel de places, la possibilité de rester longtemps sans occupation, la misère d'autant plus cruelle qu'ils ont plus vécu dans l'abondance chez leurs maîtres. Il y a pour les femmes une autre cause, la débauche. Séduites et abandonnées par ceux qui leur devraient aide et protection, elles ne peuvent supporter leur oubli après avoir partagé leur couche et leur aisance. Il y a sans doute de nombreuses exceptions à faire parmi les domestiques, il n'en est pas moins vrai que les mœurs de cette classe ont besoin d'une grande réforme et qu'il ne faut pas perdre de vue que le mal vient d'en haut et d'en bas. Les concierges, les cuisiniers, les cochers, forment encore une proportion considérable du chiffre des suicides parmi les domestiques.

L'armée (active et en retraite) apporte son contingent au suicide, et, proportion gardée, le nombre des victimes ne laisse pas d'être considérable. L'habitude de braver le danger, la facilité du moyen qui est toujours à proximité, la sévérité de la discipline, expliquent assez bien cette tendance chez les militaires. Il y a aussi d'autres motifs que nous allons rapidement indiquer. La susceptibilité inhérente à la profession se trouve souvent blessée, tandis que la hiérarchie met sans cesse des obstacles au désir de la vengeance, et lorsque le supplice est de tous les jours, il rend la vie insupportable. La discipline qui fait la force des armées, fait aussi le tourment de ce grand nombre d'hommes qui se sont engagés parce qu'ils ne voulaient ni travailler, ni obéir.

Les dettes, surtout pour les comptables, sont fréquemment une cause de suicide. Les retraits d'emploi, par inconduite ou insultes, figurent aussi parmi les motifs. Chez les soldats, l'ivrognerie amène à chaque instant des infractions à la discipline, et par suite des punitions. Rien de plus ordinaire que de lire sur les feuilles de service que le tiers, la moitié du temps a été passée dans les prisons. C'est donc avec juste raison qu'un des derniers ministres de la guerre a recommandé la plus grande douceur aux officiers, lorsqu'ils voyaient leurs soldats rentrer ivres. L'insubordination, la nostalgie, déterminent aussi le suicide parmi les militaires. L'influence de l'imitation doit également être notée. On a plusieurs fois constaté que lorsqu'on recevait à la Morgue le corps d'un soldat suicidé, il était rare de ne pas recevoir dans cet établissement, à une distance plus ou moins rapprochée, le corps d'un ou de deux autres soldats. Cette sorte de contagion est bien plus marquée lorsqu'un officier s'est suicidé.

A diverses reprises, cette sorte d'épidémie de suicides dans l'armée de Paris a donné lieu à des ordres du jour. On n'a pas oublié celui de Napoléon Ier. En juin 1861, le maréchal Magnan en faisait lire un fort bien fait aux régiments assemblés et à trois appels successifs. « Le soldat qui se tue, leur disait-il, fait acte de lâcheté et d'ingratitude : sa vie ne lui appartient pas, elle appartient à l'État qui la lui a demandée, au pays qui compte sur elle au jour du danger, à l'armée à qui elle manquera au jour de la victoire ; ne vous laissez pas aller au découragement et à la faiblesse, pour une peine de cœur, pour un entraînement fatal, moins encore pour une contrariété ou une punition encourue dans le service..... Quand vous vous livrez des combats trop forts pour vos esprits, venez me trouver, m'ouvrir votre cœur, et mon cœur de soldat comprendra le vôtre.... Il vous rappellera au sentiment du devoir, il vous conservera à votre famille, à la France, à l'Empereur qui vous aime et compte sur vous. »

Cet ordre du jour qui fut très-remarqué eut la plus heureuse influence sur l'épidémie qui l'avait provoqué (1).

En concentrant toutes les affections, toutes les jouissances sur un seul ordre d'objets, a dit un auteur, les passions ont pour résultat général de diminuer l'attachement à la vie ; quels que soient leurs égarements, il est rare cependant que toute moralité soit éteinte en celui qu'elles conduisent au suicide. L'observation prouve que la mort volontaire est à peu près incompatible avec les derniers degrés de l'avilissement. Parent-Duchâtelet a trouvé très-peu de suicides parmi les prostituées. Notre relevé vient à l'appui de cette opinion, car sur le nombre des professions connues, les filles publiques n'en représentent que la deux cent quarantième partie.

Le mémoire de M. Richelot sur la prostitution en Angleterre semble infirmer ce résultat, surtout pour l'Écosse ; mais le docteur Tait, qui a publié un livre fort curieux sur ce sujet, affirme que, chaque année, le quart ou même le tiers des prostituées

---

(1) Le journal *l'Autographe*, p. 50. 1864

d'Édimbourg se livrent à des tentatives de suicide, et que le douzième environ réussit à se donner la mort. Ce résultat tient, sans aucun doute, au degré d'instruction qu'un assez grand nombre de ces prostituées ont reçu, à l'énergie de la race, à la lutte qu'elles opposent à la dégradation, et au désespoir qu'elles éprouvent quand elles la voient prête à les saisir. On a fait la remarque que ces femmes avaient peu de démêlés avec la justice et qu'un assez bon nombre d'entre elles rentrait dans la vie commune (1).

La même remarque s'applique aux détenus et particulièrement aux forçats.

Sur une population de 15 000 individus dans les maisons centrales, de 1840 à 1846, on a compté 30 suicides, sur 7041 forçats; et de 1838 à 1846, on n'en a constaté que 5. Les voleurs, les assassins de profession, les forçats, les grands coupables, ont plus rarement recours à ce moyen violent pour se soustraire à l'expiation pénale que les détenus d'une perversité moins profonde; et lorsqu'ils veulent en finir, l'énergie morale leur manque quelquefois pour recourir au suicide direct. Les morts volontaires qui ont lieu dans les prisons s'appliquent, dans la généralité des cas, soit à des individus évidemment fous, soit aux détenus politiques, soit au petit nombre de coupables infortunés qui ont cédé à une passion, à un entraînement irrésistible et momentané (2). La détention dans les prisons centrales a plusieurs fois été la cause du suicide, et a même conduit à l'assassinat. Peut-être un emprisonnement cellulaire trop rigoureux y contribue-t-il dans une certaine proportion; c'est du moins ce que porterait à croire un travail de M. de Pietra-Santa, qu'il a communiqué à l'Académie de médecine. D'après ce médecin, en prenant la moyenne de quatre années (1850 à 1854),

(1) Richelot, *De la prostitution en Angleterre et en Écosse*, p. 111. Paris, 1857.

(2) G. Ferrus, *Des prisons, des prisonniers, de l'emprisonnement*, p. 111 et suivantes. Paris, 1850.

depuis l'ouverture de la prison Mazas, on a eu sur 25 268 prisonniers, 24 suicides et 43 tentatives.

L'auteur fait remarquer qu'en général les détenus qui se sont suicidés n'appartenaient pas à la catégorie des hommes pervers, et qu'ils étaient seulement passibles de la police correctionnelle (1).

Une amélioration sensible a eu lieu à Mazas sur le chiffre des suicidés, ainsi en 1856, on n'en avait constaté que 3, comme je l'ai noté sur le registre. M. le docteur Jacquemin, médecin de la prison, attribue cet heureux résultat à la plus grande surveillance des gardiens, qui peuvent voir à chaque instant le détenu sans qu'il s'en aperçoive, et aux communications plus fréquentes de l'aumônier, du directeur et de quelques personnes charitables. Nous ferons néanmoins observer que plusieurs prisonniers nous ont déclaré qu'ils étaient comme abrutis par cet isolement, et l'un d'eux, ancien soldat, d'un caractère résolu, nous assura qu'au bout de trois mois, son trouble et son désespoir étaient si grands, qu'il serait devenu fou ou aurait attenté à ses jours si l'emprisonnement eût duré plus longtemps.

Résumé. — L'influence de l'hérédité, incontestable, mais limitée dans le suicide à l'état de raison, est plus marquée chez les aliénés.

Les influences climatériques et météorologiques doivent être rangées parmi les conditions de causalité du suicide.

Le rapport des sexes, dans la totalité des suicides, est pour les femmes d'environ 1 sur 3.

Cette diminution du chiffre du suicide dans le sexe féminin est remarquable parmi les prisonnières.

On n'aurait qu'une idée imparfaite du chiffre des suicides dans les deux sexes, si l'on ne tenait compte de celui des tenta-

---

(1) De Pietra-Santa, *De l'influence de l'emprisonnement cellulaire de Mazas sur la santé des détenus* (*Union médicale*, 30 janvier 1855). — Voyez le travail contraire de M. Lélut, *De l'emprisonnement cellulaire de Mazas*. Paris, 1852.

CAUSES PRÉDISPOSANTES. — RÉSUMÉ. 55

tives. En joignant à ce nouvel élément les suicides dissimulés, regardés comme accidentels, les suicides inconnus, on peut en évaluer le nombre au double des suicides constatés.

Le département de la Seine présente le maximum des suicides.

L'époque de la vie où l'on compte le plus de suicides est celle de 20 à 50 ans, mais c'est surtout de 40 à 50 ans que la prédisposition au suicide atteint son chiffre le plus élevé.

La vieillesse, que l'on croirait très-avare de ses jours, a aussi ses morts volontaires, et eu égard au chiffre de la population de chaque âge, la proportion est au moins égale, sinon supérieure, à celle de l'âge adulte. Le jeune âge est celui où le meurtre de soi-même est le plus rare; depuis quelques années cependant, il paraît avoir subi une augmentation sensible.

L'accroissement du chiffre des suicides, dans le célibat, le veuvage, tient à des causes particulières parmi lesquelles il faut tenir compte de l'isolement, de l'irrégularité des mœurs, de la perte d'anciennes habitudes, etc.

L'état de fortune doit être pris en considération parmi les causes de cette maladie morale ; mais si la pauvreté a une action marquée sur cette détermination, il est évident qu'il y a d'autres éléments : ainsi les départements les plus avancés sous le rapport industriel sont ceux qui comptent le plus de suicides.

L'immoralité exerce une influence fâcheuse sur la production du meurtre de soi-même.

L'instruction, quand elle ne repose pas sur une bonne éducation morale, semble favoriser la tendance au suicide.

Certaines professions paraissent prédisposer davantage au suicide.

2° Causes déterminantes (1).

Influence des passions. — Action de la douleur. — Sa division : Douleurs vraies. — Douleurs futiles ou fausses. — Douleurs inconnues. — Tableau des causes.

Tout mal physique ou moral ne se développe, le plus ordinairement, qu'après avoir passé par l'incubation d'une ou de plusieurs causes prédisposantes, connues ou inconnues ; sans cette préparation première, on ne comprendrait pas pourquoi sur une réunion d'individus, placés dans les mêmes circonstances, quelques-uns seulement seraient frappés, tandis que les autres seraient préservés. Les causes que nous venons de signaler nous ont révélé les influences des agents physiques et de quelques agents moraux. Nous allons continuer notre exploration par l'analyse des causes qui ont pour siége la sensibilité générale, appelées par les philosophes *inclinations*, plus généralement *sentiments*, et qui se résument dans les passions, qu'on retrouve dans toutes les biographies des suicidés. Quelquefois nobles et généreuses, elles sont le plus souvent empreintes de la personnalité humaine, l'égoïsme, et aboutissent, dans un grand nombre de cas, au délire, à la folie, au suicide.

Les motifs peuvent varier, selon les époques, la passion en est toujours le trait caractéristique. Dans l'antiquité, l'orgueil im-

(1) Cette division des causes en prédisposantes et en déterminantes, indique une filiation successive, mais elle n'est à proprement parler qu'un jalon destiné à faciliter l'étude. On lui a reproché d'être artificielle, c'est le sort de toutes les classifications ; elle est d'ailleurs adoptée par le plus grand nombre des médecins. En la remplaçant par la suivante : *les causes physiologiques*, où l'organisme joue le principal sinon l'unique rôle ; *les causes mixtes*, où se rencontre la double influence de l'âme et du corps ; *les causes morales*, qui tiennent essentiellement aux passions, l'esprit pourrait être satisfait, mais on encourrait la critique, déjà faite relativement à l'ivrognerie et la folie, etc., celle de passer alternativement d'une section dans une autre. Longtemps encore nos données seront arbitraires, parce qu'elles portent le stigmate du fini. Cependant, comme la distinction des causes en morales et en physiques est plus en rapport avec le plan du livre, nous la suivrons autant que possible.

mole des milliers de victimes. Au moyen-âge, le fanatisme religieux n'est pas moins funeste à l'humanité. De nos jours, les sacrifices de l'Inde sont dus à la même cause, et le trépas volontaire des Japonais est le résultat de leurs idées sur l'honneur et le devoir. Le commandant américain de l'escadre qui a visité en 1855 les côtes de ce pays, raconte qu'ayant voulu débarquer sur un point du littoral, le chef de la ville le supplia de ne pas descendre à terre ; comme l'officier insistait, et lui demandait qui l'en empêcherait, le Japonais lui répondit : « Vous êtes libre de le faire, mais dès que vous aurez mis le pied sur le sol, je serai déshonoré ; moi et mes subordonnés nous serons forcés de nous ouvrir le ventre. »

Les passions, tels sont, en dernière analyse, les plus puissants incitateurs du suicide, et cela n'a rien qui doive surprendre, car être soumis à leur influence, c'est souffrir, et la douleur est insupportable à l'homme. Sans doute, la folie détermine un grand nombre de suicides, là encore nous retrouvons l'existence de la douleur au point de départ. Toutes les fois, en effet, que nous avons pu remonter à l'origine d'une question de folie, nous y avons presque toujours découvert un grand désespoir, un penchant vicié, une passion déréglée, en un mot, une mauvaise direction des idées et des sentiments : la souffrance, tel est le cri suprême de l'humanité.

A la douleur, se rattachent presque toutes les histoires de suicides que nous avons lues dans les annales de la justice. Quant à ceux que nous avons vu s'accomplir sous nos yeux, elle y a toujours été associée. Ce groupe fondamental se décompose lui-même en trois autres divisions : les douleurs vraies, les douleurs futiles ou fausses, les douleurs inconnues. Nous allons maintenant les étudier dans les vingt sections présentant le résumé des 4595 observations qui font la base de notre travail (1).

(1) L'immense majorité des faits cités est tirée des documents qui nous avaient été confiés par le parquet, mais il en est aussi un grand nombre qui ont été recueillis par nous ou empruntés à des sources dignes de foi.

Deux tableaux embrassent toutes les causes : ils sont distribués par ordre numérique, par ordre de groupement et d'analogie, par ordre de proportion relative; une note est consacrée aux causes par double emploi.

L'ordre que nous avons suivi dans ces tableaux a été vivement critiqué, sans qu'on nous indiquât une classification meilleure ; nous répondrons aux détracteurs obstinés de la statistique : nos chiffres ne veulent pas dire que les catégories que que nous avons établies soient invariablement soumises à cet ordre, ils indiquent seulement que dans les groupes de la folie, de l'ivrognerie, qui existent par eux-mêmes, parce qu'il y a toujours eu des fous et des ivrognes, nous avons constaté 652 cas dans le premier et 530 dans le second. Les chiffres montrent que les faits sont nombreux dans ces deux catégories, ils ne les constituent pas, ils les mettent plus en relief et confirment l'analyse morale ; aussi ne serions-nous aucunement surpris que des additions plus considérables n'intervertissent l'ordre du tableau, sans toutefois en changer la signification. Quant à la critique qu'on nous a faite d'avoir pris pour fondement de toute conclusion les données fournies par l'administration, elle peut s'adresser à d'autres écrivains, mais elle est mal fondée à notre égard ; ce n'est en effet qu'après avoir lu en entier les pièces des dossiers de Paris, qui sont généralement rédigées avec soin, et se composent des enquêtes des commissaires de police, des dépositions des témoins, des rapports des médecins, des manuscrits et des lettres des suicidés, que nous avons posé nos conclusions ; l'administration et les suicidés nous ont fourni les matériaux, cela est vrai, mais nous les avons analysés et interprétés, ce qui est tant soit peu différent. En résumé, nous n'avons jamais eu la prétention orgueilleuse de créer un ordre immuable, nous nous sommes contenté de réflexions sobres et toujours au plus près des faits. L'historique des systèmes est là pour nous apprendre leur durée, et ce n'est pas, lorsque nous voyons dans notre spécialité, les médecins changer à chaque nouveau volume les classifications

CAUSES DÉTERMINANTES. — PASSIONS.

et les types, que nous sortirions de l'observation des faits. Nous avons encore une remarque à faire sur la division des causes, c'est qu'elle varie selon les temps et les pays. M. Des Étangs, qui fait des suicides en France deux sections, examine la première au point de vue des influences exercées par l'état social, il y comprend, dans l'ordre suivant : 1° les événements politiques, les révolutions, les guerres civiles ; 2° le scepticisme, l'incrédulité, les croyances ; 3° les maladies de l'imagination, l'orgueil, les rêveries, le découragement ; 4° les chagrins domestiques, les querelles, les menaces, les mauvais traitements ; 5° la crainte du déshonneur, la peur de la police et des tribunaux ; 6° l'amour ; 7° la misère ; 8° l'inconduite, l'ivrognerie, la débauche ; 9° le jeu, la loterie, la bourse, les actions industrielles.

La deuxième section que ce médecin étudie dans ses rapports avec les lois de l'organisme, renferme les subdivisions suivantes : 1° le spleen ; 2° l'imitation ; 3° la monomanie ; 4° l'hérédité ; 5° les maladies ; 6° l'aliénation mentale.

C'est, en d'autres termes, la division en causes morales et physiques. On peut également adresser plus d'une objection à cette classification ; ainsi les événements politiques, placés en tête de la première section, n'occupent ce rang que dans des circonstances exceptionnelles, et plus encore par leur retentissement que par leur proportion réelle ; le scepticisme, les maladies de l'imagination ont aussi leurs époques ; la folie, les chagrins, la misère, l'inconduite, l'ivrognerie, sont généralement les causes permanentes, les plus nombreuses du suicide. Au temps de Mercier, la misère était la cause déterminante de la mort volontaire. L'hérédité et l'imitation, placées dans la seconde section, exercent aussi leur influence sur plusieurs des catégories de la première. Dans notre civilisation actuelle, la folie doit être considérée comme le mobile le plus puissant de la mort volontaire, tandis que chez les Indiens, elle a lieu par fanatisme religieux, chez les Chinois par désespoir, et chez les Japonais par devoir. Il ne faut donc pas attacher aux classifications plus d'importance qu'elles n'en ont, et suivre l'ordre qui est le plus conforme aux faits.

Tableau général des causes simples.

1° ORDRE NUMÉRIQUE ET ORDRE PROPORTIONNEL.

	Ordre numérique.	Ordre proportionnel.
1. Folie	652	7,04
2. Ivrognerie	530	8,66
3. Maladies	405	11,34
4. Chagrins domestiques	361	12,72
5. Chagrins en général, contrariétés	311	14,77
6. Amour	306	15,01
7. Pauvreté, misère	282	16,28
8. Embarras d'argent, revers de fortune, cupidité	277	16,58
9. Dégoût, ennui de la vie	237	28,71
10. Caractère faible, exalté, triste, hypochondrie.	145	31,68
11. Remords, crainte du déshonneur, des poursuites judiciaires	134	34,29
12. Inconduite	121	37,97
13. Paresse	56	82,05
14. Délire aigu	55	83,54
15. Jalousie	54	85,09
16. Jeu	44	104,43
17. Manque d'ouvrage	43	106,86
18. Orgueil, vanité	26	176,73
19. Motifs divers, politique (1)	38	120,92
20. Motifs inconnus	518(2)	8,87
	4595	

2° ORDRE DE GROUPEMENT ET D'ANALOGIE, AVEC LA PROPORTION RELATIVE DES CAUSES AU CHIFFRE TOTAL.

	Ordre de groupement.		Ordre proportionnel.
1. Ivrognerie	530		
Pauvreté, misère	282		
Embarras d'argent, revers de fortune, cupidité	277	1309	3,51
Inconduite	121		
Paresse	56		
Manque d'ouvrage	43		
2. Folie	652		
Ennui, dégoût de la vie	237		
Caractère faible, exalté, triste, hypochondrie	145	1089	4,54
Délire aigu	55		
A reporter	2398		

(1) La proportion minime de chaque cause nous a porté à les réunir sous ce titre : il y a cependant une exception pour la politique.
(2) Les motifs inconnus, par ordre proportionnel, devraient prendre place après l'ivrognerie, mais leur titre même les classe au dernier rang.

CAUSES DÉTERMINANTES. — GROUPES.

	Report........ 2398	Ordre de groupement.	Ordre proportionnel.
3. Chagrins domestiques...............	361 }	672	6,85
Chagrins en général, contrariétés......	311 }		
4. Maladies........................	405	405	11,34
5. Amour.........................	306 }	360	12,76
Jalousie........................	54 }		
6. Remords, crainte du déshonneur, des poursuites judiciaires.................	134	134	34,29
7. Jeu.............................	44	44	104,43
8. Orgueil, vanité....................	26	26	176,73
9. Motifs divers, politique.............	38	38	120,92
10. Motifs inconnus...................	518	518	8,87
	4595		

Les causes du suicide ne sont pas toujours simples, souvent elles sont associées plusieurs ensemble; c'est ce que nous avons constaté dans 1415 cas (1).

Le suicide étant étudié par nous au double point de vue de la liberté et de l'absence de contrôle, c'est-à-dire de la raison et de la folie, nous avons pensé qu'il était plus conforme au titre et au plan du livre d'adopter cet ordre. Nous modifierons donc la classification de groupement, d'analogie et de quantité de la première édition, en partageant les causes déterminantes : 1° en celles qui conduisent au suicide raisonné ; 2° en celles qui produisent le suicide par dérangement de la raison. C'est, jusqu'à un certain point, la division en causes morales et physiques, avec ses imperfections, mais du moins en rapport avec la pensée de l'ouvrage. Les passions constitueront la première section; les maladies et la folie à laquelle nous réunissons divers états de l'esprit qui ont avec elle de nombreux points de contact, formeront la seconde. La nature des recherches reste la même, leur rang seul subit quelques changements.

(1) Ordre dans lequel se sont présentées ces associations : Pauvreté, misère, 185 ; caractère faible, exalté, triste, hypochondriaque, 185; ivrognerie, 173 ; chagrins, contrariétés, 133 ; embarras d'affaires, revers de fortune, 106 ; chagrins domestiques, 98; dégoût, ennui de la vie, 97 ; inconduite, 93 ; folie, 89 ; maladies, 65 ; paresse, 38 ; remords, crainte du déshonneur, 34 ; amour, 33 ; manque d'ouvrage, 28 ; jeu, 21 ; jalousie, 16 ; motifs divers, 14 ; orgueil, 6 ; délire, 1.

PREMIÈRE SECTION.

PREMIER GROUPE.

IVROGNERIE, PAUVRETÉ, MISÈRE, EMBARRAS D'ARGENT, REVERS DE FORTUNE, INCONDUITE, MANQUE D'OUVRAGE, PARESSE.

SOMMAIRE. — 1° *Ivrognerie.* — Ses abus en Amérique, en Allemagne, en Suède. — Alcoolisme chronique. — Sociétés de tempérance. — Causes morales et physiques de l'ivresse. — Influence de l'ivresse sur le suicide et le développement de la folie. — Variétés. — Hallucinations spéciales. — Folie suicide ou homicide de l'ivresse instantanée. — Monomanie du vol. — Érotomanie. — Penchant à l'ivrognerie succédant à la folie, à un état de maladie. — Perversion de certaines facultés. — Irrésistibilité. — Résumé. — 2° *Pauvreté, misère.* — Son influence sur le suicide. — Ses causes diverses. — 3° *Embarras d'argent, revers de fortune.* — Différences des époques. — Causes diverses. — 4° *Inconduite.* — Amour du plaisir, libertinage, motifs inconnus. — 5° *Manque d'ouvrage.* — Nécessité d'organiser des moyens de travail pour les condamnés libérés, pour les ouvriers qui sont momentanément sans ouvrage. — Utilité d'une maison de retraite pour les ouvriers vieux ou infirmes. — *Paresse* innée chez un grand nombre d'hommes. — Nécessité d'habituer de bonne heure au travail. — Influence de la paresse sur le suicide. — Utilité du travail. — Résumé des cinq dernières sections.

1° IVROGNERIE. — Il y a longtemps qu'on a dit : *le vice porte avec lui son châtiment.* Misère, maladies, abrutissement, folie, crime, suicide, voilà les conséquence fatales de l'ivresse.

La *Revue britannique* publia en 1833 un extrait des travaux de quelques économistes américains sur les résultats de l'ivrognerie pour les États-Unis, auquel nous empruntons les passages suivants : D'après un rapport lu à l'*American temperance Society*, on trouve que 30 ou 40 000 personnes mouraient tous les ans victimes de leurs excès, et que plus de 200 000 étaient atteintes de maladies graves, ou plongées dans la plus affreuse misère. M. Samuel Hopkins estime que la perte qu'occasionne à l'Union le crime ou sa répression s'élève tous les ans à 7 ou 800 000 dollars (44 110 000 francs), dont les 3/5es, ou 5 911 168 dollars (30 329 190 francs), doivent être imputés à l'intempérance.

L'ivrognerie est le vice le plus ordinaire des basses classes de l'Allemagne. On compte tous les ans dans cette contrée 40 000 morts à la suite des excès de boissons. Dans le Zollverein, seulement, on vend et consomme 300 millions de quarts d'eau-de-vie, et dans la Hesse, on fait servir à la distillation la moitié des grains que produit le sol (1).

Le professeur Magnus Huss a signalé à l'attention des médecins un grand nombre d'états pathologiques, résultats de l'abus des boissons alcooliques, parmi lesquels nous devons surtout mentionner la forme prodromique, la forme paralytique, la forme anesthésique, la forme hyperesthésique, la forme convulsive et la forme épileptique. L'auteur fait remarquer qu'il faut bien se garder de confondre la forme paralytique avec la paralysie générale des aliénés qui s'en rapproche beaucoup ; ses rapports sont plus marqués avec le *delirium tremens chronique* (2).

M. Morel a, de son côté, publié des recherches spéciales fort curieuses sur les descendants des alcoolisés. Leur histoire se trouve consignée dans son *Traité des dégénérescences* (3).

La lecture de ce chapitre est une preuve décisive de la pression fâcheuse qu'exerce l'hérédité sur le physique et le moral.

On a cherché à combattre cette funeste passion par les sociétés de tempérance, les résultats obtenus paraissent satisfaisants. En Amérique, il y a des comtés où les distilleries, qui étaient par centaines, ont complétement disparu. En Prusse, les mêmes mesures semblent également couronnées de succès.

Nulle part, peut-être, les sociétés de tempérance n'ont produit des effets plus favorables que dans la haute Silésie. Il résulte d'un

(1) *Union médicale*, 2 décembre 1852.
(2) *Chronische Alkoholskrankheit oder Alcoholismus chronicus*, von Dr Magnus Huss, traduit du suédois par le docteur Gerhard van dem Busch ; in-8. Stockholm und Leipzig, 1852. — *Annales médico-psychologiques*, janvier 1853, analyse de M. le docteur Renaudin.
(3) Morel, *Traité des dégénérescences*, p. 113 : *Dégénérescences héréditaires chez les enfants nés des parents livrés à l'alcoolisme*. Paris, 1857. Voyez aussi son *Traité des maladies mentales*, 1854.

rapport des autorités supérieures de cette province, qui, par ordre du roi, a été publié dans les journaux et affiché à Breslaw, qu'on a constaté les faits suivants :

« Pendant l'année comprise entre le 1er septembre 1843, et pareil jour de la présente année (1844), 18 distilleries ont été converties en établissements industriels d'un autre genre, et 108 autres distilleries n'ont pas été exploitées. La quantité d'eau-de-vie fabriquée pendant l'année en question présente une diminution de 45 000 eimers (13 950 000 litres) sur celle de l'année précédente, et, par suite, les droits sur les boissons spiritueuses ont éprouvé un décroissement de 254 489 thalers (1 037 956 francs). Les classes inférieures de la population ont été beaucoup plus assidues à l'église qu'auparavant, la vie de famille plus tranquille, et il n'y a presque pas eu de rixes sur la voie publique.

» Ces résultats seront portés à la connaissance de tous les grands propriétaires ruraux de la Silésie entière, par des circulaires que leur adresseront les directeurs des districts (1). »

Mais il faut dire aussi que nous avons vu des individus ayant la médaille du père Mathews, qui transgressaient presque journellement leurs vœux. Malgré les tentatives faites en Amérique, les folies dues à l'ivresse, et surtout le *delirium tremens*, sont d'une fréquence extrême aux États-Unis, où l'on a créé des asiles spéciaux, tant la proportion de ces aliénés est considérable. Il en est de même en Suède, en Norvége, etc. L'Angleterre entre aussi dans cette voie.

Le nombre des individus dont le suicide a été la suite de l'ivresse s'élève à 530, le huitième environ du chiffre général (8,66); chez beaucoup d'entre eux, les chagrins ont été les promoteurs de cette funeste passion : nous avons noté cette cause 112 fois. L'observation seule, sans le secours de la statistique, démontre la justesse de ce relevé ; c'est donc à tort et d'après un

(1) *Presse*, 10 décembre 1845.

examen superficiel des faits, qu'on a rangé exclusivement l'ivresse parmi les causes physiques de la folie. Il y a sans doute un grand nombre de personnes qui sont entraînées à boire par leur organisation, et nous en avons noté des exemples déplorables, surtout chez les individus nés de parents ivrognes, mais les chagrins, la misère, la paresse, la contagion de l'exemple doivent être comptés parmi les motifs les plus puissants de cette passion.

Combien d'hommes s'établissent avec rien ou peu de chose qui, ne pouvant réussir à équilibrer leurs dépenses, après avoir lutté quelque temps contre cette ruine en détail, finissent par chercher dans le vin un oubli à leurs peines. Les querelles et les chagrins domestiques ont souvent aussi ce résultat. Parmi les faits que nous avons recueillis, nous avons trouvé bon nombre d'individus qui avaient contracté l'habitude de l'ivrognerie, les uns parce qu'ils avaient sans cesse sous les yeux le spectacle des déportements de leurs femmes; les autres parce qu'ils avaient perdu un être cher, ou avaient été abandonnés. La plupart disaient qu'ils s'étaient livrés au vin dans l'intention de s'étourdir sur leurs maux.

Des artisans dont le salaire est insuffisant pour nourrir leur famille, obligés de se défaire pièce à pièce de leur petit mobilier, ont recours à la bouteille, et lorsque l'ivresse est passée ils éprouvent un tel chagrin de leur position, qu'ils mettent fin à leurs jours. Un malheureux qui venait de vendre son dernier drap, s'asphyxie après s'être enivré. Beaucoup d'ivrognes se tuent par le regret que leur cause l'impossibilité de vaincre leur funeste penchant et les conséquences déplorables qu'il a produites. En se voyant sans emploi, continuellement chassés de leurs places, couverts de dettes criardes, exposés à des reproches quotidiens, battus, battant, punis par les tribunaux, en horreur à leurs familles, n'ayant jamais le sou, le désespoir s'empare d'eux, et ils se tuent. 130 individus se rangent dans cette catégorie. Ici nous n'avons que l'embarras du choix. Ceux-ci vendent ou engagent tous leurs effets et même ceux de leurs pratiques; ceux-là mangent l'argent de leurs fournisseurs, de leur loyer, de leur remplacement. Les uns accablent de coups leurs femmes et leurs enfants, dont les jours sont sans cesse en danger ; les autres deviennent violents, paresseux et débauchés. Il en est qui tombent dans un abrutissement qui leur permet à peine de parler ou d'agir. Les actions honteuses, le vol, ne sont que trop souvent les conséquences de l'ivrognerie ; lorsque ce penchant est devenu irrésistible, il faut le satisfaire à tout prix, et l'on ne recule devant aucun moyen.

La surexcitation causée par l'ivresse peut déterminer tout à coup l'idée du suicide chez un homme qui n'y était aucunement enclin, et qui, sauvé de la mort, n'en conserve pas de souvenir et se félicite d'avoir échappé à une aussi triste fin.

« X..., ouvrier journalier, avait puisé au fond d'une bouteille une excitation alcoolique qui lui faisait redouter les mille petites misères de la vie. L'idée du travail lui paraissait une horrible malédiction. Il résolut de s'en affranchir sans plus tarder.

» Muni d'une corde, il grimpe sur un arbre de la place, et, éclairé par un bec de gaz, procède à l'installation de l'instrument du supplice. La corde solidement attachée à une branche flexible, le nœud coulant préparé, il y passe la tête, abandonne le tronc de l'arbre, et se lance, comme disent les Anglais, dans l'éternité.

» La branche ploie, craque et casse, rejetant sur la terre l'auteur de cette coupable tentative.

» Au même instant, un passant accourt et coupe la corde encore attachée à la branche rompue ; une patrouille survient, et X... est conduit au violon. Là, il ne peut rien dire, sinon que l'ivresse l'avait sans doute rendu fou.

» Du reste, complétement dégrisé, il parle de ses idées et se félicite sincèrement d'avoir échappé à la mort qu'il a vue de si près ; il garde précieusement la corde qui lui a servi pour cette tentative de suicide. »

L'ivrognerie conduit très-souvent à la folie ; nous avons trouvé, dans 136 cas, cette cause indiquée. Il y a longtemps que le *delirium tremens* est l'apanage des buveurs ; ce genre de folie n'est

CAUSES DÉTERMINANTES. — IVROGNERIE.

pas le seul que l'on observe, toutes les aliénations peuvent être la suite de l'excès des boissons ; les formes que nous avons le plus constamment observées après le *delirium tremens*, sont l'exaltation maniaque, la forme mélancolique, la stupeur, les hallucinations, les folies suicide et homicide : 53 fois la monomanie suicide ébrieuse a été bien établie. Les hallucinations ont pour ainsi dire quelque chose de caractéristique : elles consistent en des apparitions de reptiles, d'animaux d'un aspect repoussant, de figures hideuses, d'hommes noirs qui passent au travers des murs, disparaissent dans des trous, etc. ; en général, les folies déterminées par l'ivresse se caractérisent par la prédominance d'idées tristes, effrayantes, etc. Nous avons insisté sur ce fait dans notre hstoire de s hallucinations (1). Depuis, M. Marcel, dans une bonne thèse, a également appelé l'attention sur ce sujet (2). Il y a quelque temps, on amenait dans notre établissement un homme qu'on disait atteint d'un délire aigu. En l'entendant s'écrier : « Voyez-vous ces rats, ces grenouilles, ces poissons qui sortent des murailles, ces hommes qui montent et disparaissent par des trous, » j'affirmai que le malade avait un *delirium tremens*. En vain toutes les personnes de la famille m'assurèrent qu'il était excessivement rangé, qu'il ne buvait jamais, je n'en persistai pas moins dans mon opinion que vint mettre hors de doute un examen sérieux.

L'adage, *il a le vin triste, mauvais*, est fondé sur une observation rigoureuse des faits. Nous avons vu que 53 individus s'étaient suicidés par suite du désordre apporté dans leurs facultés par l'abus des liqueurs fortes. La plupart avaient, depuis plus ou moins longtemps, des accès de folie après s'être enivrés, et dans cet état ils ne cessaient de répéter qu'ils se tueraient. A force de les entendre dire la même chose, on avait fini par n'y plus faire atten-

(1) A. Brierre de Boismont, *Des hallucinations*, 1re édit., p. 182. Paris, 1845, 3e édit., 1862, p. 174.
(2) Marcel, *De la folie causée par l'abus des boissons alcooliques*, thèse. Paris, 1847.

tion, et les témoins déposaient qu'ils ne croyaient plus qu'ils missent leurs menaces à exécution.

Ceux qui se suicident par l'influence alcoolique ne se nuisent pas seulement à eux-mêmes, ils peuvent encore nuire aux autres. Souvent, en effet, l'idée de tuer se manifeste avec la folie suicide. Rien de plus ordinaire que d'assister à des scènes de fureur dans lesquelles ces malheureux s'écrient : Nous voulons nous tuer; auparavant nous tuerons notre femme, notre maîtresse, nos enfants. Seize fois nous avons constaté la tendance homicide. Les individus qui avaient cette idée fixe étaient la terreur de ceux qui les entouraient. Leurs discours étaient des menaces continuelles de sang, ils ne parlaient que d'égorger, de couper le cou, d'éventrer. Plusieurs aiguisaient leurs couteaux, leurs poignards ; les familles, dans des transes continuelles, étaient obligées de s'enfuir. L'accès fini, toute cette fureur s'évanouissait, et l'idée de mort disparaissait avec elle. Quelques-uns ne conservaient aucun souvenir de ce qui s'était passé. Nous avons fait la même remarque pour la folie suicide. Les individus que tourmente cette idée, tristes, sombres, moroses pendant l'accès, faisant même des tentatives de diverse nature, ne se rappellent souvent plus ni leurs paroles ni leurs actes. L'observation rapportée plus haut en est la preuve.

La folie suicide ou homicide peut éclater tout à coup. Deux buveurs qui n'en avaient jusqu'alors donné aucun signe en furent saisis inopinément. L'un d'eux se déshabille en un clin d'œil, se met à courir de toutes ses forces, s'élance sur le parapet d'un pont et se précipite dans la rivière. L'autre qui était fort tranquille à table avec ses amis, tire à l'improviste son couteau, en frappe l'un d'eux, puis montant rapidement l'escalier, il se brûle la cervelle. Cette action ne put s'expliquer pour ceux qui le connaissaient que par l'influence des boissons.

L'ivresse peut conduire à la monomanie du vol. Un homme sur la probité duquel aucun soupçon ne s'était jamais élevé, n'avait pas plutôt bu, qu'il se mettait à dérober tout ce qui lui

CAUSES DÉTERMINANTES. — IVROGNERIE.   69

tombait sous la main. Dès que l'accès était terminé, il se faisait de vifs reproches et restituait les objets. Le désespoir de ne pouvoir se corriger de cette funeste habitude le conduisit au suicide.

Une des conséquences fort graves de l'ivresse est l'exaltation des désirs sexuels. Un grand nombre de crimes ont été commis dans cet état. Nous avons été plusieurs fois consulté pour un individu qui a fini par être enfermé à Bicêtre. Lorsque les liqueurs lui avaient fait perdre la raison, il se mettait nu et poursuivait femmes et hommes avec de telles excentricités, qu'il ne pouvait exister de doute sur le désordre de son esprit.

Si l'ivresse produit fréquemment la folie, on l'observe quelquefois aussi comme conséquence de cette maladie. H. Royer-Collard a cité dans sa thèse l'exemple d'une dame fort respectable qui, parvenue au temps critique, fut prise d'un besoin irrésistible de boire de l'eau-de-vie. Cette époque franchie, elle revint à ses habitudes, éprouvant un éloignement extrême pour ce qu'elle avait tant aimé. Pariset nous racontait souvent l'observation d'une dame sujette à des accès de folie, qui n'était pas plutôt dans cet état, qu'elle se mettait à boire des liqueurs fortes. Parmi les malades auxquels nous avons donné des soins, nous avons rencontré, à trois diverses reprises, le penchant aux liqueurs pendant la maladie mentale. Cette perversion du goût s'affaiblissait à mesure que la raison reprenait son empire.

Deux faits nous ont frappé dans les désordres de l'esprit qu'on observe chez les individus qui font un usage immodéré du vin et des liqueurs fortes : la perversion de certaines facultés et l'irrésistibilité du penchant, en présence des événements les plus désastreux.

Les observations de ce genre sont si nombreuses que nous n'avons que l'embarras du choix. Une dame, d'une imagination romanesque, ne trouve pas dans l'union que lui a fait contracter sa famille le bonheur qu'elle a rêvé. Pour diminuer ses regrets, elle cherche dans les plaisirs de la table une distraction; le goût du vin et des liqueurs se développe, prend de l'intensité, et se convertit en une passion furieuse. Sourde à toutes les remontrances, elle ne cesse de s'enivrer. Privée de cet excitant qui lui est devenu indispensable, elle fait main basse sur ce qu'elle trouve et l'échange contre du vin. Pendant des journées entières, elle s'absente du toit conjugal, sans qu'on sache ce qu'elle est devenue. Ramenée chez elle par des étrangers ou par la police, il lui est impossible de dire ce qui lui est arrivé pendant tout ce temps. Plusieurs fois elle est revenue sans vêtements. Longtemps le mari concentra ces scènes dans son intérieur ; il lui a fallu céder à la nécessité, et placer sa femme dans une maison de santé où elle est morte d'épuisement.

La fille d'un négociant avait reçu une excellente éducation morale et religieuse. Restée orpheline à seize ans, elle prit le parti de se retirer dans un couvent, où elle passa quelques années. D'après les renseignements que nous avons pu obtenir, il paraîtrait que de mauvais conseils firent naître en elle le goût des boissons. Une fois entrée dans cette voie, qu'elle devait parcourir d'une manière si fatale, rien ne put l'arrêter. Au couvent, elle buvait en cachette. Sortie de la communauté, à l'étonnement de tous, peut-être parce que son déplorable penchant avait été connu, elle vint à Paris, où quelque temps après elle se maria à l'un de ses parents. Cette union ne fut pas plutôt formée, que le mari surprit sa femme buvant ; il lui fit des représentations qui n'eurent aucun succès. Désolé de ne pouvoir la corriger, le chagrin s'empara de lui, et, en peu de temps, il succomba.

Se trouvant de nouveau seule, elle se livra sans contrainte à sa passion ; son patrimoine fut dévoré en quelques années. Aux avis d'une domestique qui ne l'avait jamais quittée, elle répondait : « Tes raisonnements sont très-justes ; je sais qu'avec ce vice personne ne voudra me recevoir. Que veux-tu ! c'est plus fort que moi, j'aimerais mieux mourir. » Un jour elle vint frapper à notre porte ; elle n'avait pas mangé depuis vingt-quatre heures ; son extérieur annonçait la plus affreuse misère. Ma femme lui fit don d'une robe qu'elle vendit en sortant pour acheter de l'eau-de-vie.

Peu de temps après nous apprîmes qu'elle avait mis fin à sa triste vie, en s'asphyxiant.

La violence de cet ignoble penchant est telle, qu'un homme jeune, bien né, auquel nous retracions avec toute la chaleur de l'amitié les conséquences déplorables de ce vice, dont son organisation portait déjà la marque indélébile, nous répondit : « Eh bien ! que voulez-vous? Je mourrai, et six mois après il était mort. Une lutte de famille obstinée avait été le point de départ de cette funeste habitude. Cette histoire et tant d'autres semblables m'ont, depuis longtemps, convaincu qu'il fallait regarder au delà de la maladie organique pour laquelle nous sommes presque toujours exclusivement consultés. Aussi rien ne pourrait ébranler ma conviction profonde sur la part considérable du moral dans les désordres de la santé. Un autre buveur, forcé de vendre sa charge, part pour les pays étrangers; il parvient à pervertir sa femme, et trafique de ses charmes pour satisfaire sa passion. Cette infâme ressource s'épuise, il se fait chevalier d'industrie. On l'enferme dans mon établissement. Vingt années s'étaient écoulées depuis l'origine de ses désordres. L'examen de son état intellectuel et moral ne peut me laisser aucune illusion, il n'y a pas de guérison, et le mal ne peut qu'aller en augmentant. Je conseille de profiter d'une occasion qui se présente de le transporter aux colonies, où il meurt heureusement de la fièvre jaune, peu de temps après son arrivée.

Plusieurs maladies paraissent avoir une certaine influence sur la production de l'ivresse. Un individu fait une chute sur la tête, d'une hauteur considérable. Il est amené dans un hôpital, sans connaissance, présentant une fracture avec enfoncement du coronal et d'un des pariétaux ; le chirurgien se décide à lui pratiquer l'opération du trépan. La guérison a lieu, mais le blessé, qui n'avait jusqu'alors manifesté aucun penchant à l'ivrognerie, se livre avec fureur aux boissons. Plusieurs années s'écoulent ainsi, sans qu'aucune représentation puisse le corriger. Enfin, il s'enivre pendant trois jours consécutifs et se tue.— Une femme, à la suite de ses couches, éprouve le besoin de boire ; elle cède à ce désir impérieux ; l'aliénation mentale survient, on la conduit à Charenton, où elle reste huit ans. Revenue à une demi-raison, elle est mise en liberté ; dans l'espace de quatre ans, elle a plusieurs accès de folie, déterminés par la même cause. Cette malheureuse femme, qui avait le sentiment de sa position, ne voulait voir personne. Un jour, on la trouva pendue. — Un homme est atteint d'une attaque d'apoplexie, il se rétablit ; ceux qui l'entourent s'aperçoivent qu'il est devenu buveur. Possesseur de 120 000 francs, il finit par s'imaginer qu'il n'avait pas les moyens suffisants pour vivre. Enfin, nous pourrions encore citer le cas d'un individu qui contracta l'habitude de s'enivrer après une grave maladie vénérienne.

Quelquefois les maladies, par le chagrin qu'elles occasionnent, peuvent conduire à l'ivrognerie. Nous avons recueilli l'observation d'une femme qui s'abandonna à l'usage des liqueurs pour échapper à la douleur que lui causait un ulcère de la matrice. Dans un autre cas, nous avons vu un artisan qui, pour s'étourdir sur l'affaiblissement de sa vue, se mit à boire ; chaque excès le rendait mélancolique et sombre pendant plusieurs jours.

La passion de l'ivresse est une des causes les plus puissantes de l'abrutissement du peuple ; il suffit de parcourir les barrières de Paris, les dimanches et les lundis, pour avoir une idée des suites de ce vice, dont les conséquences inévitables sont les rixes, les coups, les blessures, le meurtre et la misère. Il ne se passe pas de semaine que les papiers publics n'enregistrent des actes d'une barbarie révoltante. Chaque année, des milliers de condamnations correctionnelles viennent punir les ivrognes, et le châtiment est quelquefois plus terrible encore, puisque le bagne est souvent le réveil de l'ivresse. Nous n'avons dans cette étude en vue que le suicide, que serait-ce si nous parlions des innombrables maladies que l'abus du vin occasionne et qui se terminent par la mort dans les hôpitaux ? Beaucoup d'auteurs et M. Renaudin, entre autres, dans ses *Études médico-psychologiques*, ont montré que l'accroissement de la folie et surtout de l'idiotie était en grande partie dû à l'ivrognerie.

Plus les passions deviennent abjectes, moins ceux qui en sont les victimes formulent leurs dernières pensées : abrutis par leurs excès, le plus petit effort d'esprit leur est impossible ; aussi les ivrognes laissent-ils fort peu d'écrits.

En *résumant* les faits de cette section, on arrive à conclure que l'ivrognerie est une cause fréquente de suicide.

Il importe de remarquer que l'ivrognerie, rangée exclusivement parmi les causes physiques, peut être le résultat des chagrins, de la misère, de la paresse, etc.

L'ivrognerie conduit très-souvent à la folie dont les principales formes sont : le *delirium tremens*, l'exaltation maniaque, la forme triste, les folies suicide homicide, les hallucinations d'une nature spéciale, la stupeur ébrieuse (1).

L'alcoolisme chronique produit des maladies non moins graves, parmi lesquelles la paralysie générale, l'idiotie, la folie, le suicide, la stérilité occupent une place considérable.

Plusieurs fois l'abus des liqueurs fortes a été suivi de la monomanie du vol.

L'exaltation génésique, la perversion de cet instinct, sont souvent les conséquences de l'ivresse.

L'ivrognerie peut succéder à la folie, au temps critique, à certaines maladies.

Le penchant à l'ivrognerie entraîne la perversion des instincts, des facultés, et son irrésistibilité devient quelquefois telle, que les catastrophes les plus terribles ne peuvent l'arrêter.

2° Misère, pauvreté. — La misère, cet élément capital du crime, figure pour une proportion considérable dans la production du suicide. En présence d'un pareil résultat, n'y a-t-il pas une extrême légèreté à proclamer la folie, seule explication possible

---

(1) Delasiauve, *Diagnostic différentiel du* delirium tremens *ou stupeur ébrieuse* (*Annales médico-psychologiques*, 1851, p. 646.)

de ces douloureux holocaustes ? Il y aura toujours assez de cœurs froids et égoïstes qui passeront outre, sans qu'il soit nécessaire d'en augmenter le nombre et d'endormir les consciences, en leur suggérant une pareille justification. Il est sans doute fort tranquillisant pour les heureux de la terre, de se dire : voilà un fou qui vient de se tuer ; si la voix du mort pouvait leur répondre, comme celle d'un poëte infortuné, c'est la faim qui m'a mis au tombeau, la compassion se réveillerait aussitôt ; car l'instinct généreux qui porte à soulager ses semblables peut être engourdi, il n'est jamais éteint dans le cœur de l'homme.

La confirmation de ces paroles est dans la lecture des 4595 procès-verbaux que nous avait confiés l'administration de la justice. On y trouve 282 morts par misère, la seizième partie environ du chiffre total (16,28). Parmi eux, beaucoup sans doute avaient été conduits à cette terrible résolution par la paresse, l'imprévoyance, le libertinage, l'ivrognerie, beaucoup aussi y avaient été amenés par les privations de toute espèce. Quel terrible tableau que celui de ces malheureux qui avaient successivement engagé tous leurs effets et vendu même les reconnaissances du mont-de-piété, pour prolonger de quelques heures leur lente agonie ! En entrant dans ces mansardes où s'était accompli le dernier acte de cette cruelle tragédie, les officiers ministériels, dont nous n'avons qu'à copier les déclarations, ont souvent constaté qu'il ne restait plus ni meubles, ni vêtements, et que la paillasse même avait servi à alimenter le feu. Au plus fort de l'hiver, on relève un homme presque entièrement nu ; il affirme dans une lettre, qu'il a combattu pied à pied, vendant tout ce qu'il avait ; on n'aperçoit que les quatre murs de la chambre.

Tantôt ce sont des gens qui n'ont pas mangé depuis plusieurs jours, parce que la faiblesse les a cloués sur leur grabat. Nous avons recueilli cinq faits de ce genre. L'un de ces infortunés n'avait rien pris depuis trois jours. De faux dévots retirèrent les secours du bureau de bienfaisance à une pauvre femme, sous prétexte qu'elle avait logé dans une maison de prostitution ; elle déclara dans un écrit, qu'elle était sans aliments depuis deux jours. Une autre révéla qu'il n'y avait point de semaine qu'elle ne fût vingt-quatre heures sans une bouchée de pain.

Tantôt, ce sont des individus à qui leur fierté n'a pas permis de mendier. Deux hommes, victimes de ce préjugé, répréhensible sans doute, mais jusqu'à un certain point excusable, aimèrent mieux se donner la mort que de se faire inscrire au bureau de bienfaisance. Les uns se tuent parce qu'ils sont dans l'impossibilité de faire vivre leur famille : ainsi, une pauvre fille travaille jour et nuit pour procurer à sa mère, vieille, impotente et presque aliénée, les secours qui lui sont indispensables ; ses forces s'usent, ses ressources s'épuisent, le travail manque, elle s'étend silencieusement sur sa couche, à côté d'un réchaud, et murmure : Puisque ma vie lui est inutile, puisse au moins ma mort la faire entrer dans un établissement de charité ! D'autres s'immolent parce qu'ils ne peuvent supporter d'être à la charge de leurs parents, par suite de leurs infirmités, de leur vieillesse.

Sur les 282 individus dont la misère paraît avoir déterminé la mort, on trouve dans 149 cas, des détails circonstanciés qui ne laissent aucun doute sur les motifs; dans les 133 autres cas, les procès-verbaux se bornent à indiquer la misère comme cause, les reconnaissances du mont-de-piété, la nudité des pièces, l'absence de vêtements, de lit même, sont les meilleurs commentaires de la valeur de ce mot ; il ne faut pas perdre de vue que si l'inégalité des salaires, le chômage, l'élévation du prix des denrées, le fardeau des impôts sont pour beaucoup de malheureux des motifs puissants de ruine, la paresse, les mauvais appétits, la nonchalance dans le travail, la fainéantise, les besoins de dissipations, de divertissements, de plaisirs, sont pour un très-grand nombre les véritables causes de leur infortune.

Le nécrologe de 112 de ces malheureux n'est qu'un recueil d'anecdotes déchirantes : un d'eux s'empoisonne au milieu d'ouvriers, il est sans vêtements, sans aliments, n'a pu depuis trois jours fournir à la subsistance de ses deux enfants ; épuisé par la maladie, par la diète, il trace les lignes suivantes : « Je lutte depuis trop longtemps sans succès ; je suis profondément découragé, sans force, l'idée de laisser mes pauvres enfants dans un pareil dénûment me déchire le cœur, j'espère que ma mort appellera l'attention sur eux et que quelque âme charitable en prendra pitié. » Beaucoup sont sans asile.

Si la misère n'arme que trop souvent le bras des malheureux, elle peut aussi faire prendre cette terrible résolution dans le but d'assurer des ressources à sa famille.

Le 12 octobre 1840, un négociant fut trouvé étranglé dans une voiture sur la route de Stettin. Le mauvais état de ses affaires fit d'abord penser à un suicide. La position du cadavre, qui avait les mains liées derrière le dos, des traces de spoliation, tout enfin écarta un pareil soupçon, et les tribunaux, reconnaissant les preuves d'une mort violente, durent procéder à une enquête judiciaire, qui cependant n'aboutit à aucun résultat. Le négociant avait assuré sa famille, à la banque de Gotha, pour une somme de 10 000 écus (40 000 francs environ), qui devaient lui être remis, sauf le cas où la mort aurait été le résultat d'un suicide. Les choses en étaient là, lorsqu'un fondé de pouvoirs de cette banque est venu se présenter aux tribunaux pour prouver que le négociant s'était véritablement suicidé, et réclamer la somme déposée entre les mains de la justice. Il exhiba une lettre autographe du mort, dans laquelle celui-ci exposait les motifs qui l'avaient poussé à cet acte et les moyens qu'il avait employés pour l'exécuter. Il résulte de ce document, qu'il s'était sacrifié à sa famille pour lui procurer la somme qui lui revenait de la banque d'assurances, et la préserver ainsi d'une ruine complète. Suivant cette lettre, qui porte tous les caractères de l'authenticité, il s'était pendu à un poteau, d'où un ami était venu l'enlever, d'après un accord fait entre eux, et l'avait mis dans une attitude propre à faire supposer un meurtre. Sur un feuillet écrit et signé de sa propre main, le nom de cet ami est enlevé par une coupure, et l'on n'a pu l'apprendre jusqu'ici.

D'autres ne peuvent gagner leur vie, ou bien leur salaire est insuffisant. Cette circonstance se rattache souvent à la diminution des forces, à l'affaiblissement de la vue, aux infirmités, à la vieillesse. Une femme met fin à ses jours en se voyant grosse et sur le point d'accoucher pour la sixième fois, au milieu du dénûment le plus absolu. Je fus appelé une fois pendant la nuit pour délivrer une de ces infortunées; je ne trouvai pour envelopper la mère et l'enfant que quelques lambeaux d'une grosse toile à emballage.

Quelques-uns ne peuvent supporter le tableau sans cesse présent à leurs yeux, de leur bonheur passé avec leur détresse actuelle. Ce regret est d'autant plus prononcé qu'ils sont plus avancés en âge, et que par cela même leurs illusions sont détruites, leur confiance perdue. Les souffrances de la misère sont encore aggravées chez d'autres par l'ingratitude et la mauvaise foi de leurs proches qui refusent de leur rendre les dépôts confiés.

Un assez grand nombre (20) se sont donné la mort, minés qu'ils étaient par le chagrin de leur position. Leurs adieux, leurs écrits, leurs conversations établissent que ce n'est qu'après une lutte longue et désespérée qu'ils ont cédé à l'idée fatale et après s'être assurés que leurs malheurs étaient irréparables.

Sur les 112 individus dont nous analysons les causes de suicide, 30 environ avaient cherché dans l'usage immodéré des boissons l'oubli de leurs maux. Les conséquences de cette conduite avaient nécessairement accéléré leur ruine, en les précipitant dans les dettes, l'inconduite et la débauche.

Parmi les privations que la misère entraîne, le manque d'asile ou le déménagement forcé n'est pas un des moins pénibles. La chambre où l'on a passé un grand nombre d'années, où l'on a vu venir au monde ses enfants, où se sont écoulés des jours meilleurs, devient un lieu cher à la pensée, et si l'on est dans l'obligation de l'abandonner, un chagrin extrême s'empare de l'esprit. Dix-sept individus n'ont pu supporter cette douleur. En se trouvant sur le point d'être expulsés par l'impossibilité où ils étaient de payer leurs termes, d'être jetés dans la rue sans rien, parce que leur mobilier était retenu, saisi ou près d'être vendu, ils n'ont pas voulu quitter vivants ce lieu qu'ils aimaient.

Huit se sont tués parce que leur travail ne suffisait pas pour faire vivre leur famille, et qu'ils étaient hors d'état de payer les mois de nourrice de leurs enfants. On s'est beaucoup occupé d'améliorer le sort des travailleurs, on a même proclamé le droit au travail, avec lequel on se flattait d'anéantir la propriété, on n'a guère pensé à ces victimes silencieuses du besoin, qui descendent dans la tombe sans rien demander. Que de malheureux ont mis fin à leurs jours, après avoir sollicité, la rougeur sur le front, une aumône qu'on leur a refusée, ou promise d'une manière illusoire. A l'époque où nous sommes, personne ne doit mourir de faim, et comme il y aura toujours des pauvres honteux qui n'oseront mendier, il serait indispensable de créer dans chaque quartier des commissions de bienfaisance, qui auraient pour mission d'examiner les demandes de secours urgents pour les premiers besoins de la vie. Dans les nombreuses visites que nous avons faites depuis plusieurs années aux indigents, pour la nomination aux secours d'hospice à domicile, nous avons pu voir par nous-même quelles affreuses misères restaient ignorées ou ne faisaient entendre aucune plainte !

Si l'administration de l'Assistance publique comprenait tout le bien que les délégués de la charité peuvent faire en pareille circonstance, elle choisirait ses mandataires parmi les hommes honorablement connus, et elle ne courrait pas le risque de voir ses bienfaits mal placés et les admissions dans les hospices données trop souvent à la faveur !

Les papiers publics se sont plusieurs fois élevés contre le refus de recevoir dans les hospices des malheureux qui ne remplissaient pas toutes les conditions des règlements. On se rappelle encore l'anecdote de cette pauvre femme qu'on ne trouvait pas assez avancée dans sa grossesse et qui accoucha dans la rue.

CAUSES DÉTERMINANTES. — MISÈRE.

Deux jeunes filles des environs de Louviers, sœurs et orphelines, dépourvues de ressources après la mort de leur mère, étaient venues à Paris, espérant s'y placer facilement. L'aînée, âgée de dix-neuf ans, ne tarda pas en effet à entrer comme bonne d'enfant chez une marchande de soie de la rue Saint-Denis ; la plus jeune se procura quelques travaux à l'aiguille, dont le produit, quoique bien faible, suffisait à ses besoins, lorsqu'elle fut atteinte aux doigts de la main droite d'une espèce de panaris qui bientôt l'empêcha de travailler. D'abord elle tenta de se faire recevoir dans un hôpital, elle n'y put parvenir, le mal dont elle se plaignait ayant été jugé trop peu important.

Sa sœur lui vint en aide, mais elle ne pouvait elle-même disposer que de bien minimes ressources. La jeune fille se désolait; son mal, loin de diminuer, semblait empirer de jour en jour, et il avait fini par atteindre successivement tous les doigts de la main.

Il y a huit jours, l'aînée étant montée chez sa sœur, dans la maison garnie où elle demeurait, la trouva en proie à des douleurs si violentes, qu'elle se tordait dans d'atroces convulsions. Après quelques instants, l'intensité de cette crise ayant diminué, cette malheureuse apprit à sa sœur que, désespérée de ne pouvoir travailler, elle avait le matin même avalé un grand verre de vinaigre, dans lequel elle avait mis une forte quantité de poivre, espérant ainsi se rendre assez malade pour que l'on consentît à la recevoir dans un hospice. Un médecin fut appelé ; elle était dans un état si alarmant, qu'il conseilla de la faire transporter sans retard dans un hôpital. Cette fois on l'y reçut : l'infortunée n'y devait pas faire un long séjour ; entré le mardi matin, elle expirait le vendredi soir. Rien ne saurait peindre la douleur de l'autre sœur qui suivait seule le modeste corbillard.

Dans une discussion qui a eu lieu à la Société de médecine de Paris, à l'occasion des secours à domicile, un chirurgien du bureau central a dit que, chaque jour, l'insuffisance des places dans les hôpitaux obligeait à renvoyer chez eux des malades dont plusieurs attendaient leur admission depuis deux ou trois heures, étendus sur des brancards, souvent en proie à de violentes douleurs, atteints de fièvres typhoïdes ou d'autres affections graves et aiguës, et qu'il n'était pas rare que plusieurs de ces malades eussent été ainsi cahotés deux ou trois jours de suite. L'administration répondra que l'emplacement lui manque ; si elle l'eût dit hautement, le mal eût été vite réparé.

Cinq individus infirmes, réduits à la dernière misère, ont terminé leur existence par le même motif. Quand bien même un malheureux se présenterait aux hospices, parce qu'il est sans ressources, l'administration ne devrait pas lui fermer la porte, car sur vingt paresseux, il peut y avoir un infortuné qui n'ait pas mangé, qui soit sans asile, épuisé de fatigue, et ce refus sera peut-être le signal de sa mort. Un de ces suicidés avait adressé à une grande autorité une pétition dans laquelle il exposait sa triste situation ; elle resta sans réponse. Un autre qui avait envoyé la sienne à un ministre, se tua également de désespoir, parce qu'on ne lui répondit pas.

La misère étant une cause très-fréquente de suicide, toutes les circonstances qui tendent à l'aggraver doivent influer sur l'accroissement des morts volontaires. Aussi, les années de disette, en produisant un malaise général, multiplient-elles les causes occasionnelles de suicide. On trouve dans le compte rendu de la justice criminelle pour 1847, que le nombre des suicides s'est élevé de 3 102 (1846) à 3 647, soit une différence de 545 en plus pour 1847.

Il est évident qu'une pareille augmentation, d'après les faits que nous avons rapportés, ne peut être attribuée qu'aux privations de tous genres qui accompagnèrent cette année si calamiteuse !

3° EMBARRAS D'ARGENT, REVERS DE FORTUNE. — Dans une société où l'argent est tout, beaucoup des membres qui la composent doivent chercher à le gagner par les moyens les plus expéditifs, afin de se procurer les jouissances qu'il donne. Un des caractères

CAUSES DÉTERMINANTES. — REVERS DE FORTUNE.   81

les plus certains de cette tendance générale des esprits, c'est la disposition de l'intelligence elle-même à mettre ses produits en coupe réglée et à les livrer au plus offrant enchérisseur.

Lorsque les choses en sont arrivées à ce point, les hommes qui ne peuvent atteindre le but, ou qui, après l'avoir touché, s'en trouvent repoussés, éprouvent les plus vifs regrets. Consumés par la violence de leurs désirs, sans cesse irrités par les objets de leur convoitise, ne pouvant résister à ce supplice de tous les jours, un grand nombre d'entre eux prennent la vie en dégoût et mettent un terme à cette malheureuse existence.

Certes, l'amour de l'or n'est point nouveau, et Lucien a eu raison de dire que les passions de l'homme peuvent varier pour la forme et l'expression, qu'au fond elles sont toujours les mêmes. Au temps de ce célèbre critique, la soif de l'or n'existait que chez les patriciens, les citoyens, les affranchis. Sous Louis XV, les agioteurs de la rue Quincampoix ne le cédaient en rien à nos spéculateurs actuels, mais certaines classes seules possédaient, et sauf quelques individus qui gravitaient dans l'orbite des riches, la majorité de la nation ne prit point part à ces saturnales. Les époques ne sauraient être comparées, ce qui était alors l'apanage d'un petit nombre de privilégiés, presque tous le rêvent aujourd'hui. On conçoit donc que la possession de l'or ou sa perte soit pour beaucoup un motif de suicide.

Le nombre de ceux qui se sont donné la mort par suite d'embarras d'argent, de revers de fortune, d'intérêts lésés, s'élève à 277, le seizième environ du chiffre total (16,58). Cette proportion se répartit de la manière suivante :

Pertes et revers de fortune	98
Opérations commerciales	91
Dettes	87
Loterie	1
	277

Quatre-vingt-seize écrits nous ont fourni, sur les causes de ces suicides, des renseignements très-précieux.

Beaucoup de ceux qui appartiennent à la première catégorie ont été ruinés par les opérations de bourse. La hausse ou la baisse en leur enlevant leurs ressources, les précipite dans le désespoir et le suicide. Nous reviendrons sur ce sujet, en traitant de la passion du jeu.

Un grand nombre de ces désastres sont dus non-seulement à des spéculations hasardeuses, mais encore au désordre de la conduite et des affaires, aux dépenses sans proportion avec les bénéfices, aux tromperies des associés, à la mauvaise foi des débiteurs, et, ce qui est plus douloureux, aux supercheries des parents. Lorsque la ruine arrive chez des personnes qui ont parcouru plus des deux tiers de leur carrière, le souvenir de ce qu'elles ont souffert, de leurs longues années de lutte, l'idée de l'épuisement actuel de leur énergie, produisent un tel découragement qu'elles ne peuvent triompher de leur chagrin et préfèrent la mort à la misère. Quelquefois cette pensée se montre à de grandes distances. Un jeune homme dont les parents avaient perdu toute leur fortune, forcé de renoncer à des habitudes qu'il considérait comme naturelles, forme le projet de mettre fin à ses jours. Une circonstance heureuse se présente, il en profite, et pendant longtemps le bonheur le favorise dans toutes ses entreprises. Vingt années se sont écoulées ; jamais pendant cette période de temps, le spectre du suicide ne s'est présenté à son esprit. Tout à coup un de ces événements imprévus qui déjouent tous les calculs de la prudence humaine vient le frapper, les revers se succèdent, il se retrouve au point de départ, ruiné, avec des années de plus ; la mort lui paraît sa dernière ressource et il s'asphyxie.

La ruine de ces malheureux due à leur inconduite, à leur mauvaise gestion, à la légèreté de leur tête, à la folie de leurs entreprises, n'en a pas moins été pour eux une cause de suicide. Au lieu d'attribuer à leur sottise la cause de leurs revers, ils en accusent le sort. Un faiseur de projets, comme il y en a tant, se met dans l'esprit de détruire les charançons ; après avoir dépensé

60 000 francs en essais de tout genre et qui devaient lui rapporter des sommes immenses, il se tue, en déclarant par écrit que rien ne lui a réussi.

Une proportion assez considérable de commerçants ne pouvant supporter l'idée de ne pas remplir leurs engagements et d'être dans la nécessité de faire faillite, préfèrent se donner la mort. Nous en avons compté 40 dans cette catégorie. Leurs lettres, leurs écrits, leurs discours ne laissent aucun doute à cet égard. Les éléments de cette détermination sont doubles : le sentiment exagéré de l'honneur chez plusieurs est la cause exclusive de cette funeste détermination ; chez d'autres, l'intérêt est le mobile réel. Les deux motifs peuvent exister simultanément : souvent la ruine est encore éloignée, mais les individus prennent la vie en horreur, parce qu'ils font mal leurs affaires, que leurs bénéfices sont très-minimes et qu'ils ont la crainte ou la certitude de succomber. Les commerçants se tuent quelquefois parce qu'ils espèrent que leur mort désarmera la colère de leurs créanciers, arrêtera leurs poursuites, et que leurs femmes et leurs enfants sauveront quelques débris du naufrage.

Les dettes, par les tracas qu'elles suscitent, par les embarras qu'elles créent, par la misère à laquelle elles conduisent, ont amené le suicide de 87 personnes. Harcelés par les huissiers, poursuivis par les tribunaux, dévorés par les frais, ayant la prison en perspective, et se voyant presque tous dans l'impossibilité de payer, ces infortunés ont mieux aimé terminer leur existence que de vivre dans de pareilles angoisses. Quelques-uns se sont tués après des scènes publiques qui avaient occasionné des rassemblements nombreux et où les épithètes les plus injurieuses leur avaient été prodiguées. Le suicide, en pareille circonstance, est singulièrement influencé par la position, le caractère, le degré d'intelligence de l'individu. Tel homme se tuera parce qu'il doit énormément d'argent, tel autre parce qu'il n'a plus assez de crédit pour acheter un pain. Un artisan, que ses débauches et son inconduite avaient laissé sans ressources, est rencontré par son bottier ; celui-ci le saisit au collet et l'oblige à défaire sa chaussure qu'il ne lui avait pas payée ; furieux, il rentre chez lui et se pend.

La pensée de la ruine est sans doute bien amère, elle peut être aggravée par le regret de la haute position qu'on occupait, par le souvenir des fautes qui en ont été la cause. Un retard dans l'envoi d'une somme, l'éloignement de toute connaissance, peuvent devenir des motifs de suicide pour un étranger.

Une personne s'étant mise à sa fenêtre, aperçut un locataire de l'hôtel garni, situé en face, occupé à briser une vitre de sa croisée. Il n'agissait pas comme un homme en colère, et mettait au contraire un certain soin à faire cette opération. Le voisin, curieux de savoir où il voulait en venir, l'observa ; il le vit bientôt se reculer, puis tirer son rideau. Cette circonstance cessa bientôt de l'occuper. Environ une demi-heure après, s'étant encore approché de sa croisée, il aperçut avec effroi, à la fenêtre en face, une main entr'ouvrant le rideau, sur lequel elle laissa une empreinte rouge ; puis cette main, toute ruisselante de sang, arracha encore un fragment de verre à la vitre déjà brisée et se retira.

Il se passait évidemment quelque chose d'extraordinaire dans cette chambre, et la personne témoin de cette scène s'empressa de descendre et d'avertir le maître de l'hôtel. Celui-ci monta aussitôt à l'appartement désigné, qui était occupé par un jeune Anglais.

Il frappa à la porte, de sourds gémissements parvinrent seulement à son oreille ; il s'empressa d'aller prévenir M. G..., commissaire de police, qui arriva sur-le-champ, accompagné d'un médecin.

Lorsqu'ils pénétrèrent dans la chambre, un spectacle horrible s'offrit à eux : le jeune Anglais, n'ayant sur lui que sa chemise, gisait dans une mare de sang ; il s'était ouvert plusieurs veines à l'aide d'un fragment de verre qu'il avait arraché de la croisée. M. G... fit transporter l'étranger à l'hospice Saint-Louis. Des renseignements apprirent que le chagrin de n'avoir pas encore reçu une somme d'argent qu'il attendait, l'avait poussé à cette tentative de suicide.

Les principes religieux ne sont pas un obstacle à l'idée du suicide. Un homme annonce qu'il a tout perdu; il ajoute : « Je meurs dans la religion catholique, je n'ai plus de parents, des recherches seraient inutiles. »

Souvent il arrive qu'un malheureux eût été sauvé, s'il avait trouvé assistance chez ses amis. Un Anglais laisse en mourant une lettre dans laquelle il déclare que si on lui avait tendu une main secourable, il ne se serait pas porté à cette extrémité.

La nécessité de solliciter les autres, lorsqu'on a été riche et puissant, est pour plusieurs une cause de mort.

La découverte d'une situation embarrassée, surtout lorsqu'elle est faite par des chefs, des protecteurs, en blessant l'amour-propre, peut provoquer le suicide. Un employé confesse qu'une reconnaissance du mont-de-piété, trouvée par son chef, a été son arrêt de mort; ne voulant pas que ses parents et ses compatriotes soient informés de sa fin tragique, il prie un ami d'écrire qu'il a été écrasé par une roue de voiture, et qu'il est mort à l'hôpital, dans les bras de la religion.

Au moment de quitter la vie, il est des personnes qui éprouvent le besoin de faire des citations en rapport avec la disposition de leur esprit; une d'elles écrit sur un morceau de papier :

> Donec eris felix, multos numerabis amicos;
> Tempora si fuerint nubila, solus eris.

Un autre, ces vers de Voltaire, murmurés par tant d'infortunés :

> Quand on a tout perdu et qu'on n'a plus d'espoir,
> La vie est un opprobre et la mort un devoir.

Cette dernière citation a été reproduite dans beaucoup de cas analogues.

4° INCONDUITE. — La misère, l'ivrognerie, le crime et le suicide, tels sont les résultats ordinaires de l'inconduite, dont la paresse peut être considérée comme le point de départ. Celui qui de bonne heure n'a pas contracté l'habitude du travail, doit toujours craindre de venir se ranger dans l'une de ces catégories et quelquefois même dans toutes.

121 individus, la trente-huitième partie environ du chiffre total (37,97), ont été poussés au suicide par l'inconduite. Ce chiffre se subdivise de la manière suivante :

Amour du plaisir................................	30
Libertinage......................................	22
Motifs inconnus ou non spécifiés................	69
	121

Beaucoup d'individus se précipitent dans la débauche avec une véritable frénésie : ne travaillant pas, dissipant toutes leurs ressources, criblés de dettes, ils ne s'arrêtent point dans l'orgie et préfèrent la mort, plutôt que de renoncer à ces excitations enivrantes. Quelquefois ce penchant au mal se révèle dès l'âge le plus tendre : une jeune fille de quatorze ans, élevée dans de bons principes par ses parents, parvient à leur échapper plusieurs fois pour aller à des rendez-vous. Deux ans après, elle est renfermée dans une maison pénitentiaire. Elle en sort, en apparence revenue à de meilleurs sentiments ; s'apercevant qu'on la surveille avec le plus grand soin, elle prend un tel chagrin de ne pouvoir se livrer à la débauche, qu'elle s'asphyxie à l'aide du charbon.

Cette déplorable passion éteint les sentiments généreux, pervertit ceux qui s'y livrent. Un ancien militaire, appartenant à un corps d'élite, s'abandonne à de tels déportements qu'il est dégradé et chassé de son régiment. Il troque l'épée contre le gourdin de ces malheureux dont la profession n'existe que dans les pays civilisés. Fatigué de ce genre de vie, à bout de ressources, il fait une dernière orgie dans laquelle il détermine la fille publique qui était alors sa maîtresse à se tuer avec lui.

Le libertinage peut conduire aux plus déplorables excès : un père, ivrogne d'habitude, conçoit pour sa fille une passion furieuse ; hors d'état de se maîtriser, il se porte sur elle aux derniers outrages. Revenu à lui, il sent toute l'énormité de son crime, son parti est bientôt pris, il monte dans son grenier et se pend.

La dissipation, l'amour du plaisir ont souvent pour conséquences fatales le suicide. Il est, en effet, fort difficile, après avoir longtemps mené ce genre de vie, d'y renoncer, et c'est cependant ce qu'on est forcé de faire, lorsqu'on a épuisé ses ressources et qu'on est tombé dans le dénûment. Pour satisfaire ce goût presque général, les uns dissipent leur avoir, vendent leurs établissements ; les autres dépensent l'argent d'autrui, volent leurs parents, ruinent leurs propres enfants. Nous avons assez souvent noté le suicide de remplaçants, après la perte de l'argent qu'ils avaient reçu. Cet esprit de désordre peut conduire aux plus folles prodigalités. Un individu qui avait fait un assez modeste héritage, payait la dépense de tous ceux qu'il rencontrait. Il se plaisait à se faire suivre par plusieurs cochers qu'il défrayait des journées entières ; lorsque l'héritage fut entièrement englouti, il se pendit, disant qu'il en avait assez. Un ouvrier gagnait 5 francs par jour : au lieu de faire des économies, il dépensait son gain à manger du rôti, à boire du bon vin ; quand le travail manquait, il se trouvait sans le sou. Comme il était habile dans son état, sa logeuse lui faisait crédit ; il arriva qu'un jour sa note se monta assez haut, elle le pria de lui donner un à-compte, c'était le signal qu'il attendait : Je ne pourrai plus maintenant, s'écriat-il, faire bombance, la mort est préférable à une vie de privation ; et il s'asphyxia.

L'inconduite est une source de chagrins continuels pour ceux qui s'y abandonnent. Ce sont d'abord des réprimandes, des querelles, des menaces de la part des proches ; puis ensuite l'abandon des parents, des femmes, des maris, des enfants. La misère la plus affreuse en est la terminaison inévitable : rien cependant ne peut triompher de ce funeste penchant. Un malheureux est, pour ce motif, délaissé de son père et de sa mère qui ne veulent plus le voir. Une place lui reste, on l'avertit à différentes reprises qu'il sera remercié ; il continue, sa démission lui est envoyée. Pour vivre, il s'engage ; son éducation, la surveillance qu'il exerce sur lui-même, lui permettent de passer successivement caporal, sergent; aussitôt il recommence son genre de vie : successivement dégradé et presque toujours condamné au cachot, il aime mieux se brûler la cervelle que de changer.

On pourra sans doute adoucir la férocité des mœurs, diminuer les crimes contre les personnes (et l'on y est, en effet, parvenu, quoique des faits nombreux semblent prouver qu'on a plutôt refoulé qu'éteint les mauvais penchants), on rencontrera des difficultés insurmontables à vaincre la disposition générale des esprits à satisfaire leur goût pour les jouissances matérielles, et c'est ce que semble confirmer la proportion toujours croissante des attentats contre la propriété et contre les mœurs.

5° MANQUE D'OUVRAGE. — Dans nos sociétés modernes, où le progrès est dans la bouche de tous, on n'en est pas même encore arrivé à s'entendre sur la question du travail, les uns proclamant son organisation une utopie monstrueuse, les autres la panacée de tous nos maux. Sans parler de l'insuffisance et de l'incertitude des salaires, il y a malheureusement des circonstances où l'ouvrier ne peut trouver de travail. Le chômage n'a pu jusqu'alors être évité. Rien n'est fait pour les condamnés libérés, et en mainte circonstance on les a vus, dans l'impossibilité de trouver du travail, prendre le parti de voler de nouveau pour se procurer du pain et un asile. Il y a donc ici une grande lacune à remplir, car l'aumône, qui est admirable, nécessaire même, ne remplit pas toujours le but que les âmes bienfaisantes se proposent; elle a, en outre, le grave inconvénient d'être blessante. Si la société doit du travail à tous ses membres, il faut aussi qu'il soit réel, et que les ouvriers n'oublient pas que la paresse, le mauvais vouloir, l'envie, n'ont droit à rien, et que le salaire se proportionne à la tâche et à la capacité. L'égalité dans le salaire

CAUSES DÉTERMINANTES. — MANQUE D'OUVRAGE.   89

c'est la destruction de l'individuatité, la ruine de l'industrie et le triomphe de l'étranger.

43 individus, la cent-septième partie environ du chiffre général (106,86) se sont tués parce qu'ils n'avaient pu réussir à s'employer. Sur ce nombre, 33 manquaient d'ouvrage, 5 avaient été dans l'impossibilité de s'en procurer, 5 étaient sans emploi.

Parmi ceux de la première catégorie, il y avait des ouvriers qui étaient depuis plus d'un an sans occupation. Plusieurs avaient été obligés pour vivre d'engager ou de vendre un à un leurs effets et leurs outils.

Quelques-uns de ces infortunés, rangés, laborieux, s'étaient présentés partout pour se faire occuper, mais n'avaient pu y parvenir. Un certain nombre d'entre eux avaient été refusés parce que leur conduite n'était pas régulière, et qu'on les avait renvoyés de différents ateliers à cause de leur paresse ou de leur ivrognerie ; cinq individus étaient restés inoccupés, parce qu'ils étaient âgés, avaient des infirmités ou ne paraissaient pas assez valides. Que de fois nous avons entendu de pauvres gens nous dire, on ne veut pas de nous, parce qu'on ne nous trouve pas assez forts ! cinq étaient de petits employés qui avaient perdu leurs places et qui n'avaient pu en obtenir d'autres.

Un motif de désespoir souvent trop fondé pour l'ouvrier qui a passé la plus grande partie de la vie dans un pénible labeur, c'est la pensée qu'il se trouvera sans ressources lorsque les forces lui manqueront. Les gouvernements fondent des retraites pour les soldats et les marins qui ont été mutilés à leur service, pourquoi ne créeraient-ils pas un hôtel des invalides civils ou des asiles pour les bons ouvriers qui seraient arrivés au terme de leur carrière ou qui auraient été blessés dans leurs travaux, et à l'entretien desquels les familles ne pourraient pourvoir ? Peut-être les ouvriers obtiendraient-ils ce résultat en établissant des caisses de secours mutuels, ou en s'entendant avec l'État pour exercer une retenue mensuelle sur leur salaire. Honneur au souverain qui a réalisé ce double vœu !

6° PARESSE. — L'homme a la mission de travailler pour lui, pour les siens, pour les autres. Son existence, celle de sa famille ne sont assurées qu'à ce prix. Et cependant on ne saurait se faire une idée du nombre prodigieux d'individus qui éprouvent un éloignement invincible pour le travail. On a dit, si au lieu d'accabler l'enfant d'occupations pénibles, qui n'ont aucun rapport avec ses goûts, ses aptitudes, ses penchants, vous lui rendiez l'étude agréable, vous triompheriez de sa paresse. La remarque est juste, mais l'immense majorité préférera toujours le jeu, la dissipation, l'oisiveté, aux études quelles qu'elles soient, fussent-elles même de leur goût. Les rues et les places publiques sont remplies d'enfants qui contractent, dès leurs plus jeunes années, l'habitude de ne rien faire et l'horreur de toute surveillance. Entrez dans les administrations, les bureaux, vous serez frappés de la nonchalance et du laisser-aller avec lesquels beaucoup d'employés remplissent leurs devoirs. Pénétrez dans les ateliers, et vous acquerrez bientôt la conviction que le travail est un fardeau que la plupart ne supportent qu'impatiemment. Lorsque l'histoire parlera de notre époque, elle aura une page pour les ateliers nationaux ! Que de camarades j'ai connus qui passaient leurs journées au café, à causer, à muser, quoiqu'ils fussent attendus à des rendez-vous d'affaires. On les avait prévenus qu'une excellente occasion se présentait, qu'il fallait se hâter; malgré le besoin, ils n'en étaient pas plus pressés et n'arrivaient jamais à temps. On peut le dire, sans crainte de se tromper, à moins d'immenses réformes, la fortune appartiendra longtemps encore à ceux qui ont un but d'activité, vers lequel ils marchent avec résolution et persévérance.

56 individus, la quatre-vingt-deuxième partie environ du chiffre général, se sont donné la mort par l'impossibilité où ils étaient de vivre sans travailler et par le dégoût que leur inspirait le travail. Les uns aimaient le plaisir, les femmes, sans vouloir rien faire pour satisfaire ces penchants ; les autres, sans énergie, sans courage, ne se levaient que fort tard pour se rendre au bureau

ou à l'atelier, malgré les réprimandes et souvent même malgré les corrections. Celui-ci, paresseux, gourmand, convoitait tout ce qu'il voyait, passait sa vie devant les boutiques, achetait souvent sans pouvoir payer ; celui-là, sans fixité dans les idées, sauf son éloignement invincible pour toute occupation régulière, successivement voyageur, soldat, déserteur, employé, domestique, fréquentant les cabarets, les filles, le jeu, tombait dans la plus affreuse misère et finissait par le suicide.

La plupart manifestaient, dès leurs jeunes années, une répugnance extrême pour tout ce qui exigeait du travail. Ils étaient légers, évaporés, insouciants. Il est surtout une classe d'hommes chez lesquels la paresse semble innée : ce sont les domestiques. Il serait sans doute à désirer que les maîtres leur donnassent de meilleurs exemples et n'oubliassent pas qu'ils sont des hommes et des chrétiens comme eux ; il faut reconnaître aussi que beaucoup de serviteurs prennent cet état par horreur d'un travail régulier.

La mobilité dans les idées existait chez plusieurs de ces individus ; ils passaient continuellement d'un projet à l'autre et changeaient d'état comme de vêtement ; aussi dans le classement des professions n'avons-nous pu désigner cette classe d'individus que par l'expression générique d'ouvriers. Un de ces malheureux répondit à ses parents qui l'engageaient à prendre une profession, qu'il préférait la mort à l'ennui d'aller passer ses journées dans un atelier. C'est une remarque déjà fort ancienne que bien peu d'hommes aiment leur état ; si nous reconnaissons que beaucoup n'ont pas été consultés sur le choix, nous croyons aussi être dans le vrai, en disant que cela tient à ce qu'un grand nombre n'en voudraient avoir aucun.

Au lieu de proclamer le droit au travail, comme on le faisait naguère, c'est le goût au travail qu'il faudrait inculquer, développer dans les esprits, et ne pas outrager les plus simples notions du bon sens et de l'expérience, en prêchant une égalité qui n'a jamais existé que dans des cerveaux malades. L'inégalité physique et intellectuelle est partout dans la nature, il faut que les rôles soient distribués en conséquence. Si vous dites à celu qui ne pourra jamais faire un calcul, résoudre un problème, suivre un raisonnement élevé, qu'il a la même intelligence, partant les mêmes droits que celui qui présentera ces aptitudes, vous faites un acte insensé, sinon coupable.

Le travail, voilà la base de la tranquillité de la société et du bien-être de l'homme. Le travail d'abord pour chacun, suivant la mesure de ses forces et de son intelligence, puis la satisfaction des désirs, si elle est possible. Ce sont les doctrines utopistes qui ont répandu tant d'idées fausses, et préparé nos malheurs, en annonçant dans les bouges de la misère, sans s'occuper des mauvaises passions, que l'homme fait partie intégrante de la divinité, qu'il a droit à tout. On a développé en lui un épicuréisme effréné, le goût des jouissances matérielles, le besoin de les satisfaire à tout prix, en même temps qu'on détruisait les sentiments des devoirs, du dévouement et de la résignation. Un moment, l'ancienne société s'est cru perdue, et aujourd'hui elle n'est plus protégée que par la répression, efficace sur le moment, mais qui tend toujours à se relâcher.

Dieu et le travail, tels sont les principes qu'il faut propager, et autour desquels il faut se rallier fortement. Les sociétés qui ont vécu le plus longtemps sont celles qui ont eu une religion respectée, et qui ont honoré et pratiqué le travail. Si notre génération devait périr dans l'enfantement de ce qui se prépare et qu'aucune puissance n'empêchera, que celle qui nous succédera soit élevée dans le respect de Dieu, l'amour du travail et le sentiment des devoirs.

Résumé. — La misère, qui conduit au suicide, est souvent le résultat de la paresse, de l'imprévoyance, du libertinage, de l'ivrognerie, souvent aussi elle est amenée par les privations les plus affreuses, parmi lesquelles la faim n'est pas une des moins redoutables.

Le suicide de la misère a quelquefois pour but d'assurer des ressources à la famille.

CAUSES DÉTERMINANTES. — CHAGRINS DOMESTIQUES. 93

La passion de l'or, l'impossibilité de la satisfaire, la douleur d'être ruiné, sont des causes fréquentes de suicide.

Le regret de la perte de la fortune est d'autant plus vif que l'on a plus vécu et qu'il reste moins d'illusions.

Les dettes, par les tracas de toute nature qu'elles suscitent, sont une cause déterminante de suicide.

L'inconduite est le point de départ de nombreux suicides. L'amour du plaisir, la débauche, l'orgie, produisent une exaltation fébrile, à laquelle succèdent un dégoût de toutes choses et un ennui insupportable de vivre.

Si le manque de travail est souvent dû à la paresse et à l'inhabileté, il n'est pas moins certain que dans plus d'un cas, il est le résultat des circonstances, des événements, des infirmités, de l'âge; aussi pensons-nous qu'il devrait exister des maisons de travail pour les pauvres ouvriers sans ouvrage, et une maison de refuge pour ceux que les années et les mutilations ont mis hors de service. (Ce vœu a déjà été rempli pour Paris, ou du moins mis à l'étude.)

La paresse est une cause fréquente de mort volontaire. La proportion des gens paresseux est immense. Il faudrait inspirer de bonne heure le goût du travail. Par là, non-seulement on améliorerait le sort de l'homme, mais on préviendrait beaucoup de suicides.

DEUXIÈME GROUPE.

CHAGRINS DOMESTIQUES, CHAGRINS EN GÉNÉRAL, CONTRARIÉTÉS.

Sommaire. — Statistique. — Influence des divers degrés de parenté. — Résumé. — Statistique des chagrins en général. — Résumé.

1° *Chagrins domestiques.* — L'amour de la famille est un sentiment inné chez l'homme. Pour le satisfaire, il n'est point de travaux qu'il n'entreprenne, de fatigues qu'il n'endure, de périls qu'il ne brave. Lorsque la douleur le serre de trop près, c'est vers le foyer domestique qu'il tourne son regard abattu, pour y chercher des consolations et y puiser de nouvelles forces.

Comment donc se fait-il que cet instinct (si naturel ait été assez profondément blessé pour avoir entraîné la mort dans 361 cas (le douzième environ du nombre total)? N'y a-t-il pas dans un résultat aussi déplorable, une protestation énergique contre les obstacles qui s'opposent à la satisfaction de ce besoin?

On peut rattacher ces 361 cas d'une manière générale aux chefs suivants :

1°	1. Chagrins domestiques sans indication.....	30	30
2°	2. Chagrins causés par des dissentiments, des reproches, des querelles de famille......	107	140
	3. Par des maladies, des morts de parents, d'enfants.........................	33	
3°	4. Par des querelles de ménage, l'incompatibilité d'humeur, l'adultère.............	71	191
	5. Par l'abandon de la femme............	50	
	6. Par l'abandon du mari...............	14	
	7. Par la mort de la femme.............	41	
	8. Par la mort du mari................	15	
			361

Si nous décomposons les éléments des causes de la deuxième sous-division, nous voyons le désespoir déterminé par les remontrances, les corrections de la part des parents, les mauvais procédés de la part des enfants et leur refus de reconnaître leurs torts, etc., amener souvent le suicide.—Une fille, exaspérée des représentations que sa mère lui faisait sur ses déportements, s'élance vers la rivière et s'y précipite en l'entendant lui dire : *Jette-toi donc!*

Cet assassinat moral est plus fréquent qu'on ne le pense. Il y a des misérables qui spéculent sur la sensibilité extrême de leurs victimes pour s'en débarrasser. « Cette lettre, écrit un mari à sa femme, est la dernière que vous recevrez de moi. Je vais faire votre bonheur et celui de votre fille ; sans cesse vous me traitiez de lâche qui n'avait pas le courage de se détruire, aujourd'hui j'accepte le défi ; mais je vous refuse l'acte que vous me demandez pour vous rendre maîtresse de l'établissement et vous débarrasser de moi. Les arches du pont de Grenelle seront mon tombeau. La seule prière que je vous adresse, si mon corps est retrouvé, c'est de le faire enterrer sans aucune démonstration mensongère. »

Quelquefois ce sont des parents qui, tout en aimant leurs enfants, ne cessent de les quereller et se rendent réciproquement la vie insupportable. Souvent ce sont des enfants qui ne peuvent supporter les reproches de paresse et de malpropreté, etc.; des pères ruinés par des redditions de compte; des enfants déshérités par leurs proches. Le chagrin peut être déterminé par l'indigne conduite de personnes sur lesquelles on comptait le plus et qui ont honteusement abusé des dépôts qui leur étaient confiés.

Les motifs qui poussent à cette résolution fatale sont, dans d'autres circonstances, la misère, la ruine des parents, des enfants. « Il y a dix ans, écrit une jeune femme, lorsque je fus maltraitée si injustement par mon père, je conçus le projet de mettre fin à des jours que sa conduite devait empoisonner ; mais en voyant la condition malheureuse dans laquelle se trouvait ma bonne mère, quoique bien jeune alors, je sentis mon courage se ranimer. J'ai lutté jusqu'à présent contre la pauvreté, aujourd'hui le mal est au comble, je ne gagne plus de quoi subvenir à mes besoins. Je vois devant moi un long avenir de souffrances. Tout mon zèle n'a pu me conduire au but que je m'étais proposé, celui de soutenir ma mère dans ses dernières années. Puisqu'il en est ainsi, je ne tiens plus à la vie. Ses demandes, que je trouve si justes et auxquelles je ne puis satisfaire, me donnent le coup de la mort. Je lui lègue tout ce qui m'appartient, et je te supplie de la soutenir pendant le peu de temps qu'elle a encore à vivre. »

Quelques-uns ne peuvent endurer la honte, la douleur que leur causent les mauvaises actions de personnes aimées. — Une sœur en apprenant que son frère vient de commettre un vol, s'écrie qu'elle n'y survivra pas. La jalousie causée par les préférences, la froideur des parents, sont pour quelques enfants une cause sans cesse renaissante de chagrin. Des pères et mères s'affligent outre mesure de l'indifférence, de l'ingratitude de leurs enfants, et ce spectacle qu'ils ont sans cesse sous les yeux finit par les porter au suicide.

Une des grandes plaies de la famille est l'introduction d'étrangers : souvent l'arrivée d'un beau-père ou d'une belle-mère est le signal de dissensions intestines qui se terminent par la dispersion, la ruine et même la mort des enfants. — Une jeune demoiselle bien élevée, fille d'un officier ministériel, est forcée d'abandonner le toit paternel et de venir se placer comme lingère dans un magasin de la capitale. Quelque temps après, elle apprend que sa belle-mère s'est emparée d'une somme d'argent considérable, a pris la fuite en laissant son père dans le plus grand dénûment. Sa position précaire, l'incertitude de son avenir, le regret de ce qu'elle a été, la plongent dans les réflexions les plus mélancoliques. La vie lui devient odieuse, elle allume le charbon, et meurt après avoir consigné dans un écrit touchant les motifs de sa résolution.

La famille est le théâtre de mille drames douloureux, bien autrement saisissants que les créations de l'imagination, et qui jettent la perturbation et le désespoir dans l'esprit. « On veut des romans, a dit M. Guizot, que ne regarde-t-on de près à l'histoire? Là on trouverait la vie humaine, la vie intime, avec ses scènes les plus variées et les plus dramatiques, le cœur humain avec ses passions les plus vives, comme les plus douces, et de plus un charme souverain, le charme de la réalité (1). » L'illustre écrivain dit vrai, mais il y manque la fiction pour la multitude. — Un fils naturel parvient à découvrir le secret de sa naissance. En apprenant le nom de son père, sa position élevée, sa fortune, il ne peut s'empêcher d'éprouver une indignation profonde de sa lâche conduite, de sa trahison envers sa mère, morte de chagrin, de misère et de l'affreux abandon dans lequel il l'a laissée. Une idée

(1) Guizot, L'amour dans le mariage (Revue des deux mondes, mars 1855).

de vengeance fermente dans sa tête, il se détermine à le tuer. Plusieurs fois il fait le guet pour exécuter son criminel projet, mais bientôt le remords s'éveille dans son cœur, et ne pouvant supporter cette terrible lutte, il se brûle la cervelle.

Tantôt le chagrin que causent aux enfants les querelles de leurs parents, les violences auxquelles ils se portent, font naître en eux le dégoût de la vie. En voyant sa mère sans cesse frappée, meurtrie de coups, rester quelquefois étendue comme morte sur le carreau, une jeune fille monte tout en pleurs dans sa chambre et se pend à la flèche de son lit. Tantôt ce sont les indignes traitements de parents qui, non contents de refuser à leurs enfants les premiers secours, les dépouillent de ce qu'ils possèdent, les accablent de coups et les expulsent du toit paternel. Un misérable déclare à sa fille qu'il ne lui donnera plus rien et qu'il faut qu'elle cherche ailleurs un asile; détenteur de son bien, il lui avait fait manquer un mariage qui eût assuré son bonheur. En la jetant à la porte de son logement, il a l'infamie de lui conseiller de se faire fille publique comme sa sœur, que la misère et les coups avaient réduite à cette affreuse extrémité.

— Un père, poursuivi par un créancier impitoyable, accourt chez sa fille pour implorer son secours; sa demande est repoussée surtout par le gendre. Irrité de ce refus, il s'emporte, se répand en injures, en menaces même. Un agent de la force publique est appelé, il dit au père de le suivre; celui-ci se retourne vers sa fille qui baisse les yeux et se tait. Il reste un instant immobile, puis, lui reprochant son indifférence et son lâche abandon, il la maudit, et avant qu'on ait le temps de lui saisir le bras, il se fait sauter la cervelle.

Quelquefois ce sont des refus de la part des parents de laisser leurs enfants prendre une profession qu'ils aimaient. Nous avons recueilli trois faits de jeunes gens qui s'étaient tués, parce que leurs familles, placées dans des conditions heureuses, n'avaient pas voulu qu'ils s'engageassent comme marin.— Une mère, qui n'avait qu'un seul fils, conçoit un tel chagrin de sa résolution inébranlable de se faire prêtre, qu'elle se détermine à mourir, le regardant comme perdu pour elle. Le souvenir de la famille qu'on a quittée, dans un amour irréfléchi d'indépendance ou par suite de mauvais conseils, la comparaison d'une situation précaire avec l'aisance à laquelle on était accoutumé, un amour-propre mal placé qui ne veut pas reconnaître ses torts, conduisent quelquefois au suicide.

Le chagrin d'avouer de nouveau des fautes qui ont attiré des reproches sévères et mérités peut faire naître la pensée de la mort.— Une jeune fille, qui avait déjà eu un enfant, redevient enceinte; l'idée de confier encore son déshonneur à sa mère l'épouvante, et elle allume trois réchauds. — Plus les reproches sont mérités, plus ils irritent certaines natures. Un étudiant en droit passe plusieurs années dans la capitale pour s'y faire recevoir avocat. Le moment marqué pour son retour est arrivé; une charge importante lui est destinée. Le père vient chercher son fils. L'explication ne peut plus être différée, tout se découvre. Depuis longtemps le jeune homme a abandonné ses travaux, il n'a passé aucun examen ; subjugué par un amour d'autant plus tyrannique que la femme qui en est l'objet n'est pas libre, il a oublié devoir, famille, avenir. Le mal est irréparable. Le père, justement indigné, lui déclare, qu'après une pareille conduite, il ne peut plus y avoir rien de commun entre eux, et qu'il ait maintenant à se tirer d'affaire comme il l'entendra, puis il s'éloigne aussitôt et repart pour son pays. Le soir, le fils avait mis fin à son existence ; trois jours après, la jeune dame, qui se désolait de ne pas avoir vu son amant, apprenant la terrible catastrophe, s'empoisonnait. D'autres fois, ce sont des jeunes gens venus à Paris, sans guides, sans surveillants, qui, livrés au désordre, contractent des dettes, font des emprunts usuraires ; accablés de reproches par leurs parents, avertis que tout envoi d'argent va cesser, ils aiment mieux mourir que de renoncer à leurs habitudes. Il faudra un jour s'occuper de ce sujet, car l'absence de la famille est pour les jeunes gens de province une source de maux, fréquemment sans remède.

Si les reproches adressés aux enfants sont souvent mérités, parfois aussi ils sont injustes. — Une mère accable sa fille de railleries amères, de mauvais traitements, parce qu'elle est contrefaite et myope, et l'infortunée, dans son désespoir, met fin à ses jours. Quelquefois c'est une basse jalousie, produite par les dons du corps et de l'esprit, qui fait naître chez certaines mères un motif d'irritation permanent. L'opiniâtreté des parents à substituer leur volonté à celle de leurs enfants peut amener une catastrophe ; il n'est pas rare que des projets de mariage imposés de cette manière soient l'occasion du suicide ; les procès-verbaux que nous avons recueillis en contiennent un assez grand nombre d'exemples. Une inclination rend la résistance encore plus forte ; ce refus peut aussi dépendre de la répugnance qu'inspire la personne proposée.

Le suicide est déterminé, dans d'autres circonstances, par la douleur que ressentent des parents de se voir privés de leurs enfants qui partent pour l'armée, s'expatrient, ou dont on les sépare à cause de leur inconduite.

Les maladies graves, la mort de personnes aimées, figurent en proportion considérable parmi les causes de chagrins : 35 individus se sont tués pour ces motifs. Sur ce chiffre, la proportion des parents est de 22, tandis que celle des enfants n'est que de 13. Les mères sont celles qui résistent le moins à la perte de leurs enfants. Quelquefois cette cause n'est pas la seule. Une femme voit mourir son fils, elle tombe dans la mélancolie ; alors se présente à elle le souvenir de ses deux sœurs mortes folles, elle ne cesse de répéter qu'elle craint d'avoir leur sort, et cette pensée la conduit au suicide.

La souffrance morale, déjà si forte au foyer paternel, va grandir encore sous le toit conjugal : 191 individus attenteront à leurs jours par suite de ces chagrins sans nombre que voit éclore la vie commune. Le chapitre des incompatibilités d'humeur est celui qui se présente le plus souvent à l'observateur. Il n'est point, en effet, de supplice plus douloureux que de réunir côte à côte deux individus chez lesquels tout est opposition, et c'est malheureusement ce qui n'arrive que trop souvent. On contracte des alliances pour les exigences sociales ou pour être libre, sans tenir aucun compte des caractères, des goûts, des humeurs. Est-il surprenant qu'une pareille conduite produise d'aussi déplorables résultats ?

Un homme s'exprime ainsi : « Qu'on n'inquiète personne à cause de ma mort, elle est volontaire ; elle était devenue indispensable dans la position horrible où je me trouve placé. Vivre avec un être qui n'a pour vous que de l'aversion, qui cherche toutes les occasions de vous nuire ou de vous contrarier ; qui, sur le motif le plus frivole fait des querelles dont rougirait une femme du peuple ; qui s'attache à vous comme une furie et ne vous suppose jamais que de mauvaises intentions ou des actions coupables ; qui, sans égard pour l'âge et les infirmités, se croit adorable et prétend qu'on porte à d'autres les hommages qu'on ne peut plus rendre à ses charmes surannés : n'est-ce pas un martyre intolérable ?

» Telle est ma position ; je m'en serais déjà affranchi, s'il n'avait fallu prendre le parti violent de me séparer de mon implacable ennemie. Quelle affreuse existence que de vivre isolé, loin de mon fils à qui je ne pouvais faire partager mon exil. Je ne saurais échapper à mon malheur qu'en me donnant la mort. La mort, je ne la crains pas ; je l'appelle, au contraire, depuis longtemps. Quelle affliction je vais causer à mon fils, à ma famille, à mes amis ! Une autre idée vient encore me tourmenter. En disposant de ma vie, j'offense la Providence, j'espère que ma faute sera rachetée par les tourments que j'ai soufferts. 9 juin 1840. »

L'esprit volage de l'homme ou de la femme est souvent un motif de désordre ; l'expérience apprend que bien plus souvent encore les querelles sont les causes de ces scènes scandaleuses qui ébranlent chaque jour l'institution du mariage. Si le riche peut échapper à cette véritable contrainte par corps, le pauvre n'a pas les mêmes facilités, et ces disputes de tous les jours qui continuent jusque dans le lit nuptial le mènent souvent à l'ivrognerie, à la folie et au suicide. Au premier rang des chagrins domestiques, il faut placer les discussions dues à la révélation de défauts ou de vices soigneusement cachés, à l'aigreur des caractères, à l'inconduite des époux, aux maladies honteuses qui en résultent, à la mauvaise gestion des affaires, à la gêne et à la misère qui en sont les suites inévitables ; des injures on passe aux voies de fait, et il n'y a pas de jours que de misérables femmes ne soient littéralement assommées. — Une mère de trois enfants, dont le travail suffisait à peine à sa subsistance et à la leur, avait pour mari un mauvais sujet qui disparaissait dès qu'il avait quelque argent ; puis, quand il avait tout mangé, il revenait, la battait pour lui prendre son modique gain, emportait même jusqu'aux couvertures des enfants. En vain cherchait-elle à échapper à ses fureurs et à ses vols, en changeant de quartier, il finissait toujours par la retrouver, et les mêmes scènes recommençaient. Désespérée d'une lutte dans laquelle elle ne cessait d'être victime, encore toute meurtrie des coups qu'il venait de lui donner, malgré une grossesse avancée, elle prie une voisine de garder quelques instants ses trois enfants, et s'enfermant dans sa chambre, elle allume du charbon et meurt.

Un simple reproche adressé à une organisation nerveuse, impressionnable, exaltée, peut devenir une cause de suicide. — Un mari gronde sa femme d'être restée trop longtemps dans une maison et lui ordonne de n'y plus retourner; elle s'écrie aussitôt: « On ne me fera plus de semblable reproche. » Et montant dans sa chambre, elle s'asphyxie. — L'indifférence, la haine, poussent au désespoir. Le souvenir des tourments domestiques et l'obligation de les affronter de nouveau peut faire prendre une résolution désespérée.

Une femme apprend que son mari a obtenu un jugement qui l'oblige à rentrer dans le domicile conjugal; la veille du jour où il doit venir la prendre, elle allume deux réchauds et met fin à ses jours.

On ne saurait se faire une idée de l'immensité de ces douleurs domestiques et de leurs variétés. Beaucoup de femmes qui n'aiment pas leurs maris, ne reçoivent leurs caresses qu'avec une froideur et une répugnance marquées; quelques-unes même ne dissimulent pas le dégoût que leur inspire ce devoir. Dans quelques circonstances, ce sont des refus formels, une véritable lutte.

D'autres fois ce sont des épouses qui, spectatrices muettes et désolées, voient s'accomplir des actes déshonnêtes et condamnables.

L'oubli des devoirs est souvent pour l'un des époux un motif de désespoir : 13 personnes se sont donné la mort par suite d'infidélité. — Une femme apprend que son mari a provoqué en duel son complice. Désolée de ce combat qui met en péril des jours qui lui sont chers, également affligée de l'éclat que va avoir cette affaire, des poursuites dont elle est menacée, et du déshonneur qui rejaillira sur elle et sur ses enfants, elle débouche un flacon de laudanum qui ne la quittait pas, avale la liqueur et expire quelques heures après. On racontait cette anecdote devant une jeune dame qui avait une liaison illégitime ; à peine quelques instants s'étaient-ils écoulés, qu'elle écrivait un billet à son amant pour lui donner un rendez-vous. Je me suis souvent demandé à quoi servaient l'exemple, l'expérience, l'histoire, et presque toujours il m'a fallu reconnaître qu'ils pouvaient intéresser, émouvoir, instruire, mais qu'ils n'étaient que très-rarement utiles !

« Samedi dernier, vers minuit, M. P..., négociant, était réveillé par les coups redoublés qui retentissaient à la porte de son magasin. Il se lève, descend et ouvre au sieur B...; son commis, auquel il reproche de rentrer si tard. L'admonestation terminée, il remonte à sa chambre, et se met au lit. Une demi-heure s'était à peine écoulée qu'il est réveillé par un bruit dont il ne peut expliquer la cause : il a cru entendre le mouvement de la porte de sa chambre; il écoute, tout est tranquille autour de lui ; il veut communiquer ses observations à sa femme, il étend le bras, et, à son grand étonnement, il reconnaît que la place est vide. Il se lève, ouvre doucement la porte, écoute, et entend sans pouvoir comprendre, des paroles à voix basse entre sa femme et son commis.

» Franchir l'escalier, et se placer en face des deux interlocuteurs est l'affaire d'un instant. Le mari, qui se croit outragé par le sieur B..., demande l'explication d'une pareille conduite. Celui-ci proteste de la pureté de ses actes et de ses intentions. M. P... reste incrédule, et exige l'explication de ce rendez-vous dans son comptoir, à une heure du matin.

» La femme intervient alors, et déclare à son mari qu'elle va tout lui dire : elle confesse avoir eu des relations coupables avec M. K..., employé dans la maison, et qui l'avait quittée depuis onze mois ; plusieurs fois elle avait voulu rompre cette liaison, et récemment elle lui avait fait connaître sa résolution à cet égard. K... avait déclaré que si madame P... l'abandonnait, il irait remettre entre les mains de son mari les lettres qu'il avait reçues d'elle. Dans cette alternative, elle avait fait part à B... de sa douloureuse situation, en le suppliant d'aller trouver K... et d'obtenir de lui, par tous les moyens possibles, la remise de ses lettres.

» B... attesta la sincérité de ces aveux ; il ajouta qu'à onze heures du soir, il s'était présenté chez K..., qui avait repoussé ses propositions, et avait répondu à ses reproches par des violences.

» La nature de ces explications, le ton avec lequel elles étaient données, ne laissèrent aucun doute à M. P... sur leur sincérité. Il se tourna vers sa femme, et lui dit en la regardant fixement : Je vous crois, madame ; mais vous devez comprendre qu'après cette révélation, nous ne devons plus avoir rien de commun, et que nous allons nous séparer pour ne nous revoir jamais. Je vais aller chercher votre mère à l'instant même, elle vous conduira où elle jugera convenable.

» La malheureuse femme se jeta aux genoux de son mari ; elle parla des tentatives de séduction chaque jour renaissantes, des longues luttes à la suite desquelles elle avait succombé, de ses remords, de son désespoir.

» Les prières, les larmes, furent inutiles ; le mari partit et revint bientôt accompagné de la mère de madame P... Celle-ci avait hautement blâmé sa fille et compati aux souffrances de l'honneur du mari outragé ; en la voyant inondée de pleurs, en proie à une si vive douleur, elle tendit les bras à son enfant, et toutes deux confondirent leurs larmes. La mère pria et supplia à son tour, ce fut en vain. M. P... répondit à ces nouvelles prières par ces mots : J'ai dit qu'elle sortirait, elle sortira.

» Ces paroles, proférées d'une voix ferme, brève et sans émotion, ne laissaient aucun espoir de fléchir l'homme qui venait de les prononcer. Madame P..., soutenue par sa mère, se prépare à quitter le toit conjugal ; avant de partir, elle se dirige vers le berceau de son enfant et se dispose à le prendre entre ses bras. — Que faites-vous là ? lui dit son mari. — Je prends mon enfant. — Pourquoi ? — Pour l'emporter. — Cet enfant n'est plus le vôtre, car vous êtes descendue du rang d'épouse et de mère, pour tomber dans la classe de ces femmes qui n'ont plus aucun droit de famille à réclamer.

» Cette infortunée, au milieu de toutes ses souffrances, n'avait pas songé à ce nouveau martyre ; elle se précipite aux pieds de son mari, et le supplie de ne pas ajouter aux douleurs qu'elle endure une torture au-dessus de ses forces. Les sanglots qui la suffoquent ne lui permettent plus que de laisser échapper ces seuls mots : Mon enfant ! mon enfant !... — Non, vous ne l'aurez pas ! dit le mari resté impassible.

» A ces mots, madame P... cesse de pleurer ; elle se redresse, regarde son mari, et se retire dans la chambre voisine.

» Quelques secondes étaient à peine écoulées, qu'un bruit

étrange se fait entendre ; on se précipite dans la chambre où cette dame vient d'entrer, elle est vide ; la croisée est ouverte ; le doute n'est pas possible : son corps est, en effet, étendu sur le pavé de la cour.

» Des secours furent immédiatement prodigués à cette infortunée, qui, dans sa chute, s'était brisé les deux jambes. En proie à d'horribles souffrances, elle a succombé dimanche dans la matinée. »

L'habitude de vivre ensemble, l'isolement qui succède à l'abandon, causent le suicide d'un grand nombre d'individus. Sans vouloir tirer aucune conséquence rigoureuse de ce fait, nous ferons remarquer que 50 hommes se sont tués après l'abandon de leurs femmes, tandis que seulement 15 femmes ont mis fin à leurs jours pour le même motif (1).

Quelquefois le regret d'avoir poussé l'animosité trop loin et d'être sur le point de se séparer amène une réaction. Un homme qui plaidait en séparation contre sa femme apprend, la veille du jugement, qu'il obtiendra gain de cause ; il renvoie tous ses ouvriers et se pend.

Les mauvais procédés d'un mari, l'inconduite d'une femme, rendent souvent la mesure indispensable ; les suites de cet isolement sont quelquefois si pénibles, qu'elles font prendre une résolution funeste. Voici les plaintes d'une jeune dame qui s'était trouvée dans cette cruelle position :

« La femme, c'est la faiblesse et la fragilité. La nature, en la créant ainsi, lui impose l'obligation et le besoin d'un protecteur, d'un ami sincère. Qu'elle est à plaindre, celle qui fut trompée dans son choix, et qui ne trouve que perversité dans celui qu'elle devait regarder comme le gardien de sa jeunesse ! Rien ne peut toucher un cœur endurci par les vices. La femme courbe la tête sous le joug du malheur ; à ses terribles épreuves, elle oppose

---

(1) Plusieurs de ces causes de suicide se reproduisent dans la section de l'amour, elles sont surtout relatives aux unions illégitimes.

ses vertus, sa résignation. L'honneur lui ordonne enfin de mettre une barrière infranchissable entre elle et celui dont elle ne peut porter le nom sans rougir, la loi le lui permet, et prononce sa séparation. A quel prix lui est rendue cette liberté trop tardive ! Seule, désenchantée, elle est condamnée à un éternel abandon. Il lui est désormais défendu de connaître le bonheur d'aimer et le titre si doux de mère. Son cœur ne doit plus écouter ces sentiments sacrés. Jamais elle ne s'appuiera sur une main amie. Jamais sa tête ne reposera sur le sein d'un être chéri ; elle doit parcourir sans guide le sentier pénible de la vie ; son avenir n'est qu'une vaste solitude où elle n'aperçoit pas même l'espérance. Faible fleur, elle doit tomber, elle tombe. »

Nous retrouvons pour la mort la même différence que nous avons constatée pour l'abandon : aussi, tandis que 15 femmes seulement se sont tuées par suite du chagrin que leur causait la perte de leurs maris, 41 hommes se sont suicidés pour un motif semblable. Sans nier le dévouement et la tendresse des femmes, et tout en admettant que cette proportion peut n'être qu'accidentelle, les observations que nous avons recueillies nous ont révélé dans le sexe masculin des particularités fort touchantes. Un homme très-aimant avait perdu sa femme quatre ans auparavant. Depuis cette époque, il visitait fréquemment le cimetière où elle reposait ; deux jours avant sa funeste détermination, il fait ouvrir son caveau et ordonne de graver sur sa tombe : *Il est revenu rejoindre sa chère et tendre amie*. — Nous avons connu un gentilhomme qui pendant deux ans, se rendit chaque jour à la tombe de sa femme; au retour de son dernier pèlerinage, il appelle son notaire, fait son testament, se met au lit, remplit ses devoirs religieux, et meurt quelques jours après. — Un pauvre homme n'avait d'autre consolation depuis la mort de sa femme, arrivée trois ans auparavant, que de regarder la place où elle avait expiré ; on lui signifie son congé : la pensée de quitter le lieu où elle a rendu le dernier soupir lui devient insupportable, et il met fin à ses jours.

CAUSES DÉTERMINANTES. — CHAGRINS EN GÉNÉRAL. 107

Chez plusieurs individus, c'est le chagrin d'avoir causé la mort de leur compagne par de mauvais traitements qui les détermine à en finir avec la vie.

2° CHAGRINS EN GÉNÉRAL, CONTRARIÉTÉS (1). — Il n'est point surprenant que des esprits morosés se soient écriés que l'existence n'est qu'une amère déception. Quand, ôtant le masque dont se couvre l'homme, on voit à nu son visage, on reste saisi de l'étonnante variété de douleurs qu'il exprime. Certes, si l'on se borne à ses œuvres, il y a lieu d'être satisfait, fier même. L'imprimerie, la vapeur, l'électricité, les découvertes incessantes de l'industrie, attestent la puissance de son génie. Quand on y regarde de plus près, l'étude des passions qui le dévorent, montre assez que le bonheur n'est pas là, et que toutes ces magnificences de la pensée, toutes ces créations de l'art ne sont que des mirages destinés à éblouir ses yeux et à le précipiter au dehors de son for intérieur. Là, en effet, la scène change, ce colosse qui remplissait le monde, n'est plus qu'un assemblage de misères.

Pas un de ses pas qui ne soit marqué par une douleur, la perte d'une illusion. Amour, amitié, fortune, gloire, lui feront payer cher leurs faveurs. Que dis-je ? ses chagrins lui viendront de ces prétendus bonheurs dans lesquels il avait mis sa confiance : L'amour, presque jamais il ne le rencontrera ou il en sera délaissé ; l'amitié, elle le trahira où ne le suivra que de loin ; la fortune, elle le fera plus d'une fois rougir, pour s'écrouler peut-être en un jour ; la gloire, s'il l'a méritée, il la verra à chaque instant contestée, et à moins de mourir à temps, il court grand risque d'assister à ses funérailles. L'auteur d'*Eugénie Grandet* gémissait de la situation des gens de lettres au milieu de notre société : « Mais, lui dit-on, ne comptez-vous pour rien la gloire ? — Je

(1) La section des chagrins en général, devait nous exposer à des répétitions, parce que leur influence se retrouve dans un grand nombre d'autres groupes de causes et dans l'analyse des derniers sentiments. Nous avons cherché, autant que possible, à remédier à cette difficulté, en ne faisant appel dans ces derniers chapitres qu'à des motifs non encore évoqués, ou en résumant sous d'autres points de vue les causes déjà nommées.

l'ai connue, la gloire ! Je voyageais en Russie ; nous reçûmes un jour l'hospitalité dans un château qu'habitait un seigneur russe et sa famille. On nous offrit une collation. La dame de compagnie qui avait quitté le salon, revint avec un plateau chargé de verres et de flacons. Au moment où elle entre, une des personnes qui causaient avec moi, prononce mon nom... — M. de Balzac ! s'écrie la dame de compagnie, émue, et le plateau, s'échappant de ses mains, tombe avec fracas. — Eh bien ! ajouta M. de Balzac, voilà pour les gens de lettres ce que c'est que la gloire, ni plus ni moins. »

Chaque jour enfin l'homme est assailli de contrariétés, de chagrins, qui frappent sur lui, comme le marteau sur l'enclume, et si des principes religieux ou philosophiques ne l'ont pas ceint d'un triple airain, il finit par tomber, entraîné par la maladie, la folie ou le suicide.

Les déchirements de la famille nous ont révélé les angoisses de son cœur. Les peines morales vont nous montrer les blessures de son esprit.

311 individus, environ le douzième du nombre total, se sont donné la mort par contrariétés, chagrins ; les éléments de ce chiffre peuvent être classés de la manière suivante :

Contrariétés, chagrins non déterminés	34
Peines morales	138
Intérêts matériels	50
Perte de places	65
Motifs faibles, futiles	24
	311

La douleur est souvent silencieuse ; bien des gens succombent à leurs chagrins, sans qu'on les ait soupçonnés ou devinés. « Je meurs, écrit l'un d'eux, parce que je n'ai pu supporter les peines de la vie ; j'emporte mon secret avec moi. » Un autre laisse en mourant ces quatre vers :

CAUSES DÉTERMINANTES. — CHAGRINS EN GÉNÉRAL. 109

> Pardonnez ma peine secrète ;
> Plaisir, bonheur, j'ai tout perdu.
> Vous jouissez, moi, je regrette,
> Vous vivez, moi, j'ai vécu.

Sur l'agenda d'un employé, on lisait :

> Alors il se coucha, blasphémant Dieu, sa mère ;
> Ne croyant plus à rien, au ciel, ni sur la terre.
> Son dernier cri d'adieu, d'angoisse et de douleur
> S'exhalait en ces mots : malheur ! malheur ! malheur !!!

Les peines morales sont aussi diversifiées que les caractères, les esprits, les intelligences, les pensées.

Les discussions, les querelles avec les patrons, les chefs d'établissement, sont un motif de mort pour un certain nombre de commis, d'ouvriers, d'apprentis. Des employés, dangereusement malades, se tuent, parce qu'ils n'ont pas le temps voulu pour avoir leur retraite et qu'ils vont laisser leur famille dans la misère, ou parce qu'on leur a refusé une place, de l'avancement.

Les critiques, les diffamations, les calomnies, font naître la pensée du suicide. Un homme est accusé d'avoir fait mourir sa femme ; ses voisins s'éloignent de lui ; il ne peut supporter cette idée et s'asphyxie.

Une institutrice parvient à gagner la confiance d'une famille honorable, en se couvrant du masque de l'hypocrisie religieuse. Son manége dure quatre années, sans que certains actes viennent éveiller l'attention, tant l'engouement qu'elle avait inspiré est grand. Enfin une circonstance décisive se présente : le père est obligé de se séparer de sa fille et de la laisser à la tête de la maison qu'il dirigeait. Une pensée infernale germe dans l'esprit de l'institutrice, celle de s'emparer de l'établissement. L'âge de sa pupille, son inexpérience, sa crédulité, sont autant d'armes dont elle fait provision. Alors commence un système de calomnies qui sème l'incertitude, le doute, le mécontentement, entre le père, la mère et la fille. Les manœuvres sont poussées si loin et conduites avec tant d'habileté, que le père prend la résolution de retirer l'établissement à sa fille et d'en confier la gestion à l'institutrice. Celle-ci ne peut dissimuler sa joie, elle maltraite sa victime qu'elle croit avoir anéantie. La nature ne pouvait perdre ses droits; une explication a lieu, les combinaisons machiavéliques de l'intrigante sont dévoilées, elle reçoit l'ordre de s'éloigner. Un changement à vue s'opère dans sa conduite, elle jette le masque religieux dont elle s'était affublée. « Vous me chassez, dit-elle, eh bien! retenez ce que je vais vous dire : je déclare une guerre à mort à votre fille, j'emploierai tous les moyens de la perdre de réputation, de ternir son honneur, de la frapper dans sa fortune, je ne reculerai devant rien, j'irai partout. »

A peine deux mois s'étaient-ils écoulés que la jeune fille, élevée par ses parents qui ne l'avaient jamais quittée, se voyait diffamée, poursuivie avec un acharnement inconcevable : sa chambre était l'objet d'une perquisition minutieuse; ses actions, sa conduite, sa vie, étaient soumises à un examen sévère; ses domestiques, ses commensaux interrogés ; une dénonciation trop légèrement accueillie l'avait signalée comme tenant une maison mal famée. La vie irréprochable de son père, qui n'était pas sans quelque renom, n'avait pu la protéger contre la calomnie. Si la pensée du suicide se fût alors présentée à l'esprit de la jeune fille outrageusement soupçonnée, son désespoir n'eût-il pas été excusable? Un fonctionnaire, auquel le père exprimait la douleur dont l'avait pénétré un semblable événement, lui disait : « Si vous saviez quelle masse de dénonciations ces cartons ont reçue depuis six mois, votre étonnement cesserait bien vite. »

La calomnie fut la cause de la mort de l'infortuné Lazzari. Accusé d'avoir mis le feu à son théâtre, il en éprouva un tel chagrin qu'il se brûla la cervelle.

Il y a des gens qui se suicident par le regret qu'ils éprouvent de voir leurs camarades retourner au pays et de ne pouvoir les suivre; d'autres, par l'obligation où ils sont de rejoindre leur régiment. Quelques-uns sont désolés d'avoir une difformité qui les empêche de se marier; plusieurs s'indignent de subir des punitions ; ce fait est surtout commun chez les militaires, et il faut reconnaître que les fautes les plus légères sont quelquefois sévèrement expiées.

Il en est qui, soit par un excès de délicatesse, soit par une extrême susceptibilité, ne peuvent supporter d'être injustement attaqués dans leur honneur, leur probité. Le simple soupçon leur est odieux. Une domestique est accusée de vol par sa maîtresse qui retient ses malles. Indignée de cette humiliation, elle remonte à sa chambre et se pend à l'espagnolette de sa croisée.

Des individus éprouvent un dégoût de leur état que rien ne peut vaincre.

Quelquefois ce sont les reproches de la conscience et la vindicte publique qui rendent l'existence insupportable. — Un homme accablait sa femme de mauvais traitements; il la voit faire devant lui des préparatifs d'asphyxie, sort pour vaquer à ses occupations et ne rentre qu'à la fin de la journée. A son retour, il trouve sa femme morte; les voisins accourent à ses cris, aperçoivent un papier dans lequel elle reprochait à son mari sa conduite envers elle: « Te voilà heureux, ajoutait-elle, car tu m'as vue entasser le charbon dans les réchauds, et tu es sorti pour ne pas être obligé de me porter du secours. Crois-le bien, malheureux, ma mort te poursuivra partout. » Les voisins s'éloignent en lui reprochant son infamie. Il devient sombre, lutte quelque temps, et se suicide à son tour.

Parmi les procès-verbaux, on lit des récits de morts dues au chagrin d'avoir été refusé aux examens, d'être obligé de quitter la France par suite de mauvaises affaires, d'accusations infâmes, etc. Les motifs les plus divers conduisent à cette fatale résolution.

Des individus se tuent par le chagrin d'être remplaçants. Quelques-uns, au contraire, sont désespérés d'avoir été refusés pour le service militaire comme faibles de constitution. — Un homme se pend, parce que son amour-propre est profondément blessé de n'avoir pu se procurer cinquante francs pour se marier. Une femme se suicide, pour échapper aux poursuites d'un homme qui avait vécu autrefois avec elle. — La fille naturelle d'un major allemand qui avait toujours eu l'espérance de retrouver une famille honorable, reçoit une lettre d'un pays lointain par laquelle on la prévient de la mort du major; à cette lettre est joint un envoi d'une somme de 80 thalers, on l'engage, en même temps, à renoncer à des recherches dispendieuses et qui ne seraient d'ailleurs d'aucune utilité. Elle ne se décourage point; à force de persévérance, elle apprend qu'un testament a été fait en sa faveur, bientôt les traces de la spoliation se perdent, rien ne peut la remettre sur la voie ; elle cherche un oubli momentané dans les liqueurs fortes; le souvenir de son père, de sa fortune enlevée, ne peut s'effacer de son esprit, et le suicide vient terminer ses douleurs.

L'un s'immole parce qu'il apprend qu'il est enfant naturel, l'autre parce qu'il est douloureusement affecté de la mort violente de plusieurs de ses amis ; celui-ci met fin à ses jours pour avoir été privé de sa médaille de crieur public, à cause de ses paroles séditieuses, celui-là, pour avoir dissipé en orgie l'argent de son loyer.

Les intérêts matériels ont été des causes de mort pour 115 individus ; sur ce chiffre, 65 se sont tués par le chagrin qu'ils éprouvaient d'avoir perdu leur emploi. La plupart étaient des domestiques que leur inconduite ou leur caractère avait fait renvoyer ; quelques-uns cependant étaient d'honnêtes serviteurs, qu'un caprice chassait de maisons dans lesquelles ils servaient depuis un grand nombre d'années. Au nombre de ces malheureux étaient plusieurs employés auxquels le retrait de leur place enlevait leur unique ressource.

Parmi les 50 autres personnes pour lesquelles les intérêts matériels lésés ont été un motif de suicide, et qui ne rentrent pas dans la catégorie de ceux dont nous avons parlé à l'article *Revers de fortune*, etc., il y avait des commerçants qui n'avaient pas trouvé de fonds pour s'établir ou qui ne faisaient pas d'affaires ; des officiers publics sans clientèle ; des individus qui avaient manqué un mariage avantageux ou qui n'avaient pas réussi dans leurs entreprises ; des artistes qui avaient perdu la voix ; des femmes mariées à des hommes qui n'avaient rien, et avaient fait croire à leurs dupes qu'ils avaient de la fortune ou un capital quelconque ; des instituteurs et des institutrices qui n'avaient pu se procurer une existence honorable, etc.

Plusieurs se sont donné la mort parce qu'ils étaient dans l'impossibilité d'empêcher leurs proches de faire des spéculations ruineuses. Il y en a qui se suicident, parce qu'on a rejeté en cassation un pourvoi qui était leur dernière espérance, ou qu'ils ne peuvent supporter le tracas des affaires.

Quelquefois c'est un motif de vengeance qui est le mobile de l'action. — Un soldat, furieux contre un de ses camarades avec lequel il avait eu une querelle, coupe pendant la nuit tous ses effets, et puis, en songeant à la punition qui l'attend, il se fait sauter la cervelle. — Un musicien met fin à son existence par suite de contrariétés violentes avec son chef : « C'est sa conduite à mon égard, dit-il, qui est la cause de cet accident fatal ; si je n'avais pas été en retard de dix minutes, il aurait eu son affaire, comme je me fais la mienne ; je serai vengé, car il sera touché par quelque chose de plus sensible. »

D'autres fois, au contraire, les chagrins sont déterminés par une passion généreuse, témoin ce père qui se tua pour faire exempter son fils de la conscription.

Dans l'appréciation des chagrins qui conduisent à prendre une résolution suprême, il ne faut jamais oublier que les causes sont quelquefois multiples.

La lettre suivante, en montrant qu'il peut exister une double cause, est surtout intéressante par la préméditation, le sang-froid, la netteté des idées et la correction de l'écriture.

8

« A mon fils tendrement et justement aimé,

» Après tant de tourments immérités, de pertes de toute espèce, et depuis la mort de ta bonne mère, j'avais formé la résolution de mettre un terme à mes jours ; tu as arrêté ma résolution.

» Le désir de t'être utile par mon travail et de te donner les soins que réclame ta santé délicate m'a fait suspendre l'exécution de ce dessein et prolonger mon agonie.

» Mes adversaires, en me poursuivant constamment de leur haine implacable, ont paralysé toutes mes tentatives et consommé ma ruine.

» A soixante-cinq ans révolus, toute illusion est détruite, je ne pourrais être désormais qu'un embarras pour toi et pour moi-même ; l'homme sans fortune, arrivé à mon âge, n'a plus à attendre que des jours de tristesse et de souffrance ; il vaut mieux quitter le monde que d'être exposé, comme le sont les gens sans caractère, à mener une vie précaire, au milieu des privations, et à voir sans cesse son amour-propre blessé. L'existence à ce prix est une véritable faiblesse, et la mort un acte de courage.

» Je meurs avec le plus vif regret de n'avoir pu faire ni le bonheur de ta mère ni le tien ; je n'ai rien à me reprocher, car j'ai toujours eu la meilleure conduite. J'ai travaillé beaucoup et mis le plus grand ordre dans mes dépenses, ma fausse position a été la seule cause de ce triste résultat.

» Aie du caractère, du courage, du calme, s'il est possible, et de la résignation dans tes malheurs, mets surtout ta confiance en Dieu.

» Reçois, mon cher fils, mes embrassements les plus tendres et mes adieux éternels.

» Ton père irréprochable dans sa vie entière,

» (*Signé*) J^{re}.

CAUSES DÉTERMINANTES. — CHAGRINS EN GÉNÉRAL.

» *P. S.* Je voulais aller au loin pour en finir avec le monde, et t'éviter par ce moyen le terrible spectacle de ma mort, l'indisposition très-grave que j'ai éprouvée récemment, m'a tellement affaibli que je n'aurais pu supporter aucune fatigue, il m'a donc fallu renoncer au projet de m'éloigner et mourir ici.

» Borne-toi, dans ta position, à me procurer un cercueil, le plus simple corbillard et la fosse commune. Si le clergé de cette commune y consent, on me conduira à l'église, pour me dire les prières des morts. Dans le cas contraire, fais-moi porter directement au cimetière, cela suffit aux restes d'un homme de bien.

» Il te sera facile de juger de la lucidité de mon esprit et du calme de ma conscience par le sang-froid que j'ai apporté dans mes dispositions : un homme de ma trempe ne pouvait en manquer dans aucune circonstance. »

Le désespoir d'avoir été volé peut conduire au suicide, surtout quand on est entièrement dépouillé. — Un ouvrier, en rentrant chez lui, s'aperçoit que tous ses effets lui ont été enlevés par une femme avec laquelle il vivait depuis longtemps, il prend sa cravate, l'accroche à un clou, et se la passe autour du cou. — Des rentiers de l'État, en entendant parler de réduction, ou en voyant les fonds baisser, craignant de perdre leur avoir, n'ont pu survivre à l'idée de la ruine. — A l'époque où il fut question sous Louis-Philippe de cette opération, un rentier écrivit : « J'ai une peur extrême de la misère, je lutte depuis quinze ans contre ma mauvaise santé, il me serait impossible de travailler, et la crainte de ne pouvoir suffire à mes besoins par la réduction de la rente me conduit au tombeau. »

Souvent aussi les sujets de contrariétés, de chagrins, sont très-légers, mais les individus qui les éprouvent ont l'esprit trop faible pour y résister. Il en est d'eux comme des gens qui se mettent en colère pour des riens, qui s'abandonnent au chagrin, au désespoir, aux premières apparences d'insuccès. Une femme s'accuse de l'intempérance de sa langue. « Je me suis frappée, dit-elle, parce que j'étais bavarde ; je voulais me punir, j'ai été trop loin. » Une autre annonce qu'elle aime mieux mourir que d'être traitée de canaille par ses voisins. Évidemment, tout est relatif ; le monde du chiffonnier, de l'artisan, n'est pas celui de l'écrivain, de l'homme d'État. Un commissionnaire se donne la mort par chagrin d'avoir communiqué, sans le vouloir, la gale à plusieurs de ses camarades.

Nous avons noté des suicides pour les motifs les plus futiles. Une jeune fille se tue parce qu'on lui fait remarquer, avec quelque vivacité, qu'elle n'a pas brodé une rose sur une bretelle. Une femme se pend de douleur d'avoir perdu ses cheveux, pour lesquels elle employait une foule de cosmétiques. Une autre se donne la mort de la même manière, parce qu'elle craignait que l'absence de cils l'empêchât de trouver un protecteur. Nous avons constaté, dans un cas, le suicide d'une femme à laquelle son mari reprochait de ne pas savoir la cuisine et de lui avoir servi un poulet dur ; et, dans un autre, celui d'une jeune fille à laquelle on avait seulement dit qu'elle avait mis trop d'eau dans la soupe. Un garde municipal auquel son brigadier n'avait pas permis de descendre de cheval pour satisfaire un besoin, rentre à la caserne, exaspéré, et dit à ses camarades : « Est-ce que je serai toujours soldat ? » Quelques minutes après, on entend une détonation ; il venait de se faire sauter la cervelle.

Plusieurs fois on a vu des jeunes gens, après une discussion avec leurs camarades, partir comme des furieux pour aller se détruire. Cette disposition est surtout commune chez les jeunes filles qui vivent en concubinage. A la moindre querelle avec leurs amants, elles menacent de se noyer, de s'asphyxier, de se jeter par la croisée. Une ouvrière, irritée du reproche de rester trop longtemps au lit, se lève et disparaît. On apprit qu'elle s'était précipitée dans la Seine.

Enfin, quelques individus se tuent parce qu'on les a plaisantés ou qu'on s'est moqué d'eux. Un artisan auquel ses camarades assuraient qu'il ne serait jamais un bon serrurier, parce qu'il n'avait pas fait son tour de France, se crut déshonoré et se pendit.

Le fait suivant nous paraît devoir figurer à plus d'un titre dans cette série :

Il vient de mourir à Londres, dit un journal anglais, un individu (Rogestone) qui a mangé en dix ans une fortune de 150 000 liv. st. (3 750 000 fr.), mais ce qui s'appelle littéralement mangé. Cet individu, dont les plaisirs de la table étaient la passion dominante, a parcouru l'Europe uniquement occupé de gastronomie.

Après un certain nombre d'années passées à satisfaire ses caprices gastronomiques à des prix quelquefois fabuleux, il est arrivé au 15 mars dernier, ne possédant plus qu'une guinée, une chemise et un chapeau tout crasseux. Il a employé la guinée à l'achat d'une bécasse qu'il a mangée, préparée selon toutes les règles de l'art culinaire ; il a passé deux heures à la digérer dans une douce quiétude, puis il s'est jeté du haut du pont de Westminster, dans la Tamise, d'où on aurait pu le sauver, si à l'instant même il ne s'était pas ouvert des paris entre quelques gentlemen sur la question de savoir s'il se noierait ou s'il ne se noierait pas !

Il est important de ne pas perdre de vue l'âge des suicidés, la nature de leur esprit, la portée de leur intelligence, leur manière de sentir, etc. ; car ces influences, et beaucoup d'autres, ont une grande part dans leurs décisions. Les jeunes gens pensent autrement que les hommes d'un âge mûr ou les vieillards. Il y a souvent chez eux une sensibilité exquise qui rend la plus légère observation douloureuse. Chez ces natures électriques, un geste, un mot, un acte suffisent pour les jeter dans des transports de joie ou dans le plus affreux désespoir. Le suicide s'exécute alors dans des conditions toutes différentes.

Résumé. — Les discussions de famille sont une cause fréquente de mort. Les malheurs domestiques sont aussi une source continuelle de désespoir par les privations de toute espèce qui en sont la conséquence.

— L'indifférence et l'ingratitude des proches, leur déshonneur, l'introduction de belles-mères ou de beaux-pères, ont une influence marquée sur l'acte du suicide.

— Le chagrin de ne pouvoir prendre une profession, l'isolement loin de la famille, la honte d'avouer ses fautes, l'abandon qui en est la suite, les reproches injustes ou mérités, l'obligation d'obéir, sont autant de causes de mort violente.

— Parmi les motifs de douleurs domestiques donnant lieu à des déterminations funestes, il faut ranger le départ des enfants, la mort des personnes aimées.

— Les causes du suicide, déjà nombreuses au foyer paternel, augmentent encore entre les époux. — Une des plus fécondes est l'incompatibilité d'humeur qui engendre des disputes répétées et des scènes de violence.

— L'inconduite, le souvenir de mauvais traitements, la nécessité de rentrer au domicile conjugal, l'accomplissement de devoirs abhorrés, le mépris, l'abandon, les séparations judiciaires, la vue d'actes indélicats, blâmables, sont des causes nombreuses de suicides.

— Tous les sentiments blessés peuvent devenir le point de départ de suicides : ainsi on a vu les disputes avec un patron, l'impossibilité d'obtenir sa retraite, le refus d'une place, les critiques, les diffamations, les calomnies, etc., etc., conduire fréquemment à la mort.

— Les intérêts matériels lésés ont aussi une grande influence sur le suicide.

— Les motifs les plus futiles peuvent entraîner les résolutions les plus funestes.

TROISIÈME GROUPE.

AMOUR, JALOUSIE.

SOMMAIRE. — *Amour*. — Statistique. — Abandon. — Mariages manqués. — Mort de l'objet aimé. — Séparations forcées. — Doubles suicides. — Remords. — Querelles. — Discussions. — Idée de suicide instantanée. — Écrits. — Statistique. — Mariage des personnes aimées. — Bizarrerie de l'esprit humain. — Résumé. — *Jalousie*. — Statistique. — Motifs divers. — Suicides doubles. — Jalousie de famille. — Résumé.

1° *Amour*. — « Il y a une femme au commencement de toutes choses, » a dit M. de Lamartine, et aussi à la fin, nous répliqua un célèbre avocat, auquel nous citions cette maxime. L'histoire, le roman, la vie privée ne laissent aucun doute à cet égard. Toutes les organisations ne ressentent pas, à la vérité, les influences de l'amour au même degré ; malheur à celles que la nature a faites rêveuses, impressionnables, sensibles, ou trop fortement constituées, si une éducation habilement dirigée, si les soins de parents éclairés n'ont pas affaibli la vivacité des impressions ou combattu l'énergie des instincts. L'amour est le désespoir d'une foule de familles. Aucun âge n'échappe à son empire. Le vieillard ravit à ses enfants une partie et même son héritage entier, pour récompenser celle qui lui abandonne ses jeunes années. L'homme mûr dissipe sa fortune pour entretenir ses maîtresses, et le jeune homme se déshonore pour conserver celle qu'il aime. Les exemples ne nous manquent pas ; nous les avons autour de nous ; ce sont nos proches, nos amis, nos connaissances qui se chargent de nous les donner. L'amour ne conduit pas seulement à la ruine, au déshonneur ; il est souvent aussi la cause de duels, de meurtres et de suicides ; c'est sous ce dernier point de vue que nous allons l'examiner.

306 individus, environ le quinzième du chiffre général (15,01), se sont tués pour cette cause. Sur ce nombre, il y avait 134 hommes

et 172 femmes. Les motifs de cette résolution paraissent se rattacher aux chefs suivants (1) :

Chagrins d'amour, sans autre désignation.......	117
Abandon de l'un ou de l'autre (amant, maîtresse).	88
Mariages manqués.........................	58
Mort de l'objet aimé......................	16
Séparations forcées.......................	11
Discussions, querelles.....................	11
Mariage des personnes aimées	5
	306

Lorsqu'on a vécu ensemble, il s'est formé des habitudes qu'il est très-douloureux de rompre ; le chagrin est encore plus vif lorsque l'amour était le trait d'union ; aussi voyons-nous 88 individus se tuer pour avoir été abandonnés. Le désespoir de perdre celui qu'on aime est un motif puissant, il n'est pas le seul. En prenant un amant, la femme prend souvent aussi un protecteur qui, par son travail, l'aide à subvenir à ses besoins. Il est malheureusement établi que le salaire des femmes, surtout dans les grandes villes, suffit à peine aux premières nécessités, et qu'il ne peut leur donner le bien-être ; il en résulte que la prostitution, sous toutes les formes, est souvent la conséquence forcée de cet ordre de choses. Sans cesse sollicitées par la vue d'objets tentateurs que la misère leur interdit, les femmes cèdent au désir de se les procurer. D'un autre côté, l'ouvrier qui n'a aucune avance, craignant de se jeter dans les dépenses d'un ménage, se choisit une compagne qui lui coûte le moins possible. Ces unions improvisées se terminent assez souvent par le mariage; plus souvent aussi, elles se brisent comme elles s'étaient formées, et la femme reste seule avec un ou plusieurs enfants. L'abandon est quelquefois plus cruel encore : celui qui s'en va emporte avec lui tout le mobilier, et la concubine se trouve dans le plus affreux dénûment. Beaucoup de ces infortunées n'ont cédé qu'à

(1) Dans le groupe des chagrins, nous avons déjà énuméré plusieurs de ces motifs, en les indiquant seulement ; ils ne concernent ici que la passion de l'amour, et plus particulièrement les amants et les maîtresses.

des promesses de mariage. Une jeune femme écrit à son amant : « Tu m'as trompée; pendant deux ans tu m'as juré de m'épouser, puis tu m'as abandonnée. Je te pardonne, Je ne puis survivre à la perte de ton amour. » La lettre se termine par ces mots : « Je ne vois plus clair. » Il serait bien temps que la justice vînt au secours de ces tristes victimes, avec l'arme de l'époque, l'indemnité.

L'abandon est quelquefois déterminé par les défauts du caractère, et celui auquel est due cette cause de séparation s'adresse les plus violents reproches. Une femme laisse en mourant une lettre ainsi conçue :

« Je viens d'arroser de mes dernières larmes le portrait du plus aimé des hommes. J'ai fait moralement tout ce qui m'était possible pour vivre sans cette affection qui est désormais le ressort de ma vie, cela est au-dessus de mes forces. Je suis bien lâche à vos yeux. Oh! ne me blâmez pas ! l'étendue de ma faute est grande; ma mémoire sera maudite même de mon enfant, de mon enfant, dont le nom fait vibrer toutes les cordes de mon âme; et pourtant, sans la moitié de moi-même, sans celui que j'ai perdu, la vie m'est insupportable. J'étais résolue à aller me jeter à ses pieds, j'aurais été repoussée! Qu'il me pardonne mon caractère injuste, mes violences ; qu'il se rappelle seulement les moments heureux qu'il a passés près de moi. Non, la femme qui l'aime si tendrement n'était pas indigne de lui... Assurez-le que je forme des vœux pour son bonheur, que je meurs en l'adorant.

» Je vous renvoie tout ce qui venait de lui ; je garde seulement la boucle de cheveux ; je veux mourir en la pressant sur mon cœur. Quand ce paquet et cette lettre vous parviendront, tout sera fini. Je recevrai là-haut la punition de mon crime.

» Suppliez mon ami de devenir la providence du pauvre orphelin. Qu'aucun de mes indignes parents n'assiste à mon convoi. Prévenez l'ange de ma vie ; lui seul et mon fils doivent venir pleurer sur ma tombe... Le christianisme étant le culte de mon ami, depuis longtemps je suis chrétienne dans l'âme. Adieu; vous avez eu pitié de moi, Dieu vous en récompense! Je me confesse d'avoir osé être jalouse de votre vertueuse sœur; que cette dame me pardonne à l'heure suprême. »

Les caractères de la lettre sont tremblés et à moitié effacés par les larmes.

Ce que dit cette infortunée de ses parents est vrai; ils l'avaient volée. Son mari lui avait mangé sa dot, en la trompant sur sa fortune, et son beau-frère, qui lui avait emprunté une somme considérable, manquait quatre jours après.

L'impossibilité de ne pouvoir épouser celui qu'on aime, la douleur de le voir passer dans les bras d'une autre, ont motivé le suicide de 58 individus.

Mademoiselle Céline D..., âgée de vingt-six ans, née de parents autrefois fort riches, fut conduite à Paris encore enfant, et confiée à l'une de ses tantes, qui la fit élever au sein de l'opulence, en lui donnant la même éducation qu'à ses filles. Céline profita de cet avantage, et bientôt arriva sa majorité, qui la rendit maîtresse de ses actions. Elle employa ses loisirs à perfectionner son instruction, et fut citée, dans le monde, parmi les femmes de lettres distinguées de la capitale.

A vingt-deux ans, elle perdit sa tante, il lui fallut quitter sa famille d'adoption; Céline réunit ses petites ressources et continua à cultiver les lettres. Bientôt elle inspira la plus vive passion à un jeune homme. Leur liaison durait depuis quatre ans, quand tout à coup elle apprit que celui qu'elle chérissait allait devenir l'époux d'une autre femme. Dès ce moment, elle fut en proie au plus violent désespoir.

Sa résolution fut bientôt arrêtée : après avoir calfeutré toutes les issues de sa chambre, la malheureuse alluma le charbon, et comme il n'opérait pas son effet aussi promptement qu'elle le désirait, elle avala un demi-verre d'opium. Ne la voyant pas descendre aux heures accoutumées, on conçut des soupçons : les portes furent ouvertes, et l'on trouva à côté de son cadavre une lettre qu'elle n'a pas eu le temps d'achever. Voici ce qu'elle contenait :

« Mon cher Albert,

» Mes malheurs passés ne sont rien en les comparant à ceux que j'éprouve en ce moment. Tu fus toujours bon, grand et généreux, et sous ces différents rapports, je devais attendre une tout autre destinée. J'avoue que depuis quatre ans, mes relations avec toi ont été enviées par plus d'une amie ; tu étais tout pour moi sur la terre, puisque, dès ma jeunesse, j'ai perdu ceux qui pouvaient la guider.

» Pourquoi, après avoir suivi une conduite aussi noble que désintéressée, cesses-tu tout à coup tes visites? Qu'ai-je fait à mon meilleur ami pour encourir sa disgrâce ? Est-ce pour t'avoir aimé plus que la vie, puisque pour toi je vais la perdre dans un moment ?

» La mort va nous séparer, j'ai l'espérance de te rendre heureux ; crois-tu, d'ailleurs, que j'aurais pu voir de sang-froid une rivale dans tes bras? Sérieusement, tu ne le penses pas. Souviens-toi des serments que j'ai reçus et de ceux que tu vas faire à ta fiancée ? Au moment de les prononcer à l'autel, ne crains-tu pas que ma voix ne fasse retentir à son oreille ces paroles : Ne l'écoutez pas, c'est un parjure : il trompera sa femme comme il a trompé son amante. Pardon, ma tête s'égare, le moment approche sans doute ; c'est celui qui brise ou réunit les... » (Ici la plume est tombée sur le papier.)

Je n'ai jamais pu lire ces douloureux suicides sans en être vivement impressionné ; ce lâche abandon m'indignait, mais une pensée a toujours surgi à l'instant en présence du mal et en diminuait l'amertume, c'est le pressentiment que l'action coupable aurait son châtiment.

L'homme qui a eu un premier amour, et que les nécessités sociales ont séparé de celle qui eût fait le bonheur de sa vie, s'il est doué d'une vive sensibilité, ne peut s'empêcher, au souvenir de ces impressions de la jeunesse qu'évoquent mille circonstances, le bruit des flots, le spectacle de la nature, certaines dispositions de l'âme, les chagrins, de tomber dans la mélancolie et souvent même dans les pensées les plus noires. L'émotion profonde qu'il éprouve lui retrace les scènes animées par l'image de la femme tant aimée. La tristesse peut alors être poussée si loin, que la vie lui paraît un fardeau dont il voudrait se débarrasser. Il suffit alors d'une autre voix chérie pour l'éveiller de ses sombres rêves et le rappeler aux réalités de la vie.

L'opposition des parents aux désirs des amants est un motif de mort pour beaucoup d'entre eux.

Certaines personnes semblent marquées du sceau de la fatalité. L'infortune ne leur laisse point un moment de repos. L'histoire déplorable que l'on va lire est une nouvelle preuve de la vérité de ce fait.

« Il y a deux ans, raconte un malheureux père, je fis appeler le commissaire de police du quartier pour constater le décès de ma jeune fille, qui s'était asphyxiée à l'aide du charbon, parce que j'avais refusé de donner mon consentement à son mariage avec un homme qui ne pouvait lui convenir.— Ma seconde fille fut demandée récemment par un employé : leur mariage allait se célébrer, j'avais trop présent à l'esprit la mort de la première pour m'opposer à cette union. Tout était prêt, les habits de noces achetés, lorsque je sus que son prétendu venait d'être arrêté dans son pays sous l'inculpation de faux. Je dus alors renoncer à l'accepter pour gendre. Après une détention préventive, il fut mis en liberté. Revenu depuis quelques jours à Paris, il a revu ma fille à mon insu. Inquiet de ce qu'elle n'était pas rentrée avant-hier, je suis allé chez sa maîtresse, qui m'a dit qu'elle n'était pas venue travailler de toute la journée, et qu'elle la croyait chez moi ; cette dame a même ajouté que, d'après une lettre qu'elle avait écrite à son futur, il y avait lieu de craindre qu'elle n'eût réalisé un projet funeste. Aussitôt j'ai couru à la maison, et après quelques recherches, j'ai trouvé fermée la porte de ce même cabinet où sa sœur s'était asphyxiée. En y pénétrant de force, j'ai aperçu mon enfant étendue sur son lit, vêtue d'une robe blanche, la tête ornée d'une couronne de roses blanches. Elle était entourée de réchauds et ne donnait plus aucun signe de vie. »

En recherchant les proportions des deux sexes, dans les cas de suicides déterminés par refus de mariage ou par difficulté de le contracter, nous avons trouvé 36 hommes et 22 femmes.

Une jeune fille, d'un caractère fort tranquille, de mœurs exemplaires, qui ne lisait pas de romans, n'allait point au spectacle, ne parlait jamais de suicide, est informée que les parents de son amant ne veulent point consentir à leur union ; se servant de toute son influence sur son esprit, elle lui représente l'impossibilité où ils sont d'être l'un à l'autre, la séparation qui va être la conséquence de la demande en mariage, puis, l'accablant de caresses, elle le supplie d'imiter sa résolution : « Je suis décidée à mourir, dit-elle, plutôt que de te quitter, donne-moi cette preuve d'amour. » Un vaste foyer est allumé, et ils expirent dans les bras l'un de l'autre.

Il arrive quelquefois que l'un des deux amants refuse, par un motif quelconque, de légitimer une union ancienne ; ce refus devient quelquefois un arrêt de mort pour tous les deux. Le fait suivant qui s'est passé dans notre province en est un triste exemple.

« C..., âgé de trente-quatre ans, vivait depuis longtemps en concubinage avec la veuve M..., âgée de plus de quarante-huit ans, et mère de six enfants. C... tourmentait cette femme pour la faire consentir à une union légitime, elle le refusait obstinément, ayant un fils qui devait bientôt tirer à la conscription, et que son titre de fils de veuve exempterait du service.

Un soir, C... alla coucher chez la veuve M... Par un fait d'immoralité malheureusement trop commun, c'est dans la chambre même où reposaient une jeune fille de seize ans et un enfant de sept, que cohabitaient les deux amants. Le matin, la jeune fille, qui est couturière, se leva et partit pour aller en journée. Bientôt la veuve M... se leva aussi et se mit à vaquer aux soins du ménage.

» Pendant ce temps, C... avait recommencé ses instances, lui demandant de consentir à l'épouser. Comme elle refusait toujours, il s'emporta, sauta à bas du lit, saisit un couteau de cuisine, releva les jupons de sa maîtresse, et lui porta dans le ventre quatre coups de son arme, qui pénétra jusqu'au manche. La malheureuse tomba, inondée de sang, en poussant un cri déchirant.

» L'enfant, qui était encore couché, se mit à pleurer. — Ce n'est rien, dit C..., je viens de *saigner* ta mère ; et il prit le cadavre qu'il porta sur le lit. — Maintenant, ajouta-t-il, je vais me *saigner* aussi, et se débarrassant de sa chemise, il se porta, du même couteau sanglant, plusieurs coups dans le bas-ventre.

» L'enfant, terrifié, n'osait ni parler, ni bouger. C..., voyant que ses blessures n'étaient pas assez promptement mortelles, se saisit d'un clou et d'une corde. — Petit, dit-il, ne remue pas, laisse-moi faire, ou je te saigne également. Je vais me pendre à cette poutre ; quand je ne remuerai plus, tu iras avertir M... (un des voisins) que je suis mort et qu'il vienne me décrocher.

» Ces préparatifs ne furent que trop promptement exécutés ; quand on arriva, guidé par l'enfant, pour s'assurer s'il n'y avait pas moyen de sauver les victimes, on ne trouva que deux cadavres. »

Seize personnes se sont suicidées, après avoir vu mourir l'objet de leur amour.

Ce fut un événement de ce genre qui amena la mort de la célèbre Sophie dont les amours avec Mirabeau avaient eu un si grand retentissement. Retirée près du couvent de Gien, qui avait été sa prison, dans une petite maison, elle y fit la connaissance d'un gentilhomme chez lequel elle trouva le dévouement absolu qu'elle avait en vain attendu de Mirabeau. Un prochain mariage allait les unir, quand la mort lui enleva son dernier ami. Après

CAUSES DÉTERMINANTES.— AMOUR. 127

avoir rendu les devoirs funèbres à son fiancé, elle congédia ses serviteurs, brûla ses lettres, écrivit ses dernières volontés d'une main ferme, et, s'enfermant dans une alcôve dont elle ferma hermétiquement les portes, elle alluma le charbon et expira en serrant dans ses mains le portrait de l'ami qu'elle avait perdu.

On la trouva les deux pieds attachés aux piliers de son lit, comme si elle avait voulu se prémunir elle-même contre les irrésolutions ou les repentirs de l'agonie.

L'histoire est la pourvoyeuse du roman, et il y a longtemps qu'on a dit : les drames les plus saisissants ont leur origine dans la vie réelle ; mais il leur faut l'arrangement.

La catastrophe, dont nous allons dire quelques mots, est celle d'un soldat français qui fut dix ans roi, et qu'une conception machiavélique de sa femme précipita dans le tombeau.

Sombre, un de ces guerriers que Dupleix avait conduits dans l'Inde, était devenu l'époux de la Begom de Sardannah. Prévoyant la chute des dynasties indiennes, il suscita une foule d'obstacles au fameux William Hastings qui représentait l'Angleterre. Celui-ci chercha à se débarrasser de l'ennemi de son pays. Un jeune homme, du nom de Dyce, le père de cet infortuné qu'on fit enfermer plus tard comme fou, à Londres, et que l'autorité de Paris, sous Louis-Philippe, refusa de livrer, fut choisi pour délivrer, par une intrigue, la compagnie de son dangereux adversaire. Doué d'une beauté peu commune, il eut bientôt inspiré le plus violent amour à la Begom : celle-ci qui craignait les soupçons de Sombre, imagina avec son complice une ruse qui fut couronnée de succès. Une nuit, deux officiers dévoués entrèrent brusquement dans l'appartement où elle reposait avec son époux. L'un d'eux, couvert de sang, tombe aux pieds de la princesse et lui crie d'une voix défaillante : fuyez, voici les conjurés ! L'autre dit à Sombre : vous êtes trahi, le peuple qui n'a point pardonné à la reine son mariage avec un Européen et sa conversion à la foi catholique, accourt, il va vous massacrer. Sombre hésite et finit par se laisser persuader. Il gagne la campagne, accompagné de la princesse. Dans le trajet, celle-ci fait tous ses efforts pour le déterminer à mourir avec elle et réussit à lui faire partager ce projet. Un bruit, comme celui du galop des chevaux, se fait entendre : c'était le signal convenu. Sombre voit la Begom tourner le poignard contre son sein ; il lui donne un dernier baiser, et un instant après il s'affaisse, la tête fracassée, aux pieds de la reine (1).

Quelquefois la femme est indiquée comme le point de départ de la mort, sans que les motifs soient précisés. Le suicidé emporte avec lui son secret.

Un homme, qui a mis fin à son existence dans le courant de l'année 1857 (octobre), a voulu laisser par écrit les motifs de sa mort. Voici un aperçu de son raisonnement qui prouve que, si la folie, en pareille circonstance, *bouleverse* l'esprit humain, elle peut aussi lui laisser le plein exercice de ses facultés les plus lucides.

« On a beaucoup agité ce triste sujet et discouru à perte de vue sur les causes de la mort volontaire ; le suicide peut être la peine que le criminel s'inflige (Caïn et Judas), ou l'effet du désespoir d'une grande âme (Castor et Brutus), ou bien encore le dernier refuge du conquérant trahi par la fortune (Annibal). On peut y voir, en certains cas, un acte de dévouement ou la tyrannie de l'usage (les veuves du Malabar), et parfois un simple effet de ce *tœdium vitæ*, que les Anglais appellent *spleen*. Mais, n'en déplaise aux moralistes qui l'apprécient d'une manière contradictoire, puisque, pour les uns, c'est un acte de lâcheté, et, pour les autres, une action héroïque, il faut reconnaître (tout en respectant les décrets de notre sainte religion qui condamne le suicide comme une insurrection de l'homme contre la volonté divine) que sa cause prédominante, c'est...... la femme ! L'homme pose perpétuellement devant elle, et, quand la femme l'a précipité de

(1) La Begom Sombre, *Revue des deux mondes*, 1845.

son cœur, l'homme, tombé de ce piédestal, n'a plus qu'à mourir. Qu'en dites-vous? ajoute M. Busoni, et faut-il croire que la folie la plus terrible, qui puisse *bouleverser* l'esprit humain, lui laisse en même temps le plein exercice de ses facultés les plus lucides (1)? La réponse n'est pas difficile pour ceux qui, comme nous, croient qu'il y a des suicides avec et sans folie, et c'est pour cette raison que nous avons résolu affirmativement la question de M. Busoni.

La nécessité ou la crainte de se séparer a conduit onze individus à se donner la mort. Un jeune étudiant rencontre dans le monde une dame étrangère pour laquelle il s'éprend de la passion la plus vive. Des affaires de famille obligent cette dame à retourner dans son pays. Elle fait ses préparatifs. L'étudiant se jette à ses pieds, emploie tous les moyens capables d'ébranler sa résolution, la trouvant inflexible, il tire un pistolet de sa poche, la tue à bout portant, et se précipite par la croisée.

Il n'est pas rare de voir les querelles entre amants se terminer par un suicide. Un mot blessant de celui auquel on a tout sacrifié, une injure de celle qu'on aime, déchirent le cœur et rendent la vie odieuse. Nous avons recueilli onze observations de ce genre.

Parmi ceux qui se suicident par amour, il en est un certain nombre qui agissent ainsi, parce qu'ils ont la persuasion de désoler les survivants. C'est par le même motif qu'on voit des jeunes filles, à la suite d'un chagrin d'amour, épouser par dépit le premier venu pour désoler celui qu'elles aiment. Ces unions *ab irato* les désespèrent, et le désordre en est presque toujours le résultat. Quelquefois ce sont des liaisons cachées qu'une lettre anonyme vient briser. La passion peut être sans espoir, soit par la différence de rang, soit par l'insensibilité de la personne aimée, soit par le degré de parenté. Un homme marié se prend d'amour pour sa belle-sœur ; celle-ci oppose la plus vive

(1) Philippe Busoni, *Illustration* du 31 octobre 1857, p. 290.

résistance et finit par déclarer que s'il ne cesse pas ses poursuites, elle ne mettra plus le pied dans sa maison. Accablé de ce refus, il lui écrit une lettre d'adieux et se tue. Le plus ordinairement le suicide est simple ; dans un certain nombre de cas, les deux amants s'immolent ensemble. Nous en avons cité plusieurs exemples, nous allons en rapporter un autre.

Le 5... 183..., en rentrant chez lui, M. B... trouva sa femme et son ami étendus par terre, asphyxiés ; la déclaration qui fut faite au commissaire de police portait qu'un accident avait été la cause déplorable de cet événement tragique. Du linge en assez grande quantité, des fers à repasser, une table, des réchauds, semblaient donner quelque crédit à cette explication.

Peut-être même ces dispositions étaient-elles dues aux parents? Voici, au reste, le récit publié par la *Gazette des tribunaux.*

« Nous devons à nos lecteurs une narration exacte des circonstances qui ont précédé et accompagné l'événement arrivé rue..., dont nous avons parlé dans un précédent numéro.

»Les renseignements primitifs, quoique émanés de personnes dignes de foi, ne nous avaient pas été rapportés fidèlement, et nous en savons aujourd'hui la cause : c'est que ces personnes étaient, par un motif louable, du reste, intéressées à déguiser la vérité. Pourtant on ne nous accusera pas d'indiscrétion, car nous avions eu la prudence de n'employer que des initiales, sans même faire connaître la maison où ce double suicide a eu lieu.

» Les époux B... étaient l'un et l'autre âgés de trente-neuf ans; ils recevaient dans leur maison M. L..., depuis dix années environ. La dame B... ne tarda pas à éprouver pour ce jeune homme une passion violente qu'elle lui fit partager pour la première fois à l'âge de seize ans ; elle en avait alors vingt-neuf. Peu à peu, elle sut s'emparer de l'esprit de M. L..., au point que celui-ci résolut de ne jamais appartenir qu'à elle.

» Néanmoins, M. L... père, qui ignorait, ainsi que le mari, ce commerce adultère, s'occupa du bonheur de son fils, alors âgé de vingt-six ans, et récemment nommé docteur en droit. Il venait de traiter d'une charge d'avoué à Paris, et déjà une jeune, jolie et riche héritière était destinée à ce jeune homme, qui regardait avec indifférence tous ces projets de bonheur. Quoi qu'il en soit, il allait souvent voir la famille de sa future épouse, dans laquelle étaient aussi reçus les époux B...

» A une dernière réunion, on plaisanta beaucoup sur les intrigues amoureuses, sans cependant y attacher une grande importance. Madame B..., qui avait entendu dire que son amant allait bientôt se marier avec la demoiselle de la maison, interrogea cette jeune fille, qui, ignorant tout à fait les intentions de sa famille, ne put satisfaire sa curiosité. « N'avez-vous jamais aimé? lui demanda madame B... — Je n'ai que dix-sept ans, lui répond-elle; à cet âge, on ne pense qu'à travailler et à s'instruire. Mais vous, madame, continue-t-elle, on dit que, quoique mariée, M. L... ne vous est pas indifférent?

» Tout à coup la musique se fit entendre et la conversation en resta là. Toutefois, on s'aperçut de quelques chuchotements entre madame B... et M. L... Le lendemain, comme on le sait, les préparatifs pour repasser du linge furent disposés, afin de faire croire à un accident imprévu. Ce qu'il y a de certain, c'est qu'à l'heure convenue, la dame B... a voulu voir expirer sous ses yeux l'homme qu'elle idolâtrait trop pour souffrir qu'il passât dans les bras d'une autre femme. Lorsque le mari arriva auprès d'eux avec le médecin et quelques personnes, le jeune L... avait cessé d'exister depuis une demi-heure, et son amante rendait le dernier soupir. Saignée aussitôt des deux bras, elle a encore fait un mouvement; les secours de l'art ont été impuissants pour la rappeler à la vie. »

— Quoique les suicides recherchent en général la solitude, plusieurs de ceux qui se tuent par amour mettent fin à leur existence devant l'objet aimé ou dans sa chambre. Au moment de s'unir à l'homme de leur choix, quelques femmes ne peuvent supporter l'idée de n'en être plus dignes. Une jeune ouvrière, recherchée en mariage par un homme d'une position élevée, et pour lequel elle avait un attachement passionné, arrive jusqu'au jour du contrat, sans qu'on ait eu le moindre soupçon sur son projet. Au moment où l'on se dispose à se rendre chez le notaire, l'amant reçoit une lettre dans laquelle sa maîtresse l'informe que, séduite à l'âge de quatorze ans par les maîtres de la fabrique où elle travaillait, elle ne peut se déterminer à tromper celui qui est si généreux pour elle, et qu'elle prend la résolution de se donner la mort.

Les motifs qui président habituellement aux unions, les changements qui se sont opérés dans nos mœurs, les maximes prêchées par certains sectaires, ont fait croire que l'amour n'avait plus en France la même influence qu'autrefois. C'est une erreur que l'observation réduit bientôt à sa juste valeur. Sans parler des milliers de séparations, d'unions illégitimes, d'adultères, qui viennent sans cesse protester contre cette opinion, les couvents, les crimes, les maladies, le suicide, montrent que cette passion, la plus naturelle à l'homme, peut varier dans sa forme, suivant les époques, mais qu'elle n'a rien perdu de son empire, et la preuve, c'est que dans le désordre même, elle se révèle par les catastrophes les plus terribles.

Nous avons indiqué les principales causes des suicides par amour ; nous allons compléter cette énumération, en puisant dans notre correspondance, qui ne contient pas moins de cent cinquante-quatre lettres ou écrits. La catégorie des amants est celle qui laisse le plus d'élégies, et cela n'a rien qui doive surprendre, car l'amour est une passion expansive, qui a un besoin extrême de confidents. A défaut d'êtres animés, on confie sa peine aux échos d'alentour :

> Oh ! je suis jeune encore, j'ai soif de l'existence,
> J'ai soif des fruits dorés de la douce espérance.
> Dieu, vous en qui j'ai foi, me les donnerez-vous ?
> Pour chercher le bonheur dans son grand labyrinthe,
> Me conserverez-vous la femme belle et sainte
> Que je veux aimer à genoux ?

Souvent j'ai froid au cœur. Le doute qui m'assiége
Étend devant mes yeux comme un linceul de neige
Où je laisse en marchant l'empreinte de mes pas.
Craignant de m'égarer sur cette froide terre,
Sceptique, je voudrais retourner en arrière
    Si sa main ne m'arrêtait pas.

Pauvre femme, elle aussi dans mon âme ingénue
A versé les secrets de sa vie inconnue.
Tous nous avons douté, le doute est notre écueil ;
Et j'ai dû, pour fermer sa blessure mortelle,
En parlant d'avenir m'interposer entre elle
    Et la porte de son cercueil.

Il faut des ailes d'or pour planer dans ce monde.
Tu ne nous as donné que l'ardeur inféconde
Qui nous fait aspirer aux phases de l'amour,
Et le rameau d'espoir que la misère effeuille
Vacille dans nos mains et tombe feuille à feuille
    Avec le soir de chaque jour.

Le papier qui contenait ces vers était maculé de sang.

Les tourments occasionnés par les amours illégitimes font souvent naître la pensée du suicide. Une femme, mariée à un militaire chargé d'une mission dans un pays étranger, apprend que son mari se dispose à revenir. Enceinte de plusieurs mois, elle court, éperdue, solliciter une assistance que, pour l'honneur de l'humanité, elle ne rencontre pas. Désespérée, elle revient chez elle, s'enferme ; ses parents la trouvent asphyxiée.

Les inconséquences du cœur sont un véritable problème. Il y a des hommes qui ne cessent de maltraiter, de battre même la femme qu'ils aiment, et lorsque la victime se dérobe par la fuite à cette tyrannie, cet abandon est pour eux un motif de suicide.

L'amour chez les âmes rêveuses, incomprises, portées à la tristesse, donne lieu à des dissertations philosophiques, à des plaintes, à des aspirations poétiques, etc.

Les bizarreries de la nature humaine sont aussi nombreuses qu'incompréhensibles.

Un homme écrit à sa femme une lettre remplie des sentiments les plus tendres et les plus exaltés, et sur la même table on trouve une autre lettre datée du même jour, qui ne contient que des plaisanteries déplacées.

Enfin, le suicide peut encore être déterminée par l'ignoble condition, les sentiments bas, les actions méprisables de celle qu'on aime.

Résumé. — L'abandon est une cause fréquente de mort pour les gens qui s'aiment ; l'amour n'est pas le seul motif de cette détermination ; la misère qui suit l'abandon, surtout chez la femme, a aussi une grande influence sur cet acte. Le désespoir est d'autant plus grand que la séduction ne s'est accomplie qu'à l'aide de promesses réitérées de mariage.

— L'impossibilité d'épouser la personne aimée, la douleur de la voir s'engager dans d'autres liens conduit aux plus fâcheuses résolutions.

— Beaucoup d'individus attentent à leurs jours par le chagrin que leur fait éprouver la mort de la personne aimée.

— La nécessité ou la crainte de se séparer sont aussi des causes de suicide ; les querelles entre amants, la pensée de faire le désespoir des survivants, poussent à prendre une détermination analogue. — Il arrive quelquefois, dans ce cas, que la catastrophe a lieu en présence de l'être chéri ou dans sa chambre.

— Quelques femmes se tuent au moment d'épouser celui qu'elles aiment, par remords de fautes antérieures et pour ne pas les tromper.

— La pensée du suicide peut être instantanée.

— Les suicides nombreux, dus à l'amour, prouvent que cette passion est loin d'avoir perdu son influence.

— Les tourments occasionnés par les amours illégitimes sont une des causes de suicide.

— On retrouve dans les suicides de cette section les mêmes contrastes que dans toutes les passions humaines.

2° *Jalousie.* — Si la passion de l'amour est une cause fréquente de suicide, la jalousie, sa conséquence forcée, doit souvent amener cette fatale résolution. La jalousie peut encore naître des préférences accordées dans les familles, des rivalités dans le monde, etc. Plusieurs fois nous avons reçu dans nos établissements des malades dont la folie n'avait pas d'autre origine qu'une tendresse plus grande pour un autre enfant. L'âge n'est point un obstacle au développement de cette passion. On a vu des jeunes enfants se tuer pour cette seule raison.

54 individus, la 85ᵉ partie environ du chiffre général, ont mis fin à leurs jours par jalousie. La plupart de ceux qui se sont ainsi détruits s'accusaient réciproquement de coquetterie, d'infidélités, de trahison, etc. L'impulsion au suicide peut être soudaine. Une femme éperdûment amoureuse, rencontre son mari au bras d'une dame qui avait éveillé ses soupçons ; elle rentre aussitôt chez elle, s'enferme dans sa chambre. Le mari, qui l'avait aperçue, s'empresse d'accourir ; il frappe à la porte ; ne recevant pas de réponse, il l'enfonce d'un coup de pied ; l'infortunée rendait le dernier soupir. Il y a quelques années, une dame du grand monde, qui soupçonnait son époux de la trahir, parvient à se glisser près de l'appartement de sa rivale ; bientôt il ne lui reste aucun doute sur son malheur. Dans la soirée, le mari vient chez sa femme ; là, un spectacle affreux s'offre à ses regards : celle qu'il a outragée, mais qu'il n'a jamais cessé d'aimer, est suspendue sans vie à la colonnade de son lit. Un écrit près d'elle fait connaître la cause de sa mort. Dans son désespoir, il prend le corps dans ses bras, et courant jusqu'à l'appartement de sa maîtresse, il le dépose à ses pieds, en lui criant : « Voilà votre ouvrage, » et s'enfuit de l'hôtel.

Beaucoup d'individus se suicident parce qu'ils ne peuvent souffrir que l'objet de leur amour se marie, ou, s'il est marié, la pensée qu'un autre a les mêmes droits les jette dans des transports continuels de fureur. L'abandon conduit au même résultat. Un soupçon suffit dans la jalousie pour déterminer le suicide. Un officieux avertit une femme qu'il a vu son mari chez une dame qu'elle croit lui être préférée. Ce seul renseignement suffit pour lui faire prendre une résolution fatale.

Quelquefois le jaloux, déterminé à en finir avec la vie, ne peut se résoudre à quitter celle qui fait son tourment, il met alors tout en œuvre pour l'engager à suivre son exemple. Trois fois nous avons noté le double suicide pour cette cause. Dans d'autres circonstances, la jalousie ne se borne plus aux moyens de persuasion, elle a recours à l'assassinat. Un homme dont les emportements et les querelles quotidiennes avaient forcé sa maîtresse à s'éloigner, veut à tout prix rentrer dans ses bonnes grâces. Il s'introduit de force dans sa chambre, la conjure de lui pardonner, et sur son refus, il lui porte un coup de couteau qui la blesse dangereusement : son oncle, accouru à ses cris, reçoit plusieurs coups de l'arme homicide ; des voisins se précipitent pour saisir l'assassin et sauver les victimes, s'il en est encore temps ; celui-ci s'élance daus une pièce voisine dont il ferme brusquement la porte. Au moment où elle allait céder aux efforts, une détonation se fait entendre : il s'était fait justice. — Un mari, consumé de jalousie, se précipite sur sa femme, à laquelle il porte un coup de baïonnette dans le ventre : « Puisque je n'ai pu tuer ton amant, s'écrie-t-il, tu périras à sa place. » En la voyant baignée dans son sang, pâle, inanimée, il ouvre une croisée se précipite et se brise la tête sur le pavé. Ces faits sont communs, et il n'est point d'année que les journaux n'en enregistrent un certain nombre.

— L'observation suivante, que nous devons à la bienveillance de M. Blavier, ancien commissaire de police, est une preuve entre mille autres du degré d'énergie sauvage auquel arrivent les passions dans certaines organisations !

Un homme, dont le nom a eu quelque célébrité dans les fastes judiciaires, le nommé S..., exerçait à Paris la profession de perruquier. Il avait fait la connaissance d'une jeune fille appelée Henriette, qui ne se contenta pas d'un seul amant. La chronique affirmait qu'elle recevait aussi les soins d'un autre perruquier et d'un garçon boucher. L'amour de S... ne put supporter ces rivalités, et, après de violentes querelles, il prit la résolution de mettre un terme à ses tourments en faisant mourir sa maîtresse. Choisissant une nuit où celle-ci était profondément endormie, il alluma un réchaud, boucha toutes les issues et, se retirant à pas de loup, il ferma la porte, dont il avait auparavant retiré la clef, qu'il avait posée sur un meuble.

A demi asphyxiée et se débattant sous l'atmosphère de plomb qui l'écrasait, Henriette put sortir de son lit ; en tâtonnant de droite et de gauche, elle mit la main sur la clef et fut assez heureuse pour ouvrir la porte et respirer un air pur. Dans les premiers moments, elle porta plainte ; S... fut arrêté ; l'amour ayant repris ses droits, la fille H... se désista, expliqua l'affaire d'une autre manière l'attribuant à la jalousie, et S... sortit de prison.

L'événement fatal n'avait été que différé ; quelque temps après, S..., que la jalousie tourmentait plus violemment que jamais, poursuivit la fille H... et la rencontrant dans la rue de la Bûcherie, il la frappa au cœur d'un instrument pointu, qui la tua sur-le-champ. M. B..., commissaire de police de la section, arrivé à l'instant sur le lieu du crime, fit les recherches les plus actives, et ayant trouvé sur elle un paquet d'aiguilles qui contenait l'adresse d'une de ses amies, il se rendit sans perdre de temps chez cette dernière, lui parla d'Henriette et l'interrogea sur sa conduite ; l'amie répondit qu'elle était légère et entra dans quelques détails plus précis sur le nombre de ses amants. Eh bien! lui dit M. B..., s'il était arrivé quelque malheur à Henriette, lequel de ses amants soupçonneriez-vous ? —S..., s'écria-t-elle. Quelques heures après, S... était arrêté et incarcéré à la conciergerie.

Le procès eut lieu en 1826 ; la plaidoirie de l'avocat, la franchise des aveux du prévenu, la cause du crime, avaient donné quelque célébrité à cette affaire. Un grand personnage étranger qui voulait connaître la manière de rendre la justice en France, assistait par hasard ce jour-là aux débats. Il suivait avec la plus grande attention les nombreuses péripéties de ce drame. On le vit même verser des larmes en entendant le récit du malheureux événement. L'intérêt qu'il prenait au sort du prévenu eut, du moins d'après les journaux anglais, pour celui-ci, un résultat heureux : car le jury français, désirant peut-être donner à l'étranger une marque de sa sympathie, admit des circonstances atténuantes en faveur de S..., qui ne fut condamné qu'aux travaux forcés à perpétuité. L'étranger était Canning, le premier ministre de la Grande-Bretagne.

Quelques années après, S..., dont la conduite exemplaire au bagne lui avait valu l'amitié de ses surveillants, fut abordé par un Anglais de haute distinction : « N'êtes-vous pas, lui dit-il, le nommé S... qui, en 1826, a eu le malheur d'assassiner sa maîtresse ? Racontez-moi cette affaire dans tous ses détails. » Pendant le récit, les yeux de l'Anglais ne quittaient point S..., il l'écoutait avec un extrême recueillement. Quand il eut fini, il lui dit : « Vous m'avez profondément intéressé ; je connaissais cet événement, j'ai voulu le tenir de votre bouche. Tout ce que vous m'avez raconté m'est arrivé ; votre histoire est la mienne; plus heureux que vous, j'ai mis la mer entre la justice et moi. Comptez sur mon appui. J'ai en France de puissants protecteurs. Quelques mois après, S... était gracié.

A peine fut-il mis en liberté, qu'il partit pour son pays. Arrivé à minuit chez son père, dans la petite commune de R..., ce bon vieillard se trouve mal de joie à la vue de son fils qu'il était bien loin d'attendre. « Te voilà ici mon pauvre enfant, lui dit-il en essuyant ses yeux baignés de larmes ; mon cœur me commande de t'ouvrir ma porte et de te tendre les bras ; si tu n'es qu'un forçat évadé, ma main doit te repousser pour éviter de plus grands malheurs ! — Rassurez-vous, lui répond son fils, j'ai reçu grâce entière du roi des Français. » Et il lui fit connaître l'heureuse circonstance à laquelle il devait sa délivrance.

Aujourd'hui, S... est établi maître cordonnier et ménétrier

dans la commune; depuis son retour, on a jamais eu le plus léger reproche à lui faire.

— La jalousie peut avoir une autre origine. Nous avons noté un certain nombre de suicides dont la cause était due aux préférences prodiguées à des enfants au détriment des autres. Une jeune fille de quatorze ans, chargée des soins du ménage, était souvent grondée par ses parents. Son autre sœur, un peu plus âgée qu'elle, avait toutes les tendresses de la famille. La jeune fille s'acquittait de ses devoirs sans murmurer; sa physionomie avait un air de mélancolie et de tristesse qui révélait le chagrin de son âme. Un jour qu'elle avait été plus réprimandée que de coutume, elle monte à sa chambre sans proférer une parole. Plusieurs heures s'écoulent. Ne la voyant pas revenir, sa mère se rend auprès d'elle, pousse la porte, et aperçoit sa fille étendue sur le carreau, près d'un réchaud de charbon. Une lettre qu'elle tenait encore à la main faisait connaître les motifs de sa mort. « J'ai longtemps lutté contre le sort injuste dont j'étais la victime ; me voir toujours méconnue, haïe même des auteurs de mes jours, était un supplice au-dessus de mes forces. Je leur pardonne. Puisse ma sœur leur faire oublier celle qu'ils ont rendue si malheureuse. »

Enfin, dans une sphère moins élevée de sentiments, on a vu des serviteurs mettre fin à leurs jours, parce que leurs maîtres accordaient leur confiance à d'autres.

Résumé. — La jalousie, par les tourments affreux qu'elle fait naître, rend la vie insupportable à ceux qu'elle dévore.

— La pensée de laisser au pouvoir d'un rival la personne aimée, le désir de se venger d'une trahison, entraînent parfois à l'assassinat avant le suicide.

— La jalousie par amour n'est pas la seule qui conduit au suicide; on voit des enfants, des serviteurs, se tuer parce que d'autres personnes leur sont préférées.

QUATRIÈME GROUPE.

REMORDS, CRAINTE DU DÉSHONNEUR, DES POURSUITES JUDICIAIRES.

SOMMAIRE. — *Remords.* — Statistique. — Attentats contre les propriétés, contre les personnes, mauvaises actions. — Vol, suite de maladie. — Crainte du déshonneur, des poursuites judiciaires. — Résumé.

Le remords a toujours été considéré comme la punition morale du crime. Si le coupable échappe aux peines de la loi, il n'évite pas les reproches de la conscience. Les agitations de la vie peuvent étouffer le remords pour quelque temps, il reprend peu à peu son empire, et ne quitte plus l'homme jusqu'au tombeau. Chez beaucoup de personnes, c'est l'ombre de Banco qui marche sans cesse à leurs côtés et dont leurs regards effrayés ne peuvent se détacher. L'hallucination, dans ce cas, n'est point un symptôme de folie, c'est la personnification du remords, le juste châtiment de la justice divine. Qu'importe, en effet, que le fantôme soit une création de l'imagination terrifiée, l'effet est le même, l'expiation est commencée, et si la perte de la raison survient à son tour, elle n'est qu'une punition plus forte. L'exemple ne sera point perdu pour ceux qui l'auront eu sous les yeux. La proportion des individus que le remords conduit à la folie est plus grande qu'on ne se l'imagine, et c'est sans doute une des considérations qui ont porté Heinroth à regarder cette maladie comme un résultat du péché, tant il est vrai que dans chaque théorie, il y a toujours un côté vrai.

134 personnes se sont tuées par suite du remords, tantôt seul, tantôt uni à la crainte du déshonneur ; c'est la trente-quatrième partie environ du chiffre total. Le nombre peut être ainsi groupé :

Attentats contre les propriétés............	93
Attentats contre les personnes..............	25
Mauvaises actions.......................	16
	134

La première de ces catégories montre qu'il y a de grandes lacunes dans l'éducation : si la morale, la pratique des devoirs, avaient une part plus large dans l'enseignement, il n'y aurait pas tant d'attentats contre la propriété, un désir si ardent de posséder soi-même ; on ne verrait pas ces curées furieuses de places dont tous les partis nous ont donné de si déplorables exemples, et ces courses au clocher insensées pour obtenir un coupon quelconque dans toute espèce de spéculation. On ne peut se faire une idée de la variété de formes sous lesquelles se cache le besoin d'avoir de l'or. Les gens qui paraissent les plus honnêtes ne se font aucun scrupule de frauder les droits du gouvernement. Les commerçants usent de mille supercheries pour vendre le plus cher possible leurs marchandises sophistiquées. Tous les gains que l'on peut faire, sans avoir de démêlés avec la justice, sont regardés comme une chose naturelle. N'est-il pas évident qu'il y a dans une pareille conduite un véritable affaiblissement du sens moral ? Il importe cependant de remarquer que si le mal est commis, le châtiment ne tarde pas à le suivre. Ainsi, voilà sur les 4595 suicides de Paris, 93 individus, la cinquantième partie environ, qui se donnent la mort par remords, crainte du déshonneur, et en dehors de ce chiffre, il y a encore ceux qui ont été minés par la maladie ! Ils avaient abusé des dépôts confiés, commis des larcins, vendu des objets qui ne leur appartenaient pas, dépensé de l'argent qu'on leur avait remis pour payer des factures ou des dettes. Plusieurs ne pouvaient rendre leurs comptes de caisse, de tutelle ; quelques-uns étaient sous la crainte continuelle d'être découverts ; d'autres étaient en état d'arrestation.

Parmi les faits de cette catégorie, nous citerons les suivants : Un jeune homme, possesseur d'une grande fortune, la perd par des excès de tout genre et par sa mauvaise administration ; c'est dans cette situation critique qu'il rencontre une demoiselle dont il devient éperdûment amoureux ; sa conduite, sa ruine, ne lui permettent pas de songer à une alliance avec une famille riche, noble, puissante et justement considérée. Entraîné par sa passion, il écoute de mauvais conseils, et demande au jeu les moyens de combler la distance qui le sépare de celle qu'il aime. Le précipice se creuse de plus en plus, il ne recule pas devant le faux ; le bandeau qui l'aveuglait tombe enfin, il reconnaît son crime, son âme est en proie aux plus violents remords, et pour mettre fin à ses tourments, il allume le charbon et meurt.

« Ce matin, dit un journal, on a repêché dans la Seine, non loin de Sèvres, le cadavre d'un jeune homme âgé d'environ vingt-cinq ans, et vêtu avec une certaine recherche. On n'a trouvé sur lui aucun papier de nature à faire connaître son identité. Dans la poche droite de son gilet était une petite bouteille de verre blanc soigneusement bouchée, dont on a retiré l'écrit suivant :

« On ne parviendra certainement pas à me reconnaître, car je ne suis pas de Paris, que je viens de choisir pour me donner la mort. A mon heure dernière, je forme le vœu que cet écrit soit livré à la publicité. Puisse ce qu'il contient servir de leçon aux jeunes gens.

» J'appartiens à une honorable famille de province, et, pour satisfaire aux désirs d'une comédienne, j'ai eu la faiblesse de faire de faux billets sur lesquels j'ai apposé une signature imitant celle de mon père. L'échéance de ces malheureux billets approche, mon crime va être découvert, et je ne puis en supporter la honte; la mort est donc la seule ressource qui me reste. Selon toute probabilité, ma famille me fera rechercher ; je la supplie de couvrir mon absence d'un prétexte ; cependant, si elle voulait faire donner la sépulture à mon corps, elle me reconnaîtra, dans le cas où ma lettre, livrée aux journaux, lui tomberait sous ses yeux, à l'aveu de ma faute et au tatouage que j'ai sur le bras gauche et qui représente Cupidon perçant d'un javelot un cœur sur lequel on lit ce nom : Émilie. »

La crainte du déshonneur, la pensée d'un procès retentissant, la certitude d'un jugement infamant, la perte d'une position considérable, chez un homme haut placé, dont le désir effréné d'une grande fortune a pu faire taire les bons sentiments, mais ne les a pas détruits, sont des motifs bien suffisants pour le déterminer à se donner la mort, au moment où il voit tout son échafaudage prêt à s'écrouler.

L'observation suivante qui a été communiquée en manuscrit à M. Bertin, rédacteur en chef du *Droit*, et dont il nous a lui-même garanti l'authenticité, nous a paru avoir sa place marquée dans ce recueil de faits.

« On nous écrit de New-York, le 4 décembre 1861 :

» Parmi les procès remarquables qui, il y a un an à peine, auraient été avidement accueillis par les journaux américains, mais qui maintenant en sont bannis par les nouvelles politiques et les faits militaires, il en est un que j'ai entendu raconter par le personnage même qui a joué le rôle du *Deus ex machina*. Je vais essayer, en abrégeant autant que possible ce récit, de faire partager à vos lecteurs l'intérêt inspiré par le narrateur à la compagnie nombreuse devant laquelle il s'est exprimé en ces termes :

« Les assises se tenaient dans un village d'un État de l'Ouest, que je ne crois pas convenable de nommer, vous saurez plus tard pourquoi ; je devais y assister comme procureur du peuple (ministre public), et elles allaient être présidées par un juge qui, de tout temps, m'avait été antipathique. Il avait commencé par être maquignon, puis député à la législature de l'État, puis juge à la cour suprême.

» Quand j'eus été élu district attorney, ce juge chercha tout d'abord à se lier avec moi, et me fit même des avances auxquelles je ne répondis que par de froides civilités. Cette antipathie n'était pas le résultat d'un caprice : comme magistrat, il lui était arrivé souvent de condamner avec une extrême sévérité des hommes dignes d'indulgence, et d'en condamner d'autres à une simple amende, quoique ce fussent des repris de justice. Je dois ajouter toutefois que les préventions qu'il m'inspirait n'étaient partagées par personne, et que le juge William, — nous l'appellerons ainsi, — était considéré par tout le monde comme un honnête homme et comme un juge intègre.

» Arrivé au village de Washington, je me sentis tellement fatigué du voyage, que je me retirai dans une petite chambre qui m'avait été préparée, et qu'une mince cloison séparait d'une chambre contiguë. Je fus bientôt endormi. Au bout de quelques temps, des paroles prononcées tout près de moi m'éveillèrent, et je reconnus que la voix que je venais d'entendre partait de la chambre voisine, laquelle je savais devoir être occupée par le juge William. — Bon ! me dis-je, il prépare, sans doute, son discours au grand jury, et il parle en écrivant. Mais tout à coup, une autre voix que je ne connaissais pas prononça les étranges paroles que voici :

» Le *boodle* commence à être bien usé ; il faudrait le changer.

» Vous concevrez aisément combien mon attention dut être éveillée, quand je vous aurai dit que le mot *boodle* est un terme d'argot en usage parmi les contrefacteurs de billets de banque, et qui signifie *faux billets*.

» Je me mis sur mon séant, et je vis un rayon de soleil qui sortait d'une fente de la cloison. Je me levai sans faire le moindre bruit, pensant avec raison que personne ne m'ayant vu arriver, ni ne m'attendant que par le convoi du soir, le juge devait croire ma chambre inoccupée. Comme homme j'eusse rougi de l'espionnage auquel j'allais me livrer ; comme procureur du peuple, c'était un devoir que je remplissais.

» Je regardais donc à travers la fente qui avait livré passage au soleil, et je vis le juge William assis à une table en face d'un homme au regard sinistre qui portait d'épais favoris noirs. Tous deux empilaient des billets de banque. J'écoutai, mais le silence se prolongea quelque temps. Le monceau des billets fut divisé en trois tas : le juge en prit un et l'étranger un autre; puis celui-ci retira ses bottes, déposa dans chacune la moitié du troisième tas, se rechaussa et se disposa à s'éloigner.

» Ayez bien soin, lui dit le juge, d'envoyer la chose où elle doit aller. »

L'homme au regard sinistre répondit par un sourire significatif, et se retira après avoir serré cordialement la main du juge. Celui se remit, avec le plus beau sang-froid du monde, à étudier ses dossiers.

« J'allais quitter mon poste d'observation lorsque je vis le juge se lever, s'assurer que sa porte était bien fermée, puis compter la pile de billets qui était restée sur la table, en faire un rouleau, s'approcher de la cheminée, glisser sa main à l'intérieur, soulever une brique et placer son butin dessous.

» Il reprit ensuite ses dossiers, les étudia attentivement et nota ses observations avec une parfaite tranquillité d'esprit.

» Je ne pouvais revenir de ma surprise : quoique je n'aimasse point cet homme, j'étais, un quart d'heure auparavant, à mille lieues de le supposer capable d'un crime, et surtout d'un crime de cette nature contre lequel il tonnait d'ordinaire, dans ses résumés des débats, avec une indignation qui paraissait sincère. Peut-être, pensai-je, la scène dont j'ai été témoin est-elle moins criminelle que je ne le soupçonne ; peut-être ce terrible mot *boodle* a-t-il une autre signification que celle qu'on lui donne communément. Il fallait m'en assurer.

» Je sortis de ma chambre sur la pointe du pied, et j'entrai dans la salle commune, mon sac de nuit à la main, comme si je ne faisais que d'arriver. L'homme aux favoris épais y était assis à une table et lisait un journal de Cincinnati avec l'attention la plus soutenue ; je pris place à une autre table, et tirant de ma poche un papier de procédure, je fis semblant de lire avec non moins d'attention, tout en surveillant mon individu ; ses yeux ne s'écartaient point d'un endroit particulier de son journal, et je compris bientôt qu'il ne lisait pas, mais qu'il réfléchissait. J'essayai de surprendre un de ses regards, mais il ne releva pas une seule fois la tête.

» L'idée me vint alors d'examiner le juge sans qu'il se doutât de rien, et, prétextant d'un renseignement judiciaire à prendre, j'allai frapper à sa porte, toujours mon sac de nuit à la main.

» Entrez ! fit-il, de sa voix la plus douce.

10

» Après avoir obtenu le renseignement désiré, je lui demandai négligemment :

» Eh bien ! juge, à quoi avez-vous passé votre après-midi ?

» Il répondit du même ton :

» A examiner tous ces dossiers et à préparer les sentences que j'aurai à prononcer demain. Depuis que je suis arrivé, je n'ai encore vu personne.

» Ce mensonge acheva de dissiper mes doutes, s'il m'en restait encore.

» Nous continuâmes à causer familièrement jusqu'à la cloche du souper. Nous descendîmes ensemble et prîmes place à la table. L'homme aux favoris épais était en face de nous ; mais le juge et lui n'eurent point l'air de se connaître. Mes soupçons s'en trouvèrent naturellement confirmés. Je quittai la table le premier, je montai dans la chambre du juge, et, glissant la main dans l'intérieur de la cheminée, je découvris la brique mobile, et saisis le rouleau de billets de banque. J'en enlevai deux, et je remplaçai le paquet où je l'avais pris.

» Le lendemain matin, je me rendis au tribunal ; et en parcourant le rôle, je ne fus pas médiocrement surpris d'y trouver inscrite la cause d'un prévenu de contrefaçon de billets de banque, mis en état d'accusation quelques mois auparavant, et qui était en liberté sous caution.

» — Qu'est-ce que cela signifie ? demandai-je au greffier. Je n'ai pas autorisé cette inscription au rôle, et, par conséquent, je n'ai pas assigné mes témoins.

» — A la fin de la dernière session, répondit-il, le juge William a indiqué la cause pour cette audience, conformément à votre autorisation.

» — Mon autorisation ! m'écriai-je, au comble de la surprise.

» — Oui, monsieur, et la voici.

» Il exhiba alors une feuille de papier portant ces mots écrits et signés par moi :

» Qu'il soit fait selon le désir du juge William.

» Je me souvins d'avoir, en effet, écrit cette ligne, mais sans pouvoir me rappeler à quelle occasion. J'étais bien sûr toutefois qu'il ne s'était agi, en aucune façon, de la cause importante qui allait être appelée.

» En ce moment, le juge entra et monta à son siége.

» La cause en question fut immédiatement appelée et j'en demandai la remise, l'affaire n'étant pas en état.

» Un étranger se leva alors du milieu des bancs des avocats, s'annonça comme le défenseur de l'accusé, et ajouta qu'il était venu tout exprès de Cincinnati pour plaider la cause indiquée pour cette audience, sur la citation qu'il avait reçue. Cet avocat était l'homme aux favoris épais.

» Le juge prit sa plume, et, la trempant dans l'encrier, demanda d'un ton indifférent :

» — Quel est votre nom, monsieur ?

» Cette ignorance affectée du nom d'un homme avec lequel il était, à ma connaissance, dans les relations les plus intimes, me prit tellement par surprise, que je n'entendis pas la réponse. Je me hâtai, néanmoins, de m'opposer de nouveau au jugement d'une cause qui avait été portée au rôle à mon insu et par une manœuvre inqualifiable.

» Mon adversaire me répondit fort habilement, et requit, si la cause était ajournée parce que le ministère public n'était pas prêt, que son client fût mis en liberté sans caution.

» Après une discussion fort animée, le juge fit droit à la requête de l'avocat; il ordonna au greffier d'annuler l'acte de cautionnement (*bail-bond*).

» Immédiatement après, le greffier annonça que le grand jury (jury d'accusation) était formé, et que, pour entrer en fonctions, il n'attendait plus que l'allocution ou résumé ordinaire du juge.

» Le grand jury fut introduit, et le résumé (charge) que le juge prononça me parut un véritable chef-d'œuvre oratoire. Il y traçait un tableau admirable des divers crimes et de leurs conséquences, et il insistait tout particulièrement sur le crime de fausse monnaie, lequel, disait-il, à la différence des autres, atteint la société tout entière, et non des individus isolés. Venait ensuite un éloge touchant de la vertu civique et de la vertu privée.

» J'essayerais en vain de peindre ma stupéfaction ; elle fut telle, que je crus, un moment, avoir rêvé tout ce que j'avais vu et entendu la veille. Mais la raison et le sentiment du devoir reprirent leur empire ; et, lorsque les grands jurés se retirèrent dans la chambre de leurs délibérations, je les y suivis, ainsi que la loi l'exigeait, afin de régler l'ordre de leurs travaux et de résoudre les doutes légaux qui pourraient naître dans leur esprit.

» — Quelle est la première cause que nous ayons à instruire? me demanda le chef du jury.

» — Une accusation de prévarication et de malfaisance dans l'exercice de ses fonctions contre le juge William, répondis-je d'une voix ferme.

» Les jurés s'entre-regardèrent avec étonnement, et leur chef exprima la crainte que je ne me laissasse égarer par l'esprit d'hostilité dont on me savait animé contre M. William.

» Pour toute réponse, je racontai mot à mot ce qui s'était passé la veille, et je conclus en requérant que l'avocat aux favoris épais fût appelé et interrogé.

» L'huissier sortit aussitôt et revint avec l'étranger, qui entra d'un air dégagé, et s'assit avec la plus insoucieuse nonchalance.

» — Vous avez besoin de moi comme témoin ? demanda-t-il d'un ton indifférent.

» — Peut être comme inculpé, répondis-je vivement. Otez-lui ses bottes, dis-je à l'huissier.

» En deux bonds, l'étranger fut à la fenêtre qui donnait sur un jardin ; mais l'huissier fut encore plus prompt que lui, et, aidé de deux des jurés, le renversa et enleva ses bottes. Les deux paquets de billets de banque tombèrent sur le plancher.

» Pour un moment, la fermeté et la présence d'esprit de cet homme l'abandonnèrent ; il tremblait de tous ses membres, comme s'il avait eu la fièvre, et, lorsque, emporté par mon indignation, je m'écrai : « Malheureux, cette fois-ci votre ami » lui-même, le juge William, sera impuissant à vous sauver », de pâle qu'il était, il devint livide.

» — Ces billets sont-ils faux ou vrais ? lui demanda le chef du grand jury.

» Le sang-froid lui était revenu.

» — Suis-je ici comme témoin ou comme accusé ? fit-il en me regardant. Comme témoin seulement, dis-je, si votre témoignage peut établir la culpabilité du juge William, dont la condamnation importe à la société plus que la vôtre.

» — Je ne sais rien contre le juge, répliqua-t-il ; je l'ai vu aujourd'hui pour la première fois.

» — Vous mentez, m'écriai-je. Hier, dans l'après-midi vous étiez dans sa chambre et vous comptiez ensemble des billets de banque. C'est en sa présence que vous avez caché dans vos bottes ceux qui viennent d'en tomber. J'ai tout vu, tout entendu.

» — Je serai témoin, dit-il, en reprenant son aplomb : il fit sa déposition. »

» Cette déposition, quelque intéressante qu'elle soit par les détails qu'on y trouve sur les moyens employés par les faussaires de l'Ouest pour émettre presque sans danger de faux billets, est beaucoup trop longue pour que je me hasarde à vous en donner même un résumé. Je me bornerai à dire qu'on apprit alors que du temps où il exerçait le métier de maquignon, le juge William s'était affilié à une bande d'habiles contrefacteurs, qui était si bien organisée, que les chefs et les principaux membres étaient inconnus des individus qui émettaient ces billets au pair après les avoir achetés à 50 pour 100 de perte des mains d'un agent inférieur, qui lui-même ne connaissait pas les chefs.

» Le procureur du peuple poursuivit ainsi :

» L'individu dont la mise en liberté pure et simple avait été ordonnée, le matin, par le juge était un des chefs de la bande, et c'était pour le sauver que cet indigne magistrat avait abusé d'une autorisation que je lui avais donnée pour une tout autre cause.

» Il est temps, maintenant, que j'aille trouver le juge, dis-je aux membres de la grande enquête (grand jury), qui étaient encore stupéfaits des révélations qu'ils venaient d'entendre, pour l'honneur de la magistrature il faut éviter le scandale d'un juge arrêté sur son siége.

» Lorsque je rentrai dans la salle d'audience, le juge prononçait l'ajournement de la cour et renvoyait les causes au lendemain. Il se retira ensuite dans un petit cabinet attenant au tribunal qui servait de lieu de repos au magistrat du ressort (circuit). Je l'y suivis.

» — Juge ! lui dis-je d'une voix tremblante d'émotion, je vous apporte de bien tristes nouvelles.

» — A moi, dit-il d'une voix calme. Je n'en attends ni de bonnes ni de mauvaises.

» — Oui à vous ! l'avocat de Cincinnati a tout révélé.

» Il souriait toujours comme s'il se fût agi d'une affaire qui lui eût été parfaitement étrangère.

» Je lui dis alors ce que j'avais vu la veille ; je lui montrai les deux faux billets que j'avais extraits du rouleau déposé par lui dans la cheminée ; enfin je lui racontai la scène des bottes.

» Jamais coup de massue n'abattit plus soudainement un homme ; il se traîna à mes genoux en s'arrachant les cheveux et se frappant la poitrine (1).

« — O mon bon monsieur Edward, dit-il d'une voix brisée par les sanglots, ne me perdez pas ; considérez comme ce serait horrible. Un juge !... Quelle honte ! Et moi, qui allais être nommé

(1) Je ne puis mieux comparer cette scène qu'à celle qui se passa dans mon cabinet où un juge d'instruction, assisté de son greffier, s'était rendu pour examiner un de mes pensionnaires, accusé d'avoir brûlé un testament. L'interrogatoire, qui avait duré deux jours, n'avait amené aucune révélation. Au moment de clore le procès-verbal, le magistrat demanda à l'accusé s'il persistait dans sa déposition ; celui-ci ayant répondu oui, le greffier lui remit

gouverneur de l'État!... Oh! C'est à en devenir fou!... Ne me perdez pas, au nom du ciel, ne me perdez pas!

» Je le relevai, et, l'ayant fait asseoir, je répondis tristement :

» — Hélas! il est trop tard ; votre complice a tout révélé, et le grand jury a reçu sa déposition.

» Il garda un moment le silence ; puis, d'une voix calme :

» — Qu'il en soit ainsi, dit-il; puisqu'il n'y a pas de remède, je ne vous demanderai qu'une grâce, une seule. Amenez-moi le chef du grand jury ; il faut que je lui parle. Allez, je vous en supplie!... Oh! allez-donc!

» Une vive émotion contracta de nouveau ses traits, et sans réflexion je courus remplir son message. Je n'avais point fait dix pas que le bruit d'une détonation retentit. Le juge William s'était fait sauter la cervelle.

» Le lendemain les journaux de la localité annonçaient que, dans un accès de fièvre chaude, causé par un excès de travail, le digne et savant juge William s'était donné la mort. L'honneur de l'homme et de la famille étaient saufs.

» Voilà pourquoi je n'ai voulu nommer ni le principal acteur de ce drame judiciaire, ni l'État qui en a été le théâtre. »

Il n'est pas de conduite qui nous paraisse plus propre à faire naître le remords que celle du misérable qui, pour éviter le châtiment dû à un crime, en accuse un innocent.

Un homme soustrait, dans une maison où il était reçu, une somme d'argent ; les soupçons se portent sur une servante de la famille ; elle est arrêtée et conduite en prison. L'instruction s'engage, les apparences sont contre cette infortunée, on parle déjà d'une condamnation. Celui qui avait fait le vol sent le

<hr/>

une plume pour signer ; avant d'accomplir cette formalité, le juge répéta deux fois sa question; la réponse de l'accusé fut la même. La signature apposée, le juge d'instruction retira lentement de sa poche un papier portant des traces de brûlures : c'était le testament! Je n'oublierai jamais ce coup de théâtre, il fallut reconduire le malheureux, il était sans vie et affaissé. Je n'ajouterai que quelques mots : il avait été aliéné et il paraît avoir succombé plus tard à cette maladie.

remords pénétrer dans son cœur, il écrit une lettre dans laquelle il établit sa culpabilité, démontre l'innocence de l'accusée et se donne la mort.

Le vol peut être dans quelques cas le résultat d'une maladie. Un commissionnaire dont la réputation d'honnête homme n'avait jamais été mise en doute, est atteint d'une affection bilieuse, à laquelle succède un dérangement momentané de l'esprit ; c'est alors qu'il soustrait près de deux cents bouteilles dans la cave d'un de ses clients ; cet acte ne tarde pas à le tourmenter; il se figure qu'il est dénoncé, conduit en prison, condamné. Assailli de terreurs continuelles, il prend la résolution d'y mettre fin et se pend à un clou dans sa chambre. Nous avons plusieurs fois constaté la manie du vol dans la période commençante de la paralysie générale des aliénés (1) ; elle est fréquente dans le cours des maladies mentales.

La pensée du jugement impressionne vivement quelques esprits. Un jeune homme écrit à ses parents : « Lorsque vous recevrez cette lettre, je n'existerai plus ; je me suis rendu coupable d'un grave délit, et je serai condamné aux galères. Je préfère me brûler la cervelle. Adieu, mes chers parents ; je sens que ma main tremble, mes idées se brouillent. Tout ce que je vous demande, c'est de ne pas vous affliger, attendu que je ne mérite point de regrets. »

Il est des personnes qui ne peuvent survivre à une arrestation, à une condamnation ; ceci s'observe surtout quand l'individu en est à son début dans la carrière du mal.

Le nommé B... était employé comme porte-sonnette au bureau de M. le commissaire de police de la rue Verte ; ce magistrat ayant acquis la certitude que cet homme lui avait volé de l'argent, l'arrêta et le conduisit lui-même, samedi au soir, au

---

(1) A. Brierre de Boismont, *Sur la perversion des facultés morales et affectives dans la période prodromique de la paralysie générale* (lu à l'Académie des sciences en septembre 1860. — *Ann. d'hyg.*, 1860, t. XIV, p. 405).

corps de garde de la ligne situé aux Champs-Élysées, avenue de Matignon; l'ayant fait enfermer au violon, il lui dit en se retirant : « C'est à la cour d'assises que nous nous retrouverons. » Ce malheureux, qui est marié et père de trois enfants, n'a pas voulu attendre cette épreuve, et, quelques heures après, il s'étranglait.

Il peut arriver que le coupable, tout en reconnaissant sa faute, trouve la punition trop sévère ou même injuste, ce qui peut être vrai à son point de vue ; le désespoir qu'il en ressent le conduit au suicide.

« Je meurs, ma chère femme, écrit un de ces malheureux, et je ne regrette la vie que pour toi, notre chère Julie et ton vieux père. Il a fallu que j'aie une funeste pensée ; cependant la réflexion que j'avais faite à temps, ainsi que je l'ai déclaré à la justice, devait me mettre à couvert de toute condamnation, puisque je ne me suis pas rendu coupable du commencement d'exécution voulu par la loi. J'ai dit aux jurés : Non-seulement le repentir est venu repousser victorieusement la mauvaise intention que j'ai conçue un moment, mais encore le souvenir de ma femme et de mon enfant a seul suffi pour me faire abandonner ce projet criminel. Oui, leur ai-je affirmé, et c'était le cri de la vérité, il m'a semblé les entendre me dire : Arrêtez ! vous êtes sur le bord du précipice où vous allez vous engloutir pour toujours, et nous ne nous reverrons plus !...

» En effet, je me retirais, lorsque j'ai été soupçonné, car il n'y a jamais eu que des soupçons. Adieu, mes chères amies, je meurs en vous aimant jusqu'au dernier moment. »

— L'homme élevé dans des principes d'honnêteté peut céder à ses passions et faire une mauvaise action ; le remords ne tarde pas à le troubler ; c'est ce qu'attestent les paroles suivantes :

« Le brasier est allumé ; la vapeur mortelle m'environne, je vais mourir. Je viens de commettre une action infâme. Hier soir, j'ai emprunté la montre de... avec l'intention d'aller la vendre, afin d'en risquer la valeur au jeu. Il me fallait de l'argent pour un de mes créanciers qui devait venir demain ; il m'en fallait pour un autre ; il m'en aurait fallu dans huit jours, dans quinze jours, dans un mois, ou bien j'aurais passé ma vie sous les verrous. Vous avez fait pour moi ce que vous deviez, et plus que vous ne deviez. Si je m'étais adressé à vous, peut-être seriez-vous encore venu à mon secours ; je n'ai pas osé. Et puis vous le dirai-je, je n'ai pu supporter votre mépris, tout caché qu'il était.

» Hier matin, j'ai arrêté le projet que j'exécute à présent.

» Quelle lente, quelle terrible agonie !

» J'ai commencé tard cette lettre ; ma chandelle ne m'éclaire plus ; écrivez (d'une main tremblée) à mon père, à ma pauvre mère, dites-leur... »

— Parmi les exemples d'abus de confiance, malheureusement si communs, celui que nous allons rapporter n'est pas un des moins intéressants; nous l'empruntons, comme la plupart des autres, aux dossiers du parquet.

« En allant, monsieur le commissaire, vous requérir pour constater un suicide qui venait d'être commis, je vous ai donné verbalement communication des faits dont j'avais été le témoin; vous avez paru croire qu'il serait important pour la justice d'en avoir connaissance, je vous transmets ma déposition par écrit.

» Hier 22, vers quatre heures et demie du soir, est arrivé chez moi un de mes parents, M. le baron de L..., chef maritime dans un de nos ports de mer, actuellement en congé. Il m'a raconté que depuis longtemps C..., receveur, était chargé par lui de toucher de l'argent et de le convertir en rentes. A diverses époques, plusieurs inscriptions avaient été achetées en son nom, et selon les comptes remis par son agent, leur totalité s'élevait à 4700 francs en 5 pour 100 M. L..., qui avait la plus entière confiance dans C..., lui avait toujours laissé ses titres entre les mains. Il y a quelques jours, à la suite d'une conversation avec une personne dont je ne me rappelle pas le nom, mon parent demanda à C... à voir les titres. Ce dernier prétendit qu'ils étaient déposés au Trésor ; cette réponse parut fort extraordinaire à M. de L..., et hier, il voulut vérifier par lui-même, au ministère des finances, si ce fait était vrai ; il acquit la certitude qu'il n'y avait aucune inscription en son nom, que celles même dont C... lui avait dit avoir fait l'achat n'avaient jamais été portées au grand-livre. L'employé ne put s'empêcher de s'écrier : — Vous êtes *volé*. M. de L... me pria, d'après les conseils de M. d'A..., de l'accompagner dans les démarches qu'il voulait faire auprès du receveur des rentes. M. L... le croyait dans une position aisée ; cependant la découverte qu'il venait de faire lui inspirait de justes craintes, et nous nous rendîmes à la préfecture de police, où, après avoir parlé aux chefs supérieurs de cette administration, on mit à la disposition de M. de L... deux agents du service de sûreté, qui avaient pour mission d'arrêter C... dans le cas où cette arrestation serait jugée nécessaire.

» Vers sept heures environ, M. de L... et moi arrivâmes chez C..., qui nous ouvrit lui-même sa porte. M. de L... lui expliqua en peu de mots le besoin pressant qu'il avait de se procurer de l'argent, et lui demanda avec anxiété quelle était la somme dont il pouvait disposer. C... déclara qu'il avait 3000 francs. M. de L... lui témoigna sa surprise de cette réponse, puisque, d'après un compte qu'il lui avait fourni récemment, il devait avoir en caisse 6300 francs. Le receveur balbutia quelques mots, et alors M. de L... insista sur la nécessité où il était de rembourser sur-le-champ une somme importante ; C... ayant prétendu qu'il ne pouvait le faire le soir même, son client lui dit d'un ton impératif : — Il me faut 100 000 francs. C'était à peu près la somme représentative du capital. C... parut fort décontenancé ; cependant il tira de la caisse de son bureau trois billets de 1000 francs qu'il remit à M. de L... Celui-ci fit un reçu de ces 3000 francs et d'une somme de 1000 francs qu'il avait touchée la veille ; en même temps il insista de nouveau sur la nécessité où il se trouvait d'avoir des fonds ; c'était, ajoutait-il une chose très-facile, au moyen de ses inscriptions de rentes. Il lui demanda quel était son agent de change. C... lui indiqua M. T... — Eh bien ! répondit mon parent, nous allons nous rendre sur-le-champ chez

M. T... Le receveur voulait remettre la démarche au lendemain; sur les observations de M. de L..., il prit son chapeau et parut décidé à partir avec nous. Du reste, aucun reproche ne fut adressé à C..., et on ne lui parla pas de la vérification faite au Trésor. Quand nous fûmes sur l'escalier, C... prétendit qu'il avait oublié quelque chose et rentra dans son appartement. Ne le voyant pas revenir, nous attendîmes dans l'antichambre, puis bientôt M. de L... l'appela à plusieurs reprises. La belle-mère sortit d'une pièce voisine et alla elle-même voir où était son gendre. Elle trouva fermée la porte par laquelle on communique de l'intérieur à la cuisine, descendit précipitamment pour avoir la clef de la porte qui donne sur l'escalier.

» A peine fut-elle entrée qu'elle s'enfuit en poussant un cri d'horreur. C... était renversé la face contre terre, baigné dans son sang, tenant à la main le manche ensanglanté d'un couteau droit ordinaire ; la gorge, horriblement déchirée, laissait apercevoir entièrement divisés l'artère et le larynx. Dans une pièce voisine était une jeune femme, la figure égarée ; elle regardait tous ces étrangers et demandait à voir son mari.

» La caisse ouverte, on a trouvé un peu d'argent, deux inscriptions, l'une de 1900 francs, l'autre de 700 francs, et un dossier volumineux concernant M. de L..., qui perd 120 000 fr. Des renseignements ont appris que cette catastrophe était le résultat de spéculations malheureuses et de jeux de bourse. »

— Le remords causé par des actions honteuses est souvent un motif de suicide. Un homme qui avait toujours donné des signes d'une grande dévotion, est saisi en flagrant délit avec une petite fille de six ans. Désespéré, il s'écrie qu'il ne peut survivre à une pareille ignominie.

— Les fautes, les mauvaises actions, sont aussi pour les âmes timorées, ou pour celles qui ont été élevées dans les sentiments du devoir et de la religion, un sujet continuel de reproches. La crainte qu'éprouvent beaucoup de femmes d'être découvertes, les terreurs qui en résultent, les remords qui sont les consé-

CAUSES DÉTERMINANTES. — REMORDS.

quences de ces inquiétudes, surtout lorsque la faute est un crime, sont autant d'impulsions au suicide.

« Un portrait, écrit une dame, trouvé par mon mari, en révélant une faute que je croyais à tout jamais cachée, détruit ma position, brise mon avenir. Pour éviter des scènes horribles, une séparation scandaleuse, la haine de ma famille, je préfère me donner la mort. Un moment de souffrance ne peut balancer une vie de tourments et de malheurs. »

Parmi les plus déplorables histoires que nous connaissons en ce genre, est celle qui nous a été racontée par notre ami feu le docteur Salone. Un père, usant de tout son ascendant sur sa fille, ayant même recours aux mauvais traitements, finit par la faire condescendre à ses désirs. Une grossesse est le résultat de ce commerce. Les idées religieuses, longtemps comprimées, se réveillent avec force dans l'esprit de cette infortunée ; elle fait les représentations les plus vives à son père, lui déclare qu'elle ne peut rester avec lui. Des querelles s'élèvent ; chaque jour des scènes de violence ont lieu. La fille, hors d'état de résister, et ne voulant pas, d'un autre côté, appeler sur l'auteur de ses jours la vindicte des lois, profite d'un moment où il l'avait laissée quelques instants libre, s'enferme dans sa chambre, et s'asphyxie.

Il est des individus qui mettent fin à leur existence parce qu'on les a pris commettant des actes sans nom.

Le souvenir toujours présent des crimes, la crainte des poursuites, sont de puissants motifs de suicide.

Hier, vers quatre heures, la foule se pressait dans la rue Saint-Denis. Une détonation s'était fait entendre, et le magasin d'épiceries du sieur B... avait été immédiatement fermé. Cet homme, à peine âgé de vingt-quatre ans, venait de faire un voyage à son pays pour y terminer un mariage depuis longtemps projeté. Tout était arrangé entre les deux familles, qui avaient déjà fixé le jour des noces, lorsqu'une jeune femme, arrivée dans le village, court trouver les parents de la future, leur raconte son histoire, et les amène, à force de larmes et de prières, à refuser la demande de B... Cette jeune fille était depuis longtemps sa maîtresse et se trouvait alors dans un état de grossesse avancée. B..., ainsi éconduit, consent à revenir à Paris avec elle, lui jurant de l'épouser à son arrivée. Des obstacles sérieux s'opposant à cette nouvelle union, les deux amants prirent la résolution d'en finir avec la vie. Ils s'enfermèrent tous les deux dans une chambre ; un réchaud fut allumé, et bientôt l'asphyxie ferma les yeux de la pauvre fille. Soit que B... reculât devant la mort, soit qu'il eût, par un odieux calcul, poussé sa maîtresse au suicide, il ouvrit la porte quand il la vit sans mouvement, et cria au secours. La victime, qui respirait encore, fut transportée à l'hospice, où, après trois jours de cruelles souffrances, elle succomba, il y a quelques semaines. Depuis ce temps, B..., tourmenté par le remords, et peut-être par la crainte des poursuites judiciaires, se décida à se donner la mort. Après avoir, toute la matinée, vaqué à ses travaux, comme à son ordinaire, et sans que sa sœur, qui habite avec lui, et ses garçons eussent remarqué sur sa figure la moindre préoccupation, il prit une bouteille d'eau-de vie, s'enferma dans son arrière-boutique, et craignant, sans doute, que le courage lui manquât encore une fois, il se grisa ; peu de moments après, il appuyait sous son menton la bouche d'un pistolet et en lâchait la détente.

Quelquefois d'odieuses machinations ont amené le suicide des malheureux qui en étaient les victimes. Un négociant reçoit une lettre anonyme dans laquelle on lui annonce que s'il n'envoie pas une somme de 1000 francs dans un lieu qu'on lui désigne, on le déshonorera comme ayant l'habitude de se livrer à des actes infâmes. La lettre est écrite par des misérables qui ont donné une apparence de vérité à leur affreux chantage. Au lieu de faire face à l'orage et de s'adresser tout de suite aux magistrats, sa tête se perd et il se noie. On ne saurait se faire une idée des malheurs qu'occasionnent ces indignes manœuvres; bien des gens n'ont pas le courage de les affronter et de les démasquer.

Le désespoir d'avoir causé la mort de quelqu'un peut devenir, comme le prouve l'observation suivante, le point de départ de la mélancolie, de la folie et du suicide.

Un étudiant qui suivait le cours du Collége de France, y fit la rencontre d'une jeune demoiselle qui était toujours accompagnée de son père. L'intérêt qu'elle lui avait inspiré ne tarda pas à se changer en une passion violente ; il confia ses tourments et ses espérances à sa mère. Riche, disposant d'une partie de ses biens, pouvant par conséquent épouser la femme qui lui plaisait, il pria sa mère de faire les premières démarches. Sa demande fut agréée ; les renseignements étaient excellents, la seule différence était dans la fortune, fort médiocre du côté du père de la jeune personne, dont le principal revenu consistait en une place dans la magistrature. Le mariage eut lieu quelque temps après.

Les premiers mois de l'union furent très-heureux ; peu à peu la jeune dame, d'un caractère susceptible, s'imagina que son mari, plein de l'idée qu'il l'avait enrichie, n'apportait pas dans ses rapports avec elle la réserve et les égards qui lui étaient dus. Bientôt elle se persuada qu'il était beaucoup trop empressé auprès de ses cousines, qui venaient souvent la voir. Elle fit à ce sujet des représentations à son mari, qui en plaisanta, n'en tint aucun compte, et qui peut-être même, par esprit de contradiction, ou par mécontentement d'une conduite qui le blessait, exagéra les bons rapports que la parenté avait fait naître. Il en résulta des tiraillements, un peu de froid dans le ménage ; rien n'avait cependant éveillé l'attention, lorsque, dans un dîner qui réunissait toute la famille, la jeune femme crut saisir un signe d'intelligence entre une de ses cousines et son mari. Incapable de se maîtriser, elle fit une observation qui donna lieu à une réponse irritante, déplacée sans aucun doute. Elle se tut aussitôt, ne montra aucune émotion ; au bout de quelque temps, elle quitta la table sur un prétexte plausible et sortit. La conversation avait repris son allure, et l'on n'avait pas encore eu le temps de remarquer son absence, lorsqu'une détonation venant du côté du parc se fit entendre. Tous les convives se levèrent avec un sentiment de malaise indéfinissable et coururent vers l'endroit où le bruit avait eu lieu. En arrivant, on aperçut sur le gazon, dans un massif, la jeune femme qui rendait le dernier soupir ; elle s'était emparée d'un petit fusil à un coup et l'avait déchargé dans la région du cœur.

A cette vue, le mari resta immobile, anéanti, sans proférer aucune plainte ; à l'altération de ses traits, tout le monde comprit la violence de sa douleur, elle ne devait plus finir. Les jours, les semaines, les mois s'écoulèrent sans amélioration, malgré les soins, les consolations, les distractions qui lui furent prodigués. Concentré dans ses préoccupations, il recherchait la solitude, et sa tristesse ne tarda pas à dégénérer en idée fixe ; la folie était sur le seuil ; les médecins conseillèrent un voyage. Cette mesure, si utile vers la fin des maladies, dans la période commençante de la convalescence, quelquefois même dans l'état stationnaire, n'eut aucun résultat avantageux, il fallut ramener M. X... chez lui. L'aliénation mentale avait fait des progrès, il y avait des illusions de la vue, des pensées de suicide ; à diverses reprises il avait fait des tentatives qui n'avaient manqué que par la surveillance à laquelle il était soumis.

Un jour il s'approche de sa mère, lui met les mains sur le cou, et le palpe quelques instants avec une grande attention. Tout à coup il s'écrie : « Quel bonheur ! je viens de trouver la lentille ; sans la présence de ce signe, je te tuais. » Un phénomène, bien commun dans le monde fantastique où il vivait, avait métamorphosé la figure de sa mère en celle d'un personnage menaçant contre lequel il allait s'élancer, sans le doute qui traversa son cerveau. Après une pareille scène, il n'était plus possible de garder M. X... ; on prit aussitôt le parti de le conduire dans une maison de santé. Un ami intime de la famille se chargea de ce pénible devoir. En arrivant près du directeur de l'établissement, il lui donna les détails précédents, et lui

CAUSES DÉTERMINANTES. — REMORDS.

recommanda une extrême vigilance. « Le malade, lui dit-il, est dans une belle position de fortune, ainsi vous pouvez prendre toutes les mesures nécessaires pour empêcher la réalisation de sa funeste manie ; là est le danger, il ne faut pas qu'il soit quitté d'un seul instant. »

A son entrée, M. X... fut placé dans une chambre matelassée et confié à la garde de trois domestiques. Pendant vingt jours, il ne se passa rien de particulier; au bout de ce temps, M. X..., dont les projets de suicide avaient la même fixité, trouva le moyen de se débarrasser des deux domestiques qui lui restaient, en l'absence du troisième, et lorsqu'ils revinrent, ils l'aperçurent pendu à un clou qu'on avait oublié, en démeublant la pièce, et qui était caché par les matelas.

Des enfants se sont donné la mort, parce que les peines infligées à leurs parents leur causaient un chagrin continuel, et que le préjugé en faisait rejaillir la honte sur eux.

« Nous avons récemment annoncé le suicide d'un jeune officier de l'armée d'Afrique, dit un journal, une correspondance de l'*Émancipation* de Bruxelles donne sur ce fait les détails suivants :

» Ce jeune homme était parmi les officiers de son corps l'un des plus honorables, des plus distingués et des plus courageux. Malheureusement il portait un nom que la justice a atteint et que l'opinion publique a frappé. Son père faillit un jour et fut condamné, trop sévèrement peut-être, dans une circonstance où il n'était pas le principal coupable : il n'avait pas reçu d'argent, il en avait donné.

» Malgré ses prétentions à des sentiments dégagés des anciennes préventions et des anciens préjugés, le monde est ainsi fait, il n'oublie jamais la flétrissure attachée à un nom propre. Aussi, à partir de cette époque, les rapports de l'officier avec ses camarades devinrent-ils gênés et difficiles ; deux duels s'ensuivirent.

» Cependant plusieurs années s'étaient écoulées, et il pouvait espérer enfin n'avoir plus à protéger son honneur contre une faute qui n'était pas la sienne, lorsque dernièrement, au milieu d'une discussion assez vive, il reçut encore en face l'affront d'une allusion directe et brutale. Nouvelle provocation et nouveau combat pour le lendemain. Cette fois, les chefs et les officiers de son corps se sentirent révoltés de tant d'injustice ; ils intervinrent auprès de l'offenseur, et exigèrent de lui qu'il rétractât son outrage.

» Les excuses furent complètes, sincères et courageuses. Notre jeune officier les accepta en présence de son colonel et de ses camarades réunis; rentré chez lui, deux heures après, il se faisait sauter la cervelle. »

Résumé. — Le remords peut donc être considéré comme une cause fréquente de suicide pour les âmes en qui l'habitude, une mauvaise éducation n'ont pas éteint tout sentiment honnête. La crainte du déshonneur fondée ou exagérée a les mêmes conséquences pour ceux qui tiennent à l'estime publique et considèrent sa perte comme un mal irréparable.

CINQUIÈME GROUPE.

JEU.

Sommaire. — Statistique. — Motifs divers. — Spéculations de bourse. Résumé.

Le jeu, en abandonnant les tripots publics où venaient se perdre tant d'hommes inexpérimentés, paraît avoir restreint le nombre de ses victimes. Sans doute les jeux clandestins, les jeux de société, les loteries autorisées, alimentent encore la passion; mais les émotions terribles, incessantes que provoquaient les établissements publics, et qui jetaient une foule de malheureux dans les filets de Saint-Cloud (1) ou sur les dalles de la Morgue, se sont considérablement affaiblies. Il s'est opéré à cet égard

(1) Les filets ont existé, car on lit dans une réponse du maire de Saint-Cloud au citoyen préfet de police Dubois, « qu'il les a fait tendre pendant trente-cinq heures et qu'il n'y a rien trouvé. » (Des Étangs, du *Suicide politique,* p. 262, 1860.)

une transformation remarquable. Parmi les joueurs bien élevés, au lieu de se tuer, on se fait grec. Les mœurs tournent à la douceur, on a horreur du sang ! On veut bien affronter le scandale, on se soucie fort peu de la mort ; au moins quand tout sentiment d'honneur est éteint dans le cœur. Depuis quelques années cependant, le jeu de la Bourse a fait plus d'un martyr.

La vigilance de la loi peut, il est vrai, opposer des digues à la passion du jeu, elle ne saurait l'éteindre ; partout où il lui est permis de se faire jour, elle reparaît avec une véritable fureur, et il n'est pas de voyageur qui n'ait vu les bureaux de loterie de l'Italie, assiégés par toutes les classes de la population. Nous lisions récemment dans une revue estimée que parmi les vices qui firent perdre en 1832 aux hautes classes de la nation anglaise une partie de leur ancien prestige, il faut mettre en première ligne la passion du jeu. Raikes, dans son journal qu'on peut comparer à celui de Barbier, dit que presque tous les hommes titrés de ce temps, qu'il est fier d'avoir connus, étaient des roués, des beaux, des débauchés et des joueurs. Le plus célèbre des brelans, où tous ces grands seigneurs allaient dissiper leurs énormes fortunes, était le club Waltier. La longue liste de ceux qui s'y ruinèrent avait été dressée par Raikes ; les éditeurs de ses mémoires ont cru devoir la supprimer, mais nous savons, au moins, que beaucoup de ces malheureux se tuèrent, quand ils eurent perdu leur dernier shilling. Le fameux Brummel, ce singulier ami de George IV, mort fou imbécile à l'asile de Saint-Sauveur, à Caen, en 1840, était le digne président de ce club de joueurs (1).

On ne trouve plus, dans les procès-verbaux (1855) actuels, de suicides résultant de pertes aux jeux publics, à la loterie. Il faudrait cependant rechercher, à l'article Misère, si un certain nombre d'individus n'ont pas attenté à leurs jours par des motifs semblables.

(1) *A portion of the journal kept by Thomas Raikes*, Esq, London, 1857, Revue contemporaine, la haute société anglaise sous George IV, page 817, 1858.

La proportion de ceux que le jeu a menés au suicide est de quarante-quatre, environ la cent-quatrième partie du chiffre total. Les uns avaient perdu des sommes considérables, les autres leur petit pécule ; dans les deux cas la ruine était complète. Le plus ordinairement ces revers avaient lieu dans les maisons publiques; quelquefois dans la société. Un de ces individus se tua après avoir mis son dernier argent à la loterie. Parmi ces malheureux, il y en avait qui avaient dissipé la dot de leur femme, la fortune de leurs enfants, les dépôts qu'on leur avait confiés, l'argent de leur terme, celui de leur provision quotidienne. Un d'eux, qui fréquentait une grande maison de jeu, se tua dans l'hôtel qu'il habitait. On trouva dans l'un des tiroirs de son secrétaire un testament par lequel il léguait deux cent mille francs à sa famille. Les recherches les plus actives ne fournirent pas le moindre indice sur l'existence de cette somme, et l'on resta persuadé que c'était une ruse pour donner le change sur la cause de sa déconfiture.

Il y a des joueurs qui se tuent parce qu'ils ne veulent pas ruiner leur famille.

Un officier supérieur de l'armée royale perdit à la révolution de juillet son grade, son rang, sa position ; fidèle à ses convictions, il refusa de prendre du service dans le nouvel ordre de choses. L'ennui qui succède à une vie agitée ne tarda pas à peser sur lui; il chercha dans les distractions un moyen d'y échapper. Rien ne put l'en débarrasser ; le jeu seul lui offrit une diversion puissante. Une fois lancé dans cette voie, il essaya, comme tous les joueurs, de neutraliser les chances du sort par les combinaisons de la martingale. Plusieurs années se passèrent dans des alternatives de revers et de gains.

Un jour, il eut un éclair de raison, la passion fit trêve, il examina froidement sa position, les phases par lesquelles il avait passé, les événements qui l'attendaient, et, prenant la plume, il écrivit ces mots :

« Ma chère [femme, et vous, mon fils, lorsque vous recevrez

cette lettre, vous n'aurez plus de mari et de père. Mon amour pour vous a armé mon bras. Si j'avais tardé à prendre cette détermination, votre ruine serait complète. Sachez donc que le changement de vie, le désœuvrement m'ont conduit au jeu. J'ai longtemps combattu cette terrible passion ; elle m'a entraîné comme tous ceux qui ont joué avant moi et comme tous ceux qui joueront après moi. En vain vos images, votre avenir se sont-ils cent fois offerts à mes regards : la passion a été plus forte que toutes mes résolutions. La conviction m'est restée définitivement que j'aurais des moments d'arrêt, sans pouvoir me retirer jamais de la mêlée. La moitié de ma fortune est perdue, il vous en reste encore assez pour vivre et permettre à mon fils de prendre une carrière devenue indispensable pour lui ; si je tardais un seul instant, vous pourriez vous trouver sans ressources, dans la plus affreuse misère. Il ne faudrait qu'un plus fort éblouissement pour tout engloutir, adieu donc, vous que j'aimais tant. Ce sacrifice est la dernière preuve de mon attachement pour vous. »

Certes le principe est faux, car on peut toujours se corriger, quoique le jeu n'ait presque jamais rendu ses victimes ; mais quel dévouement, et l'on pourrait dire quelle logique, dans une pareille résolution !

La passion du jeu a plus d'une fois donné lieu aux drames les plus sombres : des infortunés, réduits à la dernière pauvreté, n'ont pas hésité, avant de se donner la mort, à tuer leurs enfants, leur femme, leur maîtresse.

Les motifs qui poussent à jouer sont fort divers ; les uns cherchent dans le gain les moyens de satisfaire leurs désirs ou d'améliorer leur sort ; les autres cèdent aux entraînements de la passion, aux émotions qu'elle donne.

Quelquefois le malheureux qui va périr, fait la peinture la plus terrible des combats que se livrent l'instinct de la vie et le fatal projet.

« Enferme-toi et lis seul. Une heure ou deux après la réception de cette lettre, ton frère ne sera plus qu'un cadavre. C'est affreux, sans doute; ne crois pas que je quitte la vie sans regrets. J'étais trop endetté, je ne pouvais plus résister à mes angoisses. Joueur, j'avais perdu plusieurs fortes sommes, il ne me restait qu'à me brûler la cervelle. J'ai voulu essayer un dernier moyen de salut ; je suis venu à Paris avec huit cents francs tenter les chances du jeu ; j'ai tout perdu, même l'argent qui ne m'appartenait pas. Hier soir, j'étais décidé ; j'errai trois à quatre heures dans les environs de Paris, n'ayant pas même le courage de charger mon pistolet. Le désir de vous revoir encore une fois, l'esprit de conservation qui me faisait retarder par tous les moyens possibles le moment terrible, m'ont empêché ce jour-là de mettre mon projet à exécution. Oh ! si tu pouvais savoir, mon cher frère, quelles étaient mes terreurs, toutes les fois que je sentais le froid de l'instrument qui devait terminer mon existence, tu frémirais de mes tortures ; quand je me disais, en voyant les lumières qui brillaient sur les boulevards : Ma vie sera éteinte avant elles, j'éprouvais une secousse qui devait décomposer tous mes traits.

» J'ai lu bien des descriptions de suicide dans ma vie, qu'elles sont pâles en face de la réalité ! Les chocs répétés de cette arme maudite portaient mon exaltation jusqu'au délire. Mon Dieu, quelle faiblesse ! Je me croyais plus de courage ; quand il y a deux mois, traversé d'un coup d'épée, j'avais la conviction d'être blessé à mort, je quittais alors la vie sans regret. Pourquoi maintenant ce projet me semble-t-il aussi horrible ! Pour détourner les soupçons, j'ai dit que j'allais en Afrique, et je viens de détruire tous les papiers qui pourraient mettre sur la voie. Cache ma lettre à ta femme ; il ne faut pas qu'elle ait sous les yeux un tableau aussi déchirant. Ah ! si le sort eût mis sur ma route un pareil trésor, je n'aurais pas fait une aussi mauvaise fin.

» Pendant ces trois jours j'ai employé tous les moyens de m'étourdir ; l'orgie, les femmes, n'ont pu chasser l'idée fixe. Je charge en ce moment mes pistolets ; dans quelques instants tous les liens seront brisés. Adieu, chèr frère, tu es l'être que je regrette le plus au monde. Prends toutes les précautions pour apprendre ce fâcheux événement à notre père. Qu'y a-t-il là-haut ? Sans être croyant, je n'ose et ne puis être incrédule! »

Depuis la suppression des jeux publics, beaucoup d'individus se sont livrés aux spéculations de la Bourse, et là encore le suicide a largement moissonné. En inventoriant la chambre d'un homme qui venait de se faire sauter la cervelle, le magistrat trouve un papier contenant ces lignes : « Je me suis laissé aller à jouer à la Bourse, sur les fonds espagnols ; ma ruine est complète. En présence d'une passion qui m'entraîne depuis des années et a dévoré tout mon avoir, qui m'a causé mille tourments, fait commettre de nombreuses fautes ; dans la conviction où je suis que tous mes efforts pour la vaincre seront désormais inutiles, je prends le parti de mettre un terme à cet enfer de tous les instants. Un seul regret empoisonne mes derniers moments, celui de laisser ma chère femme dans la plus affreuse misère. »

Il arrive très-souvent que celui qui joue expose son argent, celui des autres, ne recule même pas devant le faux, le vol par effraction et l'assassinat. Depuis plusieurs années, la fièvre des spéculations s'est emparée d'une foule de personnes qui, comme les fous paralytiques de ce siècle, n'ont plus rêvé que les millions. Des catastrophes terribles ont été les suites de ce désir effréné de faire rapidement fortune ; parmi les anecdotes encore récentes, on n'a pas oublié celle d'un ancien officier ministériel qui, devenu joueur à la Bourse, emprunte des sommes considérables à son beau-père pour réparer ses pertes. La veille de l'événement, il lui fait une nouvelle demande ; cette fois, il éprouve un refus ; on se sépare avec froideur, sans cependant qu'aucune parole ait pu faire soupçonner une vengeance. Le lendemain, le gendre se présente de bonne heure chez son beau-père, il renouvelle sa demande et n'obtient qu'un nouveau refus. Désespéré, il s'empare d'un rasoir et lui fait une blessure profonde au cou. Aux gémissements de la victime, on accourt, le meurtrier tourne l'arme contre lui-même et tombe mort aux pieds de la fille aînée. — Quelque temps après, un banquier, qui avait su se concilier l'estime générale, se tuait, complétement ruiné par les opérations de Bourse.

Un des exemples les plus saisissants de cette fureur des spéculations est la catastrophe d'un membre du parlement anglais qui a ruiné des milliers de personnes :

— La ville de Londres a été attristée ces jours-ci par le suicide d'un homme qui avait conservé jusqu'au dernier moment une position considérable. M. John Sadleir, dont le corps a été trouvé dimanche matin, 17 février, sur un des terrains vagues des environs de Londres, avait commencé par être avocat en Irlande. Grâce à un talent incontesté, il était devenu membre du parlement, et avait été successivement lord de la trésorerie et président de grandes institutions financières.

On a cru tout d'abord qu'on devait attribuer ce suicide à un accès d'aliénation mentale. Mais bientôt l'enquête ouverte est venue en dévoiler les tristes causes. Il s'est trouvé que M. Sadleir ne s'était servi des hautes fonctions auxquelles il était parvenu que pour commettre, à l'abri d'une impunité prolongée, et avec une audace et une habileté incroyables, un nombre immense de faux.

Poussé par la fièvre des spéculations, il avait voulu se procurer de l'argent à tout prix ; en contrefaisant soit des billets de banques locales, soit des actions de chemins de fer anglais et étrangers, ou d'autres entreprises industrielles, en empruntant, moyennant un intérêt régulièrement payé, de l'argent à tout le monde, et surtout aux habitants de son pays, qui avaient en lui une grande confiance, il est arrivé à toucher des sommes énormes. On en estime la valeur à plus de 12 millions de francs, et cet argent a entièrement disparu.

On comprend, dès lors, combien de personnes vont perdre une partie notable de leur fortune, combien de familles seront réduites aux plus pénibles privations, et quelle a dû être l'émotion causée par cet événement. Le crédit de certaines entreprises financières avec lesquelles ce malheureux homme était plus particulièrement en rapport d'affaires en a même été sérieusement affecté. C'est ce qui fait sortir ce suicide du cercle des faits privés.

L'Irlande, patrie de M. Sadleir, aura particulièrement à supporter des pertes considérables. On a lieu de craindre qu'une grande quantité d'actes des commissaires *of i rish encumbered estates* aient été falsifiés et mis en circulation. Ces actes sont des sortes d'arrêts, rendus par la cour des commissaires chargés de faire exécuter la loi votée il y a quatre ou cinq ans, par laquelle les propriétaires de biens territoriaux situés en Irlande, dont le revenu n'est pas supérieur à l'intérêt des sommes qui sont hypothéquées sur ces propriétés, sont obligés de les vendre. Les signatures ainsi falsifiées sont au nombre de cinq pour chacun de ces actes. Une des premières conséquences de la mort de M. Sadleir a été la suspension des payements de la banque de Carlowbourg qu'il avait représentée au parlement de 1847 à 1852.

M. Sadleir n'avait que quarante-deux ans. Il paraît s'être suicidé à l'aide d'un poison qu'il portait toujours sur lui.

S'il est un enseignement moral que l'on puisse tirer de cette affreuse existence et de cette triste fin, on le trouve tout entier dans les lettres écrites par M. Sadleir lui-même, quelques instants avant de mourir. En voici plusieurs passages :

« Je ne peux plus vivre, j'ai ruiné trop de monde. Je ne pourrais plus vivre et voir leur agonie. — J'ai commis des crimes diaboliques, inconnus à l'espèce humaine. — Aucune torture ne serait trop dure pour de tels crimes. »

Et ailleurs : « A quelle infamie j'ai marché pas à pas, entassant crime sur crime ! et maintenant je me vois l'auteur d'innombrables méfaits d'un caractère infernal, qui causeront la ruine, la misère et le désespoir de personnes qu'il faut compter par milliers, hélas ! par dizaines de mille. » [1]

Puis viennent des détails sur l'état de ses affaires, sur son frère, sur l'innocence de ses amis, et il finit ainsi : Oh! pourquoi ai-je jamais quitté l'Irlande! — Hélas! que n'ai-je résisté aux premiers désirs de me lancer dans les spéculations? — Avec moins de talents d'une mauvaise nature et plus de fermeté, j'aurais pu rester ce que j'étais autrefois, honnête et loyal ; j'aurais pu vivre longtemps pour voir dans leurs vieilles années mon cher père et ma chère mère.—Je pleure maintenant, mais à quoi cela peut-il servir ? »

Ce dernier appel au souvenir d'un père et d'une mère a produit une vive émotion sur les personnes qui assistaient à la lecture de ces lettres devant le tribunal d'enquête (1).

Multiplier les faits de ce genre ne servirait qu'à rouvrir des plaies qui sont encore saignantes ; je me bornerai à une seule observation : un des principaux agents de change de Paris, chez lequel une de ces déplorables affaires avait appelé un de mes amis, lui disait : tous ceux que je vois jouer sont généralement ruinés au bout de trois ans, ils disparaissent et sont remplacés. C'est pénible, mais qu'y faire, ils joueraient chez d'autres! Tout récemment, on annonçait les morts tragiques d'un banquier, d'un avocat et d'un littérateur à la suite de spéculations malheureuses!

Résumé. — La passion du jeu, qui n'est au fond qu'une aspiration vers le monde des chimères, fait d'innombrables victimes, et il n'est pas de joueurs qui n'aient au moins une fois dans leur vie la pensée de mettre fin à leurs angoisses.

Une réflexion qui devrait venir à l'esprit de tous ceux qui ont le germe d'une passion dangereuse, c'est que parmi les occasions de la satisfaire, il s'en trouvera une qui pourrait les mener fatalement à leur perte. On côtoie à chaque instant le danger, il suffit d'une démarche, d'une parole pour être entraîné dans une série d'événements dont le point de départ, futile en apparence, est le premier anneau de la chaîne dont le dernier sera la misère, le crime, le suicide ou la folie.

(1) *Moniteur universel*, du 6 mars 1856.

SIXIÈME GROUPE.

ORGUEIL, VANITÉ, AMOUR-PROPRE, AMBITION.

Sommaire. — Statistique. — Multiplicité des causes. — Maladies des incompris. — Résumé.

Il y a longtemps qu'on a dit : L'homme pardonne tout, excepté les blessures faites à son amour-propre. On consent à être malheureux, laid, trahi ; personne ne veut passer pour un sot. C'est l'orgueil qui pousse de jeunes insensés à s'immoler dès leurs premiers pas dans la carrière, sous prétexte qu'ils ont été méconnus ou incompris. Les uns se tuent parce que la société n'a point vu l'auréole qui ornait leur front, et qu'on leur a refusé les encouragements auxquels ils avaient droit, jusqu'au moment où leur génie devait apparaître dans tout son éclat ; les autres se précipitent dans le gouffre, parce qu'on leur a manqué d'égards, ou qu'on les a abreuvés d'humiliations. Les nuances de ces susceptibilités sont aussi variées que les caractères. Plus la confiance en soi est grande, plus les convictions sont profondes pour le moment, plus aussi la passion est immense. Ces orgueilleux ne sauraient supporter une objection, eux seuls ont raison, eux seuls sont capables, leurs adversaires sont des sots. Un homme d'une grande autorité et membre d'une illustre assemblée, disait un jour devant nous, en parlant d'un de ses collègues dont il n'estimait pas les travaux : « C'est un véritable crétin. »

La vanité, l'amour-propre, l'ambition, filles naturelles de l'orgueil, n'ont pas une influence moins désastreuse.

Parmi les exemples d'hommes de talent qui se sont tués au début de la vie, pour n'avoir pas su attendre, celui de Chatterton a eu un grand retentissement. Peu de morts volontaires ont donné lieu à des jugements plus divers. On se rappelle encore cette séance où l'orateur politique qui répondait au littérateur célèbre, profitant de l'occasion pour faire coup double, s'exprima en ces termes :

« Vous avez voulu rendre sensible, par les émotions du théâtre, cette idée qu'il y a des êtres autour desquels il se crée une sorte de nécessité de mourir, soit que leur organisation trop faible, trop fine et trop délicate, ne puisse supporter les froissements et les mécomptes de chaque journée, soit qu'un concours de circonstances accablantes leur fasse de l'existence un trop pesant fardeau ; idée, j'ai besoin de le dire, qui blesserait mes plus chères et mes plus profondes convictions. Si Chatterton, si ce jeune homme de dix-huit ans m'eût laissé lire au plus profond de lui-même, ne croyez pas que je me fusse borné, comme le lord maire, ou lord Talbot, à lui ouvrir ma bourse : non ; son âme souffrait plus que son corps, c'est elle qu'il fallait arracher au poison dont elle se nourrissait, au charme énervant et corrupteur de ses vagues et mélancoliques rêveries ; il fallait lui montrer sur la terre cette vie pratique dans laquelle nous marchons tous, et au-dessus de sa tête quelque chose de plus élevé, de plus poétique que sa propre poésie ; lui dire que l'amour et la foi retiennent également le faible tenté de fuir dans le tombeau. Son cœur si noble, sa jeunesse si pure, se seraient bientôt rappelé que celui de qui nous tenons le souffle de vie a seul le droit de nous le retirer un jour, et qu'il ne nous refuse jamais à la fois le soulagement de nos misères et le courage de les supporter. »

Un autre membre de l'Académie française parlant de ce suicide, l'a apprécié ainsi :

« La mort de Chatterton fut exploitée contre Walpole. Au reste, ce suicide célèbre, qui ne peut être plaint qu'à la condition d'être blâmé, a de tout temps servi d'acte d'accusation contre la société. L'égoïsme règne assurément, et ni l'esprit ni le talent ne préservent toujours des rigueurs du sort et de la dureté des hommes ; cependant, même pour ne pas mourir de faim, il est bon d'avoir de l'esprit et du talent, et aucune supériorité n'est un malheur. Chatterton avait droit, je le veux, à toute sorte de sympathie, et méritait de devenir un personnage intéressant et romanesque ; mais Walpole ne pouvait s'en douter. La société non plus ne saurait découvrir le génie tant qu'il n'a rien dit. Faites-lui sommation par des chefs-d'œuvre, et puis vous vous plaindrez ensuite si elle ne répond pas (1). »

Nous allons faire suivre ces deux jugements de l'opinion de notre excellent ami, Alfred de Vigny, dont nous avons eu la douleur d'être un des exécuteurs testamentaires(2). « Il est, dit-il, une sorte de nature que l'imagination possède par-dessus tout. Au moindre choc elle part, au plus petit souffle elle vole et ne cesse d'errer dans l'espace qui n'a pas de routes humaines. Celui qui vient d'elle est inhabile à tout ce qui n'est pas l'œuvre divine. Sa sensibilité est devenue trop vive ; ce qui ne fait qu'effleurer les autres le blesse jusqu'au sang ; les affections et les tendresses de sa vie sont écrasantes et disproportionnées ; ses enthousiasmes excessifs l'égarent ; ses sympathies sont trop vraies ; ceux qu'il plaint souffrent moins que lui, et il se meurt des peines des autres. Les dégoûts, les froissements et les résistances de la société humaine le jettent dans des abattements profonds, dans de noires indignations, dans des désolations insurmontables, parce qu'il comprend tout trop complétement et trop profondément. — C'est le poëte. — En vain s'adresse-t-il à tous ; personne ne l'entend ni ne le comprend.

» Il ne lui reste plus, s'il en a la force, qu'à se faire soldat, calculateur, écrivain ; mais à la longue le jugement aura *tué* l'imagination, et avec elle, hélas ! le vrai poëme qu'elle portait dans son sein.

» Dans tous les cas, il *tuera* une partie de lui-même ; mais pour ces demi-suicides, pour ces immenses résignations, il faut encore une force rare. Si elle lui manque, quel parti prendre ? Celui que prit Chatterton. Se tuer tout entier ; il reste peu à faire.

» Le voilà donc criminel ! criminel devant Dieu et les hommes. Car *le suicide est un crime religieux et social*. C'est ma convic-

(1) Ch. de Rémusat, *Revue des deux mondes*, juillet 1852, p. 227 et 228
(2) Mort en septembre 1863, dignement loué par la presse entière.

tion, comme c'est, je crois, celle de tout le monde ; le devoir et la raison le disent. Il ne s'agit que de savoir si le désespoir n'est pas quelque chose d'un peu plus fort que la raison et le devoir.

» Comment prévenir un pareil malheur ? En assurant quelques années d'existence seulement à tout homme qui aurait donné un seul gage du talent divin. Il ne lui faut que deux choses : la vie et la rêverie ; le *pain* et le *travail* (1). »

De pareilles lignes sont bien éloquentes, n'oublions pas cependant que si, d'après le beau vers de Gilbert,

La faim mit au tombeau Malfilâtre ignoré!

la folie de l'orgueil a tué un bien plus grand nombre de ces génies incompris !

26 individus, environ la cent soixante-seizième partie du chiffre général, se sont immolés aux tyrannies variées de cette passion. Ce nombre ne saurait être regardé comme absolu, car il est beaucoup de ceux qui périssent par misère, chagrins et autres causes, qui ont été poussés par l'orgueil à cette fatale détermination. Il ne faut jamais oublier, dans l'énumération des motifs, qu'on fait figurer le plus apparent, et qu'il est souvent associé à d'autres qui ont eu leur part d'influence dans la dernière résolution.

La plupart de ces 26 personnages étaient mécontents de leur sort ; d'autres se plaignaient qu'on ne rendît pas assez vite justice à leur mérite. On trouva chez l'un d'eux un écrit, par lequel il exprimait son chagrin d'être dans une position médiocre dont son mérite et ses efforts n'avaient pu le faire sortir, tandis que ses frères étaient riches et heureux. Un autre, officier public, écrasé par le luxe de ses rivaux, monte un grand état de maison : il a voiture, habitation à la campagne, loges aux spectacles ; pour subvenir à ces énormes dépenses, il se lance dans toutes les spéculations ; la ruine ne se fait pas longtemps attendre ; il

(1) Alfred de Vigny, Chatterton, *Dernière nuit de travail.* Paris, 1835.

fallait rentrer dans l'obscurité, le malheureux se donne la mort.
Il en est pour qui la vue de leurs parents pauvres ou placés trop bas dans l'échelle sociale est un supplice qu'ils ne peuvent endurer. Un homme se tue par le dégoût que lui inspire son état, en disant qu'il ne ferait jamais qu'un ouvrier.

Les déceptions littéraires et philosophiques ont plus d'une fois conduit au suicide. La génération de notre époque n'a pas oublié le suicide de ces deux jeunes littérateurs, E... et L..., dont un drame venait d'être reçu et fut joué à la porte Saint-Martin avec un certain succès, sous le nom de *Farruck le Maure*. Ce début heureux les aurait sauvés ; leur impatience fébrile ne leur permit pas d'attendre le lever du rideau ! Un artisan, qui n'avait point reçu d'éducation, se croit doué du talent de composer des pièces ; il se met à écrire des mélodrames pour le boulevard ; éconduit, mystifié, souvent chassé, il s'en prend dans sa fureur à la société qui le méconnaît, il tourne son pistolet contre lui-même et se brûle la cervelle. Trois autres ouvriers auxquels leurs poésies prolétaires et les louanges banales dont elles avaient été l'objet avaient monté la tête, quittent leurs travaux pour écrire des chansons, faire des canevas de pièces ; la misère survient rapidement, et avec elle le désespoir et le suicide.

L'amour-propre, la vanité blessée, suggèrent quelquefois les résolutions les plus funestes. Horace Walpole raconte dans ses mémoires que lord Windsor s'étant querellé avec un certain Nourre, joueur émérite, celui-ci lui envoya un cartel que le lord refusa, disant qu'il était trop vieux. Nourre, furieux, rentra chez lui et se coupa la gorge. Voilà, dit Walpole, en manière de réflexion, une des sottes façons dont les hommes sont faits (1).

Ces résolutions désespérées sont d'autant plus à craindre que les intelligences faibles ont souvent un orgueil démesuré.

Quelquefois c'est une fierté mal placée qui fait prendre une

---

(1) Ch. de Résumat, *Revue des deux mondes*, juillet 1852, p. 58.

pareille détermination. Un écrivain, réduit au dernier état de gêne, reçoit la visite d'un de ses amis, qui, à la vue de cette grande détresse, s'empresse de lui ouvrir sa bourse. L'homme de lettres refuse avec hauteur, se plaint qu'on ait voulu lui faire l'aumône. Les deux amis se séparent froidement. A peine la porte est-elle refermée que l'écrivain calfeutre toutes les ouvertures, allume deux réchauds, s'étend sur son lit et meurt.

La passion de l'orgueil se montre dès la plus tendre enfance. J'ai donné des soins à trois jeunes enfants chez lesquels elle est prononcée au plus haut degré. L'aînée n'entend pas une observation sans s'imaginer qu'elle est faite dans l'intention de l'humilier. Sa figure exprime l'indignation et le mécontentement, elle s'enferme dans sa chambre et concentre en elle-même ses prétendus mécontentements; la seconde rougit à la plus légère réprimande, les larmes lui viennent aux yeux, elle s'enfuit chez elle, s'abandonne aux sanglots, aux cris, [et se roule sur le plancher dans un véritable état convulsif ; enfin le troisième, qui a à peine six ans, ne peut entendre un mot de reproche, sans que sa figure et son œil ne prennent une expression particulière. A table, entouré des mets les plus appétissants, il se lève, s'en va ; ni caresses ni punitions ne peuvent le faire revenir. Dans un moment d'impatience, son père le frappa. L'enfant ne fit entendre aucun cri et ne mangea pas de la journée.

L'ambition a plus d'une fois été le mobile du suicide ; cette triste fin n'a rien qui doive surprendre, car, comme l'a très-bien dit la Bruyère, l'esclave n'a qu'un maître ; l'ambitieux en a autant qu'il y a de gens utiles à sa fortune. M. Descuret cite les noms de 124 ambitieux célèbres qui ont péri de morts violentes; sur ce chiffre, 9 se sont suicidés ; il n'a pas compris dans cette liste les ambitieux qui ont joué les principaux rôles sur la scène de la révolution française. Il s'est borné à rappeler sommairement la triste fin de la plupart des présidents de la Convention. Sur les 76 membres qui ont dirigé cette assemblée, 3 se sont suicidés, 4 sont devenus aliénés, 18 ont été guillotinés. Presque tous les secrétaires de la Convention ont eu une fin déplorable (1).

Résumé. — Lorsqu'on scrute les motifs secrets du suicide, on y trouve très-souvent l'orgueil comme un des éléments constitutifs. Cette influence passionnelle se montrera dans toute sa force, lorsque nous parlerons du suicide des stoïciens.

SEPTIÈME GROUPE.

MOTIFS DIVERS.

Sommaire. — Statistique. — Opinions exaltées. — Lecture des romans. — Dévouement exagéré. — Avarice. — Amour du gain. — Terreur. — Colère. — Vengeance. — Politique. — Résumé.

Quelque soin que nous ayons eu de rapporter les nombreux exemples de suicides des groupes précédents aux causes indiquées, il en est plusieurs qui ne peuvent rentrer dans cet essai de classification, et qu'en raison de leur petite proportion, nous avons réuni dans un même article : ce sont les morts volontaires, dues aux opinions exaltées, à la lecture des romans, à un dévouement exagéré, à l'avarice et à l'amour du gain, à la terreur, à la colère, à l'influence de la politique. Ces suicides, qui s'élèvent à trente-huit, en en retranchant ceux attribués à la politique, forment la cent-vingtième partie du chiffre total, et constituent la première sous-section du groupe. Les suicides politiques ont été rangés dans une sous-section à part.

1re *sous-section*. — *Motifs divers*. — Des jeunes personnes se tuent parce que leur imagination leur a fait chercher dans les romans des types que la société ne produit pas. Une d'elles passait des journées à lire ces sortes d'ouvrages et essayait de reproduire ses impressions ; comme son éducation première avait été manquée, elle ne réussissait pas à rendre sa pensée ; désespérée de cette impuissance, elle s'asphyxia.

Nous avons recueilli les observations de plusieurs individus dont les idées philosophiques, sociales, humanitaires, avaient

(1) B. F. Descuret, *La médecine des passions*, p. 584. Paris, 1841.

12

acquis un tel degré d'exaltation, que leurs auteurs, rencontrant les obstacles qu'oppose la vie réelle à toutes ces utopies qui s'éteignent dans l'indifférence et l'oubli, n'avaient pu se résoudre à supporter la lutte et s'étaient donné la mort. L'un d'eux disait dans ses écrits que l'homme avait le droit de partir, lorsque les choses n'allaient pas à son gré.

Un dévouement exagéré, respectable dans sa source, mais blâmable dans ses conséquences, peut conduire à une détermination fatale.

Un Vénitien, de mœurs douces et religieuses, marié, et père de plusieurs enfants, tenait les écritures d'un commerçant; cet état fort peu lucratif ne lui permettait pas de subvenir aux besoins de sa maison. Il avait pour frère un homme de loi dans une meilleure position de fortune. Après lui avoir demandé inutilement des secours à diverses reprises, il lui écrivit une dernière lettre, où, sans parler de lui, il l'implorait pour les siens. Voici la réponse : « *Quand tu ne seras plus, je me chargerai de ta famille.* » Au reçu de ces terribles lignes, le pauvre malheureux fit ses préparatifs avec calme, et on le trouva pendu dans une espèce de grenier. Près de lui il y avait une lettre adressée à son bourreau : « *Maintenant je ne suis plus*, disait-il, *tu te chargeras de ma famille.* » Ce testament de malheur ne contenait pas un seul mot de reproche (1).

Chez quelques individus, l'amour de l'argent est poussé si loin, que le plus petit revers, la moindre perte sont la cause de leur mort. Une vieille femme qui se refusait le strict nécessaire et ne se nourrissait que des débris qu'elle trouvait dans les rues ou des dons de ses voisins, se pendit de douleur d'avoir perdu une pièce de trente sous.

« M. Descuret raconte qu'une femme de quatre-vingts ans, qui habitait, au cinquième étage, une mansarde de la rue Saint-Jacques, n'ayant pas été vue, depuis dix jours, dans la maison,

---

(1) Communiqué par notre ami le docteur Carrière, palais Cavalli, Venise, ce 29 avril 1855.

les voisins en informèrent le commissaire de police du quartier de l'Observatoire. La porte à peine ouverte, on aperçut le cadavre de cette malheureuse qui s'était asphyxiée. Déjà on avait jeté dans un coin de la chambre les vêtements infects qui la couvraient, et l'un de ces haillons était livré aux flammes, quand une femme qui connaissait l'avarice sordide de la défunte, donna le conseil de visiter les autres, soupçonnant qu'il pouvait y avoir quelques papiers secrets soit dans les poches, soit entre l'étoffe et la doublure. Ce conseil fut très-profitable aux héritiers ; car on trouva renfermés dans une boîte de carton seize billets de banque de mille francs et dix autres mille francs de valeurs sur la Banque de France (1). »

Parfois c'est le désir du luxe chez les jeunes personnes qui amène la catastrophe.

Louise D... avait été élevée aux frais de l'État dans une des pensions destinées aux enfants des militaires. A peine venait-elle d'achever son éducation que son père mourut, la laissant sans ressources et sans autres parents qu'une dame R..., établie maîtresse blanchisseuse à Boulogne. C'est là que se réfugia la jeune fille ; elle y fut bien accueillie ; comprenant qu'elle ne pouvait rester à la charge de braves ouvriers, elle voulut les seconder dans leur travail, et depuis un an environ c'était elle qui dirigeait la maison de sa bienfaitrice.

Avant-hier matin, madame R..., ne voyant pas Louise occupée, selon son habitude, aux travaux de l'établissement, pénétra dans la chambre de la jeune fille et la trouva vide.

Le soir du même jour elle recevait la lettre suivante :

« Ma bonne madame R...,

» Merci, mille fois merci de votre généreux accueil ; depuis la mort de mon pauvre père, vous m'avez servi de protectrice, de mère ! Merci encore !

(1) Descuret, *ouv. cit.*, p. 636.

» Ma résolution est prise, vous ne me reverrez plus. Je vais remettre mon âme à Dieu ; puisse-t-il la placer dans le séjour des heureux !

» En souvenir de moi, priez quelquefois.

» J'ai lutté longtemps contre la pensée du suicide, il n'y avait que ce moyen de conserver pur le nom de mon père.

» Je vous l'avoue à ma honte, je rougissais de ma condition ; malgré moi, je rêvais un sort plus heureux. J'avais envie de connaître le monde. Rien n'égalait ma douleur lorsque je voyais passer ces belles dames superbement vêtues aux bras d'élégants cavaliers.

» J'aurais pu, au prix de mon déshonneur, réussir à briller comme tant d'autres ; j'ai mieux aimé, dans la crainte de faillir un jour, me résigner à mourir vertueuse.

» A l'heure où vous recevrez cette lettre, la Seine aura enseveli dans ses eaux celle qui vous demande une larme, une prière.

» Louise D... »

La terreur est quelquefois la cause du suicide. Une femme se trouvait sur le boulevard du Temple, lors de l'attentat de Fieschi ; au bruit de l'explosion, à la vue des victimes, sa frayeur est si grande qu'elle tombe épileptique ; poursuivie par ce lugubre spectacle, elle déclare que l'existence lui est à charge et qu'elle préfère mourir plutôt que de vivre dans de pareilles transes. Un homme est mordu par un chien qu'on croyait enragé. On lui applique aussitôt le traitement en usage, il reste frappé de l'idée qu'il a le germe de cette maladie, et cette crainte de tous les moments devint la cause de son suicide. Il n'est pas rare de voir des militaires se tuer pour ne pas paraître devant les conseils de guerre. Nous avons noté plusieurs suicides causés par la crainte de se venger et d'être condamnés ; par la frayeur qu'avait occasionnée un assassinat commis dans la maison et la pensée d'être arrêté. Un individu se suicida par la peur d'être compromis, parce qu'il venait de boire avec un remplaçant qu'on avait volé dans le même instant.

Les emportements de la colère peuvent devenir une occasion de suicide.

« Jeudi dernier, dépose la femme d'un suicidé, vers six heures du soir, je rentrai dans mon domicile où je montai avec mon mari que j'avais rencontré au bas de l'escalier. Nous étions seuls tous les deux. Lorsque nous fûmes dans notre logement il me fit une querelle, à l'occasion de sa famille, parce que j'étais allé au Père-Lachaise en compagnie de sa propre sœur, madame A... Ses parents n'approuvaient pas sa conduite et me témoignaient beaucoup d'intérêt; c'était un sujet de mécontentements fréquents qui se traduisaient en scènes violentes par suite de son tempérament excessivement colère. Il y avait déjà une heure qu'il s'emportait, sans que je pusse parvenir à le calmer, hurlant et brisant ce qui lui tombait sous la main, lorsque tout à coup, vers sept heures et demie, au milieu de cette scène, il tomba à terre en s'écriant : Ah! je suis un malheureux, j'ai oublié que j'étais marié et père. Bien que je ne lui visse pas de couteau à la main (il paraît qu'il l'avait jeté immédiatement après s'être frappé), pensant qu'il venait de se porter quelque mauvais coup, je me baissai vers lui, et, en l'examinant, j'aperçus quelques gouttes de sang à sa chemise.

» Je courus aussitôt chez notre médecin ; à son arrivée mon mari lui dit : Je suis perdu ; j'ai méconnu mes devoirs, continuez à être l'ami de mon fils, comme vous étiez le mien ; je suis un misérable. J'ai fait mon temps, il est seulement à regretter que cela n'ait pas eu lieu quatre ans plus tôt. Ses traits ne tardèrent pas à s'altérer, ses facultés intellectuelles étaient intactes. La mort devenait de plus en plus visible; reprenant toute son énergie, il régla ses affaires, dicta ses dernières volontés; les forces s'affaiblissant, il me fit signe de m'approcher, et, me serrant convulsivement la main, il prononça ces mots : Je paie le fruit de mes débauches. Une demi-heure après, la respiration s'embarrassa, devint de plus en plus courte, et il expira. »

La pensée de laisser un remords continuel dans le cœur de ses ennemis a plusieurs fois armé la main du suicide.

Résumé. — Tous les mobiles des actions humaines, les plus puissants comme les plus légers, peuvent conduire au meurtre de soi-même. Il semblerait que les motifs allégués dans les suicides avec conscience, devraient être l'expression de la vérité ; il n'en est pas toujours ainsi, et plus d'une fois on retrouve dans ce dernier acte la fausseté derrière laquelle se cachent tant d'hommes.

2° *sous-section.* — *Suicides politiques.* — Le groupe que nous venons de passer rapidement en revue nous a montré, dans sa première section, des suicides déterminés par des opinions exaltées, des dévouements exagérés, la terreur, la colère, la vengeance, etc., c'est-à-dire par des motifs fort divers. Le relevé que nous avons fait de toutes les morts volontaires du remarquable livre de M. le docteur Des Étangs, *Sur le suicide politique contemporain*, nous ayant également fourni une liste fort étendue de causes très-variées, parmi lesquelles se trouvent la plupart de celles de la section précédente, nous avons pensé que ce sujet intéressant pourrait être placé dans le groupe des motifs divers, en en faisant, toutefois, une section séparée.

Il est incontestable, en effet, que si les opinions exaltées ont engendré de nombreux suicides politiques, cet élément n'est pas le seul dont on doive tenir exemple. C'est avec raison qu'on a dit, en parlant de l'influence des événements qui dépendent de cette cause, que les uns se tuent pour ne pas tomber dans les mains des bourreaux, d'autres pour ne pas survivre au gouvernement qui s'écroule. Celui-ci, découragé de l'insuccès de son parti, échappe par la mort aux regrets qu'il éprouve ; celui-là, touché par la commotion, s'effraye ou s'afflige outre mesure, et se précipite dans le suicide. En parcourant les faits nombreux de M. Des Estangs, dont plusieurs doivent être rapportés à la folie, nous en avons trouvé beaucoup qui se rattachaient à l'exaltation politique ; mais nous en avons également noté qui, sous cette dénomination, avaient pour cause la crainte d'être massacré, l'inquiétude d'être rangé parmi les suspects, la pensée d'être jugé par ses ennemis, la terreur de la guillotine, l'indignation des excès de la révolution, l'angoisse des poursuites, des menaces de mort, la douleur d'être considéré à tort comme traître, le regret d'avoir cédé par faiblesse à la pression du peuple, etc. Plusieurs femmes n'osant se tuer et voulant mourir avec leurs parents, leurs maris, ont crié *vive le roi*. L'exécution de la famille royale a été, pour un certain nombre de personnes, une cause de suicide. Le désespoir d'avoir vu périr sur l'échafaud une femme, une maîtresse, ont été, dans d'autres circonstances, les motifs invoqués pour en finir avec l'existence. Un dévouement sublime a fait marcher à la mort des victimes volontaires qui prenaient la place de leurs parents, de leurs amis, de leurs maîtres. Le garde du corps Paris, voulant se soustraire aux poursuites, se fit sauter la cervelle après avoir dit : « J'ai tué le scélérat de Saint-Fargeau, les Français sont des traîtres. » Un terroriste mit fin à sa vie en déplorant ses crimes (1).

Cette énumération ne laisse aucun doute sur la variété des motifs qui, dans les temps d'agitation, portent les individus à se donner la mort ; mais, lorsqu'on analyse les 182 cas environ qui font la base de ce travail, on voit tous ces mobiles divers se fondre dans une dominante générale, la douleur. C'est l'argument que nous avions mis en tête du *suicide et de la folie suicide*, c'est l'origine que Guislain attribue également à la folie. Partant aussi de ce principe, M. Des Etangs élève le suicide à la hauteur d'un fait social, où l'individu n'intervient, pour ainsi dire, que pour donner une forme plus arrêtée, plus précise, à des souffrances générales, morales et matérielles, qui accusent hautement les vices de nos institutions et l'impuissance de nos lois. Dans cette absorption de l'individu par la société, l'auteur nous paraît avoir négligé deux considérations d'une grande va-

(1) Des Etangs, docteur en médecine. *Du suicide politique en France depuis 1789 juqu'à nos jours*. Paris, 1860.

leur, celle du mode de sensibilité, propre à chacun, et celle de l'imperfection de l'organisation qui rendent à l'individualité le rôle qui lui appartient.

L'opinion soutenue par M. Des Etangs, sur la double origine du suicide, est celle que nous émettions en 1855, dans la première édition de notre traité : *Du suicide et de la folie-suicide.* Le titre, les causes prédisposantes et déterminantes, l'analyse des derniers sentiments, exprimés par les suicidés dans leurs écrits, en sont les preuves évidentes. Ces deux chapitres, considérés par la presse entière comme la partie fondamentale de l'ouvrage, représentent, en effet, une collection de faits consciencieusement examinés, interprétés convenablement, sans idées préconçues ; ils sont ma seule réponse à ceux qui ont attribué à d'autres la distinction scientifique des deux espèces du suicide, et à ceux qui ont oublié que je l'avais faite.

L'étude du suicide politique en France, depuis 1789 jusqu'à nos jours, à laquelle nous consacrons quelques pages, offre des différences très-tranchées, suivant les époques. Une seule, celle de la première révolution a véritablement marqué les suicides au coin de la politique, Royalistes, Girondins, Montagnards, Babouvistes, guerriers, femmes, enfants ne cessent de s'élancer dans le gouffre sous l'influence de la politique. La destruction des priviléges, le renversement des autorités jusqu'alors respectées, la suppression des abus, la proclamation de la liberté et de l'égalité, l'avénement du peuple, l'exaltation du patriotisme étaient autant de foyers qui mettaient en ébullition les esprits et devaient troubler pour longtemps la tranquillité publique. Il n'est pas surprenant que chez un peuple prodigieusement impressionnable, les têtes en contact avec de pareils ferments ne se soient exaltées, et que des suicides nombreux n'aient été les conséquences de cette disposition générale.

Nous choisirons donc nos exemples dans cette grande période révolutionnaire, qui a du moins quelque chose d'antique et de grand, au milieu de ses défaillances ; lorsque nous arriverons aux autres formes de gouvernement qui se succèdent périodiquement depuis soixante-douze ans, nous nous bornerons à signaler un petit nombre de faits généraux.

La Bastille mal défendue ouvre la marche des morts volontaires par une tentative manquée. Le gouverneur, le marquis de Launay, après avoir essayé en vain de faire sauter la forteresse, tourne contre lui son épée. On le désarme inhumainement. Quelques instants après il est massacré.

Cette première protestation a peu d'imitateurs, mais les journées de septembre en vont multiplier les exemples. Il faut lire dans le journal si plein d'émotions du capitaine Jourgniac de Saint-Méard, qu'il a intitulé : *Mon agonie de trente-huit heures*, les récits douloureux des suicides de ses co-détenus, qui se poignardent, se frappent avec de mauvais couteaux ou se brisent la tête contre les murs. Quelques jours avant le massacre de septembre, au moment de se mettre à table avec d'autres prisonniers de l'abbaye, M. de Chantereine, colonel de la garde constitutionnelle du roi, nous dit : nous sommes tous destinés à être assassinés. Mon Dieu, je vais à vous ! et se portant trois coups de couteau d'une main sûre, il rendit le dernier soupir (Jourgniac, id.).

Réal, conseiller d'État sous l'empire, détenu au Luxembourg, raconte que dans ces fatales maisons (prisons), les victimes de l'oppression hésitaient à chaque instant, pour savoir si elles se donneraient la mort. (Collection Nougaret.)

Citons plusieurs personnages connus qui se sont ainsi soustraits à l'échafaud. A vrai dire, ces exemples ne rentrent pas dans la mort volontaire ; ils attestent plutôt la préférence d'un moyen sur un autre qui est certain.

L'ex-ministre Clavière, voyant sur la liste des jurés ses plus cruels ennemis, prononça un discours sur le suicide, et se perça le cœur en répétant ces deux vers de Voltaire :

   Les criminels tremblants sont traînés au supplice,
   Les mortels généreux disposent de leur sort.

Son épouse apprend sa fin, elle s'empoisonne, après avoir essayé de consoler ses enfants et mis ordre à ses affaires.

Fouquier-Tinville, à cette occasion, dit qu'il fera veiller les condamnés, et il rappelle en même temps que par décret de la Convention « les suicidés contre lesquels est rendu cet acte d'accusation sont assimilés aux condamnés par jugement, et qu'en conséquence les biens d'Étienne Clavière sont déclarés acquis à la République. » C'était suivre les errements de la royauté qui, sous Louis XIV, donnait à madame la dauphine un suicidé dont, selon Danjeau, « elle espère tirer beaucoup d'argent. »

Dans ce pêle-mêle de la mort, victimes et bourreaux, accusés et juges, vainqueurs de la veille, vaincus du lendemain, s'immolent tour à tour. Le prêtre Jacques Roux, surnommé l'*enragé* par Marat, avait été chargé, avec un autre prêtre appelé Bernard, non moins féroce, ou plutôt non moins fou furieux que lui, de conduire Louis XVI à l'échafaud. Traduit plus tard au tribunal révolutionnaire, il fut condamné à mort ; aussitôt le prononcé du jugement, il se donna cinq coups de couteau, et expira en arrivant à Bicêtre.

Le capucin Chabot, marié avec la sœur de deux riches banquiers autrichiens nommés Frey, se fit arrêter et condamner par sa vénalité. Il s'empoisonna avec du sublimé corrosif, et fut porté convalescent au lieu du supplice.

Le cardinal archevêque de Loménie, après avoir bu toutes les hontes, même celle de l'apostasie, arrêté pour la seconde fois, prévient, comme son collègue l'évêque de Grenoble, l'arrêt inexorable, en avalant du poison.

L'académicien Chamfort fit plusieurs tentatives de suicide pour ne pas aller en prison et échapper au dernier supplice. Il ne mourut pas cependant de suite et fut gardé à vue par un gendarme à qui il devait payer un écu par jour. Épuisé par la perte de son sang et par ses douleurs, il finit par succomber.

« Ah ! disait-il à l'un de ses amis, au moment d'expirer, je m'en vais enfin de ce monde, où il faut que le cœur se brise ou se bronze ! »

Les proscriptions et leurs suites funestes furent une cause fréquente de suicide. Parmi les nombreuses victimes de ces temps désastreux, les girondins méritent une mention spéciale. Condamnés pour avoir reculé devant l'audace et laissé couler le sang innocent, ils donnèrent l'exemple du mépris de la mort, qui était un des signes du temps.

Vergniaud, qui s'était muni de poison, le jeta cependant par indifférence pour la manière de quitter la vie.

Valazé, qui avait remis une paire de ciseaux à Riouffe, devenu plus tard préfet de l'empire, avait conservé un couteau avec lequel il se tua, au moment de l'arrêt de ses vingt-deux compagnons ; ce qui n'empêcha pas le tribunal révolutionnaire d'ordonner de trancher la tête au cadavre ! Ce fait s'est reproduit il y a quelques années en Espagne. Un meurtrier, qui s'était empoisonné dans sa prison, fut trouvé mort le matin.

L'autorité décida, néanmoins, que l'exécution aurait lieu. En conséquence, à huit heures du matin, le 14 juillet 1855, le cadavre du colonel D... sortait de la citadelle, porté à découvert sur un brancard par quatre galériens qui l'assirent sur l'échafaud, et le bourreau remplit son office (1).

Beaucoup de ceux qui s'étaient soustraits par la fuite à la fureur de leurs assassins, terminèrent aussi leurs jours par le suicide.

Barbaroux se blessa dangereusement d'un coup de pistolet ; il était à bout de forces, il fut néanmoins exécuté.

Buzot et Pétion, traqués de retraite en retraite par les comités révolutionnaires de Bordeaux, prirent du poison, et furent trouvés dans un champ, à moitié dévorés par les loups (Barante, *Histoire de la révolution*, t. V, p. 263).

Salles, réfugié avec Guadet chez le père de celui-ci, s'appuya

(1) *Journal des Débats*, 22 juillet 1855.

deux fois le pistolet sur le front, et deux fois l'arme trompa son attente. Ils furent exécutés tous les deux.

Louvet, l'auteur de *Faublas*, dans le récit fort curieux qu'il publia sur sa fuite et ses tribulations, raconte que, voyant et entendant les gendarmes prêts à fouiller la voiture où il était caché, il arma l'espingole qu'il portait toujours avec lui, et la mit dans sa bouche ; heureusement les gendarmes s'éloignèrent ! Dès qu'il avait un moment de repos, il composait son hymne de mort sur l'air : *Veillons au salut de l'empire*. Lidon, autrefois son ami, vendu à Brives, sa patrie, par un traître auquel il avait secrètement demandé un cheval, et qui au lieu d'un cheval lui envoya des gendarmes, se défendit en désespéré, et tua trois des assaillants avant de se tuer lui-même.

Chambon se fit sauter la cervelle, à la vue des soldats.

Roland mourut aussi par le suicide, comme Pétion, comme Buzot, comme Valazé, comme Condorcet ; mais chez lui, la cause déterminante fut la condamnation de sa femme. Madame Roland avait dit : « Quand Roland apprendra ma mort, il se tuera. Lorsque cette douloureuse nouvelle lui parvint, il n'hésita pas un instant, et, quittant furtivement la maison où il était caché, il marcha toute la nuit ; le fer que renfermait sa canne fut l'arme dont il se servit, la mort eut lieu sur la route. Un billet, trouvé en sa possession, disait que le sang qui coulait à flots ne pouvait être répandu que par les plus cruels ennemis de la France. Ce n'est pas la crainte, continuait-il, mais l'indignation qui m'a fait quitter ma retraite. Dès que j'ai appris qu'on avait égorgé ma femme, je n'ai pas voulu rester plus longtemps sur une terre souillée de crimes. »

Condorcet, qui avait en lui, selon M. Littré, tout ce qui faisait la vie et la pensée du xviiie siècle, avait accueilli avec transport la grande crise révolutionnaire ; mais quand il fallut suivre une conduite qu'il désapprouvait, il se fit proscrire. Caché chez une amie dévouée, il écrivit, sous la menace quotidienne de la mort, son *Esquisse des progrès de l'esprit humain*, comme il eût fait dans son cabinet. Une loi abominable venait de mettre au rang des condamnés toute personne qui recevrait un proscrit. Condorcet se déroba à la générosité de la dame qui l'avait jusque là sauvé. Déguisé en ouvrier, il se dirigea vers Sceaux, dans l'espérance de se procurer un asile chez un ami ; celui-ci était absent ; il erra plusieurs jours et plusieurs nuits dans les carrières, d'où la faim le fit sortir pour entrer dans un cabaret de Clamart. Arrêté par le zèle farouche d'un maçon, il parut devant le tribunal révolutionnaire du lieu, où il prétendit être un domestique du nom de Simon. Fouillé aussitôt, un Horace, annoté de sa main, inspira des soupçons assez naturels, et il fut conduit à la prison de Bourg-la-Reine, en attendant son transfert à Paris. Le lendemain, comme on lui apportait un morceau de pain et une cruche d'eau, on le trouva mort ; il avait avalé le poison qui, dit-on, lui avait été donné par Cabanis.

Son testament contenait, entre autres dispositions, cette noble recommandation : « Qu'on éloigne de ma fille tout sentiment de vengeance personnelle ; qu'on le lui demande en mon nom ; qu'on lui dise que je n'en ai jamais connu aucun. »

Les doctrines philosophiques du xviii° siècle avaient réveillé dans beaucoup d'esprits le goût de l'antiquité pour le stoïcisme, ainsi que l'atteste l'exemple des girondins ; à leur tour, les souvenirs des républiques de la Grèce et de Rome devaient passionner les âmes qu'enflamme l'amour de la patrie, le culte du devoir et de l'honneur.

Il y avait là, écrit un auteur contemporain parlant du siège de Verdun, un homme admirable, un héros de Plutarque, qui se fit sauter la cervelle plutôt que de se rendre ; le duc de Brunswick avait dit, en mettant à l'arçon de sa selle les pistolets qui avaient consommé ce glorieux suicide : « Ils auront la place d'honneur dans mon cabinet d'armes ! » Pourquoi le commandant de la garnison de Verdun, pourquoi Beaurepaire s'était-il tué ? Lisez, pour le savoir, le très-curieux récit qu'a donné de ses derniers moments et de sa mort, l'auteur du livre dont le titre est indiqué plus bas dans une note.

Beaurepaire rentré chez lui après la séance du conseil, seul et calme, dans le silence de la nuit, après avoir considéré cette situation sans espoir où son honneur était engagé sans issue, Beaurepaire se tua froidement, avec moins d'étalage que Caton, avec moins de blasphèmes que Brutus, désireux seulement de dégager aux yeux du monde, la parole donnée par lui devant l'Assemblée nationale, quand Cordier, introduit à la tête d'une députation d'Angevins, avait dit en pleine séance : « Le commandant de la ville de Verdun et le bataillon de Maine-et-Loire, ont juré de ne rendre cette place qu'à la mort ! » C'est ce serment, prêté par procuration, qui avait tué Beaurepaire (1).

Cet enthousiasme patriotique n'était pas seulement propre aux hommes, il éclata aussi chez les enfants et en fit des héros. Barra n'avait que treize ans lorsqu'il entra dans les troupes républicaines qui combattaient en Vendée. Emporté par son courage, il tombe au milieu des royalistes. Un cri de vive le roi lui eût sauvé la vie. Un cri retentissant de : vive la république ! fut la réponse de l'enfant, qui mourut sous les coups des Vendéens (2).

Au siége de Lyon, l'ennemi se mettait en mesure de passer la Durance. Il fallait saisir plusieurs bacs au pouvoir des troupes républicaines, et, pour celles-ci, il devenait urgent de couper les câbles. Toutefois, comme le péril était certain, les plus braves hésitaient. Un enfant nommé Viala, non moins jeune que Barra, s'étonne de cette indécision ; saisissant une hache, il se précipite vers la Durance. A cette vue, les patriotes honteux accourent pour le défendre, et le combat s'engage. Viala, point

(1) Feuilleton des *Débats* du 26 janvier 1861.— Cuvillier-Fleury, *Lettres, mémoires et documents sur le premier bataillon des volontaires de Maine-et-Loire.*

(2) Roux et Buchez, *Histoire parlementaire*, t. XXXI, p. 25.

de mire de l'ennemi, périt enfin traversé d'une balle : « Les brigands ne m'ont pas manqué, s'écrie-t-il, mais je suis content, je meurs pour la liberté (1). »

Le 1ᵉʳ août 1798 éclaira le désastre d'Aboukir, et vit un autre enfant, le fils de Casabianca, capitaine commandant l'Orient, se signaler par une action héroïque. Le père, au poste des blessés, reçut dans ses bras son fils, âgé d'environ dix ans, qui préféra sauter, avec lui, plutôt que de se sauver avec un matelot qui l'en priait. Le jeune Casabianca, dit Bourrienne, annonçait déjà des talents remarquables (2).

Cet enthousiasme ne se montrait pas seulement chez les individus, il se communiquait à des troupes entières.

Le *Vengeur*, entouré par trois vaisseaux anglais, n'avait d'autres chances de salut que de se rendre. L'équipage, enivré de sang et de poudre, poussa l'orgueil du pavillon jusqu'au suicide en masse. A mesure que le vaisseau se submerge étage par étage, les intrépides marins lâchent la bordée de tous les canons de la batterie que la mer va recouvrir. Cette batterie éteinte, les marins remontent à la batterie supérieure et la déchargent sur l'ennemi. Enfin, quand les lames balayent déjà le pont, la dernière bordée gronde encore au niveau de la mer, et les défenseurs du vaisseau s'enfoncent avec lui au cri de : « *vive la république* (3). »

Quelle que fût l'influence des idées dominantes du temps sur la production du suicide, il était souvent aussi déterminé par les mobiles qui sont le fond commun de l'humanité, et parmi lesquels l'amour, l'affection et le dévouement tiennent une belle place.

Des individus qui hésitaient à attenter à leurs jours, mais désiraient ardemment rejoindre les êtres chéris que la hache avait frappés, poussaient un cri de *vive le roi* pour mourir sur

(1) *Victoires et Conquêtes*, t. I, p. 238.
(2) *Mémoires de Bourrienne*, t. II, p. 129.
(3) *Histoire des Girondins*, t. VIII, p. 120.

l'échafaud. J'ai compté, dit Riouffe, plus de seize femmes qui ont jeté ce cri, pour ne pas survivre à leur mari, à leur amant. Ce fut ainsi que périt la femme du commandant de Longwy.

L'anecdote qu'on va lire, qui nous a été racontée et a peut-être été publiée, est un exemple frappant de ces sacrifices que le hasard révèle et qu'on attribue à toute autre cause qu'à la véritable.

— Un gentilhomme devient éperduement amoureux d'une jeune personne qu'il a sauvée dans un incendie. La volonté de son père l'a destiné, dès son enfance, à un mariage auquel il ne saurait se soustraire, sans faire le désespoir de deux familles et peut-être même provoquer la malédiction de son père. Il se présente au château du comte P... Accueilli comme un hôte attendu depuis longtemps, il vient acquitter le pacte de famille. L'union est accomplie, mais le cœur du jeune homme ne lui appartient plus. La guerre terrible qui désole le pays amène dans le château une jeune personne, c'est celle qu'il a sauvée de la mort. La voir, à chaque instant, lui paraît une entreprise au-dessus de ses forces, il est trop chrétien pour se donner la mort, il fera le sacrifice de sa vie; c'est dans les combats, en se précipitant au plus fort de la mêlée qu'il mettra un terme à sa douloureuse existence; le sacrifice pourra d'ailleurs être utile à la cause qu'il sert. En vain présente-t-il sa poitrine au fer, au feu. La mort ne veut pas de lui; il revient sain et sauf de tous les combats. Sa femme a découvert son amour, elle sait que sa sœur, qui avait été élevée loin d'elle, est celle que son mari adore, qui le paye de retour, mais dont son devoir l'éloigne. Son parti est pris, elle ne sera plus un obstacle à leur bonheur. Pour exécuter son projet, elle conspire contre le pouvoir du jour; ses tentatives sont inutiles; alors elle s'élance au milieu des soldats armés, et fait entendre le cri de vive le roi, au moment où ce cri était puni de mort; un coup de feu la renverse expirante et met un terme à son cruel martyre.

Loizerolles père, âgé de soixante-deux ans, marcha à la mort à la place de son fils qui n'en avait que vingt-deux. Comme on lui faisait remarquer l'impossibilité de ce remplacement, il répondit : ces gens-là sont si bêtes, ils vont si vite en besogne que, pourvu qu'ils aient leur compte, peu leur importe. Il fut guillotiné, malgré l'invraisemblance.

Une jeune fille, au service de la comtesse d'Épinay, femme du général vendéen, à l'appel de sa maîtresse par l'agent de Carrier, se présente à sa place, se laisse enchaîner sans pâlir au malheureux fiancé qui doit l'entraîner dans l'abîme, et cet horrible drame s'achève au milieu des flots.

A la reprise de Toulon, des milliers d'habitants se réfugièrent à bord des vaisseaux anglais. Ces frêles embarcations surchargées coulaient. Témoins de ce désastre, d'autres proscrits n'hésitèrent pas à se dévouer, et la mer se referma sur ces généreuses victimes qui sauvèrent ainsi des existences qu'ils estimaient plus précieuses que leur propre vie.

Les deux grandes formes de la pensée humaine, l'exaltation et la dépression, dont la manifestation est si évidente dans la folie, ne pouvaient manquer de se reproduire dans ces suicides de la première révolution ; aussi note-t-on à côté de l'enthousiasme de l'équipage du *Vengeur*, le découragement du député Rebecqui, se noyant à Marseille, pour ne pas survivre au deuil de ses croyances, et l'indifférence de ce condamné qui, lisant, quand on l'appela, continua sa lecture jusqu'à l'échafaud, et mit le signet au pied de la guillotine (Des Estangs, *ouvr. cit.*). L'excès des émotions et l'absence de toute sécurité avaient plongé les esprits dans une telle torpeur qu'on en était venu à regarder comme naturelle la mort sur l'échafaud. On causait des supplices comme des théâtres, et la mode, qui n'abdique jamais, même devant le sang, avait inventé des toilettes à la victime.

La fièvre du suicide commençait cependant à perdre de sa force ; elle eut encore quelques accès lors des condamnations de Robespierre et de ses complices, des babouvistes et des

13

auteurs de l'insurrection de 1795 ; mais le canon qui tonnait de plus en plus, et allait broyer des millions d'hommes, étouffa, sous sa voix puissante, les cris des mourants volontaires, et donna aux idées d'autres directions. Il ne faut pas croire cependant que la guerre soit indemne de ce fléau, les campagnes d'Égypte, de Russie, d'Algérie, etc., donneraient un douloureux démenti à cette opinion. Les privations de toute espèce, l'insuffisance de la nourriture, les souffrances, les extrêmes de chaleur et de froid, les peines morales, les revers, expliquent le nombre des suicides dans les armées. Un officier de l'expédition d'Égypte, nommé Boyer, écrit : « On voit des soldats qui, témoins des maux de leurs camarades, se brûlent la cervelle, d'autres se jettent avec armes et bagages dans le Nil pour y trouver la mort. » L'historien de Napoléon et de la grande armée pendant l'année 1812, M. Ph. de Ségur, dit : « Les jeunes recrues, si pleines d'élan dans le combat, étaient sans volonté contre les tourments indicibles du froid, de la faim, des maladies, des blessures. Ces malheureux enfants, devenus fous de douleur, alors comme en Égypte, s'appuyaient le front sur leurs fusils, et se faisaient sauter la cervelle. (Des Étangs, *ouvrage cité*, p. 168.)

Les marches à travers le désert, en Afrique, ont souvent déterminé le suicide des soldats. Un chirurgien major nous racontait que dans une seule journée il en avait constaté près de douze.

Après le désastre de Waterloo, bon nombre de militaires jurèrent de ne pas tomber vivants au pouvoir de l'ennemi. Ils n'auront ni mon cheval ni moi, s'écrie un officier de cuirassiers ; d'un coup de pistolet, il renverse son cheval, de l'autre, il se tue. Vingt pas plus loin un colonel se brûle la cervelle. Des soldats que leur épuisement et leurs blessures empêchaient de marcher, décidés à mourir plutôt que de se rendre, se fusillaient entre eux (1).

(1) A. de Vaulabelle. *Histoire des deux restaurations*, t. II, p. 544.

La liberté, la patrie, furent, sans doute, les causes d'un grand nombre de morts volontaires ; mais l'individualité d'un homme, qui avait ébloui le monde comme un météore, dont la vie appartient à l'histoire, à la légende et au roman, exerça aussi une grande influence sur les imaginations, et beaucoup de suicides furent les suites du dévouement qu'il avait inspiré.

Parmi les causes déterminantes du suicide, il ne faut pas oublier, en temps de révolution, la peur qui s'empare de ceux qui ont quelque chose à perdre. Cette influence n'est pas moins sensible chez les aliénés, comme nous l'avons prouvé dans un article publié en 1848 (1).

Dans le mémoire que nous lûmes en 1836 à l'Académie des sciences, et qui avait pour titre : *De l'influence de la civilisation sur le développement de la folie*, nous disions qu'il n'y avait pas un événement important, une idée dominante, qui n'eussent engendré des séries de fous, et qu'on pourrait refaire l'histoire par leurs observations ; mais nous avions soin d'ajouter que ces manifestations n'avaient pas la même intensité, et que si quelques-unes se montraient sous la forme épidémique, la plupart apparaissaient à l'état sporadique. La remarque est également applicable au suicide. Les événements politiques de 1789 jusqu'à nos jours furent sans aucun doute la cause de nombreuses morts violentes. La période qui en compte le plus fut celle de la première révolution. Les deux gouvernements qui lui succédèrent firent aussi des victimes, mais dans des proportions beaucoup moins considérables, et ces morts, souvent entachées de passions coupables, étaient plutôt un élément de scandale qu'un motif de regret ou un sujet d'admiration. Une observation générale doit être faite pour ces époques, c'est que l'influence politique se perd dans le courant des causes ordinaires. Sans doute, il y a eu des suicides à la suite des émeutes,

(1) A. Brierre de Boismont.— *De l'influence des derniers événements sur la folie*. (*Union médicale*, p. 335, 1848.)

des complots, des insurrections, sous la pression des doctrines républicaines et socialistes; toutefois, leur chiffre est très-limité et encore, la misère, les espérances trompées, l'orgueil démesuré et ridicule, les antécédents d'hérédité, les prédispositions, etc., y entrent-ils aussi comme éléments ! Ces influences, d'une durée passagère, ont presque entièrement disparu devant le flot toujours montant des intérêts matériels, comme ceux-ci reculeront peut-être un jour devant la crainte de l'avenir !

Nous emprunterons au *Moniteur de l'armée* un dernier exemple du triste résultat de nos dernières discordes civiles :

« En 1848, au moment où la révolution, à son troisième jour, atteignait déjà sa dernière période, un escadron de gardes municipaux se trouvait à la préfecture de police. Cernés de toute part, ces gardes reçoivent l'ordre de déposer leurs armes et de regagner leurs quartiers.

» Deux d'entre eux, les nommés Grandin et Ricaud, soldats dans un même régiment de lanciers, se jettent un coup d'œil significatif, et, glissant furtivement leur pistolet dans la poche de leur habit, ils se serrent la main en se disant tout bas : « Jusqu'à la mort. » Ils juraient ainsi de se défendre réciproquement, quoi qu'il pût arriver.

» L'un d'eux, indiquant à l'autre son pistolet, lui dit gaiement :

» C'est une poire pour la soif. — C'est peut-être le coup de l'étrier pour le grand voyage, répond son compagnon d'armes.

» Comme ils achevaient ces mots, l'ordre est donné de monter à cheval et de se diriger par les quais vers la caserne. Arrivés au Pont-au-Change, les malheureux gardes passent sous le feu d'une troupe de barricadeurs. Le cheval de Grandin est tué; lui-même tombe grièvement blessé. Ricaud arrête à l'instant son cheval, met pied à terre, prend son pistolet, le place devant son ami, prêt à faire feu sur quiconque s'avancerait.

» — Que fais-tu, Ricaud ? s'écria Grandin ; pars, pars ; la

colonne gagne du terrain, tu vas te trouver isolé; laisse-moi, je suis un homme perdu.

» — Allons donc ! n'avons-nous pas juré de nous défendre jusqu'à la mort ?

» — Va-t-en, te dis-je, va-t-en ! dans un instant il sera trop tard.

» Nous mourrons ensemble.

» En disant ces mots, Ricaud, faisant face à l'ennemi et couvrant de son corps son pauvre camarade, ne le voit pas se soulever pour prendre lui-même dans la poche de son habit son pistolet.

» — Ricaud, tu ne veux pas t'en aller ? — Non.

» — Ta main, mon vieux camarade, et sois libre; adieu !

» Une détonation se fait entendre, Ricaud tourne la tête; son frère d'armes venait de se faire sauter la cervelle pour lui rendre la liberté.

» Quelque temps encore, Ricaud ne peut se faire à l'idée de quitter son ami. Enfin, il remonte à cheval; mais la colonne est déjà loin, il lui faut du temps pour la rejoindre. Au coin de la place de l'Hôtel de Ville, il reçoit deux blessures, l'une au front, l'autre à la jambe gauche. Il reste sur le terrain, est dépouillé et ne doit la vie qu'à un médecin, M. Allié, qui le fait transporter à l'Hôtel-Dieu, en affirmant que c'est un ouvrier.

» Ricaud, bien que boitant toujours de sa dernière blessure, sert encore. Il est gendarme à la compagnie de la Seine. » (29 mars 1853.)

Si nous jetons maintenant un coup d'œil rétrospectif sur l'esquisse que nous venons de tracer du grand tableau de M. Des Etangs, en en retranchant les accessoires qui ne nous paraissent pas nécessaires, et en lui conservant sa couleur exclusivement politique, l'impression qui nous reste est celle-ci : Le suicide, quoique fait individuel, rentre dans les faits sociaux auxquels le rattache l'influence des idées dominantes, de telle sorte que son histoire n'est que le sombre reflet des diverses civilisations. Il est évident que la société actuelle est en progrès sur celles qui l'ont précédée, par ses tendances généreuses à l'amélioration des classes souffrantes, par son indignation contre l'injustice et la cruauté ; elle est loin cependant d'avoir subi ses épreuves, et il n'est pas d'homme sensé qui ne contemple avec un sentiment douloureux les événements qui se préparent, et dont la prévision met tout en suspens. Si la lutte s'engage, le nouvel ordre de choses ouvrira un compte courant considérable au suicide, dans lequel la politique aura une large part. Puisse le Tout-Puissant détourner de nous ce calice, en éclairant les maîtres de la terre sur leurs véritables intérêts et sur ceux de leurs peuples !

Résumé. — Tous les sentiments exaltés, bons ou mauvais, agissent sur les organisations impressionnables et peuvent, d'après la direction de leurs idées, être pour elles une cause de suicide.

La politique, en surexcitant les sentiments de liberté, de gloire, de sacrifice pour la patrie, de mépris de la mort, de désespoir de l'insuccès, est une cause fréquente de suicide.

Par les bouleversements qu'elle amène, les cruautés qu'elle inspire, les supplices qu'elle ordonne, la politique détermine d'autres séries de morts volontaires, qui n'ont avec elle que des rapports très-éloignés, parce que toute autre cause dépressive aurait pu les produire.

Comme conséquence générale de cette étude, on peut établir que chaque civilisation, par la nature de ses idées dominantes, a une part plus ou moins forte sur la production du suicide.

DEUXIÈME SECTION.

HUITIÈME GROUPE.

MALADIES.

SOMMAIRE. — Influence de la douleur physique continue, de l'incurabilité du mal. — Pomponius Atticus. — Mirabeau.— Statistique. — Phthisie pulmonaire, cécité, maladies cancéreuses, paralysies, maladies de l'estomac, du foie, céphalalgie, maladies vénériennes, maladies des voies urinaires, affections du cœur.— Mutilation des organes génitaux.— Pertes séminales. — Troubles de la menstruation.— Douleur subite.— Chlorose.— Pellagre. — Maladie de Panama.— Maladie des mers polaires.— Résumé.

Maladies. — Dans l'étude si douloureuse, et cependant si intéressante, que nous venons de faire de l'influence des causes morales sur la genèse du suicide, nous avons retrouvé tous les mobiles qui font partie de l'élément psychologique de l'homme ; mais nous avons vu poindre aussi ces doctrines philosophiques qui sont les signes distinctifs du temps, et que mettront de plus en plus en relief l'analyse des derniers sentiments et la puissance civilisatrice du milieu social.

Nous allons maintenant aborder l'examen des causes physiques, embrassant d'une manière plus spéciale les maladies, la folie et ses auxiliaires. Nous résumerons plus que nous ne décrirons les divers groupes de cette seconde subdivision, parce qu'il nous faudrait entrer dans des détails minutieux, techniques, utiles sans doute, dans les ouvrages de pathologie, mais qui iraient directement contre le but que nous nous sommes proposé. Notre intention, en effet, n'a pas été de composer un traité complet sur la matière, des volumes nous auraient à peine suffi ; nous avons voulu seulement écrire un livre, riche en faits et en enseignements, fixant l'état actuel de la science sur les points essentiels, c'est du moins notre plus vif désir, digne, en un mot, de l'attention des médecins, des moralistes et des magistrats, sans la lasser par des infiniment petits et des digressions oiseuses.

Lorsque, évoquant ses souvenirs, le médecin assiste par la pensée à toutes les tortures physiques dont il a été le témoin, et qui ont si souvent porté le découragement dans son âme, il sait mieux que personne pourquoi tant de malheureux ont eu recours au suicide. Il est très-facile, en effet, de dire à l'homme qui souffre : Prenez courage, ayez patience, vos maux passeront. Ces consolations banales n'ont qu'une médiocre influence sur celui dont les jours et les nuits s'écoulent sans un moment de repos. Le courage moral et le sentiment religieux pourraient aider à supporter la souffrance, ces sentiments ne sont pas à l'usage de tous. L'immense majorité des hommes éprouve un éloignement invincible pour la douleur. Quand elle est continuelle, qu'elle dure depuis des mois, des années, le désespoir n'a rien qui doive surprendre. Il y a tous les jours des malheureux qui sont en proie à des douleurs atroces, qui connaissent la gravité de leur mal, son incurabilité même. Ils suivent de l'œil ses progrès; ils mesurent le temps qu'ils ont encore à vivre. Comment leur courage ne serait-il pas ébranlé dans une pareille contemplation ? Fuir la douleur, voilà l'instinct de l'humanité. Une sainte seule a pu dire : Ou souffrir ou mourir.

Si la douleur est une méditation si poignante pour le riche, dans quel état doit-elle mettre l'artisan qui voit partir ses meubles un à un, et la misère envahir son triste réduit ! Écoutez ce pauvre vieillard, perclus, immobile sur son grabat : « Ma chère fille, écrit-il, depuis six mois tes ressources s'usent, tu engages silencieusement tes effets ; encore quelque temps, et nous serons livrés aux horreurs de la faim. Il vaut mieux que celui qui n'est bon à rien parte ; tu viens de sortir pour t'imposer encore quelque nouveau sacrifice ; à ton retour, tu ne m'auras plus à ta charge. »

Pourquoi donc ne tenir jamais compte, dans l'appréciation des faits, des idées du temps, des croyances des hommes, de leur organisation, de leur individualité, en un mot, des caractères du fait? Pomponius Atticus parvient à une vieillesse avancée, comblé des biens de la fortune, chéri de ses concitoyens. Saisi par la maladie qui l'avait respecté jusqu'alors, et sentant la douleur croître de jour en jour, il fait venir auprès de son lit son gendre Agrippa, ses amis Balbus, Sextus et Perducœus. « Vous m'êtes témoins, leur dit-il, que j'ai tout fait pour combattre le mal; mes efforts ont été vains ; ce que je prends augmente les douleurs, sans espoir de salut; j'ai résolu de ne plus nourrir la maladie. » Atticus, calme et digne, passe deux jours dans l'abstinence. La fièvre le quitte, un mieux se manifeste ; il est inébranlable dans sa résolution et meurt le cinquième jour, ne trouvant pas que ce qui lui restait de temps à vivre valût la peine d'être disputé à la souffrance.

Mirabeau, brisé par la tyrannie paternelle, les luttes de la tribune, les déportements privés, est atteint d'une maladie dont la violence est telle qu'elle fait croire à un empoisonnement. Ne pouvant plus parler, conservant toute son intelligence, il fait signe qu'on lui donne du papier, une plume, et trace ce seul mot : *Dormir.* Son regard n'indique que trop à Cabanis sa pensée. Celui-ci le trompe à l'aide d'une potion calmante. La voix lui revient; ses premières paroles sont : « *Ah ! les médecins!* » Puis il insiste auprès de Cabanis, qui cherche à éluder sa demande en lui opposant les raisonnements qu'il croit les plus propres à le convaincre. Mirabeau se fâche, lui reproche de ne pouvoir obtenir cette dernière marque d'amitié. Qui donc oserait dire que Mirabeau fût un fou ? Ce désir, cette volonté, sa souffrance, ses opinions, ne sont-ils pas la meilleure explication de sa demande ?

Il serait d'ailleurs contraire à la plus simple observation des faits de prétendre que la douleur continue ne soit pas l'aiguillon de la mort; que d'hommes cloués sur leur lit par la maladie n'avons-nous pas entendus l'invoquer à grands cris, nous supplier même de mettre un terme à leurs souffrances ! Les stoïciens sont bons en théorie ; l'expérience a montré que beaucoup d'individus ne peuvent supporter la douleur physique, surtout lorsqu'elle se prolonge (1).

405 individus se sont suicidés pour cette cause ; c'est environ le 15° du nombre total. Sur ce chiffre, 214 maladies sont indiquées (2).

On voit, d'après l'énumération de la note, que les maladies qui ont le plus fait attenter à l'existence sont : la phthisie pulmonaire, l'affaiblissement et la perte de la vue, les maladies cancéreuses, les paralysies, les affections de l'estomac, les céphalalgies opiniâtres, les maladies vénériennes, les affections des voies urinaires, l'asthme, etc.

Parmi les maladies cancéreuses, il en est une qui prédispose singulièrement au suicide, c'est le cancer du testicule, suivi de l'ablation. Nous ne répéterons pas ce que nous en avons dit ailleurs.

Nous avons rapporté, dans les *Leçons orales* de Dupuytren, des faits qui trouvent naturellement leur place ici.

(1) Sur 133 cas de suicide, recueillis par M. Prévost, de Genève, 24 reconnaissaient pour cause l'aliénation mentale, et 34 diverses maladies.

(2) Maladies déterminées :
Phthisie pulmonaire, affections de poitrine, 27 ; affaiblissement, perte de la vue, 19 ; maladies cancéreuses (utérus, 11), 19 ; paralysies, 17 ; maladies de l'estomac, 16 ; céphalalgies, 15 ; maladies vénériennes, 14 ; maladies des voies urinaires, 13 ; asthmes, maladies du cœur, 11 ; anévrysmes, 8 ; épiepsie, 6 ; douleurs rhumatismales, goutte, 6 ; diminution des forces, 6 ; désordres de la menstruation, 5 ; maladies intestinales, 4 ; ulcères aux jambes, 4 ; maladies cutanées, 3 ; maladies scrofuleuses, 2 ; pneumonies, 2 ; blessures, 2 ; masturbation, 2 ; maladies cérébrales, 2 ; maladies du nez, 2 ; érysipèle de la face, 1 ; insomnie, 1 ; maladie du foie, 1 ; impossibilité de marcher, 1 ; tumeur au col, 1 ; hémorrhoïdes, 1 ; maladie de la moelle épinière, 1 ; fièvre typhoïde, 1 ; petite vérole 1.

Maladies déterminées................ 214
Maladies non déterminées............. 191

Résumé................... 405

« Les mutilations des organes génitaux, remarque ce chirurgien, sont fréquentes, elles constituent une variété fort curieuse de la monomanie du suicide. Les individus qui se portent à cette extrémité sont, en général, doués d'une constitution érotique. Ces blessures sont peu dangereuses par elles-mêmes ; les individus ainsi affectés demandent une surveillance spéciale, car presque toujours ils parviennent à se détruire. On doit craindre chez eux l'explosion d'une manie aiguë dans laquelle l'exaltation des idées sanguinaires pourrait amener les désordres les plus graves. On a vu plusieurs de ces malades tourner contre les autres une fureur dont ils avaient été le premier objet. Il semblerait que chez eux le sentiment de la douleur est affaibli ou même anéanti. Un mauvais couteau, dont le tranchant émoussé scie plutôt qu'il ne coupe les parties, doit produire une douleur horrible ; cependant rien ne les retient, et bientôt ils se parent de ce hideux trophée. Les artères ainsi lacérées donnent peu de sang ; la rétraction de la peau et des corps caverneux les ferme, ou bien une syncope arrête l'hémorrhagie. Dans un grand nombre de cas, la guérison est absolument spontanée.

Toutes ces blessures n'ont pas la même étendue et ne comprennent pas les mêmes parties ; tantôt le scrotum est plus ou moins attaqué, un seul ou deux testicules sont enlevés ; tantôt le pénis est coupé à des distances variables de la racine et plus ou moins complétement ; enfin, dans quelques cas, l'appareil génital externe est enlevé en entier. Toutes ces variétés ont été observées, et il n'en est aucune dont la guérison n'ait été facile.

J'ai vu, continue Dupuytren, un homme de moyen âge, réduit au désespoir par l'inconduite de sa fille, se pratiquer une large incision à la base du scrotum et du pénis, et détacher les testicules dans les deux tiers de leur épaisseur. Des points de suture amenèrent la réunion des parties divisées ; le corps caverneux qui avait été coupé s'oblitéra. Le malade, parfaitement guéri de sa blessure et de son chagrin, offrait le singulier phénomène d'une érection semi-latérale, ce qui donnait au pénis une forme extrêmement bizarre. Nous avons observé un jeune garçon, à moitié idiot, qui présentait une oblitération complète des corps caverneux à leur partie moyenne. Il s'était avisé de placer une ligature fortement serrée sur le milieu du pénis ; elle resta en place pendant quinze jours. La peau et le canal de l'urèthre s'étaient gangrenés, et un hypospadias accidentel s'était établi. La moitié postérieure du corps caverneux entrait seule en érection.

Les passions tristes, parmi lesquelles la jalousie tient un haut rang, sont la cause la plus ordinaire de ces mutilations. Un homme déjà vieux, marié à une femme jeune et légère, croyait avoir beaucoup à se plaindre de sa conduite ; il résolut de se détruire, et s'amputa complétement les deux testicules avec leur enveloppe. La guérison fut prompte. Le monomaniaque, peu de temps après, se noya. On ne conçoit guère par quelle aberration de jugement un malheureux jaloux se prive volontairement des organes de la virilité.

Il y a dans cette étrange résolution un mystère du cœur humain fait pour exercer la sagacité des moralistes. Serait-ce une affaire d'amour-propre blessé ? Serait-ce une punition volontaire infligée par le remords et acceptée pour expier des fautes qu'un cerveau affaibli s'exagère ? Nous abandonnons cet examen aux psychologistes.

Les passions tristes ne sont pas les seules causes de ces mutilations. Un gros cordonnier allemand, à figure stupide, à sens obtus, éprouvait assez souvent des accès d'orgasme vénérien pendant lesquels il se mutilait le scrotum. Plusieurs cicatrices profondes indiquaient des plaies fort étendues. Peu satisfait des résultats qu'il obtenait, et surtout d'être obligé d'agir lui-même, il parvint à trouver un aide qui remplit parfaitement ses intentions. Une prostituée, saisissant le moment du spasme cynique, divisa le scrotum avec un couteau bien affilé, et fit sortir un testicule, qu'elle enleva fort dextrement. Le blessé ne s'en aperçut qu'à peine, tant était profonde l'extase où il était plongé. Revenu de sa stupeur et inquiet de l'hémorrhagie qui survint, il se fit conduire à l'Hôtel-Dieu, où un pansement approprié eut bientôt amené la guérison de la plaie. Les individus, placés dans ces circonstances, sont doués d'une insensibilité qui devient un obstacle réel au développement de la phlogose. Aussi Dupuytren a-t-il eu soin de faire observer qu'on ne doit pas craindre de faire plusieurs points de suture si la forme de la plaie les réclame, la peau ayant acquis un degré de tolérance qui éloigne tout le danger qu'on attribue à cette pratique (1). »

Toutes les affections qui attaquent plus ou moins directement les organes de la génération ont souvent pour conséquence de suggérer la pensée du suicide. Le varicocèle et les maladies des voies urinaires appartiennent à cette catégorie. L'émission répétée du sperme, suite de la masturbation, a déterminé un certain nombre de suicides; il en est de même de la blennorrhagie contractée pour la première fois.

Les pertes séminales involontaires occasionnent souvent un état de mélancolie parfois accompagnée d'impulsion au suicide. M. Lallemand en rapporte plusieurs observations (2).

Il est un organe dont les souffrances paraissent avoir une influence marquée sur le suicide : c'est l'estomac. On a depuis longtemps constaté la prédominance des idées tristes chez ceux qui digèrent mal. La gastrite chronique, les affections gastralgiques, le cancer, prédisposent à la tristesse, à la mélancolie, au suicide, à la folie. Sans nier le rôle du cerveau dans l'hypochondrie, il faut reconnaître que cette maladie a souvent aussi son point de départ dans l'estomac, les intestins et le système ganglionnaire. A peine les hypochondriaques cessent-ils de souf-

(1) A. Brierre de Boismont et Marx, *Leçons orales de clinique chirurgicale faites à l'Hôtel-Dieu de Paris*, par M. le baron Dupuytren, chirurgien en chef. 1839, 6 vol. in-8, 2ᵉ édition, entièrement refondue.
(2) Lallemand, *Des pertes séminales*, obs. 43, 50, 59, 71, 74, 81.

frir que toutes les idées tristes disparaissent comme par enchantement. Une autre remarque que nous avons eu maintes fois l'occasion de faire, c'est que les gastralgies qui avaient amené de graves perturbations dans les fonctions digestives alternent avec les maladies mentales, et qu'à l'apparition de la folie tous les désordres des organes digestifs cessent. Cette observation s'applique aussi aux affections névralgiques. Certaines coliques, dues à des substances toxiques, à des obstacles au cours des matières, à des névralgies causant des douleurs si atroces que leur persistance a plusieurs fois donné lieu au suicide.

M. le docteur Fleury a, dans un mémoire sur la congestion sanguine chronique du foie, démontré que les maladies qui en résultent portent à la mélancolie, au dégoût de la vie avec peur de la mort, au suicide (1).

Les troubles de la menstruation, les révolutions du temps critique, inspirent assez souvent aux femmes l'ennui de la vie et le désir d'y mettre un terme. Il n'est pas rare, surtout chez les aliénés et les épileptiques, de voir des femmes qui, pendant le flux menstruel, cherchent tous les moyens imaginables de se détruire, et qui perdent de vue cette idée pendant le reste du mois. Quelques femmes sont tourmentées de la même envie pendant leur grossesse (2).

Un grand nombre de ceux qui se tuent par suite de maladies laissent des papiers ou des lettres dans lesquels ils déclarent que leurs maux leur ont rendu la vie insupportable. L'un d'eux annonce que la crainte de devenir aveugle et fou lui a fait prendre cette fatale résolution ; et qu'il avait ce projet depuis deux ans.

Lorsque les infirmités datent de loin, le désespoir qu'elles causent conduit souvent au suicide. — Mon grand âge et mes

(1) *Moniteur des hôpitaux*, 22 janvier 1856.
(2) A. Brierre de Boismont, *De la menstruation*, ouvrage cité.—Id., *Recherches bibliographiques et cliniques sur la menstruation et la folie puerpérale*. (*Annal. méd.-psych.*, 2ᵉ série, t. III, p. 574, 1851.)

maux, dit un vieillard, m'ont forcé de mettre fin à mes jours; je ne pouvais faire mon service à mon bureau; il y a deux ans que mes douleurs ne me quittent pas et deviennent de plus en plus violentes; aucune espérance ne me restait. » — Un certain nombre déclarent qu'ils se donnent la mort à cause des souffrances intolérables que leur fait éprouver la poitrine.

On conçoit que l'idée de l'incurabilité mène à la mort : « Menacée de cécité complète, écrit une des nombreuses victimes dont nous avons recueilli les dernières paroles, qu'on n'accuse personne de ma fin, seule j'en suis l'auteur ; j'ai d'ailleurs une maladie mortelle (ulcère de la matrice), et je suis désolée de voir mon amant se gêner pour une chose sans résultat; quand il n'y a pas d'espoir de guérison, il vaut mieux s'en aller que de souffrir. »

Le malheureux qui va se détruire, à cause de la violence de ses maux, met souvent ordre à ses affaires et les règle d'une manière nette, ferme et lucide; c'est ainsi qu'après avoir fait ses comptes, son testament, un homme écrit : « Depuis trois ans, je n'entends pas, je ne parle que difficilement, il m'est impossible de vivre ainsi. Je meurs cependant dans des sentiments religieux : si les prêtres ne veulent pas m'enterrer, on me portera directement au cimetière. » La douleur produit quelquefois un suicide instantané ; un marchand s'exprime ainsi : « En me levant, je me suis trouvé tourmenté par le sang, qui m'a causé une vive douleur à la tête, et alors, dans un accès d'exaltation et de démence, je me suis frappé avec un rasoir. La souffrance et la perte du sang m'ont rendu la raison, je n'ai pas l'intention de me suicider ; si la douleur revient, je ne puis répondre de mes actes. »

L'affaiblissement, la perte de la vue, sont, comme nous l'avons fait observer, une cause fréquente du suicide chez les artisans. Beaucoup d'entre eux disent, dans leurs lettres, que c'est l'impossibilité de travailler qui est la cause de leur suicide.

Les deux faits suivants sont un exemple de l'influence de la douleur sur le suicide.

« L'action que je vais commettre est interprétée de différentes manières : les uns l'appellent lâcheté, les autres courage. Je partage la première opinion quand elle est déterminée par une grande catastrophe, parce que, telle chose qui arrive, avec de la santé et de l'énergie, on peut toujours se tirer d'affaire. Mais quand on est, comme moi, rongé depuis sept ans par la maladie, qu'on a eu recours inutilement à tous les secours de la médecine, la mort n'est point un acte honteux. Mes souffrances ont encore augmenté cette année, et j'ai la triste perspective de rester à la charge d'une pauvre femme qui use son courage, sa santé à travailler jour et nuit. Oui, j'en ai la conviction, il y aurait une véritable lâcheté à prolonger une pareille existence; ma chère femme me pardonnera, car elle seule sait ce que j'ai souffert, la résignation et la force que j'ai montrées. »

« Quelle triste existence que la mienne, s'écrie un ouvrier ! Accoutumé au travail, l'aimant, je ne puis plus rien faire. Bien vu de mes camarades, choyé par mon patron qui me disait que j'étais le seul ouvrier capable et exact, tout a disparu avec la maladie : le patron, les camarades, les amis. Un pareil abandon était pour moi une mort de tous les jours.

» Mon père, je laisse ma femme sous votre protection ; vous ferez pour elle et pour mon cher enfant ce que vous avez toujours fait pour moi. Cachez à mon fils mon genre de mort; tâchez, si c'est possible, de lui enseigner à être plus égoïste que moi. — S'il existe un Dieu, je crois qu'il me pardonnera, puisqu'il pardonne aux criminels. »

« Depuis deux jours, écrit un autre, je suis entre la vie et la mort. Hier je n'ai pas autant souffert ; j'étais un peu rassuré ; j'ouvrais mon œil, bien que je n'y visse pas, et il ne me faisait pas de mal. Depuis cette nuit, les élancements sont insupportables, et mon pressentiment est que je perdrai la vue.

» Je préfère donc couper court à mes maux. Si je venais à me manquer, je prie les personnes qui m'apporteront les premiers secours de ne pas faire d'efforts pour me rappeler à la vie, je ne leur en saurais aucun gré. »

Quelquefois, la chlorose, à cause de son action sur le système nerveux, et en particulier sur l'encéphale, fait de l'existence un fardeau dont les malades cherchent à se débarrasser. Pendant leur sommeil, ces individus sont poursuivis par des spectres effrayants ; d'autres sont tourmentés par des étouffements, le cauchemar ou l'incube, qui les suffoquent et les empêchent de parler (1).

Parmi les maladies dont l'action sur le suicide est hors de doute, il ne faut pas oublier la pellagre. Tous les auteurs qui ont écrit sur cette endémie ont signalé cette funeste tendance. Dans notre mémoire, nous avons fait remarquer que beaucoup de pellagreux étaient tourmentés par l'idée de mettre fin à leurs jours, de se noyer, et que plusieurs voulaient en outre tuer leurs enfants (2).

M. Emmanuel d'Oliveira, dans une lettre sur la Californie, dit : « Des médecins m'ont entretenu, à Panama, d'une maladie peu connue encore, qui rend noirs ceux qui en sont attaqués, et qui les porte au suicide (3). »

Nous avons déjà cité plusieurs observations d'influences atmosphériques sur la tendance au suicide, nous croyons utile de revenir quelque peu sur ce sujet, au point de vue des maladies qui en sont les conséquences.

Le calorique a deux excès, dit M. Marchal de Calvi, l'excès en plus, l'excès en moins ; entre autres faits de chaleur excessive, il a cité celui d'une colonne opérant dans la province d'Oran, sous

---

(1) Gardien, *Traité des accouchements*, 3ᵉ édition, 1824, t. I, p. 336.

(2) A. Brierre de Boismont, *De la pellagre et de la folie pellagreuse;* observations recueillies au grand hôpital de Milan. 2ᵉ édition, Paris, 1832. De nouvelles recherches faites en Italie, à Saint-Gemmes, à Reims et dans les Landes en confirmant l'influence de la pellagre sur le suicide, nous ont prouvé que le chiffre des malades qui attentent à leurs jours n'est pas aussi considérable que nous l'avions indiqué dans notre brochure.

(3) *Presse*, 16 juillet 1849.

a conduite de l'illustre maréchal Bugeaud, alors général, par une chaleur de 72 degrés au soleil, et dans laquelle il y eut dans l'espace de quelques heures, plus de deux cents congestions cérébrales et onze suicides ; pour l'excès contraire, le professeur a cité la retraite de Moscou, celle de Constantine et l'expédition de Bou-Taleb. (*Ami des sciences*, 15 mai 1859, p. 310.)

L'excès en moins du calorique présente également un autre fait intéressant à étudier. M. Maynard, qui a donné, d'après nature, la description pittoresque des mers Boréales, a très-bien indiqué, dans les lignes suivantes, cette influence sur les marins des navires baleiniers.

« On éprouve malgré soi, sous ces sombres latitudes, les étreintes d'une profonde mélancolie. A mesure que le soleil s'éloigne et que les nuages s'immobilisent en masses grisâtres, enveloppant tout le ciel et se reflétant sur les eaux, le rire, les chansons et l'entrain des hommes de mer disparaissent ; le vent apporte des effluves de tristesse et d'ennui... La présence, le langage, le contact des compagnons de voyage les mieux aimés deviennent insupportables (cet état est signalé par une foule de navigateurs); on préfère, au son de leurs voix, les cris aigus et funèbres des procellaires, et l'on voudrait fuir loin de ce navire dont les bastingages s'élèvent comme les murailles infranchissables d'une prison... Enfin, une douleur sans nom, une maladie inconnue, mystérieuse, vous terrasse. Ce n'est pas le spleen, c'est quelque chose de plus fort, de plus dissolvant que le spleen, et dans l'isolement des tortures qu'on éprouve, on croirait faire un bon marché en échangeant cette vie contre la mort.

» Dans ces régions de transition, régions sans chaleur comme sans frimats extrêmes, sans tempêtes comme sans calmes, régions bâtardes où le ciel et l'Océan, tous deux plombés, tous deux en deuil, confondent leurs limites à l'horizon dans une nuance unique, la majeure partie des gens de mer perd courage et se démoralise... Le temps pousse au suicide. — C'est alors que le désespoir inspire de sinistres résolutions : un novice, un mousse, un enfant, exaspéré par des corrections quotidiennes, se pend aux espars ; un matelot au milieu de la nuit se laisse glisser le long du bord, tombe sans bruit à la mer, et disparaît pour toujours : un chirurgien s'empoisonne, un capitaine se brûle la cervelle (1). »

En parlant de la folie, nous avons insisté sur la fréquence des suicides dans cette forme des maladies nerveuses. M. le docteur Forbes Winslow a aussi appelé l'attention sur les maladies cérébrales négligées, comme causes de suicide (2). Mais les observations que nous venons de citer prouvent, une fois de plus, que la folie n'est pas la seule explication possible de toutes les morts volontaires.

Résumé. — La douleur physique a toujours été une cause de suicide. La pensée de l'incurabilité du mal conduit au même résultat.

Certaines maladies portent plus spécialement à se donner la mort ; telles sont les maladies des organes digestifs et du système ganglionnaire abdominal, les maladies cancéreuses, la castration, les affections des voies urinaires, la phthisie pulmonaire, la perte de la vue, la pellagre et beaucoup d'affections chroniques.

La douleur prolongée est sans doute la cause la plus fréquente de semblables déterminations ; la nature du mal, son intensité, son siége, l'instantanéité de son apparition, peuvent aussi suggérer l'idée de mettre fin à l'existence.

(1) Félix Maynard, *Un drame dans les mers boréales*. — *Revue contemporaine*, 30 novembre 1857, p. 744 et 745.
(2) *Annales medico-psychologiques*, p. 212, 1858.

NEUVIÈME GROUPE.

FOLIE; DÉLIRE; FAIBLESSE DE CARACTÈRE, DÉPRESSION, EXALTATION; HYPOCHONDRIE; CARACTÈRE TRISTE, SOMBRE, MÉLANCOLIE; ENNUI (TÆDIUM VITÆ).

SOMMAIRE. — 1° *Généralités.* — 2° *Folie.* — Le suicide n'est pas toujours une preuve de folie. — Exemples. — Statistique. — Suicides dus à la folie. — Monomanies suicide et homicide. — Influence de la peur. — Chagrins. — Monomanies ou délires partiels. — Stupidité. — Nostalgie. — Folie à la suite des maladies. — Démence. — Paralysie générale. — Hallucinations. — Folies sans indication. — Préméditation, discernement dans la folie. — Danger de trop différer l'isolement. — Suicide instantané. — Impulsion au suicide. — Ruses des suicidés. — Imitation. — Lettres, écrits. — Résumé. — 3° *Délire.* — Fièvre chaude. — Absence de conscience. — Hallucinations. — Délire aigu. — Statistique. — Le délire peut exister dans un grand nombre de maladies et conduire au suicide. — Résumé. — 4° *Faiblesse de caractère, dépression, exaltation,* statistique. — Résumé. — 5° *Hypochondrie.* — Deux variétés. — Statistique. — Menaces fréquentes de mort. — Résumé. — 6° *Caractère triste, sombre, mélancolique.* — Statistique. — Résumé. — 7° *De l'ennui (tædium vitæ).* — Sénèque, sa description de l'ennui. — Saint Jean Chrysostôme : ce qu'il dit de l'ennui. — Saint Jérôme. — Clément. — Moyen âge. — Cassien. — Monomanie suicide des démonolâtres. — Seizième siècle, Hamlet. — Dix-huitième siècle, Werther, Gœthe. — Dix-neuvième siècle, René, Raphaël, Obermann, Chateaubriand, Lamartine, Benjamin Constant. — La maladie de l'ennui avec tendance au suicide n'est pas toujours une variété de la folie. — Statistique. — Ennui acquis. — Ennui original. — Rêverie mélancolique. — Influence de l'ennui sur l'adolescence. — Gr... — Dupuytren. — Asth. Cooper. — Pariset. — Écrits. — Statistique. — Ennui des blasés, des individus avec tendance au suicide. — Écrits autobiographiques. — Fait curieux d'une lente agonie. — Madame du Deffand. — Nécessité d'un but d'activité. — Trois moyens pour combattre l'ennui, ne pas aimer la tristesse, avoir une famille, exercer une profession. — Résumé.

1° *Généralités.* — L'amour de la vie est si naturel à l'homme, qu'il paraît tout simple d'attribuer la mort volontaire au dérangement de ses facultés intellectuelles. Avec un peu d'observation, cependant, on se serait aperçu qu'il y a des degrés différents pour chacun. Il en est de cet instinct comme des autres, les natures fortes les dominent, les natures faibles leur obéissent.

Prétendre que l'instinct de conservation est supérieur à tout, c'est à son insu donner comme règle ses propres sentiments.

Si l'on groupe les suicides déterminés par l'ennui et le dégoût de l'existence, la faiblesse, la dépression et l'exaltation de l'esprit, l'hypochondrie et la mélancolie, la manie et les hallucinations, les autres espèces de folie, les désordres psychiques dus à l'ivrognerie, on arrive à une proportion considérable. Mais soutenir que la folie est la seule explication possible du suicide, c'est aller contre les enseignements de l'histoire, c'est fermer les yeux à l'évidence. Lorsque les Grecs et les Romains attentaient à leurs jours, ils obéissaient à des convictions philosophiques et religieuses. La douleur était un mal pour les stoïciens et ils s'en affranchissaient par le suicide. Les vieux républicains de l'ancienne Rome devaient préférer la mort au joug de la tyrannie.

Pourquoi donc généraliser une opinion qui, d'après l'examen raisonné des faits, présente de nombreuses exceptions ? C'est que dans une école, d'ailleurs fort estimable, qui a posé le dogme de la physiologie dans l'histoire, et auquel le nom de pathologie conviendrait beaucoup mieux, on explique toutes les actions extraordinaires des grands hommes, par un état maladif, réservant au vulgaire les bénéfices de la santé. C'est en un mot la glorification du corps, qui seul mérite l'attention. Mais l'idée, dans cette hypothèse, que devient-elle ? Elle n'est donc que la très-humble servante des organes, forte s'ils sont sains, faible s'ils sont malades. N'est-ce pas la lutte éternelle du matérialisme et du spiritualisme ? L'idée, c'est la nuée lumineuse qui conduit l'homme dans le monde. Mille fois, elle s'est montrée sublime, malgré l'altération des organes. C'est l'idée qui enfante les chefs-d'œuvre de toute nature. C'est l'idée qui révolutionne les empires, renverse les religions, anéantit les dynasties. C'est l'idée qui donne lieu aux actions les plus belles. Mais l'idée peut être faussée, et alors il en résulte les conséquences les plus graves. Voyez d'ailleurs la différence de l'idée dans le suicide raisonné et celui de la folie. Un négociant, dont toutes les opérations ont été heureuses, dont le crédit est illimité, essuie coup sur coup de ces pertes qui amènent infailliblement une catastrophe, la ruine est certaine, il va manquer à ses engagements, rentrer dans l'obscurité, endurer les privations de toute espèce, renoncer à ces jouissances qui, dans notre société actuelle, sont devenues une seconde nature ; cette idée le poursuit nuit et jour, il ne peut s'accoutumer à ce désastre : dans un testament écrit d'une main ferme, il expose avec calme ses motifs, fait ses dernières dispositions et se tue. Il est mort victime d'un sentiment d'honneur exagéré, de l'esprit du temps, de la doctrine des intérêts matériels ; mais où est la folie ? Un homme craintif ou mélancolique, d'un esprit très-susceptible, s'offense du plus léger reproche, saisit une intention blessante dans un mot, dans un geste. Cet état continuel de l'esprit lui fait croire qu'on lui en veut : bientôt il s'imagine qu'il est entouré d'ennemis ; l'idée maladive grandit, il ne peut faire un pas sans qu'on lui dise des injures, il découvre autour de lui des figures menaçantes, on va le conduire au supplice ; cette situation d'esprit est un supplice insupportable, et pour y échapper, il se précipite dans la tombe : voilà la folie, et il faut faire un étrange abus des mots pour confondre ces deux états.

Un militaire voit s'avancer une multitude furieuse qu'un mot, une calomnie, un bruit venu, on ne sait d'où, ont ameuté contre lui. Aucune chance de salut ne lui reste ; il se résout à vendre chèrement sa vie ; sa résistance est désespérée, il jonche la terre de ses assassins ; blessé, ses munitions épuisées, son dernier abri forcé, la mort est devant lui, il sait qu'elle sera cruelle, longue, il entend les hurlements des égorgeurs : à l'instant il tourne contre lui l'arme qui l'avait défendu, et son cadavre est désormais insensible aux tourments. Une insurrection formidable éclate, tous les mauvais instincts sont déchaînés, les menaces les plus terribles sont proférées, la classe riche, éclairée, sait qu'elle n'a point de quartier à attendre, ou que du moins elle est exposée aux plus sanglants outrages ; pourquoi donc, en pareille circonstance, la question du suicide ne serait-elle pas agitée? Les Anglais surpris par les Indiens, à Ihanti, sont massacrés après une défense désespérée. Seuls, les capitaines Gordon, Skene et sa femme, parviennent à se réfugier dans une petite tour ronde. Ils s'y défendent avec un tel courage et une si grande adresse qu'à chaque coup, ils abattent un barbare, madame Skene charge les fusils.

Trente-sept insurgés sont étendus sur le sol; les survivants apportent des échelles, ils vont s'emparer de ces héros. Le sort qui leur est réservé, ils le connaissent, c'est une mort affreuse; avant d'expirer, la noble dame souffrira mille indignités. Le capitaine Gordon tombe frappé d'une balle, Skene embrasse sa femme, lui brûle la cervelle et se tue sur son cadavre (un épisode de la guerre de l'Inde).

Ma chère fille, disait un père, si des scélérats venaient pour te déshonorer, est-ce qu'il ne vaudrait pas mieux boire quelques gouttes d'acide prussique que de subir une pareille honte? La religion ne peut admettre ces maximes; malheureusement son empire n'est pas universel, et d'ailleurs tout le monde n'a pas la foi.

Il y a peu de jours, cinq contrebandiers, condamnés au supplice du knout, passaient lentement entre les longues lignes de soldats armés de leurs baguettes; deux expirèrent sur-le-champ, après avoir reçu 3000 coups, les trois autres moururent le lendemain. La perspective effrayante d'une mort aussi douloureuse n'eût-elle pas jusqu'à un certain point excusé le suicide? (Kœnigsberg, 30 décembre 1852).

Au milieu des bouleversements qui agitent le monde, peut-être y aurait-il moins de lâchetés, peut-être se ferait-il de plus grandes choses, si ceux qui sont appelés à jouer un rôle sur la scène politique prenaient la résolution de mourir plutôt que d'abandonner le triomphe de leurs idées, ou préféraient l'honneur à la vie. Il est des époques, dit M. S. de Sacy, où mourir avec facilité est une noble science, et si le christianisme, à un point de vue plus élevé encore, condamne absolument le suicide, après le courage de garder la vie pour obéir à Dieu, il faut reconnaître qu'il n'y en a pas de plus grand que celui de la quitter volontairement pour ne pas se souiller d'une bassesse (1). Il est donc contraire à l'observation de prétendre que le suicide soit toujours un acte de folie, et cette opinion peut à bon droit être rangée parmi les idées fausses, si communes dans tous les temps.

2° *Folie.* — Les faits nombreux contenus dans les divers groupes qui viennent de passer sous nos yeux, les enseignements qu'ils nous ont donnés, ont mis hors de doute l'existence des suicides raisonnés ; mais si l'homme fait acte de volonté libre dans ses révoltes contre Dieu, la morale et la loi, il n'est pas moins incontestable qu'il y est souvent entraîné par des états morbides qui l'emportent sur sa volonté (maladies) ou ne lui laissent plus le pouvoir de se contrôler.

Au premier rang de ces états, il faut placer la folie, sujet de la deuxième partie du livre, et qui, par cela même, exigerait des développements étendus, si nous n'écrivions pas une histoire du suicide. La folie ne doit donc figurer dans ce travail, que sous le rapport de son influence ; elle est grande sans doute, et il faut la faire connaître, mais en écartant les détails qui appartiennent aux traités spéciaux.

Dès nos premiers pas dans cette nouvelle et importante recherche, les comptes-rendus de la justice criminelle nous montrent l'énorme proportion de cette cause. De 1835 à 1846, M. Petit a compté 33 032 suicides, et en réunissant à la cinquième classe, intitulée: *maladies mentales*, les paragraphes *mélancolie*, *hypochondrie*, et *dégoût de la vie*, on a une proportion de 9540 cas de morts violentes, se rattachant plus ou moins directement à la folie, c'est-à-dire un peu moins du tiers du chiffre total (3,46) (2).

(1) S. de Sacy, analyse de l'ouvrage *les Césars*, par M. Franz de Champagny. (*Journal des Débats*, 8 avril 1854.)

(2) Petit, *Recherches statistiques sur l'étiologie du suicide*, 1850.

M. Lisle, qui a continué ces relevés, a constaté dans son tableau des causes occasionnelles de 1836 à 1852, sur un total général de 53126 suicides, 13241 cas de folie ; si nous joignons également à ce chiffre les morts violentes par dégoût de la vie, mélancolie, hypochondrie, en y ajoutant celles par ivrognerie avec folie, qui, dans nos relevés, forment le tiers de cette catégorie, nous obtenons une proportion presque semblable à la précédente, puisqu'elle est de 16813 cas (1).

Ces énoncés généraux, empruntés à la statistique officielle, ne sont que des chiffres bruts ; ils manquent du critérium indispensable, l'examen minutieux des dossiers, non-seulement par un statisticien versé dans ces matières, mais encore par un médecin qui sache bien se rendre compte des motifs de suicide. C'est ce travail, résultat de longues investigations, que nous allons maintenant exposer. Il se compose de deux éléments distincts, l'analyse de 4595 procès-verbaux, qui nous ont été confiés par le parquet, et les observations au nombre de 325 environ sur 1212 entrées, que nous avons recueillies dans notre établissement pendant une période de seize années. Nous étudierons cette seconde partie de notre travail dans la section de la symptomatologie placée immédiatement après les divers états qui gravitent dans l'orbite de l'aliénation mentale.

Les exemples de suicides de la première catégorie sont nombreux, puisque sur le chiffre total (4595), nous en avons constaté 652, le septième ; cette proportion n'est pas la véritable, car il est à présumer que dans le groupe des motifs inconnus, beaucoup de morts violentes doivent être rapportées à la folie. Voici le tableau des 652 cas reconnus, d'après l'examen des causes et le classement numérique.

(1) E. Lisle, *Du suicide, statistique, médecine, histoire et législation*, Paris, 1856. Voyez H. Blanc, *Du suicide en France, journal de la Société de statistique de Paris*, juin, Paris, 1862.

Monomanies suicide et homicide	131
Craintes des ennemis, peur de la police	69
Chagrins ayant amené la folie	52
Monomanies dues à diverses idées	39
Folies à la suite de maladies	28
Nostalgie	13
Folies à la suite de couches	13
Folies sous l'influence du temps critique	13
Hallucinations	12
Peur de la folie	5
Folies à la suite de l'épilepsie	5
Démence	4
Craintes, peurs non désignées	3
Folies dues à la masturbation	2
Folie par imitation	1
Folie à la suite de blessures	1
Folie due à l'action du blanc de céruse	1
Folies sans indication	260
	652

Le nombre des aliénations mentales avec tendance au suicide et à l'homicide est réellement considérable ; quoique l'ivrognerie paraisse avoir compliqué un certain nombre de ces cas, la folie en était constamment le point de départ ; il est arrivé plusieurs fois que ce penchant funeste s'est manifesté d'une manière irrésistible.

Une jeune femme était tourmentée depuis deux mois de la pensée de se détruire et de tuer ses enfants. Presque constamment raisonnable, elle condamnait elle-même ces idées qui ne la quittaient pas. Elle adorait ses enfants qu'elle embrassait à chaque instant, mais lorsque la tentation devenait plus violente, elle les chassait brusquement. Sa position de fortune aggravait encore son mal ; elle disait que ses ressources précaires ne lui permettaient point de leur assurer un sort et qu'elle les laisserait dans la misère. Lorsque ses accès la prenaient, elle s'écriait souvent : « Je vois couler le sang, je les tuerai, je le tuerai (elle
» parlait de son mari)... Je ne le tuerai pas, c'est un bon père ;
» il faut qu'il vive pour ses enfants. » Puis, la crise terminée,

elle les pressait contre son cœur et les couvrait de baisers. — Une jeune fille, pour laquelle nous avons été consulté, se lavait sans cesse les mains. Pendant longtemps il fut impossible de savoir le motif de cette action ; enfin elle confia à la bonne qui l'avait élevée qu'elle voyait toujours ses mains couvertes de sang et qu'elle luttait contre l'idée de tuer ses parents. — Un homme ne s'était déshabillé ni couché depuis deux semaines. Le jour de son suicide, il se précipite sur sa femme, en lui disant qu'il faut qu'elle meure, et commence à la rouer de coups ; à ses cris, les voisins accourent ; ils s'emparent à grand'peine de ce furieux et le conduisent au violon. Quand on vint le chercher pour le mener devant le commissaire, il était pendu.

Le penchant au suicide s'est manifesté chez la plupart de ces malades dans le cours d'une monomanie triste. Plusieurs avaient leurs facultés intactes ; ils éprouvaient seulement une tristesse extrême et une propension invincible à en finir avec l'existence. Dans presque tous les cas, il y avait des conceptions délirantes et de fausses perceptions. Nous reviendrons sur cet important sujet, lorsque nous traiterons de la symptomatologie du suicide des aliénés.

La peur, ce moteur de tant d'actions lâches et criminelles, cet espoir de tous les factieux, joue un rôle considérable dans la production de la folie. Les établissements publics et privés sont remplis d'individus qui se croient poursuivis, dénoncés, en butte aux persécutions de leurs ennemis, etc. La révolution de Février a jeté dans ces asiles une foule de ces malheureux qui ne cessaient de répéter qu'on allait les massacrer. Parmi ceux dont nous avons noté le suicide par folie, 69 appartenaient à cette catégorie. Beaucoup se croyaient l'objet des poursuites de la police. Déjà Esquirol avait fait observer que cette monomanie avait remplacé la peur du démon. Toutes les variétés de la crainte peuvent conduire au suicide. Un homme s'aperçoit qu'il ne peut plus diriger ses affaires avec la même présence d'esprit, la pensée de la folie se glisse dans son esprit : convaincu qu'il va être sequestré dans une maison de santé, cette idée le terrifie et, ne pouvant la supporter, il met fin à ses jours.

Au début de la folie, et pendant les intervalles lucides, il n'est pas rare, en effet, que quelques individus apprécient très-bien leur état et n'en soient vivement impressionnés. Je ne dors plus, ma tête est en feu, je sens que je vais devenir folle, nous disait une de nos clientes ; et après plusieurs tentatives d'empoisonnement, elle se laissait mourir chez elle par abstinence. — Un autre s'imagine qu'il est poursuivi par des agents, parce qu'il a voulu frapper un individu d'un couteau ; ils se montrent à lui dans toutes les personnes qu'il rencontre, il est surtout l'objet de la surveillance incessante d'un de ces agents qu'il voit dans le clocher de l'église Bonne-Nouvelle. Persuadé qu'il ne peut se dérober à l'œil de cette sentinelle vigilante, sa frayeur devient si grande qu'il met un terme à ses jours. — Un négociant se présente chez un de ses débiteurs pour opérer le recouvrement d'un billet ; à peine le titre est-il dans les mains de ce dernier, qu'il froisse le papier, le roule entre ses doigts et l'avale brusquement. Le créancier stupéfait pousse des cris ; on accourt, il raconte l'événement. Le débiteur est conduit en prison, le procès s'instruit, il est condamné à six ans de détention ; se tournant alors vers celui qui l'a fait arrêter, il l'avertit de se bien tenir sur ses gardes, parce qu'à l'expiration de sa peine, il lui fera un mauvais parti. Quelques années se passent, le négociant apprend que le condamné est libéré; à cette nouvelle, il perd le repos, d'instant en instant il croit voir son ennemi ; enfin ne pouvant plus résister à cette obsession, il s'enferme et se tue.

« Un de ces malheurs qui échappent à toute prévision est venu samedi dernier, vers cinq heures et demie du soir, surprendre douloureusement la population de Pons et porter un deuil amer dans une honorable famille de notre ville.

» Mademoiselle G..., fille d'un ancien commissaire de police, âgée d'environ trente ans, jeune personne charmante, aussi douce que gaie dans les relations ordinaires de la vie, s'est volontairement donné la mort en se précipitant d'un troisième étage sur le pavé de la rue.

» Au bruit de sa chute, les voisins accoururent ; ils relevèrent un corps tout brisé, que la vie abandonnait.

» Allez souper, avait-elle dit à ses parents, dans quelques minutes je suis à vous !

» L'infortunée jeune fille avait laissé un écrit où elle expliquait les motifs de son suicide, et dans lequel elle détaillait les vêtements qui devaient servir à l'ensevelissement de sa dépouille mortelle. »

Son contenu peut être ainsi résumé :

« Il y a quelques années, M. G..., étant commissaire de police à l'Isle (Vaucluse), fut un soir victime d'un odieux guet-apens. Inanimé, la tête meurtrie et souillée de sang, on l'apporta dans son domicile. A cette vue, mademoiselle G... eut une crise nerveuse terrible, et c'est depuis lors qu'elle était sujette à de rares hallucinations. Il lui semblait voir l'assassin de son père, toujours prêt à le frapper ; elle s'exaltait outre mesure, et il y a un an à peine que, durant une de ces attaques, elle avait tenté de se donner la mort par le même moyen qui lui a trop bien réussi cette fois. Elle calculait avec anxiété le temps que cet homme avait encore à rester en prison, et il s'est rencontré justement que le jour de sa sortie coïncidait avec celui du suicide de la jeune fille. »

Il est des aliénés qui s'imaginent qu'on va venir les chercher pour les conduire en prison, à la mort. Quelques-uns voient partout des ennemis, des voleurs. Celui-ci se plaint d'être accusé de larcin, celui-là de meurtre. L'un glisse plutôt qu'il ne marche, son regard est furtif ; il a la conviction d'être suivi par des mouchards. L'autre se persuade qu'on veut l'empoisonner, l'assassiner. Un de ces infortunés n'osait se livrer au sommeil, parce qu'on devait l'étouffer pendant la nuit. Une femme qui avait déjà eu plusieurs atteintes de folie triste se présente à la Salpêtrière, priant qu'on la reçoive, parce qu'elle veut se détruire et qu'il n'y a aucune active surveillance qui puisse l'empêcher d'accomplir son dessein. On lui dit qu'on ne peut l'admettre, sans l'autorisation du Bureau central ; en s'en allant, elle se précipite dans la Seine.

La peur du diable a repris quelque empire, et les fous qui veulent se tuer pour fuir sa vue, se dérober à ses poursuites, se rencontrent encore assez souvent. Nous avons eu trois jours sous les yeux une dame qui a refusé tout aliment, et a constamment poussé des hurlements effroyables, parce qu'elle voyait le démon devant elle au milieu des flammes. Il faut que l'idée de ce supplice imaginaire soit bien affreuse, puisque ces insensés lui préfèrent le suicide. Une femme écrit qu'elle se jette dans l'eau, parce qu'elle va être brûlée.

Les chagrins sont souvent une cause de folie et de suicide, nous les avons notés 52 fois. Quelquefois leur action ne se fait sentir que longtemps après. Une femme, à la suite de la mort de son mari, devient mélancolique ; elle éprouve alternativement des accès de tristesse profonde avec tendance au suicide et des accès de gaieté extraordinaires : ce n'est qu'au bout de vingt ans qu'elle attente à ses jours. — Une autre, qui avait des querelles continuelles dans son ménage, prend la vie en horreur : très-affectée d'une scène violente, sa tête s'exalte, se perd, elle s'enferme dans sa chambre, brûle treize billets de 1000 francs, le linge, les draps, brise les glaces et les meubles, en ayant soin d'écrire qu'elle veut qu'il ne reste à son persécuteur que les yeux pour pleurer, puis elle passe son cou dans un nœud coulant. — Une jeune femme apprend la condamnation à mort de son père, qui avait assassiné une de ses parentes ; elle se livre au plus violent désespoir, tombe dans un accablement profond, se croit poursuivie, déshonorée, s'imagine qu'on va la conduire en prison : la mort lui paraît sa seule ressource, et elle s'asphyxie.

Tous les chagrins peuvent être un motif de folie et de suicide ; nous ferons seulement observer que dans le suicide par chagrin seul, la liberté existe toujours, tandis que lorsque le chagrin a amené la folie, il n'y a plus de liberté morale.

52 monomanies diverses ont conduit au suicide. Parmi ces monomanies, quelques-unes ont présenté des particularités intéressantes. Une femme s'imaginait qu'elle était enragée; cinq ans auparavant elle avait été mordue par un chien, et depuis elle ne jouissait plus de la plénitude de sa raison. De temps en temps, elle était prise d'envie de mordre. — Un homme était poursuivi par l'idée qu'il mourrait à quarante-deux ans ; quand il vit arriver le terme fatal, il ne put résister à son désespoir et mit fin à son existence. — Un marchand convenait que les chagrins qui le tourmentaient étaient des créations de son esprit malade, mais leur vivacité les lui rendait aussi douloureux que s'ils eussent été réels. — Deux insensés, las de toujours travailler, déclarèrent qu'ils ne voulaient plus vivre, à moins d'avoir 3000 livres de rentes ; après avoir attendu quelque temps, comme la fortune n'arrivait point, et qu'ils ne voulaient se donner aucun mal pour la gagner, ils se pendirent ensemble. M. Baillarger, dans son *Mémoire sur la stupidité*, a montré que la tendance au suicide était assez fréquente dans cette forme de mélancolie, et nous en avons observé avec lui un cas des plus intéressants ; de toutes les monomanies que nous avons analysées dans des procès-verbaux, celle où cette tendance s'est reproduite un plus grand nombre de fois est la nostalgie : elle a été constatée 13 fois. Cette cause n'a rien qui doive surprendre quand on réfléchit à cette foule d'étrangers qui viennent tenter la fortune à Paris, et qui n'y trouvent souvent que la misère, l'isolement et le désespoir. Cette tendance est surtout prononcée chez les habitants des montagnes, et en particulier chez les commissionnaires.

Les maladies sont assez souvent suivies d'aliénation mentale ; nous avons plusieurs fois observé la folie, les hallucinations et le délire aigu à la fin des fièvres typhoïdes, pendant le cours d'affections chroniques, etc. 61 individus, atteints de maladies plus ou moins graves, compliquées de folie, ont mis fin à leurs jours.

Cette terminaison a été observée à la suite de couches, et sous l'influence du temps critique, etc. Une de ces femmes ne cessait de répéter : « Fermez donc la porte ! Comment, vous ne les voyez pas ? Ils vont m'assassiner. » Ce qui la tourmentait le plus, c'étaient les prétendus reproches de son cousin qui l'accusait de s'être jetée dans le canal avec son chien pour avoir volé une petite chienne. « Il y a, disait-elle, vingt ans que cela est passé, on n'en devrait plus parler. » On ne saurait se faire une idée du grand nombre d'observations de folie où le remords se dresse comme un spectre ! Les autres affections à la suite desquelles nous avons noté la folie étaient : l'épilepsie, les chutes, les coups, les blessures sur la tête, la gastrite chronique, la gastralgie, l'apoplexie, beaucoup de névralgies, plusieurs affections cérébrales. — Une femme était sujette à des congestions, elle disait alors : Je sens que le sang me monte à la tête. » Puis elle se mettait à chanter, à crier. — Une femme qu'on venait de saigner s'enfuit au milieu de la nuit, en ayant soin de fermer la porte après elle, et court se précipiter dans la Seine.

Les nuances infinies qu'on observe dans la démence rendent très-bien compte des exemples de suicide qu'on y a constatés.

Le suicide a été plusieurs fois noté dans le cours de la paralysie générale. Il existe dans cette espèce d'aliénation une forme triste, moins fréquente que la forme ambitieuse ; il n'est pas rare, dans ce cas, d'entendre les malades dire qu'ils sont aliénés, perdus, et qu'il ne leur reste qu'à mourir ; j'en ai soigné plusieurs qui ont fait des tentatives et ont voulu se laisser mourir de faim. Quelquefois le paralytique peut mettre fin à ses jours, sans en avoir la conscience. Un d'eux, qui voyait tout en beau, se serra le cou avec sa cravate d'une telle force, que quand nous nous en aperçûmes, il était méconnaissable. Il aurait recommencé, si l'on n'eût pris les précautions nécessaires.

— Un homme qui travaillait le blanc de céruse, après avoir eu la colique métallique à diverses reprises, devint mélancolique et se suicida. Nous avons été consultés, M. Foville et moi, il y a plusieurs années, pour un cas semblable; il fut impossible de trouver un autre commémoratif.

Les suicides, dus à des hallucinations plus ou moins liées à des conceptions délirantes, dont nous avons déjà cité quelques exemples, sont fréquents dans la pratique ; leur nombre s'élève dans le tableau à 12. — Un homme se croyait sans cesse au milieu d'une scène d'incendie et de carnage. — Un autre, au moment de se brûler la cervelle, se mit à crier : « Voici les anges qui m'ouvrent le ciel. » — Un de ces malades s'imaginait être poursuivi par des ombres infernales, des spectres. Plusieurs se donnent la mort, parce qu'on ne cesse de leur dire des paroles outrageantes, de tenir des propos infâmes sur leur compte. — Un halluciné se tue en s'écriant : « Il ne me reste que peu d'argent, depuis deux mois je vis aux dépens de ma sœur; ce qui me détermine à en finir, c'est d'avoir entendu dire dans la rue : Voici celui qui s'est coupé la gorge. Je recommande mon âme à Dieu. J'ai été trop malheureux dans ce monde, je vais voir l'autre. »

Le fait suivant est un exemple de plus du danger qui résulte des hallucinations.

— Un affreux événement, rapporte un journal politique, est arrivé cette nuit dans le quartier de la Madeleine. M. de ***, dans un accès de démence furieuse, causé par le chagrin qu'il éprouvait de la perte successive de deux enfants, a frappé mortellement une sœur qui lui avait donné toute sa vie les plus grandes preuves de dévoûment, et s'est frappé lui-même de dix coups d'épée.

Ce matin, en entrant chez lui à huit heures, on l'a trouvé baigné dans son sang et agenouillé près de sa sœur. M. Bellanger, commissaire de police du quartier, accouru sur les lieux assisté de deux médecins, MM. Caffe et Barré, a constaté la mort de madame *** et l'état d'aliénation du malheureux M...

— Le *Journal des Débats*, continue la même feuille, a donné les détails suivants sur cet événement déplorable :

« Un affreux malheur vient d'arriver rue Tronchet : il y a deux ou trois jours, M. J. Lecoq de Marselay, âgé de cinquante-cinq ans, assureur maritime à Nantes, appartenant à une des familles les plus honorables de la Bretagne, arrivait à Paris avec sa sœur, madame veuve John Fishly, née Lecoq de Marselay, âgée de cinquante-sept ans, qu'il chérissait comme une mère. Le frère et la sœur, venus pour une affaire qui ne devait les retenir que peu de temps dans la capitale, descendirent rue Tronchet, 31, et dès le lendemain ils s'occupèrent de l'objet de leur voyage. Dans la journée d'hier, M. de Marselay se plaignit de malaise, principalement de pesanteur à la tête, et le soir, voyant que ses soins empressés n'avaient pu faire disparaître complétement cette indisposition, sa sœur, l'attribuant au déjeuner du matin, descendit chez le concierge et pria la femme de ce dernier de faire le lendemain une tasse de chocolat pour M. de Marselay, en l'invitant à la tenir prête le matin à huit heures, et elle s'empressa de remonter auprès de son *bon frère*, c'est ainsi qu'elle l'appelait.

» A partir de cet instant, personne ne les a vus ni entendus.

» Ce matin, à huit heures un quart, la concierge, qui avait une double clé de l'appartement, y est entrée pour demander s'il fallait servir le déjeuner, et en pénétrant à l'intérieur, elle s'est bientôt trouvée en présence d'un tableau déchirant. D'un côté, étendue sans mouvement sur le parquet, gisait madame Fishly; de l'autre côté, agenouillé sur un tapis, se trouvait M. de Marselay, d'une pâleur extrême, pouvant à peine se soutenir, ayant les yeux hagards et semblant réciter des prières.

» La concierge, ne comprenant rien à cette scène, s'approcha et vit sur le parquet une épée teinte de sang et sur la poitrine de madame Fishly des taches sanguinolentes, qui annonçaient qu'une mort violente avait mis fin à ses jours.

» L'alarme fut répandue aussitôt, et quelques minutes après le commissaire de police, accompagné de deux médecins, arrivait sur les lieux et trouvait encore M. de Marselay agenouillé sur le tapis, dans la même position. Après avoir fait examiner le corps de madame Fishly par les hommes de l'art, et s'être assuré que tout secours devenait inutile, ce magistrat a interrogé M. de Marselay sur les circonstances de ce meurtre. Ce dernier a répondu, sans hésitation et avec une apparence de calme, que c'était lui qui avait tué sa *chère* sœur quelques heures auparavant, pour la soustraire aux conséquences du terrible jugement qui venait d'être prononcé contre leur famille. Invité à s'expliquer plus clairement, il a ajouté que, « dans le courant de la » nuit, un jugement qui condamne à mort tous les membres de » son honorable famille, était arrivé au ministère de la justice en » *passant par son cerveau*, etc. » Il a poursuivi ainsi ses divagations de façon à ne pas laisser de doute sur son état mental. Cependant les parties les plus sinistres de sa déclaration étaient vraies : dans sa démence, il avait donné la mort à sa sœur en la frappant de douze coups d'épée en pleine poitrine.

» Tournant ensuite son arme contre lui-même, il s'était frappé de dix coups également à la poitrine et s'était fait de graves blessures ; deux d'entre elles paraissent avoir attaqué les poumons et pourront mettre sa vie en danger. Néanmoins sa situation était telle, qu'on a pu le transporter dans la journée à l'infirmerie de la préfecture de police, pour y être gardé à vue ; plusieurs médecins lui donnent des soins et sont chargés par le préfet de constater son état mental.

» Au reste, d'après les résultats déjà obtenus par l'enquête qui a été ouverte sur-le-champ, il ne paraît pas douteux que ce meurtre soit autre chose que le résultat d'une aliénation mentale arrivée au plus haut degré. »

— De nouveaux renseignements sur l'événement arrivé rue Tronchet nous sont parvenus : M. de Marselay, qui n'était que depuis peu de jours à Paris, y avait été amené par sa sœur pour y recevoir les soins qu'exigeait sa santé. Au commencement de la semaine, il avait donné à Nantes des signes évidents d'aliénation mentale, et comme, à diverses reprises déjà, il avait été en proie à une mélancolie qui dégénérait en folie, il devenait indispensable de le conduire dans une maison de santé ; toutefois, rien ne pouvait faire supposer qu'il y eût urgence, car la veille au soir, à huit heures, il parlait encore, avec son aménité ordinaire, au concierge, et lui donnait des ordres pour le lendemain.

Durant tout le cours de sa vie, madame Fishly, qui n'avait été mariée que pendant fort peu de temps, avait donné à son frère les preuves du dévoûment le plus absolu ; jamais ils ne s'étaient quittés d'un seul instant : c'est elle qui prit soin de lui, lorsqu'une première fois, en Amérique, il y a quinze ans, à la suite d'un naufrage, dans lequel il reçut un violent coup à la tête, il fut pris d'un accès d'aliénation mentale, qui nécessita son retour en France.

C'est encore elle qui veilla à ses côtés en 1845, quand il fut pris d'un second accès, et amené à Paris dans la maison de santé de madame Delamarche ; il y reçut pendant trois mois les soins du docteur Leuret. Depuis lors il avait joui de la plénitude de ses facultés, et faisait même, avec succès, des affaires d'assurance maritime sur la place de Nantes, où il était estimé et aimé de tous.

Dans le courant de l'année dernière, cependant, ayant eu le malheur de voir mourir un jeune enfant, il tomba dans une grande mélancolie, et lorsqu'il y a quelques mois, il en perdit un second, il devint inconsolable.

Pendant ces divers accès de folie, M. de Marselay n'avait jamais été dangereux ; sa pensée dominante était toujours qu'on voulait faire du mal à sa sœur qu'il chérissait tendrement ou à ceux qu'il aimait. C'est même dans un instant où ce sentiment était arrivé chez lui à son exaltation la plus extrême, qu'il s'est précipité sur elle ; car le lendemain matin, lorsqu'on est entré dans sa chambre, où on l'a trouvé agenouillé auprès de la tête de *sa divine sœur* (c'est ainsi qu'il la nommait), il disait : On voulait tuer ma sœur bien aimée, son dernier jour, marqué depuis cinquante ans, était venu et je n'ai pas voulu qu'un autre que moi-même portât la main sur elle.

Aussitôt après l'événement, il a reçu les soins de M. le docteur Jobert de Lamballe. Ses parents et ses amis qui ont pu le voir avant-hier croyaient encore qu'il survivrait à ses nombreuses blessures, dont une avait atteint la région du cœur ; mais hier matin, à deux heures, il a rendu le dernier soupir (1).

Les folies sans indications sont nombreuses, puisqu'elles forment un total de 260. Nous nous bornerons à faire connaître quelques particularités qui ont appelé notre attention. — Une femme d'un esprit faible, mais capable de gérer ses affaires, était, depuis quinze ans, à la Salpêtrière ; on n'avait jamais rien remarqué dans ses paroles qui pût inspirer des inquiétudes pour sa vie, lorsqu'un jour on la trouva pendue.

Il arrive quelquefois que les monomanes suicides paraissent en voie de guérison, on croit leur idée affaiblie ou disparue, et, au grand étonnement de ceux qui les entourent, ils se suicident. Il est presque certain que, dans ce cas, ils dissimulaient ; peut-être aussi cet intervalle lucide leur a-t-il fait toucher du doigt la folie. M. Aubanel a remarqué que les lypémaniaques qui ont une disposition au suicide se tuent souvent *avec préméditation*. Ils méditent plus ou moins longtemps leurs projets ; ils écrivent quelquefois préalablement des lettres bien rédigées et bien pensées ; ils cachent avec une rare finesse l'intention qui les poursuit ; ils préparent avec le plus grand discernement les moyens d'arriver à leur but, et ils prennent des précautions les plus minutieuses pour échapper à toute surveillance. Nous discuterons, dans la symptomatologie du suicide des aliénés, l'opinion de notre honorable confrère (2).

Il y a des aliénés qui attentent à leurs jours parce qu'ils s'efforcent, sans pouvoir y parvenir, de remonter à la cause réelle de leurs tourments et de leurs maux imaginaires. D'autres, au contraire, terminent leur existence, parce qu'ils s'imaginent avoir découvert l'auteur de leur souffrance (3).

(1) *Presse* des 21, 22, 23 novembre 1852.
(2) Consulter sur ce sujet le 3e paragraphe des hallucinations dans la monomanie triste, p. 139, et le chap. xvii, *Des hallucinations et des illusions dans leurs rapports avec la médecine légale*, p. 443 de la 3e edition de notre livre des *Hallucinations*, 1862.
(3) Aubanel, *Sur un cas de folie suicide* (*Annales médico-psychologiques*, 1849, p. 275).

Un grand nombre de ceux qui mettent fin à leurs jours parmi les aliénés ont eu des parents qui se sont tués souvent aux mêmes époques. L'hérédité est ici une des causes prédisposantes les plus puissantes ; beaucoup, en effet, n'ont pas d'autres commémoratifs que d'avoir dit : Mon père, ma mère, etc., se sont tués. On constate aussi fréquemment que les suicidés ont eu des accès antérieurs d'aliénation.

Deux aliénés avaient menacé de se tuer ; on vint en prévenir les commissaires de leur quartier qui déclarèrent qu'ils ne pouvaient les faire arrêter, parce qu'ils n'avaient commis aucun acte répréhensible. Quelques jours après, ils se précipitaient par leurs croisées. L'autorité n'aime point à intervenir dans la séquestration des aliénés, à moins qu'il n'y ait flagrant délit ; cette réserve a plus d'une fois été fatale aux malades et à la société.

Quelquefois l'acte du suicide est instantané. Un militaire qui était couché tranquillement au milieu de ses camarades se lève tout à coup dans un accès de folie furieuse, il s'empare d'un fusil pour faire feu sur un autre militaire ; on lui arrache l'arme, il s'écrie qu'il veut mourir. On l'engage à se recoucher ; il paraît calme, aucune mesure de précaution n'est prise. Dans la nuit, il se lève de nouveau, prend une cruche, la brise sur la tête d'un soldat qu'il assomme, et se fait sauter la cervelle avec son fusil. Les faits de suicide instantané sont assez rares, on les observe cependant comme ceux de folie subite (1). L'impulsion au suicide peut être le phénomène prédominant du délire, et si le malade vient à se frapper avant que le désordre mental ait été reconnu, il devient alors très-difficile d'apprécier la cause de la mort ; celle-ci, en effet, peut être masquée par des chagrins, des revers de fortune, etc., auxquels on attribue la catastrophe, quoique, dans ce cas, ils aient eu une action presque nulle. Tout en admettant cette objection, nous n'en persistons pas moins à dire

(1) Boileau de Castelnau, *De la folie instantanée*, 1852. — MM. Boys de Loury et Brierre de Boismont, *Médecine légale : Folie* (*Droit*, 22 janvier 1853.)

que des observations authentiques, nombreuses, ne laissent aucun doute sur l'absence du délire dans beaucoup de cas de suicide.

Au moment d'exécuter leur projet, certains aliénés prient leurs gardiens d'aller chercher un objet quelconque dans la pièce voisine; ils ferment brusquement la porte et se jettent aussitôt par la croisée ou se donnent la mort d'une autre manière.

M. G..., né à B..., le 31 octobre 1821, domicilié dans la même ville, fut admis pour cause d'aliénation mentale dans un établissement spécial, sur la demande de sa mère et de son frère. Les parents avaient particulièrement signalé son penchant au suicide; le directeur, afin de prévenir tout accident, plaça près de lui un élève en médecine et un gardien qui avaient l'ordre formel de ne pas le quitter. L'hiver se passa sans que le malade manifestât aucune idée sinistre; au printemps ses dispositions changèrent et devinrent alarmantes. Ainsi, il fit à cette époque trois tentatives qui heureusement avortèrent : la première, en cherchant à se couper la gorge avec un canif; la seconde, en se jetant dans un petit bras de la rivière où il n'y avait pas assez d'eau pour se noyer, et dont il fut d'ailleurs aussitôt retiré par son domestique qui l'accompagnait. La troisième fois, sa mère étant venue le voir, tandis que l'élève en médecine, aux soins duquel il était confié, reconduisait cette dame jusqu'à la grille, il remonta chez lui accompagné de son domestique ; arrivé au sommet de l'escalier, malgré les efforts d'un employé qui se trouvait là, il escalada brusquement un treillage de bois, monta sur le mur, le parcourut; arrivé à son extrémité où se trouvait placé un vase de fleurs de fonte, il le poussa violemment du pied et le renversa. Soit que l'obstacle qu'il venait de rencontrer, soit que la chute du vase et les cris qui se firent entendre immédiatement, eussent changé la direction de ses idées, il revint sur ses pas, suivit le même trajet, et sauta sans se faire du mal de l'autre extrémité du mur sur le palier de l'escalier, bien que ce mur, dans sa moindre élévation, eût une hauteur de près de 12 pieds.

Depuis ce moment, M. G... était l'objet d'une surveillance continuelle, lorsque l'élève en médecine qui le gardait, ayant eu besoin de s'absenter un moment, laissa confié au domestique le malade, qui jugea le moment favorable pour accomplir son sinistre projet. Il sortit rapidement de la seule pièce de l'appartement qui s'ouvrait sur le corridor, et mettant la main sur la clef qui se trouvait dehors, il enferma avec une extrême promptitude son gardien, qui essaya en vain d'appeler au secours et d'enfoncer la porte. Pendant cet intervalle de temps presque inappréciable, M. G... descendit précipitamment l'escalier, et reprenant le chemin dont une fatale expérience lui avait appris trois semaines auparavant le parti qu'il en pouvait tirer, il se précipita d'une hauteur de 8 mètres environ et tomba la tête la première sur des pavés de grès. On le releva aussitôt : il avait le visage couvert de sang provenant d'une blessure à la région supérieure du crâne ; il était sans mouvement, sans connaissance, et respirait avec beaucoup de peine. Une heure et demie après, malgré les soins qui lui furent prodigués, il rendit le dernier soupir.

L'*imitation*, dont nous n'avons trouvé qu'un cas dans les procès-verbaux de la justice criminelle, paraît avoir agi dans diverses circonstances d'une manière contagieuse. Une femme qui avait l'idée de se faire mourir, apprend qu'une de ses amies vient de s'asphyxier ; elle se donne aussitôt la mort de la même manière. Quelquefois cette influence ne se fait sentir qu'au bout d'un laps de temps considérable. Une femme, en entrant dans sa chambre, trouve son mari pendu ; elle reste anéantie à ce triste spectacle ; devenue morose et mélancolique, elle parle toujours de mourir ; ce n'est que douze ans après qu'elle met son projet à exécution, en se pendant à son tour.

L'influence mystérieuse de l'imitation peut se manifester à l'occasion d'un événement extraordinaire, ou ayant eu un grand retentissement ; c'est ainsi qu'un suicide accompli en se précipitant du haut des tours de Notre-Dame, de la colonne Vendôme, de celle de Juillet, de l'arc de triomphe de l'Étoile, du monument de Londres, a été plusieurs fois suivi de suicides semblables. Il y a un autre fait qui n'est pas moins curieux à noter, c'est l'impression que produit une mort de ce genre sur une foule d'esprits similaires ou harmoniques ; un frémissement de terreur les remue dans tout leur être, car ils ont l'intuition que, placés dans les mêmes circonstances, leur vie n'eût tenu qu'à un fil. L'habitude de parler d'un sujet lugubre, devant des organisations jeunes, impressionnables, suffit aussi, sans l'exemple, pour exercer une action contagieuse sur l'imagination. Un écrivain moraliste s'entretenait souvent de ses recherches sur le suicide devant ses enfants ; il fut douloureusement étonné de les entendre un jour parler de la mort volontaire comme d'une chose naturelle, et l'un d'eux fit même une tentative qui, fort heureusement, put être neutralisée. L'imitation par contact agit de mille manières différentes : ainsi, il n'est pas rare de voir un mari et une femme, après plusieurs années d'une union heureuse, s'harmoniser dans la tournure, la démarche, l'expression, les traits, la voix et jusque dans les pensées. A différentes reprises, nous avons été témoin de ces communications magnétiques d'âme à âme, sans qu'aucune allusion les eût provoquées et quelquefois même au milieu d'un profond silence; l'un des interlocuteurs s'écriait tout à coup : il serait utile de faire telle chose ; ou bien, je pensais à ceci; et l'autre répondait : c'est étonnant, j'avais précisément la même idée. Joseph Roger, dans son *Traité des effets de la musique sur le corps humain*, avait déjà dit : « Dans l'absence des conditions de famille, ces rapports de tous les jours et ces continuels frottements d'existence, établissent entre les êtres, par une longue suite d'échanges imitatifs, une assimilation involontaire de nature, qui se retrouve dans l'organisation et dans le son même de la voix. (Lyon, an XI, p. 265.) »

Si l'imitation contagieuse existe dans une foule d'actes physiologiques, elle n'est pas moins fréquente dans les cas morbides, et c'est ce que nous n'avons eu que trop souvent l'occasion d'observer dans la folie. Nombre de fois, après une lutte de plusieurs années, nous avons vu le mari ou la femme être atteints de la maladie dont l'autre souffrait depuis longtemps. Les observations de suicides, pour ne pas m'écarter de notre sujet, ne laissent aucun doute sur la part puissante de l'imitation ; nous en avons cité quelques exemples, nous allons en emprunter d'autres aux auteurs. L'anecdote si connue des jeunes femmes et des filles de Milet remonte à la plus haute antiquité. Primerose (1), Spon (2), Bonnet (3), parlent d'un transport de même nature qui saisissait les femmes de Lyon et les portait à se noyer. Esquirol rapporte qu'autrefois, à Marseille, les jeunes filles se tuaient à cause de l'inconstance de leurs amants. Au mois de juin de l'année 1697, on observa un grand nombre de suicides à Mansfeld (4). Il en fut de même à Rouen, l'été de 1806 ; à Stuttgard, l'été de 1811. Le petit village de Saint-Pierre-Montjau, le Valais, ont présenté à M. Desloges, médecin à Saint-Maurice, en 1823, une épidemie semblable (5).

M. Prosper Lucas, dans son travail sur l'imitation contagieuse (6), fait observer, relativement au suicide héréditaire, qu'il existe des conditions prédisposantes d'organisation qui se transmettent comme les scrofules et la phthisie ; il ajoute que, dans presque tous les cas, la cause déterminante paraît encore être l'imitation. Il y a toujours eu dans la famille, comme dans l'épidémie, un exemple antérieur plus ou moins prochain qui décide. L'imitation dans le suicide affecte, en général, la plus bizarre fidélité dans la reproduction de l'acte qu'elle copie. Cette fidélité ne s'étend pas seulement au choix des mêmes moyens, mais souvent au choix du même lieu, du même âge, et à la plus

(1) Primerose, *Maladies des femmes.*
(2) Spon, *Histoire des antiquités de la ville de Lyon.*
(3) Bonnet, *Med. sep.*, p. 328.
(4) Sydenham, *Œuvres complètes*, t. II.
(5) *Gazette de santé*, 21 mai 1813.
(6) Prosper Lucas, *De l'imitation contagieuse, ou de la propagation sympathique des névroses et des monomanies*, p. 28. Thèse, Paris, 1833.

minutieuse représentation de la première scène. Sous l'empire, un soldat se tue dans une guérite; plusieurs autres font élection de la même guérite pour se tuer. On brûle la guérite, et l'imitation cesse. Sous le gouverneur Serrurier, un invalide se pend à une porte ; dans l'espace d'une quinzaine de jours, douze invalides se pendent à la même porte. Par le conseil de Sabatier, le gouverneur la fait murer ; la porte disparue, personne ne se pend plus. Il est donc hors de doute que l'imitation joue un rôle considérable dans la production du suicide, mais par quels moyens se transmet-elle? Probablement par les sympathies. Ici l'observation nous fait défaut.

40 aliénés ont laissé en mourant des écrits qui attestent le dérangement de leur esprit; nous ferons seulement remarquer que ceux dont nous avons constaté la mort dans les établissements privés et publics, et dont la proportion s'élève à une vingtaine environ, n'ont presque jamais écrit. Nous renvoyons au chapitre de la psychologie morbide des aliénés, l'examen de cette question. Cela tient-il à la gravité plus grande de leur état, à ce que la surveillance exercée sur eux les rend circonspects, à ce qu'ils saisissent le moment d'oubli, sachant très-bien que cette occasion est fugace? Il y a tout lieu de le présumer. Il est probable, au contraire, que les aliénés qui écrivent ne sont pas arrivés au dernier période de leur mal, apprécient souvent leur état, ont des intervalles lucides, et que la liberté dont ils jouissent modifie jusqu'à un certain point leur dérangement d'esprit. Cette différence entre les fous libres et séquestrés nous a paru ne devoir pas être passée sous silence, par rapport à la statistique.

De l'ensemble de ces faits résulte la preuve que la folie et ses auxiliaires sont une cause très-fréquente de suicide, puisqu'ils représentent la moitié ou au moins le grand tiers environ des cas connus. Les formes de l'aliénation qui ont une influence plus grande sur cette terminaison sont les monomanies tristes.

L'exaltation, la manie, peuvent conduire au suicide, à cause des illusions qui les accompagnent.

Les hallucinations, soit par les terreurs qu'elles occasionnent, soit par les erreurs qu'elles produisent, sont souvent une cause de suicide.

L'imitation a plus d'une fois entraîné la mort volontaire.

Le suicide peut avoir lieu d'une manière instantanée, sans qu'il soit possible de le rattacher à aucune cause connue. Le plus souvent, cependant, lorsque la tentative a manqué son effet, on reconnaît qu'elle est le premier symptôme d'une aliénation mentale qui parcourt ensuite ses périodes.

Plusieurs aliénés se tuent dans les intervalles lucides par désespoir de leur maladie.

Des différences tranchées séparent les suicides de l'état de folie de ceux de l'état de raison. Dans la première catégorie, en effet, la mort est toujours due à des conceptions délirantes, à des hallucinations, à des illusions, à un entraînement irrésistible maladif, en un mot à des mobiles imaginaires et dont la fausseté n'échappe à personne. Dans la deuxième, au contraire, les motifs de la détermination sont pris dans les passions, ces excitants habituels de la vie, dont les impulsions peuvent être violentes, mais que la raison peut toujours combattre, surtout au début.

3° Délire. — Il n'y a rien de plus ordinaire que d'entendre dire : Un tel, dans un accès de fièvre chaude, vient de se jeter par la fenêtre. Les journaux sont remplis d'événements de ce genre. Il est peu de médecins qui, dans le cours de leur pratique, n'aient été témoins de morts semblables. Très-souvent, les malades qui se suicident dans ces conditions n'ont pas le désir de se tuer, ils cèdent à un mouvement instinctif, irréfléchi ; et lorsqu'on demande à ceux qui ont survécu quel motif les a poussés, ils ne peuvent le dire, ne se rappellent rien, et sont tout surpris de ce qu'on leur apprend. Beaucoup obéissent à des hallucinations ou à des illusions. Une dame nous racontait après sa guérison, que, pendant son accès de délire, elle avait fait des tentatives répétées de suicide, parce qu'elle apercevait à chaque instant le corps de son enfant que sa prétendue rivale avait assassiné. Plus tard, elle éprouvait des tressaillements de terreur quand elle croyait la voir. Il n'est pas rare, dans le cours des maladies nerveuses dont les femmes sont assaillies, de noter, comme complication, des tentatives de suicide.

Dans le *délire aigu qu'on observe dans les établissements d'aliénés*, et dont nous avons donné ailleurs la description (1), nous avons constaté que les malades cherchent assez souvent à se tuer ; dans ce cas ils sont presque toujours entraînés par des hallucinations.

Le nombre des individus qui ont mis fin à leurs jours dans un accès de délire est de 55, ainsi répartis :

Fièvre chaude.	36
Délire aigu	6
Fièvre typhoïde	5
Petite vérole	4
Rougeole	2
Maladie aiguë	1
Abcès subit	1
	55

Les 36 cas de fièvre chaude comprennent évidemment des faits de délire aigu, de méningites, de méningo-céphalites, des congestions cérébrales, des manies aiguës, etc. Nous avons observé plusieurs cas de congestion au cerveau dans lesquels les individus éprouvaient une anxiété particulière, et se demandaient avec terreur s'ils allaient devenir fous.

C'est dans cette forme de délire (fièvre chaude) qu'un grand nombre de familles ont eu à regretter des êtres chéris qu'elles auraient conservés, si elles avaient voulu s'en séparer momentanément. Que de fois ne sommes-nous pas consultés pour des malades atteints d'un délire furieux, et dont on nous dit : il a voulu se précipiter par la croisée. En vain cherche-t-on à faire comprendre aux parents le danger de cet état, ils s'obstinent à garder

(1) *Mémoires de l'Académie de médecine*, t. XI.

les délirants, sous prétexte que l'affection est récente et qu'ils pourront guérir chez eux. La catastrophe ne vient que trop souvent justifier le pronostic du médecin.

La folie sous forme maniaque, aiguë, s'observe quelquefois vers la fin des fièvres typhoïdes. Le plus ordinairement nous l'avons vue guérir; dans les 5 cas rapportés ici, le suicide en a été la terminaison. Un de ces individus était en proie à un délire furieux. Il n'est pas rare d'observer, après la fièvre typhoïde, un état d'inquiétude, de crainte, de terreur, qui augmente avec l'obscurité. Le système nerveux a reçu, dans ce cas, un ébranlement considérable, et l'on comprend très-bien que cette disposition, en s'aggravant, puisse conduire au suicide.

Quelques individus, qui avaient des fièvres éruptives, ont attenté à leurs jours. Plusieurs années avant, l'un d'eux avait déjà voulu se tuer. Il était couché, lorsque, se levant tout à coup, il s'écria qu'il était impuissant, et se mettant à courir, il s'élança par la croisée. Un autre, d'un caractère très-susceptible, avait, pendant le sommeil, une sorte de délire.

Le désordre intellectuel peut éclater tout à coup, et le suicide le suivre presque aussitôt. Un ouvrier causait tranquillement avec ses camarades, il cesse la conversation, reste quelques minutes silencieux, puis il jette des cris perçants, inarticulés, prononce des paroles incohérentes, veut tout briser, frappe ceux qui le retiennent, s'élance, prend sa course. Après quelques recherches, ses amis le trouvent pendu dans sa chambre.

Il est donc incontestable que, dans un assez grand nombre d'états aigus du cerveau, des individus mettent fin à leurs jours sans le savoir, soit qu'ils cèdent à des hallucinations, à des illusions, soit que cette terminaison funeste dépende d'une congestion sanguine, d'un mouvement irréfléchi, automatique, instinctif. Il y a dans ce cas, comme dans beaucoup d'autres, des distinctions à établir; généralement, dans ces circonstances, on peut dire que les personnes n'ont pas la conscience de leur acte.

4° FAIBLESSE, DÉPRESSION, EXALTATION DE CARACTÈRE. — Lorsqu'on

CAUSES DÉTERMINANTES. — FAIBLESSE D'ESPRIT.   239

a longtemps vécu avec les hommes, il ne peut rester aucune incertitude sur la faiblesse d'esprit, l'irrésolution, l'indécision du plus grand nombre d'entre eux. L'histoire de tous les temps fourmille de catastrophes qui ont été le résultat de l'impossibilité de savoir prendre un parti. Rien de plus rare, en effet, que de trouver un caractère nettement résolu, qui marche d'un pas ferme vers le but qu'il veut atteindre. Cela est triste à dire, mais basé sur l'expérience ; à moins d'une refonte générale, l'espèce humaine appartiendra longtemps encore aux chefs habiles, résolus, entreprenants. Malgré toutes les formules, l'exploitation de l'homme par l'homme n'est pas près d'être effacée du code de l'humanité.

Il y a sans doute des jets d'énergie dans la vie, ce sont des fusées qui s'élancent, et s'éteignent au même instant. Nous ne saurions assez le répéter, l'éducation publique a sous ce rapport de grands enseignements à donner.

Les faits relatifs au caractère peuvent se diviser en quatre groupes :

Caractères faibles..............................	51
— exaltés............................	30
— tristes............................	53
— hypochondriaques....................	11
	145

Ce chiffre forme la trente et unième (1) partie environ du nombre total. Les individus compris dans la première catégorie étaient considérés, par tous ceux qui les connaissaient, comme des êtres sans énergie, sans caractère, recevant facilement les impressions du dehors. Ils ne pouvaient supporter les contrariétés, les chagrins : tous les événements les alarmaient. Ils se laissaient facilement entraîner, détourner de leurs occupations, séduire par des camarades. On les faisait tourner comme des girouettes. Beaucoup étaient légers, mobiles, pleuraient, riaient pour les motifs les plus futiles. Un de ces infortunés est nommé contremaître dans une fabrique importante : il s'imagine qu'il n'a pas

(1) La tristesse et l'hypochondrie seront examinés à part.

les capacités pour remplir son emploi, et qu'il perdra sa place ; il ne peut supporter cette idée et se pend. Un autre met fin à ses jours, parce que son nom est celui d'un voleur très-connu. Dans la *dépression*, les individus sont apathiques, ne peuvent prendre de résolution, restent immobiles, etc.

Par opposition, on rencontre des gens qui sont toujours dans un *état d'exaltation*. Cette disposition de l'esprit est très-favorable à la folie et au suicide. Dans les 30 individus de cette catégorie, il y en avait qui étaient originaux, inégaux, boudeurs, s'emportant à la moindre querelle, turbulents, ne pouvant rester en place, violents, passionnés, bizarres, quinteux, très-susceptibles, romanesques, se faisant un jeu de la mort, fantasques, mauvaises têtes, irascibles, se brouillant avec tout le monde, et se faisant surtout remarquer par une activité que j'ai appelée depuis longtemps morbide.

L'exaltation chez les jeunes personnes doit être combattue par tous les moyens possibles : fautes, ruine, folie, suicide, voilà les précipices auxquels ne conduit que trop souvent cette malheureuse disposition d'esprit.

Une jeune demoiselle à laquelle son beau-frère refuse d'aller au bal se jette à l'eau ! elle n'échappe cette fois à la mort que par l'arrivée providentielle d'une personne qui lui prodigue à temps des secours.

Pour ces organisations malheureuses, tout devient un motif de mort. Plusieurs années après, cette demoiselle fait la connaissance d'un jeune homme et quitte la maison où elle était placée; à peine quinze jours se sont-ils écoulés depuis l'existence de cette liaison, que sur la simple annonce d'un voyage de son ami, elle met fin à ses jours.

Voici sa lettre à sa sœur :

« Tu peux aller prendre le paquet, je n'en ai plus besoin. Avant-hier, en t'écrivant, je ne pensais pas à mon projet, aujourd'hui je vais mourir. Conçois-tu cela ! mourir quand on n'a pas vingt ans! Oh! c'est triste, n'est-ce pas ? Il le faut. Il part, il me quitte, et moi je reste seule. Plus personne qui m'aime! Oh! mon Dieu, il vaut mieux être morte. Peut-être me regrettera-t-il un peu! Adieu, ma sœur, pour la dernière fois. »

Il existe dans la société un bon nombre d'esprits exaltés qui s'enflamment à la moindre contrariété, cherchent des querelles, des duels, parlent de se tuer à chaque instant, n'écoutent aucune observation ; véritables fléaux pour leurs familles et leurs connaissances, ces individus attentent souvent à leurs jours.

Le chef d'un établissement chez lequel se trouve placée une demoiselle ayant cette disposition d'esprit écrit à ses parents en ces termes :

« M..., votre fille nous cause beaucoup d'inquiétude par sa mauvaise tête. Nous craignons qu'elle ne fasse quelque malheur ; il est inutile de lui donner des conseils, elle n'en veut suivre aucun, elle a toujours raison ; elle se trouve parfois si malheureuse, qu'elle forme des projets sinistres dont l'idée seule est de nature à nous ôter tout repos.

» Venez donc de suite à Paris la chercher, le mieux serait de l'avoir auprès de vous qu'elle aime tant.

» Ce matin, sur une observation relative à son blanchissage, elle est entrée en fureur, a déchiré un bonnet et allait en faire autant d'une robe, si on ne l'en avait empêchée. Surtout ne lui écrivez pas ; qu'elle ignore votre arrivée. Du reste, ne vous inquiétez point, nous lui passerons tout, pour avoir le repos. Elle serait capable de partir pour l'Amérique avec le premier venu, si elle ne faisait pis dans ses mauvais moments.» — Le soir même du jour où cette lettre était écrite, elle se suicidait.

Une passion, une émotion, une impression quelconque, peuvent faire diversion aux fatales dispositions de ces caractères emportés. Un jeune homme d'une mauvaise conduite, et qui ne pouvait se prêter à aucune subordination, devient amoureux d'une femme, et cette passion suspend pendant plusieurs années son idée de mettre fin à ses jours.

Ces caractères exaltés suivent, par d'autres mobiles que les gens faibles, l'impulsion qu'on leur donne, ils contribuent également à grossir le cortége des chefs ambitieux.

Résumé. — La faiblesse de caractère est une cause fréquente de suicide; l'exaltation conduit au même résultat, comme elle mène à la folie.

5° HYPOCHONDRIE. — A l'instar de l'hallucination, l'hypochondrie peut être très-bien appréciée et ne donner lieu à aucun accident fâcheux, quoiqu'elle imprime une teinte mélancolique aux idées. Lorsque cet état augmente, la préoccupation de la santé acquiert la fixité de la monomanie, et le suicide en est assez souvent la conséquence ; c'est ce qui est arrivé dans 11 cas. Rien de plus ordinaire que d'entendre ces malades répéter à chaque instant qu'ils désirent la mort, qu'ils voudraient se tuer, qu'ils n'en ont pas le courage, et de ne les jamais voir réaliser cette menace. Il faut néanmoins se tenir sur ses gardes, car nous avons plusieurs fois constaté que des hypochondriaques se tuaient, après l'avoir dit pendant des années. Chez ces 11 malades, c'était la conviction qu'un organe important à la vie ne faisait plus ses fonctions qui les poussait au désespoir. Un littérateur auquel je donnais des soins, depuis plusieurs années, s'imaginait que son estomac et ses intestins étaient profondément lésés, quoiqu'il mangeât beaucoup et digérât très-bien. J'avais sur lui un grand empire, malheureusement je fus obligé de faire un voyage; sa maladie s'étant aggravée, il fut confié à des personnes qui, ne le connaissant pas, le traitèrent d'après les règles ordinaires. Un matin on le trouva baigné dans son sang, il s'était ouvert le ventre en trois endroits différents. Nous avons fréquemment observé des hypochondriaques qui étaient tourmentés de l'idée qu'ils étaient impuissants, et chez lesquels cette crainte dérangeait l'état physiologique des organes. Ces malades doivent être l'objet de soins spéciaux, car plusieurs ont attenté à leurs jours. L'hypochondrie se joint quelquefois à la nostalgie; le suicide a eu lieu dans deux cas de ce genre.

Résumé. — L'action oppressive de l'hypochondrie finit par

amener le découragement, l'ennui et le dégoût de la vie. Il est étonnant que les tortures morales et physiques des hypochondriaques ne soient pas une cause plus fréquente de mort ; et il faut attribuer ce résultat à l'instinct de la vie qui croît en raison même de la lutte. Il n'est pas rare de voir des hypochondriaques se tuer, après avoir répété pendant des années qu'ils mettraient fin à leurs jours.

6° CARACTÈRE TRISTE, SOMBRE, MÉLANCOLIQUE. — Cette disposition de l'esprit a été notée un très-grand nombre de fois. Dans 53 cas, elle existait sans autre explication, et souvent elle s'était manifestée de très-bonne heure ; les individus qui en étaient atteints se montraient peu communicatifs, taciturnes, misanthropes, ne parlaient pas, fuyaient le monde, aimaient l'isolement, la solitude. Tantôt cette mélancolie était habituelle, tantôt elle s'était développée à la suite d'un violent chagrin, à la mort d'une personne aimée. Chez un individu, cette tristesse avait succédé à une maladie cérébrale. Un homme placé dans les meilleures conditions pour être heureux, mais enclin à la tristesse, épouse une demoiselle riche, jeune et jolie ; le lendemain de ses noces, ses amis sont frappés de l'expression triste de ses regards ; le soir, il s'était coupé la gorge.

Ces tristesses de l'âme existent surtout chez les individus à organisation sèche, maigre, délicate, à tempérament nerveux, irritable. Nous avons été lié avec un homme qui, à force de travail, de persévérance, et en marchant sans cesse vers le but d'activité qu'il s'était proposé, est parvenu à une position des plus honorables. Dès l'âge de seize ans, il avait des accès mélancoliques ; il lui semblait qu'il allait mourir, il assistait à la cérémonie funèbre, il entendait les chants religieux, et ses yeux se baignaient de larmes. Cette pensée de la mort s'est adoucie avec les années, mais ne l'a jamais quitté, quoiqu'elle ne l'attriste plus.

Résumé. — La tristesse habituelle des idées prédispose au suicide, aussi doit-on lutter contre cette tendance, à son apparition, et par tous les moyens que suggère le bon sens.

DE L'ENNUI (*tædium vitæ*)

dans ses rapports avec la psychologie et la médecine.

PREMIÈRE PARTIE.

7° Les sentiments tristes ont une telle influence sur l'homme, ils se sont, à diverses phases de son histoire, montrés avec des caractères si marqués, que nous avons cru convenable de détacher du neuvième groupe l'ennui, pour en faire le sujet d'une étude spéciale. Cette disposition de l'âme, qui tient d'un côté à la maladie de tristesse sans folie, de l'autre au suicide et à l'aliénation mentale, a été soigneusement décrite par les pères de l'Eglise et les moralistes; mais les côtés par lesquels elle touche à la médecine sont assez nombreux pour que nous l'examinions à ce point de vue.

La vie des peuples civilisés compte des heures nombreuses d'ennui, de tristesse et de découragement, qui se reflètent à certaines époques dans des personnages réels ou fictifs. Ces influences mélancoliques, nées des affinités mystérieuses de l'homme avec le climat qu'il habite, mais surtout du milieu moral dans lequel il se développe, peuvent devenir assez intenses pour conduire au suicide. Cet état s'observe quand les âmes sont oisives et manquent d'un but d'activité. La pensée s'égare alors dans une atmosphère malsaine, et l'on peut s'expliquer ainsi ce paradoxe d'un philosophe fameux, l'homme qui pense est un animal dépravé, bien qu'il eût été plus naturel de dire, un animal qui s'ennuie (1). Un poëte illustre, qui sera toujours une des plus belles gloires de notre pays, ne disait-il pas du haut de la tribune : « *La France s'ennuie.* » On a beaucoup critiqué le mémoire de *l'Influence de la civilisation sur le développement de la folie*, que je lus, il y a

(1) Le mémoire de l'ennui a été publié dans the *Journal of psychological medecine and mental pathology*, Edited by Forbes Winslow, t. III, p. 540, 1850.

bientôt vingt-six ans, à l'Institut. Si je le publiais aujourd'hui, croit-on que les événements qui se sont accomplis depuis cette époque seraient de nature à modifier mes conclusions? Eh bien ! ce que j'affirmais de la fréquence de la folie dans les pays civilisés, je puis l'avancer avec encore plus de raison de l'ennui.

La première description que nous connaissions de cette maladie morale nous a été laissée par Sénèque. Voici comment s'exprime sur elle cet auteur célèbre qui écrivait à son ami Sérène, dans le Ier siècle de notre ère.

« Le mal qui nous travaille n'est pas dans les lieux où nous
» sommes, il est en nous; nous sommes sans force pour sup-
» porter quoi que ce soit, incapables de souffrir la douleur, im-
» puissants à jouir du plaisir, impatients de tout. Combien de
» gens appellent la mort, lorsqu'après avoir essayé de tous les
» changements, ils se trouvent revenus aux mêmes sensations,
» sans pouvoir rien éprouver de nouveau ! La vie, le monde leur
» sont devenus à charge; et au sein même des délices, ils
» s'écrient : Quoi ! toujours la même chose (1) ! »

Parole fatale que nous retrouverons à toutes les époques de nos recherches, car elle est le cri des âmes qui préfèrent la rêverie au travail, qui aiment mieux s'agiter qu'agir, jusqu'à ce qu'un jour, pour s'affranchir des fatigues de l'action, elles se réfugient sous la froide et lourde pierre de Montaigne.

Au temps de Sénèque, en effet, le suicide était une véritable maladie contagieuse ; les hommes éprouvaient comme une sorte de besoin de mourir. La vie leur paraissait une chose superflue (2). On vit périr de leurs propres mains une foule d'hommes distingués, de guerriers habiles. Horace, dans ses satires, raconte que les gens ennuyés et désespérés allaient, au pont Fabricius, mettre un terme à leurs souffrances (3).

Le christianisme modifia profondément cet état des âmes, il

(1) Seneca, *De tranquillitate animi*, sub fin. et lettre XXIV.
(2) Epist. XXIV.
(3) Horace, lib. II, sat, 3, vers. 32 et seq.

ue put triompher entièrement par ses préceptes de ce sentiment de tristesse et de dégoût qui tourmente tant d'hommes, et l'ennui se réfugia dans les cloîtres. C'est dans les écrits des Pères de l'Eglise, et notamment dans les Clémentines et les trois livres de saint Jean Chrysostôme à Stagyre, qu'il faut lire la peinture admirable du malaise, de l'inquiétude, de la tristesse qui consumaient le monde au milieu des joies les plus étourdissantes, et du besoin qui poussait les hommes à chercher ainsi dans le suicide un terme plutôt qu'un remède à leurs maux.

Le recueil des Clémentines, sur l'origine duquel on est incertain, mais qui, d'après les critiques modernes, daterait du milieu ou de la fin du second siècle, époque plus rapprochée de saint Clément, auquel on l'a longtemps attribué, contient un enseignement des plus pratiques.

Clément, tel qu'il se dépeint dans sa première homélie, ressemble à ces jeunes hommes du commencement du xix® siècle dont les romans célèbres nous ont retracé les portraits. Il a, dit le regrettable Rigaud, cette complaisance à s'analyser soi-même qui est leur caractère commun. Il ne sait plus où se prendre. Il ne croit plus à rien, et voudrait croire encore. Il a soif de la vérité, et la vérité le fuit. Il la poursuit, il l'appelle, et après de vains efforts, découragé de penser comme d'agir, il est près de succomber à la tristesse, et de s'affaisser sous le poids du doute et de l'inertie.

« J'étais jeune, dit-il, je vivais dans la tempérance et la chasteté, et mon âme était retenue comme captive par la tristesse et par l'ennui. Une pensée, j'ignore d'où elle m'était venue, m'obsédait sans cesse : la pensée de la mort, que serai-je après avoir vécu? Quelque chose ou rien ? Un atome, un néant, sans mémoire de ma vie passée, et perdu dans l'oubli où le temps ensevelit toutes choses ? Ou bien existerais-je sans exister, sans connaître ceux qui existent, sans être connu d'eux, comme j'étais avant d'être né? Le monde a-t-il été créé? Avant d'être créé qu'était-il? S'il a existé toujours, toujours il existera. S'il a commencé, il doit finir. Et après sa dissolution qu'y aura-t-il, sinon le silence, l'oubli ou quelque chose peut-être que la pensée de l'homme ne saurait prévoir?

» Telles étaient les questions qui, je ne sais d'où, venaient à moi et m'obsédaient sans cesse. A force d'y réfléchir en vain, je fus pris d'une si amère tristesse que mon corps se desséchait et que mes joues se couvraient de pâleur. Plus j'essayais d'échapper à ces angoisses de l'âme, plus elles m'étreignaient violemment, et je gémissais de porter en moi le fléau de ma pensée, ignorant que Dieu m'avait donné en elle la plus bienfaisante des compagnes, et que je lui devrais un jour l'espoir de l'immortalité, comme je l'ai reconnu depuis, et comme j'en rends grâce à la bonté du Seigneur (1). »

L'auteur de l'article fait la remarque que la maladie de Clément qui n'est pas nouvelle, ainsi que l'ont cru quelques écrivains, diffère cependant de celle de ses successeurs, en ce qu'il n'est pas arrivé comme René, comme Obermann, de la fatigue de l'âme au dégoût de la vie. L'idée du suicide est tardive, elle naît du mécontentement de l'homme contre la société. Clément, d'ailleurs, n'est pas un orgueilleux qui se drape dans son mal. Il se sent souffrant et il désire guérir. Le traitement des hommes de ce siècle, la mêlée des affaires et la recherche de la fortune, est plutôt une diversion qu'un remède souverain. Celui de Clément qui consiste à préférer la vertu à toute chose, et à mettre sa confiance en Dieu, nous paraît le plus sûr et le plus digne de notre destinée.

Stagyre était un de ces esprits malades et agités qui croient appartenir à l'élite, parce qu'ils n'ont pas la force des esprits vulgaires; qui se font des joies et des peines à part de tout le monde, et qui, pour dernier trait de faiblesse et d'impatience, méprisent

---

(1) Les *Clémentines* (*Clementis romani quæ feruntur homiliæ viginti nunc primum integræ, prima homilia*), publiés par Albert Dressel. Gœttingue. *Débats* du 12 août 1858.

à la fois et envient la simplicité et le calme de ceux qu'ils appellent les petites gens. Pour se délivrer de son ennui, il était entré dans un monastère; mais il n'y rencontrait pas le calme, car il ne trouvait dans son cloître que ce qu'il y avait apporté. Le monde entier ne contient jamais, en effet, que ce qu'on y voit intérieurement. La réponse de saint Chrysostôme aux plaintes de Stagyre est curieuse, en ce qu'elle indique un des remèdes de son état de souffrance, et qu'elle montre que le jeune moine, comme bien des malades, ne pouvait supporter ni la douleur, ni le remède. « Ce qui vous fait peine surtout, Stagyre, dit le saint, c'est de voir que beaucoup d'hommes qui étaient en proie au démon de la tristesse, quand ils vivaient dans les délices et dans les plaisirs, s'en sont trouvés tout à fait guéris une fois qu'ils ont été mariés et qu'ils ont eu des enfants ; tandis que vous, ni vos jeûnes, ni vos veilles, ni toutes les austérités du monastère n'ont pu soulager votre mal (1).

Ainsi, dit M. Saint-Marc Girardin, ce n'était point faute de plaisirs et de délices que les hommes étaient tourmentés par la tristesse ou plutôt par l'*athumia*, mot grec qui est cent fois plus énergique : les belles esclaves, les danses ioniennes, les repas magnifiques, les combats des gladiateurs, les contes licencieux de Milet, les peintures voluptueuses qui tapissent les murs de Pompéi et d'Herculanum, rien ne faisait, et l'*athumia* empoisonnait tout cela. Mais si, fatigués de ces plaisirs et de ces angoisses, ils prenaient des mœurs régulières, s'ils se mariaient et avaient des enfants, alors, et comme par enchantement, le démon de l'ennui s'éloignait. La vie de famille et sa paisible douceur faisaient fuir les inquiétudes et les malaises. Comment, en effet, résister aux caresses des enfants? Pour échapper à l'épuisement, il faut que l'âme espère, qu'elle ait de l'avenir ; les enfants sont l'avenir de chaque famille (2). Ce caractère marque une des diffé-

(1) Saint Chrysostôme, édit. Gaume, t. I, p. 194.
(2) Saint-Marc Girardin, *Cours de littérature dramatique, ou de l'usage des passions dans le drame : Du suicide et de la haine de la vie.* Paris, 1843.

rences de la maladie de l'ennui et de la folie : dans celle-ci, en effet, l'influence de la famille est presque toujours nulle, quand elle n'est pas contraire.

Saint Chrysostôme examine ensuite quel est le genre de tristesse qui possède Stagyre, et il fait voir de la manière la plus claire que sa tristesse n'est que l'effet du dérèglement et de la mollesse de l'âme ; chagrins capricieux, qu'il suffit souvent d'un véritable malheur pour guérir aussitôt, parce qu'il n'y a pas d'erreur qui tienne contre la vérité. Après avoir gourmandé éloquemment ces fausses misères, il les analyse avec un talent d'observation qui semble appartenir à un moraliste moderne.

« Le meilleur moyen de se délivrer de la tristesse, dit-il, c'est de ne point l'aimer (1). » Mot profond et dont nous sentons aujourd'hui la justesse. Il faudrait les haïr, ces chagrins importuns qui nous cuisent et nous rongent ; mais, comme ils tiennent à nos passions par mille fibres vivantes, nous les réchauffons avec une sorte de tendresse. Est-ce à dire pour cela qu'il faille répudier la tristesse? Non, créée par Dieu, elle est bonne aussi ; il faut seulement savoir l'employer, et la vraie manière de s'en servir, est d'être triste non quand nous souffrons, mais quand nous faisons mal.

Écoutons maintenant saint Jérôme : « Il est des moines, ajoute ce saint Père, qui, par l'insalubrité de leur demeure, par des jeûnes immodérés, par ennui de la solitude, par excès de la lecture... tombent dans la mélancolie, et ont plutôt besoin des remèdes d'Hippocrate que de nos avis... J'ai vu des personnes de l'un et de l'autre sexe, en qui le cerveau avait été altéré par trop d'abstinence, surtout parmi celles qui habitaient dans des cellules froides et humides. Elles ne savaient plus ce qu'elles faisaient ni comment se conduire, ni ce qu'il fallait dire ou taire (2). »

---

(1) *Loc. cit.*, p. 269.
(2) Saint Jérôme, litt. 95, *ad Rusticum*; 97, *ad Demetriadem*.

Du v⁰ au x⁰ siècle, les documents deviennent plus rares; cependant de loin en loin, à travers la poussière des siècles, on suit la trace de cette maladie dans les monastères. C'est ainsi que M. Magnin, en compulsant les manuscrits de Hrosvita, religieuse de Gandershein, au X⁰ siècle, en exhume avec la tragédie de *Callimaque* les subtilités, la mélancolie, le délire de l'âme et des sens; et jusqu'à cette fatale inclination au suicide et à l'adultère, attributs presque inséparables de l'amour au xix⁰ siècle (1).

Ces sentiments, dont on constate quelques exemples, à cette période de croyance, ne sont eux-mêmes qu'une des formes de l'ennui inhérent à l'homme qui, porté à son plus haut degré, revêt les caractères de la mélancolie monomaniaque.

Mais, avec le xii⁰ et le xiii⁰ siècle une révolution générale s'opéra dans les esprits, dans la nature des relations sociales, dans la littérature et dans les arts (hérésies albigeoises, croisades, etc.). A la vie de château, au sentiment religieux, au petit nombre d'idées succédèrent l'esprit de doute et l'examen, l'enthousiasme chevaleresque, le relâchement des mœurs. « L'ennui, dit M. Bourquelot, s'empara des populations du moyen âge, comme il s'est emparé des peuples modernes, fatigués, blasés, imbus d'une philosophie sceptique; et souvent les hommes et les femmes, les moines et les chevaliers, éprouvèrent le besoin d'en finir avec l'existence. »

A cette époque, le suicide se montra avec plus de fréquence dans les monastères. L'âme des moines paraît avoir été affectée d'une tristesse et d'un désespoir, sorte de maladie mentale, qui souvent cherchait son remède dans la mort. Il arrivait, en effet, de temps à autre, que ces prisonniers volontaires, vivant dans le silence, privés du commerce des autres hommes, des distractions et des jouissances que donne le monde, obligés à la pratique des vertus les plus difficiles, condamnés à concentrer toutes leurs facultés dans l'amour d'un Dieu invisible, se sentaient pris d'une

(1) *Revue des deux mondes*, 15 novembre 1839.

mélancolie profonde et du dégoût de la vie. Césaire en rapporte des exemples (1).

La manie du suicide, bornée d'abord à quelques exceptions, se ranima, comme un souvenir de temps antiques, et pénétra dans les diverses classes de la société. Blanche de Castille, la femme sainte, la mère de saint Louis, en apprenant la mort de son époux Louis VIII, tombe dans un si profond désespoir, qu'elle veut s'arracher la vie (2). L'infortuné Regnault, comte de Boulogne, fait prisonnier à la bataille de Bouvines, et ayant perdu, lors de l'avénement de Louis IX au trône (1226), toute espérance de recouvrer jamais la liberté, se donna la mort dans sa prison (3). Les romans et les poëmes du XIIe et du XIIIe siècle renferment de touchants épisodes où les peines de l'amour, la crainte du déshonneur, conduisent à la mort les châtelaines et les héros.

Sénèque nous a montré l'âme de ses contemporains pleine d'ennui et de dégoût, languissante, privée de développement et d'essor, n'osant se regarder elle-même, mécontente de ce qu'elle a fait, hésitant sur ce qu'elle doit faire. L'homme se plonge de plus en plus dans la solitude sans y trouver le repos qu'il cherche ; il appelle en vain les distractions ; il se donne du mouvement, il voyage, il fait succéder une émotion à une autre émotion, il change un spectacle pour un autre spectacle, il veut se fuir et il se poursuit : il se retrouve sans cesse ; il est lui-même un compagnon importun (4). La tristesse de Clément diffère de celle de

(1) Il n'est point de médecin qui ne reconnaisse dans ce tableau les principaux traits de la lypémanie, et il est certain que la démonomanie devait former une des variétés importantes de ce type. (Voy. *De la folie*, par Calmeil.) — Consulter le savant mémoire de M. F. Bourquelot. On m'a critiqué d'avoir emprunté à cet érudit professeur quatre ou cinq pages de sa brochure si curieuse, qui en contient près de cent. Je ne puis que me féliciter d'avoir suivi le conseil de M. le professeur Tardieu qui m'avait engagé à la lire.
(2) *Chroniq. de Philippe Mouskes* (in-4 publié par M. de Reiffenberg), t. II, p. 554... Frère Garius qui l'encontre.
(3) *Chron. Alberica.*, a., 6, Leibn., édit. 1698, p. 522.
(4) Félix Bourquelot, *ouvr. cit.*

Serène; elle n'est pas encore l'idée du suicide, et le malade cherche la guérison de ses souffrances dans les vraies consolations de l'âme.

Saint Chrysostôme nous a également dépeint la tristesse, l'*athumia*, le défaut d'énergie et de ressort, l'abattement, ou, pour traduire d'une manière exacte, le néant de l'âme ; il y a, dans ce cas, apathie, défaut d'action ; l'intelligence est libre, elle peut agir, et si elle ne le fait pas, c'est qu'elle le veut ainsi.

Dans saint Jérôme l'*athumia* a fait un pas en avant. Jusqu'à présent la raison, quoique dans le vague, et se repaissant de sentiments chimériques, était saine ; mais la limite est enfin franchie, et dans la description de saint Jérôme on voit poindre l'aliénation mentale.

Ces désordres de l'intelligence sont plus marqués dans l'*acedia* (*accidia*) des moines, dont Cassien, qui écrivait au v° siècle, nous a laissé la description, et dans les folies de la démonolâtrie dont M. Calmeil a recueilli un grand nombre d'exemples.

Il existe, rapporte Cassien dont la sainteté avait réuni en peu de temps, autour de lui, dans les Gaules, plus de 5000 cénobites, un genre détestable de tristesse qui, loin de porter les hommes à une régularité plus grande dans leur conduite et à l'amendement de leurs défauts, jette leurs âmes dans le désespoir le plus funeste (1).

Les écrivains ecclésiastiques se sont fréquemment occupés de cette maladie morale du monde monacal, à laquelle ils ont donné le nom particulier d'*acedia* (2). Cette maladie mène droit au

(1) Cassiani, lib. IX, *De spiritu tristitiæ*, ap. *Cass. opera omnia*, ab Alardo Gazæo edita. Paris, 1642, p. 193.

(2) On lit dans le *Speculum morale* de Vincent de Beauvais (in-fol., Argentinæ, 1476, lib. III, p. vi) : « ..... Accidia est quedam tristitia, aggra-
» vans que ità deprimit animam hominis, ut nihil ei agere libeat, et imo accidia
» importat quoddam tedium benè operandi... Filie accidie multe sunt, quod
» multis modis per accidiam peccat homo. Ejus autem filie sunt hec : dilatio,
» segnities sive pigritia, tepiditas, pusillanimitas, inconstantia sive imperseve-
» rantia et inquietudo corporis, evagatio mentis, ignorantia, ociositas, verbo-
» sitas sive multiloquium, murmur, taciturnitas mala, indiscretio, gravedo,
» somnolentia, negligentia, omissio, indevotio, languor, tedium vite, impeditio

suicide, et les exemples des moines qu'elle y a poussés sont malheureusement assez nombreux (1). Voici, entre autres, ceux que Césaire, religieux de Cîteaux, cite dans ses *Dialogi miraculorum*, composés au XIIIe siècle. Une religieuse, d'un âge avancé, d'une vie exemplaire, se sent tout à coup *troublée et tourmentée par le mal de tristesse, de l'esprit de blasphème, de doute et d'incrédulité* ; elle tombe dans le désespoir, refuse les sacrements, puis, se croyant condamnée au feu éternel, et craignant que, suivant la menace du prieur qui la dirige, son corps ne soit enterré sans honneur dans les champs, elle se précipite dans la Moselle, dont on parvient à la retirer vivante (2). — Un convers, jusqu'à la vieillesse, avait mérité l'estime et les éloges de ceux qui l'entouraient, par la régularité de sa conduite et par le rigorisme de ses pratiques religieuses. Enfin, il fut pris d'une sombre mélancolie ; il s'imagina que ses péchés étaient trop grands pour que Dieu voulût lui pardonner, et désespéra de son salut ; il ne pouvait plus prier, et, plein d'un doute accablant, il se jeta dans un réservoir d'eau voisin du monastère, où il périt noyé (3). — Une jeune religieuse est *séduite par les artifices magiques* d'un moine, et ne pouvant résister aux tentations qu'il lui inspire, devenue folle d'amour, elle veut sortir du couvent. On l'en empêche ; alors, obéissant à l'impulsion de son désespoir, elle se précipite dans un puits et meurt (4). — Baudouin, moine de Brunswick, la tête affaiblie par les veilles et le travail, se pend à la corde de la cloche de son couvent ; on parvient à le sauver de la mort, il ne put recouvrer l'intégrité de sa raison (5). — On lit aussi dans Cassien le récit

» bonorum, impenitentia, desperatio... » — Ces citations et les suivantes appartiennent à l'érudit M. Bourquelot, page 34 de sa brochure.

(1) *Histor. monast. Villariensis*, lib. II, cap. VIII, in *Thes. anecd.*, D. Martene, t. III, col. 1368.

(2) Cap. XL. *Cæsarii monast. cisteriensis Dialogi miraculorum, distinct.* III, ap. Tissier, *Bibl. cisterciensis* (in-fol., 1660), v. I, t. II, p. 95.

(3) Cap. XLI, *id., ibid.*

(4) Cap. XLII, *id., ibid.*

(5) Cap. XLV, *id., ibid.*

de la mort d'un vieux moine, nommé Héron, qui se précipita au fond d'un puits (1). Il importe de remarquer que, pour ce dernier, le prieur du couvent permit qu'il fût enterré avec les prières de l'Église, à cause de la ferveur qu'il avait montrée pendant son long séjour.

Les auteurs qui racontent ces suicides, et Césaire entre autres, les considèrent comme tellement honteux pour les ordres monastiques, qu'ils hésitent à les rapporter, et surtout à nommer les lieux et les couvents où ils ont été accomplis. Leurs scrupules eussent été moindres, s'ils avaient connu l'influence de la folie dans les événements de ce genre. Césaire craint aussi que ce ne soit une chose funeste pour les faibles d'entendre de semblables récits (2). Ailleurs, il s'exprime ainsi : «Peut-être Dieu permet de pareilles choses, afin que nul, quelque parfait qu'il soit, ne s'enorgueillisse de ses vertus et de ses œuvres.» Le même auteur pense qu'une ferveur indiscrète est susceptible d'engendrer la tristesse nommée *acedia*, et, après s'être demandé ce que doivent devenir les âmes de ceux qui se sont donné la mort à eux-mêmes, il établit la distinction suivante: « Si la tristesse et le désespoir, non pas la frénésie et l'aliénation de l'esprit, sont les seules causes du suicide, il n'y a pas de doute que celui qui le consomme est damné. Quant aux fous et aux furieux, qui sont privés de raison, ce n'est pas une question s'ils sont sauvés, de quelque façon qu'ils meurent, pourvu toutefois qu'avant de tomber en démence, ils aient eu l'amour de Dieu (3).»

Ces divers paragraphes prouvent que l'Église se relâchait quelquefois de ses rigueurs, lorsqu'il y avait des circonstances atténuantes, et qu'elle savait très-bien faire la distinction entre les états moraux, résultats de la mauvaise direction des pensées,

---

(1) *Cassiani Collatio* II, cap. v.
(2) Cap. xli, *Dialogi miraculorum Cæsarii*, loc. cit.
(3) *Dialogi miraculorum Cæsarii*, loc. cit. — En parlant du suicide au moyen âge, dans les monastères, nous avons considéré la plupart de ces faits comme se rattachant à la *folie lypémaniaque* ou mélancolique.

dont la volonté pouvait triompher, et les désordres de l'esprit occasionnés par la folie; ils prouvent aussi qu'elle connaissait les dangers de l'exagération religieuse et de l'imitation contagieuse. La tristesse, l'ennui, le spleen, le dégoût de la vie, encore augmentés par le silence des cloîtres, la vie contemplative, l'ascétisme et le mysticisme, rendaient les esprits faibles, rêveurs, mélancoliques et déjà malades, plus aptes à recevoir les impressions sociales de l'époque. Comme la crainte de l'enfer, la peur des démons et la terreur de la fin du monde, étaient les idées dominantes du xe et du xie siècle, il se développa alors une véritable épidémie qui a été décrite sous le nom de *monomanie suicide des démonolâtres.*

On a souvent vu, de nos jours, les criminels disposer d'une vie que réclame la justice. Les démonolâtres (femmes) de la haute Allemagne, dit M. Calmeil, arrivaient aux audiences la figure et le corps couverts de meurtrissures et d'ecchymoses. Elles se frappaient à la manière des lypémaniaques, en cédant à l'impulsion du délire et du désespoir. C'était pourtant, à les en croire, le diable qui les mettait en cet état et qui les battait en arrière, parce qu'il était outré des aveux qu'elles faisaient aux juges. Finalement, poussées à bout de tous les côtés, n'ayant en perspective que leurs tortures morales, la question et le bûcher, elles cherchaient dans le suicide un remède contre tant de maux, et s'étranglaient avec les lambeaux de leur misérable défroque, en s'attachant aux barreaux de leur prison (1).

Les démonolâtres se donnaient la mort soit par dégoût de la tyrannie du démon, soit par l'effet du remords, soit par la crainte de la justice humaine. Il leur arrivait à chaque instant de se pendre, de se précipiter dans les puits, dans les rivières, de se percer avec des instruments vulnérants. « Un condamné, dit Remy, fait usage pour s'étrangler d'une bandelette de toile

(1) Sprenger, *In malleo maleficorum*, p. 166. — M. Parchappe, *Le maillet des sorcières.*

à moitié pourrie dont il a fixé les bouts à un os enfoncé dans la muraille. Ses jambes étaient repliées sur ses cuisses et ses genoux touchaient presque à terre ; cependant, il n'en avait pas moins atteint son but, et il était mort dans cette posture, tout aussi bien que si le bourreau l'eût lancé du haut d'une potence et tenu suspendu au bout de la meilleure corde (1). »

Quelque soin que nous ayons mis à parcourir les écrits relatifs à l'ennui, au dégoût de la vie, à la tendance au suicide, il faut reconnaître que les faits de ce genre, pendant le moyen âge, sont peu nombreux, comparés à ceux que [nous fournira le XIX° siècle. En vain répétera-t-on l'éternel refrain que la question est mieux étudiée de nos jours, que la statistique ne fait que de naître ; nous nous contenterons de répondre que les faits moraux ont toujours été bien observés, et qu'il suffit d'ailleurs d'avoir un tableau exact des idées dominantes, des lois, des mœurs, des usages d'une époque, pour en refaire le bilan intellectuel et moral. Or, tous les ouvrages écrits sur le moyen âge s'accordent à dire qu'aux XIV°, XV° et XVI° siècles, le meurtre de soi-même était classé parmi les crimes et puni comme tel ; l'idée propagée par l'Église chrétienne avait fini par s'enraciner dans les esprits, et passer de la loi pénale dans les mœurs publiques. Il y eut sans doute des suicides pendant ces siècles, et M. Bourquelot en a rapporté des exemples, quoiqu'il les ait peut-être trop généralisés ; malgré la circulation plus grande des idées, le sentiment religieux, si longtemps maître de la pensée humaine, leur opposa une digue puissante et parvint à les contenir dans des limites plus resserrées. D'ailleurs, nous n'avons pas à nous occuper ici de l'histoire du suicide en général, mais de l'influence qu'eut l'ennui sur cette détermination.

(1) M. Remigius, *opere citato*, p. 352, 353, 355, 357. — Voyez Calmeil, *De la folie*. Voy. aussi nos *Observations médico-légales sur les diverses espèces de suicides*, dans lesquelles nous avons cité de nombreux exemples de strangulation sans suspension (*Annales d'hygiène et de médecine légale*, 1848, t. XL, p. 411).

Il n'est point douteux cependant que le mouvement intellectuel du xvi° siècle ne fit naître des sentiments nouveaux. L'activité personnelle de chaque individu dut, il est vrai, laisser moins de temps et de place aux ennuis et aux tristesses de l'âme; d'un autre côté, le réveil des sciences et des lettres, les apologies du suicide, exercèrent une influence contagieuse sur cette tendance à la rêverie et à la mélancolie, si commune parmi les hommes. L'ébranlement de la foi dont ce siècle fut le point de départ, la renaissance de la philosophie, ne contribuèrent pas peu à répandre les germes du doute et du scepticisme qui auront leur personnification dans Werther.

Le xvi° siècle présente surtout un aliment nouveau au suicide rêveur et mélancolique dans le personnage d'Hamlet. Ce qu'il y a de profond et d'immense dans l'idée de la mort, ce qu'il y a de vague dans les terreurs qui s'y rattachent, ce qu'il y a d'horrible et même de rebutant dans les traits qui la caractérisent, tout cela semble attirer le génie anglais. Shakespeare lui-même ne fait qu'obéir à l'inspiration du Nord. C'est au génie du Nord qu'il doit ce goût de tristesse, qui a fait école dans son pays. Au midi, la vie et la beauté sont choses sacrées, dont l'homme écarte avec soin l'idée de la mort comme une sorte de profanation; au Nord, l'homme appelle volontiers cette idée comme pour mieux sentir par le contraste le charme de la vie et de la beauté. Telle est dans Shakespeare l'influence que le climat a exercée sur la poésie. C'est dans cet auteur que nous trouvons le principe et la source de cette littérature du suicide; ainsi Hamlet s'écrie : «Mourir, dormir, rêver peut-être... au delà de la vie, qu'y a-t-il?» Elle a déjà dans ce poëte les traits principaux qui la caractérisent : le goût de la mort et le doute de l'avenir.

M. Saint-Marc Girardin fait une remarque d'une extrême profondeur sur la folie qu'Hamlet commence par affecter, qui finit par le troubler lui-même et par égarer aussi la raison de la jeune Ophélia. « Il y a là, dit-il, une curieuse leçon qui s'applique fort bien à ces caractères orgueilleux et faibles qui rêvent d'autant plus qu'ils agissent moins. Il n'est pas bon pour l'homme de donner carrière à toutes ses rêveries. Les sentiments singuliers, les principes étranges qui nous viennent à l'esprit, nous plaisent d'abord, parce qu'ils nous font croire que nous avons quelque chose d'original et d'au-dessus du vulgaire. Nous nous laissons aller volontiers à la tentation d'exprimer ces sentiments bizarres, afin de nous faire regarder comme un homme à part, comme une exception, chose charmante et qui excite l'ambition de tout le monde, surtout dans le temps et le pays où règne l'égalité. Mais ce petit charlatanisme n'est pas sans danger pour nous. On commence par vouloir duper les autres, on finit par se duper soi-même ; on gagne involontairement l'exaltation qu'on singeait, et l'on perd le bon sens, pour avoir voulu, comme Hamlet, jouer avec la folie. »

Ce remarquable passage est un argument très-fort en faveur de la théorie que nous avons émise dans la préface de ce livre, sur le rôle de l'intuition. N'est-ce point par elle, disions-nous, que les grands moralistes pénètrent dans les mystères du cœur humain et découvrent ainsi, avec l'œil de leur entendement, ce qu'une longue observation peut seule apprendre aux savants? On trouve, en effet, dans ces lignes de M. Saint-Marc Girardin, exposées de la manière la plus fidèle, les influences de la simulation de la folie et de son imitation contagieuse. Shakespeare est surtout un exemple décisif de la puissance de cette faculté, car ses œuvres contiennent une admirable description des principales variétés de la folie (le roi Léar, lady Macbeth, Hamlet, etc.).

La prépondérance de la pensée et de la parole sur l'action, et pour tout dire d'un mot, la faiblesse, voilà donc le fond des héros du suicide rêveur et mélancolique. Pénétrez dans ces âmes inquiètes, vous y trouverez la faiblesse et l'inertie. La force de vivre, au contraire, fait essentiellement partie du génie. Voyez Homère, le Dante, Milton, le malheur ne leur a pas manqué ; ils ont vécu cependant, parce qu'ils avaient en eux la force qui fait supporter les peines de la vie (1).

Au xvii⁰ siècle, l'ennui rongeait la cour de Louis XIV, et c'est cette plaie que madame de Maintenon est chargée de panser sans cesse. Mais comme cette femme célèbre représentait le triomphe de la vie privée ; mais comme cette vie privée, dit M. Saint-Marc Girardin, était tombée dans l'oisiveté des palais, elle avait le mal de l'ennui ; de sorte que madame de Maintenon, à Versailles, était à la fois l'héroïne et la martyre de la vie privée. Quel martyre j'ai souffert, disait-elle à Saint-Cyr, après la mort de Louis XIV, dans ses conversations avec madame de Glapion, et dans quelle gêne je passais ma vie pendant qu'on me croyait la plus heureuse femme du monde ! Hélas ! il me le dit en mourant lui-même : « Je ne vous ai pas rendu heureuse ; » en m'assurant qu'il ne regrettait que moi et qu'il m'avait toujours aimée.

Les doctrines sensualistes du xviii⁰ siècle, les atteintes portées aux croyances religieuses, les encouragements donnés au suicide par les écrivains les plus distingués avaient produit leurs fruits, l'ennui et le dégoût de la vie s'emparèrent de nouveau des esprits.

A ce siècle se rattache, pour le sujet que nous étudions, une femme dont l'esprit a brillé avec éclat.

Madame du Deffand, quoi qu'elle prétende, a toujours eu dans la tête un bout de roman qui, ne trouvant pas à se satisfaire, eût suffi pour la tenir mécontente, et elle y joignait, par malheur pour elle, l'habitude et le don funeste de scruter toute chose à fond, et de s'en démontrer ingénieusement le vide. On ne peut souffrir plus cruellement du mal philosophique et tout de réflexion, qu'elle a la première appelé « l'ennui ». On ne saurait ressentir ce mal avec plus de profondeur, ni l'exprimer avec plus de naturel. « Après tout, qu'est-ce que cela me fait ? »

(1) *Du suicide et de la haine de la vie* (*Cours de littérature*, 1843).

s'écrie-t-elle, ayant presque failli s'intéresser à l'un de ces événements politiques qui excitent d'ordinaire les passions des hommes. Le néant de la vie lui donnait « des accès de désespoir ». On s'aperçoit à son langage que Werther approche. Au fond de son fauteuil, parmi les rêves d'un brillant état de fortune, cette femme ennemie des systèmes et des attitudes de tragédie, point ennemie du bien vivre, donnant des soupers agréables, a poussé plus loin le désenchantement volontaire, que les bruyants héros du suicide. Ceux-ci du moins ont eu assez de foi dans la mort pour lui demander un refuge. Cette dernière ressource ou cette dernière illusion a manqué à madame du Deffand. Après y avoir bien réfléchi, de quelque manière qu'elle tournât et retournât la mort, elle ne la jugeait pas moins sotte que la vie (1).

Rousseau, dans le personnage de Saint-Preux, et Gœthe dans celui de Werther, résumèrent les sentiments de leurs compatriotes. Quoique ces deux figures appartiennent au roman, comme elles ne sont pas moins la reproduction exacte des tendances de l'époque, nous en dirons quelques mots, sans oublier René, Raphaël : car Saint-Preux, Werther, René, Raphaël, ce sont Rousseau, Gœthe, Chateaubriand, Lamartine, et ces grands hommes sont eux-mêmes les microcosmes de leur temps.

Werther est le type des personnages ardents et exaltés, manquant de force et de patience ; la vie n'est pas faite pour eux. Un insecte mortel l'a piqué dans la fleur de sa jeunesse ; cet insecte, c'est l'esprit de doute, c'est l'esprit du xviii° siècle, le scepticisme. Lorsque Werther rentre en lui-même, il y trouve un monde plutôt en pressentiments et en sombres désirs qu'en réalité et en action. Cette mélancolie oisive n'apaise pas les passions ; un instant il est occupé, mais il se retire rapidement des affaires, ayant hâte de rentrer dans la vie intérieure : car c'est là

---

(1) *Correspondance inédite de madame du Deffand*, précédée d'une notice par le marquis de Saint-Aulaire, 2 vol., 1859. — Analyse de J. J. Weiss, *Débats* du 21 avril 1861.

qu'il met le mouvement, c'est là qu'il s'agite et se travaille, c'est là le spectacle dans un fauteuil.

Le véritable travail, il le dédaigne, quoiqu'un état soit le moyen d'ajouter à son prix personnel, et que surtout il soit l'accomplissement de la loi divine, puisque Dieu nous a mis ici-bas pour agir et non pour rêver. A toutes nos pensées, à tous nos sentiments, il a attaché l'action comme une nécessité : à la piété, le culte ; à l'amour, le soin de la famille ; à l'idée du beau, les arts. Nulle part, Dieu ne s'est contenté de la pensée, parce qu'elle s'évanouit bientôt dans la rêverie, et que la rêverie a inspiré de tout temps le dégoût du travail, et mené au suicide.

On trouve dans Stobée l'histoire d'un jeune homme qui, forcé par son père de se livrer aux travaux de l'agriculture, se pendit, laissant une lettre où il déclarait que l'agriculture était un métier trop monotone; qu'il fallait sans cesse semer pour récolter, récolter pour semer, et que c'était là un cercle infini et insupportable. Ce suicide par orgueil et par paresse ressemble à beaucoup de suicides modernes (1). Stobée vivait vers le ve siècle.

Ce qui manque à Werther, c'est le respect de la volonté de Dieu, ce goût de la règle qui rend la vie facile et douce, parce que, fils du XVIIIe siècle, il n'a pas la foi simple et ferme qu'avaient ses pères. Le côté intéressant à étudier dans son caractère, fort commun même parmi les gens qui ne se tuent pas, ce sont les divers degrés de la défaite, les émotions diverses entre la première et la dernière pensée. Tantôt l'âme se rattache avec une sorte de joie douloureuse aux souvenirs de la vie, tantôt elle se sent prise d'une aigreur impatiente qui fait que tout la choque et la blesse, un mot, un geste, un regard. Dans cette impatience même, on sent l'effort et la révolte de la vie contre une résolution fatale que l'homme, arrivé à ce point, n'a plus la force de changer et qu'il n'a pas non plus la force d'accomplir.

(1) J. Stobæus, *Sermones vel Anthologicon*, en latin *Florilegium*. Oxford, 1822, 4 vol., par Gaïsford, cap. LVII, t. II, p. 420.

Werther est de l'école de Saint-Preux, auquel il a emprunté son amour passionné(1). Il est curieux de remarquer, en passant, l'effet que produisirent sur les contemporains les deux influences contradictoires de Rousseau et de Voltaire. Les passions romanesques succédèrent aux bonnes fortunes des roués ; ce fut un changement de mode plutôt qu'une révolution dans les mœurs : il y eut de grandes paroles et de petits sentiments, des émotions médiocres et des conversations enthousiastes. Un autre point de ressemblance, c'est cette sensibilité qui, malgré l'exaltation du langage, tient plutôt encore à la tendresse des sens qu'à la tendresse de l'âme; et c'est là vraiment la tendresse telle que l'entendait le xviii° siècle (2).

Cette sensibilité, moitié âme et moitié corps, est un mauvais préservatif contre la pensée du suicide : *sensus carnis mors est*, a dit saint Paul ; *sensus verò spiritûs vita et pax* (3). Aussi Werther sucomba-t-il, en léguant, comme l'a très-bien fait observer madame de Staël, cette fatale disposition de son esprit à une génération de rêveurs sur laquelle elle produira les plus fâcheux résultats.

René, qui inaugure ce siècle, est le continuateur de Sérène, de Clément, de Stagyre, de Werther ; malgré son éducation religieuse, le doute est au fond de tout son être. Ce jeune homme, à l'âme ardente, inquiète et dévastée, à l'imagination effrénée, aux désirs infinis vers un but inconnu et qu'on n'atteint jamais, plutôt rêveur qu'homme d'action, plutôt poëte que logicien, est

---

(1) Il paraît bien évident aujourd'hui, d'après la publication des *Souvenirs de la jeunesse de Gœthe*, par Kestner, fils de la célèbre Charlotte, que le grand poëte peut avoir eu des pensées de mort, en étant obligé de se séparer de celle qu'il aimait, mais que la scène du suicide lui a été suggérée par la fin malheureuse d'un jeune homme qu'il avait connu et qui se tua par amour pour la femme d'un autre secrétaire. La lettre que celui-ci écrivit à ses derniers moments finissait par ces mots : « Une heure ! Nous nous reverrons dans l'autre vie ! »
(2) Saint-Marc Girardin.
(3) *Épître aux Rom.*, chap. viii, v. 6.

bien la personnification de cette jeunesse souffrante que les horreurs dont elle avait été témoin avaient dégoûtée de la vie. A l'époque où il parut, on sortait d'une révolution qui avait renversé les deux colonnes fondamentales de l'ancien édifice, la religion et la royauté. Des flots de sang avaient emporté le prêtre, le monarque et le noble. Point de famille qui ne comptât des victimes, point de fortune qui n'eût été ébranlée ou anéantie ; partout des débris, nulle part un refuge. Les croyances étaient mortes, les espérances également. Le désespoir, le scepticisme, la vengeance, régnaient dans les esprits. Les crimes, les apostasies, les délations, avaient montré en maintes circonstances jusqu'où peuvent aller les mauvaises passions et tout ce qu'il y a de souillures au fond du cœur de l'homme. Un découragement immense avait succédé à la foi des siècles précédents. Lorsque, plus tard, René reprend son véritable nom et publie ses *Mémoires d'outre-tombe*, on lit presque à chaque page l'aveu de l'ennui qui le dévore. Qu'il soit orateur, écrivain, ambassadeur, ministre, il n'est jamais content ; la place où il est lui pèse ; il faut qu'il en change, jusqu'à ce que, chargé d'années et d'ennui, il s'asseye silencieusement dans un coin, se renfermant dans un dédaigneux silence.

Lisez Raphaël, qui comme René, a divulgué dans ses *Nouvelles confidences* le secret de son nom, vous retrouverez dès les premières pages l'indécision, le vague, la rêverie, qui sont l'apanage de ces esprits en qui la foi est morte.

« ..... La langueur de toutes choses autour de moi était une merveilleuse consonnance avec ma propre langueur. Elle s'accroissait en la charmant. Je me plongeais dans des abîmes de tristesse. Mais cette tristesse était vivante, assez pleine de pensées, d'impressions, de communications intimes avec l'infini, de clair-obscur dans mon âme, pour que je ne désirasse pas m'y soustraire. Maladie de l'homme, mais maladie dont le sentiment même est un attrait au lieu d'être une douleur, et où la mort ressemble à un voluptueux évanouissement dans l'infini. J'étais résolu à m'y livrer désormais tout entier, à me séquestrer de toute société qui pouvait m'en distraire, et à m'envelopper de silence, de solitude et de froideur, au milieu du monde que je rencontrerais là ; mon isolement d'esprit était un linceul à travers lequel je ne voulais plus voir les hommes, mais seulement la nature et Dieu. » (Page 31.)

Plus récemment, M. de Lamartine, dans des strophes adressées à un artiste qui avait fait son buste, ne met-il pas à découvert l'amertume et le désenchantement qui le désespèrent ?

Nous en citerons seulement quelques vers :

> Laissons aller le monde à son courant de boue
>   . . . .
> Au pilori du temps n'expose pas mon ombre !
> Je suis las des soleils, laisse mon âme à l'ombre.
> Le bonheur de la mort, c'est d'être enseveli !
> Que la feuille d'hiver au vent des nuits semée,
> Que du coteau natal l'argile encore aimée,
> Couvrent vite mon front moulé sous son linceul !
> Je ne veux de vos bruits qu'un souffle dans la brise,
> Un nom inachevé dans un cœur qui se brise.
> J'ai vécu pour la foule et je veux dormir seul.

Les conséquences de cette disposition de l'âme furent pour Rousseau, Werther, Chateaubriand, Raphaël, des tentatives de suicide ; c'est ce qu'on observe dans la plupart des cas de ce genre. Chateaubriand raconte ainsi cet événement de sa vie :

« Me voici arrivé à un moment où j'ai besoin de quelque force pour confesser ma faiblesse. L'homme qui attente à ses jours montre moins la vigueur de son âme que la défaillance de sa nature.

» Je possédais un fusil de chasse dont la détente usée partait souvent au repos. Je chargeai ce fusil de trois balles, et je me rendis dans un endroit écarté du Grand-Mail. J'armai ce fusil, j'introduisis le bout du canon dans ma bouche, je frappai la crosse contre terre ; je réitérai plusieurs fois l'épreuve, le coup ne partit pas : l'apparition d'un garde suspendit ma résolution.

Fataliste sans le vouloir et sans le savoir, je supposai que mon heure n'était pas arrivée, et je remis à un autre jour l'exécution de mon projet. Si je m'étais tué, tout ce que j'ai été s'ensevelissait avec moi ; on ne saurait rien de l'histoire qui m'aurait conduit à ma catastrophe ; j'aurais grossi la foule des infortunés sans nom : je ne me serais pas fait suivre à la trace de mes chagrins, comme un blessé à la trace de son sang (1). »

Raphaël, ainsi que Chateaubriand, a aussi son heure de désespoir : « J'enlaçai, dit-il, huit fois au tour de son corps et du mien, étroitement unis comme dans un linceul, les cordes du filet des pêcheurs qui se trouvèrent sous ma main dans le bateau. Je la soulevai dans mes bras, que j'avais conservés libres, pour la précipiter avec moi dans les flots..... Au moment même où l'élan que j'avais pris avec mes pieds allait nous engloutir à jamais ensemble, je sentis sa tête pâle se renverser, comme le poids d'une chose morte, sur mon épaule, et son corps s'affaisser sur mes genoux (2). »

Plus tard, dans son *Cours familier de littérature*, M. de Lamartine a parlé du suicide en moraliste.

Parcourez la correspondance de Benjamin Constant et de madame de Charrière, vous y découvrirez cette disposition mélancolique de l'esprit. Des pensées de suicide ne cessent de l'assiéger... «J'étais, dit-il, abattu, je souffrais, je pleurais. Si j'avais eu là mon consolant opium, c'eût été le bon moment pour achever, en l'honneur de l'ennui, le sacrifice marqué par l'amour. » Cette idée se retrouve dans plusieurs de ses lettres (3). Le roman d'*Adolphe*, image fidèle de l'auteur, ne laisse aucun doute sur les dispositions de son cœur.

Le cri de douleur du suicidé de Maxime Ducamp n'est que la répétition des paroles de tous ces malades.

«Ah ! je connais ma plaie... le grand œuvre de la vie se ren-

(1) *Mémoires d'outre-tombe* (*Presse*, 31 octobre 1848).
(2) Raphaël, *Pages de la vingtième année*, p. 159 et suiv. Paris, 1849.
(3) *Revue des deux mondes*, 15 avril 1846.

contre dans l'*action* qui comporte la pensée, le travail et l'amour; j'ai follement et lâchement préféré l'*inaction*, où j'ai trouvé la rêverie, la pensée et l'égoïsme.

» Les mauvaises passions se sont rendues maîtresses de mon être *désemparé*; elles m'ont poussé dans des rêves éperdus où je me suis usé à désirer tout ce que je ne pouvais avoir. Et cependant, si j'avais été riche, quels voyages j'aurais entrepris! quels théâtres j'aurais fait bâtir! quelles fêtes j'aurais données aux artistes, aux poëtes et aux femmes, ces manifestations divines de l'intelligence et de la forme! quels livres, quels tableaux, quels monuments, quelles statues, quelles symphonies j'aurais fait exécuter! quel Dieu, à main toujours ouverte; j'aurais été pour les élus de l'esprit, pour les inventeurs et les hardis pionniers qui se jettent dans le pays de l'inconnu! quelles machines j'aurais fait construire pour explorer le fond des mers! quels ballons gigantesques pour monter jusqu'aux étoiles! quelles armées d'ouvriers pour aller arracher aux entrailles de la terre le dernier mot de leur secret!... Que Dieu me pardonne, voilà que je rêve encore! Hélas! c'est cependant à ruminer sans cesse des folies semblables, que j'ai consumé sans retour mes facultés les meilleures! »

J'ai cité ce passage, parce qu'il est la répétition de ce que j'ai entendu dans maintes circonstances, et que ces rêveurs éveillés n'existent pas seulement parmi les prédestinés à la folie, au suicide, mais se rencontrent aussi dans la catégorie nombreuse des esprits impressionnables, chez lesquels l'imagination est toute-puissante, et qui n'en sont pas moins des hommes d'action.

Rien de plus vrai aussi que l'existence de ce type qui s'écrie: «A travers tout ce que j'ai aimé, possédé, désiré, cherché, voulu, demandé, décidé, j'ai toujours décidé, demandé, voulu, cherché, désiré, possédé, aimé autre chose (1). »

(1) Maxime Ducamp, *Mémoires d'un suicidé*.

Ainsi à dix-huit siècles de distance, on constate la même disposition maladive des âmes, masquée sous des formes différentes, mais produite au fond par les mêmes passions. C'est que dans ces deux civilisations le véritable but d'activité, celui des nobles tendances, s'est également perdu. L'amour de la patrie chez les anciens, le sentiment religieux chez les modernes, n'ont plus de racines dans les cœurs. La soif du bien-être matériel, la crainte de le perdre ont remplacé les sentiments généreux, et l'individualisme, plus puissant que jamais, lève sa tête orgueilleuse sans être retenu par aucun frein. Ce rapport entre les deux époques n'est-il pas de nature à inspirer les plus sérieuses inquiétudes? M. Molé s'est donc trompé étrangement en répondant au discours de réception du célèbre Alfred de Vigny, lorsqu'il a dit, dans son amère critique de ce beau morceau d'éloquence : « Rien ne ressemble aux deux caractères de Chatterton et de Kitty Belle, pas même ce qui les rappelle, comme Gilbert, Werther, René lui-même, et toute cette famille, hélas ! si attachante, d'âmes et d'esprits malades, qui remonte jusqu'à J. J. Rousseau. Au delà du xviii° siècle, on ne retrouve plus leur trace. Ils appartiennent à des générations amollies, à une civilisation énervée, où l'homme, s'absorbant en lui-même et s'apitoyant sur sa propre destinée, s'isole de ses semblables et concentre toute son existence dans un stérile et plaintif orgueil. » Les personnages de Sénèque et de saint Jean Chrysostôme sont bien évidemment de la même famille, et doivent être regardés comme les aïeux de ceux de Chateaubriand, de Lamartine et de tant d'autres.

« En général, dans les sociétés qui vieillissent, écrit un auteur moderne, les âmes ayant perdu le soutien de la foi et acquis la triste expérience du passé sans avoir trouvé la confiance dans l'avenir, les *âmes lasses d'elles-mêmes*, suivant l'expression de Montesquieu, tombent dans une tristesse pernicieuse qui appelle le sommeil et la mort. A leurs yeux, la mort se présente comme le seul bien que personne ne peut leur enlever ; elles prennent l'habitude de la regarder en face, sans terreur; de nombreux exemples les aident à la dépouiller de l'idée de honte qui s'y attache, et ainsi se propage et s'étend l'idée de suicide. »

En terminant cet exposé historique, nous devons faire une remarque importante : la maladie de l'ennui, même avec tendance au suicide, ne peut être considérée comme un variété de la folie, à moins qu'elle ne s'accompagne du désordre des sentiments et des facultés intellectuelles. Vouloir faire d'une maladie morale un symptôme et de la folie, c'est combler une des mines les plus riches en observations, c'est justifier le reproche tant de fois adressé aux aliénistes de voir partout leur marotte. L'ennui de Sérène, de Stagyre, de Clément, de Werther, de René, de Raphaël, etc., tient bien plus à des causes sociales qu'individuelles : il est le symptôme d'une civilisation vieillie et blasée, aux époques de décadence, d'indifférence religieuse et politique, d'analyse universelle. L'ennui conduit souvent, il est vrai, à la folie ; il s'en distingue par des caractères bien tranchés : c'est une maladie morale qui peut réclamer les secours de la médecine, mais dont la cure préventive a besoin d'intermédiaires bien autrement puissants.

Deuxième partie. — Jusqu'ici nous n'avons examiné l'ennui qu'au point de vue historique; nous allons maintenant l'étudier dans les recherches qui nous sont propres.

Parmi les 4595 individus dont nous avons analysé les procès-verbaux, on en trouve 160 qui sont désignés comme ayant attenté à leurs jours par dégoût de la vie. Sur ce nombre, 40 y ont été conduits par l'affaiblissement de leurs forces, les souffrances de la maladie ; 32 par la misère, 23 par les chagrins en général, 19 par les chagrins domestiques, 16 par amour, 5 par vanité, 2 par peur, 1 par jalousie. Restent 22 personnes dont le suicide paraît évidemment avoir été déterminé par l'ennui, le découragement, la mélancolie. La proportion de cette seconde catégorie est beaucoup plus considérable, si l'on consulte les écrits, dont le chiffre s'élève à 237 (192 hommes, 45 femmes).

Ainsi l'ennui se trouve 138 fois associé à des motifs connus, qui sont ceux déjà indiqués ; 99 fois il n'a d'autre source que lui-même, et provient de l'éducation, des idées dominantes, du tempérament, de l'organisation, de l'humeur des individus.

En réunissant ces causes en tableau, on a le résultat suivant :

Dégoût de la vie.

Par rêverie, ennui, découragement, mélancolie, désespérance	99
Affaiblissement des forces, maladies	40
Misère	32
Chagrins en général	23
Chagrins domestiques	19
Amour	16
Vanité	5
Peur	2
Jalousie	1
	237

Les peines morales, les souffrances physiques, peuvent donc produire l'ennui, le dégoût de la vie ; mais il y a alors des éléments complexes, et cette distinction est utile à faire. Ainsi, un homme perd une personne tendrement aimée ; la vie jusqu'alors pleine de charmes, lui devient insupportable, et il se tue pour échapper à son désespoir. Dans ce cas, l'ennui est la cause secondaire ; le chagrin de la perte de l'objet aimé, le point de départ du mal moral. Il peut arriver, au contraire, que la rêverie, le vague des pensées, l'ennui, la mélancolie, les idées noires, soient le caractère habituel de l'individu ; rien ne lui plaît, tout l'attriste ; il se plaint des autres, de lui-même, des choses. Vienne une peine vive, il se lancera dans l'éternité ; souvent même la simple exagération de cette disposition d'esprit suffira pour amener la catastrophe. Ici l'état mélancolique de l'âme est la cause première, et le chagrin, la circonstance accessoire. Il y a donc un ennui acquis et un ennui originel.

Esquirol a rejeté l'influence de l'ennui sur le suicide, en cherchant à établir qu'il y avait toujours alors quelque chose de dérangé dans l'esprit, et que les heureux de la terre ne se tuaient jamais par ennui. Cette assertion de notre maître montre qu'il avait plutôt étudié la question en médecin qu'en moraliste. L'observation intime prouve, en effet, qu'il y a des natures rêveuses, mélancoliques, molles, quoique capables d'élans vigoureux, qui sont saisies par moments d'un tel découragement, qu'elles désirent la mort et se la donneraient, si elles ne faisaient appel à leurs sentiments religieux et moraux. Nous sommes les jouets de mille petites misères qui, dans une mauvaise disposition d'esprit et de corps, prennent des proportions gigantesques, et peuvent nous conduire aux plus fatales extrémités. Que de fois des hommes parfaitement maîtres d'eux, d'une raison supérieure, par suite de leur état d'irritabilité, sont sur le point de se livrer à des transports de colère, de briser tout ce qui leur tombe sous la main, de s'abandonner à des actes dont la pensée seule leur fait monter la rougeur au front?

Quel est l'observateur qui n'a pas rencontré au milieu des siens, parmi ses amis et ses connaissances, de ces âmes inquiètes, rêveuses, mélancoliques, impatientes de tout frein, pour lesquelles les remontrances de la famille sont autant de blessures profondes, qui n'aspirent qu'au moment d'être libres; aucun travail sérieux ne leur est possible, elles n'aiment qu'à songer, leur imagination ne vit que de chimères, la réalité leur est odieuse. Orgueilleuses, pleines d'elles-mêmes, fières de leur esprit, dont elles exagèrent toujours la portée, elles se plaisent à quitter les sentiers battus pour faire acte d'autorité. Les joies du foyer leur sont inconnues, et les souvenirs de la jeunesse ne leur rappellent que d'amers regrets. A mesure qu'elles avancent dans la vie, leur personnalité grandit; si la célébrité vient les trouver, elles s'isolent complétement de leurs rivaux, ne se laissent approcher que par leurs adorateurs, pour lesquels la moindre infraction au culte est un arrêt de renvoi. Au sein de ces succès que tout le monde leur envie, elles sont en proie à mille soucis. Transportées de joie un moment, elles retombent dans l'ennui qui les presse ; ces succès eux-mêmes leur paraissent au-dessous de l'idéal qu'elles se sont forgé. N'est-ce que cela ? s'écrient-elles, en touchant ce qu'elles avaient souhaité. Alors, pour occuper l'activité de leurs pensées, elles se jettent dans les affaires, se donnent en spectacle au monde, livrent le secret de cette mobilité, de cette inconstance, de cette adoration du moi, qui sont les traits distinctifs de leur caractère. Au sein de cette agitation factice, l'ennui les suit partout. Leur âge mûr se consume en actions grandes et petites, en fautes de toute espèce, jusqu'à ce qu'enfin la faveur publique, après laquelle elles avaient tant couru, s'éloigne d'elles et les oblige à rentrer dans la solitude. Irritées contre elles-mêmes, irritées contre les autres, elles passent le reste de leurs jours dans la mélancolie, l'ennui, le dégoût, l'isolement, heureuses encore lorsqu'elles ne laissent pas après elles de ces souvenirs qui vont porter le deuil et la désolation dans les familles.

Quant aux rêveurs vulgaires, à ces esprits de second et de troisième ordre, qui n'ont jamais pu sortir de l'obscurité, repliés en eux-mêmes, ils se plaisent dans la contemplation de projets qui leur échappent sans cesse, parce qu'ils ne font aucun effort dans leur esprit pour les fixer ; si par hasard ils se prennent de goût pour la réalité, leurs projets ne reçoivent qu'un commencement d'exécution. Rendus impressionnables au dernier degré par cette existence contemplative dont l'agitation est tout intérieure, le plus léger obstacle, le moindre événement suffisent pour les décourager. Procédant toujours par bonds inégaux, inconstants, capricieux, mobiles, fantasques, ils sont un tourment pour leur famille, un fardeau pour leurs amis. Se croyant méconnus, ces génies incompris, saturés d'égoïsme, deviennent de plus en plus tristes, moroses, mélancoliques ; tout les ennuie, tout les fatigue, la vie ne leur paraît plus qu'une amère déception, un poids insupportable, ils n'aspirent qu'à en sortir, et le suicide leur semble l'unique ressource pour s'affranchir de ces maux.

Eh bien, je le demande, y a-t-il folie dans ces âmes rêveuses? La réponse ne saurait être douteuse. On peut, à la vérité, invoquer une prédisposition, mais les idées du temps, l'éducation, les doctrines, rendent très-bien compte de cet état de l'esprit.

Il n'est nullement besoin d'être fou pour être mordu au cœur à l'époque actuelle par l'ennui et le dégoût de la vie. Lorsque personne n'est sûr de son lendemain, que la réputation, la propriété, la fortune, n'ont rien de stable ; lorsque conservateurs et socialistes commencent tous leurs écrits par cette phrase: *Nous marchons vers l'inconnu ;* qu'en regardant autour de soi on ne découvre que des ruines, pas une institution debout, et que l'intelligence est obligée de s'abriter sous le fer, croyez-vous que la tranquillité d'âme dont parle Sénèque soit à l'usage du grand nombre ? Ce pressentiment du mal à venir, ne dirait-on pas qu'il est général? En voyant les populations s'élancer comme des torrents à la recherche du plaisir, ne comprend-on pas qu'elles veulent se fuir et détourner leur vue du mal qui est à leurs portes ? N'est-ce pas l'image fidèle des Juifs au siége de Samarie, s'écriant : « Buvons et mangeons, car nous mourrons demain (1). »

Il est une époque où le dégoût de la vie paraît surtout se lier aux modifications que subissent les organes sexuels. Passager chez les uns, il exerce son influence avec force chez les personnes habituellement rêveuses et portées à la tristesse. C'est dans l'adolescence que se manifeste ce découragement, cette fatigue de la vie. Les jeunes gens sentent naître en eux des idées toutes nouvelles ; ils recherchent la solitude, se plaisent dans leurs propres pensées, qui ne leur retracent que des objets mélancoliques. Ils poursuivent un fantôme qu'il ne peuvent atteindre. Leur sensibilité est surexcitée. Les plus légères contrariétés sont pour eux de graves sujets de peine. Ils n'aperçoivent

---

(1) Ceci était imprimé en 1850 dans les *Annales médico-psychologiques* et l'*Union médicale*.

que des chemins escarpés, remplis de précipices, des horizons sans fin auxquels ils ne pourront jamais arriver. L'imagination ne cesse de leur grandir les obstacles et les périls ; la rêverie les enveloppe de toutes parts ; ils vivent alors dans un monde de chimères, et tout prend à leurs yeux des dimensions énormes. Cet état est surtout particulier aux âmes tendres, contemplatives, aux organisations nerveuses, impressionnables. Il y a longtemps que l'antiquité avait fait la remarque que l'ennui de la vie se faisait sentir chez les jeunes filles, au moment de la puberté.

Cette vivacité d'impressions, si fréquente à cet âge, peut encore expliquer pourquoi tant d'hommes célèbres ont été poursuivis, au début de leur carrière, par le démon du suicide. Dans ses *Mémoires d'outre-tombe*, Chateaubriand a parfaitement décrit les effets de ce genre de surexcitation. Mais l'amour, chez les hommes de génie, à tempérament nerveux, n'est qu'une forme de l'immensité de leurs désirs. Leur vie se passe à courir après un idéal qu'ils ne saisissent jamais, et le désenchantement les conduit de bonne heure à désirer la mort. « Je me composai, dit le grand écrivain, une femme de toutes les femmes que j'avais vues ! L'enchanteresse pour laquelle me venait ma folie était un mélange de mystère et de passion ; je la plaçais sur un autel et je l'adorais. Ce délire dura deux années entières, pendant lesquelles les facultés de mon âme parvinrent au plus haut point d'exaltation. »

Rien de plus commun, chez les artistes enivrés des applaudissement du public, que l'abattement, le chagrin, le désespoir, le désir de la mort, lorsque cette faveur vient à se retirer d'eux. Tous ceux qui ont connu Nourrit savent ce qu'il y avait de bonté, d'élévation et de sensibilité dans cet excellent homme. Un succès partagé fut le commencement de ses maux, et un sifflet qu'il crut entendre, son arrêt de mort.

Un des exemples les plus douloureux des suites fatales de l'amour-propre humilié chez les artistes, est celui que va faire connaître l'anecdote suivante.

Le célèbre G... était d'un caractère peu communicatif, et excessivement impressionnable, comme tous les hommes nés avec de grands talents ; lorsqu'on avait gagné sa confiance, il causait avec beaucoup d'abandon. Se trouvant un jour chez notre ami le docteur Honoré, qu'il était venu consulter, la conversation s'engagea naturellement sur son art, sur ses compositions, G... après avoir remercié ce médecin des éloges vrais et bien sentis qu'il avait chaleureusement exprimés, lui dit d'un air triste : «Et cependant on ne me fait plus de commandes.» Ce regret mélancolique se reproduisit à diverses reprises pendant la durée de la visite. Il est hors de doute que dès ce moment il existait un sentiment profond de découragement dans son esprit, et que son visage avait un air de tristesse marqué. La conversation s'étant prolongée sur ce sujet, il s'écria en se frappant la tête et le cœur : «Docteur, vous que votre profession rend si apte à juger les hommes, croyez-vous qu'il n'y ait plus rien là?» Ceci se passait l'hiver qui précéda son suicide.

Les divers tableaux qui avaient fait sa réputation ayant été passés en revue, il raconta à M. Honoré, à propos des *Pestiférés de Jaffa*, une anecdote qui prouve que, témoin Michel-Ange, on ne blesse pas impunément les artistes. J'avais rencontré, sur le boulevard, le maréchal B..., qui était alors un grand personnage, et avec lequel j'avais été camarade de classe. Sa réception fut polie, mais nuancée d'une certaine teinte de protection. Il m'invita cependant à venir le voir. Quelque temps après j'allai chez lui; comme on me laissait faire antichambre trop longtemps, je me retirai. Napoléon m'ayant commandé le tableau des *Pestiférés*, je pris des renseignements sur tous les personnages qui s'étaient trouvés à cette visite si fameuse. J'écrivis au maréchal B... que son portrait en pied devait faire partie du tableau, et qu'il voulût bien m'indiquer le jour où il viendrait poser : je l'attendis inutilement. Mécontent de cette manière d'agir, justement blessé de ses procédés, je lui cachai la figure avec un mouchoir. Il s'en plaignit vivement à l'empereur, mais le mouchoir resta, comme le cardinal dans le tableau du *Jugement dernier.*

Le découragement, l'ennui de la vie, ne se manifestent pas seulement parmi les poëtes, les artistes ; on les observe chez les hommes d'une trempe plus vigoureuse. Napoléon en est un exemple frappant. Dans un journal écrit de sa propre main, déposé dans la bibliothèque de cardinal Fesch, et que l'habile bibliomane Libri était parvenu à se procurer, le futur empereur dépeint avec vivacité la misanthropie que lui cause le spectacle de la société et le dégoût que lui inspire la vie (1).

Le professeur Cruveilhier dit que Dupuytren était naturellement triste et mélancolique. « Je crois même savoir, ajoute-t-il (le fait est positif), que, dès sa jeunesse, le dégoût de la vie s'était emparé de lui, et qu'une pensée terrible, mais qu'il a toujours repoussée avec courage, avait souvent troublé son repos (2). »

A l'une des réunions de l'union médicale, le docteur Foissac racontait aux membres du comité, qu'un de ses amis étant allé rendre visite à Sir Asthley Cooper, ce célèbre chirurgien le conduisit à sa maison de campagne, véritable habitation princière ; comme le Français s'extasiait sur les magnificences du parc et la beauté des arbres, Sir Asthley Cooper lui dit :* oui, ces arbres sont beaux, mais il n'en est pas un qui ne m'ait inspiré la pensée de m'y pendre !

Pariset avait eu aussi son mauvais jour, et l'on a lu dans la *Notice nécrologique* de la *Gazette des hôpitaux,* que son meilleur ami le trouva un matin faisant ses préparatifs de suicide : il n'avait pas mangé depuis vingt-quatre heures, Enfin nous pourrions encore citer l'anecdote d'un publiciste fameux qui, dans un de ses moments de découragement, voulut se brûler la cer-

---

(1) A. Brierre de Boismont, *Remarques sur le suicide* (*Annales d'hygiène,* t. XXXV, p. 422). — *Souvenirs de la jeunesse de Napoléon,* par G. Libri (*Revue des deux mondes,* janvier, février, mars 1842).

(2) Cruveilhier, *Plutarque français,* t. VIII, p. 22.

velle, et heureusement pour lui, se cassa seulement l'épaule. Dans les 4,595 procès-verbaux qui ont servi de base à nos recherches, le nombre de notes, de lettres, d'écrits, de pièces de vers laissés par ceux qui quittent la vie par ennui, dégoût, désespérance, scepticisme, indifférence, croyances, matérialistes, s'élève à 237. Nous les avons divisés en deux séries : la première, la plus nombreuse, comprend ceux dont le spleen, le *tædium vitæ*, a succédé à un chagrin, à une souffrance quelconque (*ennui acquis, secondaire*) ; la seconde renferme les suicides chez lesquels la rêverie, la mélancolie, ont toujours existé (*ennui originel, primitif*).

Nous choisirons dans ces deux catégories quelques-uns des faits qui nous ont paru les plus intéressants, et nous signalerons surtout dans la seconde série, qui est la partie principale de ce travail, les nuances diverses qu'a présentées l'ennui primitif dans les écrits des suicidés.

Toutes les misères humaines peuvent engendrer l'ennui et le dégoût de la vie : l'énumération du tableau en a indiqué plusieurs.

« Accablé par les années et les infirmités, écrit un père à ses filles, hors d'état de travailler, entièrement à votre charge, ayant vainement tenté depuis trois mois d'entrer dans un hôpital, je saisis le moment où vous êtes sorties pour me débarrasser d'un fardeau aussi lourd. » — « Les souffrances m'ont rendu la vie insupportable, dit un autre. » Ceux qui l'ont connu, font observer à l'officier ministériel, que la gravité de son mal ne leur paraît pas en rapport avec sa fatale résolution ; mais, selon la remarque de Chateaubriand, il en est des souffrances comme des patries, chacun a la sienne ; vouloir les ramener toutes à des types connus, c'est ne tenir aucun compte du mode de sensibilité propre à chacun.

Sur une table, près d'un homme qui vient de mettre un terme à ses jours, on trouve à côté d'une lettre de sa femme, dans laquelle elle l'exhorte à revenir à elle, bien persuadée que leur travail réuni leur assurera une existence honnête, une réponse de sa main ainsi conçue : « En proie à un ennui et à un dégoût de la vie que rien ne parvient à vaincre, je ne puis d'ailleurs, supporter l'idée de retourner dans mon pays avec la livrée de la misère, et de montrer à mes compatriotes que mon esprit, mon éducation , mes travaux, ne m'ont conduit à rien. » Qui de nous n'a pas senti la vérité de ces regrets et souvent préféré dans son cœur, la mort aux blessures de l'amour-propre ? Si nous voulions rapporter tous les faits analogues, nous grossirions cet extrait hors de mesure ; nier l'ennui, c'est nier l'évidence.

Le côté qui nous intéresse le plus est d'ennui primitif, origine humoristique, l'ennui des Sérène, des Clément, des Stagyre, des Werther, des René. Nous allons le constater chez une foule d'hommes, fort différent sans doute pour la forme, mais semblable en tout point pour le fond. Rien de plus ordinaire que de lire dans les notes manuscrites des suicidés : La vie m'est à charge, j'en suis las, je la hais; le monde me fait horreur ; l'ennui me dévore, etc.

L'ennui des riches, des désœuvrés et des blasés, qui de nous n'en a été le témoin et le confident? Si le pauvre, dont les regards s'enflamment de convoitise et de haine à la vue des heureux de la terre, les connaissait mieux ; s'il savait ce qu'il y a de satiété, de dégoût et de malaise au fond de leur cœur, peut-être les plaindrait-il, au lieu de leur porter envie. A quel prix d'ailleurs la fortune leur vend-elle ses faveurs? Ne leur a-t-elle pas fait le don le plus funeste, en leur accordant ce sixième sens, cette seconde vue de certains peuples, qui, chaque jour, leur retrace dans un miroir impitoyable l'emploi de leur journée, sans leur faire grâce d'aucun détail, et enlève ainsi à la vie son plus grand charme, l'imprévu. Cette science intime des choses est pour eux un véritable poison qui les consume lentement. Aussi, pénétrez dans leurs palais, leurs hôtels, vous serez frappés de l'indifférence avec laquelle ils parcourent ces somptueuses demeures, où se trouvent réunis tous les trésors des arts et du luxe. Les mets rares et recherchés, les vins fins et délicats qui couvrent leurs tables, suffisent à peine pour stimuler leurs palais émoussés ; il faut que le génie culinaire s'ingénie sans cesse à leur trouver quelque nouveauté. Les concerts, les spectacles, les soirées, n'ont pas une influence plus heureuse pour les tirer de leur engourdissement, et rien de plus ordinaire que de les entendre s'écrier : *Ah ! que cela est ennuyeux !* Si quelque chose de réellement intéressant parvient à les faire sortir un instant de leur torpeur, ils prononcent du bout des lèvres un mot d'éloge, et l'impression est bien vite oubliée. Cependant, que d'efforts prodigieux, inouïs, incommensurables pour obtenir cet éclair d'attention !

Afin d'échapper à cet ennui quotidien, ils s'élancent sur toutes les routes, parcourent tous les pays, se précipitent dans tous les tourbillons de plaisirs, jusqu'à ce qu'enfin, saturés, fatigués, épuisés, ils reviennent au foyer, froids, silencieux, immobiles, avec ce visage de marbre qu'aucune émotion ne peut plus agiter, et qui est le caractère distinctif de ces privilégiés de l'ennui.

Souvent c'est un sentiment de découragement, d'impuissance, qui ôte toute énergie à la volonté, toute espérance dans l'avenir :

« Mes bons amis, je vous fais mes adieux, car j'ai résolu de mourir. J'ai eu si peu d'agréments sur la terre, que je la quitte sans regrets. C'est une idée que j'ai depuis trois ans ; je me suis toujours dit que jamais je ne pourrais parvenir à être quelque chose par mes talents, qui sont nuls, par mon esprit, qui ne vaut guère mieux. Végéter ainsi pendant trente ou quarante ans, peut-être plus, peut-être moins, ce n'est pas la peine de vivre ; et d'ailleurs je trouve trop monotone mon existence où je n'ai personne qui me comprenne, pas un cœur qui réponde au mien comme je le voudrais, pas de plaisirs qui me fassent oublier mes peines. Je sais que je suis encore jeune, et que tout cela pourrait venir ; je n'ai pas la patience d'attendre, et je suis très-content d'avoir le courage de me délivrer de toutes les inquiétudes futures. Si j'avais eu un plus brillant avenir devant moi, j'aurais peut-être consenti à rester; je serai certainement plus tranquille avec cinq ou six pieds de terre par-dessus le corps que si j'étais debout. J'avais toujours résolu de ne pas passer trente-deux ans, si mon sort ne s'améliorait pas ; je ne manque donc pas à ma résolution, arrêtée depuis longtemps.

» Hors, mon père et ma mère et vous, que j'ai toujours considérés comme mes amis les plus chers, je ne regrette rien dans ce monde. N'ayant jamais fait de mal à personne, ni commis aucune action que je puisse me reprocher, je crois fermement que je serai plus heureux dans l'autre. Le dernier service que je vous prie de me rendre, c'est de ne pas me laisser enterrer avant de vous être assuré que je suis bien mort. Je ne crains pas d'en finir, mais je serais très-malheureux si je me réveillais entre cinq planches. Le moyen de lever toute incertitude sera de me faire ouvrir les quatre veines. On doit voir que ce n'est pas le désespoir qui me force à m'ôter la vie, car à mon écriture, il est facile de s'apercevoir, que *ma main ne tremble pas*. »

Un de ces ennuyés se plaint de n'avoir pas reçu à vingt-trois ans, l'éducation qui lui aurait permis de se faire un nom parmi les puissants et les riches ; il refuse la place qu'on lui offrait comme peu digne de lui, s'en prend à Dieu, à ses parents, à la société.

L'ennui est souvent dû à une tristesse indéfinissable, à une mélancolie profonde, à une teinte noire des idées, qu'aucune distraction, aucun raisonnement ne peuvent surmonter. Il se trouvera sans doute des médecins qui soutiendront que cet état est le premier degré de la monomanie triste ; c'est la conséquence du système qui généralise la folie outre mesure. A ce compte, les personnes qui éprouvent sans cause connue, par un simple changement de temps, à la moindre contrariété, de la mélancolie, des angoisses ; pour lesquelles tout est alors fatigue, ennui, dégoût ; qui ne peuvent supporter la plus légère observation, et ne s'affranchissent de cette véritable souffrance morale que par des distractions variées, ces personnes seraient aliénées.

N'est-ce pas le cas de répondre que quand on veut trop prouver, on ne prouve rien ?

Un jeune homme de vingt-cinq ans, dans une position heureuse de fortune, vivant au milieu de sa famille, chéri de tous, avait été, dès son enfance, d'une humeur chagrine. Les années ne le changèrent pas ; il se montra habituellement mélancolique et sombre, et lorsqu'on lui demandait la cause de sa taciturnité, il évitait les explications ; souvent, il lui arrivait de faire des demandes de la nature de celle-ci : « Dites-moi, vous ennuyez-vous ? Pour moi, je m'ennuie beaucoup. » Il ne prenait que rarement part aux divertissements de ses amis, et dans ce cas même, il cédait à leurs obsessions. Il était toujours froid, réservé, et très-peu confiant. Il y a trois semaines, on le vit façonner la planche qui a servi à l'exécution de son projet ; interrogé sur l'usage qu'il en voulait faire, ils se borna à répondre qu'on le verrait plus tard. Le jour de la catastrophe, il vint, comme d'habitude, s'informer de la santé de son père, déjeuna et ne reparut plus. Lorsqu'il fut trouvé au milieu des singuliers préparatifs qu'il avait imaginés pour ne pas ensanglanter le sol (1), on s'aperçut qu'il avait écrit au crayon plusieurs recommandations sur les murailles, et que dans un petit coffre étaient renfermées des lettres où il parlait de son funeste dessein : « Je vais aller dans le ciel avec ma mère et Eugène D..., si toutefois ceux qui se donnent la mort peuvent prétendre au séjour céleste. Personne sur la terre n'aura de reproches à adresser à ma mémoire touchant l'honneur, la probité, la conscience, et je meurs satisfait sur ces trois points... Je regrette d'être inutile à mon pays et à mes parents. »

Sur une boiserie on lisait : « L'appareil de ma fin est dressé... Adieu, mon père, mes frères ; adieu, parents et amis... S'il plaît à Dieu, nous nous verrons dans l'autre monde. De la main

---

(1) Vis-à-vis de son appareil était une planche destinée à amortir les balles, et au-dessous un panier rempli de son pour recevoir le sang.

gauche, je tiens l'arme qui va m'y précipiter... Priez Dieu pour le repos de mon âme. »

Sur la planche en question, il avait écrit, faisant allusion à sa destination et à celle du panier : « Par ce moyen, la trace de mon sang ne souillera pas le carreau, et l'empreinte des quatre balles qui vont me traverser, ne sera marquée que sur cette planche ; c'est déjà trop que la maison de mon père soit le théâtre de ma mort. »

Il écrivait au peintre qui venait de faire son portrait : « Quand vous recevrez cette lettre, je ne vivrai plus que dans le tableau que vous avez si bien exécuté. Mes yeux seront éteints, et mon image seule pourra rappeler à mon pauvre père ce qu'ils étaient primitivement.

» Au moment de quitter la vie, il faut que j'écarte la douloureuse pensée que je vais dire un éternel adieu à mes chers parents. Plus heureux qu'eux, il n'y aura pour moi de terrible que la séparation ; ma résolution exécutée, tout sera anéanti, imagination, organes, et je serai inaccessible à toutes les tentations. Cela ne suffit pas ; jamais l'égoïsme n'a eu place dans mon cœur, et l'enivrante perspective du repos que je vais goûter ne m'aveugle pas sur l'affliction dans laquelle je vais laisser mon père, mes frères. Puissent-ils trouver, dans mes traits si fidèlement reproduits par vous, un adoucissement à leur cruelle douleur !

» Demain, à dix heures du matin, j'aurai rendu mon âme à Dieu, si des circonstances indépendantes de ma volonté n'y mettent obstacle. »

Dans la lettre à son père, il dépeignait l'ennui qui l'avait toujours dévoré, et auquel il lui était impossible de résister plus longtemps, « car dans cette lutte, disait-il, je suis sûr de devenir la proie de la folie. »

L'idée du suicide se présente quelquefois d'une manière continue et pendant longtemps, sans que ceux qui en sont poursuivis aient aucun motif réel de désirer la mort. Rien ne les amuse, ne les intéresse ; l'existence leur est à charge. « Ce pistolet, écrit l'un de ces infortunés, n'est destiné que pour moi, il ne fera du mal qu'à moi. Depuis six ans cette idée ne m'a point quitté ; je porte toujours mon arme sur moi ; depuis quelque temps surtout, je suis assailli de pressentiments funestes. Que vous dirai-je enfin ? Je regarde comme très-proche le moment où je mettrai un terme à une vie aussi malheureuse. »

On retrouve dans les paroles, dans les écrits de ceux qui se tuent, leur caratère, leurs habitudes, leur genre de vie, et jusqu'aux influences auxquelles ils ont obéi. Ceux-ci se fatiguent de la vie, parce qu'ils sont humiliés de servir les autres ; ceux-là s'en vont, sans faire leurs adieux, parce qu'ils n'ont eu à se louer de personne. Beaucoup de ces malheureux, abandonnés dès leurs plus tendres années par leurs parents, errant sur le pavé de Paris, n'ayant reçu que des mauvais exemples, véritables bohêmes, ne font aucun cas de la vie, et la quittent dès qu'ils ne peuvent plus satisfaire leurs grossiers appétits. « Punitions, privations, obéissance, s'écrie un soldat, je n'en veux plus ; qu'on ramasse mon corps et qu'on l'enterre, voilà le seul service que je réclame. La pensée de Dieu ne m'a jamais occupé, et je ne crois point à une autre vie. »

Il en est qui se plaignent d'être étrangers à ceux qui les entourent, du sort malheureux qui s'acharne après eux, de ne pas trouver de consolation, de ne pouvoir supporter la misère et les contrariétés, d'être tourmentés par le mal d'imagination.

La répugnance invincible que quelques-uns éprouvent pour une occupation quelconque leur rend l'existence pénible, ennuyeuse ; tout leur inspire du dégoût. Un de ces individus se plaint à sa sœur de toujours travailler et de n'avoir pas assez de temps pour se divertir. Ce paria de la vie gagne cependant très-facilement ses six francs par jour ; mais il fait partie de cette série trop nombreuse d'ouvriers qui, sans capacité, sans éducation, paresseux avec délices, sont mécontents de leur sort, voudraient boire, manger, s'amuser, sans se donner aucun mal, et s'imaginent arriver à ce but tant désiré, quand il n'y aura plus de riches. Ce qui est une solution à ajouter aux autres.

Les excès, les reproches qui en sont la conséquence, la satiété peuvent conduire au dégoût de la vie. Un homme plongé dans une débauche continuelle annonce qu'il est las d'une pareille existence. « Je dois, ajoute-t-il, me battre en duel aujourd'hui avec un père de famille que j'ai cruellement offensé. Si je le tuais, je sens que je serais sans cesse tourmenté par le remords ; il vaut mieux, pour lui et pour moi, en finir à l'instant. »

Beaucoup de jeunes gens ne peuvent supporter les moindres contrariétés, sans s'abandonner à tous les emportements du dépit, à tous les écarts d'une imagination déréglée. Nourris de lectures frivoles, n'ayant jamais pu ouvrir un livre sérieux, leur esprit ne se plaît que dans les exagérations, les paradoxes ; et et dès qu'on fait résistance à leurs volontés du moment, ils s'irritent, maudissent la vie, et menacent de briser leur existence.

Ces apostrophes au malheur se retrouvent dans une foule de lettres. Un jeune homme écrit : « La vie était devenue un fardeau trop lourd pour moi ; je ne me sentais pas la force de le porter plus longtemps ; ne me plaignez pas, car j'étais trop misérable. »

Quand cette difficulté de vivre est portée à son plus haut degré, les sentiments les plus naturels à l'homme ne peuvent le retenir.

L'ennui de la vie existe à tous les âges : « J'ai passé la soixantaine, écrit un marchand ; je termine ma carrière. J'ai assez longtemps demeuré sur la terre ; seul, sans parents, sans amis, je pars sans tambour ni trompette, pour faire le grand voyage dans la comète. »

Parmi ceux qui se tuent, quelques-uns s'entourent de livres, d'objets propres à les fortifier dans leur idée. On a trouvé chez plusieurs d'entre eux, placés à leurs côtés, les *Nuits d'Young*, le *Procès d'Alibaud*, les *Réflexions de madame de Staël*. Dans l'antiquité, Caton d'Utique lut le *Phédon* avant de se percer de son épée.

Les individus qui se tuent par ennui de la vie et consignent leurs réflexions à cet instant fatal, décrivent souvent, avec un sang-froid extrême, les remarques que le genre de suicide leur a suggérées. Un des faits les plus curieux que l'on possède de ces descriptions de suicide, est celui d'un homme qui a pu suivre, pendant une heure et cinq minutes, les progrès de son asphyxie.

Voici le procès-verbal de cette heure suprême, rédigé par la victime, maréchal des logis du 2e régiment d'artillerie.

« Je suis las, écrit-il, de lutter avec l'ennui, la tristesse et le malheur, et de ne pouvoir avoir le dessus, non pour mes affaires, car je n'ai pas de dettes et il m'est, au contraire, dû de l'argent; mais la méchanceté de certaines personnes, qui cherchent par tous les moyens à compromettre ma réputation, m'a fait plus de peine que tout ce que j'aurais pu éprouver. Si elles sont accessibles à la pitié, elle réhabiliteront ma mémoire, après l'avoir calomniée. Je leur pardonne, quoique je doute, que celui qui est assez lâche pour vous nuire en cachette, ose annoncer ses torts en public.

» Je ne prétends montrer ni courage ni lâcheté, je veux seulement employer le peu d'instants qui me restent à décrire les sensations qu'on éprouve en s'asphyxiant, et la durée des souffrances. Si cela peut être utile, au moins ma mort aura servi à quelque chose. Si je reste court, ce ne sera point pusillanimité de ma part, c'est que je serai dans l'impossibilité de continuer, ou que je préférerai accélérer la catastrophe.

» 7 heures 31 minutes du soir. — Le malheur me poursuit : je suis en retard de quatre heures trois quarts pour l'exécution de mon projet. Des importuns sont venus sonner, et j'ai été obliger de leur ouvrir dans la crainte qu'ils ne s'aperçussent de quelque chose.

» 7 h. 45 m. — Tout est prêt, le pouls donne 60 à 61 pulsations par minute. J'allume une lampe et une chandelle pour voir laquelle des deux lumières s'éteindra la première. Je prie les savants d'être indulgents si je n'emploie pas les termes convenables. J'attends huit heures pour allumer le feu.

» 7 h. 55 m. — Le pouls bat 80 fois par minute.

» 7 h. 58 m. — 90 pulsations et souvent plus.

» 8 h. — Je mets le feu.

» 8 h. 3 m. — La braise s'éteignant, je suis obligé de la rallumer avec du papier. Léger mal de tête.

» 8 h. 9 m. — 85 pulsations. Le tuyau du réchaud vient de tomber.

» 8 h. 13 m. — Le mal de tête augmente. La chambre est pleine de fumée ; elle me prend à la gorge. Picotement dans les yeux ; sentiment de resserrement à la gorge ; pouls, 65 pulsations.

» 8 h. 20 m. — La combustion est en pleine activité.

» 8 h. 22 m. — Je viens de respirer un peu d'alcali, cela m'a fait plus de mal que de bien. Les yeux se remplissent de larmes.

» 8 h. 23 m. — Un picotement se fait sentir dans le nez, je commence à souffrir.

» 8 h. 25 m. — Je bois un peu d'eau. Je ne puis presque plus respirer. Je me bouche le nez avec mon mouchoir.

» 8 h. 32 m. — Le nez bouché, je me sens mieux ; le pouls bat 63 fois.

» 8 h. 33 m. — Les deux lumières perdent de leur éclat. Je renverse l'eau, près de moi, qui me faisait un grand plaisir à boire.

8 h. 35 m. — Le mal de tête augmente. Un frémissement se se fait sentir dans tous les membres.

» 8 h. 40 m. — La lumière de la chandelle s'affaiblit plus que celle de la lampe. Un seul fourneau brûle bien, le poêle ne marche pas.

» 8 h. 42 m. — Mal de tête plus violent. La lumière de la

lampe se soutient mieux ; à la vérité, je la remonte de temps en temps. Le poêle se rallume ; j'ai envie de dormir.

» 8 h. 49 m. — En me bouchant les narines, les yeux se remplissent encore vite de larmes. La chandelle ne jette plus qu'une pâle clarté. Les oreilles me tintent.

» 8 h. 51 m. — La chandelle est presque éteinte, la lampe va toujours. J'ai des nausées, je voudrais avoir de l'eau.

» 8 h. 53 m. — Je souffre dans tout le corps. Je me bouche plus fortement le nez.

8 h. 54 m. — La chandelle est éteinte ; la lampe continue d'aller.

» 8 h. 56 m. — 81 pulsations ; ma tête est très-lourde ; je ne puis presque plus écrire. Les fourneaux sont bien allumés.

» 8 h. 58 m. — Les forces m'abandonnent, si j'avais de l'eau j'en prendrais. La lampe va toujours ; le mal de tête augmente ; l'oppression redouble.

» 9 h. — Je fais un dernier effort ; j'ai pris de l'eau ; c'est fini, je ne vais pas droit ; *je souffre horriblement.* La lampe va toujours.

» 9 h. 1 m. — Je vais un peu mieux ; je viens de boire. La lampe faiblit. *Le délire me prend.*

» 9 h. 5 m. — Le... »

Les deux dernières lignes sont tremblées, inégales et terminées par une ondulation, au bout de laquelle la plume est tombée.

Chez les jeunes gens enclins à la mélancolie, l'isolement, la solitude ne peuvent qu'augmenter cette disposition. Un de ces pauvres délaissés peint ainsi l'état de son âme :

> Jamais d'enfant ! jamais d'épouse !
> Nul cœur, près du mien, n'a battu !
> Jamais une bouche jalouse
> Ne m'a demandé : D'où viens-tu ?

Si les blessures d'un cœur aimant sont un cause puissante

d'ennui, la sécheresse peut produire le même résultat. « Aimer, disait un jour la célèbre madame du Deffand, cela est bien heureux ; pour moi, je n'ai jamais pu rien aimer (1). » C'est cette absence à peu près complète du cœur, qui laissait dans sa vie un vide épouvantable, que rien au monde ne pouvait combler. Elle s'ennuyait de tout et partout. « Ce n'est ni la fortune, ni les honneurs, ni même une parfaite santé que je désire, écrivait-elle à Voltaire, c'est le don de ne me jamais ennuyer. » Voulant à tout prix se soustraire à cet ennui, elle s'adonna à la table et à la dévotion. La veille de sa mort (25 septembre 1780, elle avait quatre-vingt-trois ans), le curé de Saint-Roch vint la voir : « Monsieur le curé, lui dit-elle, vous serez fort content de moi : mais faites-moi grâce de trois choses : ni questions, ni raisons, ni sermons » (2).

L'impossibilité de ne pouvoir satisfaire ses goûts, la privation de plaisirs que l'âge rend encore plus vifs, est pour quelques jeunes gens une cause de suicide. « J'adore les femmes, écrit l'un d'eux, et je ne puis les avoir ; j'aime les spectacles, les chevaux, la bonne table, et ma misère est un obstacle invincible à mes désirs. Une pareille lutte est insupportable ; aussi l'existence m'est-elle à charge. Vivre de privations est au-dessus de mes forces ; l'ennui, le désespoir me tueraient à petit feu ; j'aime mieux en finir tout de suite. »

Il y a des hommes qui, pleins d'amour pour leurs semblables, cherchent tous les moyens d'améliorer leur sort, attaquent les abus, ceux qui en profitent, ne reculent devant aucune inimitié, aucun danger ; la plupart meurent à la tâche, dans la misère et dans les larmes, comme le docteur Chervin et tant d'autres. S'ils sont courageux, habiles, dangereux, on les circonvient, on tâche de les gagner ; mais si la ruse et l'intrigue sont sans pouvoir sur eux, alors commence une ligue qui va toujours en gran-

(1) *Correspondance de la Harpe*, t. III, p. 148 et suiv.
(2) M. Henry Julia, *Les amis de Voltaire* (*Semaine*, 15 novembre 1850).

dissant ; la conspiration du silence s'établit ; mille bruits calomnieux, insaisissables, circulent. Abreuvé de chagrins, d'humiliations, le malheureux n'a plus de foi en sa mission, le désespoir le gagne, et il disparaît de la scène.

Un jeune compositeur qui avait sondé les plaies du corps social, publia, il y a quelques années, un livre pour venir en aide à ses compagnons de travail ; on accueillit l'idée, rien ne fut changé dans le sort des ouvriers. Le découragement s'empara de l'âme de cet infortuné. Après s'être convaincu de l'inutilité de ses efforts, il forma le projet de mettre un terme à ses jours, et consigna ses motifs dans une lettre que nous allons reproduire :

« Je pardonne à ceux qui m'ont fait du mal, et prie tous ceux à qui j'en ai fait de vouloir bien m'accorder leur pardon.

» Je meurs avec la conviction d'avoir écrit un livre utile à la classe ouvrière; j'ai l'espoir qu'il servira à son émancipation, surtout si l'on veut instituer des prud'hommes, comme je le demande. Je suis certain que, dans l'intérêt de l'ordre, dans l'intérêt de la société, je le dis après avoir étudié profondément la question et avec la connaissance et l'expérience que j'ai des classes ouvrières, le mode à deux degrés, comme je le propose, est le plus favorable aux ouvriers ; c'est celui qui les affranchira plus certainement, et leur fera prendre place dans la société. Si le pouvoir l'adopte, les révolutions matérielles ne me semblent plus possibles (1).

» Je remercie les hommes de la presse qui ont fait connaître mon travail. Je recommande aux ouvriers de se servir de cette voie, qui leur sera toujours ouverte, quand ils seront modérés : qu'ils se persuadent bien que c'est elle seule qui les émancipera.

» Si l'on veut savoir pourquoi je me donne la mort, en voici la raison : dans l'état actuel de la société, pour le travailleur, plus il est personnel, plus il est heureux. S'il aime sa famille et

(1) Ceci était écrit quelques années avant février 1848.

veut son bien-être, il éprouve mille souffrances; mais s'il aime sincèrement la société et ses semblables, s'il veut le bonheur de tous, s'il consacre et perd son temps pour eux, il doit finir comme moi.

» *P. S.* Je voulais faire un travail pour les vieux ouvriers; il faut tout de suite un hôtel royal des invalides industriels. »

L'ennui chez les femmes ne nous a rien présenté de particulier. « Depuis quelque temps, écrit l'une d'elles, je suis accablée d'idées tristes, de pensées de mort; des pressentiments funestes tourmentent mon imagination. Que dirai-je enfin ? le moment n'est pas éloigné où je mettrai, je crois, un terme à mon existence. »

Nous ignorons si l'ennui originel, et par suite le dégoût de la vie, sont moins marqués chez les femmes que chez les hommes ; nous serions porté à le croire d'après leurs principes religieux, leur amour pour leur famille et en particulier pour leurs enfants, la différence de leurs passions et la facilité qu'elles ont de se livrer au travail; il y a lieu, cependant, de penser que le vide du cœur doit être, pour elles, une cause puissante de découragement.

En étudiant l'ennui au point de vue pathologique, nous n'avons examiné que l'exagération de cet état. L'ennui est un phénomène psychologique naturel, on l'observe chez l'immense majorité des hommes. Créés par une puisssance infinie dont la chute nous a séparés, notre origine nous entraîne sans cesse vers elle. Nos désirs illimités et jamais satisfaits, notre recherche continuelle des plaisirs, nos malaises, nos inquiétudes, nos dégoûts, notre ennui enfin, qui est au fond de toutes choses, ne sont que les aspirations du fini vers le souverain Maître. Faire toujours la même chose! ce cri désespéré qui s'exhale d'une foule de poitrines, n'est que la protestation contre la déchéance. Réformateurs qui voulez changer le monde, en créant le bonheur sur la terre, faites disparaître l'ennui, et vous aurez donné la preuve de votre mission.

L'existence de l'ennui, comme maladie morale est donc suffisamment prouvée par l'histoire et l'observation, sa fréquence est incontestable. C'est surtout aux époques d'indifférence générale, de doute et d'individualisme, qu'il exerce ses ravages. Le meilleur moyen de le combattre avec succès serait de lui opposer une foi vive, des convictions fortes, un but d'activité sérieux ; à défaut de ces palladium puissants, aujourd'hui momentanément voilés, il faut faire ce que les médecins appellent la *médecine des symptômes*.

Trois moyens sont principalement indiqués par saint Jean Chrysostôme dans ses *Lettres à Stagyre*, et comme ils nous paraissent encore ce qu'il y a de mieux en pareille circonstance, nous les conseillons de nouveau.

Le premier est de ne pas aimer la tristesse ; s'y plaire, en effet, c'est ouvrir la porte à la rêverie, à l'agitation sans but, à l'indécision, au dégoût de la vie : le second est d'avoir une famille. Il n'est pas bon de vivre seul, a dit un auteur chrétien ; avec la femme et les enfants, il n'y a plus d'isolement possible ; on doit, dans ce cas, être actif, persévérant, avoir sans cesse les regards tournés vers l'avenir, car il faut consacrer de longues années à élever ses enfants, à les mettre en état de pourvoir à leurs besoins. Le troisième moyen, qui n'est pas moins important que les deux autres, est d'exercer une profession. Le travail est la loi de Dieu ; l'oisiveté n'a jamais été dans les vues de la Providence, et elle deviendra de plus en plus impossible, avec les temps qui se préparent.

C'est en se proposant de bonne heure ce but d'activité qu'un grand nombre de jeunes gens parviendront à surmonter leur mélancolie, et deviendront des citoyens utiles dans l'État ; afin d'obtenir un résultat complet, des efforts unanimes sont nécessaires pour ranimer la foi religieuse, et c'est là le but vers lequel doivent tendre sans cesse tous les ministres qui marchent sous la bannière du Christ.

Résumé. — Les faits nombreux contenus dans ce travail ne permettent pas de douter que le suicide ne soit souvent le résultat de l'ennui, du dégoût de la vie.

Ce premier point établi, il faut reconnaître que les suicides de cette catégorie forment deux subdivisions: dans la première se rangent les cas, et ce sont les plus nombreux, où les morts volontaires sont les conséquences de l'ennui, du dégoût de la vie, dus à une souffrance morale ou physique ; dans la seconde viennent se placer les suicides qui résultent d'une mélancolie ou d'idées noires habituelles. Dans l'une, le dégoût de la vie est secondaire ; dans l'autre, il est primitif.

L'ennui de la vie est souvent déterminé par l'abus de la rêverie, la prédominance de la pensée sur l'action, en un mot par l'absence d'un but d'activité. Cet état des âmes est surtout commun aux époques d'indifférence générale, religieuse et politique.

Cette disposition est encore due à la surexcitation de l'époque de la puberté, à la vivacité des impressions de cet âge, à la disposition mélancolique qui en est le résultat.

Les excès de tout genre, si communs dans les vieilles civilisations, l'épuisement qui en est la suite, sont une cause fréquente d'ennui et de dégoût de la vie.

L'amour-propre blessé chez les artistes, les mécomptes de toute espèce chez les hommes ardents et énergiques, la nature des écrits et des idées du temps, conduisent souvent au dégoût de la vie.

Un sentiment d'orgueil exagéré, une susceptibilité extrême à la moindre contrariété, déterminent chez beaucoup de jeunes gens l'ennui du travail et de la vie.

Les esprits généreux, exaltés, animés du désir d'améliorer le sort de leurs semblables, sont souvent entraînés au dégoût de la vie, en voyant l'inutilité de leurs efforts.

L'humeur naturellement mélancolique produit le suicide, mais elle ne constitue une espèce de folie, qu'autant qu'elle s'accompagne des désordres de la sensibilité et de l'intelligence.

L'ennui de la vie peut se manifester à toutes les époques de l'existence, chez le jeune homme comme chez le vieillard.

Le seul traitement qui puisse combattre avec succès cette grave maladie est la poursuite constante d'un but d'activité; lorsqu'elle se complique d'aliénation, elle exige des moyens spéciaux.

Enfin, et cette conclusion est le résumé du travail, le dégoût de la vie est fréquemment une cause de suicide, sans qu'il y ait cependant de symptômes de folie; mais on tomberait dans l'erreur, si l'on prétendait qu'il en est toujours ainsi.

DIXIÈME GROUPE.

MOTIFS INCONNUS.

SOMMAIRE. — Statistique. — Instantanéité des déterminations. — Écrits sans indications des causes.— Énergie de la volonté.— Précautions prises pour ne laisser aucun renseignement. — Résumé.

Motifs vrais ou présumés vrais, motifs futiles ou faux, motifs inconnus, telle était la division que nous nous étions tracée dans l'appréciation des causes ; nous allons terminer notre étude par un coup-d'œil jeté sur la dernière section.

Motifs inconnus. — Cette division comprend 518 cas, le huitième environ du nombre total, sur lesquels il a été impossible d'obtenir aucun éclaircissement relativement aux causes présumées du suicide. Comme, cependant, plusieurs de ces morts ont présenté des particularités intéressantes, nous avons cru convenable de les indiquer ici. Un barbier se préparait à raser un de ses clients; celui-ci, en lui voyant la main agitée d'un tremblement considérable, ne veut pas se prêter à l'opération ; le barbier ne lui fait point d'observation, passe dans le cabinet voisin. Un bruit sourd résonne sur le plancher, on accourt ; il venait de se couper la gorge. Un commis marchand chantait et dansait avec ses amis au moment où il se suicida. Chez un de ces individus, on ne put attribuer sa mort qu'à la joie que lui avait fait éprouver l'annonce d'un héritage de cinq cents francs de rente, lorsqu'il était presque sans ressources. A diverses reprises, j'ai reçu les confidences d'hommes auxquels la vue de leur rasoir avait tout à coup donné l'idée de se tuer.

Une femme écrit : « L'idée m'est venue à l'instant de terminer mes peines et de profiter du charbon que j'avais sous la main. »

Plusieurs femmes n'étaient pas réglées depuis quelques mois ; l'une d'elles venait de mettre son couvert; elle se plaignait d'une céphalalgie qui n'était pas cependant assez forte pour l'obliger de cesser son travail.

On a prétendu que ces déterminations subites étaient plutôt apparentes que réelles, et qu'en cherchant bien, on trouverait toujours un motif pour expliquer le suicide. Nous avons déjà eu l'occasion de discuter cette opinion. Il y a, sans doute, des cas nombreux où cette remarque est vraie, mais il faut ne pas avoir étudié l'homme moral, pour ignorer qu'il s'élève en lui de ces tourbillons d'idées qui l'entraînent avec la rapidité de la foudre à des actes, à des manifestations dont il n'a pas la conscience. Esquirol a rapporté plusieurs exemples d'individus qui étaient ainsi poussés par une détermination instinctive, à laquelle ils ne songeaient pas une minute auparavant, à faire des choses plus ou moins bizarres, répréhensibles, dangereuses.

Quelque influence que nous attribuions au mal moral dans ces sortes de déterminations, nous ne sommes point exclusif, et l'observation nous a maintes fois prouvé la part primitive ou secondaire que prend l'organisme à certaines manifestations de l'intelligence. Le fait suivant en est la meilleure preuve :

« Depuis quelque temps, raconte un homme qui venait de se précipiter par une fenêtre, j'étais atteint de maux de tête et d'étourdissements qui altéraient presque ma raison. Sans motif de chagrin dans mes affaires ou dans mon ménage, j'étais triste, rêveur ; je ne pouvais m'expliquer ce qui se passait en moi. Dans ces moments, j'avais entièrement perdu la mémoire du passé, et j'étais incapable de pouvoir rendre compte de mes actions. Je ne savais, en un mot, ce que je faisais. J'attribue maintenant cet état à une trop grande quantité de sang qui se portait vers la tête. Je dis maintenant, parce que ayant beaucoup saigné des plaies que je me suis faites, je me sens le cerveau très-dégagé, et je ne suis plus le même homme que hier soir.

» Je vous déclare ici que personne n'a contribué directement ni indirectement soit à ma chute, soit à la résolution instantanée qui m'a entraîné à me précipiter. Ce qu'il y a de singulier, c'est qu'il m'est impossible de me rappeler la manière dont j'ai escaladé la croisée, et quelle était l'idée qui me dominait alors, car je n'avais aucunement l'envie de me donner la mort, ou du moins je n'ai point aujourd'hui le souvenir d'une telle pensée. Je suis persuadé maintenant que je ne connaissais pas le danger que je courais, lorsque j'ai passé par cette croisée. J'avoue que j'ai *la tête faible*, je n'ai jamais eu cependant le projet de me détruire; ce ne peut être qu'un dérangement physique et non une détermination arrêtée qui m'a poussé à une si malheureuse tentative. »

En parcourant les nombreux papiers, notes, lettres, livrets, laissés par les suicidés, on trouve des indications de toute espèce, sans qu'il soit possible de les rapporter à des causes quelconques.

Un fragment de lettre contient ces mots: *Mort à point*.

Sur un livret (ils sont importants à consulter), on lit: « J'espère que personne ne connaîtra ma mort ni la demeure de mes parents. La cause de ma résolution est un secret. Ma carrière est finie. »

Un certain nombre se plaignent d'avoir manqué leur ɔup, montrent dans leurs actes une volonté inébranlable.

Un indice semble quelquefois mettre sur la trace, on va saisir la cause, et puis tout échappe au moment où l'on se croyait maître du secret. Une dame, dont tous les amants, les maris, étaient morts de la même manière, avec les mêmes symptômes, est enfin soupçonnée. Un magistrat se rend chez elle, accompagné d'un des amis de cette dame. En entrant dans l'appartement, on la trouve sans vie, sur son lit, revêtue d'une robe blanche ; l'ami aperçoit quelques taches noires sur ses mains, à son cou, à sa figure, il s'écrie : ce sont les mêmes que j'ai observées sur M... Il fut impossible de se procurer aucun éclaircissement.

Plusieurs fois, on a pu saisir par le collet, les cheveux, un pan d'habit, le col de la chemise, les malheureux qui se lançaient ainsi dans l'éternité ; leurs efforts, la faiblesse du point d'appui, ne permettaient pas de les sauver, et la cause du suicide demeurait inconnue.

Bon nombre de ces individus ne laissent après eux que des reconnaissances de mont-de-piété, ce qui peut faire présumer que la misère à joué un rôle dans l'acte ; comme contraste, il y en a plusieurs qui ont des bijoux, de l'argent, de l'or, des billets de banque, des livrets de Caisse d'épargne, et d'autres valeurs payables au porteur.

Quelques-uns, au moment de se tuer, paraissent plus gais que de coutume, d'autres ôtent leurs gants, leurs chapeaux, leur principal vêtement, s'agenouillent, font une prière et s'élancent dans l'eau.

— *Résumé.* — Un nombre considérable d'individus ne laissent aucun renseignement sur les motifs de leur suicide, soit pour éviter les recherches, soit par insouciance, soit par aliénation mentale.

— Plusieurs suicides donnent les preuves les plus positives de l'opiniâtreté de leur résolution.

— Il en est qui attentent tout à coup à leurs jours, et qui, rendus à la vie, ne conservent aucun souvenir de leur action.

CHAPITRE II.

ANALYSE DES DERNIERS SENTIMENTS EXPRIMÉS PAR LES SUICIDÉS DANS LEURS ÉCRITS (1).

Statistique générale. — Énumération des sentiments. — Trois sections. — *Première section.* — **Bons sentiments.** — Statistique. — Adieux. — Vœux. — Recommandations. — Regrets des fautes. — Sentiment exagéré de l'honneur. — Demandes de pardon. — Sollicitude pour les enfants, les parents. — Pardon des injures. — Désespoir de la séparation. — Désir d'être regretté. — Distribution d'objets. — Sentiments religieux. — Douleur de la séduction. — Résumé. — *Deuxième section.* — **Sentiments mauvais.** — Statistique. — Plaintes. — Reproches. — Injures. — Menaces. — Irréligion. — Plaisanteries. — Désir de la mort. — Dépravation. — Hypocrisie. — Mensonge. — Résumé. — *Troisième section.* — **Sentiments mixtes.** — Statistique. — Raison. — Sang-froid. — Lettres écrites d'une main ferme. — Testaments. — Déclarations de mort. — Désordres des écrits. — Trois degrés. — La statistique officielle des aliénés ne les comprend pas tous. — Appréciations diverses de l'acte. — Écrits tremblés, illisibles. — Hésitation, crainte, peur de la mort. — Souci des funérailles. — Indications, absence d'indications. — Regrets de quitter la vie. — Sentiment contraire. — Craintes d'être inutiles, à charge. — Désillusion. — Fatalisme. — Insouciance de l'opinion. — Vanité. — Résumé.

Il y a dans l'histoire du suicide un chapitre bien triste, mais d'un intérêt saisissant, c'est celui de l'analyse des derniers sentiments exprimés par les victimes volontaires au moment suprême. Déjà, dans le chapitre précédent, nous en avons cité des exemples ; nous allons maintenant réunir, en quelques groupes principaux, les diverses nuances de ces expressions sentimentales, qu'on peut considérer comme une sorte de résumé géné-

---

(1) Mémoire lu à l'Académie des sciences morales et politiques, dans sa séance du 5 avril 1851, et publié en entier dans *the journal of psychological medicine and mental pathology*, edited by Forbes-Winslow, t. IV, p. 243, 448, 606. London, 1851.

ral (1). Ce sujet neuf et plein d'enseignements ne peut avoir l'importance qu'il mérite que si les documents sont assez considérables pour que les conclusions soient décisives.

Parmi les 4595 faits qui font la base de ce travail, nous avons trouvé 1328 lettres, notes, écrits quelconques (2), où se reproduisent les souffrances si variées du cœur humain. Lorsqu'on réunit ce chiffre à celui des individus qui ne savent ni lire ni écrire, on arrive à ce premier résultat que peu de ceux qui vont quitter le monde résistent au désir de faire connaître les sentiments qui les agitent, les chagrins auxquels ils sont en proie, les malheurs ou les déceptions dont ils sont ou se croient les victimes. Le besoin de vivre dans la mémoire des hommes, de laisser un souvenir de leur passage sur la terre, semble la préoccupation du plus grand nombre. Ce désir de ne pas mourir tout entier n'est-il pas un nouvel argument en faveur de l'immortalité de l'âme? Un second fait qui ressort de l'analyse philosophique de ces documents, c'est que, quand l'homme se dégage des liens factices qu'il s'était forgés, qu'il cesse d'être l'esclave des passions qui le tyrannisaient, les sentiments bons et généreux reprennent le dessus. Loin de nous la pensée de prétendre qu'il en soit toujours ainsi, le dépouillement des documents prouverait qu'il y a des natures réellement perverses; nous

---

(1) Il était impossible que dans l'analyse des écrits, on ne vît se reproduire un certain nombre des causes indiquées dans les groupes, nous n'avons fait alors qu'énumérer les expressions sentimentales.

(2) De ces écrits, 69 étaient tracés au crayon, 10 à la craie sur les murs, 8 dans des portefeuilles, 8 avec du charbon, 8 sur les murs au charbon ou à la craie, 3 sur les portes, 2 sur les glaces, 2 sur une peau d'âne, 2 sur une table, 8 sur un livret, une ardoise, le plafond, la cheminée, les contrevents, une traverse de bois, le parquet, la toile d'un tableau, 3 étaient attachés au pantalon, à la poitrine, dans le chapeau, 19 étaient renfermés dans des bouteilles, des flacons, etc.

Sur le nombre total, 85 (63 hommes et 22 femmes) contenaient des dispositions testamentaires. La proportion des écrits pour les 10 années, de 1834 à 1843, s'est ainsi répartie : 128, 137, 141, 156, 132, 147, 138, 100, 114, 133.

croyons néanmoins être dans le vrai en affirmant que le bien l'emporte de beaucoup sur le mal.

M. Guerry, dans son *Essai de statistique morale de la France*, a tracé, en quelques lignes, la liste des principaux sentiments manifestés par les suicidés dans une centaine de lettres. Nous sommes heureux de nous être souvent rencontré dans notre travail avec ce savant consciencieux ; on pourra, cependant, facilement constater les différences qui existent entre nos recherches et sa note.

Tableau général des sentiments exprimés dans les écrits, d'après l'ordre numérique.

	Hom.	Fem.	
1°	217	87	Reproches, plaintes, injures, déclamations, réflexions des suicidés sur les causes de leur mort.
2°	218	60	Adieux à leurs parents, amis, connaissances, au monde.
3°	192	45	Déclamations, plaintes contre la vie ; elle est un fardeau.
4°	56	11	Instructions pour leurs funérailles.
5°	48	9	Disent qu'ils ont leur raison : qu'on n'accuse personne de leur mort.
6°	43	12	Disent que leurs idées se troublent.
7°	44	4	Aveux d'un crime, d'une passion, d'une mauvaise action.
8°	36	9	Prières pour obtenir le pardon de leur suicide, disent qu'on vienne les reconnaître.
9°	30	13	Sollicitude pour l'avenir de leurs enfants, de leurs parents, etc.
10°	21	15	Confiance dans la miséricorde de Dieu.
11°	25	6	Paroles bienveillantes.
12°	26	5	Motifs faux.
13°	28	1	Matérialisme.
14°	12	12	Recommandation sur la manière de les ensevelir.
15°	20	2	Regrets de la vie.
16°	18	4	Croyance à une vie future.
17°	13	5	Meurent hommes d'honneur.
18°	5	11	Regrets de se séparer d'une personne aimée.
19°	13	2	Désir d'expier une faute.
20°	9	6	Prières pour qu'on leur pardonne leurs fautes.
	1074	319	

ANALYSE DES DERNIERS SENTIMENTS. 299

	Hom.	Fem.	
Report	1074	319	
21°	9	2	Prières à leurs amis de donner des larmes à leur mémoire.
22°	10	1	Désir de recevoir les prières de l'Église.
23°	10	1	Désir d'être portés directement au cimetière.
24°	9	2	Motifs futiles.
25°	9	»	Horreur que leur inspire l'action qu'ils vont commettre.
26°	»	9	Regrets d'avoir cédé à la séduction.
27°	8	1	Prière de ne pas donner de publicité à leur suicide.
28°	7	1	Angoisses de leur esprit.
29°	5	2	Croyance au fatalisme.
30°	6	2	Indifférence sur ce qu'on pensera de leur action.
31°	7	1	Prière de cacher le genre de leur mort à leurs enfants, etc.
32°	5	3	Désir d'être enterré avec une bague ou un autre souvenir.
33°	6	1	Prière de les inhumer dans la terre des pauvres.
34°	5	1	Recommandation de leur âme à Dieu.
35°	5	»	Détermination après de longues hésitations.
36°	3	1	Inutiles, à charge sur la terre.
37°	3	»	Préoccupation des souffrances qu'ils vont endurer.
38°	3	»	Crainte de manquer de courage.
39°	2	1	Prière de conserver une boucle de leurs cheveux.
40°	3	»	Tableau des espérances qu'ils voient s'évanouir.
41°	1	1	Regrets de ne pouvoir témoigner leur reconnaissance.
42°	2	1	Appréhension d'être exposés à la Morgue.
43°	2	»	Réflexions sur ce que va devenir leur cadavre.
44°	1	»	Invitation de publier leurs lettres dans les journaux.
45°	1	»	Insultes aux membres du clergé.
46°	1	»	Incertitude sur leur destinée future.
	1197	350	total 1547.

Ce chiffre est supérieur au nombre réel 1328 (1052 hommes, 276 femmes) par suite des doubles emplois.

Pour faciliter l'analyse de ces sentiments, nous les diviserons, d'après leur nature, en trois classes, tout en faisant observer que cette division n'est pas rigoureuse et qu'elle n'est destinée qu'à reposer l'esprit. Dans la première, nous rangerons les manifestations dictées par la bienveillance, le repentir, la religion, l'honneur, la tendresse, l'amitié, la reconnaissance, etc. ; nous les réunissons sous la dénomination de *Bons sentiments*. Dans la deuxième classe, nous placerons les manifestations suggérées par le ressentiment, la vengeance, les plaintes, les reproches, les imprécations contre le sort, le matérialisme, l'irréligion, la débauche, la fausseté, etc., c'est celle des *Mauvais sentiments*. Enfin, dans la troisième, nous grouperons les manifestations qui n'ont point un rapport direct avec les deux classes précédentes ou qui, si elles s'en rapprochent d'un côté, s'en éloignent de l'autre, et que, par cela même, nous appellerons *Sentiments mixtes*.

1° Bons sentiments.

Cette section comprend l'analyse des neuf variétés d'expressions sentimentales. La proportion des cas de cette classe est de 626 (474 hommes, 152 femmes).

Dire un dernier adieu au monde qu'ils vont quitter, donner des témoignages de leur tendresse, de leur amitié, faire connaître leurs chagrins, leurs regrets aux personnes qu'ils ont connues, tel est le sentiment le plus généralement exprimé par les suicidés dans leurs écrits (218 hommes et 60 femmes). Ce besoin est quelquefois si vif qu'à défaut d'amis, de connaissances, ils s'adressent à la société, à la nature, c'est le cri de Gilbert :

Salut, champs que j'aimais, et vous, douce verdure, etc.

On retrouve là cet instinct qui se manifeste chez tous les hommes au moment de s'éloigner, de se séparer des leurs, il y a dans l'expression de ce sentiment une véritable hiérarchie ; ainsi, en première ligne, viennent les adieux à la famille, et parmi eux, ceux qui s'adressent à la femme et au mari.

Les amis, les camarades, ne sont pas oubliés dans ce moment suprême, surtout par les hommes, qui forment les 19/20° du chiffre, ce qui confirme, jusqu'à un certain point, cette remarque d'un moraliste, que les femmes n'ont point d'amis.

Les adieux aux amants, aux maîtresses, tiennent le quatrième rang. Ici la proportion du sexe masculin, qui jusqu'alors avait été très-supérieure à celle du sexe féminin, prend le même niveau ; or il ne faut pas oublier que le nombre des femmes suicidées n'est que le tiers de celui des hommes. Cet argument est une nouvelle preuve en faveur de l'opinion de madame de Staël qui prétend que l'amour est l'épisode de la vie des hommes et l'histoire de celle des femmes. Dans les adieux au monde, en général, figurent seuls les hommes dont les sentiments affectifs finissent toujours par se porter sur un objet déterminé. Enfin, les adieux des domestiques à leurs maîtres closent cette liste : ils sont en très-petit nombre.

Les suicidés ne se bornent pas seulement à faire leurs adieux, ils annoncent encore qu'ils se tuent ; souvent sans indiquer les motifs (166 hommes, 36 femmes). Les formules les plus généralement employées sont celle-ci : Je suis l'auteur de ma mort ; autant aujourd'hui que demain, etc.

Parmi les individus qui ont fait connaître dans leurs adieux les sujets de leur suicide (23 hommes et 16 femmes), on retrouve les motifs que nous avons indiqués dans le chapitre des causes.

L'impression générale qui résulte de la lecture de ces lettres, c'est que la souffrance morale a une tout autre influence que la souffrance physique, circonstance que nous avons également signalée dans l'étude des causes de la folie (1).

Un certain nombre de suicidés (36 hommes 7 femmes) expriment dans leurs lettres des vœux, des recommandations, qu'on peut résumer de la manière suivante : sentiments de reconnaissance et de gratitude pour les personnes qui leur ont rendu service ou qui ont pris part à leurs peines. — Désir, espérance, que leur mort rendra leur famille plus heureuse. —

(1) A. Brierre de Boismont, *De l'influence de la civilisation sur le développement de la folie* (*Annales d'hyg.*, t. XXI, p. 241, 295. 1839). — *Des maladies mentales* (*Bibliothèque du médecin praticien*, t. IX), — et surtout la *deuxième étude sur la civilisation* (*Annales méd.-psych.* avril 1853)

Souhaits d'une vie meilleure pour leurs amis. — Prière de bannir leur souvenir, etc., etc.

Les recommandations peuvent être ainsi classées : remettre les effets aux parents, aux personnes auxquelles ils appartiennent. — Payer leurs dettes. — Anéantir des pièces compromettantes, etc., etc.

Le cri de la conscience ne peut jamais être complétement étouffé. Les notes manuscrites que nous avons recueillies prouvent que le souvenir du mal a souvent été la cause du suicide (44 hommes, 4 femmes). Les motifs de ces morts volontaires se présentent sous trois chefs principaux : crimes (18), mauvaises actions (15), passions (15).

Tantôt les crimes sont cachés, tantôt, au contraire, ils sont avoués. « Je meurs, écrit un homme, de désespoir et de remords et pour éviter le châtiment d'un acte coupable que moi seul connais. Je n'ai pas voulu flétrir ma famille. »

Plusieurs lettres contiennent les réflexions suivantes : — Je n'ai trouvé ici que la honte et le déshonneur, j'y laisse la vie. — Je suis plus faible que coupable. — Je me suis puni de mes crimes.

Les regrets que laissent après elles les passions, sont souvent si vifs, que la mort seule peut y mettre un terme.

La plupart des suicidés manifestent la douleur de n'avoir pu se corriger de leurs mauvaises habitudes, et déplorent les égarements dans lesquels elles les ont entraînés.

A l'aveu des fautes, succède très-souvent le désir de les expier (13 hommes, 2 femmes). Ici, c'est un mari qui écrit à sa femme : « En me voyant plongé dans une vie de désordre et de débauche, sans avoir la force de m'en retirer, malgré les reproches que je me fais tous les jours, je me donne la mort en expiation de ma conduite. » Là, c'est une femme qui s'accuse à son mari de son inconduite et dit qu'il ne lui reste qu'à mourir pour racheter ses fautes. Elle lui retrace les heureux jours qu'ils ont passés ensemble et proteste de son amour pour lui;

les circonstances l'ont emportée, et elle se punit de ses faiblesses.

Les monarchies vivent par l'honneur, les républiques par la vertu, a dit Montesquieu. En France, le premier de ces sentiments a fait couler des torrents de sang. C'est encore l'exagération de ce principe qui a poussé un grand nombre d'infortunés à se détruire.

La vieille probité du commerce autrefois si générale, et qui faisait regarder une faillite, comme un malheur irréparable, a été le motif qui a encore déterminé plusieurs négociants à mettre fin à leur existence.

Un certain nombre d'individus déclarent qu'ils meurent hommes d'honneur, sans donner aucune autre explication.

Une anecdote assez peu connue, et qui nous a été racontée par M. de Tar..., Russe fort distingué, montre combien ce sentiment est diversement compris. Quand Pierre le Grand ordonna le jugement de son fils Alexis, il reçut d'un de ceux qu'il avait désignés pour cet office un placet dans lequel il le priait d'accorder une pension à sa veuve ; l'empereur fit venir cet homme et lui demanda ce que signifiait une pareille pétition.

« Sire, lui répondit le juge, je vous obéirai, parce que c'est mon devoir ; je ne survivrai pas à mon honneur, parce que c'est mon droit. » Pierre le Grand réfléchit assez longtemps, et finit par lui répondre brusquement : « Allez vous mettre au lit. »

Explique qui voudra ce courage et cette faiblesse, cet honneur qui consent à se salir, et qui espère en la mort pour se laver.

Quelle différence avec la réponse d'un intrépide vieillard, le comte de Sancerre. Le roi François II le pressait d'apposer sa signature à l'arrêt qui condamnait à mort le prince de Condé : « Votre Majesté peut me commander toute autre chose pour son service, je lui obéirai tant que l'âme me battra dans le corps ; mais j'aimerais mieux qu'on me tranchât la tête que de laisser à mes enfants, pour héritage, la honte de lire le nom de leur père au bas d'un arrêt de mort, contre un prince dont les descendants pourraient devenir leurs rois. »

Les motifs allégués par les femmes ont souvent rapport aux mœurs. — « J'ai fait mille démarches, écrit l'une d'elles, pour me procurer du travail, je n'ai trouvé que des cœurs de marbre ou des débauchés, dont je n'ai pas voulu écouter les propositions infâmes. » — Une jeune fille d'une beauté remarquable, laisse un écrit par lequel elle annonce qu'elle a usé toutes ses ressources et que ses effets sont au mont-de-piété. « Il ne tenait qu'à moi d'avoir un magasin richement fourni, ajoute-t-elle, j'aime mieux mourir honnête que de vivre en femme perdue. »

L'homme prêt à terminer son existence pense encore à ceux qu'il laisse, il leur demande pardon des chagrins, des embarras qu'il va leur causer (36 hommes, 9 femmes). La plupart des lettres qui expriment ces sentiments, sont adressées à des parents, quelques-unes à des amis, à des étrangers ; en annonçant le chagrin de se séparer d'eux, ces infortunés allèguent un motif impérieux, un désespoir qui ne leur laisse pas un moment de repos.

L'instinct de la famille ne fait pas défaut aux suicidés ; leurs écrits révèlent toutes les angoisses de leur âme (30 hommes, 13 femmes). Le chiffre des femmes, proportion gardée, devient ici plus considérable.— La sollicitude pour les enfants l'emporte sur toutes les autres (25 hommes, 15 femmes). Ces malheureux les recommandent à leurs parents, à leurs amis, aux personnes charitables, ils tracent des règles de conduite pour eux, ils leur donnent leur bénédiction, ils manifestent les regrets les plus déchirants d'être obligés de s'en séparer. — Un père écrit à ses enfants une lettre par laquelle il les informe qu'il ne veut pas faire leur malheur en se remariant, et, comme il sait, qu'il serait emporté malgré lui, il aime mieux mourir. La vie est pleine de ces entraînements irrésistibles. Que de fois n'avons-nous pas vu, malgré les cris de l'instinct de conservation, malgré les protestations énergiques de la raison, des hommes, atteints de maladies organiques, céder à des plaisirs qui étaient autant de coups mortels pour eux, ils le reconnaissaient, se promettaient de résister, retombaient, et un jour ils ne se relevaient plus. La raison, à qui donc sert-elle ? Aux hommes, sans passions violentes, à l'infini petit nombre d'êtres privilégiés qui savent les dompter, à ceux enfin qu'elles ont fortement éprouvés ou dont les années ont glacé l'ardeur.

La sollicitude pour les parents se présente dans une proportion beaucoup moindre que celle pour les enfants (10), encore concerne-t-elle plutôt les femmes mariées ou illégitimes que les pères ou mères ; elle est surtout caractérisée par le regret de la douleur que ces morts vont leur causer, ou par la pensée de la misère qui en sera le résultat.

Si beaucoup d'hommes descendent au tombeau avec leurs passions, leurs ressentiments, leurs haines, ce qu'attestent suffisamment les testaments, les exhérédations, les spoliations de toute espèce, il en est aussi d'autres (26 hommes, 7 femmes) qui voient alors les choses sous leur véritable jour, oublient les injures, pardonnent les maux qu'on leur a faits. Comment se résoudre, en effet, lorsqu'on a eu des principes religieux et moraux, à paraître devant Dieu le cœur plein de fiel?

La plupart des lettres sont relatives à des époux qui se pardonnent réciproquement leur mort, à des individus qui remercient leurs amis, leurs bienfaiteurs, ou adressent des paroles de conciliation et d'oubli à leurs ennemis.

Le premier mouvement de l'homme est bon ; la réflexion, l'égoïsme, les passions, le dénaturent : c'est la véritable explication de l'ingratitude. La reconnaissance est au fond du cœur humain ; malheureusement la doctrine des intérêts l'y refoule trop souvent.

Le temps calme toutes les douleurs ; chez les âmes jeunes, impressionnables, la vivacité des sentiments ne lui permet pas d'agir, et la séparation est souvent pour elles une cause de mort. Dans 16 lettres, où le suicide est attribué à cette cause, 11 appartiennent à des femmes.

Rien de plus naturel que de souhaiter d'être pleuré de ceux

qu'on laisse sur la terre: c'est une consolation, la preuve qu'on n'était pas sans quelque qualité, ou bien encore un pardon qu'on leur demande. Voici un fragment d'une des quatorze lettres (11 hommes, 3 femmes) où ce sentiment est exprimé :

« Du haut de ces mêmes tours (celles de Notre-Dame), que je visitais, il y a huit jours, accompagné de L..., je viens de me précipiter. Pleurez-moi, pleurez votre frère, victime de la plus noire ingratitude. »

Périr tout entier est un sentiment contre lequel se révolte l'homme qui va mourir. Il fait des adieux, écrit des lettres, distribue des objets qui lui ont appartenu. Dans une note manuscrite, nous trouvons les recommandations suivantes : « Mon ami, garde ce bracelet en mémoire de moi, et porte une couronne sur la tombe de mon enfant : c'est le dernier vœu de celle qui t'aime plus que la vie. »

Il y a des hommes qui se tuent par vanité, aussi cherchent-ils à donner à leur mort le plus de retentissement possible. — Les grands criminels eux-mêmes veulent mourir avec éclat. Ici, comme partout, il y a des exceptions nombreuses ; d'autres personnes, au contraire, conjurent de ne pas parler d'elles. — Neuf lettres (8 hommes, 1 femme) renferment l'expression de ce vœu. — La recommandation d'éviter toute publicité, toute insertion dans les papiers publics, est la plus générale ; l'intention de ceux qui l'expriment est de ne pas affliger les personnes qui leur sont chères. Dans plusieurs lettres, on voit percer chez leurs auteurs le désir d'échapper à la curiosité maligne du public, ou de ne pas réjouir leurs ennemis.

Le sentiment de l'amour paternel survit à la pensée du suicide. Il se manifeste de mille manières différentes. Dans les huit lettres que nous avons sous les yeux (7 hommes, 1 femme), il se caractérise par le désir de cacher aux enfants la cause de la fin.

La France a produit d'admirables ouvrages religieux, et c'est cependant le pays où la pratique de la religion est généralement mal observée (cette remarque s'applique plus particulièrement à certaines zones). En face de la mort volontaire, le sentiment de la Divinité se réveille quelquefois avec force : trente-six lettres ou notes (21 hommes, 15 femmes) attestent que les infortunés qui vont périr espèrent encore en la miséricorde divine. L'élévation du chiffre des femmes, déjà notée, dans les manifestations envers la famille se retrouve à un degré encore plus prononcé dans l'expression du sentiment religieux. Il en est, à peu près de même, de toute la série des manifestations affectives. — Parmi les lettres relatives au sentiment religieux, nous citerons la suivante : « Je me tue pour échapper à la débauche, aux passions, au déshonneur et ne pas perdre l'amitié de mes parents : j'espère dans la bonté de Dieu, et je crois qu'en raison du motif de mon sacrifice, il me rendra plus heureuse dans l'autre monde. » Un grand nombre se contentent d'écrire qu'ils demandent pardon à Dieu de leur mort, qu'ils ont confiance dans sa miséricorde.

Les nécessités de la vie matérielle, la satisfaction des sens, l'indifférence de la plupart des hommes, pour les problèmes qui sont l'objet des méditations des philosophes et des esprits éclairés, la légèreté de l'esprit français, rendent très-bien compte du peu d'attention qu'on accorde aux questions qui touchent à Dieu, à la vie future, à l'éternité. A vrai dire, ce sentiment est plutôt étouffé qu'anéanti ; car à peine les individus sont-ils dans le malheur, qu'ils lèvent leurs regards vers le ciel ; il n'en faut pas moins reconnaître qu'il y a sur ce point si important un vice radical dans l'éducation religieuse. — Vingt-huit autographes (23 hommes, 5 femmes) montrent que la croyance à une vie future est encore une consolation pour les suicidés. — Les uns annoncent que, malheureux ici-bas, ils vont chercher le bonheur dans l'autre monde, voir s'il est possible d'y être mieux. — Les autres, désolés de la mort de personnes chéries, déclarent qu'ils vont les rejoindre dans l'éternité. Les lettres des cinq femmes indiquent le désir de se réunir à ceux qu'elles ont aimés.

Le suicide et les devoirs religieux s'excluent naturellement ; le mystère inexplicable du cœur de l'homme vient ajouter une nouvelle page à l'histoire de ses variations. Ainsi, voilà 11 personne (10 hommes, 1 femme), qui, selon les probabilités, ont très-rarement mis les pieds dans une église, lorsqu'elle leur était ouverte à tous les instants, qui demandent à y être reçues, lorsque l'anathème leur en ferme les portes. Remarquez bien que les vivants iront encore plus loin que les morts, et que ces mêmes hommes, pour lesquels les croyances religieuses et le respect envers l'Église sont lettres closes, ne reculeront devant aucun scandale pour l'obliger à se parjurer, tant le dogme de la liberté est gravé avec intelligence dans les esprits!

Le plus ordinairement, les lettres, surtout quand elles émanent des femmes, annoncent que leurs auteurs meurent dans la religion catholique ; ils désirent être enterrés avec les cérémonies de l'Église, ils demandent qu'on leur dise des messes. Quelquefois, cependant, les suicidés ne cherchent qu'à sauver les apparences. Un d'eux écrit: « Vous me rendrez un grand service d'aller dire au curé qu'on m'a trouvé mort d'un coup de sang, afin que je puisse recevoir les prières de l'Église, et que la cause de l'événement reste inconnue. »

Il y a évidemment dans l'éducation des femmes des parties qui réclament toute l'attention des moralistes et des législateurs. Chaque année, des milliers de naissances illégitimes, d'avortements, d'infanticides, d'adultères, viennent révéler l'étendue et la profondeur du mal. En butte à des attaques continuelles, on ne s'explique que trop les chutes de ces infortunées.— La séduction, tel est le déplorable chapitre de leur histoire. Le nombre des lettres que nous avons recueillies est de neuf; rien de plus douloureux que leur lecture. — Presque toujours le parjure et le mensonge, sous forme de promesse de mariage, sont le point de départ du mal. — Une pauvre fille raconte en termes touchants le plan de séduction auquel elle a succombé, l'abandon et le mépris qui s'en sont suivis ; enceinte, elle ne peut survivre à son déshonneur. Dieu punira le misérable qui l'a réduite à une pareille extrémité! — Une femme, également abandonnée, écrit à sa fille une lettre, dans laquelle elle lui représente tous les malheurs qui l'attendent, et l'engage à suivre son exemple. On les trouva toutes les deux asphyxiées.

En résumant les divers sentiments exprimés dans ce chapitre, qu'on peut rapporter à *cinq sections*, on reconnait que la *première section* est surtout consacrée à la sociabilité, manifestée par les adieux à la vie. Ces adieux suivent eux-mêmes une hiérarchie en rapport avec les affections de l'homme; ainsi ils s'adressent successivement aux époux, aux parents, aux enfants, aux amants, aux maîtresses, aux amis, aux connaissances, au monde en général.

La plupart des individus de cette catégorie déclarent, en même temps, qu'ils sont les auteurs de leur mort, et qu'il ne faut inquiéter personne. Le plus souvent, ils ne disent rien des motifs de leur suicide, ou, quand ils les indiquent, ils les attribuent aux causes connues.

Un grand nombre de lettres se terminent par des vœux, des recommandations, des expressions de bienveillance et de gratitude.

Les sentiments de la *seconde section* concernent surtout les devoirs : leur oubli fait le tourment des coupables ; ils avouent leurs fautes, témoignent la douleur de n'avoir pu se corriger, se punissent de leurs excès, ne veulent pas déshonorer leurs familles.

Plusieurs, par un sentiment exagéré de l'honneur, ne peuvent supporter l'idée d'être calomniés, soupçonnés, accusés, etc.

L'analyse des sentiments exprimés dans les écrits de la *troisième section* est relative à la famille, à l'amour, à l'amitié, à la bienveillance commune. Les individus de cette série regrettent la douleur que leur suicide va causer aux personnes qui leur étaient chères ; ils leur en demandent pardon. Ils montrent une grande sollicitude pour l'avenir de leurs enfants, de leurs femmes ou de leurs maris, de leurs parents.

Le chagrin de la séparation est surtout ressenti par les femmes, qui ne peuvent se consoler de la perte de ceux qu'elles aimaient. Pour adoucir l'amertume de cette séparation, un certain nombre de suicidés prient qu'on garde un souvenir d'eux, qu'on les pleure; d'autres demandent qu'on évite toute publicité, pour ne pas affliger leurs parents ou pour échapper aux regards d'un monde indifférent ou méchant.

L'oubli des injures, le pardon des offenses, la bienveillance pour ses semblables, se manifestent souvent aux approches du dernier moment, et peuvent être opposés avec avantage aux sentiments de haine que révèlent ou confirment les testaments.

L'analyse de la *quatrième section* comprend les sentiments religieux. Ils se réveillent souvent, avec force, à la mort, chez un grand nombre d'individus; ils sont très-prononcés chez les femmes. Dans ce retour vers les idées religieuses, la pensée d'un Dieu unique, surtout chez les hommes, est celle qui se présente le plus ordinairement à l'esprit : un certain nombre, cependant, réclament les prières et les cérémonies de l'Église dans laquelle ils ont été élevés.

La *cinquième et dernière section* est consacrée à l'analyse des sentiments exprimés par les victimes de la séduction. La plupart pardonnent à ceux qui les ont perdues ; quelques-unes font entendre les récriminations les plus vives ; on ne peut se défendre d'un sentiment douloureux à la vue des piéges de toute nature tendus à ce sexe faible et sans défense, et dont les conséquences terribles sont les naissances illégitimes, les avortements, les adultères, les viols, la prostitution, le déshonneur et la mort.

2° Sentiments mauvais.

L'analyse des sentiments exprimés par les suicides, au moment suprême, est un chapitre dont il est impossible de méconnaître l'utilité. Au milieu des opinions si divergentes qu'a soulevées la nature de cet acte, considéré par les uns comme un symptôme de folie, par les autres comme une manifestation libre de la conscience et de la volonté, les dernières paroles du mourant ne peuvent que jeter de vives lumières sur les motifs qui lui ont fait prendre une semblable détermination. Pour bien apprécier la cause d'un suicide, il faut connaître, a-t-on dit, les antécédents de l'individu, sa manière d'être, son caractère, ou pour mieux dire son idiosyncrasie morale; alors seulement on peut juger du mode d'action de la cause déterminante, de l'influence que cette cause a exercée sur l'esprit du malade, de la manière dont ses facultés ont été frappées, et enfin des réflexions suggérées par cette cause et du jugement que l'individu en a porté. Quand bien même on refuserait aux procès-verbaux, rédigés d'ailleurs d'une manière remarquable par MM. les commissaires de police de Paris, la valeur nécessaire pour apprécier convenablement toutes les circonstances physiques ou morales qui ont précédé le suicide, circonstances qui doivent d'ailleurs être examinées suivant les temps et les lieux, il n'en pourrait être ainsi des autobiographies écrites par ceux qui vont quitter la vie.

Ces réflexions trouvent naturellement leur place dans l'examen des trois grandes divisions de sentiments.

La seconde classe (*mauvais sentiments*), renferme l'analyse de sept variétés d'expressions, comprenant 374 cas (279 hommes, 95 femmes).

Souffrir et se plaindre, tel est le lot de l'humanité. La plainte peut être douce, résignée ; elle peut se manifester sous forme de reproche, s'élever à l'injure, à la menace. 304 écrits (217 hommes, 87 femmes) contiennent l'expression de ces diverses nuances. Les sujets les plus ordinaires de mécontentement sont causés par la famille, puis viennent les plaintes, les imprécations, en général, arrachées par le malheur, les chagrins, n'ayant aucune désignation fixe, ou bien consistant en des déclamations ou des réflexions sur la misère des destinées humaines.

Le chiffre des écrits se divise ainsi : motifs tirés de la famille 51, du mariage 63, du concubinage 59, de l'amitié 2 ; 129 écrits, tout en faisant connaître les sentiments de leurs auteurs, les causes auxquelles ils attribuent leur mort, ne s'adressent à personne en particulier, et témoignent seulement du besoin si naturel à notre espèce de s'épancher au dehors, de communiquer avec les autres.

Il est malheureusement vrai que l'éducation ne s'attache point assez à imprimer dans l'âme le sentiment des devoirs; c'est parce que la plupart des hommes n'ont que des notions confuses, fausses sur ce sujet, qu'il règne une aussi grande anarchie dans les idées; de là aussi la légèreté avec laquelle nous traitons les sujets les plus graves. Le célèbre Coleridge, voyageant en Italie, vit deux officiers français qui s'approchaient de la statue de Moïse, placée dans l'église *S. Pietro in Vincoli*, à Rome. Je parie, dit le poëte à son compagnon, que leurs premières paroles seront des railleries sur la barbe et les deux rayons de lumière. (*Goat and cuckold* furent en effet les premiers mots des officiers.)

Quoique le sentiment religieux existe chez la majorité des hommes, il en est quelques-uns qui en paraissent dépourvus, soit par les mauvais principes qu'ils ont reçus, soit par l'indifférence dans laquelle ils ont vécu, soit par leur organisation défectueuse, soit enfin par la direction de leurs études. 29 lettres (28 hommes 1 femme) constatent l'absence de ce grand principe. Les formules, sont différentes, la pensée du néant existe en toutes : « Il y a longtemps que je désire dormir d'un profond sommeil, dit l'un des auteurs ; après tant de souffrances et de fatigues, je vais enfin retrouver le repos. »

Quelquefois c'est une image presque gaie qui sert de transition : « Je viens de quitter des amis qui se rendent au bal, et moi je contemple mon orchestre qui fait entendre des pétillements enflammés. Quel bizarre contraste ! C'est une comédie dont le dénoûment est le sommeil. » Il en est parmi lesquels le souvenir d'une forte sensation est le *nec plus ultrà* de l'existence : « Après avoir goûté l'amour de mon amie, il ne me reste plus qu'à mourir. Que pourrais-je éprouver encore ? Le monde vaut-il d'ailleurs la peine qu'on y reste ? J'ai mis huit jours à me décider ; il n'y a ni folie, ni courage, ni lâcheté à se tuer, c'est une chose toute simple, quand la vie vous déplaît. »

Plusieurs affirment qu'il n'y a pas de gens plus heureux que les morts ; ils ne témoignent aucun regret de ce qu'ils font, ils n'auraient qu'un chagrin, ce serait de ne pas succomber. La seule femme qui ait considéré la mort comme l'oubli de tous les maux, n'avait aucun principe moral.

L'esprit voltairien exagéré, en éteignant le sentiment religieux sans lequel il n'existe pas de nation possible, se révèle dans un assez bon nombre de lettres, par des plaisanteries, la recommandation formelle de ne point aller à l'église, de conduire directement le corps au cimetière. Quelquefois même cet éloignement pour le culte va beaucoup plus loin ; ainsi, dans une lettre, les prêtres sont ridiculisés, injuriés, et la religion même est représentée comme la plus cruelle ennemie de l'humanité.

La dépravation des mœurs, qu'il ne faut pas confondre avec la perversion maladive des instincts, ne s'arrête même pas devant l'image de la fin dernière. Plusieurs procès-verbaux établissent la preuve que des hommes sont venus chercher la mort au milieu des raffinements de la débauche.

Nous avons trouvé, dans neuf écrits (7 hommes, 2 femmes), des détails qui ne laissent aucun doute sur les pensées de libertinage qui poursuivent certains suicides jusque dans leurs derniers moments. Nous ne citerons qu'un fragment de lettre d'un ouvrier : « Quelle bonne partie, comme nous allons nous en donner, ce sera une dernière ribotte ! » (Adressée à des prostituées !)

Notre ami le docteur Forget nous a raconté qu'il fut appelé, il y a quelques années, par le commissaire de police de son quartier, pour constater un suicide qui avait eu lieu dans des circonstances assez singulières. Un homme, encore jeune, bien mis, s'était rendu, en compagnie d'une femme, chez un restaurateur connu, et avait demandé un cabinet particulier. Il s'était fait servir un repas délicat, assaisonné de vins fins. Immédiatement après le dîner, il se leva de table, se dirigea vers un coin de l'appartement, et, inclinant légèrement la tête, un coup de pistolet le renversa mort. A la détonation, aux cris de la femme, on accourut. Le commissaire se rendit immédiatement sur les lieux avec notre confrère. On interrogea la femme, et voici ce qu'elle déclara : « La veille, j'avais rencontré cet homme que je n'avais jamais vu, il me proposa pour le lendemain une partie fine dans un restaurant. Lorsqu'il vint me chercher, il paraissait fort calme: pendant le repas, il a bu et mangé d'un grand appétit, trois fois il s'est approché de moi, et c'est après la dernière qu'il s'est tué, sans que j'eusse le moindre soupçon de ce qu'il allait faire. » Une perquisition minutieuse de ses vêtements ne fournit aucun renseignement sur lui, on constata qu'il était sans argent.

—Depuis quelques jours, les habitants d'une maison de la rue Barre-du-Bec, n'ayant pas vu paraître l'un des locataires, le sieur P..., prévinrent le commissaire de police, qui pénétra dans le logement de cet individu, après en avoir fait ouvrir la porte par un serrurier. On trouva P.... pendu à l'espagnolette de la fenêtre de sa chambre à coucher. Sur un meuble était déposée la lettre suivante : « J'ai cinquante ans ; mes parents, honorables commerçants, m'avaient laissé une fortune assez rondelette. Jusqu'à présent, j'ai vécu parfaitement heureux ; j'ai vu bien des choses ; j'ai été partout où il y avait une joie, un plaisir à éprouver.

» Il ne me restait donc plus rien à désirer ; mon seul vœu était de mourir paisiblement, de mort subite, par exemple, lorsqu'il y a quelque temps un dictionnaire de médecine me tombant par hasard sous la main, me révéla qu'un bonheur suprême pouvait s'acquérir, au prix du genre de mort que je choisis... Lorsqu'on me trouvera pendu à ma fenêtre, je prie ceux qui me connaissent de n'avoir aucun regret, Ils pourront dire : Voilà un heureux ! il a connu toutes les félicités humaines. Je donne ma fortune aux pauvres. »

Ce n'est pas sans raison, a dit un des écrivains des *Débats*, M. Delécluse, mort récemment, que les dernières paroles de l'homme près de mourir ont toujours été écoutées et recueillies avec une curiosité mêlée d'une crainte respectueuse. Alors l'âme, déjà presque entièrement dégagée des liens terrestres, et faisant l'essai d'une liberté qu'elle n'a pu connaître tant que les intérêts d'ici-bas ont altéré sa franchise, compte à ce moment avec elle-même, rompt avec toute dissimulation désormais inutile, montre sans réserve ce qu'il peut y avoir en elle de force et de faiblesse, et, comme l'a fait remarquer le poëte, s'arrête là ;

Aux portes du néant respirant l'avenir (1).

Tout semble, en effet, annoncer qu'à l'instant suprême, la vérité doit se faire entendre: ici, comme partout, l'exception vient se placer à côté de la règle.

Dans ce pays de vanité, tout le monde veut poser. Cette prétention ne cède pas même devant la mort. Si l'hypocrisie est un hommage rendu à la vertu, il ne faut pas s'étonner que tant de gens se cachent sous sa livrée. 31 autographes (26 hommes, 5 femmes) vont nous servir de pièces de conviction. Parcourons les principaux. Parmi les motifs allégués par les suicides pour justifier leur action, on trouve souvent des plaintes contre la famille. Un homme écrit à son frère, directeur d'une grande administration, une lettre conçue en ces termes : « Vous n'avez pas voulu me recommander à votre ministre, parce que je suis mal vêtu et que vous êtes trop orgueilleux pour vous déclarer le parent d'un homme pauvre. Rien ne vous était plus facile que de me créer une existence honnête, votre égoïsme ne l'a pas permis. Tout pour vous, rien pour les autres, voilà votre règle de conduite. Malgré votre ingratitude à mon égard, je ne vous en veux pas, je vous pardonne ma mort. » Retournez la feuille et vous y trouvez que l'homme qui se drape ainsi en victime généreuse, est un paresseux, un débauché, un joueur qui n'a cessé de faire des dettes et des dupes; furieux de la prospérité de son frère, dont il a toujours été bassement jaloux, il invente une calomnie à ses derniers moments pour satisfaire son envie

(1) *Débats*, 10 mars 1853.

et se venger de son bienfaiteur. C'est pourtant avec cette flèche de Parthe que se fera une blessure que rien ne pourra cicatriser. Ce mensonge, enrichi de commentaires, circulera partout et restera pour la vie attaché, comme une étiquette, au dos de l'honnête homme, qui expiera ainsi le malheur d'avoir eu un fléau pour frère. C'est toujours la fameuse maxime : Calomniez, il en restera quelque chose !

Quelquefois les individus cherchent à s'entourer du prestige de ces passions, coupables sans doute aux yeux de la morale et de la religion, mais qui font plaindre ceux qu'elles subjuguent.

Voici en quels termes l'un d'eux s'exprime : « Je ne puis vaincre mon amour pour une femme mariée, aussi bonne que dévouée, et cependant une nécessité impérieuse m'oblige à ne plus la voir. Pourquoi faut-il que l'institution du mariage soit ainsi faussée par les conventions sociales? Adieu, mon ange, mon seul bonheur sur la terre. » Voulez-vous avoir quelques renseignements plus intimes sur l'ange ? les documents vous apprendront que c'était une fille publique, qui n'a pas voulu renoncer à la prostitution et nourrissait la prétendue victime du sort et de l'injustice des hommes. Ceci nous rappelle l'anecdote d'un scélérat qui fut exécuté, il y a quelques années, en Normandie pour avoir pendu plusieurs individus. Il s'écria, lorsqu'il fut sur l'échafaud : « Prêt à paraître devant Dieu, en face de l'instrument de mort, il est impossible de mentir : je déclare que je suis innocent ! »

Si quelque chose nous a surpris, c'est d'entendre un homme au mérite duquel nous rendons pleine justice, nous reprocher d'admettre que le suicide a sa légitime raison d'être dans les motifs que lui assigne le *suicidant* (1). Ces deux faits ne sont-ils pas la preuve la plus décisive que nous sommes loin d'admettre ce qu'on dit et ce qu'on écrit. Les mourants mentent comme les vivants et nous n'avons pas négligé de consigner cette observation.

(1) Ch. Lasègue, *Archives générales de médecine*, vol. II, p. 508, 1856.

Quelquefois c'est la vanité qui pousse l'homme à inventer un roman pour se donner l'apparence d'un innocent persécuté, et appeler l'attention sur lui. Un jeune homme raconte qu'il a été attaqué par des inconnus, dépouillé, forcé d'avaler du poison et jeté à l'eau aux Champs-Élysées. Cette histoire est d'abord accueillie favorablement ; le commissaire de police ne s'en laisse pas imposer, il fait une enquête dont le résultat lui apprend que ce jeune homme est un paresseux qui a horreur du travail. Son inconduite, ses goûts dispendieux l'ont précipité dans les dettes, la misère, le dénûment et le désespoir. Déterminé à en finir avec la vie, voulant néanmoins se rendre intéressant, il avait imaginé de se jeter à l'eau, s'en était lui-même retiré et avait ensuite bu du laudanum.

Quelques suicides s'efforcent de donner le change sur leur genre de mort, ils prétextent un accident, arrangent un récit, leur but est de déguiser leur mauvaise action : ils veulent échapper aux reproches qu'on adresse à ceux qui se tuent.

Résumé. — Les sentiments affectifs, l'amour-propre blessés, se traduisent par des plaintes, des mécontentements, des récriminations, des injures, des menaces. Ces divers sentiments suivent un ordre en rapport avec l'organisation morale de l'homme : la famille occupe le premier rang, puis viennent les maris et les femmes, les amants et les maîtresses, la société en général.

Dans la famille, les parents attribuent leur désespoir aux mauvais procédés de leurs enfants, à leur inconduite ; les enfants, à leur tour, se plaignent des reproches continuels qu'on leur adresse, de l'avarice de leurs parents, des rigueurs dont on les accable. Chez les femmes, les plaintes ont pour objet le refus de leur accorder celui qu'elles aiment, les mauvais traitements de leurs parents, de leurs enfants. Par leur caractère léger, acariâtre, jaloux, méchant, leur conduite irrégulière, elles occasionnent le suicide de leurs maris ; ceux-ci, à leur tour, par leurs mauvais traitements, leurs infidélités, la présence de leurs maîtresses, jettent le désespoir dans l'âme de leurs compagnes.

Quant au concubinage, la trahison des amants, leur indifférence, leurs mépris, sont autant de causes de suicide pour les femmes. Les mêmes motifs décident les amants à se tuer.

Les plaintes, en général, ont pour sujet tous les motifs ordinaires, vrais, futiles, faux ; souvent aussi leur cause reste inconnue. Enfin les suicidés s'en prennent à eux-mêmes, aux autres, à la société, à tout.

Il semblerait que l'homme qui va se tuer devrait avoir renoncé à la pensée d'un autre monde : c'est aussi ce qu'attestent les écrits des suicidés de cette série, qui renferment des professions de foi matérialistes, des appels au néant, et, comme conséquence naturelle, des insultes à la religion et aux ministres du culte. Ici, comme partout, le bien est à côté du mal, car beaucoup d'écrits de la première catégorie témoignent des sentiments religieux de leurs auteurs.

Un certain nombre de faits prouvent que les mauvais instincts de l'homme ne l'abandonnent pas à l'instant suprême. Enfin il est établi, par des observations, que le mensonge se continue jusque dans la mort. Quelquefois, quoique la raison donnée soit fausse, elle est, jusqu'à un certain point, excusable ; on veut échapper à la qualification de suicidé, ne pas faire de peine à ses parents, cacher le motif de sa détermination.

3° Sentiments mixtes.

Cette dernière classe renferme l'analyse de 23 variétés d'expressions sentimentales, formant 557 cas (451 hommes et 106 femmes), et qu'on pourrait classer en neuf sections.

Si on les examine dans tous leurs détails, on reconnaît bientôt qu'un certain nombre d'entre eux se rattachent par quelques points à l'une des deux catégories précédentes ; c'est à raison de ces caractères, que nous avons cru convenable de leur donner la désignation de *mixtes*. Il est facile de comprendre qu'une pareille classification ne pouvait avoir rien de rigoureux ; c'est au reste, ce qui est toujours arrivé pour les divisions systématiques, et c'est ce que Goëthe, dans *Werther*, a très-bien fait sentir en disant qu'il y avait autant de nuances dans les sentiments et les procédés, que de degrés du nez aquilin au nez camus.

L'accusation de folie, prodiguée à tous les suicides, se trouve suffisamment réfutée par l'histoire et par l'observation. Plusieurs lettres (48 hommes, 9 femmes), dont nous allons extraire les principaux passages, démontrent qu'on peut se faire mourir avec toutes les apparences de la raison, du sang-froid, et sans le moindre désordre physique. — « On dit qu'il n'y a pas de courage à se suicider, que c'est folie ; eh bien ! moi qui suis à deux doigts de ma fin, je soutiens le contraire : sain d'esprit et de corps, voyant que le gaz acide carbonique ne produisait pas assez promptement son effet, je me suis relevé à plusieurs reprises pour rallumer le charbon et lui donner plus de force. J'ai toute ma raison ; un vieux soldat ne craint pas la mort, j'aurais dû périr sur un champ de bataille ! Quel malheur que celui d'Essling, où mon régiment s'est couvert de gloire, n'ait pas été mon tombeau ! » — « A Monsieur le commissaire qui me fera relever : La perte de ma place, celle de ma fille aînée, des dettes, la misère, voilà les premières causes de ma résolution. Je ne pouvais voir sans cesse ma femme et mes sept enfants exposés à toutes les privations, manquant de pain, sans éprouver mille tortures. D'ailleurs, ma position malheureuse m'avait fait abandonner de presque tous mes clients. Infirme, souffrant, sans ressources, comment pouvais-je espérer de vaincre dans une lutte aussi inégale ? il ne me restait plus qu'à mourir. On pourra m'accuser de manquer de courage, mais où est la folie quand on est réduit à de pareilles extrémités ? »

Les deux lettres suivantes publiées dans tous les journaux de l'époque, à l'occasion d'un procès célèbre en revendication de nom, ont ici leur place marquée.

En 1849, madame de V... et sa fille revinrent à Paris, où la première de ces dames eut à soutenir un procès dans lequel tout son avoir était engagé. Elle se croyait propriétaire d'une maison, sise quai des Orfévres ; elle perdit devant la cour, et se trouva à l'instant même ruinée. Le désespoir s'empara de ces deux pauvres femmes trop résolues, hélas! elles conçurent une résolution bien coupable, sans doute, devant Dieu; mais avant de mourir, elles écrivirent chacune une lettre au maire de Montmartre.

Voici la lettre de la mère :

Montmartre, 6 mars 1847.

» Monsieur le maire,

» De vifs chagrins et la perte totale de ma fortune, dans un âge avancé, me font prendre la détermination pénible, mais nécessaire, de quitter un monde où je suis de trop. Ma fille, qui jusqu'à ce jour ne m'a jamais quittée, partage ce dessein, et je m'adresse à vous pour faire accomplir ma dernière volonté qui est, d'être ensevelies dans l'état où nous serons, et sans rien y changer. On trouvera près de nous le linge nécessaire, nous demandons de plus, si la chose est possible, d'être enterrées dans la même fosse. Je vous demande en grâce, monsieur, de faire veiller à ce que ce désir suprême soit exécuté, et vous prie d'agréer, monsieur, l'assurance de ma considération.

» Augustine-Louise-Renée-Françoise de S... de V...,
âgé de soixante-cinq ans. »

Maintenant voici celle que la fille écrivait au même magistrat municipal :

Montmartre, 6 mars 1847.

» Monsieur le maire,

» Je ne fais que vous réitérer la prière que vous a adressée ma mère, c'est-à-dire vous demander d'être enterrée dans la même fosse et ensevelie dans l'état où je serai trouvée.

» Excepté le terme échu et celui qui court, que je dois au propriétaire de la maison que nous habitons, et 23 ou 24 francs au marchand boucher, je ne dois rien en cette commune. Les meubles qui garnissent l'appartement appartiennent *à M. de V...*

mon frère, rue de Larochefoucault; c'est à lui qu'ils devron retourner quand ces deux créances seront acquittées. Soyez assez bon, monsieur, pour avoir égard à notre requête, et ne pas séparer, après la mort, deux personnes qui ont toujours été réunies durant leur vie.

» J'ai l'honneur d'être, monsieur, votre très-humble servante,
» Isoline de S... de V... (1). »

Ces citations suffisent pour faire connaître les dispositions d'esprit dans lesquelles se trouvaient ceux qui les ont écrites, toutes les autres n'en sont qu'une répétition. Il importe de remarquer que la plupart de ces lettres étaient tracées d'une main ferme, 26 étaient très-bien écrites ; plusieurs n'offraient aucune rature; quelques-unes étaient fort longues ; 6 portaient en tête : *Une heure avant ma mort;* un certain nombre n'avaient été interrompues que par la chute de l'individu, surtout dans les cas d'asphyxie ; plusieurs même se terminaient par ces mots : « La plume me tombe des mains, » ce que prouvait assez l'irrégularité des dernières lettres.

L'examen de ces notes manuscrites est la meilleure réfutation de l'opinion de ceux qui ont prétendu qu'à ce moment suprême, il se manifeste toujours un vrai délire, un désordre intellectuel appréciable. Ce ne sont pas seulement les caractères graphiques des autographes qui démontrent l'empire que beaucoup de suicides ont sur eux-mêmes, ce sont encore les sentiments qu'ils renferment.

Quatre-vingt-cinq personnes (63 hommes, 22 femmes) ont fait des dispositions testamentaires. La plupart de ces pièces portent l'empreinte du sang-froid, d'une volonté ferme et d'une grande lucidité dans les idées. Ces testaments sont d'ailleurs dictés par les sentiments qui dirigent les hommes en pareille circonstance. Les uns lèguent leur fortune, leur avoir, leurs effets, à leurs

---

(1) *Le Droit,* 14 décembre 1862.

proches, aux personnes qu'ils aiment, qui ont été affectueuses pour eux, à celles qui les ont soignés dans leur dernière maladie ; les autres déshéritent ceux dont ils ont à se plaindre. Plusieurs font observer que certains objets ne leur appartiennent pas, et qu'il faudra les remettre aux ayants droit.

Vingt individus (16 hommes, 4 femmes) ont grand soin de déclarer qu'ils sont les auteurs de leur mort, et prient qu'on n'en accuse personne. Plusieurs même disculpent ceux que la voix publique aurait pu incriminer, à raison des mauvais rapports qui existaient entre eux.

En regard des écrits qui attestent la liberté d'esprit et le sang-froid des personnages qui les ont composés, viennent se placer ceux qui montrent le trouble des idées de leurs auteurs. Cette série, dont le chiffre est de 55 (43 hommes, 12 femmes), présente plusieurs degrés différents, suivant que le désordre intellectuel est dû à une aliénation plus ou moins ancienne, au délire des derniers instants, à une simple exaltation, aux terreurs de la mort. Si les aliénés suicides de nos établissements n'écrivent presque jamais, ceux qui restent dans le monde, conservant davantage l'usage de leur raison, vivant de la vie commune, ayant du temps à eux, les facilités d'exprimer leurs pensées, font souvent connaître les motifs qui les animent. Les lettres qui portent le cachet de la folie sont au nombre de 34. Ces pièces viennent à l'appui de l'opinion émise par nous, que la statistique officielle des aliénés ne présente que le chiffre existant dans les asiles, et ne saurait donner une évaluation certaine de leur rapport avec la population générale ; c'est ce que met d'ailleurs hors de doute la proportion des suicides qui touchent par un point ou par un autre à l'aliénation mentale, dont nous avons donné le tableau, et qui est de 1013 cas, le quart environ de notre chiffre total (1).

(1) *Recherches statistiques sur le suicide dans la folie* (Ann. d'hygiène, etc., t. XLII, p. 28, juillet 1849).

D'autres fois, les écrits, sans présenter précisément le cachet de la folie, annoncent une exaltation habituelle, une exagération romanesque, une disposition hypochondriaque.

Enfin, le désordre des idées peut dépendre de l'acte lui-même, ou des moyens employés pour le mettre à exécution. Plusieurs individus écrivent : Je suis obligé de m'arrêter (surtout dans l'asphyxie), je ne puis plus continuer, mes idées s'embarrassent, ma cervelle est en feu, je ne me connais plus, je suis perdu.

La diversité des jugements portés par les auteurs sur le suicide, se retrouve dans l'appréciation de l'acte par les victimes elles-mêmes. Ainsi, tandis que les unes le considèrent comme une preuve de courage, d'indépendance, de stoïcisme, les autres le proclament une action blâmable, lâche, coupable. 9 individus (hommes) nous ont laissé des lettres qui font connaître leurs pensées sur ce sujet ; en voici quelques fragments : « Le suicide est contraire à nos principes ; nous trouvant sans argent, sans ressources, sans espérance de travaux, obligés de manquer à nos engagements, notre seule ressource est la tombe. » — « Je sais qu'on dira qu'il y a plus de courage à résister à l'adversité qu'à s'aller cacher dans le tombeau ; comment faire quand on n'a plus un sou pour acheter du pain, qu'on a soixante-quinze ans, et que des scélérats, qui jouissaient de votre confiance, vous ont tout enlevé ? En pareil cas, la mort est préférable, et même indispensable. »

Il n'y a rien d'absolu au monde ; toujours à côté d'une formule vient se placer une formule différente. Ainsi, on a dit que tous les suicides, au moment de se tuer, n'étaient plus maîtres d'eux, qu'ils éprouvaient une agitation extrême, une sorte de tremblement général, nous venons de donner les preuves du contraire. On tomberait dans une autre erreur, en affirmant qu'il en est toujours ainsi, car nous avons trouvé beaucoup d'écrits qui étaient tremblés, illisibles, attestaient les angoisses de l'esprit, déterminées par la pensée de l'action qui allait s'accomplir ; ils formaient un contraste frappant avec ceux qui mettaient hors de doute la lucidité, ou du moins l'empire des individus sur eux-mêmes. Un de ces infortunés s'exprime ainsi : « L'idée de la mort m'épouvante ; ma tête est brûlante ; il est si terrible de se tuer lorsqu'on est plein de vie ! Si, malgré mes frayeurs et mon désespoir, je me fais périr, c'est que je suis sans aucune ressource ; je n'ai pas le courage d'en écrire davantage. » Les autres lettres sont dans le même sens.

Il est positif que, dans un grand nombre de cas, la détermination du suicide n'est arrêtée qu'après de longues hésitations, et qu'au moment même de la mettre à exécution, il doit y avoir de douloureux combats ; ici, comme dans d'autres circonstances, les préoccupations sont telles qu'on ne songe pas à les consigner par écrit. Cinq lettres révèlent cependant les luttes de ces derniers moments. — « Ce n'est qu'après beaucoup d'incertitude et de peine, dit un homme, que j'ai pris cette triste résolution. » — Un autre ajoute : « J'ai mis huit jours à me décider. »

Plusieurs individus, sur le point de se détruire, craignent de manquer de courage. Dans un mémoire justificatif, un malheureux employé s'exprime ainsi : « Je voulais réformer des abus révoltants, introduire d'importantes améliorations dans l'administration à laquelle j'appartiens ; j'avais même réussi, à force de persévérance, à en faire adopter quelques-unes ; ceux qu'elles blessaient s'en sont cruellement vengés, ils m'ont abreuvé de dégoûts, dénoncé, fait déclarer calomniateur, destituer, chasser sans retraite. J'en appelle au suicide, ma dernière ressource ; son image m'effraye ; je l'avouerai, le courage m'a manqué un instant. Que ferai-je sur la terre, pauvre, frappé dans ma réputation ? Je prends mon parti. » — Cette affaire a eu un triste retentissement dans le procès Hourd... qui suscita tant de récrimination, sous Louis-Philippe.

Il semblerait que l'homme qui attente à ses jours ne devrait prendre aucun souci de ses funérailles ; qu'importe, en effet, ce que deviendront des restes défigurés, hideux, fétides ? Les choses sont loin de se passer ainsi : 67 lettres (56 hommes,

11 femmes) prouvent que cette pensée a préoccupé un grand nombre d'esprits.

L'idée d'aller seul au champ de repos, contriste l'âme. Gilbert a peint ce sentiment dans ces admirables strophes :

> Je meurs; et, sur la tombe où lentement j'arrive,
> Nul ne viendra verser des pleurs.

Aussi, plusieurs demandent-ils qu'on suive leurs corps, et qu'on les mette dans une fosse à part. — « Si l'on m'accompagne, écrit l'un d'eux, on adoucira l'horreur de mon sort. » On trouve assez souvent consigné dans les dernières volontés des mourants le désir d'être enterrés près de personnes aimées. Il est des individus, au contraire, qui ordonnent de ne pas venir à leur convoi. — « Si mon corps est retrouvé, écrit un homme, faites-le porter en terre sans aucune démonstration, votre présence serait une injure.» — On lit dans une autre lettre : « Le corbillard des pauvres, la fosse commune, voilà ma volonté ; par-dessus tout, je ne veux pas être accompagné par mes hypocrites enfants que je dispense de porter le deuil. » Si jamais le sentiment de l'indifférence pour le mode et le lieu de l'enterrement doit exister, c'est surtout chez le suicide ; plusieurs de ces infortunés, cependant, ne peuvent supporter l'idée que leur dépouille mortelle sera exposée aux regards. La pensée de la Morgue leur est surtout pénible, comme celle de Charenton et de Bedlam est désagréable à beaucoup de personnes.— Une femme annonce qu'elle se serait noyée, sans la peur des dalles de la Morgue.

Tandis que des suicides veulent qu'on les conduise directement au cimetière, afin que leur mort ait le moins de retentissement possible, et que la cérémonie se fasse sans aucune pompe, d'autres désirent qu'on les porte chez eux, chez leurs parents. Plusieurs arrêtent les dispositions de leurs funérailles, écrivent même les noms des invités et font leur épitaphe.

Une femme, abandonnée par son amant, le conjure de la

mener à sa dernière demeure, dans l'espérance sans doute de lui inspirer des regrets et de réveiller dans son cœur des souvenirs d'amour.

Beaucoup de ceux qui se suicident loin de leur domicile, dans des lieux où ils sont totalement inconnus, laissent des indications pour constater leur identité (23). Les plus ordinaires sont les noms, les demeures, celles des parents, des amis, des connaissances.

Un certain nombre de suicides, au contraire, font disparaître tous les indices qui pourraient les faire connaître. Sur une lettre on lit : « La victime ne laissera aucun souvenir, les bourreaux ne sauront point sa mort; pourquoi leur dirait-elle qu'ils l'ont fait périr en lui refusant tout secours? » Il est bien douloureux de penser que l'indifférence, la négligence à venir au secours d'un malheureux qui a réellement besoin, sont souvent les causes de sa mort. En voyant ces oppositions continuelles, on se demande les raisons des systèmes?

Les derniers préparatifs sont l'objet de dispositions spéciales. Rien de plus ordinaire que d'entendre dire : « Vous trouverez dans cet endroit ce qui est destiné à mon ensevelissement. » Cette préoccupation existe dans 24 écrits (12 hommes et 12 femmes). Les principales recommandations sont celles-ci : « Je prie qu'on m'ensevelisse avec mes vêtements actuels; voici le drap, la chemise et le bonnet qui sont destinés à cette cérémonie. » — Sur le nombre total des suicides, 12 individus (6 hommes, 6 femmes), qui se sonts détruits ensemble, manifestent le désir d'être ensevelis dans le même linceul. On lit sur les diverses lettres les vœux suivants : « O vous! qui que vous soyez, ne séparez point ce que la mort a réuni, c'est notre volonté suprême, respectez-la, faites-nous déposer dans le même tombeau ; qu'après avoir été réunis sur la terre, nous le soyons également dans la tombe. »

Quelquefois les suicides expriment le désir qu'on les enterre avec certains objets qu'ils désignent. Tantôt c'est une bague, tantôt un portrait. Huit lettres (5 hommes, 3 femmes) expriment ce vœu. « Ne faites aucun reproche à l'auteur de ma mort, dit une jeune femme ; au nom du ciel, ne me retirez ni le bracelet ni les vêtements que j'ai sur moi ; mettez-les avec mon corps dans le cercueil. »

Ceux qui attentent à leurs jours cèdent à la folie ou à des motifs plus ou moins puissants qui leur rendent l'existence insupportable. Il n'y aurait donc rien d'étonnant qu'ils ne témoignassent aucun regret de leur action ; c'est en effet ce qu'on observe souvent ; il en est cependant un certain nombre qui manifestent le chagrin de quitter la vie. Ce sentiment est surtout prononcé chez les jeunes gens ; parmi les vingt-deux lettres (20 hommes, 2 femmes) qui en contiennent l'expression, les unes font allusion à la cause du suicide, les autres se bornent à exprimer des regrets.

Dans une lettre adressée à sa maîtresse, un jeune homme s'exprime ainsi : « Ton abandon fait mon désespoir, la vie près de toi était si heureuse ; mes yeux se remplissent de larmes au seul souvenir de cette immense félicité ! Vivre sans toi m'est impossible, je meurs en t'adorant. » Le cœur de l'homme est un abîme de contradictions ; l'auteur de la lettre est célibataire. Sa position de fortune est heureuse. Sa maîtresse ne lui demande que de reconnaître son enfant ; elle le quitte justement irritée de son refus, il ne tient qu'à lui de la faire revenir, et cet homme, pour qui la possession de sa maîtresse est tout, préfère la mort à un acte de justice.

Par opposition à ces regrets de quitter la vie, plusieurs (10 hommes) déclarent hautement la douleur qu'ils éprouvent de s'être manqués. Un homme et une femme se suicident ensemble ; on parvient à sauver la femme ; lorsqu'elle est complétement rétablie, elle ne cesse de témoigner son désespoir d'avoir survécu à celui qu'elle aime depuis trois ans. D'autres écrivent qu'ils meurent contents, qu'ils se sont bien amusés et qu'ils n'ont aucun regret de ce qu'ils font.

Nier le dégoût de la vie, c'est nier l'évidence.

Un certain nombre de ceux qui se donnent la mort ont la

conviction qu'ils sont inutiles sur la terre, à charge aux autres et à eux-mêmes. Ce sentiment est surtout commun dans les suicides déterminés par les chagrins, les maladies. Quatre lettres (3 hommes, 1 femme) renferment l'expression de cette pensée.

Rêver est une des conditions de notre nature; que de déceptions suivent le réveil! Il n'est donc pas surprenant que ceux qui sont entrés dans la vie, le cœur plein d'espérance, se découragent et se désespèrent, lorsqu'ils voient toutes leurs illusions périr l'une après l'autre. « Quel monde je m'étais créé! écrit l'un de ces déshérités : j'étais jeune, beau, la gloire se présentait à moi, elle devait me conduire aux honneurs, à la fortune; un avenir magnifique se déroulait à mes yeux. Où suis-je maintenant? Dans la misère et l'oubli ; méconnu, malheureux, personne ne fait attention à moi, on passe sans me voir. Il ne me reste qu'à mourir.» N'est-ce pas là le portrait d'une foule de premiers prix de nos colléges qui maudissent plus tard les années qu'ils ont perdues au grec et au latin?

Il y a longtemps que les conséquences du fatalisme sont connues et appréciées ; à l'aide de cette doctrine, passions, vols, meurtres, n'ont rien qui doive surprendre, cela était écrit, cela devait arriver. C'est le drapeau de tous ceux qui sont sans énergie pour la lutte et qui ne veulent se donner aucun mal. Le fatalisme existe aussi dans le suicide, et bon nombre de ceux qui se tuent disent qu'ils devaient finir ainsi. Neuf lettres (5 hommes, 4 femmes) portent l'empreinte de cette doctrine qui consiste à prendre la queue des événements.

Lorsqu'on a résolu de se tuer, l'opinion publique doit en général peu importer. Cette considération ne saurait évidemment avoir aucune influence sur le matérialiste! Nous avons trouvé ce sentiment nettement exprimé dans huit lettres (6 hommes, 2 femmes). Un ancien acteur fume son cigare, fait tranquillement ses adieux à sa femme, donne un bout de sucre d'orge à son enfant, passe dans son cabinet et crayonne ces mots : « Rien de plus naturel que de s'en aller lorsque le logement menace ruine.

Qu'a-t-on à redouter? L'opinion. Il n'y a que les sots qui s'en embarrassent. » Il sort de chez lui, sans montrer la moindre émotion, et va se jeter à l'eau.

La vanité, qui est le trait distinctif de notre caractère, ne nous abandonne pas à la mort. On pare les événements de sa vie, on en explique les causes ; on a beau faire, ce qu'on voulait le plus cacher est ce qui se montre le premier. Plusieurs suicidés laissent des écrits, et, quoique le désir de la publicité n'y soit pas nettement exprimé, la manière dont ils sont rédigés prouve que cette pensée les dominait ; ne sait-on pas, d'ailleurs, que les lettres intéressantes sont insérées dans les journaux?

Une pensée qui doit se présenter naturellement à l'esprit surtout au moment de mourir, est celle de notre destinée après la vie. En vain cherche-t-on à s'étourdir, en vain invoque-t-on le néant, on sent que tout n'est pas fini avec le dernier souffle. Le doute se manifeste dans une foule d'écrits ; douter, n'est-ce pas déjà commencer à croire ? Voici ce que nous avons trouvé dans une de ces lettres : « Mourons-nous entièrement, ou notre âme paraît-elle devant Dieu? J'ignore ce que je vais devenir, je sens quelque chose en moi qui me dit que, malgré tous mes désirs et mes raisonnements, il y a de par delà la tombe un nouvel ordre de choses qui va m'être révélé. » A moins d'être plongé dans un abrutissement complet ou d'être dans le délire, à cet instant suprême, cette pensée doit préoccuper bien des esprits.

Si, pour un grand nombre d'hommes, le suicide est la terminaison de violents chagrins, de longues souffrances physiques, de la folie, on doit reconnaître que, chez un certain nombre d'individus, cet acte est déterminé par les motifs les plus futiles. Dans le procès Duroulle devant la cour de Rouen, M. Berryer a rapporté l'observation d'un homme qui s'était pendu parce que sa mère lui avait refusé un pantalon. Onze écrits (9 hommes, 2 femmes) font connaître les motifs de ces bizarres déterminations. Nous en avons déjà cité un certain nombre d'exemples. (*Chagrins en général.*)

Quelle triste page de l'histoire du cœur humain que celle qui contiendrait l'exposé de tous les motifs futiles qui déterminent les actes les plus importants de la vie !

Résumé. — L'analyse des dispositions de l'esprit par rapport à l'acte de suicide en lui-même, est une nouvelle preuve de l'impossibilité de trop généraliser les questions de morale ou de leur donner une solution unique.

Les faits nombreux de cette section établissent, en effet, que l'on peut se tuer avec toutes les apparences de la raison, du sang-froid et du courage.

Les exceptions aux faits précédents sont une conséquence naturelle de la diversité des sentiments de l'homme. Il est à remarquer que, dans les établissements spéciaux, les aliénés n'écrivent presque jamais, tandis que les aliénés libres laissent souvent des lettres explicatives de leur suicide ; c'est une différence de dégré.

On retrouve, dans les sentiments exprimés par un certain nombre de suicidés sur leur action, qu'ils traitent d'indifférente, de courageuse, de blâmable, de lâche, de coupable, les diverses opinions philosophiques des auteurs sur cette question.

L'humeur, le caractère, l'organisation des individus, modifient singulièrement leurs sensations ; ainsi, chez les uns, les angoisses de l'esprit forment un contraste frappant avec l'empire que d'autres ont sur eux-mêmes ; chez plusieurs, la détermination n'est prise qu'après de longues hésitations; ils se préoccupent des souffrances, ils craignent de manquer de courage, etc. Un certain nombre, au contraire, se tuent froidement, résolûment, etc.

Les considérations relatives aux funérailles sont la préoccupation d'une assez grande proportion d'individus, aussi font-ils les recommandations les plus précises et les plus diverses à ce sujet.

Le sentiment des regrets de la vie est surtout exprimé par les jeunes gens ; il n'est pas sans exception : d'autres, en effet, manifestent un vif chagrin de s'être manqués et écrivent qu'ils n'ont aucun regret de leur action.

Beaucoup de lettres révèlent l'ennui et le dégoût de la vie.

Les opinions fatalistes sont assez fréquentes ; ceux qui les professent prétendent qu'ils ne pouvaient agir autrement, qu'ils ont obéi à la destinée.

Une série d'écrits atteste l'indifférence de leurs auteurs pour l'opinion publique par rapport à leur acte. Dans une autre catégorie, les sentiments exprimés annoncent le désir d'obtenir de la publicité, de faire parler de soi. Plusieurs lettres sont consacrées à exprimer l'incertitude de la vie future ; question formidable qui se présente à l'esprit de tous, et dont la raison, sans la foi, ne peut donner aucune solution certaine. Le doute, le scepticisme, l'incrédulité, les croyances ont une part considérable dans la production du suicide.

Un dernier paragraphe renferme l'analyse d'une série de sentiments qui montre que, dans le suicide, comme dans les actions les plus graves, on peut se décider par les motifs les plus futiles.

Comme corollaire général, nous croyons pouvoir formuler cette proposition : L'examen des causes, l'analyse des derniers sentiments, prouvent qu'une différence tranchée sépare les suicides des gens raisonnables de ceux des aliénés. Les motifs invoqués par les premiers sont pris, en effet, dans les passions, les désirs, les regrets, en un mot, dans tous les mobiles ordinaires de la vie. Chez les seconds, au contraire, la tendance au suicide est déterminée par des hallucinations, des illusions, des conceptions délirantes, une irrésistibilité morbide, un véritable état maladif, c'est ce que la symptomatologie du suicide, chez les aliénés, va établir de la manière la plus évidente. Enfin, la liberté est conservée chez les uns, tandis qu'elle n'existe plus ou est profondément lésée chez les autres.

CHAPITRE III.

SYMPTOMATOLOGIE (PHYSIOLOGIE MORBIDE) DU SUICIDE DES ALIÉNÉS.

Sommaire. — But de ce chapitre. — Différences des deux espèces de suicide. — Statistique. — Sexe. — Origine. — État civil. — Age. — Professions. — Formes de la maladie, causes prédisposantes, hérédité, caractères, maladies. — Causes déterminantes. — *Symptomatologie* : Conceptions délirantes, nature des idées. — Idées sans tentatives. — Idées avec tentatives et suicide : ruses, dissimulation des aliénés suicides ; signes propres à éclairer ; caractères physiques ; instantanéité du suicide. — 1re *section* : Idées simples, projets, menaces. — 2e *section* : Tentatives diverses, simples, sans désignation, suicides ; caractères de folie de toutes ces idées. — Rareté des écrits chez les aliénés suicides à leurs derniers moments. — Refus des aliments. — Hallucinations et illusions. — Anesthésie. — Perversion des sentiments affectifs. — L'homicide peut précéder le suicide. — Impulsions morbides irrésistibles. — Monomanie suicide. — Prédominance du suicide dans diverses formes de la folie. — Guérison. — Incurabilité. — Mort. — Traitement. — Résumé.

Les lecteurs attentifs du chapitre des causes prédisposantes et déterminantes, de celui de l'analyse des derniers sentiments, ont dû, s'ils n'avaient pas d'opinion préconçue, rester sous l'impression que le suicide est certainement un crime envers Dieu, la société et la morale, mais qu'il est loin de toujours déceler un trouble de la raison.

La plupart des motifs, en effet, auxquels peuvent être rapportées ces morts volontaires rentrent dans la classe des passions, mobiles éternels des actes humains.

Les écrits nombreux, laissés par les victimes, confirment cette manière de voir, car, œuvres de la dernière heure, ils expliquent la détermination douloureuse par des raisons fort plausibles, souvent fort difficiles à réfuter et attestant même un calme notable de l'état physique. « Voici des années que je joue, écrit l'un de ces infortunés, la moitié de ma fortune est perdue, mais il y en a encore assez pour élever mon fils et assurer l'existence de ma femme ; je profite de cette lueur pour vous sauver du naufrage, demain il serait trop tard. » Ces deux caractères marquent déjà d'un signe différentiel les suicides des gens raisonnables et ceux des aliénés. Le tableau que nous allons tracer de cette seconde catégorie ne laissera, nous en avons la conviction, aucune incertitude dans l'esprit.

Depuis près de quarante ans que nous avons mis le pied sur le terrain de la folie, nos idées ont eu le temps de prendre une direction, et nous n'hésitons pas à reconnaître que, de bonne heure, elles se sont portées vers les mystères de leur origine. Plus préoccupé de saisir les nuances qui séparent la folie de la raison, que de créer des types nouveaux, ou d'étendre sans cesse son cercle, nous croyons que les matériaux que nous avons recueillis, seront surtout utiles pour la connaissance psychologique de la maladie. Mais si ce côté nous a plus particulièrement attiré, nous n'en avons pas moins pris pour devise l'observation directe, limitée néanmoins par l'élément fini de l'observateur. C'est assez dire, comme nous l'avons répété bien des fois, que nous ne passerons jamais d'un excès à un autre.

Le fait étudié par nous, avec une patience extrême, méthode dont le livre sur la menstruation a constaté l'exactitude, a été la base de nos travaux. Ce procédé a surtout été appliqué au chapitre de la symptomatologie du suicide des aliénés, qui est, en réalité, le résumé du dépouillement de douze années d'observations, toutes prises par nous. Dans cet espace de temps, qui s'étend de 1848 à 1859, il y a eu 862 admissions, sur lesquelles nous avons compté 265 individus, dont 150 avaient fait des tentatives de suicide ou s'étaient suicidés, 115 avaient eu des idées, fait des projets ou des menaces de mort. Sur le chiffre total, 171 malades avaient refusé plus ou moins les aliments.

Ce premier aperçu, si nous nous y arrêtions, ne nous donnerait qu'une idée inexacte de ce qui est, car l'aliéné peut se tuer sans en avoir eu l'intention ; il peut aussi attenter à ses jours, sous l'influence de conceptions délirantes, sans rapport avec la pensée du suicide; c'est ce qu'établira l'examen des causes, des manifestations des idées et des actes.

Le sujet du livre, l'histoire du suicide, ne permet pas d'accorder trop de développements à l'aliénation mentale; il faut pourtant que cette partie de l'étude soit assez accentuée, pour que les caractères qui lui sont propres se détachent nettement, et qu'on puisse saisir, du premier coup d'œil, les différences qui existent entre les deux espèces de suicide, c'est le plan que nous avons adopté, et que nous allons exposer aussi brièvement que possible.

Quelques lignes, consacrées au sexe, à l'origine, à l'état civil, aux professions et aux formes de la maladie, projetteront un commencement de lumière sur les signes définitifs des deux espèces de suicide. La ligne de démarcation deviendra de plus en plus tranchée, à mesure que nous passerons en revue les antécédents, les caractères, les causes, les craintes, les idées, les projets, les menaces de suicide, les tentatives et les faits accomplis. Le refus des aliments, convenablement interprété, occupera la place qu'il doit avoir dans ces recherches. Les hallucinations, si nombreuses dans ce groupe de la folie, puisque sur 265 cas, nous les avons notées 207 fois, seront étudiées au point de vue de leurs influences diverses. Les guérisons, les améliorations, l'état stationnaire chronique et la mort seront l'objet d'un paragraphe. Des extraits d'observations, lorsque celles-ci auront un intérêt réel, prêteront leur concours aux faits insérés dans ces diverses sections.

Nous allons reprendre maintenant chacun de ces paragraphes, en commençant par le sexe. Le nombre total des 265 individus aliénés, avec tendance au suicide, se compose de 130 hommes et de 135 femmes, la proportion est donc supérieure pour les femmes. Cette proportion n'est plus la même pour l'origine, car Paris et la banlieue comptent 51 hommes et 53 femmes, les provinces 78 hommes, 75 femmes, et l'étranger seulement 1 homme et 7 femmes.

La proportion générale ne change pas pour l'état civil, elle reste la même que pour le sexe. Nous trouvons, en effet, parmi les mariés, 69 hommes et 74 femmes ; parmi les veufs et les veuves, 10 hommes et 36 femmes, et parmi les célibataires, 51 hommes et 35 femmes, c'est-à-dire 130 hommes et 135 femmes.

L'âge se répartit dans les proportions suivantes :

De 15 à 19 ans	8	De 50 à 59 ans	42
20 à 29 ans	47	60 à 69 ans	24
30 à 39 ans	71	70 à 79 ans	9
40 à 49 ans	63	80 à 89 ans	1
	189		76

Total...... 265

Il est à remarquer que, si nos chiffres ne sont pas encore assez considérables pour en tirer des conséquences rigoureuses, ils doivent cependant être notés, car ils ne diffèrent pas de ceux que nous avons recueillis dans la première édition. Ainsi pour le sexe, le nombre des femmes est supérieur de cinq à celui des hommes ; et relativement à l'état civil, le mariage figure pour 143 (69 hommes, 74 femmes) et le célibat pour 86 (51 hommes, 35 femmes). Ces résultats sont complétement différents de ceux des tableaux de la justice criminelle, où les hommes l'emportent d'un tiers sur les femmes et où les célibataires sont plus nombreux que les individus mariés. M. Mayer établit aussi, qu'en Bavière il y a plus de suicides parmi les gens mariés que parmi les célibataires.

Il est prouvé par les relevés, que les suicides constatés à Paris se composent de plus de provinciaux que de Parisiens. Ce résultat est le même pour notre statistique : 104 de nos malades appartiennent à Paris ou à la banlieue, 161 à la province, et 8, dans ce dernier nombre, sont étrangers.

Il ne faut pas néanmoins perdre de vue que la comparaison porte principalement sur des personnes qui ont eu des idées, fait des menaces, des tentatives de suicide, tandis que les comptes rendus de la justice criminelle ne comprennent que des suicides accomplis.

Nous nous sommes livré à quelques recherches sur la proportion des aliénés avec tendance au suicide, relativement aux admissions et sur celle des deux sexes. Voici ce que nous avons trouvé dans plusieurs des rapports où ces quantités étaient indiquées.

Le docteur Crommelinck, dans son travail a dressé au ministre de l'intérieur de Belgique, fait observer que parmi les 2879 admissions, qui ont eu lieu du 18 novembre 1848 au 31 décembre 1840 à l'asile de Wakefield, fondé par Willis, 622 avaient offert des dispositions au suicide, et que ce chiffre se décomposait pour le sexe, en 244 hommes et 378 femmes ; la proportion des aliénés avec disposition au suicide est donc, dans ce cas, environ du quart plus une fraction (4,52), et celle des femmes supérieure à celle des hommes.

Le docteur Skae, médecin en chef de l'asile royal d'Édimbourg, déclare que, dans le cours de l'année 1849, il a reçu 265 malades, et que 61 d'entre eux (22 hommes et 39 femmes) avaient fait avant ou après leur entrée des tentatives de suicide. C'est dans la forme mélancolique que l'on observe la proportion la plus considérable de tentatives. Le rapport des aliénés suicides aux autres est encore du quart et une fraction (4,34).

Nous tenons de M. G. Girolami, directeur médecin de l'asile de Pesaro, que M. Calmeil lui a dit que les délires partiels avec tendance au suicide l'emportaient à Charenton chez les femmes.

Enfin, M. le docteur Bucknill a relevé dans son compte rendu de l'asile de Devon pour l'année 1856, sur 156 malades reçus, 55 cas de tendance au suicide. La plupart de ces aliénés étaient mélancoliques, mais il constate qu'il y en avait un certain nombre qui présentaient des symptômes d'une grande irritation cérébrale, ayant tous les caractères de la manie. Quelques-uns étaient, à la vérité, sous l'empire d'hallucinations, mais elles manquaient le plus ordinairement ; aussi croit-il qu'il y a dans ces deux manifestations, des motifs pour leur donner le nom de manie et de mélancolie suicides.

Les renseignements à tirer de ces relevés, c'est que la tendance au suicide est fréquente dans la folie, et principalement dans la forme mélancolique ; peut-être pourrait-on arriver, en réunissant tous les cas observés dans les asiles anglais, à de nouvelles données sur le suicide de ce pays; toujours est-il que ce penchant est très-fréquent dans l'aliénation et que les faits que nous venons de citer établissent que le nombre des femmes l'emporte sur celui des hommes ; ce qui vient à l'appui de nos propres recherches.

Les professions peuvent être ainsi groupées :

Rentiers et rentières................................	103
Professions libérales.............................	45
Négociants.....................................	39
Petits marchands, artisans.....................	34
Cultivateurs...................................	8
Sans professions..............................	36
	265

Les formes du dérangement de l'esprit dans lesquelles se sont manifestées les tendances au suicide se classent ainsi, au point de vue numérique :

Monomanie triste..........	163	Démence................	6
— hypochondriaque.	24	Faiblesse, imbécillité.......	4
Manie....................	15	Folie épileptique..........	3
Folie alcoolique..........	12	Monomanie..............	3
Paralysie générale (f. triste).	9	Folie....................	2
Folie puerpérale..........	8	Mélancolie stupide.........	1
Délire aigu...............	7	Monomanie orgueilleuse.....	1
Folie à double forme......	6	Folie morale.............	1
	244		**21**

Total.... 265

Deux manifestations principales dominant dans la folie, l'expansion et la dépression, l'activité et l'inertie, il est tout simple que la seconde l'emporte dans le suicide. Aussi, sur le chiffre total, il y a 187 cas qui appartiennent à la lypémanie ou monomanie triste et à la monomanie hypochondriaque. Dans les 78 autres cas, les phénomènes oppressifs sont les plus fréquents, soit qu'ils se lient à certaines espèces, soit qu'ils se montrent par intervalles, et c'est ce que confirmera l'étude des symptômes.

On peut donc dire avec Guislain, que si l'élément douleur se rencontre beaucoup plus souvent dans un type spécial de folie, il peut cependant se produire dans tous les autres, nouvelle preuve que les diverses variétés de la maladie se rattachent à une origine commune.

Pour avoir une idée plus complète des caractères qui différencient le suicide des aliénés de celui des gens raisonnables, il nous faut maintenant entrer à fond dans l'examen des causes du suicide de la folie, de sa physiologie morbide, de sa terminaison et de son traitement.

Un des ministres célèbres de ce siècle disait qu'il n'y avait que les faibles qui fussent frappés par la folie. Cette proposition un peu trop généralisée, puisque la paralysie progressive n'épargne personne, renfermait cependant une grande vérité, c'est que la folie, dans le plus grand nombre des cas, n'arrive point à l'improviste et qu'elle est préparée par des antécédents qui ont une importance décisive. Parmi ces causes élaboratrices, l'hérédité, le caractère, les maladies ont une influence considérable sur la genèse de cette affection. Les résultats que nous allons faire connaître, reposent sur des données statistiques que nous avons poursuivies dans toutes leurs combinaisons accessibles, et qui, dans une expertise légale, nous permettraient de répondre avec assurance et conviction.

La première de ces causes, l'hérédité qui transmet aux enfants les traits, les caractères, les qualités, les défauts, les vertus et les vices de leurs parents, leur transmet aussi leurs maladies. L'application de cette loi est parfois si fatale, qu'elle atteint les descendants aux mêmes dates que leurs auteurs et en les marquant des mêmes signes. D'autres fois, ce pouvoir mystérieux s'exerce après avoir sauté par-dessus plusieurs générations. Les observations de ce genre ont été désignées sous le nom d'*atavisme*.

Signalés depuis des siècles par les médecins, d'une manière

générale, et encore aujourd'hui, lettres closes pour les instituteurs, les magistrats qui les punissent, comme des fautes et des délits, parce que l'éducation ne leur a point donné les notions nécessaires sur la physiologie de l'homme, les effets de l'hérédité ont été, dans ces dernières années, l'objet de recherches statistiques nombreuses. Personne n'était plus apte à s'y livrer que les chefs d'asiles publics et privés, qui vivent sans cesse avec leurs malades; mais là encore, quoique les exemples fussent palpables, les relevés ont varié. Sans entrer dans la critique de la manière dont un certain nombre de ces relevés ont été faits, nous nous bornerons à publier les nôtres, persuadé que toute œuvre consciencieuse doit contribuer à éclairer les questions en litige.

Parmi nos 265 individus, 76 ont eu des parents aliénés, dont le degré a été constaté, et 11 se sont suicidés, d'où résulte le nombre 87. La proportion pour le chiffre total est de 3,05, c'est-à-dire du tiers plus une fraction, soit de 32,64 pour 100 malades.

Examinés au point de vue du sexe et de la parenté, les éléments du chiffre 87 se décomposent de la manière suivante :

Aliénés.

Hommes.		Femmes.	
Pères	10	Mères	27
Frères	9	Sœurs	15
Ligne ascendante	6	Ligne ascendante	2
— collatérale	4	— collatérale	1
	31		45

Suicidés.

Pères, frères	5	Mères, sœurs	6
	36		51

Total...... 87

Sous le rapport des sexes, le nombre des femmes est très-supérieur à celui des hommes. Quant à l'influence de la parenté, elle suit l'ordre hiérarchique, en première ligne viennent le père et la mère, puis successivement le frère et la sœur, les grands-pères, grands-oncles, tantes, enfin les nièces, cousins germains, cousins et cousines.

Sur ces 87 aliénés, 36 avaient dans leurs familles, depuis 2 jusqu'à 5 de leurs membres aliénés, faibles d'esprit, bizarres, originaux, excentriques, toqués ; 6 autres en étaient à la troisième génération de la maladie. Enfin, dans 7 cas, le mari et la femme étaient aliénés, et dans 3, la maladie de l'un des époux par sa persistance et la nature de la forme, avait entraîné la perte de la raison chez l'autre. Une appréciation minutieuse nous a porté à conclure que l'imitation contagieuse devait être considérée comme la cause déterminante de l'affection.

Une remarque est nécessaire, relativement au chiffre 87, il n'indique pas le nombre total des folies héréditaires, il représente seulement la série de l'hérédité, dont la filiation a pu être nettement tracée ; mais il y a une seconde série, dans laquelle l'hérédité a été dissimulée ou incomplétement signalée ; avec le temps et une investigation persévérante, nous avons pu savoir qu'il y avait dans plusieurs de ces familles des parents aliénés, sans autre désignation, nos relevés les évaluent à 22 ; en réunissant ce nombre au précédent, on aura un chiffre de 109 sur 265, ce qui constitue dans ce cas une proportion de 2,43, ou d'un peu moins de la moitié, pour le chiffre total, soit de 41,13 pour 100 aliénés.

L'hérédité a donc une part considérable dans la production de la folie, puisque chez les 265 malades, classés dans la section des aliénés avec tendance au suicide, nous en avons trouvé 109, dont 87 avec désignation du degré de parenté, et 22 sans désignation.

Mais cette influence n'est pas seule, quoique très-puissante ; il en est deux autres, l'état morbide des caractères et les maladies antérieures, qui ont également une action marquée sur la pathogénie de la folie.

Rien de plus ordinaire, en effet, lorsqu'on interroge les parents touchent la nature du caractère des malades, de les entendre dire qu'il n'offre rien de particulier ; mais, dès qu'on précise les questions, le caractère de l'aliéné, dans presque les deux tiers des cas, se montre à l'observateur avec ces signes de prédisposition, qui sont un des éléments de la folie, et qui font souvent annoncer longtemps à l'avance, par le praticien éclairé, le genre de maladie dont l'individu sera atteint.

Dans nos recherches sur l'étiologie de la folie, nous n'avons jamais négligé l'étude des caractères, et leur examen nous a donné la preuve que la maladie était la résultante d'un concours presque constant de causes préparatoires déterminées, parmi lesquelles cet élément a son numéro d'ordre. Ainsi chez nos 265 individus, 213 présentaient des altérations du caractère ; 21 s'étaient montrés intelligents, fermes, d'une humeur égale et douce, mais l'hérédité, les maladies l'avaient emporté sur ces bonnes dispositions, 31 n'avaient fourni aucune indication.

Les principales formes de prédisposition dues au caractère, sous le rapport numérique, sont les suivantes :

Caractères tristes, mélancoliques, peu communicatifs, peu expansifs.	45
— faibles	31
— impressionnables, nerveux	30
— irritables, colériques, violents	14
— singuliers, bizarres, excentriques	12
— exagérés	10
— craintifs	10
	152
Caractères anormaux	61
	213

Les 61 autres cas, qui se groupent en 16 manifestations anormales, se rapportant aux caractères mobiles, gâtés, difficiles, orgueilleux, volontaires, etc., figurent pour une si faible proportion, que nous nous sommes borné à en exprimer le chiffre total.

Les maladies exercent aussi leur influence sur les aliénés avec tendance au suicide, 77 fois elles ont été notées dans les antécédents ; les principales par rapport au chiffre sont :

Les maladies cérébrales	15
Les affections de l'estomac et des intestins	13
Les suites de couches	10
Les dérangements de la menstruation	6
	44

Les 33 autres cas ne représentent que des unités.

Il ne faut pas perdre de vue que ces deux dernières causes, les caractères et les maladies, n'entraînent pas par elles-mêmes les désordres de l'esprit, mais en se combinant ensemble, et surtout en s'ajoutant à la prédisposition héréditaire, elles favorisent puissamment l'éclosion du mal; la preuve qu'il en est ainsi, c'est qu'on rencontre ces trois éléments dans l'immense majorité des cas, et c'est ce qui justifie l'opinion de ceux qui considèrent la folie comme le partage des faibles.

Les accès antérieurs à l'entrée doivent être mis en ligne de compte, 75 de ces malades avaient eu avant leur admission un accès de tristesse, de mélancolie, de maladie noire ; plusieurs, deux, trois et même un plus grand nombre d'accès. La plupart avaient guéri chez eux ; quelques-uns avaient été traités dans des établissements spéciaux.

Les causes déterminantes de la folie, sur ce fond ainsi préparé, ont été celles que l'on trouve mentionnées dans les relevés des traités de l'aliénation mentale, les chagrins domestiques, les chagrins en général, les pertes d'argent, les suites de couches, le temps critique, les gastralgies, l'abus des boissons alcooliques, les maladies, etc. Nous devons cependant noter une cause particulière, celle des événements politiques du temps (février et juin), qui a frappé plus spécialement 19 individus. Les causes morales ont conservé leur prédominance sur les causes physiques ; les premières étaient au nombre de 118 et les secondes de 79. Dans chacune de ces deux séries, les causes étaient seules ou réunies plusieurs ensemble. Dans d'autres cas, les causes morales et physiques auraient été difficilement séparées et leur prédominance nettement tranchée.

A mesure que nous avançons dans cette étude, nous voyons augmenter les signes qui différencient les deux espèces de suicides ; la *symptomatologie* ou *psychologie morbide* va nous fournir sur ce point des renseignements caractéristiques et qui jetteront une vive lumière sur la question. Les autobiographies des suicidés raisonnables nous ont montré que les motifs allégués par les victimes de ce mal moral avaient toutes les apparences de la raison, qu'ils n'offraient rien de singulier, d'étrange, de contraire au bon sens ; les observations de nos 265 individus établissent, au contraire, avec une évidence incontestable, les désordres intellectuels et moraux de l'esprit. Comme les détails ont ici une grande valeur, nous reproduirons toutes les conceptions délirantes de ces aliénés. Les manifestations de ce genre de délire sont dans l'immense majorité des cas, de nature oppressive, en voici la liste telle que nous l'avons relevée :

1° *Conceptions délirantes tristes.*

Idées d'empoisonnement....................................	34
— de pertes d'argent, de ruine........................	27
— d'ennemis, de persécutions........................	24
— de mort par la guillotine, par les supplices les plus terribles................................	21
— de mal qu'on leur fait ou a fait, ou qu'on va leur faire.	18
— de frayeurs extrêmes................................	18
— de remords, d'accusation de vol................	12
— de diable, d'enfer, de damnation................	11
— de santé perdue, d'impossibilité de guérir..........	8
— d'ensorcellement, d'un sort jeté................	2
	175

2° *Conceptions délirantes tristes, de causes diverses.*

Idées de la conscience de l'état maladif, continuelles ou par moments..	21
— de scrupules religieux exagérés..................	8
— de vol ; croient qu'on les a volés ou qu'on va les voler.	6
— d'injures, d'humiliation, de moqueries, de grimaces, dont ils sont l'objet........................	6
A reporter..	41

344 DU SUICIDE.

	Report....	41
Idées de croyance qu'ils sont bouchés.................		3
— d'intuition de leurs pensées....................		2
— de susceptibilité extrême, etc., se tourmentant de tout.		2
— de pratiques coupables exercées sur eux.............		2
— d'injustices commises à leur égard.................		1
— de regret insensé de n'être pas riche................		1
— de mécontentement de tout.....................		1
— d'être une machine qu'on fait agir à volonté.........		1
		54

Conceptions délirantes variées.

1° Dues aux changements de caractère, produits par la maladie, avec des idées de suicide...................	10
2° Sans rapport avec le suicide, dont les malades n'ont pas conscience.......................................	20
	30

Ainsi, en résumé, deux séries de conceptions délirantes, la première comprenant 235 cas où les individus ont la pensée du suicide, basée sans doute sur un motif faux, mais avec la conscience de cette pensée; la seconde renfermant 30 cas dont 10 avec des idées de suicide, et 20 où les actes n'étaient pas la conséquence de cette idée et dans lesquels quelquefois même on manquait complétement de renseignements.

Une remarque dont personne ne contestera la justesse, c'est qu'il y a lieu de s'étonner qu'au milieu d'idées si terrifiantes, presque toujours combinées deux, trois, quatre, et plus ensemble, les tentatives ne soient pas encore plus fréquentes. Sans doute le chiffre de 150, que nous allons maintenant passer en revue, est considérable, mais on se demande avec effroi, comment des malades qui se croient empoisonnés, ruinés, persécutés, déshonorés, condamnés à mort, etc.; qui très-souvent sont assaillis par toutes ces idées à la fois, sans avoir un moment de relâche, et dont plusieurs ont la connaissance de leur état, peuvent supporter une pareille existence, surtout avec la terreur des hallucinations!

La nature des idées qui sont la préoccupation habituelle des aliénés, chez lesquels existe une tendance au suicide, devait appeler toute notre attention. Nous avons vu que, dans les morts volontaires avec conservation de la raison, les motifs étaient pris dans les passions, les souffrances morales ou physiques de la vie réelle; nous allons voir que ceux du suicide des aliénés sont puisés dans la nature chimérique et fantastique de l'objet qui motive et excite leur conception, ou dans une impulsion irrésistible.

Cet objet, comme l'a très-bien fait observer M. Peisse, étant purement imaginaire, n'ayant aucune base dans la réalité des choses, n'étant qu'une fiction involontaire d'un jugement désordonné, les actes auxquels cette aberration d'idées peut conduire le sujet, font eux-mêmes partie de sa conception délirante, et n'ont plus dès lors aucune signification morale. L'agent dans ce cas est déclaré fou, et dans ce qu'il croit, et par ce qu'il fait; ses actes et sa croyance sont également et au même titre des faits pathologiques dont la personne morale ne saurait répondre (1).

Les idées ou conceptions délirantes des aliénés, que nous avons réunies sous trois dénominations, ont été divisées par nous en deux classes, la première comprend les idées qui n'ont pas été suivies de tentatives, le chiffre en est de 115; la seconde renferme celles qui ont été accompagnées de tentatives avec ou sans suicide, elle contient 150 cas. Sur le nombre total, 20 individus paraissent avoir obéi à des conceptions délirantes, à des hallucinations, sans rapport avec la pensée du suicide, ou n'ont pu fournir aucuns renseignements sur leurs actes.

La première section, celle des idées non suivies de tentatives de suicide, peut être subdivisée, d'après les nuances que nous avons essayé d'établir, en simples idées, en projets, en menaces et en craintes excessives de la mort.

Les idées simples de suicide, qui forment la nuance la plus nombreuse, sont presque toujours liées à des conceptions délirantes, avec ou sans hallucinations; les aliénés de cette section les expriment, le plus ordinairement, par les manifestations sui-

(1) Discussion sur la monomanie (*Ann. méd.-psych.*, p. 281, avril 1854).

vantes : ils sont une charge, un fardeau pour leurs familles, ils préfèrent la mort à ce qu'ils entendent et voient, la vie leur est insupportable, ils aiment mieux mourir, sans la religion ils mettraient fin à leur existence ; ils n'ont pas le courage de se tuer, la fermeté leur manque et la faiblesse les arrête. Il ne faudrait pourtant pas se fier à ces énonciations, car l'un de nos malades qui, pendant des années, n'avait cessé de se lamenter de son peu de résolution, ayant été placé, pendant un de nos voyages, dans un autre établissement, fut trouvé mort dans sa chambre, il s'était ouvert le ventre avec un couteau.

Il est beaucoup de ces malades qui demandent en grâce qu'on les fasse mourir, tous les supplices leur sont bons, et l'énumération qu'ils en font, produit les impressions les plus pénibles. On s'est quelquefois servi de cette idée pour les conduire en maison de santé. Un réfugié qui répétait sans cesse qu'il voulait être fusillé, ayant reçu la promesse qu'on satisferait son désir, s'empressa de se rendre au lieu désigné. Plus tard, il reconnut, qu'en voyant la maison, il avait pensé que l'exécution ne pourrait y avoir lieu. Quelques mois après, étant sorti avec un de ses amis pour faire ses préparatifs de retour dans son pays, il fut deux jours absent. En revenant faire ses adieux, il dit qu'il avait été sur le point de se couper la gorge. Si un pareil événement se fût accompli, il aurait pu en résulter de graves désagréments, car le trouvant mieux, on n'avait pas déclaré sa sortie momentanée.

Le dégoût de la vie est une cause assez fréquente de ces idées, mais, dans ce cas, il est lié à une tristesse morbide, à la mélancolie, à des conceptions délirantes, à des hallucinations tristes. Plusieurs déclarent qu'ils peuvent mourir parce qu'on pénètre tous leurs secrets.

Parmi les expressions plaintives communes chez ces malades, il faut encore citer celles-ci : la mort est préférable aux tourments qu'ils endurent ; il vaut mieux périr que de vivre aussi misérablement, ils souhaiteraient ardemment mettre un terme à leurs jours, parce que leurs souffrances sont intolérables et que la guérison est impossible, ils ne sont pas dignes de vivre, ils feront quelque mauvais coup, ils ne peuvent supporter la connaissance de leur état. Quelques-uns demandent la mort, parce qu'ils ont été enfermés comme fous.

Toutes ces idées se rattachent, il est vrai, à des conceptions délirantes, à de fausses sensations ; une fois admises comme vraies, elles n'en exercent pas moins leur influence logique, et l'aliéné qui se tue, dans ce cas, a bien certainement voulu échapper à un sort qui le désespère. Il arrive aussi, mais plus rarement, que les aliénés se donnent la mort sans en avoir l'intention, nous avons parlé de ce sujet et nous y reviendrons.

Les projets de suicide ne sont, comme nous l'avons déjà fait observer, qu'une nuance des idées, ils n'en diffèrent que parce que les individus joignent aux paroles un commencement d'acte. Sur le chiffre 18 dont se compose cette sous-section, 13 aliénés avaient caché des liens, des couteaux, du charbon, etc., ou arrêté avec d'autres aliénés le dessein de se tuer ensemble. Une de nos malades, en proie à une folie à double forme, avait dérobé à tous les regards, pendant des mois entiers, une corde dans l'intention de se pendre. Nous n'évitâmes cet accident, que par le caractère d'indécision que donnait à son esprit la forme mélancolique de l'affection, et par sa terminaison brusque, ce que cette dame nous a elle-même raconté. Voila souvent à quoi tient le succès !

Il est certain qu'on doit considérer comme d'utiles auxiliaires l'indécision et l'apathie, qui sont fréquentes dans la mélancolie, parce qu'elles contribuent à diminuer le nombre des suicides.

Cinq de ces malades ne disaient pas un mot de leurs projets, mais l'expression de leur œil, leur attitude générale inspiraient une inquiétude si grande que nous n'avons pas hésité à les faire camisoler. Cette précaution est forcée, surtout depuis que les spéculateurs en aliénation mentale, tout en vous disant confidentiellement, nous vous amenons notre malade parce que nous ne pouvons l'empêcher de se tuer, et qu'il a ce projet depuis longtemps, n'hésitent pas, s'il vient à l'accomplir à vous réclamer plusieurs milliers de francs en dommages et intérêts. Les malades qui se taisent sont moins nombreux que ceux qui parlent ou agissent, ils doivent inspirer les plus vives inquiétudes et être l'objet d'une surveillance de tous les instants. L'expérience a d'ailleurs prononcé sur la gravité des cas.

Le silence obstiné, gardé par quelques lypémaniaques sur leurs projets, l'instantanéité de leur résolution à laquelle on n'était pas préparé, leur dissimulation, leurs ruses sont des raisons suffisantes pour que nous recherchions s'il n'y aurait pas des indices qui pussent mettre en garde contre ces funestes déterminations.

La physionomie et son expression doivent surtout appeler l'attention ; le regard fixe, fuyant, incertain, sinistre, sont des phénomènes bien connus. Esquirol a aussi signalé des caractères physiques dont la connaissance n'est pas à négliger. Plusieurs de de ces malades, dit cet illustre médecin, ont, au début, des symptômes de mélancolie simple, d'hypochondrie, d'hystérie, d'affections gastralgiques, névralgiques, de la dyspepsie, des troubles dans les viscères abdominaux, des flatuosités, de la constipation. Leur teint s'altère, ils sont tristes, rêveurs, distraits, ils maigrissent ou deviennent bouffis. Ils ont des chaleurs, de la céphalalgie ; ils renoncent à leurs habitudes, n'ont le goût à rien, parlent souvent de la mort. Ils sont ombrageux, pusillanimes, difficiles à vivre. L'idée de se tuer, d'abord passagère, devient fixe ; ils sont tourmentés par des rêves affreux.

Un certain nombre des individus prédisposés au suicide ont le teint jaune, les traits de la face crispés, d'autres ont tous les signes de la pléthore. L'expression de leurs yeux est en général caractéristique.

Après une lutte intérieure d'une durée plus ou moins longue, avec des alternatives de rémission, affreusement tourmentés ou insensibles à tout, ces infortunés mettent fin à leur existence. Presque toujours alors, leur funeste résolution peut être soupçonnée par l'altération de leur teint pâle ou coloré, leur regard fixe, égaré, farouche, oblique, incertain, faux, leur langage ou leurs actes insolites, un changement subit quelconque dans leurs habitudes. Ces considérations acquièrent d'autant plus d'importance, qu'il y a eu des suicides dans la famille. L'hérédité a, dans ce cas, une haute signification, et il faut alors tenir compte de l'âge, de l'époque, du mode, en un mot, de toutes les circonstances antérieures.

Les précautions prises dans les établissements spéciaux restreignent singulièrement l'emploi des moyens ; aussi la pendaison est-elle le genre de mort le plus généralement usité. Nous avons vu cependant des aliénés qui se sont noyés dans un tonneau, ou un baquet, qui se sont précipités du haut des bâtiments, se sont frappés avec des fourchettes, des couteaux ronds, etc,

Le plus ordinairement, les malades font choix de l'instrument qui doit mettre fin à leur existence ; cependant il est des cas où ils emploient successivement tous les moyens qu'ils croient propres à l'accomplissement de leurs desseins.

L'opiniâtreté dans la résolution de se détruire et la persévérance dans l'exécution passent toute croyance, surtout chez les lypémaniaques.

La dissimulation et la ruse sont souvent portées très-loin chez ceux qui veulent se tuer. Aussi, Esquirol pense-t-il que, si cette idée est bien arrêtée dans l'esprit, elle s'accomplira malgré toutes les précautions.

L'adresse des aliénés, pour arriver à leurs fins, est connue de tous les médecins d'asiles. Malgré l'attention la plus grande, quand ils veulent s'évader, ils finissent toujours par y parvenir. Pour atteindre le but, dit M. Renaudin, lorsqu'ils réclament contre leur séquestration, ils cachent si bien leur idée fausse, raisonnent d'une manière si lucide, montrent tant de discernement, surexcités qu'ils sont par la présence des magistrats, le motif de l'examen, qu'ils sont mis en liberté. Ce médecin raconte qu'à l'époque où il était directeur de Stéphansfeld, l'autorité judiciaire prescrivit la sortie d'un lypémaniaque qui, dans son interrogatoire, n'avait donné aucun signe de folie. Le même jour, on le trouva pendu à peu de distance de son domicile (1). Guislain a consigné dans ses *Leçons orales* le suicide d'un aliéné qui se pendit dans la cour où il faisait sa visite, au milieu de ses élèves, à l'asile de Gand. Il avait seulement rabattu sa casquette sur ses yeux, les pieds touchaient le sol ; lorsqu'on vint à son secours, il était mort (2). Nous avons cité dans l'affaire en détention illégale de la dame Sagrera l'observation d'une dame suicidée qui avait donné de si bonnes raisons aux médecins délégués pour l'examiner, qu'elle fut mise en liberté, malgré les observations du médecin de l'asile. Le lendemain, elle se jetait par une croisée (3). M. Falret raconte dans son dernier ouvrage, que le docteur Latham, chargé d'inspecter des asiles anglais, accorda la sortie à deux femmes aliénées qui lui paraissaient jouir de toute leur raison. Là encore le médecin de l'asile n'avait pas négligé les avertissements. Quelque temps après, Latham apprenait que l'une de ces femmes s'était pendue et que l'autre s'était noyée (4).

Cependant il y a certains signes qui doivent, en pareille circonstance, donner l'éveil. Lorsque les aliénés qui ont fait des tentatives répétées de suicide, ou chez lesquels ce penchant était extrêmement prononcé, changent tout à coup de discours, de manière d'être, répondent avec affectation, on doit redoubler de surveillance. L'attention est d'ailleurs éveillée par quelque chose qui n'est pas naturel dans le regard, la voix, les gestes,

(1) Renaudin, *Études médico-psychologiques sur l'aliénation mentale*. Paris, 1854, p. 529.
(2) Guislain, *Leçons orales sur les phrénopathies*, t. Ier. Gand, 1852.
(3) *Responsabilité légale des médecins en Espagne*. — Procès en détention arbitraire de doña Juana Sagrera. — Rapport fait à la Société médico-psychologique (*Ann. méd.-psych.*, mai 1864).
(4) S. P. Falret, *Des maladies mentales et des asiles d'aliénés*, p. 749. Paris, 1864.

la conduite. Il en est d'autres, au contraire, qui ont tellement peur de succomber, qu'ils avertissent leurs parents, leurs amis, leurs gardiens, de les surveiller avec soin et de se défier de leurs desseins. Quelques-uns sont timides, méticuleux, irrésolus ou arrêtés par des motifs plus ou moins respectables. Esquirol a rapporté l'observation fort intéressante d'un général, qui fut retenu dans son désir de se tuer par la crainte de manquer à sa parole d'honneur ; cette promesse peut être facilement faussée, comme le prouve le fait d'un aliéné qui, après nous avoir fait un serment solennel, essaya, au bout de peu de temps, de poignarder sa femme et de se tuer ensuite. Il faut bien connaître le caractère de la personne pour avoir confiance dans sa parole.

S'il y a des signes précurseurs du suicide chez les aliénés, dans la plupart des cas, et qui n'échappent pas à l'œil exercé du médecin, il faut reconnaître qu'ils manquent parfois et que cette idée peut éclore subitement dans l'esprit.

L'esquisse rapide que nous venons de faire des idées de suicide réclame quelques détails, pris dans le sujet même et qui en feront mieux saisir l'ensemble.

On a vu que les conceptions délirantes qui portent au suicide peuvent provenir d'une disposition à la tristesse, à la mélancolie, d'une tendance à la crainte, à la peur, à des frayeurs exagérées, etc. Il est curieux, au point de vue psychologique, de suivre dans un de ces exemples l'évolution successive des idées. Un de ces malades, d'un caractère enclin à la mélancolie, éprouve un chagrin très-vif, il devient morose, taciturne, voit tout en noir. Il s'éloigne de ses amis, recherche la solitude, pour se distraire, il a recours aux boissons : l'ivresse ne fait qu'augmenter la tristesse, il commence à croire qu'on lui en veut ; bientôt il se persuade qu'on tient des propos désagréables sur son compte ; on chuchote autour de lui, on le regarde de travers, on lui fait des grimaces, on l'injurie, on complote contre sa vie. Aux hallucinations de l'ouïe se joignent les illusions de la vue, on répand des substances malfaisantes, de l'arsenic sur ses aliments pour l'empoisonner. Ses ennemis sont parvenus à le perdre, on va venir le chercher pour le juger et le condamner ; il souffrira les plus cruels supplices, des tortures inimaginables. Le délire des idées s'agrandit, les facultés affectives se pervertissent : ses parents s'entendent avec ses odieux persécuteurs ; il frappe sa femme, menace de la tuer. Sa situation lui devient intolérable, la vie est un fardeau trop lourd ; il fait une tentative de strangulation, qui manque par la rupture de la branche, et court se noyer. — Les philosophes et jurisconsultes ont voulu comparer la monomanie à la passion ; sans invoquer tous les caractères différentiels, et en particulier l'élément pathologique, qui établissent une démarcation si tranchée entre ces deux états, les transformations de l'idée dans les monomanies n'attestent-elles pas un procédé psychologique différent de celui de la passion !

Certains malades sont tellement tourmentés, qu'ils ne peuvent tenir en place ou rester seuls.

La frayeur peut revêtir toutes les formes, donner lieu aux combinaisons les plus étranges, ne pas laisser un moment de repos aux malheureux insensés qu'elle terrifie. « Tirez-moi un coup de pistolet dans la tête, nous disait d'une voix sourde, haletante et saccadée, les traits décomposés, un ancien fonctionnaire, je ne puis supporter plus longtemps un supplice aussi horrible, je sais ce qui m'attend. Je vais m'étouffer, m'écorcher tout vif, m'arracher les yeux, etc. ; on va m'écarteler, me faire subir des tortures inconnues. » — Un autre malade, après avoir fait plusieurs tentatives de suicide, devenu plus calme, nous avoua que ces déterminations funestes lui avaient été inspirées par la frayeur que lui causaient les changements de figure de ses commensaux, qui prenaient une expression épouvantable, et par les paroles terribles qu'ils prononçaient. Plusieurs fois, ils lui avaient montré le cadavre de sa mère. Un monomane, ruiné par ses fausses spéculations, en proie à des hallucinations et des illusions d'une nature très-triste, et dont les lettres étaient pleines d'exagérations et d'incohérences, nous affirmait, avec toutes les apparences de la raison, que ce qui l'avait porté à attenter à ses jours, c'était le désespoir de se voir, lui qui avait son bon sens, enfermé avec des fous. Il importe de faire observer que les mêmes tentatives avaient eu lieu en ville.

Une jeune dame, d'une beauté séduisante, élevée dans les sentiments religieux, chérissant sa famille, ornée des dons de l'esprit, douée de talents remarquables et possédant une immense fortune, est poursuivie par la crainte de faire une fausse couche, ce qui arrive malheureusement. Devenue une seconde fois enceinte, ses terreurs sont continuelles, elle ne quitte plus la chaise longue; elle est frappée de l'idée qu'elle mourra. — L'accouchement a lieu dans de bonnes conditions ; bientôt on observe de la bizarrerie dans son humeur, les frayeurs augmentent, elle voit des personnages célestes, entend des accords divins, tombe dans une sorte d'extase. Une pensée domine, celle de mourir. Pendant six semaines, elle fait des tentatives de toute nature; on est obligé, malgré la présence de deux femmes qui ne la quittent ni jour ni nuit, de se servir des moyens coercitifs, de rembourrer son lit, de matelasser son appartement, pour qu'elle ne se brise pas la tête contre les murs. La laisse-t-on un instant en liberté, elle roule ses cheveux autour de son cou pour s'étrangler; dans le bain, il faut plusieurs personnes pour l'empêcher de se noyer à chaque instant. Elle ne pousse aucun cri, ne fait aucune plainte, la lutte est tout intérieure ; le plus ordinairement elle ne parle pas, ou si elle répond d'une voix douce, c'est pour tromper la surveillance et exécuter une nouvelle tentative. A force de l'interroger, on obtient par moments quelques paroles, elles expriment toujours le désir de mourir. Cherchons-nous à l'émouvoir par les images si touchantes de la famille et de la religion, cette infortunée se contente de dire : « Il vaut mieux pour mes parents, mes enfants, et moi surtout, que je meure ; je souffre trop pour que Dieu ne me pardonne pas ma triste fin. « Après six semaines de ce douloureux martyre, exténuée par la faim, ou plutôt par l'irrégularité de l'alimentation, elle périt dans le marasme.

Parmi les autres variétés de la forme dépressive, nous avons recueilli des observations de malades dont les conceptions délirantes se rattachaient à des accusations imaginaires de vol, à la peur d'un jugement, etc., etc.

Le premier suicide d'aliéné que nous observâmes, il y a trente ans, fut celui d'un employé qui, pour échapper à un prétendu déshonneur, avait voulu tuer sa femme et se tuer après. Conduit en maison de santé, il se noya dans un tonneau de jardin à fleur de terre. Ces monomanes doivent inspirer les craintes les plus sérieuses et ne pas être abandonnés un seul instant.

Quelques-uns s'écrient à tout moment qu'ils sont perdus ; plus on cherche à les consoler, plus ils s'exaltent dans leurs plaintes. — Dans d'autres cas, c'est une idée exagérée d'économie, de ruine, une pensée d'avarice. Ils se désolent d'être en maison de santé, ils n'ont pas le moyen de payer la pension ; il faudra tout vendre, il ne leur restera rien, leurs enfants seront sur la paille, ils seront réduits à la dernière misère. Le remords, dont nous avons souvent noté l'influence sur la production de l'hallucination, se montre aussi dans les formes dépressives de la folie. Nous avons donné nos soins à des monomanes qui se reprochaient d'avoir trompé leurs maris, mené une mauvaise conduite, fait des gains illicites, volé dans le commerce, etc.

Les idées religieuses non contenues conduisent assez fréquemment au suicide. — Les malades se désespèrent d'avoir commis des péchés mortels, ils sont au pouvoir du diable, ils sentent le oufre. Un juif nous poursuivait partout, en nous répétant qu'il était condamné au feu éternel. Par une de ces contradictions si fréquentes chez l'homme, un aliéné nous témoignait ses craintes d'être damné, quoiqu'il ne crût pas à l'enfer. Nous avons été consulté plusieurs fois par une dame qui, depuis dix ans, a des accès de monomanie triste avec tendance au suicide. Ce qui la porte surtout à se donner la mort, pendant les accès de sa maladie qu'elle est parvenue à cacher à toute sa famille, à l'exception de sa mère, c'est la terreur que lui cause la pensée d'être éternellement brûlée.

L'hypochondrie, par les appréhensions qu'elle détermine, provoque souvent l'idée du suicide. Ces sortes de malades, continuellement agités, gémissent du matin au soir, se disent incurables, répètent à chaque instant qu'ils vont mourir. Ils ne peuvent respirer, ils vont étouffer, rien ne passe, ils périront d'inanition. « Je connais mon état, s'écriait l'un d'eux, je le déplore ; je sais que je ne guérirai pas, il ne me reste qu'à me tuer. » Les uns croient qu'on leur souffle des gaz méphitiques, qu'on les brûle ; les autres accusent des souffrances intolérables, se plaignent d'être empoisonnés et invoquent la mort à grands cris. Un de nos malades, persuadé qu'il était parvenu au dernier jour de sa vie, s'abandonnait au désespoir, voulait faire son testament ; ce qui le préoccupait le plus, c'était la pensée de tuer quelqu'un, pour qu'on le fît mourir ensuite. Cette conception délirante, dont il y a dans la science plus d'un exemple, rappelle un procès célèbre qui se termina par une condamnation.

Nous avons vu, en consultation avec M. le docteur Vigla, un de ces malades dont les sensations pénibles étaient par moments si vives, qu'il craignait de ne pas résister à ses crises. Nous trouvâmes deux pistolets sur la cheminée de son salon.

Tous les médecins ont signalé l'existence d'une folie où les actions sont en désaccord avec les paroles (nous l'avons désignée sous le nom de *folie d'action*). Parmi les malades atteints de ce délire, les uns déchiraient leurs vêtements, se mettaient tout nus ; les autres brisaient ce qui leur tombait sous la main. Leur adressait-on quelques représentations, ils prenaient un air souriant, et vous expliquaient de la manière la plus plausible les motifs qui les avaient fait agir ainsi.

Un ancien négociant s'exprimait en termes si convenables, qu'on aurait pu douter de la justice de la mesure qui avait prescrit son isolement, si, après un calme de quelques jours, les conceptions les plus délirantes, les actes les plus déraisonnables, n'avaient dissipé tous les scrupules. Lorsqu'il était dans cet état, le moindre refus, une observation, l'impossibilité de lui accorder à l'instant ce qu'il demandait, le jetaient dans de véritables frénésies. Il se précipitait contre les murs, pour se faire sortir la cervelle, cherchait à s'étrangler. Revenu à la raison, lui demandait-on la cause de ses actes, il répondait : Est-ce qu'on fait une pareille question à un homme qui n'a pas la conscience des idées qui lui traversent subitement l'esprit ?

Menaces.— Souvent les pensées de suicide s'accompagnent de menaces répétées d'en finir avec l'existence. Quelques-uns de ces malades se livrent à des accès de fureur épouvantable et déclarent, qu'avant de se tuer, ils tueront leur femme, leurs enfants, leur fiancée, leur concubine, etc. Une dame à la moindre contrariété menaçait d'empoisonner son mari et de s'empoisonner ensuite; trois fois elle parvint à mettre le feu. Beaucoup de ceux qui avaient des idées de suicide faisaient aussi des menaces, mais sans insistance.

Déjà, dans la première édition de ce livre, nous faisions remarquer (p. 435) que cette manifestation s'observait fréquemment chez les individus qui attentent à leurs jours. Chez beaucoup d'entre eux cependant, elle était le résultat du caractère, du tempérament et ne se montrait pas avec les conceptions délirantes et les hallucinations. La reproduction de ce paragraphe pourra fournir quelques renseignements utiles, sur les différences des deux espèces de suicides.

Il est incontestable qu'il y a un grand nombre d'hommes qui, sous l'influence de vifs chagrins, de douleurs violentes, quelquefois même des motifs les plus futiles, font la menace de se tuer, sans l'exécuter jamais. D'autres, au contraire, après l'avoir répétée un temps plus ou moins long, finissent un jour par la réaliser. Sur les 4595 individus du chiffre total, 1022, un peu moins du quart (4,49), appartiennent à cette catégorie.

SYMPTOMATOLOGIE DU SUICIDE DES ALIÉNÉS.   357

Dans 422 cas, les dépositions des témoins font connaître qu'ils n'y faisaient plus attention.

Tous les motifs, tous les sentiments qui font agir les hommes se retrouvent dans ces menaces, exprimées de mille manières différentes, sous forme d'insinuations, de désirs, de conditions, de demandes, de plaintes, etc. On lit très-souvent dans les rapports les phrases suivantes : Je ne porterai pas longtemps ces vêtements... C'est mon dernier repas... On aura demain de mes nouvelles... Que peuvent faire, à soixante ans, de pauvres ouvriers qui n'ont rien... Vous vous moquez de moi, c'est la dernière fois... J'aimerais mieux être mort... On entendra parler de moi... Tu es bien gaie, tu ne le seras pas toujours... J'ai une idée... La vie n'est rien pour moi... Je n'irai pas loin... Cela tournera mal... Il faut que cela ait une fin... Je mourrai bientôt... On ne sait pas ce qui peut arriver... Voilà la corde avec laquelle je ferai mon affaire... Je te débarrasserai de moi... Je ne mourrai jamais de ma belle mort... Tu n'auras bientôt plus de père... Vous porterez sous peu mon deuil... Je n'atteindrai pas trente ans... J'irai rejoindre mon mari... C'est la dernière fois que nous buvons ensemble... On me trouvera à la morgue... Je ferai un mauvais coup... Je vais entreprendre un grand voyage...

Plusieurs allèguent certaines considérations qui les arrêtent ou retardent leurs projets. Voici quelques-unes de ces manifestations : Je me tuerai, quand j'aurai tout mangé... si je perds la vue... plutôt que d'aller à l'hôpital... si l'on ne m'accorde pas ma demande...; ou bien : Quand je ne pourrai plus m'amuser, il y aura du charbon... J'aimerais mieux être mort que de retourner chez mes parents... Si l'on me renvoie, je me détruirai... Sans ma femme et ma fille, je me ferais mourir... Si j'étais abandonnée enceinte, je me suiciderais... La mort, si je ne peux plus payer...

Il y a dans l'expression de ces sentiments variés, une remarque philosophique et morale à faire, c'est qu'à chaque instant, on constate la diversité du caractère, et par cela même la difficulté d'avoir un système qui s'applique à tous les esprits. On posera quelques grandes règles; on aura beau faire, des multitudes d'individualités s'échapperont par les issues les plus opposées et les moins prévues. Que de nuances, par exemple, dans ce dernier cri des mourants, depuis les motifs les plus graves jusqu'aux plus frivoles! Comment faire entendre toujours sa voix, au milieu de notes si discordantes?

Quelques individus, dans ces menaces de mort, rappellent les suicides des personnes de leur connaissance. Je me tuerai, comme un de mes amis, par le charbon... Je me donnerai la mort comme mon cousin, qui s'est brûlé la cervelle... Je finirai comme mon frère et un neveu, qui se sont pendus... Mon père s'est noyé, mon frère s'est tué d'un coup de couteau, j'en ferai autant... Mon amant s'est empoisonné, il y a quatre ans, une sœur a suivi son exemple, imitons-les... Je finirai comme ma mère, qui s'est asphyxiée... Notons, en passant, ces effets de l'hérédité, qui seraient beaucoup plus marqués si nous rapportions toutes les déclarations.

Craintes.—Parmi nos aliénés nous en avons noté 7, qui avaient une peur horrible de la mort, ne voulaient pas mourir, et cependant disaient qu'ils se tueraient et ne pourraient s'en empêcher. Enfin, dans 7 autres cas, les idées de suicide étaient déterminées par des conceptions délirantes, sans rapport avec le but.

La seconde catégorie embrasse les idées de suicides, suivies de tentatives et même d'accomplissement : elle comprend les tentatives diverses, les tentatives d'une seule espèce, les tentatives sans désignation, et les suicides proprement dits. Ces différentes nuances, ayant chacune leur signification, nous les examinerons d'après l'ordre numérique que nous avons adopté dans la section précédente.

Tentatives diverses.— Elles ont été exécutées par 45 individus, et représentent 103 combinaisons ainsi réparties ;

Strangulation	27
Précipitation	21
Instruments tranchants et piquants	16
Submersion	13
Poison	9
Coups contre les murs	7
Corps étrangers avalés	4
Armes à feu	3
Asphyxie	1
Arrachement des bandages	1
Incendie	1
Total	103

Ces tentatives ont eu lieu à l'aide de deux, trois ou quatre moyens différents. Dans 6 cas, elles sont signalées comme très-nombreuses, sans autre indication.

L'ordre des genres de tentatives diffère de celui des genres de suicide, que nous rapporterons dans le chapitre de la civilisation, mais il ne faut pas perdre de vue qu'il s'agit ici d'aliénés.

Parmi leurs auteurs, on trouve des aliénés qui, après s'être jetés d'un lieu élevé, se frappent la tête contre des corps durs, le fauteuil de force, cherchent à s'étrangler. Un de ces malades s'élance plusieurs fois dans l'eau ; avale un sou pour s'empoisonner ou déterminer une perforation des intestins ; boit de l'acide nitrique et s'empare de cordons pour se pendre. Il ne cessait de répéter qu'il trouverait bien un moyen d'en finir, et, en effet, il ne fut pas plutôt chez lui qu'il se donna la mort. A la maison, nous avons eu, parmi nos 265 malades, 20 tentatives dont les plus fréquentes ont été la strangulation et la submersion dans les baignoires.

Les *tentatives d'une seule espèce* sont au nombre de 71 ; les moyens employés ont été les suivants :

Précipitation	25
Strangulation	24
Submersion	13
Coups contre les murs	5
Asphyxie	3
Poison	1
Total	71

La résolution est quelquefois tellement arrêtée que les malades recommencent immédiatement leur tentative. Un homme, qui s'était élancé du haut d'un clocher sans se blesser, court vers une carrière proche et s'y jette. Ce second essai n'ayant pas plus réussi que le premier, il se précipite dans une excavation nouvelle qui avait été pratiquée dans la carrière. Les témoins de ce suicide obstiné évaluèrent les différentes hauteurs à plus de cent pieds. Les seuls accidents qui survinrent furent une contusion modérée au poignet droit, et une ecchymose générale qui donnait à la peau quelque ressemblance avec celle du nègre; l'aliéné guérit rapidement.

Une vieille femme de quatre-vingt-trois ans, aveugle, d'un esprit très-remarquable, en proie à des conceptions délirantes de nature triste et à des hallucinations de la vue, fit, dans l'espace de quelques années, plusieurs tentatives de strangulation. Lorsqu'on l'interrogeait à ce sujet, elle répondait qu'à son âge la mort était un bienfait. Ses raisons pour défendre cette opinion étaient très-spécieuses et ne pouvaient être ébranlées par les raisonnements ordinaires.

Un certain nombre de ces malades ont cherché à se briser la tête contre les murs. Un d'eux fit voler en éclats une glace et tomba sans connaissance. Quelques-uns s'enfonçaient la figure dans la terre, le sable, pour s'étouffer.

Tentatives sans désignation. — Le nombre des malades sur lesquels nous n'avons pu obtenir d'autres renseignements que celui-ci, est de 17.

Suicides accomplis. — Malgré la surveillance la plus exacte, on ne peut pas plus empêcher ces accidents qu'on ne prévient les évasions dans les bagnes et les prisons. C'est ce que mettra hors de doute le relevé suivant. 7 de nos malades se sont tués : 4 dans l'établissement et 3 en rentrant chez eux. Parmi les quatre premiers, 3 se sont étranglés : 2 en s'attachant à leur lit, le troisième en passant autour de son cou les cordons des manches de sa camisole de force, qu'à raison de sa faiblesse on avait laissé très-lâches. Cette malade, qui portait encore la trace du sillon déterminé par la corde avec laquelle elle avait voulu, six semaines auparavant, se donner la mort chez elle, était étendue horizontalement dans son lit. Le quatrième, dans une promenade avec son domestique, se précipita sous les roues d'une lourde voiture, chargée de pierres de taille.

En réunissant les aliénés de ces deux sections en un même groupe, on voit que ceux de la première, qui comprend les idées de suicide sans tentatives, sont au nombre de 115, et que ceux de la seconde, qui réunit les idées avec tentatives et suicides, atteignent le chiffre de 150 : ce qui constitue le total 265.

Sur le chiffre 150, 13 individus ont attenté à leurs jours sans que la volonté y participât; les uns voulaient monter au ciel, les autres obéissaient à des voix; chez plusieurs, il était positif qu'ils n'avaient pas conscience de ce qu'ils faisaient. Quelques-uns ne purent fournir aucun renseignement. Ce chiffre 13, ajouté à celui des 7 de la première section qui n'étaient pas mus par la pensée du suicide, représente les 20 individus qui n'ont pas eu l'intention de se suicider.

La question des tentatives serait incomplète si nous ne rappellions les principaux résultats que nous avons constatés, en traitant ce sujet dans notre première édition (p. 438).

—Beaucoup de personnes, après avoir menacé plus ou moins longtemps de se donner la mort, finissent par mettre leur projet à exécution; il peut arriver que, leur première tentative n'ayant pas réussi, elles s'y reprennent à deux, trois et même à un plus grand nombre de fois. Le chiffre de ceux qui ont recommencé leurs tentatives s'élève à 460. Parmi ces derniers, une proportion considérable avaient aussi proféré des menaces de mort.

Esquirol a fait la remarque que les tentatives de suicide échouent fréquemment. Sur cent individus qui essayent de se tuer, dit-il, il n'y en a pas la moitié qui réussissent.

Nous nous permettrons à cette occasion de faire une observation qui est applicable à d'autres cas.

Plus on avance dans la vie, plus on acquiert la conviction que les formules tranchantes ne servent qu'à masquer l'ignorance, à plaire aux puissants qui ne veulent pas d'obstacles à leurs volontés, et aux autorités qui exigent des réponses catégoriques, sans savoir si elles sont toujours possibles. Il faut lire dans les *Mémoires* du général Berthezène, les conséquences de cette conduite pour le sort des empires.

Sur les 460 individus qui ont recommencé leurs tentatives, 214 ont présenté, relativement au temps écoulé, les circonstances suivantes :

Tableau du temps écoulé entre la première tentative et la dernière pour 214 cas.

Même jour	8	Report...	105
La nuit précédente	1	1 an avant	21
La veille	24	2 ans avant	28
Quelques jours avant	13	3 —	24
8 jours avant	7	4 —	7
10 —	1	5 —	4
12 —	1	6 —	6
15 —	5	7 —	4
3 semaines avant	7	8 —	2
1 mois avant	8	10 —	6
5 semaines avant	3	11 —	1
2 mois avant	6	12 —	1
3 —	9	15 —	1
4 —	2	16 —	1
6 —	6	17 —	2
8 —	4	29 —	1
A reporter...	105		214

Ainsi, 105 individus ont fait des tentatives depuis le même jour jusqu'à huit mois, et 109 depuis un an jusqu'à vingt-neuf ans. Il est donc contraire à l'observation, de soutenir que l'homme qui a attenté une fois à ses jours recommencera rarement son entreprise. Une autre remarque, c'est que le long intervalle de temps écoulé depuis la première tentative ne garantit pas contre le retour d'une seconde. Ceci nous rappelle l'anecdote d'un magistrat à la cour suprême, que nous raconta Esquirol, dans une de ses réunions du dimanche auxquelles nous ne manquions presque jamais. Ce magistrat avait été soigné par lui pour une tentative de suicide; la guérison fut si complète, qu'il put remplir, pendant trente-quatre ans, les devoirs de sa place avec une haute distinction ; au bout de ce temps, il se précipita d'un troisième étage et se tua sur le coup.

Les tentatives qui ont précédé le suicide peuvent se partager en trois séries :

Tentatives semblables...............	124
Tentatives différentes...............	234
Tentatives inconnues...............	102
	460

La différence qui existe entre les deux premières espèces de tentatives, confirme ce que nous avons constaté dans nos nouvelles recherches (p. 359) sur la prédominance des tentatives diverses. Nous en dirons bientôt la cause.

Le plus ordinairement les suicides, après une première tentative, se donnent la mort à la seconde ; il peut arriver que, par des circonstances indépendantes de leur volonté, une surveillance active, ils se manquent un plus grand nombre de fois. Voici comme les choses se sont passées dans 76 cas de ce genre que nous avons réunis :

62 ont fait	3	tentatives.
10 ont fait	4	—
2 ont fait	5	—
1 a fait	7	—
1 a fait	8	—
76		

Presque tous ceux qui ont recommencé aussi souvent leurs tentatives avaient le cerveau dérangé ; les observations que nous avons recueillies ne laissent aucun doute à cet égard.

Nous avons cherché, avec tout le soin possible, à constater l'état des facultés intellectuelles, les dispositions de l'humeur chez les individus qui ont ainsi fait des menaces et des tentatives de suicide, le tableau ci-joint est le résultat de cet examen.

Rien...............................	2551
Menaces...........................	1022
Tentatives.........................	460
Aliénés............................	274
Tristes............................	273
Gais..............................	15
	4595

Les conséquences de ce tableau sont que l'aliénation en forme une proportion considérable, puisqu'elle représente presque le quart des menaces et des tentatives, si on les suppose effectuées par les mêmes individus ; aussi doit-on exercer une surveillance active sur les aliénés qui parlent souvent de se tuer.

Dans cette esquisse sur les menaces et les tentatives, on retrouve toutes les difficultés signalées par les aliénistes, lorsqu'on cherche à établir les différences qui séparent la raison de la folie. A son point de départ, comme l'a fait très-bien remarquer M. Lélut, la folie est encore de la raison, comme la raison est déjà de la folie. De même, parmi les suicides qui ont fait l'objet de ces recherches, beaucoup ont eu leurs actes influencés par la prédisposition héréditaire, la nature de l'organisation, la sensibilité générale, l'éducation, les exemples qu'ils ont eus sous les yeux et les souffrances qu'ils ont endurées ; les éléments psychiques et somatiques ont pris dans ces cas une part considérable aux déterminations ; il est hors de doute aussi que la raison, éclairée et fortifiée par les principes religieux et moraux, a pu lutter avec énergie contre la funeste tendance, et s'ils ont succombé, ils ne doivent s'en prendre qu'à eux-mêmes, car ils ont agi librement et avec conscience de ce qu'ils faisaient.

D'autres, au contraire, et la proportion en est très-forte, entraînés par des conceptions délirantes, des visions de toute nature, une véritable paralysie de la volonté, ont fait des tentatives et se sont donné la mort, en partant d'un principe faux, mais avec la conscience de leur action.

En général, on peut affirmer, ainsi que nous l'avons déjà remarqué, que plus les tentatives sont fréquentes, plus elles prouvent l'aliénation mentale. Nous avons eu plusieurs de ces individus à soigner, et nous n'oublierons jamais les soucis qu'ils nous ont causés. La surveillance des suicides est, pour les chefs d'établissements, la véritable épée de Damoclès. Un d'eux, jeune homme fort doux, pendant les six mois qu'il a passés dans notre établissement de la rue Neuve Sainte-Geneviève, n'a pas laissé s'écouler une semaine, sans chercher à s'étrangler, à se précipiter, à s'enfoncer quelque instrument piquant. Un matin, sur les cinq heures, nous étions à la croisée, lorsque nous entendîmes un grand cri, suivi du rebondissement d'un corps pesant. Nous nous précipitâmes dans la seconde cour, théâtre de l'événement. C'était notre malheureux jeune homme qui, trompant la vigilance du gardien, avait en quelques minutes gravi les escaliers, percé le toit, et s'était précipité d'un cinquième. Par le plus grand des hasards, un treillage l'arrêta un moment et diminua la violence de la chute ; lorsque je le relevai, il avait la pâleur de la mort sur la figure ; quelques minutes après, il se promenait dans le jardin.

Nous avons eu dans la maison de santé du faubourg Saint-Antoine, deux aliénés dont les tentatives se sont renouvelées des centaines de fois, pendant des années. L'un d'eux surtout, par la persistance de son idée fixe, m'a laissé un souvenir qui ne s'effacera jamais. Dans les premiers temps de son entrée, on le promenait dans les jardins ; il fallut y renoncer, à tout moment il prenait son élan pour se jeter du haut en bas des marches, ou se fracasser la tête contre tous les obstacles. Renfermé dans sa chambre, et placé dans un fauteuil de bois bien matelassé,

366   DU SUICIDE.

il cherchait à s'arracher la peau ; pendant des heures entières, il se frappait la tête contre le dos de son fauteuil ; les pieds, les mains, étaient sans cesse en mouvement ; il s'efforçait de les contusionner, de les blesser. On avait été obligé de garnir toutes ces parties de tampons rembourrés, et, malgré ces précautions, il parvenait encore à se faire mal. Pendant longtemps, il avait refusé la nourriture, et ce fut seulement, lorsqu'il vit ses efforts déjoués par la sonde œsophagienne, qu'il céda sur ce point. Lorsqu'on lui adressait la parole pour le consoler ou lui faire quelques objections, il ne disait qu'une chose : Faites-moi mourir. Le plus ordinairement, il répondait : Si je pouvais être rôti, ou me précipiter du haut des tours Notre-Dame ! Près d'expirer, entouré de sa famille, de ses amis, il répétait encore les mêmes mots ; ses traits, son langage étaient empreints d'un désespoir si profond, d'une opiniâtreté si grande, qu'on ne l'approchait qu'avec douleur. Cet état avait persisté près de deux ans.

Un individu se pend dans sa chambre ; à l'instant même où il mettait son projet à exécution, entre son beau-frère, qui s'empresse de couper la corde et le rappelle à la vie. Quelque temps après il s'ouvre la gorge avec un rasoir, sans léser les vaisseaux importants. Une troisième fois, il se précipite par la croisée et ne parvient qu'à se casser la jambe. Enfin, il prend un pistolet, le place dans sa bouche et se fait sauter la cervelle. (*Procès-verbaux du parquet.*)

Pour compléter ce qui est relatif aux tentatives, nous rappellerons que dans la première édition, nous les avons divisées en trois séries : 1° tentatives semblables ; 2° tentatives semblables et différentes ; 3° tentatives toutes différentes. Nous n'entrerons dans aucuns détails sur chacune de ces séries, nous nous bornerons aux observations pratiques qu'elles nous ont présentées.

Parmi les tentatives semblables répétées, celle qui se reproduit le plus souvent, est l'asphyxie par le charbon, surtout à Paris ; viennent ensuite la précipitation, la strangulation, la submersion, les instruments tranchants, les armes à feu et le poison. Les 4595 procès-verbaux du parquet ne contiennent qu'un seul exemple d'un homme qui, après avoir cherché à se donner la mort par le pistolet, ait eu recours à ce moyen. M. Larrey a soutenu cette opinion à la Société d'émulation : jamais, dit-il, je n'ai vu de militaires, ayant attenté à leurs jours par les armes à feu, y revenir une seconde fois. Cette règle n'est pas cependant sans quelques exceptions.

La proportion des individus qui, après avoir essayé de se donner la mort par un moyen, ont recours à un autre, est plus considérable que celle des suicides qui ont recours aux mêmes procédés. Cette conduite paraît, en effet, naturelle, surtout d'après le choix des moyens. Celui qui s'est manqué avec les instruments tranchants, les armes à feu, les poisons, se rappelle les souffrances qu'il a endurées, et pense trouver dans un genre de mort différent, une fin moins douloureuse. Nous avons même entendu plusieurs de ces survivants déclarer que leurs angoisses les avaient guéris pour jamais de l'envie de se tuer. Comme dans les autres catégories, il y a des personnes qui ont fait des tentatives le jour, la veille, plusieurs mois auparavant, etc. Un homme se tire un coup de fusil dans la forêt de Saint-Germain ; on le relève baigné dans son sang et à moitié mort ; seize ans après il mit fin à son existence avec le charbon.

Ceux qui ont fait plusieurs tentatives toutes différentes composent la série la plus considérable des trois ; les moyens employés se présentent dans l'ordre suivant : charbon, strangulation, submersion, précipitation, instruments tranchants, armes à feu, poisons, écrasement. Le charbon est donc à Paris, du moins pour la période que nous avons étudiée, le genre de mort qui s'offre le plus souvent à l'esprit ; nous verrons, en effet, dans le tableau des diverses espèces de suicides des 4595 personnes qui ont attenté à leurs jours dans la capitale, pendant l'espace de dix ans, que l'asphyxie par l'acide carbonique représente le chiffre le plus élevé.

En résumant nos observations sur les menaces et les tentatives, on arrive à cette conclusion, que les caractères spécifiques qui séparent les menaces et tentatives du suicide des gens raisonnables, de celles des suicides des aliénés, consistent dans leur fréquence chez ces derniers et dans la différence des motifs, propres à chacune de ces catégories.

L'examen attentif de la nature des idées de suicide, avec ou sans tentatives, n'a pu nous laisser aucun doute sur leur point de départ. Nous les avons, en effet, toutes reconnues entachées de folie, soit dans les paroles, soit dans les actes, et lorsqu'on rapproche des manifestations sentimentales que nous avons indiquées, les causes et les symptômes, la conviction ne peut qu'être la conséquence de cette démonstration.

Une remarque capitale qui se présente à l'esprit, dès qu'on a fait ce dépouillement, c'est que les motifs allégués par les 265 malades que nous venons d'examiner, ne sauraient être comparés avec ceux énoncés dans ces centaines de lettres, écrites par les suicidés raisonnables à leurs derniers moments, et dont nous avons publié un si grand nombre de fragments. Chez les premiers, les motifs émanent de conceptions délirantes, d'hallucinations; ils ont pour antécédents, l'hérédité, le caractère morbide, la maladie; chez les seconds, au contraire, ils ont leur origine dans les mobiles ordinaires des passions; aussi est-il très-difficile, malgré la subtilité des arguments, de saisir, dans cette seconde catégorie, l'empreinte de la folie, chez ceux qui mettent fin à leurs jours pour sauver la fortune de leurs proches, leur épargner un procès scandaleux, ou échapper à des douleurs affreuses et incurables, etc.

On a prétendu que les aliénés pouvaient écrire des lettres raisonnables, et l'on en a fait un argument contre la division que nous avons établie. Nous sommes d'autant moins disposé à nier le fait de la composition d'écrits très-sensés par des aliénés, que, depuis longtemps, nous avons signalé cette particularité, et que, récemment, nous en avons fait l'objet d'une communication (1).

(1) A. Brierre de Boismont, *Des caractères graphiques et de la composi-*

Mais ces écrits, d'abord peu nombreux, n'ont jamais été rédigés par les malades au moment de se donner la mort. L'état de confusion et de concentration de la pensée dans lequel ils sont, à mesure qu'ils approchent de la terminaison fatale, ne leur permet pas de réunir leurs idées, et l'indécision, l'apathie, si fréquentes chez ces monomanes, sont des obstacles qui paralyseraient leurs efforts, s'ils existaient.

Il y a donc déjà une différence sensible à ce point de vue, entre les suicides des gens raisonnables et ceux des aliénés ; la question, cependant, ne peut être jugée que par l'examen de ce qui a véritablement lieu chez ces derniers. Dans notre étude sur l'analyse des derniers sentiments, exprimés par les suicidés, nous avons signalé 1328 lettres, manuscrits, notes, trouvés chez les 4595 suicidés, qui ont été les matériaux de notre livre. Cherchons donc si les aliénés suicides font aussi connaître par écrit leurs dernières volontés. C'est un côté de la question qui n'a pas été étudié, et nous croyons qu'il a une valeur réelle. Nous avions bien remarqué que les aliénés des maisons Marcel-Sainte-Colombe et Blanche, où nous avions commencé à prendre des notes à partir de 1825, ceux de l'établissement de la rue Neuve Sainte-Geneviève, dont nous avons été le médecin-directeur pendant dix ans, ceux qui sont confiés à nos soins, dans l'asile privé du faubourg Saint-Antoine, depuis seize ans, et notamment les 265 malades de ce travail, n'avaient laissé aucune écriture. De plus, nous avions reconnu que les mélancoliques qui forment le plus grand nombre de nos suicides, lors même qu'ils étaient plus tranquilles et présentaient des signes d'amélioration, avaient toutes les peines du monde à tracer quelques lignes, ce que le plus souvent ils ne pouvaient se résoudre à faire, à cause de leur indécision, de leur indifférence, et que très-fréquemment ils recommençaient la même phrase.

Quelque convaincu que nous fussions de la difficulté, pour

tion *des écrits des aliénés, au point de vue du diagnostic et de la médecine légale* (Union médicale, 1864).

ne pas dire de l'impossibilité, qu'éprouvent les aliénés suicides à manifester leurs dernières volontés par écrit, puisque dans une pratique de près de quarante années, nous n'avons pas recueilli une seule lettre de ceux avec lesquels nous avons vécu (et leur chiffre dépasse trois mille), nous avons pensé qu'il fallait étendre les recherches, et nous nous sommes adressé à un grand nombre d'aliénistes pour avoir leur avis sur ce sujet.

Nous allons résumer les réponses que nous avons reçues de MM. Bonnet, Calmeil, Dagonet, Dumesnil, Étoc Demazy, Girard de Cailleux, Marchand, Morel, Parchappe, Petit, Renaudin, Rousselin, etc., médecins de grands asiles publics, ou inspecteurs généraux, chargés de leur surveillance, et ayant eux-mêmes dirigé des établissements très-importants.

Tous ces aliénistes ont été unanimes à déclarer que les suicidés qu'ils avaient eus dans leurs services, n'avaient point laissé de lettres, sauf deux ou trois cas qui seront examinés ou reproduits.

Plusieurs ont fait observer que la plupart de leurs malades étaient illettrés ; mais ces asiles ont des pensionnats, et, suivant la remarque de M. Girard de Cailleux, les suicidés dont il a constaté la mort, avaient à leurs dispositions tout ce qu'il fallait pour écrire.

Les motifs que ces divers médecins ont fait valoir pour expliquer l'absence de lettres, sont les suivants : les hypochondriaques seuls pourraient écrire, mais ils ne nous sont amenés que lorsqu'ils sont fous ; ils se tiennent alors sur leurs gardes pour qu'on ne déjoue pas leurs combinaisons.

Le lypémaniaque suicide le plus élémentaire n'est porté au suicide par aucune cause déterminante. Il éprouve une véritable intolérance de la douleur, ou plutôt de la vie ; c'est par le refus des aliments qu'il se manifeste ; c'est plus commode pour son apathie qui lui enlève toute initiative propre à combiner un moyen quelconque d'exécution. Il confesse ses tendances à tout le monde, et ne s'agite que contre les moyens employés pour le nourrir malgré lui. Quand il y a des conceptions délirantes avouées, elles conduisent directement au suicide, où celui-ci n'en est pour ainsi dire qu'une conséquence accidentelle. Dans le premier cas, il y a ou non des hallucinations; s'il y a des hallucinations, le suicide est ou instantané, ou accompli après une résistance plus ou moins prolongée. Le docteur Baume a connu un aliéné qui n'a eu que deux hallucinations à un assez long intervalle : la première l'a contraint au meurtre non prémédité de sa femme ; la seconde a produit un suicide instantané, dont il a pu encore indiquer le mobile. Ce qui est plus fréquent parmi les aliénés, c'est le suicide instinctif soudain, et non intentionnel. Il se manifeste soit dans le cours du délire le plus intense, soit au moment d'une rémission. L'effroi qui résulte pour le malade de la conscience de sa situation est un mobile irréfléchi qui porte instinctivement à cet acte d'anéantissement. Enfin, par une de ces contradictions si fréquentes en aliénation mentale, l'exagération de l'instinct de conservation est un fréquent mobile de suicide : on se noie pour éviter certains dangers moins redoutables; on s'empoisonne pour se soustraire à la damnation, et l'on meurt d'inanition pour ne pas être empoisonné. L'intolérance de la douleur conduit aussi au suicide, qui fait alors l'effet d'un anesthésique.

Les aliénés suicides se tuent, les uns par une fureur aveugle qui ne leur laisse pas un seul instant la conscience de leur acte; les autres semblent être entraînés malgré eux, et les préoccupations sont telles que tous les sentiments affectifs se voilent ou s'altèrent. Un halluciné pourra laisser échapper, pressé de questions, qu'il entend des voix, s'accuser d'être méprisable et justement méprisé ; il pourra reconnaître qu'il a une vie honteuse, qu'il ne lui reste plus qu'à mourir, mais il n'écrira jamais rien de semblable, même au moment d'en finir avec l'existence. Des aliénés, dans ces conditions, eussent-ils toutes les facilités pour écrire aussi souvent qu'ils le voudraient, n'en useraient certainement que très-rarement, ou plutôt n'en useraient pas du tout.

Chez beaucoup de ceux dont la raison est troublée et qui ont une tendance au suicide, il existe une dissimulation profonde; ils ne font aucune manifestation ; ils se renferment dans une grande réserve, et l'on ne connaît leur tendance que par l'exécution. Ils se méfient de l'interrogatoire, répondent adroitement, ou gardent le silence.

Les malades qui parviennent à se donner la mort dans les établissements d'aliénés, dit un médecin de la plus haute expérience, appartiennent le plus souvent à la catégorie des mélancoliques. Plusieurs de ces lypémaniaques répètent sans cesse qu'ils sont indignes de vivre, qu'ils se tueront à la première occasion favorable; ils consignent aussi quelquefois leurs menaces sur le papier. D'autres aliénés cachent leurs desseins avec habileté et les mettent à exécution, avant qu'on ait pu les deviner. Ceux-ci n'écrivent presque jamais, ils sont trop sur leurs gardes pour s'exposer à une surprise. Il est certain que ceux de la première catégorie dont les écrits sont fort rares renferment toujours des allusions à leur maladie. Cet honorable médecin, qui a restreint singulièrement les écrits de ces aliénés mélancoliques, n'en a cité aucun exemple et a omis surtout de dire s'ils les avaient composés au moment de mourir.

Un des médecins auxquels nous avions demandé des renseignements, a fait l'observation qu'un nombre considérable de malades qui, au dehors, avaient manifesté des tendances au suicide et avaient même mis à exécution leur dessein, ne faisaient plus de tentatives dans l'asile, tout en conservant cependant leurs idées, et abstraction faite de la marche vers la guérison ou de l'imminence de l'affaiblissement des facultés. Il attribue ce résultat à un changement de forme du délire, à ses modalités diverses, à ses prédominances, dont l'intensité aura vaincu ou émoussé l'autre conviction folle. Le genre de vie de l'asile, l'impression que ce séjour produit, ont aussi leur importance. Il est incontestable, en effet, que, quoique nous ayons noté vingt tentatives de suicide dans notre établissement, ce chiffre est peu de chose, comparé aux 265 individus qui en avaient eu l'idée, et aux 150 parmi eux qui avaient fait des tentatives.

Ce résultat doit être compté au nombre de ceux qui militent en faveur de l'utilité des asiles.

Le nombre des suicides qui ont eu lieu dans les asiles est, en général, très-limité; mais il n'en est pas un seul où il n'en ait été constaté. Car, comme l'a dit avec l'autorité de sa longue pratique, notre maître, le savant Esquirol, et comme nous ne cessons de le répéter, tout aliéné qui veut fermement se tuer, arrivera toujours à son but.

Nous nous bornerons à citer onze cas, parmi ceux qui nous ont été communiqués ; ils suffisent pour faire connaître les circonstances dans lesquelles ces événements s'accomplissent.

1° Pierre (1) (*démonomanie aiguë*) croit avoir dans le ventre le diable sous la forme d'un serpent. Il nous prie souvent de faire venir un bourreau pour qu'on mette fin à ses jours. Il dérobe un jour un couteau qu'il aiguise, et avec lequel il se fait une large et profonde blessure au cou. Les vaisseaux, cependant, ne sont pas intéressés, et la blessure se cicatrise facilement. Après sa guérison, il nous reproche amèrement de lui avoir sauvé la vie, et répète qu'il cherchera de nouveau par tous les moyens possibles à se tuer. Souvent il nous supplie à genoux de lui ouvrir le ventre, pour le débarrasser du diable. Il parvient encore à soustraire un morceau de fer, et se fait à l'abdomen une large blessure perforante, à bords déchiquetés ; les intestins et une partie de l'épiploon sortent à travers la plaie. Le malade survit trois jours à son horrible blessure ; il pousse des espèces de hurlements, en criant qu'il est possédé du diable; il se plaint de n'avoir pas réussi à s'enlever la vie. Il nous prie instamment jusqu'au dernier moment d'achever l'opération ; il sent le diable qui fait des efforts pour remonter vers la gorge. Il meurt brusquement, à la suite d'une perforation de l'estomac. Cet organe était le siége de deux ulcères. Il existait en outre dans sa cavité deux lombrics.

2° Jean (*lypémanie religieuse*) poursuit, armé d'un couteau,

(1) Ces noms sont fictifs. Nous n'avons rien changé à ces notes,

plusieurs personnes de sa famille pour leur procurer le céleste séjour ; se pend quelques semaines après dans les lieux d'aisances, au moyen d'un mouchoir attaché à une traverse ; n'a rien écrit et n'a pas fait connaître le mobile de sa détermination.

3° Jacques (*lypémanie religieuse*) se croit damné; est persuadé de la présence du démon dans son corps; il se précipite d'une fenêtre et se brise le crâne. Ni lettre, ni révélation avant le suicide.

4° Adrien (*lypémanie ambitieuse*), excès de toutes sortes, particulièrement de femmes. Un de ses frères s'est suicidé ; hallucinations de l'ouïe; amour-propre excessif; se tue au milieu de la nuit dans le dortoir où couchaient plusieurs autres malades. On le trouve mort le matin; le corps était incomplètement refroidi. Pour accomplir son suicide, il s'était servi d'une pointe de fer fortement aiguisée, et l'avait brusquement enfoncée dans la région du cœur. Cet organe était entièrement traversé vers la pointe ; la cavité du péricarde était très-distendue par une grande quantité de sang. Il avait écrit, quelque temps avant sa mort, une lettre que nous reproduirons.

5° Louis (*lypémanie, délire de persécution*). Tentatives nombreuses de suicide ; se croit ruiné, s'évade et va se jeter dans le canal, situé à proximité, on l'en retire noyé, quelques instants après ; n'a fait aucune révélation et ne laisse aucune lettre.

6° Joseph (*lypémanie*) croit qu'on veut l'empoisonner ; idées de suicide persistantes ; s'étrangle en attachant à la barre de son lit l'une de ses bretelles, qu'il se passe autour du cou. La barre ne s'élevait qu'à un mètre au-dessus du sol, il s'était accroupi sur lui-même, afin d'opérer une traction et une constriction plus violentes ; n'a pas fait connaître les motifs de sa détermination.

7° Claudine se croit atteinte d'un cancer au sein (*lypémanie, panophobe aiguë*) ; se pend à l'espagnolette d'une fenêtre. La servante chargée de la surveiller n'était séparée d'elle que par un rideau de lit ; s'est tuée parce qu'elle s'imaginait avoir une affection incurable dont elle ne ressentait pas les moindres symptômes.

8° Lucie (*lypémanie religieuse*) se croit damnée; terreur et idées de suicide incessantes; se pend à peu près de la même manière, à l'espagnolette d'une fenêtre.

9° Antoine est en proie à une lypémanie suicide (*forme monomanie*), portée au plus haut degré; raisonnement juste, perversion morale profonde, il répète souvent avec colère qu'il n'y a pas de Dieu, toutes ses lettres expriment, dans les mêmes termes, le regret d'un passé heureux, le découragement le plus absolu et le défaut de confiance dans l'avenir; tentatives nombreuses de suicide. Il nous est amené après s'être tiré un coup de pistolet qui le défigure et lui fait perdre l'œil gauche. Idées de suicide persistantes; il cherche tous les moyens d'arriver à son but; à chaque instant, on trouve dans ses poches soit des clous, soit des bouts de corde. Un domestique lui est attaché nuit et jour. Il accomplit enfin sa fatale résolution; il se pend, au moyen d'une corde, dans les lieux d'aisances. La corde était attachée au gond le plus élevé de la porte, le cou était passé dans un nœud coulant. Son infirmier était à quelques pas qui l'attendait; ne le voyant pas revenir au bout de plusieurs minutes, il entre et le trouve pendu; il a été impossible de le rappeler à la vie. Il avait comme d'habitude exprimé quelques instants auparavant les mêmes idées de profond découragement.

10° Honoré (*lypémanie, délire de persécutions, hallucinations de la vue, de l'ouïe*), est atteint, dans les moments d'exacerbation de sa maladie, d'idées de suicide prononcées. Dans un de ces accès, il trouve le moyen pendant la nuit de se débarrasser de la camisole, des liens qui le fixaient à son lit et se pend au grillage d'une petite fenêtre assez élevée, il s'était servi de deux cravates attachées bout à bout; l'une des extrémités était fixée au grillage, l'autre faisait le tour du cou au moyen d'un nœud coulant. On l'a trouvé mort le matin dans son cabinet, situé à proximité de celui de l'infirmier, qui n'avait rien entendu; il n'a laissé aucune lettre.

11° Au moment où je vous écris, nous dit un de nos confrères, un jeune maniaque fort incohérent, bon ouvrier, se pend dans l'atelier du ferblantier où il travaille. Il s'était passé une forte corde autour du cou et avait fixé l'une des extrémités à une poutrelle. Le maître ouvrier n'était absent que depuis trois à quatre minutes. En rentrant il voit le malade pendu et cherchant par d'énergiques efforts à desserrer la corde qui lui pressait le cou. Jamais il n'avait manifesté semblable impulsion. Je l'interrogeai presque immédiatement et il me dit qu'il ne savait pas pourquoi il avait voulu attenter à sa vie; qu'il n'avait eu aucune contrariété, que c'est une idée qui lui avait traversé l'esprit tout à coup et qu'il avait immédiatement mise à exécution ; comme la corde lui faisait mal au cou, il avait presque aussitôt cherché à s'en débarrasser.

Ainsi dans les onze cas que nous venons de citer, neufs ont des observations de mélancolie avec conceptions délirantes et hallucinations, une seule est une monomanie suicide pure; la dernière concerne un maniaque qui ne peut donner aucune explication de son acte.

Nous avons vu que tous les médecins d'asiles s'accordaient sur la rareté des écrits, composés par les aliénés à leurs derniers moments. Le plus grand nombre, en effet, nous ont répondu qu'ils n'en avaient jamais trouvé, et qu'il leur paraissait même impossible que ces malades fussent en état de se servir d'une plume. Un seul a parlé d'une catégorie de lypémaniaques, faisant souvent des menaces de mort, qui parfois les consignaient sur le papier ; mais même, dans ce cas, l'état mental est hors de doute, et les exemples ne peuvent être qu'en petit nombre; l'auteur, qui mentionne cette particularité, ne dit rien, d'ailleurs, de leur rédaction, de leur époque, et n'en rapporte aucun fait. Les autres médecins qui ont recueilli quelques-unes de ces lettres n'ont eu garde d'omettre ces importants détails, et tous s'accordent à dire que le cachet de la folie y est marqué.

Examinons maintenant les trois cas où, sur une proportion de plus de 4000 individus, les aliénés ont écrit des lettres, avant de mourir.

Le premier était un lypémaniaque à forme raisonnante, dans un état d'agitation des plus intenses. Il avait fait au dehors plusieurs tentatives de suicide et tous les moyens lui étaient bons pour accomplir son projet. A l'asile, on fut obligé de le nourrir huit jours avec la sonde œsophagienne, parce que, sous l'influence de ses souffrances imaginaires, il ne voulait plus vivre. Voyant les précautions prises à son égard, il se montra plus gai, causa affectueusement de sa famille et demanda à lui écrire. Sa lettre fort raisonnable semblait montrer qu'il était revenu à des sentiments naturels. Il se mit au travail avec docilité et assiduité. Deux ou trois fois seulement ses idées reparurent; mais elles furent de peu de durée. Bientôt il demanda à grands cris à s'en aller, pour achever, disait-il, sa guérison chez lui. Le médecin, soupçonnant la dissimulation sur beaucoup de points, refusa la sortie. Le lendemain, le malade s'évadait. Deux mois s'étaient écoulés depuis sa fuite, et, quelles qu'eussent été les recherches opérées, on n'avait aucun renseignement sur lui, lorsque le hasard fit découvrir, dans une vaste forêt, son cadavre, sous un branchage, au fond d'un fossé très-profond. On ne put reconnaître son identité qu'à l'aide d'une lettre, trouvée sur lui, dans laquelle il disait que ses souffrances étaient telles qu'il ne pouvait supporter l'existence. Cet écrit ne contenait de souvenir affectif pour personne. On présuma qu'une lueur de jugement lui avait fait craindre qu'on imputât sa mort à quelqu'un. La teneur de la lettre, reproduisant les idées fausses de l'asile, est d'ailleurs la preuve de son état mental.

Le second exemple, communiqué par un médecin d'un établissement où les malades admis ont généralement reçu de l'éducation et dont beaucoup même ont occupé des positions élevées dans toutes les professions libérales, est le seul qu'il ait recueilli pendant une pratique de vingt ans.

La lettre dont il nous a fait connaître la substance, fut découverte, après une tentative de submersion, dans le portefeuille de l'individu, sauvé par des mariniers et conduit dans l'asile. Chez cet homme, on reconnut, au premier abord, la folie. L'écrit était adressé à sa femme ; il fut pour le médecin le meilleur élément de diagnostic. Les motifs de cette décision prenaient leur source dans des hallucinations et des idées fixes, qui le portaient à se croire l'objet de persécutions, de la part d'ennemis acharnés à sa perte.

La troisième lettre était celle d'un mélancolique ambitieux halluciné, dont le frère s'était suicidé ; elle fera mieux encore saisir les différences qui la séparent de toutes celles que nous avons consignées. Nous la copions textuellement.

Extrait du projet d'une lettre.

« Je comprends que ma lettre vous rappellera de pénibles et douloureux souvenirs et que vous la lirez avec une sorte de ressentiment contre l'aveuglement qui a à la fois détruit dans son germe mon propre bonheur, qui, au titre général de l'humanité et des sentiments bienveillants, vous inspirait de l'intérêt, et les espérances de mes amis méconnus. Mais je vous supplie de ne pas me juger trop sévèrement, je n'ai pu voir bien clair dans ma destinée que lorsqu'il fut trop tard de faire ce qu'il eût fallu faire, et ayant eu contre moi, comme je l'ai dit, le pouvoir presque invincible de mes ennemis qui, en se donnant les apparences de mes amis, ont su m'égarer au point d'écouter leur voix de préférence à celle de mes amis véritables. C'est là qu'a été le vrai mal, le mal à jamais déplorable, qui cause aujourd'hui la souffrance la plus grande que l'homme puisse subir sur cette terre, et me voue aux plus cuisants regrets, à la douleur la plus profonde, la plus isolée, jusqu'au terme de ma vie que je dois presque craindre de voir se prolonger et que je crains en effet de voir durer, en dépit de la grande altération de mon organisation, de ma constitution. Si vous pouviez connaître, comme je le connais aujourd'hui, le secret de ma vie, vous vous prendriez pour moi d'une immense pitié. Je n'ignore pas que beaucoup de gens placent, au temps où nous sommes, leur orgueil dans la barbarie. L'homme fort par lui-même et par sa position n'en agit point ainsi. Il est sensible, indulgent, généreux ; il sait excuser, pardonner les égarements, faire la part des circonstances et des influences.

» J'offre cet extrait à M. le directeur tout simplement parce qu'il l'a demandé et quoique je n'aie nullement la prétention de penser qu'il puisse beaucoup l'intéresser, surtout parce qu'il ne forme qu'une partie détachée. Du reste, je crois que ma tête, vuide maintenant, au lieu d'énoncer elle-même la pensée, n'est devenue qu'une sorte de machine à répétition sans valeur. Je le déplore et n'y puis rien faire.

» Respectueusement,

» EUGÈNE.

» 15 octobre 1846. »

On peut donc regarder comme un fait établi que les aliénés, prêts à se donner la mort, ne laissent aucun écrit qui puisse faire connaître les motifs de leur détermination, et quand ils le font, ce qui est très-rare, ces écrits révèlent presque toujours leur désordre intellectuel. L'observation de ces malades, qui sont en grande majorité des mélancoliques, rend parfaitement compte de cette impossibilité de coordonner leurs idées vers ce but.

Une anecdote, que nous a racontée notre ami le docteur Girolami, montrera la différence de ces deux genres d'écrits et les services que peuvent rendre ceux des gens raisonnables.

Dans les premières années de la grande révolution, les Français envahirent la ville de Pesaro. Le pays était en guerre et soumis aux lois militaires. Un colonel français, logé dans la maison qu'habitaient ses parents, fut trouvé, un matin, mort d'un coup de pistolet. Le bruit se répand aussitôt qu'il a été assassiné. Les soldats arrivent en foule, la menace est dans toutes les bouches. L'effroi s'empare des habitants, qui craignent d'être massacrés. Un des assistants aperçoit une lettre sur le bureau ; il la lit à haute voix, elle était de la main du défunt. Il disait que les vexations dont l'abreuvait son chef l'avaient réduit au désespoir, et qu'il préférait la mort à un pareil état. Cette lettre suprême, ajoutait le médecin italien, nous sauva probablement la vie, car l'exaspération était telle qu'il est douteux qu'on eût écouté la voix des habitants innocents.

Si les écrits contribuent également à différencier les deux espèces de suicide, le refus des aliments n'est pas un des symptômes les moins caractéristiques de l'aliénation mentale avec tendance au suicide. Il est presque toujours lié aux conceptions délirantes, aux hallucinations; souvent il est dû à la forme de la maladie (*folie puerpérale triste*, etc.); parfois il est sans rapport avec l'idée du suicide; dans d'autres circonstances il est impossible d'avoir aucun renseignement sur son point de départ.

Sur les 265 malades qui font l'objet de nos recherches, 152 et non 171, ainsi qu'on l'a imprimé par erreur (p. 333) ont manifesté un éloignement plus ou moins prononcé pour les aliments et les boissons. Ce chiffre se décompose de la manière suivante :

> 66 aliénés avaient des conceptions délirantes de nature triste ;
> 10 présentaient ce symptôme au plus haut degré ;
> 30 avaient des hallucinations et des illusions, dont 14 de forme triste menaient au suicide ;
> 35 avaient des formes de maladies mentales, qui, seules ou liées à des hallucinations, pouvaient rendre compte de ce refus, les aliénés ne donnant aucun renseignement ;
> 11 alléguaient des motifs complétement incohérents.
>
> 152

Parmi ces 152 individus, 90 refusaient la nourriture par suite de conceptions délirantes et d'hallucinations, en rapport avec la pensée du suicide; 62 ne fournissaient aucun renseignement ou étaient incohérents. (Ce total se compose de 16 hallucinés du nombre 30, et des chiffres 35 et 10 des deux derniers paragraphes.)

Le rejet des aliments n'avait ni la même durée ni la même persistance, dans tous ces cas. Chez les malades qui avaient la pensée de mourir, il se prolongeait plus ou moins longtemps et se terminait même par la mort. Avec le temps et la médication, il finissait, en général, par céder. Lorsqu'il était opiniâtre, il pouvait amener rapidement la terminaison fatale, ou bien celle-ci n'arrivait qu'à une époque plus éloignée, par la diminution successive et calculée de l'alimentation. Le refus était momentané, souvent intermittent, continu. Il était surtout prononcé dans la variété du désordre mental à laquelle nous avons donné le nom de *délire aigu hydrophobique*. Il n'est pas rare, en effet, de voir ces malades refuser, presque avec rage, et jusqu'au dernier moment, la boisson qu'on leur présente. La fréquence du refus d'aliments a été notée par Esquirol ; il fait la remarque que sur 198 femmes de la Salpêtrière, qui attentèrent à leurs jours, 48 eurent recours à cet expédient. Plusieurs fois il a fallu faire manger ces aliénés à la sonde, pendant des semaines entières. En général, l'intimidation, comme nous l'avons employée dans beaucoup de cas, triomphait de l'obstination assez promptement. Nous avons vu des malades, nourris par la sonde œsophagienne, qui, n'en éprouvant aucune douleur, étaient ainsi alimentés depuis deux mois et plus. Verga, dans son *Appendice psichiatrica*, cite un exemple de deux ans. L'emploi de la bouche de métal de M. Billod a été utile dans plusieurs cas.

Les motifs du refus des aliments, chez les aliénés qui ont des conceptions délirantes et des hallucinations, sont puisés dans toutes les idées que nous avons énumérées ; les plus fréquentes sont celles d'ennemis, de persécutions, d'empoisonnement, etc.; cette dernière a été notée vingt-sept fois.

Les dix individus chez lesquels le refus d'aliments était obstiné et motivé, présentaient pour causes un chagrin, un remords, le dégoût de la vie, le désespoir de la position, la connaissance de l'état. Quelques-uns de ces malheureux, prêts à succomber, entraient en fureur à la vue de ce qu'on leur présentait, demandaient la mort ou disaient que tout cela leur était égal ; aucun raisonnement ne pouvait triompher de leur résolution.

Parmi les onze qui refusaient la nourriture par incohérence, ou sans but de suicide, il y en avait qui prétendaient qu'on mettait du nénuphar dans leurs aliments, qu'ils voulaient aller au ciel, etc., plusieurs affirmaient qu'on leur avait enlevé leurs dents, qu'elles étaient gâtées, etc.

En un mot, cet éloignement pour les aliments était toujours fondé sur un état de désordre intellectuel.

Les motifs de ces refus d'aliments sont très-variés; ils peuvent tenir à des hallucinations et à des illusions; nous en parlerons prochainement. Il est des aliénés qui croient ne pouvoir manger, parce que rien ne passe. Les monomanes suicides ayant, dans un grand nombre de cas, des désordres des voies digestives, transforment les sensations internes qui en résultent, en hallucinations et en illusions du goût, de l'odorat, de la vue; c'est à ces sensations erronées qu'il faut attribuer beaucoup de conceptions délirantes qui produisent le refus d'aliments.

Quelques-uns de ces malades rejettent obstinément toute alimentation, parce que leurs parents les ont abandonnés, mis en maison de santé. Une dame alléguait ce motif, quoique déjà chez elle, avant qu'il fût question de l'isoler, elle eût passé plusieurs jours dans un jeûne sévère. Sa position ayant été jugée grave, nous donnâmes le conseil de la reconduire à sa maison, bien que nous n'eûmes que fort peu de confiance dans ses paroles. Le premier jour, elle mangea assez bien ; bientôt elle diminua la quantité de ses aliments, et elle finit par mourir d'inanition au bout de quinze jours, offrant des symptômes évidents d'une gangrène des poumons. Ce fait nous a rappelé l'observation d'une dame que nous soignâmes en 1834. Un grand chagrin lui avait suggéré la pensée de mettre fin à son existence. Le poison, le poignard, lui ayant fait défaut, elle prit la résolution de se laisser mourir de faim : pour que les souffrances ne fussent pas trop violentes, elle supprima successivement les viandes, le vin, le poisson, les légumes, les fruits, se réduisit à des quantités excessivement minimes, et finit par ne rien prendre. Lorsqu'elle mourut, au bout de cinq mois, elle était arrivée à une maigreur squelettique. Voulant lutter jusqu'au bout contre cette funeste résolution, je lui faisais donner des lavements de bouillon. Un jour, elle se lève sur son séant, avec un air singulier, saisit l'instrument, en goûte le contenu, et s'écrie : « Les misérables! ils veulent me torturer jusqu'à la fin. » Et depuis ce moment, il fut impossible de lui administrer ni nourriture, ni remède; quatre heures avant sa mort, qui eut lieu quelques jours après, elle persistait à ne vouloir rien accepter. Les actes de cette dame ne pouvaient laisser aucun doute sur la perversion de ses facultés. Dans deux cas de paralysie générale, avec incohérence complète, nous découvrîmes que l'abstinence était due à l'éloignement des gardiens habituels : les aliénés mangèrent dès qu'on les eut rendus à leurs parents, et chez l'un d'eux, il y eut une amélioration rapide dans sa santé.

Quelquefois ce symptôme est produit par des conceptions délirantes bizarres. Un de nos malades opposait la plus vive résistance, lorsqu'on lui servait ses repas, parce qu'il prétendait que manger ce qui avait eu vie, était un sacrilége, un assassinat, et il menaçait de tuer ceux qui voulaient l'obliger à se nourrir, sous prétexte qu'ils étaient eux-mêmes des assassins. Un autre, que ses opinions politiques avaient fait exiler et qui était rentré furtivement, fut cinq jours sans boire ni manger, donnant pour raison que les paysans sont très-malheureux et ne peuvent s'acheter de la viande. Nous avons soigné un ancien militaire, homme de mœurs fort respectables, qui ne prenait rien lorsqu'il était dans la section des hommes, et ne renonçait à son jeûne que lorsqu'il était ramené dans la division des femmes, quoiqu'il fût toujours seul.

Dans un certain nombre de cas, la privation de nourriture peut être le résultat du projet d'en finir avec l'existence. Il ne faudrait pas croire que ce jeûne forcé causât toujours des douleurs bien vives; il paraît constant que, dans quelques circonstances, la perte d'appétit, l'anesthésie, dont sont atteints ces malades, leur état morbide général, rendent les souffrances très-supportables.

Le refus de manger, si commun chez les aliénés, peut être expliqué par eux avec une apparence de raison ; ils assurent qu'ils préfèrent mourir à se voir enlevés, sans être malades, à leurs familles, à leurs affaires ; ou bien ils affirment que c'est par suite de chagrins qu'ils se soumettent à cette terrible privation. Une dame attribue sa détermination à la douleur profonde que lui cause la perte de son mari ; elle se désespère de vivre dans un monde où les peines sont si grandes ; elle plaint ses enfants d'être livrés à une pareille destinée. En jugeant d'après cette première impression, on pourrait croire qu'il y a là une douleur exagérée, mais pas de folie ; c'est probablement l'idée en effet qui resterait, si l'on se contentait d'une visite de quelques heures. Écoutée et surveillée tous les jours, le genre du délire partiel se révèle dans la pensée, qui l'obsède, de tuer ses jeunes enfants, pour les arracher au sort fatal qui les attend. — Cet examen de tous les instants démontre que les malades qui paraissent les plus maîtres d'eux-mêmes, déraisonnent tout à coup, tiennent des propos incohérents, offrent un enchaînement de paroles et d'actes déraisonnables, cèdent à des entraînements irrésistibles, etc. (1). Nous en avons entendu d'autres nous dire, lors de leur retour à la raison : nous n'avons pas souvenir de notre refus de nourriture. On observe, dans ce cas, ce que nous avons plusieurs fois constaté dans le suicide : Une demoiselle qui s'était coupé le cou, nous a toujours répondu qu'elle ne savait pas ce qui l'avait poussée à cet acte, et qu'elle ne se le rappelait en aucune manière.

Quelquefois c'est une pensée mauvaise, insupportable, qui suggère cette détermination. Je suis assailli, nous affirmait un de nos pensionnaires, par l'idée de faire du mal ; ce tourment de toutes les minutes, m'inspire l'horreur de l'existence, et c'est pour m'en débarrasser que je me condamne à une abstinence absolue.

(1) A. Brierre de Boismont, *De la responsabilité légale des aliénés* (*Annales d'hygiène et de médecine légale*, 1863).

Ce vernis de raison, si trompeur pour les personnes inexpérimentées, nous engage à insister sur ce point.

La pensée du suicide peut dépendre du désespoir que causent la maladie, la crainte de son incurabilité, l'anxiété d'une rechute. Plus d'une fois les malades nous ont dit : « Ne vaut-il pas mieux mourir que d'être fou. » D'autres, ne cessaient de répéter : « Nous voulons en finir, rien n'est capable de chasser cette idée de notre esprit, tous les raisonnements sont inutiles. » Il était impossible d'en obtenir une autre réponse.

Quelques-uns affirment qu'ils n'ont jamais eu un moment de bonheur sur la terre. Un officier d'une grande instruction nous a déclaré plusieurs fois que l'opposition constante faite par sa famille à ses goûts et à ses volontés, avait causé sa maladie mentale, et que pour échapper à la tyrannie qui n'avait cessé de peser sur lui depuis son enfance, il se tuerait, et il a accompli cette menace. Un magistrat se persuade que dans une affaire grave, l'amitié lui a fait manquer à ses devoirs, en n'ordonnant pas l'arrestation du coupable. Sa tête se monte, il fait des tentatives nombreuses de suicide. On le conduit également dans notre établissement. Ces malades expliquaient leur état d'une manière très-rationnelle; mais ils entendaient des voix : on voulait les empoisonner ; ils croyaient qu'on allait les faire périr, les déshonorer.

Cette raison apparente, chez les monomanes suicides, est quelquefois portée si loin que, sans une observation incessante et quotidienne, on pourrait craindre de s'être trompé. Il y a peu de temps, un magistrat disait à ma femme, à l'occasion d'une jeune dame qu'il venait d'examiner, et qui lui avait parlé avec la plus parfaite lucidité pendant une heure : « Comment voulez-vous que, dans nos interrogatoires, nous puissions reconnaître de pareilles folies? Il est évident que nous devons commettre des erreurs. Je connais les antécédents de cette malade, j'ai lu ses lettres, je suis convaincu de l'exactitude des détails que vous m'avez si soigneusement donnés, et cependant sa conver-

25

sation avec moi tout à l'heure a été si raisonnable, qu'il est nécessaire que j'aie avec elle d'autres entretiens. Le surlendemain, cette jeune dame était en proie à une inquiétude extrême, elle prétendait que son ventre s'était vidé, qu'elle avait rendu tous ses boyaux, qui exhalaient une odeur de cochon; elle réclamait un prêtre à grands cris, parce qu'elle se sentait près de mourir.

Plusieurs fois, des malades ont défendu devant nous leur projet de suicide avec tant de calme, d'adresse et de logique, que nous ne savions quel langage tenir pour réfuter des arguments aussi bien présentés ; il ne nous restait d'autre ressource que de leur répondre : Votre opinion est trop enracinée dans votre esprit, tout ce que nous pourrions vous objecter en ce moment n'ébranlerait aucunement vos convictions : nous préférons ajourner la discussion. Il en est d'autres qui vous soutiennent avec un calme extrême, sans que leurs traits décèlent la plus légère émotion, que l'idée de la mort assiége leur esprit depuis bien des années. Nous avons tout fait, assurent-ils, pour nous en débarrasser, sans pouvoir y parvenir. Nous exécuterons ce que vous nous recommanderez, mais nous craignons que ce soit sans succès. Si ce martyre se prolonge encore longtemps, il faudra bien en finir. Il est impossible, en pareille circonstance, lorsqu'il n'y a pas une cause morale, que cette tendance ne soit pas liée à quelque perturbation de la sensibilité générale; le médecin doit redoubler de soins, d'attention, pour retrouver le germe du mal dans un défaut d'équilibre des éléments psychique et somatique.

Je connais la nature de mon mal, nous avouait une dame, je n'en suis que plus malheureuse ; ma faiblesse de volonté, mon irrésolution, mon indécision ne me permettent pas de prendre un parti, d'agir librement ; je me plains sans cesse, je suis très-exigeante, quoique je sache que je fais le tourment de mes parents; je souffre depuis douze ans; mes antécédents sont déplorables, je ne guérirai jamais; ne vaudrait-il pas mieux mourir? « Atteinte d'une fluxion de poitrine, elle fit de graves imprudences pour périr, sans attenter directement à ses jours. C'était une sorte de compromis entre son impulsion morbide et ses principes. Cette malade, qui causait avec le plus grand calme, remplissait ses devoirs de religion, travaillait une partie de la journée, n'avait ni conceptions délirantes, ni hallucinations. Dans ses rares moments d'épanchement, elle reconnaissait qu'elle avait des idées bizarres, des manies ridicules ; ainsi elle luttait des heures, des journées, pour ne pas satisfaire aux besoins de la nature ; elle devenait morose, irritable, si l'on s'occupait trop des autres malades ; lui offrait-on quelque chose, sans insister pour qu'elle l'acceptât, elle refusait et se plaignait à sa famille qu'on la négligeait et qu'on ne lui donnait pas ce qu'on envoyait aux autres. Le moindre dérangement dans ses habitudes la mettait hors d'elle-même.

Ces exemples d'individus qui justifient leur conduite, d'une manière plausible, sont communs, mais en vivant avec eux, on ne tarde pas à reconnaître les caractères distinctifs de la folie.

La fréquence des hallucinations, des illusions dans la folie est signalée par tous les auteurs, nous l'avons indiquée, avec le plus grand soin, dans la troisième édition de notre traité (1).

Ces symptômes se sont montrés 207 fois chez les 265 individus de cette catégorie, en voici la distribution, d'après leur état de simplicité ou de composition :

Hallucinations seules.	60
Hallucinations réunies.	30
Hallucinations et illusions réunies.	62
	152
Illusions seules.	33
Illusions réunies.	22
	55
Total général.	207

(1) A. Brierre de Boismont, *Des hallucinations dans la folie*, p. 109 et suivantes, 3ᵉ édition, 1862.

Étudiées au point de vue de la statistique, dans les maladies, les hallucinations et les illusions se sont classées, d'après cet ordre :

Hallucinations simples, isolées	2	Paralysie générale	4
Délire aigu	9	Folie puerpérale	6
Manie	17	Folie alcoolique	6
Lypémanie	134	Folie épileptique	1
Hypochondrie	12	Folie à double forme	7
Monomanie	2	Folie hystérique	1
Démence	5	Folie raisonnante	1
	186		26
	26		
	207		

Ce tableau a un grande importance, car il montre que les aliénés suicides ont, près de 80 fois sur 100, des hallucinations et des illusions, que ces symptômes s'observent surtout dans les monomanies tristes, et avec la prédominance de cette forme dans les autres maladies. Ce fait, que nous avons déjà constaté, en décrivant la symptomatologie des hallucinations, va être mis hors de doute par l'exposé rapide de ce phénomène, chez nos malades.

Sur les 207 cas d'hallucinations et d'illusions seules ou réunies, le caractère triste existait dans 135, et ce chiffre se décomposait ainsi : 102 cas de lypémanie, 7 de monomanie hypochondriaque, et 28 d'hallucinations, de délire aigu, de manie, de monomanie, de démence, de paralysie générale, de folie puerpérale, de folie alcoolique, de folie épileptique, de folie à double forme, de folie hystérique (1) et de folie raisonnante.

Les principales manifestations de ces formes tristes étaient les suivantes : les malades entendaient des voix effrayantes, étranges, voyaient des figures sinistres, menaçantes, qui leur faisaient des grimaces affreuses, des individus qui entraient par les croisées, les portes, les murs, pour les tuer, les massacrer ; parfois ils s'é-

(1) A. Brierre de Boismont, *Responsabilité légale des médecins en Espagne.* — *Procès en détention arbitraire de dona Juana Sagrera* (*Ann. méd.-psych.*, mai 1864).

criaient : les entendez-vous ? les voyez-vous ? ils sont là. Plusieurs tremblaient, poussaient des cris, des hurlements, à la vue de leurs enfants qu'ils croyaient manger, de serpents prêts à les dévorer. D'autres se prétendaient métamorphosés en diable, l'apercevaient devant eux, ainsi que les flammes de l'enfer, ou entendaient ses menaces. Un de ces malades voyait sa femme s'abandonner au chef de son administration et aux employés. Dans d'autres circonstances, les voix les accusaient de vol, de mauvaises actions pénétraient toutes leurs pensées, leur donnaient les interprétations les plus fâcheuses, les divulgaient à tout le monde, etc.

Quelques-uns de ces malades entendaient les voix de personnes absentes, mortes depuis longtemps, comme si elles eussent été présentes, réalisant ainsi le phénomène latent de la représentation mentale, existant chez tous les hommes, et qu'évoquent si souvent les préoccupations, l'état intermédiaire à la veille et au sommeil, les rêves, l'enthousiasme, les croyances, les excitations cérébrales, les maladies, etc.

Les voix, le plus ordinairement, se faisaient entendre les nuits, ce qui explique la proportion plus forte de suicides à cette période du jour. Une remarque qu'il ne faut jamais perdre de vue, c'est que les voix ordonnent parfois impérieusement de faire telle ou telle chose. Un malade donna devant nous un soufflet à un pensionnaire ; il avait prononcé auparavant quelques paroles, parmi lesquelles on distingua *il le faut;* on ne pouvait douter que cet acte ne fût la conséquence d'une hallucination. L'aliéné répondit, en effet, qu'on lui avait commandé d'agir ainsi. Il en eût été de même si la voix eût été intérieure ou psychique.

Les illusions, souvent confondues avec les hallucinations, et qu'il est très-difficile, parfois, de distinguer les unes des autres, ne peuvent qu'imprimer une impulsion plus forte aux conceptions délirantes tristes, quand elles ne suggèrent pas elles-mêmes des idées noires. Maintes fois, nous avons trouvé des malades qui ne voulaient plus manger, parce qu'on jetait des substances blanches, malfaisantes, empoisonnées, dans leurs aliments.

Beaucoup disaient respirer des gaz méphitiques, sulfureux, des odeurs infectes ; d'autres affirmaient que tout ce qu'on leur offrait avait un goût détestable.

Nous avons souvent observé les hallucinations et les illusions du toucher. Les malades se plaignaient de recevoir des effluves magnétiques, d'être liés par terre, ce qui les empêchait de se coucher, d'être battus, roués de coups. Un de nos malades soutenait que, toutes les nuits, on s'introduisait dans sa chambre, et qu'après l'avoir mis en état de somnambulisme, on se livrait sur lui aux manœuvres les plus infâmes. Un autre voyait, au contraire, entrer une dame qui le rendait le plus heureux des hommes. Interrogé par les magistrats, dans une demande en interdiction, il leur décrivit ses sensations, sans en omettre aucune.

Ces illusions du toucher sont communes chez les femmes. Une de nos pensionnaires, élevée chez des religieuses, voulait nous poursuivre, parce qu'on la violait toutes les nuits. Une autre, tombée dans les mains d'un homme d'affaires, chercha à nous faire payer une somme d'argent, pour l'indemniser d'avoir été la victime d'un médecin employé dans notre établissement. Nous la renvoyâmes au procureur impérial et l'affaire n'eut pas de suite. Dernièrement une hystérique mariée, qui était sortie depuis huit ans de notre maison, n'avait jamais quitté Paris, nous actionna devant l'assistance judiciaire pour l'avoir séquestrée illégalement, dépouillée d'une fortune qu'elle n'avait jamais eue; elle ne fut retenue dans sa plainte en attentat aux mœurs, que parce qu'elle avait eu un enfant naturel, depuis trois ans. Une autre dame nous racontait qu'elle était au pouvoir du diable, qui chaque nuit, la traitait en mari. Il est nécessaire que les magistrats connaissent bien ces faits, car il est certain, qu'après l'assurance sur la mort par substitution de personnes, les poursuites pour les évasions, les suicides des aliénés, on aura la demande en dommages et intérêts pour les rêves des hystériques.

Au nombre des symptômes des hallucinations et des illusions, il faut aussi ranger les interprétations de paroles et les changements de figure. Avec ces influences, nous avons noté des tendances au suicide. Un aliéné, qui présentait ces deux ordres de faits, était persuadé que les diverses personnes de la maison étaient autant d'acteurs qui avaient un rôle dans la pièce douloureuse dont il était le premier sujet. Leurs paroles, leurs mouvements, leurs expressions de figure, leurs actions concouraient au même but, celui de le faire mourir.

Quelque réservé que nous ayons été dans les diverses combinaisons du phénomène hallucinatoire, ce que nous en avons dit, suffit pour faire comprendre dans quel cercle d'idées il peut jeter les individus en proie à des conceptions tristes ; mais à notre point de vue, il a une extrême importance, celle de donner une physionomie particulière au suicide des aliénés, et de contribuer à le différencier de celui des gens raisonnables.

L'attentat contre soi-même n'est pas seulement déterminé chez les mélancoliques par des hallucinations et des illusions en rapport avec le genre de délire, les conceptions délirantes, les idées noires, un dégoût irrésistible de l'existence, et comme nous le verrons bientôt, par une force intérieure qui pousse ces malades, les maîtrise à tel point qu'ils sont obligés de lui obéir subitement, ou après une lutte plus ou moins longue ; il peut encore être occasionné par des hallucinations ou des illusions complétement étrangères à l'idée du meurtre de soi-même. On ne peut admettre, dans ce cas, de suicide proprement dit, c'est une mort à laquelle la volonté pervertie du malade n'a pas participé. Un monomaniaque entend une voix céleste qui lui dit : *mon fils, viens t'asseoir à côté de moi*, il s'élance par la croisée et se casse une jambe (Esquirol, *Malad. ment.*). Ces hallucinations peuvent entraîner des conséquences déplorables.

Il arrive souvent aussi dans la manie que la mort violente est le résultat d'une hallucination, d'une illusion. Le maniaque se précipite d'un lieu élevé et se tue, parce qu'il est persuadé que des voix l'appellent, que des figures lui font des signes, ou bien il se brise la tête contre les murs pour en faire sortir le mal ou en déloger un ennemi. Le suicide si fréquent dans les accès de délire aigu (fièvre chaude) est également la conséquence de visions, d'illusions, etc. La mort peut encore être la suite des efforts que ces malades font pour se débarrasser de leurs liens, ou pour s'échapper.

Parmi les autres symptômes observés chez les mélancoliques, l'anesthésie a un rôle important. Ce phénomène n'avait point échappé aux démonographes du moyen âge; tous ont rapporté des faits curieux d'absence de douleurs et même d'extase chez les sorciers et autres fous, qu'on torturait ou qui s'étaient eux-même mutilés.

Esquirol et M. Moreau (de Tours) ont appelé l'attention sur l'insensibilité de la peau chez les aliénés suicides, qu'on retrouve, d'ailleurs, dans une foule d'état nerveux, et en particulier dans l'hystérie (1). Suivant M. Moreau, l'engourdissement de la sensibilité, sa suspension momentanée seraient des caractères communs aux éthérisés et à ceux qu'une idée, une impulsion délirante pousseraient au suicide. Cette opinion a son explication naturelle dans le fait bien connu de la tension prolongée de l'esprit sur un sujet.

Comme tous les médecins d'asiles, nous avons noté l'anesthésie chez un grand nombre d'aliénés et surtout de mélancoliques. On peut pincer la peau de beaucoup d'entre eux, sans qu'ils manifestent de douleur appréciable. La membrane muqueuse semble participer de cet état. Dans maintes circonstances, nous l'avons aussi constatée chez les paralysés généraux. Il y a au moins vingt ans, dans une consultation avec MM. Brochin et Carrière, nous annonçâmes un état fort grave, chez un de ces malades qui présentait l'anesthésie à un degré avancé, quoique les désordres intellectuels n'eussent pas plus de huit jours de date.

Quatorze de nos malades ont offert ce symptôme d'une ma-

(1) Briquet, *Traité de l'hystérie*, 1859, p. 267.— Ch. Lasègue, *De l'anesthésie et de l'ataxie hystériques* (*Arch. génér. de méd.*, mars 1864).

nière très-prononcée. Ils s'arrachaient la peau du visage, des mains, des bras, etc. Une demoiselle, atteinte de folie raisonnante, s'enlevait des lambeaux de la peau du sein, en si grande quantité et à une telle profondeur, que cette région était couverte de cicatrices. Une autre s'épilait constamment, son crâne était à nu, dans une portion considérable. Les mutilations étendues, les plaies énormes, les blessures répétées paraissent à peine causer quelques douleurs à ces aliénés, qui ne profèrent aucune plainte et répondent même, lorsqu'on leur demande s'ils souffrent, qu'ils n'ont aucun mal. Plusieurs monomanes se sont largement brûlés, sans avoir fait entendre les moindres gémissements. Nous nous rappelons un d'eux qui s'était fait sauter, en mettant le feu à cinq ou six livres de poudre sur lesquelles il s'était couché. Le cuir chevelu, la peau de la face, une partie de celle du tronc étaient brûlés au premier degré, et par places au second degré ; il exhalait une odeur de graisse fondue très-prononcée ; sa seule plainte était celle-ci : j'ai très-froid, faites du feu !

Cette insensibilité se retrouve chez les gens raisonnables, lorsqu'ils sont fort préoccupés ou distraits ; ils se pèlent les lèvres, et se mangent les ongles jusqu'au sang, etc.

Nous avons observé une disposition particulière de la peau qui, dans certains cas, indique son insensibilité, le peu d'énergie de sa vitalité, les modifications profondes de la sensibilité générale, et probablement aussi les troubles de la circulation. Une dame fait, la nuit de son entrée, une tentative de strangulation qui est aussitôt réprimée. Le matin je lui trouve la figure énormement tuméfiée et noirâtre, les conjonctives injectées de sang. Cette coloration de la face dura plus de trois semaines ; elle devint ensuite bleuâtre et ne s'effaça que très-lentement. Celle des yeux qui leur donnait une couleur étrange, réellement horrible, persista pendant près de trois mois, et n'avait pas encore complétement disparu quand la malade quitta l'établissement.

Une autre dame, placée aussi dans notre maison pour une tentative de suicide, se trouve réduite, au bout de deux mois d'alimentation insuffisante, au dernier degré de marasme, elle ne pouvait plus se lever. La fixité de son idée nous avait obligé à lui maintenir la camisole dans son lit, sans toutefois la fixer par les côtés. Elle profite, une nuit, de cette disposition, lève les bras au niveau de son cou, fait un seul tour avec les liens qui retiennent les deux extrémités de la camisole, et s'asphyxie par cette simple pression. Elle fut trouvée, le matin, couchée horizontalement dans son lit. Peu de jours avant son entrée, cette malade avait cherché à s'étrangler, et lorsqu'elle nous fut confiée, elle gardait encore les traces d'un sillon circulaire parfaitement marqué, et spécialement sur les parties latérales du cou. Ce sillon, qui avait pris une teinte brunâtre, n'a point disparu pendant les deux mois de séjour de cette aliénée, et l'on a pu constater son existence, lors de l'examen juridique.

Les mêmes difficultés se manifestent pour la résolution des ecchymoses et la cicatrisation des plaies.

Plusieurs de ces malades avaient le pouls lent, la peau au-dessous de la température normale, et si on la pinçait elle restait plissée et ne revenait qu'avec peine sur elle-même.

Il est donc certain que l'anesthésie s'observe chez les aliénés mélancoliques et suicides ; cet état pathologique peut coïncider avec l'hyperesthésie dans d'autres endroits.

La lenteur, la paresse et le défaut de précision dans les mouvements sont communs dans la folie suicide. Quelques autres symptômes rares, que nous avons observés dans cette forme de maladie, doivent être consignés ici pour mémoire. Un de ces aliénés avait présenté, pendant un certain temps, des attaques convulsives d'une fréquence et d'une intensité extrêmes. Tout à coup, ces attaques disparurent et la raison, à notre grand étonnement, sembla complétement rétablie. Cet individu, qu'il fallait tenir au fauteuil, put se promener, causer très-bien, pendant plusieurs jours, puis les attaques se montrèrent à l'improviste et avec la même violence : la mort eut lieu très-rapidement. Un autre malade, deux jours avant de succomber, se refroidit à un tel degré dans les deux membres inférieurs, qu'en les touchant on avait la sensation du marbre. Un troisième aliéné suicide nous fut amené avec une dilatation si considérable des pupilles que l'expression de la physionomie était d'un aspect repoussant et terrible. Un des praticiens les plus expérimentés de Paris avait annoncé une terminaison fatale et prompte; il guérit en trois jours.

Les monomanes suicides présentent souvent, comme dans les autres formes de la folie dépressive, la perversion des sentiments affectifs. Ils sont indifférents pour leurs enfants, leurs parents; ils n'aiment plus personne. Leur égoïsme se montre dans toute sa nudité; ils sont mécontents de ce que l'on fait pour eux; ils calomnient, dénoncent ceux qu'ils affectionnaient, se portent contre eux à des voies de fait et même aux dernières extrémités.

Le suicide peut être précédé de l'idée de tuer, et l'idée peut être suivie d'exécution.

Le 28 février 1855, M. l'avocat général de la Baume, qui portait la parole dans l'affaire de l'institutrice Doudet, a rapporté ce fait :

Un jeune négociant de la Chaussée-d'Antin s'est donné la mort, et en mourant, il a ainsi expliqué les causes de son suicide : « Je suis poursuivi, depuis l'âge de raison, par la manie de l'assassinat; je lutte, je résiste; mais je me laisserai entraîner un jour ou l'autre, je déshonorerais ma famille; je préfère me tuer.» A côté de cette observation se place une anecdote racontée par Buffon en ces termes : « Un ouvrier sage, laborieux, honnête, bon père de famille, charitable, vient me trouver et me dit : Je suis possédé de la manie de commettre un crime, j'en éprouve un tel désir que je ne pourrai y résister, et pourtant j'ai une femme que j'adore, un enfant unique qui est tout mon espoir ; mais je suis obsédé de mon idée au point d'éloigner tout instrument tranchant ; je craindrais d'égorger ma femme et mon fils. » Buffon pensa que c'était là de l'aliénation mentale, il lui ordonna des bains de pied et l'engagea à revenir. Victor Cousin, c'est le nom de l'ouvrier, assassina, avant de mourir, son plus proche voisin et son meilleur ami (1).

Les impulsions morbides parfois irrésistibles, dont il a été déjà rapporté plusieurs exemples, ne sont pas rares chez les aliénés avec tendance au suicide. Une jeune dame, d'une figure charmante et d'un caractère fort doux, fut conduite dans notre établissement, parce qu'elle était assaillie à chaque instant de l'idée de mettre fin à ses jours et de tuer avec une hache ses enfants et les personnes qui l'approchaient. Maintes fois elle nous a répété : « J'ai toutes les peines du monde à m'empêcher de me jeter sur les assistants pour les mordre ou les frapper. Ces mouvements me surviennent tout à coup, sans y songer, comme des accès de rage. Si je succombais à la tentation, je sens que, loin d'en avoir du regret, j'en éprouverais de la satisfaction. J'ignore qui a pu m'inspirer de pareilles idées. » Cette dame était hystérique et s'enflammait très-facilement. « J'ai des envies furieuses de faire du mal, d'assassiner quelqu'un, nous disait un ancien magistrat; c'est malgré moi. Je combats de toutes mes forces; je suis poussé, entraîné par une véritable fatalité, et je crains de commettre un crime. » Les considérations suggérées par les impulsions morbides, et l'irrésistibilité chez les aliénés nous conduisent à examiner une question vivement controversée et dont l'importance a été démontrée dans la discussion qui a eu lieu à la Société médico-psychologique sur les monomanies.

On a, dans ces derniers temps, nié l'existence de la *monomanie suicide*, parce que, pour admettre une telle entité, il faudrait prouver qu'il y a des cas déterminés par une impulsion instinctive, non motivée et tout à fait irrésistible. Ces faits existent cependant, et ils s'observent non-seulement dans le suicide, mais encore dans l'homicide, le vol, les idées instantanées, etc. — Un négociant, que nous avons connu, était assis dans un

(1) *La Presse*, 21 novembre 1854,

café, il se lève brusquement, donne un soufflet à un homme placé devant lui et qu'il n'avait jamais vu. Interpellé sur cet acte, en dehors de toutes ses habitudes et de son caractère, il ne put répondre autre chose, sinon que la figure de cet homme lui avait déplu et qu'il n'avait pas été maître de son mouvement.— Comme preuve de ces déterminations soudaines, Pariset raconte qu'un peintre de ses amis, regardant, dans une exposition, un tableau de Gros, fut pris d'une telle envie de le crever, qu'il s'enfuit en toute hâte. Nous avons cité, dans cet ouvrage, plus d'une observation de personnes qui se sont jetées à l'eau, ont voulu se tuer, sans pouvoir trouver d'autre cause à ce penchant qu'une force irrésistible, ou un afflux de sang au cerveau. Le plan de ce livre, son étendue ne nous permettent pas d'insister longtemps sur ce sujet, nous allons cependant rapporter des exemples où la pensée continuelle du suicide est le seul symptôme prédominant qu'on puisse constater.

En 1844, un jeune homme de vingt-cinq ans vint me consulter, il paraissait fort inquiet et sa figure exprimait la fatigue et un profond abattement; ses vêtements étaient souillés de boue, et il m'avoua qu'il marchait depuis trois jours, mangeant où il s'arrêtait. « Monsieur, me dit-il d'une voix brève, on m'a adressé à vous, parce que vous traitez les maladies nerveuses. Tel que vous me voyez, je suis dégoûté et ennuyé de tout, la vie m'est insupportable, et je me serais déjà donné la mort, si le courage ne me manquait, et si je n'étais pas retenu par des principes religieux.

» Ceux avec qui je vis ne se doutent pas de mon état. Employé dans une maison de commerce, je m'acquitte convenablement des devoirs de ma profession, mais j'agis comme un automate, et lorsqu'on m'adresse la parole, elle me semble résonner dans le vide. Mon plus grand tourment provient de la pensée du suicide dont il m'est impossible de m'affranchir un seul instant. Il y a un an que je suis en butte à cette impulsion; elle était d'abord peu prononcée; depuis deux mois environ, elle me poursuit en tous lieux. Je n'ai cependant aucun motif de désirer la mort. Mon caractère est, il est vrai, sérieux, peut-être même un peu mélancolique; mais ma santé est bonne, personne dans ma famille n'a eu d'affection semblable, je n'ai pas fait de perte, mes appointements me suffisent et me permettent les plaisirs de mon âge. Convaincu que cette idée n'avait aucune raison d'être, j'ai cherché, dans les distractions, le moyen de m'en débarrasser. Je vais beaucoup au théâtre, rien de ce qui s'y dit ou de ce qui s'y fait ne m'intéresse. Je reste jusqu'à la fin par la force de ma volonté, ce qui est à noter, car je ne puis tenir en place; à peine arrivé dans ce lieu, je voudrais être ailleurs; tout le temps du spectacle se passe à m'impatienter, jusqu'à la chute du rideau.

» L'amour que j'ai invoqué m'a répondu, il a été un tourment de plus pour moi. Je soupirais ardemment après celle qui m'avait écouté ; à peine étais-je en sa présence que je ne cessais de gémir, de me plaindre de la destinée, de l'accuser de mes souffrances. Vingt fois j'ai été sur le point d'avouer à son mari que sa femme était ma maîtresse, au risque de tous les malheurs qu'une pareille imprudence pouvait occasionner. En vain me prodiguait-elle les marques de la plus vive amitié, du plus sincère dévouement, je ne voyais dans sa conduite que fausseté, mensonge et malheur. Ce supplice était intolérable, nous nous sommes séparés. »

Ce jeune homme, qui appréciait bien sa position et reconnaissait qu'il était le jouet d'une impulsion non motivée, n'avait ni hallucinations, ni illusions, ni conceptions délirantes. « Je sens, disait-il, depuis quelque temps que, sous l'influence de cette préoccupation continuelle, ma tête s'embarrasse, mes idées deviennent confuses, et il y a des instants où je crois que mon crâne va sauter. Mon Dieu ! quel dommage? Si cet état persiste, je deviendrai fou. Désirer la mort et n'avoir pas le courage de se la donner! Je suis trop malade, vous ne me guérirez pas. »

J'étais assez embarrassé sur le parti à prendre en présence de cette excitation et avec un homme qui ne répondait qu'à ses propres pensées? Je commençai par le plaindre et lui témoigner un grand intérêt. Je lui racontai ensuite des anecdotes qui avaient la plus grande analogie avec sa situation et dont la terminaison avait été heureuse. L'intelligence que je remarquais en lui me fournit un argument qui parut l'impressionner. « Vous avez vingt-cinq ans, lui fis-je observer, et vous en voulez à l'existence, quoique vous confessiez n'avoir contre elle aucun motif fondé de mécontentement! A force de creuser vos souvenirs, vous croyez devoir attribuer votre état présent au refus qu'ont fait vos parents de vous laisser prendre une profession selon vos goûts ; cette explication n'est pas admissible, car votre ennui est d'une date beaucoup plus récente ; mon opinion est complétement différente de la vôtre, après vous avoir entendu et examiné votre cerveau, j'ai la conviction que vous êtes du nombre de ces capacités qui n'ont pas encore trouvé leur voie, de là vient votre malaise. Quand, par votre travail et votre persévérance, vous aurez conquis une place en ce monde, vous vous apercevrez que vos souffrances ont disparu depuis longtemps. » J'eus soin en même temps de lui recommander pour calmer son exaltation, de prendre des bains prolongés, des boissons rafraîchissantes, de légers purgatifs, de faire de l'exercice et de lire quelques bons comiques que je lui indiquai. Lorsqu'il partit, il était plus tranquille.

Un mois après, ce jeune homme revint me voir, l'amélioration était sensible : « Vos conseils et votre traitement m'ont fait du bien, me dit-il, comment dois-je agir maintenant? — Persévérez, lui répondis-je, dans le plan que je vous ai tracé, les changements du système nerveux ne peuvent avoir lieu qu'avec le temps. Je m'aperçus que l'idée d'une position plus avantageuse, due à son intelligence et à des travaux assidus, avait pris racine dans son esprit. Pourquoi ce mirage qui séduit tant d'hommes ne l'aurait-il pas également ébloui? L'important, en pareille circonstance, est de trouver l'appât convenable. Je n'ai pas revu ce jeune homme; j'aime à croire qu'il aura guéri, comme un autre malade suicide dont la noire chimère fut expulsée par l'amour. Les meilleures réponses aux théories sont les faits, et le praticien en recueille de si concluants, qu'il ne peut assez s'étonner de la hardiesse toujours nouvelle avec laquelle on proclame un système, comme le dernier mot de la science. Au mois d'avril 1856, je fus prévenu que quelqu'un m'attendait dans mon cabinet. Je trouvai un homme d'une cinquantaine d'années, maigre, de petite stature, au type juif, qui tenait par moments sa tête entre ses mains et dont la physionomie révélait une grande tristesse. A la question que je lui adressai, il sembla s'éveiller de sa douloureuse méditation. « Monsieur, me dit-il d'une voix très-émue, je viens, sur la recommandation d'un de vos confrères, vous demander un conseil. Jusqu'à cinquante-trois ans, je me suis bien porté, je n'avais aucun chagrin, mon caractère était assez gai, lorsqu'il y a trois ans, j'ai commencé à avoir des idées noires, je parvenais cependant à les dissiper; depuis trois mois, elles ne me laissent plus de repos, et, à chaque instant, je suis poussé à me donner la mort. Je ne vous cacherai pas, ajouta-t-il, que mon père s'est tué à soixante ans; jamais je ne m'en étais préoccupé d'une manière sérieuse, mais en atteignant ma cinquante-sixième année, ce souvenir s'est présenté avec plus de vivacité à mon esprit, et maintenant il est toujours présent. J'ai lutté tant que j'ai pu, je crains désormais de manquer de force; sans être dans l'aisance, mon travail me procure les moyens de vivre. J'ai trois enfants dont l'aîné a quatorze ans et une femme encore jeune qui ne m'ont jamais causé de chagrin, je ne me connais ni ennemis, ni affaires désagréables; ma santé est excellente; c'est la pensée seule de la fin tragique de mon père, qui est cause de tout mon malheur. Jusqu'à présent, je suis parvenu à cacher mes angoisses aux miens, aucun d'eux ne soupçonne mon état, aussi veuillez bien, dans les remèdes que vous allez me prescrire, éviter de nommer ceux qui mettraient sur la voie de ma maladie. »

J'avais interrogé cet homme sur tous les points, il n'y avait dans ses réponses aucun indice d'une affection mentale; pas de conceptions délirantes, d'hallucinations, d'illusions, de maladie quelconque. Ses paroles, calmes, empreintes, il est vrai, d'une extrême mélancolie, annonçaient la douleur que lui causait son état, son désir de lutter et la crainte d'être vaincu. Il était impossible de ne pas voir dans cette disposition d'esprit le résultat de l'influence fatale due à la goutte de sang héréditaire contre laquelle se débattait l'esprit, appelant à son aide les auxiliaires si puissants de la religion, de la famille et de l'instinct de la vie. Ce malheureux se débattait contre une force qui pouvait l'entraîner, et sa mort, si elle avait lieu, n'était justiciable que du souverain Maître. Que fallait-il faire en pareille |circonstance? Recourir sans doute à la médecine pour combattre les symptômes physiques, les troubles de la sensibilité, l'absence du sommeil, etc., mais surtout gagner sa confiance par cette action magnétique de l'homme sur l'homme, qui résulte de la parole, de l'accent, du cœur, du regard, du geste, de la pression des mains et de la faculté de s'assimiler les souffrances des autres. «Mon ami, lui dis-je de ce ton pénétré que donne la vue d'un mal qui vous impressionne fortement, je compatis d'autant plus à vos douleurs que la pensée de la mort m'a aussi hanté et fait passer plus d'une nuit cruelle. Vos tortures ont été les miennes; en vous écoutant, mon âme s'élançait vers la vôtre et se confondait avec elle. Tout ce que vous venez de me retracer, je l'ai éprouvé ; ce sentier douloureux, je l'ai parcouru, et cependant j'ai résisté. La seule différence qu'il y a entre vous et moi, c'est qu'éclairé par ma profession sur les dangers de cette terrible méditation, j'ai appelé à mon aide les secours de l'art, et j'ai redoublé d'efforts pour ne pas être attiré par le goût de la mort. J'ai cherché dans le travail, l'espoir d'une autre vie, le soulagement de mes semblables, les distractions, les armes nécessaires pour combattre l'ennemi. Je suis debout, l'obsession a disparu, et cependant mon impressionnabilité à ressentir les misères de la vie m'exposait à de fréquentes chutes. Si je vous disais mes défaillances, mes découragements, mes tristesses, mes désespoirs, vous comprendriez, mon ami, combien de fois j'ai été en péril! Savez-vous ce qui a soutenu mon courage, c'est la conviction que je pouvais être de quelque utilité aux pauvres âmes qui étaient travaillées de notre mal. — Je vous ai écouté avec le plus vif intérêt, et je m'aperçois, au changement de votre figure, que vous êtes convaincu qu'il y a ici un homme qui gémit de vos douleurs, comme si vous étiez un des siens. C'est votre cœur qui est malade, il a besoin de consolations; mon plus grand bonheur sera de vous soulager. Venez donc me voir toutes les fois que vous sentirez vos forces faiblir. Laissez le moins de prise possible à la tristesse, en occupant tous vos instants; ne reculez pas devant la fatigue. Joignez au travail, aux plaisirs de la famille, aux distractions avec vos amis, l'emploi persévérant des remèdes qui vous ont été prescrits. Pensez surtout à votre femme, à vos chers enfants; ayez présent à la mémoire ce qui arriverait si vous les abandonniez; réfléchissez aux dangers du déplorable exemple que vous leur légueriez, et soyez persuadé que si vous suivez ces conseils, le mal ira en diminuant. Gagner du temps, voilà le point capital, la guérison est au bout de l'étape. »

En parlant ainsi, une émotion sympathique nous avait pénétrés. Le pauvre homme dont le récit m'avait douloureusement affecté prit congé de moi, en me serrant les mains; son visage avait une autre expression : on eût dit que l'espérance était entrée dans son âme. Je ne dissimulai pas, cependant, la gravité de son mal; les trois années d'idées noires étaient un symptôme des plus inquiétants! Pendant quatre mois, cet infortuné est venu me voir : tantôt il me disait qu'il se trouvait mieux ; tantôt, au contraire, son désespoir était navrant : « Secourez-moi, s'écriait-il, je suis un homme perdu! » Depuis un an il n'a plus reparu!

Les deux observations qu'on vient de lire prouvent donc qu'il peut se développer dans l'homme un penchant morbide qui le porte à se tuer, comme s'il était poussé par une force irrésistible. Dans la première, il n'y avait aucune influence héréditaire, aucun antécédent maladif ; l'idée n'avait germé dans l'esprit que depuis un an, le caractère était un peu mélancolique ; cela ne suffit pas pour expliquer l'apparition et la ténacité de l'idée : ce qui est incontestable, c'est qu'elle était le symptôme caractéristique. Dans la seconde observation, la pensée de la mort faisait aussi le désespoir du malade. Ici existait l'influence paternelle; sauf la crainte de succomber comme son père, sa raison était parfaite. On s'est demandé si c'est bien le penchant au suicide qui est héréditaire, ou si ce n'était pas plutôt la folie dont celle-ci est le symptôme, et l'on a dit qu'il fallait chercher dans l'esprit d'imitation la cause la plus active de cette espèce de contagion morale. Nous ne voyons pas de raison qui s'oppose à ce qu'un père qui s'est suicidé par suite d'une disposition mélancolique, lègue cette même disposition à son enfant. Il ne s'agit plus évidemment, dans cette circonstance, d'un acte purement accidentel, mais d'une virtualité élaborée de longue date et dont la terminaison n'est que la période d'état. L'ouvrage de M. Lucas est plein de faits qui attestent la transmission des talents, de la colère, des qualités, des vices des aïeux à leurs descendants : l'anecdote de la famille de Condé, publiée par Saint-Simon, ne laisse aucun doute à cet égard. Il n'est nullement besoin pour cela d'une disposition organique appréciable. Quant à l'explication du suicide par imitation contagieuse, que nous admettons dans ce cas, comme dans beaucoup d'autres maladies nerveuses, nous croyons qu'il ne faut pas trop la généraliser ; car il y a des enfants qui se sont tués, sans savoir que leurs parents avaient péri de cette manière. Si l'imitation était, d'ailleurs, la seule explication possible des suicides héréditaires, comment se ferait-il qu'un grand nombre d'enfants ne suivent pas l'exemple de leurs parents, et souvent même aient des caractères tout opposés. Il y a donc, dans ce cas, quelque chose autre, et ce quelque chose est évidemment la prédisposition, être mystérieux, sans doute, le seul cependant qui ne choque pas le bon sens.

La tendance au suicide, comme fait prédominant, est aussi

certaine que le penchant à l'homicide, dont tous les recueils français et étrangers contiennent les observations détaillées. En résumé, il y a une monomanie suicide, ou, si l'on veut, une idée fixe, caractérisée par le penchant au meurtre de soi-même. Ces monomanies proprement dites ne sont pas communes, et dans la plupart des observations où l'on constate des suicides, des homicides, ces terminaisons ne sont que les épiphénomènes de la maladie principale. Nous avons longuement insisté sur ce point dans la symptomatologie. Les rejeter, néanmoins, quelle que soit la dénomination qu'on leur donne, c'est refaire continuellement le travail des théories inébranlables que le temps se charge de renverser.

M. Lisle, qui, dans un chapitre intéressant de son livre, a combattu l'existence de la monomanie suicide, en admet cependant quelques cas rares ; toutefois il a le soin de faire observer que ces faits disparaîtraient de la science, s'il était jamais donné de connaître toutes les circonstances extérieures ou internes qui peuvent précéder ou accompagner un acte aussi grave, ou d'en pénétrer les motifs cachés ou déterminants. Ma seule réponse à cette réserve de l'avenir, c'est que lorsque l'analyse sera parvenue à cette profondeur, une révolution radicale se sera opérée dans la nature morale de l'homme (1).

(1) En défendant l'existence de la monomanie suicide, nous devons rappeler qu'il s'agit pour nous de la prédominance d'un penchant, et non pas d'une conception délirante, ou d'une impulsion morbide complétement isolée. L'unité de l'esprit humain, la solidarité de ses facultés, ne nous permettent pas d'adopter une pareille doctrine. Dès qu'une partie quelconque de l'économie est dérangée, l'ensemble harmonique n'existe plus. Que le trouble soit à peine sensible, qu'il ne le soit même pas du tout, l'être humain n'est plus à l'état normal. C'est la thèse que nous avons soutenue à la Société médico-psychologique, lors de la discussion sur les monomanies.

On pourra consulter, sur les penchants morbides et l'irrésistibilité, ce que nous en avons dit dans l'analyse de l'ouvrage de Casper, traduit par M. Germer Baillière (*Remarques médico-légales*, à l'occasion du traité pratique de ce professeur, *Annales d'hygiène et de médecine légale*, 1862, t. XVIII, p. 445 et suiv.), et dans le rapport sur le mémoire du docteur C. Livi, relatif à l'abolition de la peine de mort (*Ann. méd.-psychol.*, 4ᵉ série, 1863, t. II, p. 453).

La question du suicide des aliénés a surtout été étudiée chez les mélancoliques. Nous avons cependant signalé, dans le tableau statistique, une certaine quantité d'affections mentales dans lesquelles ce penchant avait été constaté. Pour terminer ce que nous avons réuni sur ce sujet, nous allons énumérer rapidement quelques formes où cette complication a été plus ou moins observée.

La disposition au suicide est commune dans la *folie des ivrognes*, encore appelée *delirium tremens*.

Un assez grand nombre de ces délirants, dit M. Marcel, sont en proie à des hallucinations qui déterminent une impression morale pénible. Ils sont convaincus qu'on les poursuit ; ils voient des gens armés de couteaux, de bâtons; ils entendent des voix menaçantes ; quelquefois les personnes présentes se transforment en diables, prennent des aspects effroyables. Dans le chapitre des causes, nous avons constaté que 543 individus s'étaient donné la mort à la suite d'habitudes d'ivrognerie. Sur ce nombre, 141 étaient aliénés, et chez 53 de ceux-ci la folie dominante était une monomanie suicide ébrieuses avec hallucination, de nature triste.

Notre ouvrage *sur les hallucinations* contient la description des hallucinations spéciales du *delirium tremens*.

La *folie puerpérale* prédispose les femmes au suicide. On l'observe surtout dans la variété mélancolique : sur 111 observations de folie puerpérale recueillies à Bethléem, on nota 32 fois la tendance au suicide.

L'*érotomanie*, comme toutes les mélancolies qui semblent n'être que le dernier degré d'une grande passion, conduit au suicide par le désespoir ou la certitude de n'obtenir jamais l'objet aimé. Les miracles attribués au saut de Leucade prouvent, dit Esquirol, que les anciens regardaient l'érotomanie comme une véritable affection nerveuse, et qui pouvait se guérir par de vives secousses morales. Ils prouvent encore que, de tous les temps, le suicide a été une des terminaisons de la folie.

La *nostalgie* a plus d'une fois eu pour résultat le suicide. La nature des idées, la gravité des lésions que l'on constate à l'autopsie, expliquent facilement cette terminaison funeste.

La conséquence de ces faits, c'est que l'élément douloureux est souvent la cause déterminante du suicide des aliénés.

Une maladie d'une telle gravité doit, parmi ses terminaisons, compter une forte proportion de morts; elle s'élève à 62, environ le quart du chiffre total, ou 23,40 pour 100.

Les formes de l'aliénation mentale qui se sont terminées ainsi, sont les suivantes :

Délire aigu............	4	Démence...............	2
Manie................	4	Folie puerpérale.........	3
Lypémanie............	28	Folie à double forme......	1
Monomanie hypochondriaque	9	Folie raisonnante.........	1
Paralysie générale.......	9	Folie de Guislain.........	1
	54		8

Total...... 62

Anatomie pathologique. — Le peu de valeur des lésions trouvées à la mort des aliénés suicidés nous a engagé à n'en pas faire de chapitre spécial, et à reproduire ici le résultat des recherches d'Esquirol et de Leuret. Le premier de ces médecins fait observer que les ouvertures des cadavres n'ont pas répandu beaucoup de lumières sur ce sujet. Les désordres sont nuls, très-variables ou l'effet des tentatives; néanmoins, ajoute-t-il, il est possible que les altérations fréquentes des organes de la digestion, que l'on constate, aient une grande influence sur la détermination des suicides qui prennent la résolution de se laisser mourir par abstinence (1). Nous ferons seulement remarquer que cette détermination succédant presque toujours à des conceptions délirantes ou à des hallucinations, et n'amenant la mort qu'après un temps plus ou moins long, il paraît plus rationnel de considérer ces lésions comme des effets plutôt que comme des causes.

(1) Esquirol, *Maladies mentales, altérations pathologiques observées chez les suicidés*, Paris, 1838, t. I, p. 629.

SYMPTOMATOLOGIE DU SUICIDE DES ALIÉNÉS.

Quant à Leuret, qui, dans l'article SUICIDE du *Dictionnaire de médecine pratique*, a donné le résumé de seize ouvertures de cadavres de suicidés, sa conclusion est celle-ci : Dans sept cadavres, il n'y avait pas d'autres lésions que celles produites par le genre de mort, et dans les neuf restants les altérations étaient tellement variées, qu'on ne peut rien en induire relativement à la nature et au siége du suicide (1).

Cette conclusion étant aussi celle à laquelle nous avons été conduit, d'après l'état actuel de nos connaissances, nous n'insisterons pas davantage sur ce point.

Traitement. — Un des médecins d'asile, que nous avons consultés sur la question des écrits laissés par les aliénés suicidés, a fait la remarque importante, que la plus grande partie de ces malades, tout en conservant leurs idées, ne renouvelaient plus dans l'asile les tentatives du dehors. On peut compléter cette observation en ajoutant que, si l'incurabilité et la mort sont fréquentes dans cette forme dépressive de la folie, il est consolant de penser que les guérisons n'y font pas défaut.

Sur les 265 individus confiés à nos soins, il y a eu 99 guérisons ainsi représentées :

Délire aigu	1	Folie alcoolique	8
Manie	5	Folie puerpérale	4
Lypémanie	70	Folie hystérique	1
Monomanie hypochondriaque	5	Folie épileptique	1
Mélancolie stupide	1	Folie à double forme	2
Paralysie générale (2)	1		16
	83		

Total..... 99

Les améliorations ont été au nombre de 39 ; sur ce chiffre, il y avait 28 lypémaniaques. L'incurabilité figure pour 65 cas, dont

(1) Leuret, *Dictionnaire de médecine pratique*, t. XV, p. 85.
(2) Nous ne considérons cette guérison que comme une rémission, la paralysie était à la période maniaque.

37 appartiennent à la monomanie triste. La mortalité a été de 62, dont 28 lypémaniaques.

Le chiffre des guérisons, dans le cours des trois premiers mois et surtout du premier, a été remarquable; il n'est pas inférieur à celui de l'édition de 1856, qui était de 28 sur 41 guérisons. Cette terminaison heureuse tient à ce que les maladies étaient récentes, se rattachaient souvent aux événements du temps (1848 à 1852), et à ce que les individus n'avaient subi aucun traitement antérieur et étaient soignés d'une manière active : les bains prolongés avec irrigations, les purgatifs ; la vie de famille que nous avons introduite dans nos divers établissements depuis plus de vingt-cinq ans, ce qui est à la connaissance de tous les médecins, doivent être considérés comme ayant puissamment contribué à ce résultat satisfaisant.

Il y a sans doute eu des rechutes parmi nos 99 guérisons, mais elles proviennent souvent de ce que les parents, malgré les avertissements, retirent leurs convalescents trop tôt, et souvent aussi de la nature du mal, que tant de circonstances fâcheuses favorisent. Plusieurs obtenaient leur sortie, en dissimulant leur véritable état. Le signe qui indiquait que la guérison n'était pas réelle chez un certain nombre d'entre eux, était leur persévérance à soutenir qu'ils n'avaient jamais été malades. En se tenant au chiffre brut de 99, que nous ne discutons point ici, parce que nous n'écrivons pas un livre sur la folie, il est évident que le traitement du suicide des aliénés a des résultats plus avantageux que celui du suicide des gens raisonnables.

Si l'exposé général que nous venons de faire a atteint le but que nous nous étions proposé, il y a, nous le croyons, une ligne bien tranchée entre les deux espèces de morts volontaires qui font le sujet de ce travail. Le résumé que nous allons donner permettra de saisir facilement les différences qui existent entre elles.

Résumé. — Les suicides des aliénés présentent des différences marquées, qui les séparent de ceux de gens raisonnables.

Parmi ces différences, il faut d'abord noter l'égalité du nombre des femmes et des hommes, et la proportion plus grande du mariage sur le célibat.

La forme lypémaniaque ou oppressive est celle qui compte le plus de morts volontaires.

L'hérédité, les caractères morbides, les maladies, ont une importance réelle sur la production du suicide des aliénés. Ces trois éléments se rencontrent dans la grande majorité des cas. Il faut aussi tenir compte des accès antérieurs.

Les aliénés qui attentent à leurs jours sont mus par des idées tristes, des conceptions délirantes, des hallucinations; en un mot, leurs motifs sont puisés dans la nature fantastique de l'objet de leur délire, ou dans des impulsions maladives, tandis que ceux des gens raisonnables sont pris dans les passions, les souffrances morales et physiques, les mobiles ordinaires de la vie.

Lorsqu'on analyse les idées des aliénés, on ne peut qu'être surpris qu'un pareil milieu n'engendre pas un plus grand nombre de suicides.

La plupart de ces malheureux, en effet, ne rêvent qu'empoisonnements, pertes d'argent, ruine, ennemis, persécutions, prison, morts violentes, supplices terribles, apparitions effrayantes, etc.

Deux distinctions doivent être faites entre les conceptions délirantes. Les unes, quoique fausses, une fois admises, excercent leur influence comme si elles étaient réelles, et la mort en est la conséquence logique ; les autres n'ont aucun rapport avec le suicide, et la terminaison fatale n'est qu'un accident indépendant de la volonté pervertie.

L'indécision, l'apathie, symptômes fréquents de la lypémanie, contribuent à diminuer le nombre des suicides.

Les tentatives sont très-fréquentes parmi les aliénés suicides, mais elles échouent souvent. Sur 100 individus, dit Esquirol, qui essayent de se tuer, il n'y en a pas la moitié qui réussissent.

Les caractères spécifiques qui séparent les idées, menaces et tentatives du suicide des gens raisonnables de celles du suicide des aliénés, consistent dans la répétition des tentatives et la différence des motifs propres à chacune de ces catégories.

Indépendamment de leurs idées chimériques, les aliénés présentent un symptôme caractéristique : ils n'écrivent pas ou écrivent très-peu à leurs derniers moments, et s'ils le font, leurs lettres portent l'empreinte du désordre de leur esprit.

Le refus de nourriture, si commun chez les aliénés, est encore un caractère tranché, entre les deux espèces de suicides. Dans la folie, en effet, il est déterminé par les conceptions délirantes, les fausses sensations, les formes de la maladie; parfois, il est sans rapport avec la pensée du suicide.

Plusieurs malades expliquent ce refus avec une apparence de raison, mais dans ce cas, comme dans les autres, l'observation quotidienne met toujours sur les traces de la folie.

Les hallucinations et les illusions sont un phénomène fort commun dans la folie-suicide, et elles ont une influence décisive sur la perpétration de l'acte. Leur caractère est généralement dépressif; les malades entendent des voix menaçantes, voient des figures effrayantes, etc.

Les hallucinations du toucher ont une importance médico-légale très-réelle; car, sous leur influence, il arrive que les aliénés, et surtout les femmes, se plaignent d'actes commis sur leurs personnes. Les illusions produites par les changements de figures, les interprétations des paroles, doivent être prises en sérieuse considération, par les conséquences graves qu'elles peuvent avoir.

Le caractère hallucinatoire est un symptôme capital pour le diagnostic différentiel des deux espèces de suicides.

Les hallucinations et les illusions peuvent être complétement étrangères à l'idée du suicide. Dans la manie, par exemple, la mort causée par une voix qui appelle n'est qu'un accident.

Le caractère oppressif du délire se lie à un affaiblissement de la sensibilité cutanée, à une anesthésie reconnue depuis longtemps chez les possédés, et parfaitement établie par les travaux modernes, dans une foule d'états nerveux, et en particulier dans la monomanie triste, la mélancolie, l'hystérie.

Cette atonie se manifeste par la persistance des altérations de couleur de la peau, de la conjonctive, dans les contusions, les épanchements sanguins; elle est également sensible dans les caractères des plaies, etc. La lenteur de la résolution et de la cicatrisation a quelque chose de particulier.

Il n'est pas rare d'observer le suicide dans l'hypochondrie et la folie d'action.

Beaucoup de suicides présentent des symptômes physiques au début de la maladie.

La nature des idées, des paroles, les actes, la physionomie générale, l'expression des yeux, les antécédents, sont des indices qui mettent en garde contre les dispositions des suicides.

Le plus ordinairement les aliénés suicides font choix d'un moyen; il est des cas cependant où ils les emploient tous successivement.

La ténacité de l'idée, la dissimulation, la ruse, le silence, s'observent chez les aliénés qui veulent se donner la mort, et il n'est pas rare qu'il montrent beaucoup de discernement pour arriver à leurs fins.

L'idée du suicide peut éclore tout à coup dans la tête de l'aliéné.

Le suicide peut être précédé d'homicide.

Les impulsions morbides, parfois irrésistibles, ne sont pas rares chez les aliénés suicides. Souvent liées aux conceptions délirantes, aux hallucinations, elles peuvent, dans quelques cas, se montrer comme le seul symptôme dominant, et semblent alors rentrer dans la catégorie de la monomanie suicide.

La tendance au suicide, si fréquente chez les lypémaniaques, se remarque aussi dans d'autres formes de l'aliénation mentale où prédominent les idées tristes; ainsi on la constate dans la folie des ivrognes, la folie puerpérale, l'érotomanie, etc.

La perversion des sentiments affectifs a été souvent notée chez les aliénés suicides.

La forme oppressive se termine souvent par l'incurabilité et la mort, mais l'observation prouve qu'on peut cependant guérir une proportion assez considérable de ces malades.

De l'ensemble de ces caractères distinctifs entre les deux espèces de suicides, il résulte pour nous la certitude que l'opinion de ceux qui ont prétendu que tous les hommes qui attentaient à leurs jours étaient des fous, est contraire à l'observation. On se tue, parce que la vie est un fardeau trop lourd, ou parce que la raison est dérangée. Cette formule lève-t-elle toutes les difficultés? Nous sommes loin de le penser.

M. J. H. Blount, qui a fait, dans le *Journal of mental science* (p. 305, 1856), une analyse de la première édition de notre livre, à laquelle nous rendons pleine justice, nous reproche de n'avoir pas rapporté le suicide au même principe que le crime. Si nous ne nous sommes pas élevé à la hauteur d'une généralisation, c'est que notre esprit ne saurait nous y porter, persuadé, comme nous le sommes, que tout est fini dans notre nature. Nous admettons, sans doute, que le suicide réfléchi est une offense envers Dieu et la société; mais, comment qualifier de crime l'action de ce vieillard paralysé qui s'asphyxie, pour conserver quelques ressources à sa fille; celle de ces proscrits de Toulon, qui s'élancent à la mer, pour ne pas faire couler la barque où sont entassés leurs compagnons d'infortune, et tant d'autres actions du même genre? Les à peu près, les plus rigoureux possibles, nous les acceptons; l'absolu humain, nous ne le comprenons pas. « Conjecturer, dit Jacques Bernoulli, dans son *Ars conjectandi* (p. 213),... et choisir ce qui a été reconnu pour le meilleur et le plus sûr, c'est en cela seul que consiste toute la sagesse du philosophe, toute la prudence du politique, et nous pourrions ajouter, l'art du médecin. »

CHAPITRE IV.

DE LA NATURE DU SUICIDE.

Preuves du libre arbitre dans l'acte du suicide. — Instinct de conservation. — Influences des idées et des croyances. — Doctrine de la folie. — Influence de l'organisation. — Vertige. — Influence de l'âge. — Suicides froidement exécutés. — Généralisation de l'idée du suicide. — Nombre considérable d'hommes célèbres qui ont eu la pensée du suicide. — Absence de tout désordre. — Liberté d'esprit au dernier moment. — Lettres. — Exemples de suicides ou de tentatives, chez des personnages contemporains connus. — Écrivains qui ont justifié le suicide. — Différence de l'apologie du suicide et de sa défense, au point de vue de la liberté, de la conscience et de la volonté. — Résumé.

La physiologie du suicide des gens raisonnables est tout entière dans la connaissance de sa nature; aussi peut-on, avec son concours, répondre aux questions suivantes : Le suicide est-il un acte volontaire?, doit-il être considéré comme une maladie, un symptôme de la folie? Ses mobiles sont-ils le courage ou la lâcheté? La religion et la morale n'ont-elles pas porté contre lui des sentences trop exclusives? Ces questions se rattachent, sans doute, aux chapitres précédents qui ont dû nécessairement les éclairer; mais pour qu'il ne reste aucune incertitude sur cet important sujet, nous allons passer en revue quelques-uns des principaux arguments favorables ou contraires à la liberté morale dans le suicide, et le lecteur jugera ensuite de quel côté est la vérité ou l'erreur.

Avec la doctrine absolue de l'état de folie dans les cas de suicide, le libre arbitre n'existerait plus. Quoi! un homme aura le triste privilège de se faire voleur, faussaire, assassin, après avoir froidement pesé le pour et le contre, et il ne pourra mettre fin à ses jours lorsqu'il se croira dans la nécessité de prendre ce parti! Sur quels motifs se fonde-t-on pour condamner, dans le premier cas ? Sur ce que l'individu a agi avec discernement, sur ce qu'il savait parfaitement ce qu'il faisait. L'instruction prouve souvent, en effet, que le coupable a pris ses mesures, prévu toutes les circonstances, marché avec lenteur, mais résolûment vers son but. Les précautions sont quelquefois telles, que le crime n'est jamais découvert. Ainsi les actions criminelles peuvent être exécutées, et le sont en effet tous les jours, par des hommes qui ont leur raison, et il faudra être fou pour trancher en un instant une existence qui se traîne dans les privations, les douleurs, la misère et l'isolement! Une pareille opinion est en opposition directe avec le sens commun, la plus irrécusable autorité.

On a cru avoir trouvé des arguments irrésistibles pour l'hypothèse de la folie, en opposant au suicide l'instinct de conservation, et en affirmant que, dans un grand nombre de cas, les passions sont un commencement d'aliénation. La plus simple observation prouve que l'instinct de conservation est loin d'être le même, suivant les âges et les individus ; quant aux passions, qui ne sont que les sentiments portés à leur plus haut degré, ne conduisent-elles pas au bien comme au mal ?

Soutenir que le suicide est toujours un symptôme de folie, c'est nier l'influence des idées et des croyances. Je suppose un homme franchement matérialiste, ennuyé de la vie ; ne sera-t-il pas conséquent avec ses principes, en mettant fin à ses jours? Que direz-vous des stoïciens, ces âmes invulnérables, qui, lorsque le génie républicain fut menacé par le glaive d'un dictateur, lorsque tout cédait à la gloire de César, ou que tout rampait sous Tibère, donnèrent de grands spectacles au monde ? Qu'ils étaient fous ! Tous ces dévouements admirables, qu'offre notre histoire à chaque page, autant d'actes de folie?

Un prince du sang, que Jean Bart avait été chargé d'escorter, lui demanda après le voyage : « Qu'auriez-vous fait si l'ennemi nous eût entourés ? — Prince, lui répond l'illustre marin, mon parti était pris d'avance : si les Anglais m'eussent attaqué, je me serais défendu jusqu'à la dernière extrémité; s'ils m'eussent pris, je me serais fait sauter. » Le chevalier d'Assas, renversé par les baïonnettes autrichiennes, a la vie sauve s'il se tait. « A moi, Auvergne! » s'écrie-t-il, et il meurt percé de coups. — Bisson, en voyant son navire envahi, par des pirates grecs, force son équipage à gagner la côte ; puis, descendant dans la soute aux poudres, il attend l'arrivée des ennemis : soixante-dix pirates volent dans les airs avec le brave lieutenant.— Deux maçons, dont la presse entière a rapporté l'accident, s'accrochent dans leur chute à un échafaudage qui vacille sous leurs pieds. S'ils restent, la mort est certaine. L'un murmure : « Ma chère femme! mes pauvres enfants! — Tu es marié, dit l'autre; c'est juste, ta vie est plus utile. Prie Dieu pour moi. » Et il se laisse tomber. Évidemment, si ces hommes sont fous, tout est confusion dans notre esprit et les mots n'ont plus de valeur.

Dans ces suicides, comme dans ceux des marins du *Vengeur*, des Girondins, du commandant de Verdun, la mort était un moyen et non un but; elle présentait les caractères propres au suicide : l'acte ou sa tentative, avec conscience et volonté (1).

La grande erreur de quelques médecins aliénistes, c'est de voir des fous partout, et d'imiter ainsi la conduite de ce voyageur anglais qui, débarquant à Calais, et rencontrant dans son hôtel une servante aux cheveux roux, écrivait sur ses tablettes que toutes les Françaises étaient rousses.

Le pouvoir de généraliser est une faculté brillante que quelques hommes possèdent, mais à laquelle un bien plus grand nombre prétendent. C'est qu'en effet il n'est pas d'illusion plus séduisante que de se croire capable, à l'aide de quelques faits, de créer et de formuler un système. Cette mer est cependant fertile en naufrages, et cela se comprend facilement.

Pourquoi oublier que l'homme, base de tous ces systèmes, est

---

(1) Étoc-Demazy, *Sur la production du suicide* (*Annales médico-psychologiques*, t. IV, p. 495).

un « *subject merveilleusement vain, divers et ondoyant : qu'il est mal aysé d'y fonder jugement constant* (1). »

Remarquez les conséquences de cette doctrine. Il y a eu des écrivains qui ont soutenu que l'homicide devait être rangé parmi les aliénés; d'autres ont été encore plus loin, et tous les crimes sont devenus pour eux des monstruosités morales que le désordre de la raison pouvait seul expliquer.

Un homme vit à une époque où les croyances religieuses sont la loi suprême, où les apparitions, les visions, sont regardées comme des articles de foi; il partage l'erreur de son siècle. En vain a-t-il donné des preuves d'un génie qui appartient à l'histoire; en vain sa conduite a-t-elle été celle d'un homme habile, prudent, réservé! C'est un fou!

M. Chéreau, dans ses *Considérations sur le suicide*, s'est attaché à combattre cette doctrine. L'observation que nous empruntons à son travail en est une réfutation concluante (2).

Il y a, dans l'histoire romaine, un exemple qu'on a presque passé sous silence, et qui mérite cependant une grande attention : c'est celui de l'empereur Othon. Vaincu par Vitellius, son compétiteur, il ne veut s'engager de nouveau dans la lutte qu'avec l'assentiment des masses; promptement désabusé de sa chimère, il prend la résolution d'en finir, aimant mieux « qu'*un seul périsse pour tous que tous pour un seul.* »

« Mes chers compagnons, dit-il à ses soldats en les haranguant, les dispositions dans lesquelles je vous vois, et les témoignages touchants de votre affection rendent cette journée bien plus heureuse pour moi que celle où vous m'élevâtes à l'empire; ne me refusez pas une marque d'intérêt plus grande encore, celle de me laisser mourir honorablement pour tant de braves citoyens. Si je

(1) Montaigne, *Essais*, édition publiée par M. Leclerc. 2 vol. in-8, Paris, 1834, t. I, p. 6.

(2) A. Chéreau, *Considérations sur le suicide*, extrait d'un ouvrage inédit, couronné par l'Académie impériale de médecine (année 1848, prix Civrieux). (*Union médicale*, feuilletons, 1849, p. 264, 265, 273, 297, 313).

fus digne de l'empire romain, je ne dois pas craindre de me sacrifier pour ma patrie... »

Suétone, qui était assurément bien informé des circonstances de sa mort, puisque son père servait alors, en qualité de tribun, dans la xiii° légion, raconte ainsi ses derniers moments. « Il engagea son frère, le fils de son frère et chacun de ses amis en particulier, à prendre le parti qui leur semblait le plus convenable, les serra contre son cœur, les embrassa et les renvoya tous. Puis se retirant à l'écart, il écrivit deux lettres, l'une à sa sœur, pour la consoler, l'autre à Messaline, la veuve de Néron, qu'il avait voulu épouser; il lui recommandait le soin de ses funérailles et de sa mémoire. Immédiatement après, il brûla tout ce qu'il avait de lettres, de peur qu'elles ne fussent, pour quelques-uns, une occasion de péril ou de défaveur; il distribua aussi aux personnes de son service l'argent comptant qu'il avait à sa disposition. Il s'était ainsi préparé à la mort, lorsqu'un bruit se fit entendre. Othon apprit que l'on arrêtait comme déserteurs ceux qui s'éloignaient du camp : « *Ajoutons encore cette nuit à ma vie,* » s'écriat-il. Ce sont ses propres paroles. Il défendit qu'on fit violence à personne; son appartement demeura ouvert jusque fort avant dans la nuit, et il fut accessible à tous ceux qui avaient à lui parler. Ensuite, il but de l'eau fraîche, pour étancher sa soif, se saisit de deux poignards, et, après avoir alternativement essayé l'un et l'autre, il en cacha un, sous son oreiller; enfin, il se mit à dormir d'un sommeil très-profond, les portes étaient restées ouvertes. Au point du jour, il s'éveilla, et se perça d'un seul coup, au-dessous du téton gauche... »

En supposant que, dans la mort violente de Caton, il y eût une excitation telle, qu'elle gênât la manifestation du libre arbitre, il est impossible de pas reconnaître, dans celle d'Othon, tous les caractères d'un projet mûrement délibéré et accompli avec le plein exercice de la raison.

Nous ne pouvons assez protester contre le paradoxe de la folie, comme seule explication du suicide. Oui, certes, nous savons que beaucoup de morts volontaires ont eu lieu dans cet état. Nous savons également que l'organisation physique peut avoir une influence sur les décisions; l'hérédité est puissante. Les lésions du cerveau et des autres organes, les fonctions physiologiques ne sauraient être passées sous silence. Une femme part dans l'intention de se noyer, en route ses règles apparaissent, avec elles s'évanouit la pensée de mort; un médicament a plus d'une fois obtenu le même résultat. Mais si le suicide était toujours le résultat d'une maladie organique, il ne pourrait guérir que par un traitement pharmaceutique; lui opposer les moyens moraux, l'éducation, serait aussi absurde que de traiter une inflammation des membranes du cerveau par des discours; et, cependant, cent exemples, entre autres celui des filles de Milet, prouvent l'efficacité de cette méthode.

Nous irons même plus loin dans la défense de l'organisme, ar nous sommes du nombre de ceux qui sont convaincus que tout ce qui touche l'homme oblige à tenir compte des deux éléments, ou, comme l'a très-bien dit M. l'abbé Bautain, du ciel et de la terre. Eh bien! quand il serait prouvé que l'être physique a exercé son influence sur l'être psychique, il faudrait encore prouver que le résultat a été un acte de folie. Or, c'est ce qui ne nous paraît aucunement établi dans le fait suivant, qui nous a vivement intéressé, sous plus d'un rapport. La célèbre madame George Sand, contrainte à l'âge de dix-sept ans, de ne dormir que deux heures pour veiller sa grand'mère, tombe dans une mélancolie intérieure. Les lectures de *René* et d'*Hamlet* aggravent son état. Sa mélancolie devient de la tristesse, et sa tristesse de la douleur. De là au dégoût de la vie et au désir de la mort il n'y a qu'un pas. Son existence domestique était si morne et si endolorie, son corps si irrité par une lutte continuelle contre l'accablement, son cerveau si fatigué de pensées sérieuses trop précoces et de lectures trop absorbantes pour son âge, qu'elle arrive à une maladie morale très-grave : l'attrait du suicide.

Dans cette situation d'esprit, madame Sand eut recours à la

prière : « J'ai reçu, dit-elle, la force de résister à la tentation du suicide. Elle fut quelquefois si vive, si subite, si bizarre, que je pus bien constater que c'était une espèce de folie dont j'étais atteinte. Cela prenait la forme d'une idée fixe et frisait par moments la monomanie. C'était surtout l'eau qui m'attirait comme par un charme mystérieux. Je ne me promenais plus qu'au bord de la rivière, et, ne songeant plus à chercher les sites agréables, je la suivais machinalement jusqu'à ce que j'eusse trouvé un endroit profond. Alors, arrêtée sur le bord et comme enchaînée par un aimant, je sentais dans ma tête comme une gaîté fébrile, en me disant : « Comme c'est aisé, je n'aurais qu'un pas à faire! »

« D'abord cette manie eut son charme étrange, et je ne la combattis pas, me croyant bien sûre de moi-même; mais elle prit une intensité qui m'effraya. Je ne pouvais plus m'arracher de la rivière aussitôt que j'en formais le dessein, et je commençais à me dire : *Oui* ou *non?* assez souvent et assez longtemps, pour risquer d'être lancée par le *oui*, au fond de cette eau transparente qui me magnétisait.

» Ma religion me faisait pourtant regarder le suicide comme un crime. Aussi je vainquis cette menace de délire. Je m'abstins de m'approcher de l'eau; le phénomène nerveux, car je ne puis définir autrement la chose, était si prononcé, que je ne touchais pas seulement à la margelle d'un puits sans un tressaillement, fort pénible à diriger en sens contraire.

» Je m'en croyais guérie, lorsque, allant voir une malade avec Deschartres, il nous fallut passer un gué à cheval. Au beau milieu, le vertige de la mort s'empare de moi, mon cœur bondit, ma vue se trouble, j'entends le *oui* fatal gronder dans mes oreilles, je pousse brusquement mon cheval à droite, où il y avait vingt pieds d'eau, et me voilà saisie d'un rire nerveux et d'une joie délirante. A cette vue, Deschartres fit des cris affreux qui me réveillèrent, et je parvins à me mettre en sûreté en m'accrochant à un têteau de saule qui se trouvait à ma portée... Je pris le parti de lui dire la vérité comme à un médecin et de le consulter sur cette inexplicable fantaisie dont j'étais possédée. Il n'en parut pas surpris. Ah! mon Dieu! s'écria-t-il; elle aussi! Allons, c'est héréditaire! Il me raconta alors que mon père était sujet à ces sortes de vertiges...

» L'attrait du suicide persista sous d'autres formes. Tantôt j'avais une extrême émotion, en maniant des armes et en chargeant des pistolets; tantôt les fioles de laudanum, que je touchais sans cesse pour préparer des lotions à ma grand'mère, me donnaient de nouveaux vertiges.

» Je ne me souviens pas trop comment je me débarrassai de cette manie. Cela vint de soi-même, avec un peu plus de repos que je donnai à mon esprit, et que Deschartres vint à bout d'assurer à mon sommeil, et peut-être aussi par les lectures des classiques grecs et latins qu'il me fit faire (1). »

Plus tard, des contrariétés de famille firent naître encore dans l'esprit de cette femme célèbre quelques idées passagères de suicide. Elle voulut se laisser mourir d'inanition, puis cette idée se passa.

Nous retrouvons dans cette observation toutes les influences que nous avons signalées ailleurs, relativement aux époques de la vie chez les femmes, au tempérament, au caractère, à l'hérédité, à la fatigue du corps, à la préoccupation de l'esprit, à l'entraînement de certaines idées, et, si l'on a encore présents à l'esprit les caractères propres à la folie, que nous avons soigneusement indiqués dans la physiologie morbide des aliénés, il n'y a aucune comparaison à établir entre ce genre de suicide et celui de l'aliénation mentale.

Nous demandons la permission à madame George Sand, que nous remercions de son appréciation de notre ouvrage sur les *Hallucinations* (2), de lui faire observer qu'un état maladif du système nerveux ne constitue pas la folie, et qu'il faut de plus la perte du contrôle de soi-même.

(1) George Sand, *Histoire de ma vie*, 3ᵉ partie, chap. XIX.
(2) George Sand, *Les visions de la nuit* (*Illustration*, 1851, n° 459).

Ce serait à tort, quand il s'agit de l'intelligence, qu'on voudrait isoler les éléments qui la constituent de ceux de l'ordre physique. Chercher à séparer les conceptions délirantes, les idées fausses, des éléments pathologiques primordiaux, c'est ne s'être jamais rendu compte d'un fait que nous avons maintes fois constaté. Nous sommes les jouets de mille idées bizarres, folles, honteuses, criminelles, qui surgissent tout à coup des profondeurs de notre cerveau, et qui disparaissent avec la même rapidité qu'elles sont venues, sans que la mémoire en conserve la moindre impression. Mais il arrive aussi que ces idées persistent avec une opiniâtreté qui devient fatigante. Je me rappelle avoir été assailli pendant plusieurs semaines par la pensée du feu ; cette pensée s'emparait de moi, surtout au moment de me mettre au lit, avec une telle vivacité, qu'elle m'empêchait de dormir et me forçait à me relever plusieurs fois, pour aller voir si tout était bien, *all right*, comme disent les Anglais. J'éprouvais en même temps un sentiment de tristesse indéfinissable. Cet état de l'âme coïncidait avec des symptômes nerveux qui se manifestaient par de l'oppression, une faiblesse du pouls, de l'embarras dans la digestion, des palpitations. La crainte exagérée du feu disparut, comme par enchantement, avec les symptômes nerveux.

Je me rendais parfaitement compte de la situation ; il était de la dernière évidence pour moi que l'état intellectuel était sous la dépendance de l'état physique ; malgré la conclusion logique des prémisses, je ne pus déloger l'idée fausse du poste dont elle avait pris possession (1). Quelque tyrannique que fût l'idée dans cette circonstance, son exagération était jugée d'une manière convenable, et elle ne donna lieu à aucune détermination fantasque, à aucune mesure déraisonnable. Là encore une fois est le

---

(1) A. Brierre de Boismont, *Analyse des études médico-psycologiques sur l'aliénation mentale*, par M. L.-F.-E. Renaudin (*Annales d'hygiène*, avril 1855, p. 474).

diagnostic différentiel des conceptions erronées qui sont sous l'influence de la folie et de celles qu'apprécie la raison.

Il n'est pas sans utilité de dire quelque chose du vertige dont il est parlé dans cette observation. Ce phénomène, qui détermine un si grand trouble dans l'économie, s'observe chez beaucoup de personnes, lorsqu'elles passent près de l'eau, s'approchent du parapet d'un pont, des bords d'une croisée d'un étage élevé, montent au haut d'une tour, d'un clocher, ou sur une montagne escarpée. Cette sensation de malaise indéfinissable, qu'on pourrait appeler le *vertige de l'abîme*, a été aussi constatée par des voyageurs qui ont fait des ascensions en ballon. Ils racontent qu'en voyant s'ouvrir les soupapes de la nacelle, par laquelle l'aéronaute montait ou descendait à l'aide de son échelle de corde, ils se sont cramponnés aux cordages, pour ne pas se jeter dans le gouffre. Cette disposition, essentiellement liée à un état particulier du système nerveux, ne peut être rapportée aux aberrations mentales, car on l'apprécie très-bien, on lutte contre elle et l'on en triomphe. On peut d'ailleurs l'éviter complétement, en s'abstenant d'aller dans les lieux qui la provoquent.

Les modifications physiologiques des âges ont une influence incontestable sur l'acte du suicide, et comme elles se rattachent à l'examen de la nature de ce mal moral, nous leur consacrerons quelques pages.

La mort volontaire, dans la jeunesse, étant presque toujours due à une détermination instinctive, imprévue, c'est dans l'organisation, le caractère, qu'il faut en chercher l'explication. J'ai constaté le suicide chez des jeunes gens impressionnables, mobiles, naturellement rieurs ; je l'ai également observé chez des jeunes gens peu expansifs, à la figure triste et mélancolique, aux regards empreints d'une sorte de résignation fataliste. Il est assez commun chez les jeunes filles légères, sans jugement, qui s'emportent pour un mot, un geste, regardent comme un malheur toute résistance à leurs caprices, n'écoutent ni avis, ni remontrances, n'en veulent faire qu'à leur tête ; celles que rien n'intéresse, qui vivent dans un monde imaginaire, en offrent aussi des exemples assez nombreux.

Les jeunes gens d'un tempérament sanguin et nerveux sont portés au suicide subit; cette détermination est à craindre, lorsqu'ils sont faibles d'esprit, faciles à entraîner, irritables, quoique ayant un bon cœur. Avec de pareilles organisations, un reproche un peu vif, un accès de colère, une contrariété, fréquemment dus aux motifs les plus futiles, suffisent pour faire prendre une résolution désespérée, dont la connaissance du caractère peut seule rendre compte. Dans plusieurs faits de ce genre, rien n'avait fait présumer la catastrophe. Quelquefois, cependant, on s'est rappelé qu'en diverses circonstances, ils avaient hautement déclaré, en parlant d'un événement quelconque, que si pareille chose leur arrivait, ils se donneraient la mort.

Lorsque l'humeur est habituellement peu communicative, morose, mélancolique, un semblable événement surprend moins. Bon nombre de jeunes gens taciturnes, fuyant leurs camarades, aimant la solitude, se sont tués pour un reproche, une préférence, quelquefois même sans motif apparent. Leur figure triste, leur œil souvent sinistre, sont des indices qui doivent être pris en considération. L'ennui, le dégoût de la vie, sont aussi au nombre des signes précurseurs du suicide. Ceux que rien n'amuse, que tout trouve indifférents, pour lesquels l'existence est un fardeau, peuvent être considérés comme les élus de la mort volontaire.

Les parents, les maîtres, doivent redoubler de précaution, à l'époque de la puberté, lorsqu'ils ont de semblables caractères sous leur direction. Car c'est alors surtout que l'influence génésique fait naître, dans ces organisations impressionnables, mille pensées diverses qui, prenant des proportions extraordinaires, peuvent avoir les résultats les plus fâcheux.

Le docteur Marc raconte que, dans sa jeunesse, il éprouva un état qui mérite d'être noté et qui se reproduisait d'une manière périodique. Jouissant, d'ailleurs, d'une santé parfaite, il fut atteint pendant trois ans, vers l'automne, d'un sentiment d'anxiété, accompagné d'un désir indéfinissable de terminer son existence, au point qu'il fut obligé de prier un de ses amis de le surveiller pendant la durée de ses accès, qui, après s'être prolongés plusieurs jours, se terminaient chaque fois par une hémorrhagie nasale. Cependant aucun des signes ordinaires de pléthore et de congestion cérébrale ne s'était manifesté ; son teint était plutôt pâle et bilieux que coloré. La seule considération qui combattait énergiquement en lui cette disposition était la pensée du désespoir dans lequel il plongerait sa famille (1).

Il est évident que si le suicide était toujours dû à l'aliénation mentale, la description de ses caractères physiologiques et symptomatologiques ne présenterait aucune difficulté; les choses sont loin de se passer ainsi. J'ai donné des soins à un jeune homme de dix-sept ans qui venait d'avaler le contenu d'un flacon de laudanum, pour une de ces mille contrariétés, si fréquentes à cette époque de la vie. Rien dans son caractère, ses habitudes, son tempérament, ne pouvait expliquer cette détermination qui avait été instantanée. A force de chercher, et j'étais placé dans toutes les conditions d'une bonne observation, les seules causes de cette action me parurent être l'influence contagieuse de conversations fréquentes sur ce sujet, les maximes des romans et des drames du temps, l'air d'importance qu'aime à se donner la jeunesse dans tout ce qui lui semble extraordinaire, et une grande mobilité de caractère.

A peu de distance de là, par un de ces hasards qui arrivent souvent à ceux qui s'occupent d'un sujet, j'étais en visite chez une dame d'environ cinquante ans, que j'avais beaucoup connue autrefois. Par sa volonté, son travail et son esprit d'ordre, elle avait fini par se créer une position à l'abri du besoin. L'entre-

(1) Marc, *De la folie considérée dans ses rapports avec les questions médico-judiciaires*. Paris, 1840, 2 vol. in-8, t. II, p. 162. — Voyez aussi un curieux travail de Wignan. *Des crimes sans motifs chez les jeunes gens*. (*Annal. méd.-psych.*, t. III, 2e série, p. 137, 1851).

tien roula sur les événements qui s'étaient accomplis depuis notre séparation. J'appris d'elle que sa fille, jeune personne charmante, avait mis fin à ses jours, à la suite d'une vive contrariété. « Quant à moi, ajouta cette dame, d'un ton calme et mélancolique, si je n'avais pas eu mes enfants à élever, la lutte de notre sexe contre les besoins de la vie est si pénible, qu'il y a longtemps que je ne serais plus ici. » Que de fois j'ai entendu, après de grands chagrins, ce cri de désespoir : Sans la religion, sans la famille, je me donnerais la mort !

Les symptômes du suicide dans l'âge mûr échappent souvent à l'observation. La nature des caractères, des tempéraments, peut néanmoins fournir d'utiles indications. Lorsque, à la suite d'une émotion douloureuse, d'une perte considérable, il survient de la tristesse, que l'humeur, la conduite, les procédés, les sentiments, offrent un changement notable, il faut se tenir sur ses gardes et redouter une résolution funeste. Ici encore, on doit tenir compte de la différence des idées, de l'éducation, des professions, des organisations, des degrés de sensibilité et surtout d'irritabilité.

Il semblerait que le vieillard qui côtoie à chaque pas la tombe, devrait attendre avec patience, sinon avec terreur, le moment de quitter le monde ; il n'en est point ainsi, comme le prouvent nos remarques antérieures : l'isolement, les privations, la perte du dernier ami, les passions mêmes, sont les motifs qui déterminent un assez grand nombre d'entre eux à se donner la mort. Dernièrement, les journaux enregistraient le suicide d'une femme de quatre-vingts ans, appartenant à une famille riche, vivant en bonne intelligence avec ses parents, et qui n'avait pu se consoler d'une mort qui rompait toutes ses habitudes.

L'ennui, le dégoût, le désillusionnement de toute chose, l'égoïsme, l'affaiblissement des sentiments affectifs, les altérations de la santé, peuvent être autant de motifs qui font naître, chez les vieillards, le dégoût de la vie.

Le marquis de M..., plus qu'octogénaire, n'ayant aucune des

infirmités de son âge, jouissant d'une fortune considérable, entouré d'une famille et d'amis qui le chérissaient et l'honoraient, est trouvé pendu dans son grenier. Après bien des recherches et des conjectures, on découvre un papier écrit et signé de sa main, contenant ce peu de mots : « N'inquiétez, n'accusez personne ; sans autre motif que de vivre si longtemps, j'ai pensé que le meilleur moyen d'en finir était de me pendre, ce que je vais exécuter dans mon grenier, pendant que vous déjeunez. » Signé, le marquis M... (1).

Le docteur Forbes Winslow a raconté, dans son *Anatomie du suicide*, la mort d'un vieillard, également octogénaire, qui, blessé dans ses préjugés, son honneur, ses affections, assassina sa nièce et se fit ensuite sauter la cervelle. Les renseignements qui nous furent donnés sur lieu même où s'était passé cet événement, par un médecin de nos amis, ne pouvait laisser aucun doute touchant la raison de ce vieillard et les motifs qui le poussèrent à cette terrible détermination.

Dans les campagnes, l'abandon où les enfants tiennent leurs parents, lorsqu'ils sont infirmes, la rudesse même avec laquelle ils leur font sentir qu'ils sont à leur charge, quand ils ne les tuent pas, a plus d'une fois déterminé le suicide de ces malheureux (Casauvielh).

Ces considérations sur l'âge seraient incomplètes, si nous n'insérions pas la note suivante de M. Legoyt.

Lorsqu'on compare âge par âge la population aux suicides annuellement constatés, on peut voir que, dans presque tous les pays, les suicides croissent régulièrement avec l'âge, au moins jusque vers soixante et soixante-dix ans.

Cette loi est régulière pour le sexe masculin ; elle l'est un peu moins pour le sexe féminin, en ce sens que, pour ce sexe, l'accroissement des suicides avec l'âge y est moins rapide et cesse aussi plus tôt. Il faut en chercher la cause dans ce fait que par

---

(1) Marc, *Annal. d'hyg.*, t. V, p. 209.

rapport au sexe masculin, le nombre des suicides féminins est plus considérable dans l'enfance et dans la jeunesse jusqu'à trente ans environ. En France, il décroît jusqu'à soixante ans, époque de son minimum. A partir de cet âge, les deux sexes marchent parallèlement.

Cette *part* faite à l'organisme, nous persistons à soutenir qu'il est des hommes qui se sont tués, après de mûres réflexions, parce que la vie leur était insupportable : cette conviction, nous l'avons puisée dans notre pratique et dans la lecture attentive des pièces d'une authenticité incontestable. Les adversaires de cette doctrine ont prétendu, il est vrai, que les exemples qu'on leur opposait était souvent incomplets, qu'il fallait remonter aux ascendants, suivre la famille jusque dans les descendants pour trouver la nature positive de la maladie. L'objection est juste : on ne doit pas cependant vouloir être les seuls observateurs exacts, autrement toute discussion scientifique serait impossible. Quant aux critiques qui ont nié les relations des journaux judiciaires, traitées par eux de mensonges dramatisés, je leur répondrai : vous oubliez les lettres écrites par les suicidés, les procès-verbaux des commissaires de police de Paris, auxquels on ne saurait assez rendre justice, et les rapports des médecins; nous pouvons enfin ajouter, notre expérience.

Il n'est pas douteux que beaucoup de personnes, au moment de se tuer, présentent quelque chose d'étrange, d'égaré, d'effrayant, de déraisonnable; il n'est pas moins certain que d'autres se tuent, sans que leur figure et leur langage expriment la moindre émotion.

L'analyse des derniers sentiments, exprimés par les suicides dans leurs écrits, met hors de doute, qu'une proportion considérable de ces infortunés peuvent écrire des lettres très-sensées et tracées d'une main ferme, quelques instants avant de mourir (1).

(1) On a prétendu qu'il y avait dans ce cas dissimulation ; nous l'admettons pour quelques hommes intéressés à se draper, mais le plus grand nombre

Une remarque non moins importante, c'est que les motifs invoqués par les auteurs de ces lettres ne s'écartent en rien de ceux qui ont cours dans la vie ordinaire.

Esquirol, qui a fortement insisté sur le délire des suicides au moment fatal, par la frayeur qu'il leur inspire, n'avait oublié qu'une chose, c'est que cette frayeur de la mort ne leur est pas particulière. Parmi ceux que leur profession semblerait devoir familiariser davantage avec cette pensée, il en est plus d'un qui tournerait le dos au danger, sans la présence des chefs. Que d'exemples nous pourrions citer des effets prodigieux produits par la peur de la mort, aux époques du choléra, lors des naufrages de *la Méduse*, du *Kent;* de l'incendie des wagons de Versailles, de la catastrophe d'Angers. Mais au milieu même de ces scènes de terreur et de vertige, nous admirerions des actes sublimes de courage et de sang-froid !

Au nombre des faits qui attestent l'empire qu'exercent certains individus sur eux-mêmes, au moment de se tuer, nous citerons l'anecdote suivante, que nous tenons du docteur Sarlandière.

Le célèbre auteur du système auquel il a donné son nom, Saint-S..., saisi d'un de ces découragements profonds qui s'emparent des âmes les plus vigoureusement trempées, lorsqu'elles voient leurs projets, leurs inventions, leurs idées, accueillis par l'indifférence ou le mépris, forma la résolution de mettre un terme à ce supplice de tous les instants. Après avoir passé en revue les différents genres de suicides, il choisit le pistolet. Pour ne point se manquer, il demanda à différentes reprises au docteur S..., qui était son ami, son médecin et son commensal, dans quelle région il fallait appliquer l'arme, pour que la mort fût instantanée. S..., qui ne soupçonnait, en aucune manière, les projets de Saint-S..., lui dit que s'il prenait cette détermination,

se montrent alors tels qu'ils sont. D'ailleurs, en pareille circonstance, la dissimulation n'est-elle déjà pas une preuve de force?

il ne se tirerait point le coup dans la bouche, parce qu'il avait vu de fâcheux accidents suivre cette tentative, sans pour cela amener la mort, mais qu'il poserait l'arme sur l'œil et lâcherait la détente, certain que, dans cette position, la balle entrerait dans le cerveau et que la vie cesserait au moment même.

Ces renseignements obtenus, Saint-S... arrête le jour et l'heure de l'exécution de son projet. Le moment fatal arrivé, il place le pistolet sur le lieu d'élection, et l'œil fixé sur l'aiguille de sa montre, il attend qu'elle touche le point désigné, et lâche la détente. Mais soit la préoccupation bien naturelle dans un pareil moment, soit un mouvement trop brusque du doigt, le pistolet dévie, le coup part, la balle atteint le bord externe de l'arcade sourcilière, se divise en deux ; l'un des fragments va frapper le plancher, l'autre laboure l'œil, l'ouvre et en dilacère toutes les parties; Saint-S.., tombe, étourdi, puis il se lève aussitôt, sans sans avoir perdu connaissance. Bien persuadé qu'il est frappé à mort, il se met sur son lit et attend tranquillement l'événement.

Sur ces entrefaites, arrive S... « Eh bien, docteur, lui dit Saint-S..., j'ai suivi vos préceptes, je viens de me tirer un coup de pistolet dans la tête. » Tous ceux qui ont connu S... jugeront de l'effet que ces paroles produisirent sur lui ; il croit d'abord être le jouet d'un songe, court effaré à Saint-S..., l'examine, le palpe, et lorsque revenu à lui, il a constaté le genre de la blessure, la présence d'un seul fragment de balle, sous l'influence de son émotion, de la scène, des paroles de Saint-S..., il reste persuadé que celui-ci n'a que quelques instants à vivre. Il le panse cependant, lui prescrit une potion calmante et va s'éloigner pour recourir aux lumières d'autres médecins, quand Saint-S..., l'appelle et lui dit : « Approchez, docteur, et assurez-vous si mon pouls et mon cœur battent plus fortement que d'habitude. Je vous le déclare, je ne suis aucunement ému, ce que j'ai fait, je l'ai exécuté de sang-froid, et je ne comprends pas comment un homme de bon sens, quand il a bien pris la résolution de se débarrasser de l'existence, peut s'en trouver plus affecté que de quelque acte que ce soit. » S.., constata en effet, que le pouls et les battements du cœur étaient à l'état normal.

Quelque temps après, S..., qui avait placé un gardien près du blessé, revint avec la crainte de le trouver mort. Il fut fort surpris de le voir avec toute sa connaissance et ne se plaignant d'aucune douleur. « Il faut, mon cher docteur, que nous nous soyons trompés ; l'autre portion de la balle est dans un coin de l'appartement ; si elle était entrée dans mon cerveau, je ne serais point aussi tranquille. » Après des recherches, on la trouva sous le lit.

Des soins intelligents, la bonne constitution de Saint-S..., sa tranquillité d'âme contribuèrent à son prompt rétablissement. Il reprit ses travaux, et composa son ouvrage, dont on peut contester les principes, mais qui ne laisse aucun doute sur la vigueur et la puissance de son esprit.

Saint-S..., eut bien des mauvais jours à traverser, il ne succomba plus à la pensée du suicide, parce que, à mesure qu'il accomplissait son œuvre, il acquérait la conviction que Dieu lui avait donné la mission d'être utile à ses semblables.

Au même ordre de faits appartient l'observation d'un personnage avec lequel nous avons eu plus d'un rapport.

M., âgé de quarante ans, avait reçu de la nature une intelligence remarquable et l'aptitude au travail (1). La carrière qu'il avait choisie, celle de la médecine, parut se présenter à lui sous les auspices les plus favorables. Nommé plusieurs fois au concours, il fixa l'attention d'un homme illustre, qui l'admit à recueillir ses leçons. L'ouvrage qu'il publia, en collaboration avec un autre élève de son maître, sera toujours consulté avec fruit. Marié, de bonne heure, à une jeune femme très-bien élevée, père de jolis enfants, entouré d'une famille respectable et

(1) Nous croyons devoir prévenir un reproche que quelques personnes, peu au courant des faits judiciaires, seraient tentées de nous adresser, en rappelant que le procès-verbal rédigé à l'occasion de M... a reçu dans le temps la plus grande publicité dans tous les journaux.

considérée, tout semblait lui promettre une existence heureuse et brillante, lorsqu'un événement inattendu vint frapper d'étonnement ceux qui l'avaient connu : Arrêté pour vol dans un établissement public, il fut jugé et condamné à la détention.

Dans la prison, sa conduite fut si mesurée, qu'on ne le confondit pas avec les autres criminels, et la bienveillance royale abrégea le temps de sa peine.

Je l'avais perdu de vue, lorsque je le rencontrai dans un endroit où il était impossible de l'éviter, sans un procédé blessant. Je l'avouerai, d'ailleurs, j'étais curieux d'étudier cette nature dont la déchéance ne pouvait être attribuée qu'à une infirmité morale ou à une passion violente.

Je fus poli avec lui ; il s'approcha, fort surpris de mon procédé, et me remercia ensuite dans les termes les plus vifs de mon bienveillant accueil, M..., malgré sa faute, avait réussi à se faire une bonne clientèle. Quelques mois après, il conduisit dans ma maison de santé de la rue Neuve-Saint-Geneviève un aliéné, auquel sa position de fortune ne permettait pas de rester dans le grand établissement où il avait d'abord été placé. A partir de ce moment, nos entrevues furent fréquentes, car il fut chargé par plusieurs familles de visiter des malades confiés à mes soins.

La conversation de M... me révéla des qualités que j'étais loin de lui supposer et que peu de personnes ont pu apprécier, à cause de sa position exceptionnelle. Remarques fines, profondes, aperçus ingénieux, connaissances étendues en histoire, en littérature, telles étaient les qualités que M... montrait dans l'intimité et qui captivaient l'attention au plus haut degré. On l'écoutait avec un véritable plaisir. Un jour, que je lui témoignais ma surprise de trouver dans un homme de notre profession, livré aux exigences de la pratique, des connaissances aussi variées, il me répondit : « Tout ceci est le résultat de la division du temps. Chaque matin, je donne deux heures à la lecture des ouvrages qui concernent notre art, puis je vais aux cliniques ; la plus grande partie de la journée est consacrée à la clientèle; le soir je passe deux heures à lire nos meilleurs auteurs en histoire, en économie politique et en littérature.» Ainsi, chaque jour cet homme, né pour un sort tout autre, dont la vie avait été très-tourmentée et qui devait finir si misérablement, consacrait six heures au travail.

Comment avait-il été conduit à la faute qui avait brisé son avenir? C'était une confession que lui seul pouvait me faire. L'entretien s'étant engagé un jour sur les passions, M... m'avoua que le jeu avait été la cause de tous ses malheurs. Sa confession n'était pas complète, car il avait une autre passion plus répréhensible encore! « Jamais, me dit-il, je n'ai pu résister à son influence, et lors de ma catastrophe j'avais englouti la dot de ma femme, une partie de mon patrimoine, et j'étais couvert de dettes. Ce qui m'est arrivé m'a guéri pour toujours, et l'étude est venue me créer de puissantes distractions.»

Il n'est personne, en effet, qui n'eût cru, en voyant sa position actuelle, son goût pour le travail, qu'il avait triomphé de ce terrible penchant : il n'en était rien, et M... dépensait tout ce qu'il avait à satisfaire son insatiable passion.

Quelques jours avant sa fin déplorable, il vint me voir; je le trouvai triste, abattu : « Un grand malheur m'arrive, me dit-il, mon fils, qui promettait d'être un brillant sujet, a succombé avant-hier à la phthisie pulmonaire dont il était atteint. Cet événement m'a laissé sans force, et ce matin j'ai été sur le point de me détruire avec de l'acide prussique, que je porte toujours sur moi depuis le commencement de son mal, et il aurait pu ajouter, depuis ma première chute. — C'était le lien qui ,m'attachait à la vie, il m'eût consolé de mes infortunes, j'étais fier de ses succès, car je le voyais tracer son sillon.» Je le consolai le mieux que je pus; il me quitta et je lus presque immédiatement, dans les papiers publics, sa fin déplorable, qu'un journal judiciaire raconta en ces termes :

« Depuis longtemps le sieur M..., docteur en médecine, se rendait chez un marchand d'or, rue Saint-Honoré, et trafiquait avec lui d'objets divers, tels que montres, bijoux, chaînes, etc. M. M... avait justifié de sa qualité de médecin auprès du marchand ; il disait être dans la nécessité de se défaire de ces objets précieux, tantôt pour payer des dettes de jeune homme, tantôt pour faire un voyage indispensable ; et ces prétextes paraissaient toujours si naturels, si probables même, que le marchand ne devait concevoir aucun soupçon.

» Cependant les ventes se répétaient si souvent, que celui-ci finit par se dire que son vendeur avait nécessairement à sa disposition une mine de bijoux tout confectionnés. De cette première réflexion pour arriver au soupçon, il n'y avait qu'un pas, et le soupçon est une chose qui grandit vite. Le marchand présuma que les objets vendus ne provenaient pas d'une source légitime. On n'admet pas facilement qu'une personne dans une position honorable puisse agir d'une manière répréhensible, et ce fut après beaucoup d'hésitations, qu'il se détermina à faire part de ses doutes au commissaire de police de son quartier.

» Celui-ci s'étonna moins de la possibilité de rencontrer un voleur dans une classe où il est assez rare, en effet, de les trouver, il recommanda seulement de l'avertir, lorsque M... reviendrait faire quelque nouvelle vente.

» Cette occasion ne se fit pas attendre. Hier sur les quatre heures, il entra dans le comptoir pour proposer de vendre de l'argenterie : le commissaire fut prévenu aussitôt, et s'étant rendu chez le marchand d'or il demanda au médecin d'où provenaient les objets dont il voulait se défaire et ceux qu'il avait vendus antérieurement, M..., dès qu'il eut appris quelle était la condition de la personne qui lui adressait ces questions, se montra tout décontenancé. Néanmoins, il reprit bientôt toute son assurance et prétendit que ces valeurs provenaient d'un héritage ; il parut se prêter de bonne grâce à ce qu'on fît une visite chez lui.

28

» Là, il indiqua comme son seul domicile une petite pièce au rez-de-chaussée, dans laquelle on ne trouva rien. Cette pièce n'avait pas de lit, et il était à présumer que M... avait un autre logement. Le concierge consulté déclara en effet que le médecin habitait un appartement au cinquième étage. M... en convint et il dit en riant au commissaire qu'étant sous le coup d'une contrainte par corps et traqué comme un renard, il avait deux logements pour éviter d'être arrêté.

» Avant de monter, M... demanda un verre d'eau au concierge, et lorsqu'il fut dans l'escalier, il avait l'air de se presser pour arriver le premier. Le commissaire, qui ne le quittait pas de vue, entra en même temps que lui dans une petite pièce assez coquettement meublée, et, pendant qu'il procédait à la visite, M... lui demanda la permission d'écrire une lettre à son père; M. D... la lui accorda, en lui déclarant qu'il se réservait de prendre connaissance de ce qu'il écrivait.

» La perquisition n'eut aucun résultat, et elle était sur le point d'être terminée, lorsque M. D..., qui n'avait cessé de surveiller son prisonnier, le vit porter rapidement à ses lèvres une fiole noire qu'il tenait cachée dans son mouchoir. Le commissaire lui saisit le bras, M... s'écria : C'est inutile, je suis un homme mort, car je viens d'avaler de l'acide prussique.

» Cependant, M. D..., secondé par ses agents, cherchait toujours à s'emparer de la fiole; en se débattant, M... se mit à la secouer et en fit jaillir plusieurs gouttes sur M. D... Leur atteinte, fort heureusement, ne fut point dangereuse; si elles étaient arrivées dans les yeux ou sur les lèvres, le magistrat courait grand risque de succomber comme son prisonnier. Sa lutte avec lui, par bonheur, ne fut pas longue, car une minute s'était à peine écoulée, que M... s'affaissa lui-même et cessa de vivre.

» M..., ainsi qu'il a été reconnu depuis, avait déjà subi une punition pour vol, et il paraît qu'il n'avait pas renoncé à cette coupable industrie. On suppose que, affilié à une bande de voleurs, il profitait de ses relations dans le monde pour leur indiquer les expéditions à faire, et qu'il se chargeait ensuite de vendre les objets qu'ils lui apportaient et d'en partager avec eux le produit. »

Ici, comme dans beaucoup d'autres cas, les suppositions du journal étaient complétement erronées. M... vivait seul et avait trop d'expérience des hommes pour se confier à personne. Subjugué par une passion que rien n'avait pu vaincre et qui n'était elle-même que la conséquence d'une autre passion encore plus indomptable, et à laquelle les années avaient donné une force extrême, il était entraîné à commettre des actions dont il concevait tout le danger. Ses antécédents ne pouvaient qu'attirer sur lui une condamnation très-sévère. La publicité qu'aurait eue son affaire, le désespoir de ses parents, l'impossibilité de rentrer une seconde fois dans la société, la privation de plaisirs auxquels il était habitué, l'obligation désormais fatale de vivre avec les misérables flétris par la justice humaine, tels furent les motifs qui déterminèrent en principe son suicide. Il s'était dit : Marchons dans la voie où nous sommes engagé jusqu'à la découverte, alors sachons mourir. Comment le suicide l'aurait-il arrêté? Ses études, ses opinions, l'avaient rendu matérialiste. Lorsque la conversation tombait sur ce sujet, il parlait de la mort comme d'un accident naturel, et soutenait qu'on était libre de sortir de la vie, quand elle est devenue un fardeau.

L'exemple de M... est un des arguments les plus puissants qu'on puisse faire valoir contre l'opinion de ceux qui veulent identifier le suicide avec la folie. Dans toutes les circonstances de la vie, dit M. Étoc-Demazy, la nature morale d'une action n'est-elle pas constituée par les motifs de cette action, et la connaissance de ces motifs n'est-elle pas une condition indispensable pour apprécier l'état normal de celui qui a fait cette action (1)? Cette réflexion s'applique de tout point au malheureux

(1) Étoc. Demazy, ouv. cité.

M..., et confirme notre appréciation de sa conduite. Jamais nous n'avons vu M... exalté; c'était un esprit froid, raisonneur, dont la conversation était fort attachante, dont les idées étaient sans doute fausses sur quelques points, qui avait eu le malheur de céder à ses passions, mais qu'aucun de ceux qui l'ont connu, comme nous, ne sera tenté de regarder comme un fou.

A ce compte, les hommes les plus illustres devraient aussi être rangés parmi les fous; car beaucoup d'entre eux ont eu des pensées de suicide. Parcourez leurs biographies, vous y trouverez cette pensée et souvent même un commencement d'exécution. Voici comme je m'exprimais dans la deuxième édition des *Leçons orales*, de Dupuytren (1) qui avait lui-même passé par cette épreuve douloureuse :

Il y a dans la vie des personnages célèbres un moment d'un intérêt saisissant, c'est celui où, mettant pour la première fois le pied sur le seuil de la vie réelle, ils vont commencer cette lutte terrible, dans laquelle la plupart trouveront la misère et la mort, le petit nombre la fortune et la gloire. On éprouve un besoin impérieux de connaître le secret de ces années mystérieuses, longues alternatives de joies et de douleurs, d'espérances et de déceptions ; triste époque où le suicide, souvent évoqué, vient se poser en face de la renommée future, n'attendant plus qu'un dernier signal pour l'entraîner dans le gouffre de l'oubli. Par quels efforts ces hommes si enviés ont-ils triomphé des obstacles qui les environnaient de toutes parts, de cet éloignement invincible qu'on éprouve pour les noms nouveaux? Comment ont-ils franchi ce mur d'airain que la fortune avait mis entre eux et le monde? Au milieu de cette solitude, de cet isolement dans lequel ils vivaient, ont-ils rencontré un ami, un protecteur, qui leur étaient si nécessaires? Détrompez-vous! Personne n'est venu ; ce qu'ils sont, ils le doivent à eux-mêmes, à la trempe

(1) A. Brierre de Boismont et Marx, *Leçons orales de clinique chirurgicale*, faites à l'Hôtel-Dieu par M. Dupuytren. 6 vol., Paris, 1839, t. I, p. vi, 2ᵉ édition.

de leur caractère; ce que leur cœur a souffert, nul ne le sait. Ils n'ont pas faibli; ils ont tout affronté; ils n'ont reculé devant aucun danger. Mais à quel prix ont-ils conquis cette réputation si brillante? La somme des misères qu'il leur a fallu subir est réellement effrayante!

Le plus grand génie des temps modernes, Napoléon, n'a-t-il pas été lui-même trois fois sur le point de mettre un terme à ses jours? Les sources où nous allons puiser ces documents ne sont pas suspectes, puisqu'elles nous seront fournies d'abord par le héros lui-même, puis par le général Montholon.

« Toujours seul, dit-il, au milieu des hommes, je rentre pour rêver avec moi et me livrer à toute la vivacité de ma mélancolie. De quel côté est-elle tournée aujourd'hui? Du côté de la mort.

» Dans l'aurore de mes jours, je puis encore espérer de vivre longtemps. Je suis absent depuis six ou sept ans de ma patrie. Quel plaisir ne goûterais-je pas à revoir, dans quatre mois, et mes compatriotes et mes parents? Des tendres sensations que me fait éprouver le plaisir des souvenirs de mon enfance, ne puis-je pas conclure que mon bonheur sera complet? Et quelle fureur me porte donc à vouloir ma destruction? Sans doute, que faire dans ce monde? Puisque je dois mourir, ne faut-il pas autant se tuer? Si j'avais passé soixante ans, je respecterais les préjugés de mes contemporains, et j'attendrais patiemment que la nature eût achevé son œuvre; mais puisque je commence à éprouver des malheurs, que rien n'est plaisir pour moi, pourquoi supporterais-je des jours où rien ne me prospère! Que les hommes sont éloignés de la nature, qu'ils sont lâches, vils, rampants! Quel spectacle verrai-je dans mon pays? Mes compatriotes, chargés de chaînes, embrassant en tremblant la main qui les opprime. Ce ne sont plus ces braves Corses, qu'un héros animait de ses vertus, ennemis des tyrans, du luxe, des vils courtisans.

» Le tableau actuel de ma patrie et l'impuissance de le changer, sont une nouvelle raison de fuir une terre où je suis obligé par devoir de louer des hommes que je dois haïr par vertu.

Quand la patrie n'est plus, un bon citoyen doit mourir !... La vie m'est à charge, parce que je ne goûte aucun plaisir et que tout est peine pour moi ; elle m'est à charge, parce que les hommes avec qui je vis et vivrai probablement toujours, ont des mœurs aussi éloignées des miennes que la clarté de la lune diffère du soleil (1). »

Plus tard, dans l'*Histoire de la captivité de Sainte-Hélène*, nous retrouvons, à quelques années de distance, la même idée, mais à un degré plus avancé, et même une fois en voie d'exécution. Est-ce à dire pour cela que Napoléon a été un fou ? En vérité, l'esprit de système conduit à de bien étranges conséquences.

Pour mettre le lecteur plus à même d'apprécier ces circonstances, nous allons citer textuellement les paroles du général.

L'empereur Napoléon, vers la fin de sa carrière, s'exprimait ainsi en parlant du suicide : « J'ai reconnu la vérité de la maxime qui dit que l'homme montre plus de vrai courage en supportant les calamités et en résistant aux malheurs qui lui arrivent, qu'il n'en montre en mettant fin à sa vie.

» Se tuer est l'action d'un joueur qui a tout perdu, et celle d'un prodigue ruiné. »

Un jour, la conversation l'ayant ramené au souvenir du règne de la Convention, et de son séjour à Paris après le siége de Toulon, il donna les détails qui suivent :

« Je me trouvais dans une de ces situations nauséabondes, qui suspendent les facultés cérébrales et rendent la vie un fardeau trop lourd. Ma mère venait de m'avouer toute l'horreur de sa position. Obligée de fuir la guerre que se faisaient les montagnards corses, elle était à Marseille, sans aucun moyen d'existence, et n'ayant que ses vertus héroïques pour défendre l'honneur de ses filles contre la misère et les corruptions de tout genre,

---

(1) *Souvenirs de la jeunesse de Napoléon*, par M. G. Libri. Le journal d'où ces faits ont été tirés est en entier de la main de Bonaparte et se trouvait dans la bibliothèque du cardinal Fesch. (*Revue des deux mondes.*)

qui étaient dans les mœurs de cette époque de chaos social. La méchante conduite du représentant Aubry m'ayant privé de mes appointements, toutes mes ressources étaient épuisées ; il ne me restait qu'un assignat de cent sous. J'étais sorti, comme entraîné par un instinct vers le suicide, sans pouvoir le vaincre. Quelques instants de plus et je me jetais à l'eau, quand le hasard me fit heurter un individu couvert des habits d'un simple manœuvre, et qui, me reconnaissant, me sauta au cou, en me disant : — Est-ce bien toi, Napoléon? Quelle joie de te revoir! C'était Démasis, mon ancien camarade d'artillerie ; il avait émigré, et était rentré en France, déguisé, pour voir sa vieille mère ; il allait repartir. — Qu'as-tu? me demanda-t-il, tu ne m'écoutes pas, tu ne te réjouis pas de me voir? Quel malheur te menace? Tu me représentes un fou qui va se tuer. Cet appel direct à l'impression qui me dominait produisit en moi une révolution, et, sans réflexion, je lui dis tout. — Ce n'est que cela, me dit-il en ouvrant sa mauvaise veste, et en détachant une ceinture qu'il me mit dans les mains, voilà 30 000 francs en or, prends-les et sauve ta mère. Sans pouvoir me l'expliquer encore aujourd'hui, je pris cet or comme par un mouvement convulsif, et je courus comme un fou pour l'expédier à ma mère. Ce ne fut qu'une fois hors de mes mains que je pensai à ce que je venais de faire. Je revins à la hâte à l'endroit où j'avais laissé Démasis, mais il n'y était plus. Plusieurs jours de suite, je sortais dès le matin et ne rentrais que le soir, parcourant tous les lieux où j'espérais le retrouver. Toutes mes recherches d'alors, comme celles que je fis à mon avénement au pouvoir, furent inutiles. C'est seulement vers la fin de l'empire que par hasard je retrouvai Démasis, et j'eus toutes les peines du monde à lui faire accepter 300 000 francs, et la place d'administrateur général des jardins de la couronne.

» Dans une autre circonstance, j'ai voulu encore me tuer, vous le savez assurément? — Non, sire, lui dis-je. — En ce cas, écrivez, car il est bon qu'on connaisse un jour les mystères de Fontainebleau.

» Le 14 avril 1814, après une discussion des plus pénibles avec plusieurs de mes généraux, je ne résistai plus, et fidèle à mon serment, je rendis la couronne. Cette lutte m'avait jeté dans un extrême découragement, je pris le parti de mettre fin à une vie qui n'était plus utile à la France.

» Depuis la retraite de Russie, je portais du poison suspendu au cou, dans un sachet de soie; c'est Ivan qui l'avait préparé par mon ordre, dans la crainte d'être enlevé par des Cosaques... — Pourquoi tant souffrir, me dis-je, et qui sait si ma mort ne placerait pas la couronne sur la tête de mon fils? La France serait sauvée...

» Je n'hésitai pas, je sautai à bas de mon lit, et délayant le poison dans un peu d'eau, je le bus avec une sorte de bonheur; mais le temps lui avait ôté sa valeur. D'atroces douleurs m'arrachèrent quelques gémissements; ils furent entendus, des secours m'arrivèrent. Dieu ne voulut pas que je mourusse encore... Sainte-Hélène était dans ma destinée (1). »

Un argument qu'on a répété à satiété et que nous avons plusieurs fois réfuté, c'est que, dans les cas mêmes où l'acte est prémédité, les gestes, les paroles, l'expression de la figure de celui qui va mourir présentent les signes caractéristiques du désespoir et du délire. Mais le désespoir de la raison est-il celui de la folie? Évidemment non, et M. Lélut a été fondé à dire que le premier reconnaît une cause réelle, puisée dans le monde extérieur, tandis que dans le second, cette cause qui jadis a pu avoir ce caractère, l'a désormais perdu, et ne réside plus que dans les perceptions spontanées et sans objet du maniaque.

En s'exprimant ainsi, M. Lélut montre qu'il existe une distinction capitale entre le fait et son interprétation, et qu'il y a, comme l'a très-bien dit M. J. Guérin, quelque chose au-dessus des faits : c'est l'esprit qui les observe et les juge.

(1) *Histoire de la captivité de Sainte-Hélène*, par le général Montholon, et la *Presse* des 5 et 14 février 1841.

Les faits, suivant la remarque de M. Dechambre, sont impuissants à révéler d'eux-mêmes les éléments d'une détermination scientifique. Ils sont muets de leur nature; ils n'apprennent rien quand l'esprit ne parle pas avec eux; l'observation pure et simple ne peut jamais donner qu'une succession de faits sans relation et sans harmonie. Dans un appareil symptomatologique, pas la moindre lumière, si l'esprit n'éclaire la source du mal, pour montrer la liaison des désordres disséminés dans l'économie, pour faire distinguer les vrais caractères pathologiques des phénomènes accidentels, et les effets primitifs de la cause et ses effets consécutifs. Il n'est pas douteux que les faits bien observés, tout indispensables qu'ils soient pour le raisonnement, n'en sont pas moins matière inerte et malléable, et ne peuvent passer dans les sciences que sous la forme et avec les caractères qui leur sont attribués par l'esprit. En dépit de toutes les méthodes, de toutes les prétentions à l'exactitude, leur signification n'est jamais que celle que lui a donnée l'esprit; elle est conséquemment susceptible d'infinies variations; elle vaut juste ce que vaut l'esprit; et bien loin que les faits soient un niveau à courber toutes les têtes, ce sont eux qui reçoivent le joug.

Le caractère du fait, tel est donc le véritable critérium du jugement. Faisons l'application de ces règles au prétendu délire des derniers moments des suicides, et prenons deux exemples entièrement opposés. Philippe Strozzi est tombé aux mains de son plus cruel ennemi, Côme de Médicis, qu'il a voulu renverser. Il fait partie d'une troupe de conjurés dont il a les secrets; s'il parle, leurs têtes rouleront sur l'échafaud, leurs biens seront confisqués, leurs familles réduites à l'indigence, et son nom à lui-même sera voué au déshonneur. S'il ne devait braver qu'une mort ordinaire, son silence serait inébranlable, mais la torture peut triompher de son courage, comme elle a triomphé de celui de l'infortuné Julien Gondi, et le rendre parjure. Il n'affrontera pas un semblable péril : tout plein de la lecture des anciens, dont les ouvrages récemment exhumés, après tant de siècles de ténèbres, électrisent les imaginations italiennes, il descend au tombeau en invoquant les noms de Caton et des hommes vertueux qui ont fait une semblable fin.

Déjà dans l'antiquité, l'affranchi Epicharis avait donné un exemple identique, en s'étranglant avec sa ceinture plutôt que de dévoiler le nom de ses complices.

Les voleurs de la Banque ont bien étudié les dispositions intérieures de l'édifice, ils savent à quelle heure, à quelle minute l'employé chargé de la distribution des fonds revient de la caisse avec son portefeuille dont les valeurs dépassent plusieurs millions. A tel moment, il s'engage dans le corridor que sa situation cache à l'œil des surveillants et des visiteurs. C'est dans cet instant presque indivisible qu'il faut le saisir, le terrasser, lui arracher son trésor et s'élancer ensuite pour franchir la porte, au milieu d'un concours considérable de monde. Netteté du coup d'œil, sang-froid dans l'action, résolution irrévocable si le coup manque, sont évidemment les traits distinctifs de cette audacieuse entreprise, exécutée à l'heure de midi. Des cris se font entendre, l'employé a pu se dégager, l'un des criminels s'échappe, le second, déjà possesseur d'une énorme quantité de billets, se voit perdu, il a tout intérêt à cacher son nom, et avant qu'on l'ait saisi, il se fait sauter la cervelle, en ayant eu grand soin d'anéantir avant son action, tous les signes qui pouvaient trahir son origine. Quand bien même, ces deux hommes, entre lesquels aucune comparaison n'est possible, auraient eu du délire à leurs derniers moments, où est la folie dans la conception de l'acte? N'ont-ils pas été conduits à cette suprême résolution, prise longtemps d'avance, par des motifs parfaitement logiques, par des raisonnements, conséquences du principe posé, en un mot, parce que leur esprit avait parfaitement apprécié les résultats de l'insuccès?

Quant à l'existence de ce prétendu délire, nous le contestons formellement dans beaucoup de cas ; il a complétement manqué dans l'observation du médecin qui se tua avec l'acide prussique;

et comme nouvelle preuve, nous rapportons le fait suivant, emprunté à des documents authentiques (*Procès-verbaux du parquet de Paris*).

Un jeune homme de vingt-cinq ans, bien mis et de bonne apparence, se présente dans un des grands tirs de Paris; le maître de l'établissement et l'un de ses garçons l'accompagnent vers le salon du tir. En traversant le jardin, il parle de choses et d'autres d'un air très-gai, et s'extasie sur la beauté des fleurs. Arrivé dans le salon, il demande quinze balles et lorsqu'il les a tirées, il prie le garçon de lui en choisir quinze autres, et continue ainsi pendant soixante-douze coups. La régularité de son jeu annonce un tireur exercé; plusieurs fois il enlève la mouche et ne quitte jamais la ligne. « Ces coups ne sont pas mauvais, dit-il, mais j'en veux au pavillon. » Il fait des remarques sur le plus ou moins de précision de son jeu, sur la différence de guidon des pistolets qu'il essaye et change à plusieurs reprises. Après le soixante-douzième coup, qui avait presque touché le bouton, il prend des mains du garçon le pistolet chargé; mais au lieu d'ajuster, il le porte si rapidement à son front, que l'employé n'est averti de l'accident que par la détonation et la chute du corps. L'exercice avait duré une heure.

Les renseignements recueillis apprirent que ce jeune homme, qui appartenait à une bonne famille, avait déserté son régiment et qu'il faisait partout des dupes. Aimant le plaisir, les femmes, le jeu, et ne pouvant s'astreindre à aucun travail régulier, il ne cessait de tourmenter ses parents pour avoir de l'argent et satisfaire ses tristes penchants. La bourse de ses amis, mise par lui à contribution, s'était refermée.

Lorsqu'il se tua, il n'avait plus de logement, toutes ses connaissances le fuyaient; il avait pris un faux nom, donné de fausses signatures; on ne trouva sur lui qu'une lettre à une femme à laquelle il faisait ses adieux.

Pour tout homme sans opinion préconçue, cette mort est la conséquence rigoureuse d'une vie passée dans la paresse, la débauche, les privations, avec la perspective certaine de ne pouvoir plus satisfaire des penchants devenus une seconde nature. C'est une remarque bien vulgaire, qui n'en est pas moins cependant d'une vérité incontestable : dès qu'on a mis le pied sur une pente glissante, rien ne peut arrêter, il faut tomber au bas.

Parmi les arguments qu'on peut invoquer contre ce grand trouble des derniers moments, celui de M. le docteur Vinchon, ne doit pas être passé sous silence. Dans la remarquable discussion qui a eu lieu à la *Société médico-pratique*, en 1846, à l'occasion du mémoire de M. Bourdin, ce médecin dit, en parlant des précautions prises par les personnes qui se donnent la mort par le charbon : « J'avoue que leur calme, leur ordre, leur précision, dans un moment aussi suprême, aussi solennel, m'ont toujours saisi d'étonnement, et pour des fous, ils m'ont paru bien raisonnables. »

Dans l'analyse des derniers sentiments exprimés par les suicides, nous avons publié un nombre considérable de lettres qui mettent en évidence le sang-froid des victimes ; personne n'aura oublié celle du maréchal de logis qui a retracé, pendant une heure, les souffrances de son asphyxie ; nous ne pouvons résister au désir de citer encore deux écrits dont le premier est d'un homme que nous avons connu.

Succombant à la violence d'un chagrin invétéré, M. Saint-Edme, l'un des auteurs de la *Biographie des hommes du jour*, avait depuis longtemps conçu la pensée du suicide. Au moment d'exécuter ce funeste projet, il a consigné dans une sorte de journal toutes ses impressions. Voici ce document, qui offre de l'intérêt au point de vue psychologique :

« *Derniers moments du sieur Bourg Saint-Edme* (Edme-Théodore), homme de lettres.

» Pour Monglave.

» Je crois, mon cher ami, que vous devrez commencer par faire appeler le commissaire de police, afin que la constatation du suicide ait une origine légale.

» Pour la suite, vous suivrez mes instructions.

» Adieu! santé et bonheur!

» 26 mars 1852, quatre heures et demie du matin.

» *Minuit.* — Je prépare les bas, la chemise et le drap qui doivent être mes derniers vêtements.

» Je sens que le moment approche. Je le sens à une émotion de l'âme dont je ne puis me défendre, malgré mon courage.

» Je fais ma prière à Dieu, pour le repos de l'âme de Maria, pour mes enfants, pour moi-même; car il y a un cri intérieur qui appelle à lui les sentiments du cœur les plus doux, les meilleurs, et avec eux la confiance et l'espérance.

» J'entretiens le feu. Il me semble qu'il y a auprès de moi quelque chose qui vit.

» Si je n'avais pas été trompé, délaissé, abandonné, je n'en serais certainement pas où j'en suis.

» Mais seul, entraîné, abusé, dans un chagrin cuisant, depuis la mort de Maria, sans consolation, sans espoir, poursuivi par le besoin, par la misère, humilié, calomnié, outragé, je n'ai vu qu'un moyen de sortir de cette situation extrême, et ce moyen, c'est le suicide.

» *Deux heures.* — Que le temps passe vite! Deux heures sonnent! Le vent est fort et vif dehors. Il y a dans l'espace une tempête qui retentit au fond de mon cœur.

» Je viens de mettre la clef dans ma serrure, du côté de l'escalier, et j'ai suspendu à la clef, par un fil rouge, une lettre à madame Lachaise, ma concierge, dans laquelle je la préviens de l'événement et lui donne quelques instructions. De sorte que la première personne qui viendra ce matin, la verra, la prendra, la remettra.

» *Deux heures et demie.* — Il faut pourtant que je m'occupe des préparatifs. Je ne veux pas que le jour me retrouve là.

» Le genre de mort ne m'était pas indifférent. Je voulais me tirer un coup de pistolet dans le cœur ; c'était un mode facile et prompt. Je n'ai pu me procurer le pistolet. Me noyer, c'était hors de chez moi ! et puis, j'ai toujours eu horreur de l'eau. M'asphyxier par le charbon, c'était une agonie dure et lente. J'ai employé le moyen que voici :

» Pour plus de certitude de réussite encore, j'attacherai fermement au haut de ma bibliothèque une cordelière que j'ai depuis longtemps; j'y ferai un nœud coulant que je me passerai au cou ; je chasserai la chaise qui sera sous mes pieds et je resterai enfin suspendu.

» La strangulation et la suspension doivent avoir insensiblement leur effet.

» Nous allons voir.

» *Trois heures.* — Le feu passe ; je suis contrarié.

» Je fais une remarque, c'est que les besoins de la nature sont plus fréquents depuis tantôt.

» J'entends le bruit des voitures des maraîchers qui vont à la halle. Je ne profiterai point de ce qu'ils apportent.

» Allons !

» O mes chers enfants ! vos douces figures sont devant moi et me troublent !

» Du courage !

» *Trois heures et demie.* — Je viens de fixer la cordelière.

» A quatre heures ou quatre heures un quart, j'exécuterai mon dessein, pourvu que tout marche à mon gré.

» Je ne crains pas la mort, puisque je la cherche, puisque je la veux ! mais la souffrance prolongée m'effraye.

» Je me promène ; les idées s'évanouissent.

» Je n'ai que la conscience de mes enfants.

» Le feu noircit.

» Quel silence m'environne !

» *Quatre heures.* — Quatre heures sonnent. Voilà bientôt le moment du sacrifice.

» Adieu, mes filles chéries !

» Dieu pardonnera à mes douleurs.

» Adieu..., encore une fois adieu, mes enfants bien-aimées ! vous avez ma dernière pensée. A vous les derniers battements de mon cœur (1). »

A cette pièce douloureuse, nous pouvons heureusement ajouter un post-scriptum dont il sera tenu compte à son illustre auteur :

Extrait d'une lettre en date du 8 avril 1852, adressée à M. Jules Lecomte :

« ... Je ne saurais que vous faiblement dire l'effet que m'a fait la mort de ce pauvre Saint-Edme dont j'ai lu la confession si pitoyable dans les journaux, et le chagrin que j'ai eu de n'avoir pas su sa terrible position, car je me plais à croire que j'ai d'assez bons amis en haut pour être sûr que nous l'aurions tiré de là. Cette fin de mon premier biographe m'attriste et depuis trois nuits, je vois ce pauvre homme pendu à ce morceau de bois, économisé sur son chauffage et posé en travers sur les portes de la bibliothèque sans livres ! J'ai relu, dans la *Biographie des hommes du jour*, les éloges qu'il faisait de la petite Rachel Félix, et je me suis demandé, et presque reproché, si un homme qui m'avait aidée si tôt, devait périr ainsi, de froid, de faim, de misère, tous fléaux devant lesquels ma seule excuse est de n'avoir rien su...

» Il paraît qu'il n'avait pas même assez d'argent pour acheter un pistolet ! Cette phrase de son propre procès-verbal de sensations est terrible :

« Seul, entraîné, abusé, sans consolation, sans espoir, poursuivi par le besoin, la misère, humilié, calomnié, outragé, je n'ai vu qu'un moyen de sortir de cette situation extrême : c'est le suicide...

(1) *Presse* du 7 avril 1852.

» Le malheureux! il laisse quatre enfants et il a eu ce courage, ou cette faiblesse de mourir...

» Découvrez-moi ces enfants-là, je veux leur envoyer 500 fr., mon feu d'hier en jouant Camille...

» Quelle impression pénible j'ai depuis trois jours! Je voudrais aller faire un petit voyage...

» RACHEL (1). »

Nous verrons, dans ce même chapitre, que la grande artiste avait ressenti les atteintes de ce mal.

L'autre écrit est d'un peintre anglais, Benjamin-Robert Haydon, dont le suicide (22 juin 1846) a vivement ému la ville de Londres. — La vie d'Haydon avait été une suite non interrompue de désillusions et de souffrances. Un de ses plus cruels moments de découragement fut quand il exposa son tableau du *Bannissement d'Aristide*, et que dans une salle voisine une autre exposition vint lui faire concurrence. Voici ce qu'il écrivait :

« C'est aujourd'hui qu'a ouvert mon exposition. Il a plu toute la journée, personne n'est venu, excepté J..., B..., F..., M... et H... Ç'aurait été bien différent, il y a vingt-six ans. La pluie alors n'aurait pas empêché de venir.

» Recette du premier jour pour l'*Entrée du Christ dans Jérusalem*, 1820, 19 livres 16 shell. 1 den.

» Recette du premier jour pour le *Bannissement d'Aristide*, 1 livre 1 shell. 1 den.

» En Dieu, je me confie; *Amen !*

» 13 *avril*. — Les voilà qui se précipitent par milliers pour voir Tom Pouce (2). Ils se battent, se trouvent mal, ils crient au secours, à l'assassin, c'est une maladie, c'est une rage, *rabies furor*. C'est un songe! jamais je n'en aurais cru les Anglais

(1) Le *Monde illustré*, 7 novembre 1857, p. 3.
(2) Le fameux puffiste américain Barnum a raconté dans ses mémoires, comment il avait transformé en nain un enfant de cinq ans, qu'il présenta à la reine d'Angleterre et au roi de France.

capables. Je suis dans la plus affreuse position, couvert de dettes, découragé par le peu de sympathie que témoigne le public pour mes meilleurs tableaux. Je me suis réveillé ce matin à quatre heures, comme d'ordinaire, alors j'ai prié mon Créateur, qui m'a soutenu pendant quarante ans dans cette vallée de larmes, de ne pas m'abandonner à la onzième heure.

» 21 *mai*. — Travaillé beaucoup à mon tableau. Triste parce que je n'ai pu donner de l'argent à mon cher fils, pour aller voir ses amis de collége.

» 16 *juin*. — Resté assis de deux heures à cinq heures en regardant mon tableau comme un idiot. Ma tête se brise en voyant les regards inquiets de ma famille, que j'ai été obligé de prévenir de ma position. Nous avons engagé toute notre argenterie. J'ai écrit à sir Robert Peel, à X... et à X..., disant que j'avais une forte somme à payer.

» Lequel a répondu le premier? Voici la lettre que je reçois :

» Monsieur, je suis fâché d'apprendre que vous soyez encore dans l'embarras. Dans une somme très-limitée que j'ai à ma disposition, je prends 50 livres que je vous envoie.

» White-Hall, le 16 juin.

» Robert PEEL. »

« 18 *juin*. — Il n'y a eu que Peel qui ait répondu, et on dit qu'il n'a pas de cœur! »

Et enfin le dernier jour, 22 juin :

« Que Dieu me pardonne. *Amen!* »

Puis il se tua, laissant plusieurs lettres pour sa femme et pour ses enfants. A sa femme, il écrivait :

« Dieu te bénisse, cher amour! Pardonne-moi cette dernière douleur. J'espère que sir Robert Peel considérera que j'ai bien gagné une pension pour toi. »

L'observation qu'on vient de lire appartient-elle à la lypémanie suicide, ou bien au suicide volontaire? C'est ce qu'un critique nous paraît avoir convenablement résolu dans l'*Union médicale*.

En réfléchissant, dit-il, sur les pensées douloureuses consignées dans le journal de l'infortuné Haydon, on trouve partout la preuve, non de la folie, mais d'un des plus affreux malheurs, la misère, quand on a connu les douceurs de l'aisance. Haydon a cédé à un désespoir réfléchi : il s'est tué pour mettre fin à des maux qui, dans sa position, entouré comme il était d'une famille qu'il voyait dans le besoin sans pouvoir la soulager, étaient devenus intolérables. Si quelque ami l'eût secouru d'une manière efficace, il est certain qu'il ne se serait pas tué. Quel est l'homme courageux, résigné et *raisonnable* qui, se trouvant dans une position semblable, puisse être à l'abri de symptômes qu'avec une nterprétation large on pourra transformer en signes de folie? Faut-il être aliéné, en effet, pour éprouver des maux de tête quand la misère, avec toutes les angoisses qu'elle traîne à sa suite, vous fait sentir ses premières et ses plus douloureuses atteintes? Faut-il être insensé pour avoir, comme le disait l'infortuné Haydon, « la cervelle brouillée, trouble, » quand on voit devant soi la ruine, la prison, etc.? Non, Haydon n'était pas aliéné! son caractère a été aigri par le besoin, il a été malheureux; il a manqué de courage et de persévérance; il a voulu mettre fin à ses propres souffrances, peut-être y voyait-il aussi un moyen de diminuer la misère de sa femme et de ses enfants qu'il regrettait tant de quitter. Cet espoir se trahit dans ces lignes qu'il écrivait à sa femme : « J'espère que sir Robert Peel considérera que j'ai bien gagné une pension pour toi... » L'espoir qu'avait peut-être conçu Haydon a été pleinement réalisé. Après la mort du peintre, le premier ministre anglais a envoyé à la veuve un secours de 200 livres (5000 francs), avec la promesse d'une pension et l'offre de ses services particuliers. J'ai lu quelque temps après dans les journaux que cette pension a été fixée à 200 livres sterling (1).

Où sont dans ces trois faits les désordres qu'on a prétendu

(1) *Union médicale.*

exister aux approches de la mort violente? Sans aucun doute, ces infortunés ont offensé Dieu et la morale; ils ont néanmoins agi avec discernement, et en se donnant la mort, ils savaient très-bien ce qu'ils faisaient.

Lors de la première édition de ce livre, nous avions écrit quelques pages sur la physiologie du suicide, chez les gens raisonnables. M. le docteur Tardieu, aujourd'hui professeur et doyen de la Faculté de médecine de Paris, dans l'article bienveillant qu'il nous consacra et qui a été, avec celui de M. Cerise, une des meilleures récompenses de nos douze années de travaux, nous fit remarquer que cette physiologie se trouvait déjà faite au chapitre de la nature du suicide (1) ; nous avons déféré à cette critique en retranchant le premier paragraphe, mais nous avons pensé que l'opinion, qui affirme l'intégrité de la raison, dans un grand nombre de suicides, ne pouvait que recevoir une nouvelle force des exemples, empruntés à la vie de personnages connus. Nous croyons donc qu'on lira avec intérêt ceux que nous avons puisés à des sources authentiques.

Les esprits les plus élevés, les cœurs les plus droits, les âme les plus religieuses figurent dans l'immense catalogue de ceux qui ont fait des avances à la mort. Entre les femmes célèbres, par le dévouement et l'amour, on n'en citerait pas de plus grande que Marie Félicie des Ursins, veuve du duc Henri de Montmorency, décapité par ordre de Louis XIII. La pieuse duchesse de Montmorency avait eu aussi son jour de désespoir ; en apprenant le trépas de son époux bien-aimé, ses aspirations vers la mort redoublèrent, et une lutte cruelle s'engagea entre sa conscience chrétienne, et le besoin incessant de mourir. Dans le vieux château de Moulins, où elle avait été conduite par ordre du roi, elle vit un jour sortir, des murs crevassés de sa chambre, un serpent qui vint à elle et se glissa jusqu'au bord de sa robe. Une joie

(1) A. Tardieu, *Annales d'hygiène et de médecine légale*, t. VI, p. 474. 1856. — Cerise, *Débats* du 1er décembre 1855.

soudaine remplit son cœur, et elle se pencha vers le reptile, en lui présentant ses bras; mais une de ses femmes entra et le bruit effraya le redoutable visiteur qui s'enfuit (1) :

Une autre femme, qui a laissé un grand nom dans l'histoire, Marguerite d'Autriche, fille de l'empereur Maximilien, tante de Charles-Quint, qui se forma à son école, avait aussi perdu l'époux qu'elle adorait, Philibert le Beau, duc de Savoie, mort entre ses bras. Si effroyable fut la douleur de l'épouse, qu'elle ne pensa plus qu'à mourir. « Elle s'efforca désespérément, dit le bon chroniqueur, de se jeter d'une haute fenêtre à terre. » Elle fit maintes tentatives pour en finir avec la vie, mais la grâce de Dieu la préserva *moyennant bonne diligence des siens* (2). Marguerite se voua pour toujours au veuvage; elle avait alors vingt-quatre ans, son projet était de faire construire un magnifique monument, à la mémoire de son mari, et d'y ensevelir sa vie, mais les événements en décidèrent autrement. Elle dut, sur la prière de son père, accepter le lourd gouvernement des Pays-Bas, qu'elle dirigea pendant vingt-cinq ans d'une manière ferme, conservant, comme madame de Montmorency, une tête saine, auprès d'un cœur souffrant.

Plus près de nous, d'autres noms célèbres vont aussi se poser en face du suicide.

A l'époque de l'expédition d'Égypte, Monge s'embarqua avec Bertholet sur une flotille, destinée à remonter un bras du Nil, jusqu'à Ramanieh. Les eaux du fleuve étaient basses ; les barques s'engravaient souvent et les Mamelouks, placés sur les deux rives, faisaient feu sur la flotille. De temps en temps, Bertholet descendait sur les rives et remplissait ses poches de cailloux; il répondait à ses compagnons étonnés : « Ne voyez-vous pas que nous

---

(1) *Vie de la duchesse de Montmorency*, par Cotalendi, p. 93. *Idem.*, par J. E. Garreau, t. I, p. 227. — *Madame de Montmorency* (Revue contemporaine), *Mœurs et caractères du* xviie *siècle*, 15 et 31 janvier. 15 février 1858, par Amédé René.

(2) Jean Lemaire, *Couronne margaritique* ; *Chronique de Savoie*, liv. III.

sommes perdus, les cailloux dont je me charge m'entraîneront au fond de l'eau, et mort, je ne tomberai pas en la possession des Barbares. »

Le 12 août, à dix heures du soir, Bonaparte, suivi de quelques officiers supérieurs, et de ses deux amis, Monge et Bertholet, s'embarqua dans le port d'Alexandrie, sur *le Muiron*, petit vaisseau, nouvellement équipé, accompagné de la corvette *la Carrère*, qui portait l'état-major. En route, on aperçut quelques vaisseaux, qu'on prit pour une suite de la flotte anglaise. « Si nous tombions, au pouvoir des Anglais, dit Bonaparte à ses compagnons, quel parti faudrait-il prendre? nous résigner à la captivité sur des pontons? Impossible! » On garde le silence. « Il faudrait, reprit le général, nous faire sauter!... Oui, s'écria Monge, voilà notre unique salut. Eh bien, dit le chef, je vous charge de cette mission. Je vais à mon poste, répond Monge. Cependant les vaisseaux redoutés approchent ; mais ils sont neutres, et poursuivent leur route. On cherche Monge, il est aux poudres, une mêche à la main (1) !

Prud'hon, ce peintre gracieux comme le Corrége, et tendre comme Lesueur, était naturellement bon. L'éducation maternelle le rendit affectueux. Son âme était passionnée, sans être mobile ; sa volonté, quoique ardente, était ferme, opiniâtre ; il avait un penchant naturel à la rêverie, et de la rêverie à la mélancolie il n'y a qu'une nuance. Malheureusement ses infortunes privées ne fournissaient que trop d'aliments à son humeur un peu sombre, et au lieu d'avoir à poursuivre des chimères, sa pensée inquiète se heurtait chaque jour aux réalités de la vie. Son existence intérieure était devenue amère, insupportable; et plus d'une fois, les noires idées du suicide vinrent le tourmenter. Il fallait un terme à cette vie impossible, et pressé par ses amis, Prud'hon se détermina enfin à une séparation complète, résolu

(1) De Pongerville, *Souvenirs sur Gaspard Monge* (*Moniteur universel* du 9 avril 1856).

à subir les plus dures privations, pour servir la pension de sa femme et pourvoir à l'éducation de ses enfants. Peut-être aussi, ce qui aida à le sauver, ce fut ensuite l'affection si pure et si sincère de mademoiselle Mayer, élève de Greuze.

La fin de cette aimable personne, qui avait eu une si heureuse influence sur le caractère mélancolique de Prud'hon fut bien malheureuse. La faculté de théologie ayant reclamé le local de la Sorbonne, le gouvernement fit prévenir les artistes qu'ils auraient à céder la place et qu'il leur serait accordé une indemnité de logement. Mademoiselle Mayer était alors malade et singulièrement changée; son regard était parfois égaré, elle tenait des discours étranges. La nouvelle de ce déménagement obligé la consterna. Préoccupée de ce qu'il y avait de délicat dans sa situation, elle s'imagina que son maître serait compromis, que leur liaison ferait un éclat, et qu'ainsi elle était un obstacle à la tranquillité, au bonheur de Prud'hon. Le matin du 26 mars 1821, on lui trouva le front horriblement plissé. Elle avait auprès d'elle une petite fille de 12 ans, nommée Sophie, qui était son élève; elle eut la présence d'esprit de lui donner congé ce jour-là. Peu de temps après, on entend la chute d'un corps, on accourt, on trouve mademoiselle Mayer, étendue par terre et baignée dans son sang. Elle avait pris les rasoirs de Prud'hon, et après en avoir essayé le tranchant sur sa main, elle s'était placée devant la glace, et s'était coupé la gorge. L'hémorrhagie n'avait duré que quelques minutes, elle était morte. Prud'hon travaillait dans son atelier, devant aller ce jour-là à l'Institut. Il se leva, pour s'habiller sans doute, mais apercevant dans la cour des visages pâles et une légère rumeur qui s'apaisait à son approche, il eut le pressentiment de son malheur. En vain voulut-on l'entraîner, on ne put le retenir et il sut tout de ses yeux. Quelle scène! On ne pouvait l'arracher à ce corps, qu'il tenait embrassé; on envoya chercher M. Trezel, son meilleur ami, qui enfin le fit emmener. On le transporta chez M. de Boisfremont.

Un homme tel que Prud'hon ne pouvait se relever d'un coup

aussi affreux. Il languit encore deux ans. Avant de mourir, il eut une inspiration, il peignit le *Christ mourant;* il tenait le pinceau, quand la mort vint l'avertir. « Ne pleurez pas, disait-il à ses amis, vous pleurez mon bonheur. » Il expira ainsi, avec sérénité, en 1823. L'école française venait de perdre un de ses plus grands peintres (1).

Un autre peintre qui a gravé son nom sur le tableau du *Naufrage de la Méduse*, Géricault, malade à Londres de corps et d'esprit, voulut plusieurs fois attenter à ses jours. Un soir, Charlet, rentrant tard à l'hôtel, ne reçoit de lui aucune réponse; il enfonce la porte de la chambre assez à temps pour le sauver de l'asphyxie par le charbon.

Quand Géricault fut revenu à lui, Charlet s'assied au pied de son lit, et lui parle avec gravité : « Si tu veux mourir, si c'est un parti pris, nous ne pouvons l'empêcher; à l'avenir, tu feras, comme tu voudras, mais auparavant, laisse-moi te donner un conseil. Tu es religieux, tu sais bien que mort, c'est devant Dieu qu'il te faudra paraître, et que pourras-tu répondre, malheureux, quand il t'interrogera, tu n'as seulement pas dîné. Géricault éclata de rire et sa funeste résolution fut désarmée (2).

A côté de ces deux peintres, se place naturellement un sculpteur qui, de son vivant, a eu une grande réputation.

Dès ses plus jeunes années, la vocation de David pour la sculpture fut évidente, mais il ne put obéir à ses instincts, qu'au prix d'une lutte pénible, lutte fréquente dans les familles et qui a marqué les débuts de plus d'un artiste. Le combat fut long; une volonté énergique triompha à la fin d'une résistance longtemps inflexible. Un jour, il avait 12 ans, riche de 15 francs, amassés à grande peine, il réussit à s'échapper de la maison paternelle, et se mit en route pour Paris. Sa mère le rejoignit, pleura et le ramena, triste, fatigué d'efforts inutiles, acceptant le par-

---

(1) Charles Blanc, *Histoire des peintres de toutes les écoles.*
(2) M. de la Combe (*Charlet, sa vie, ses lettres*).

don qu'on lui offrait, et regardant sa cause comme à jamais perdue; mais, pendant la nuit, l'orgueil de cette jeune âme se révolta, et, comme Caton vaincu, il voulut se donner la mort et s'empoisonna avec de la belladone. De prompts secours le sauvèrent. Après une semblable épreuve, le père dut céder. La tournure de l'esprit de David était sensible mais triste, ardente mais inquiète (1).

Dans une collection d'autographes, dont Jules Lecomte, le regrettable auteur de bonnes pièces et le fondateur du *Monde illustré*, a extrait plusieurs lettres, on trouve ce fragment, qui pourrait expliquer bien des choses de l'illustre tragédienne Rachel :

« Je n'ai presque pas la force de vous écrire, l'ennui me tue. J'ai des succès, il est vrai, mais pas un seul ami. Ici, je ne sors jamais, j'écris toute la journée, c'est ma seule distraction. Il me semble que je préférerais la mort à cette vie, que je traîne comme un forçat traîne sa chaîne. Je vous quitte. J'ai une répétition. Allons, il faut encore souffrir ; ils sont si mauvais.

» Adieu, priez pour la pauvre Rachel ; elle est à plaindre, non à blâmer.

» Rouen, 11 juin 1840. »

Rachel avait alors dix-neuf ans. C'est avec raison qu'on peut dire qu'elle était bien à plaindre, en effet; car à l'âge où la vie est toute en fleurs, elle ressentait déjà les dégoûts amers de la vieillesse, et se plaignait du vide qu'elle croyait voir autour d'elle, alors qu'on se disputait son attention, son regard, son sourire et même seulement le bonheur de l'applaudir sans être vu.

Déjà nous avons cité des savants cherchant à se donner la mort : celui que nous inscrivons sur notre liste n'est pas un des moins renommés parmi les médecins de ce siècle.

(1) Halévy, *Éloge de David d'Angers*, lu à la séance publique de l'Académie des beaux-arts. (*Moniteur universel*, 4 octobre 1857.)

Trouver en ce monde une voie, où l'on ait ses coudées franches, est chose assez rare, dit M. Flourens, dans son éloge de M. Magendie. Notre ombrageux jeune homme rêvait si mélancoliquement aux difficultés de l'avenir, que parfois il laissait s'introduire dans son refuge le découragement amer que la longue souffrance amène, et que le jeune homme, et surtout le jeune médecin ne manquent jamais d'attribuer à l'une de ces maladies prétendues incurables, qui devant un peu de bonheur ne se montrèrent jamais rebelles.

M. Magendie ne voulait plus vivre, il ne le pouvait plus d'ailleurs, assurait-il. Un matin, un homme de loi se présente, mais, dit l'étudiant surpris dans son asile, je n'ai ni procès, ni affaires ; que me voulez-vous? Rien qui puisse vous être désagréable, dit l'étranger. Vous êtes devenu héritier d'une somme de 20 000 fr.; je viens les mettre à votre disposition.

Notre malade se trouva instantanément en voie de convalescence. Bientôt les 20 000 fr. furent dissipés, mais un peu de détente fait tant de bien ; les forces s'étaient renouvelées (1).

Nous terminerons cette énumération douloureuse par deux récits, relatifs à des contemporains bien connus.

Un publiciste célèbre, repoussé par son père, déclaré inhabile au service militaire, ruiné par une opération de Bourse, a un moment de désespoir et il fait la tentative de suicide qu'on peut lire dans *Emile*, pag. 112 et 113. Sauvé de la mort, par une sorte de miracle, le jeune homme se reprocha sa faiblesse, il se redressa plus intrépide, décidé à recommencer la lutte, et à conquérir, en dépit de tous les obstacles, nom, fortune, renommée.

B... a aussi une heure de défaillance. Trahi par une femme, amour en effigie, qui lui représentait la grande actrice qu'il adorait, il se jette à la mer. Des matelots le repêchent et le ramènent

---

(1) Flourens, *Éloge historique de François Magendie* (séance annuelle de l'Académie des sciences, 8 février 1858.)

au rivage; il écrivit le lendemain à Horace Vernet la lettre suivante qui fait partie de la collection de feu le baron de Tremont :

« Monsieur,

» Un crime hideux, un abus de confiance dont j'ai été pris pour victime m'a fait délirer de rage, depuis Florence jusqu'ici. Je volais en France, pour tirer la plus juste et la plus terrible vengeance. A Gênes, un instant de vertige, la plus inconcevable faiblesse a brisé ma volonté. Je me suis abandonné au désespoir d'un enfant; mais enfin, j'en ai été quitte pour boire de l'eau salée, être harponné, comme un saumon, demeurer un quart-d'heure étendu mort au soleil, et avoir des vomissements violents pendant une heure. Je ne sais qui m'a retiré. On m'a cru tombé par accident des remparts de la ville. Mais enfin je vis, je dois vivre pour deux sœurs dont j'aurais causé la mort par la mienne, et vivre pour mon art.

» M... B...

» Diana-Morina, 18 avril 1831. »

Ce ne sont pas seulement les personnages historiques, les savants, les littérateurs, les artistes, qui discutent, apprécient, jugent les motifs de leur suicide; à chaque instant des hommes du peuple s'expriment avec la même liberté d'esprit. Un cultivateur des environs de Compiègne adresse à M. le préfet de police une lettre ainsi conçue : « J'avais amassé à force de travail quelques sous. Je viens de les perdre dans les sociétés californiennes. Je n'ai ni parents, ni amis, ni ressource aucune. Mes infirmités m'empêchent de faire des travaux fatigants, quand même j'en trouverais. Je ne veux pas vous demander de secours. Je sais que vous avez beaucoup de monde qui ont recours à vous, et que vous donnez tout ce que vous pouvez. Et puis, cela me soulagerait un instant, et il faudrait recommencer. Il vaut mieux que je m'en aille, ma vie n'est utile à personne. Je vous écris pour vous faire savoir que c'est bien de ma propre volonté que j'ai fait ça, et j'en demande pardon à Dieu. »

Des écrivains de talent ont justifié le suicide ; c'est une grave erreur qu'ils n'eussent pas commise, s'ils avaient étudié les divers éléments de ce mal moral. Entre l'apologie du suicide et sa défense au point de vue de la liberté de la conscience et de la volonté, la différence est énorme, et c'est ce qu'ont très-bien senti des auteurs modernes d'un mérite incontestable. » La physiologie, dit M. Lerminier, a presque toujours fait du suicide un acte de folie ; il est souvent, au contraire, un acte de liberté. Le suicide n'appartient qu'à l'homme, à ce mélange de passions, d'intelligence et de volonté. Il a été pour tout un monde, le monde antique, un acte raisonnable, une vertu, la résolution de la volonté qui usait d'elle-même pour se détruire, du patriotisme qui succombait avec la liberté de son pays (1). »

Le suicide, qui existe chez les animaux, paraît aussi avoir chez eux un caractère réfléchi.

M. Toussenel, auteur d'un ouvrage remarquable sur les mœurs des oiseaux, assure que les hirondelles femelles sont si attachées à leurs maris, que, lorsqu'elles ont la douleur de les perdre, elles ne convolent jamais en secondes noces. Il n'est pas rare qu'elles entreprennent des voyages de plusieurs milliers de lieues pour revoir les endroits où ils ont vécu ensemble d'heureux jours. Plusieurs même s'enferment dans leurs nids, refusent toute espèce de nourriture et expirent d'abstinence prolongée et de douleur (2). Une de nos proches parentes fut prise d'une fièvre typhoïde qui la retint vingt jours au lit. Cette dame avait un perroquet d'une humeur enjouée et répétant souvent avec beaucoup d'à-propos une foule de mots qu'il avait appris ou entendus ; elle en prenait le plus grand soin, le nourrissait elle-même et jouait continuellement avec lui. Dès qu'il la vit malade, il cessa ses joyeux ébats, resta silencieux, morne, ne voulut accepter de personne aucun aliment et mourut, au bout de plusieurs jours, de faim et de chagrin. Ce trait nous rappelle celui du petit chien de Marie

(1) Lerminier, *Philosophie du droit.*
(2) *Les Colombiens.* Feuilleton de la *Presse*, octobre 1854.

Stuart, qui, l'ayant suivie sur l'échafaud, et forcé par un fanatique de lécher le sang de sa maîtresse, se laissa quelques jours après mourir de faim (1).

« Le suicide, remarque M. Saint-Marc Girardin, est une idée que l'homme ne tient pas de la nature, mais de la réflexion, cela se prouve par la mode; ainsi, dans l'antiquité, selon les temps et selon la secte dominante, on mourait en stoïcien ou en épicurien. De même, de nos jours, les suicides sont taillés sur le patron des drames modernes; ils sont tous exaltés, mélancoliques, pleins de colère contre la société. »

M. Saint-Marc Girardin, avec cette sagacité qui est le caractère de son observation, ajoute : « A côté du suicide mêlé de philosophie et de passion, qui naît des sectes de l'antiquité ou de l'influence de la littérature moderne, et qui est le suicide le plus commun de nos jours, il y en a un autre, moins réfléchi et moins subtil, qui naît de l'égarement de la passion toute seule et où la philosophie n'est pour rien; puis enfin, un dernier plus accrédité que causent la faiblesse et l'impatience des âmes plutôt que la violence des passions ou l'égarement des systèmes (2). »

Nos recherches, les observations qui en font la base, confirment la thèse de la double nature du suicide, l'une physiologique, l'autre morbide, que nous avons toujours soutenue dans nos écrits. Nous n'insisterons pas davantage sur ce point; toutefois, il est une remarque qui n'aura pas échappé à l'attention des lecteurs, c'est que si, parmi les faits que nous avons recueillis, le plus grand nombre porte l'empreinte de la personnalité humaine et de la liberté, il en est quelques-uns où la volonté n'a plus ses franches coudées, où elle paraît tiraillée par des influences oppressives ; ce n'est pas encore la maladie, ce n'est plus la santé, on dirait d'un lieu intermédiaire entre les deux grandes divisions du suicide. C'est la difficulté tant de fois

(1) *Parthénon de l'histoire,* liv. 32 et 33, Marie Stuart, par Amédée Pichot.
(2) Saint-Marc Girardin, *Cours de littérature. Du suicide et de la haine de la vie.* Paris, 1843.

signalée, dans les analogies de la raison et de la folie, d'établir des caractères nets et tranchés qui les distinguent l'une de l'autre, lorsque leurs limites viennent à se confondre.

Résumé. — La conscience de l'acte, la liberté de la volonté, dans un grand nombre de suicides, voilà donc pour beaucoup de médecins, pour nous, pour les moralistes, des faits qui paraissent incontestables. Cette doctrine est-elle une justification de cet acte? Le soutenir serait un étrange abus de la logique. La mort sur le rocher de Sainte-Hélène, a dit avec beaucoup de raison M. Lerminier, voilà qui vaut mieux qu'un suicide.

Au point de vue du spiritualisme, il y a, d'ailleurs, un argument direct contre le meurtre de soi-même. M. Frauck l'a ainsi formulé : « nous n'avons aucun droit sur cette âme immortelle que le souverain maître a marquée de son empreinte, qu'il a créée à sa ressemblance, pour manifester sa gloire, pour rendre témoignage de son existence. Au contraire, que l'homme soit une organisation, comme celle des animaux, plus parfaite si l'on veut, il pourra en disposer, suivant son bon plaisir. (Analyse de l'*Idée de Dieu*, par E. Caro, *Moniteur universel*, 22 août 1864).

Mais de même que nous avons reconnu l'existence du libre arbitre chez le suicidé volontaire, de même aussi nous proclamons l'action toute puissante de la folie sur ce genre de mort, et ce motif déterminant doit engager l'Église, en présence de cette multitude d'aliénés, à appliquer très-rarement sa discipline sévère, et à user, au contraire, d'une grande indulgence à l'égard de ces malheureux. C'est ce qu'avait très-bien senti un des prêtres les plus éminents de Paris, qui nous disait : En matière de suicide et d'alimentation, c'est le médecin qu'il faut surtout consulter. Mgr l'Archevêque de Paris vient de donner son approbation à cette opinion, en recommandant de faire célébrer l'office divin pour un agent de change qui s'était suicidé. Enfin, il ne faut pas perdre de vue qu'il y a des cas où la raison et la folie semblent marcher parallèlement.

CHAPITRE V.

DU SUICIDE DANS SES RAPPORTS AVEC LA CIVILISATION.

SOMMAIRE.— Objet de ce travail.— Civilisation, sa définition.— Influence de la sensibilité.— Division du sujet.— 1re *section*.— Coup d'œil sur les idées dominantes de l'antiquité, du moyen âge et des temps modernes.— 2e *section*.— Recherches statistiques sur le suicide en France ; Mercier, M. Guerry, M. Petit, M. Legoyt. — Progression du suicide en France, surtout dans la capitale.— Influence rayonnante de Paris et de quelques grands centres. — Remarques sur les éléments urbains et ruraux. — État civil. — Professions. — Instruction. — Institutions politiques, religieuses. — Prédominance des sentiments sur le raisonnement.— Influence toute puissante des passions sur la production du suicide. — Accroissement du suicide d'une manière générale, dans huit États de l'Europe.— Statistiques particulières du suicide en Angleterre, Autriche, Bavière, Belgique, dans le grand duché de Bade, en Danemark, Espagne, à Genève, en Hanovre, à Hambourg, dans le duché de Mecklembourg-Schewerin, en Prusse, Piémont, Russie, Saxe, Suède, Norvége, aux États-Unis.— Conséquences de ces recherches : la surexcitabilité nerveuse, les souffrances morales et physiques, causes fréquentes du suicide. — 3e *section*. — Analyse morale, à défaut de statistique, établissant la fréquence du suicide. — Objections contre l'influence des passions, réponse. — Prédominance des passions oppressives. Action de la douleur. — Mexicains et Péruviens. — Indiens. — Américains. — Mahométans, Arabes, Turcs, Persans. — Chinois. — Japonais. — Indiens. — Nègres. — Néo-Calédoniens. — Aperçu sur les rapports du suicide avec les diverses civilisations.

Le chapitre, consacré à l'influence de la civilisation sur le suicide, présentait des lacunes regrettables ; plusieurs de ses éléments faisaient partie d'autres sections ; les documents statistiques étaient insuffisants ou manquaient. Éclairé par les avertissements de la critique, nous avions senti qu'il fallait recommencer ce travail ; mais n'étant ni philosophe ni généralisateur, notre premier mouvement avait été de reculer devant la grandeur et l'étendue du sujet. L'utilité de cette étude ne pouvait cependant nous échapper ; aussi avons-nous fini par nous persuader qu'en nous limitant à quelques points principaux de chacune des trois grandes époques, placées au commencement de notre première édition, et en nous servant de documents statistiques nouveaux, il serait encore possible de donner une esquisse des rapports du suicide avec la civilisation. C'est cette confiance que nous a fait entreprendre notre second travail, et nous espérons qu'on nous tiendra compte de nos motifs.

Le rôle des passions dans la vie, leur influence funeste sur les déterminations, quand elles ne sont plus dirigées par la raison, leur poids dans le plateau des fautes, des mauvaises actions, des crimes et de la folie permettaient déjà de pressentir la part considérable qu'elles auraient dans la production du suicide. L'étude des causes que nous venons de faire, la plus étendue possible, dissiperait tous les doutes, s'il en restait encore. Nous croyons donc le moment arrivé d'aborder cette question: La civilisation augmente-t-elle le nombre des suicides? Avant d'entrer en matière, il est nécessaire de s'entendre sur la signification de ce mot.

Pour nous, la civilisation est l'ensemble des principes immuables, des idées et des besoins, des découvertes, des connaissances utiles, des progrès faits par l'humanité, propres à chaque âge, transmis par la génération qui précède à celle qui la suit. La civilisation ne s'arrête jamais dans sa marche, elle est essentiellement progressive; mais si, d'une part, son origine est divine, de l'autre, marquée du sceau de l'humanité, elle en a les imperfections, les faiblesses et les défaillances.

On dit : la civilisation varie, selon les continents et les contrées, elle n'est pas en Orient ce qu'elle est en Europe ; elle diffère même entre peuples voisins. Celle de la France offre de nombreux contrastes avec la civilisation de l'Angleterre, de l'Espagne, etc. Au milieu d'éléments si hétérogènes, comment reconnaître la civilisation préférable? Quel pays la possède? A quel signe pourra-t-on la distinguer?

L'objection est plus spécieuse que réelle. Oui, ces nations ont des mœurs, des coutumes, des lois fort opposées. Ces différences ne sont que les formes extérieures de la civilisation, elles n'en constituent pas l'essence; à celle-ci se rattachent les vérités éternelles qui en sont le point de départ, à savoir les notions impérissables de la divinité, de la fraternité, de l'autorité de la conscience, du juste et de l'injuste, sans lesquelles aucune société ne serait possible.

Quant aux signes caractéristiques de la meilleure civilisation, qui les présente plus que l'ordre de choses qui a proclamé l'unité de Dieu, aboli l'esclavage, relevé la femme et l'enfant de la déchéance dont l'antiquité les avaient frappés, c'est-à-dire la civilisation chrétienne dont l'Europe est la fille aînée ?

Le milieu social, qui nous entoure, est l'élément capital de la civilisation, mais il a, pour auxiliaire indispensable, la sensibilité, ce lien intime du corps et de l'âme. De son impressionnabilité dépend le progrès du suicide. Est-elle modérée, la mort volontaire est rare ; est-elle surexcitée outre mesure, la vie devient un aiguillon douloureux, et il ne reste plus aux blessés que la ressource du tombeau. Les idées dominantes ont une part considérable dans ces sacrifices humains, surtout lorsqu'elles sont mystiques, philosophiques, sceptiques, favorisées par les convictions, la poésie, la mode ; aussi peut-on dire que le suicide reproduit, avec une grande exactitude, l'état des âmes aux époques principales de l'histoire, de sorte qu'on pourrait suivre la science à travers les différents âges de l'humanité.

En apportant le contingent de nos recherches à la question de l'influence de la civilisation sur la production du suicide, nous avons considérablement modifié notre premier plan. Au lieu de placer en tête de notre livre le chapitre du suicide dans l'antiquité, au moyen âge, et dans les temps modernes, nous en avons fait un résumé qui nous a servi d'introduction à l'étude de la mort volontaire, au point de vue de ses rapports avec les formes diverses de la civilisation. C'est l'ordre adopté par M. Caro, pour son article de la *Revue contemporaine*, et nous n'avons pas hésité à le suivre.

La première partie de ce travail sera un exposé rapide de ces trois grandes périodes historiques, la seconde contiendra les relevés statistiques destinés à faire connaître l'état actuel de la question. Les recherches de M. Legoyt sur le suicide dans les divers États de l'Europe nous fourniront des matériaux importants, relatifs à l'augmentation de cette sorte d'épidémie. Enfin, à défaut de statistique, les documents recueillis par les voyageurs chez les peuples étrangers que la vapeur a rapprochés de nous, compléteront la troisième partie de notre étude.

Antiquité. — L'Orient et dans l'Orient, l'Inde se présente la première à notre observation. De tous temps, le suicide a été un des fléaux de cette vaste contrée. Les doctrines du boudhisme établissant que l'âme universelle n'a aucun souci, ne tient aucun compte des actions bonnes ou mauvaises des hommes, et que ceux-ci ne sont eux-mêmes qu'une émanation de cette substance à laquelle ils retournent après la mort, devaient conduire à cette conséquence, que le principe ne pouvant infliger aucune peine, rien n'empêche qu'on se tue, soit pour partager sa félicité, soit pour échapper à la souffrance.

L'histoire des brahmanes de la secte des *gymnosophistes* (philosophes nus) nous apprend qu'ils poussent à l'extrême l'indifférence de la vie. La régénération étant pour eux un fait positif, et la terminaison fatale un simple changement de demeure, ils s'y préparent comme à un voyage d'agrément. Calanus, un de ces philosophes, se brûla en présence d'Alexandre. Trois siècles plus tard, un autre gymnosophiste, nommé Jarménochégra, se brûla également devant Auguste (1). L'on sait que les brahmanes se tuent aujourd'hui comme du temps d'Alexandre. On compte par milliers les suicides sur cette terre mystique.

(1) Plutarque, *Vie d'Alexandre*. — Diodore de Sicile, liv. xvii, — Bouillet, *Dictionnaire d'histoire et de géographie*.

Le boudhisme, en pénétrant au Japon, y introduisait les dogmes panthéistiques de l'Inde. Rien n'est plus commun, dit Charlevoix (1), que de rencontrer, le long des côtes, des barques remplies de fanatiques qui se précipitent dans la mer, chargés de pierres, ou percent leurs embarcations et se laissent submerger peu à peu en chantant les louanges de leurs idoles. Les mêmes doctrines ont produit les mêmes résultats en Chine. C'est une histoire bien connue de ce peuple, que celle des cinq cents philosophes de l'école de Confucius qui, dédaignant de survivre à la perte de leurs livres brûlés par l'ordre du farouche empereur Chi-Koung-ti, se jetèrent à la mer et disparurent sous ses flots (2).

Les exemples de mort volontaire chez les Chaldéens, les Persans, les Hébreux sont très-rares. Les préceptes d'âme universelle et de métempsycose paraissent avoir fait peu de prosélytes parmi ces peuples. Les Hébreux, en particulier, eurent un tel éloignement pour le meurtre de soi-même, qu'on ne trouve dans leurs annales que huit ou dix suicides durant une période de quatre mille ans! L'invasion des Romains eut une influence très-marquée sur cette maladie, ainsi que l'atteste le fait suivant: la forteresse de Jotapat ayant été prise, un certain nombre des assiégés se tuèrent de leurs propres mains pendant l'assaut. Josèphe, gouverneur de la forteresse, se réfugia avec quarante Juifs dans un souterrain. Ceux-ci voulaient se donner la mort. Josèphe chercha à leur démontrer que ce n'était pas une action de courage, mais une lâcheté. « Nos âmes, s'écria-t-il, sont immortelles et participent en quelque sorte de la nature de Dieu. Aussi notre législateur a-t-il ordonné que les corps de ceux qui attentent à leurs jours demeurent sans sépulture jusque après le coucher du soleil. Il y a même des nations qui coupent les mains de ces coupables, parce qu'ils croient juste de les séparer

---

(1) Charlevoix, *Histoire du Japon*, t. II, p. 69.
(2) Brucker, *Hist. nat. philos,*, t, IV, p. 11 et 670.

de leurs corps, comme ils ont séparé leurs corps de leurs âmes. »

Josèphe n'ayant pu persuader ses compagnons, leur proposa de s'entre-tuer au moyen du sort. Cette proposition fut acceptée avec joie, chacun tendit la gorge à celui qui devait l'immoler, jusqu'à ce qu'il ne resta, par une heureuse combinaison, que Josèphe et un autre auquel il persuada de vivre, après lui avoir donné parole de le sauver (1).

L'Afrique eut, comme l'Inde, ses gymnosophistes : ils enseignaient à exercer le courage, et à ne faire aucun cas de la mort (Laerce). D'un autre côté, les prêtres de l'Égypte, qui étaient les docteurs et les philosophes de la nation, n'ont pas peu contribué, par leur doctrine d'âme universelle et de métempsycose, à développer le penchant au suicide (Bayle). Sésostris, le plus grand des rois de ce pays, ayant perdu la vue dans sa vieillesse, se tua avec calme et réflexion. C'est surtout au temps de Marc-Antoine et de Cléopâtre que le suicide jouissait en Égypte de tant de faveur, qu'on forma une académie appelée *des synapothanoumènes* (συναποθάνουμενῶν), comourants, où se réunissaient un grand nombre de personnes déterminées à mourir ensemble. Marc-Antoine et Cléopâtre, après la bataille d'Actium, devinrent l'âme et le guide de cette société, dont la seule occupation était la recherche des moyens les plus doux pour finir gaiement la vie (2).

(1) Flavius Josèphe, *OEuv. complètes. Guerre des Juifs contre les Romains*, liv. III, chap. XXVI, p. 674 et suiv. (*Panthéon littéraire.*)
(2) Buonafede, p. 30. — M. Schæn, dans sa *Statistique générale et raisonnée de la civilisation en Europe*, rapporte, page 151, qu'il existait en France et en Prusse, à l'époque des guerres de la république et du consulat, des clubs de suicides dont les statuts obligeaient les membres à se donner la mort. En Prusse, le dernier membre de cette Société a, dit-on, terminé ses jours en 1819. — M. Prosper Lucas, dans sa thèse, *De l'imagination contagieuse*, p. 32, dit que le club de Berlin comptait six personnes, et celui de Paris, douze. Le règlement portait qu'on élirait tous les ans celui des membres qui se tuerait.

De l'Orient, si l'on se transporte dans la vieille Europe, on retrouve chez les Celtes la propension au suicide à laquelle devaient conduire les enseignements religieux des *druides*, leurs prêtres. L'immortalité des âmes, leur origine divine, la croyance à la métempsycose ne pouvaient qu'entretenir cette disposition fatale, surexcitée par la menace de tortures affreuses pour ceux qui mouraient de maladie ou de décrépitude (1). Aussi les vieillards étaient-ils dans l'habitude de se précipiter, après un repas d'honneur, du haut de certains rochers consacrés à cet usage. Il existe encore en Suède, dit le chevalier Temple, un monument de cette ancienne coutume : c'est une grande baie, sur les côtes de la mer, environnée de rochers escarpés (2). Chez nos ancêtres les Gaulois, auxquels tous les historiens de l'antiquité ont reconnu une bravoure incomparable, le dogme de l'immortalité n'étant plus un repos éternel dans le néant ou une apothéose dans l'âme immortelle, mais la personnalité humaine, continuée dans un autre monde, on voit apparaître la mort volontaire comme une tradition. On mourait pour sauver un ami d'une maladie ou pour l'accompagner dans l'éternel voyage.

En Grèce et à Rome, l'apologie de la mort est partout dans les livres philosophiques. *Nil igitur mors est, ad nos neque pertinet hilum; quando quidem natura animi mortalis habetur!* s'écrie Lucrèce (3). A son tour, Pline regarde comme une grande prérogative de l'homme sur les animaux, et même sur la divinité, de pouvoir se donner la mort quand bon lui semble (4).

Platon lui-même, qui a des paroles élevées pour proscrire le suicide, et le premier a comparé l'homme au soldat qui doit garder le poste où l'a placé la volonté des dieux, s'exprime en ces termes dans son livre des *Lois* : « On ne doit blâmer celui

---

(1) Pomponius Mela, *De situ orbis*, lib. II, cap. XII.
(2) *OEuvres mêlées*, p. 11.
(3) Lib. III, *De rerum natura*, p. 842.
(4) *Natur. hist.*, lib. II, cap, VIII.

qui se donne la mort que lorsqu'il agit soit sans l'autorisation des magistrats, soit sans y avoir été déterminé par une position pénible et intolérable, ou par la crainte d'un avenir de malheurs (1). » Un passage de ce philosophe illustre atteste l'étendue du suicide chez les Grecs, par suite d'un sentiment naturel aux cœurs aimants : « Il y a beaucoup d'hommes qui, pour avoir perdu leurs amants, leurs femmes ou leurs enfants, descendent volontairement aux enfers, conduits par la seule espérance que là ils verront ceux qu'ils aiment et qu'il vivront avec eux (2). »

« Le dieu qui a sur nous un pouvoir souverain, écrit Cicéron, ne veut pas que nous quittions la vie sans sa permission ; mais lorsqu'il nous en fait naître un juste désir, alors le vrai sage doit passer avec plaisir de ces ténèbres aux lumières célestes (3). »

Le *doute*, que les platoniciens et les pythagoriciens n'avaient posé que sur certaines questions, fut formulé en précepte. Ses conséquences naturelles, le scepticisme et le pyrrhonisme achevèrent de relâcher tous les liens qui pouvaient encore attacher à la vie. L'existence et la mort étaient devenues également indifférentes pour ceux qui adoptèrent ces principes (4).

L'école cynique, cette origine grossière du stoïcisme, ne contribua pas peu, par ses mœurs dures et sauvages, à propager le meurtre de soi-même. Diogène fut la victime la plus fameuse de cette secte. Les philosophes de Cyrène, qui faisaient l'éloge de la volupté, proclamèrent les premiers l'apologie du suicide. Hégésias, célèbre parmi eux, fit des descriptions si éloquentes des misères de la vie et des félicités de la mort volontaire, qu'un grand nombre de ses auditeurs se tuèrent en sortant de ses leçons, aussi

(1) *Des lois*, liv. ix.
(2) *Phédon ou de l'âme*, dialogues traduits par M. Schwalbe, p. 104.
(3) *Tuscul.* lib. i.
(4) *The anatomy of suicide* by Forbes-Winslow, M. D. London, 1840. Cet ouvrage entre dans de grands détails sur les suicides des personnages de l'antiquité. La *Manie du suicide*, de M. Tissot, en contient aussi de nombreux exemples.

fut-il surnommé *Pisithanate* (qui conseille la mort). Le roi Ptolémée, effrayé de cette épidémie, fit fermer son école (1).

Aux stoïciens appartient l'initiative d'avoir érigé le suicide en dogme. C'est dans Sénèque surtout que l'on trouve ce prétendu droit de l'homme sur lui-même. Les hauts dignitaires de Rome, les législateurs du temps de la république, séduits par l'autorité et la grandeur de la morale stoïcienne, l'adoptèrent avec enthousiasme, et écrivirent le fameux décret : *Mori licet cui vivere placet.* Après la chute de la république et l'établissement de l'empire, les poëtes, les littérateurs les plus illustres applaudirent également à ces doctrines. Zénon, fondateur de la secte, avait voulu joindre l'exemple au précepte ; déjà vieux et accablé d'années, il se donna la mort l'an 264 avant Jésus-Christ.

Les épicuriens faisaient consister, comme les cyrénéens, le souverain bien dans la volupté, avec cette différence, néanmoins, que la volupté ne résultait pas uniquement pour eux des plaisirs corporels, mais encore du contentement de l'esprit. Lucrèce, l'auteur du *De rerum natura*, l'admirateur passionné d'Épicure, se tua dans une sorte de délire amoureux. Pétrone, surnommé à cause du genre de ses compositions *auctor purissimæ impuritatis*, jouant avec la mort, se fit ouvrir les veines, tout en s'entretenant avec ses amis de vers et de poésie, puis il ordonna de les refermer pour se les faire ouvrir encore et s'éteignit dans une indifférence que rien ne saurait exprimer (2).

Quelque courte que soit cette esquisse, elle n'en montre pas moins l'influence des doctrines philosophiques antiques sur la production du suicide, mais elle pécherait par une omission grave, si nous ne disions quelques mots de la folie, constatée dès cette époque par les médecins et les historiens ; ce récit d'Hérodote en est une preuve décisive.

(1) *Tuscul.* lib. I, p. 34.
(2) Tacite, *Annul.*, liv. XVI.

« Cléomène, roi de Lacédémone, ayant été rappelé à Sparte, y fut à peine arrivé qu'il tomba dans une frénésie, mal dont il avait eu déjà précédemment quelques légères attaques. En effet, s'il rencontrait un Spartiate sur son chemin, il le frappait au visage de son sceptre. Des parents, témoins de ses extravagances, l'avaient fait lier dans des entraves de bois. Un jour, se voyant seul avec un garde, il lui demanda un couteau ; celui-ci le refusa d'abord ; mais, d'autant plus intimidé par ses menaces que c'était un ilote, il lui en donna un. Cléomène ne l'eut pas plutôt reçu, qu'il commença à se déchirer les jambes dans toute leur longueur et à en couper les chairs. Des jambes, il passa aux cuisses, des cuisses aux hanches, aux côtés ; enfin, étant parvenu au ventre, il se le découpa et mourut de la sorte. La plupart des Grecs attribuèrent cette maladie à une offense envers les dieux (1).

Si de ces causes générales nous descendions à l'examen des causes particulières, nous retrouverions les sentiments inhérents à notre nature, l'amour de la patrie, l'amitié, l'amour conjugal, la perte d'objets aimés, l'honneur, la gloire, la chasteté, l'horreur du despotisme, la douleur physique, et même les motifs futiles, comme l'atteste le suicide d'Antoclès et d'Épictès, qui, après avoir mangé tout leur argent dans la gourmandise et la débauche, se donnèrent la mort en avalant la ciguë. L'énumération des morts violentes, déterminées par ces différentes causes, multiplierait sans utilité les exemples, nous bornerons nos réflexions sur cette époque à un court résumé (2).

Le panthéisme, ce grand système religieux de l'Orient et de l'antiquité, jeta les premiers germes du suicide, en faisant de l'homme une partie intégrante de l'âme universelle, une émana-

(1) *Hist. d'Hérodote*, Erato, liv. II, p. LXXV, trad. de Larcher.
(2) Nous avons consulté pour cet article l'ouvrage de Buonafede, intitulé *Histoire critique et philosophique du suicide*, traduit de l'italien par MM. Armellino et Guérin (Paris, 1841) et un travail de M. Szafkowski, *De la mort violente chez les peuples de l'antiquité*.

tion d'une divinité sans énergie, sans contrôle, indifférente à tout. Comment, en effet, supporter la douleur, l'ennui, le dégoût de la vie, quand, par un simple changement de demeure on pouvait s'affranchir des maux, se réunir à son principe, jouir de sa félicité?

Le mysticisme qui, dans ses extases, quitte la terre, vole aux cieux, tressaille de voluptés ineffables, en se confondant avec le souverain Tout, fut également le point de départ d'immenses hécatombes qui se continuent de nos jours.

A leur tour, les systèmes philosophiques anciens, ces négations déguisées mais constantes des religions, agrandirent singulièrement le cercle du suicide. Trois opinions principales concoururent surtout à ce résultat déplorable : l'une en généralisant le doute et en semant sous ses pas le scepticisme et le pyrrhonisme; l'autre, en glorifiant l'homme outre mesure, en l'élevant au rang des dieux et en érigeant le suicide en dogme ; la troisième, enfin, en plaçant le souverain bien dans le plaisir, et le mal dans sa perte : toutes, en professant l'indifférence la plus complète pour la vie ou la mort.

Quant aux passions, toujours les mêmes, différant seulement suivant les époques, elles reflétèrent dans le suicide les mœurs, les coutumes, les institutions du temps. Comme chez les anciens, la patrie était tout, la famille presque rien, il en résulta pour les morts volontaires une apparence de grandeur, d'héroïsme, de dévouement dont l'orgueil était le mobile, et qui explique l'éclat qu'elles eurent dans le monde. La vileté des femmes et des enfants, le mépris qui s'attachait à l'esclavage, devaient ensevelir dans l'obscurité les suicides du foyer. Ajoutons encore que la démarcation tranchée qui existait entre les hommes libres et les esclaves, l'indifférence avec laquelle on tuait ceux-ci, le spectacle si fréquent de leurs supplices, les combats de gladiateurs, devaient familiariser les enfants avec l'idée de la mort. Il en sera autrement lorsque nous étudierons le suicide des temps modernes l'influence de la femme et l'amour de la famille devenant de plus en plus prédominants, les chagrins domestiques, les intérêts froissés auront une part considérable sur la production des causes ; les morts volontaires, s'individualisant de plus en plus, perdront ce caractère d'élévation et de grandeur que leur avaient imprimé les mœurs antiques, et ne figureront guère que comme des unités dans l'*histoire* et les tableaux de la statistique moderne.

L'aliénation mentale doit également être comptée parmi les causes du suicide chez les anciens.

Moyen âge. — Le paganisme, cette matérialisation de la pensée, cette glorification de la forme, était mort dans les âmes; la philosophie, qui n'avait cessé de l'attaquer et de le miner, ne vivait plus que par quelques souvenirs. A leur place avait surgi une croyance nouvelle qui allait faire une révolution générale, car elle proclamait l'unité de Dieu, le respect de la femme et des enfants, l'abolition de l'esclavage. Quelque étrange, et même quelque barbare que dût paraître, à la société élégante et spirituelle de la Grèce et de Rome, cette religion prêchée par d'obcurs artisans, venus d'un pays détesté, le peuple n'avait pas tardé à comprendre qu'elle était un immense progrès ; n'annonçait-elle pas, en effet, l'avenir du monde, son émancipation, son égalité devant Dieu et devant la loi? Son caractère distinctif, le sentiment religieux par lequel elle aspirait non-seulement à gouverner les individus, mais à régir les sociétés, était l'adversaire le plus redoutable des systèmes religieux et philosophiques de l'antiquité sur le suicide. En présence d'une doctrine qui considérait comme des dogmes la souveraineté, la puissance, la justice de Dieu, la dépendance complète de ses créatures, son droit absolu de vie ou de mort sur chacune d'elles, le principe de conservation devait triompher du principe de destruction. Aussi rencontrerons-nous peu de morts volontaires pendant la période croyante du moyen âge : c'est, au reste, ce que l'analyse rapide de cette époque mettra dans tout son jour.

Avant de passer outre, il est nécessaire de donner quelques explications.

L'établissement du christianisme, tout prodigieux qu'il paraisse, ne fut cependant ni assez prompt, ni assez général, aux premiers siècles de notre ère, pour détruire complétement les idées de l'antiquité sur le suicide. Sans parler des opinions stoïciennes, la société romaine, après le renversement de la république, fut travaillée, sous les empereurs, de maladies morales qui ont été décrites avec soin par des écrivains habiles. Les crimes des César, les malheurs publics, les guerres civiles sans cesse renouvelées répandirent partout les germes de l'ennui, du découragement et du désespoir.

L'élément civilisateur chrétien eut donc à vaincre de grandes difficultés pour arracher des esprits l'idée du suicide que les éléments gréco-romain et germain barbare y avaient profondément enracinée; mais lorsque la pensée chrétienne régna sans partage sur les consciences, le suicide devint beaucoup plus rare. Ce fut saint Augustin qui, au IVe et au Ve siècle, se prononça le premier contre les théories favorables à la mort volontaire; il leur opposa une argumentation vive et puissante, donna pour base à ses doctrines des prescriptions faites par Moïse, Jésus-Christ, et fixa pour l'avenir les idées chrétiennes sur le suicide(1). Bientôt les conciles déterminèrent une pénalité destinée à le prévenir, et sanctionnèrent ainsi les principes de l'évêque d'Hippone. Le concile d'Arles, tenu en 452, ceux de Brague, d'Auxerre, de Troyes, décidèrent que les individus qui se donneraient la mort seraient punis des peines de l'Église (2). Le pape Nicolas Ier défendit également les prières pour le repos de l'âme du suicidé (3). Il faut suivre cette période curieuse dans les savantes recherches de M. Bourquelot (4).

(1) *De civitate Dei*, lib. I, cap. XVI et seq.
(2) *Concilium Arelatense*, ann. 152, ap. Labb. conc., t. V, p. 8, edit 4728,
— *Concil. Bracarense*, II, can. 16, ap. Lapp. concil., t. VI, p. 522.
(3) *Ouv. cit.*, t. IX, p. 1545.
(4) *Bibliothèque des chartes*, t. III, p. 529 à 560; *Recherches sur les opi-*

Une réprobation aussi éclatante de la part d'une autorité qui était tout alors, et à laquelle vinrent se joindre les peines portées par les lois, dut produire une impression profonde sur les esprits. Aussi se fit-il un grand changement dans les mœurs relativement à la mort volontaire, qui se montre de moins en moins fréquente. Cependant les exemples ne cessèrent pas entièrement : les historiens, et saint Grégoire de Tours surtout, en ont rapporté plusieurs parmi les Francs convertis.

Mérovée, fils de Chilpéric, pris par les soldats de son père, ne vit de recours que dans la mort, et obligea son ami Gaïlen à le percer d'un coup de poignard. Citons aussi le comte Palladius, qui, dépouillé de son comté, par l'influence de l'évêque de Gévaudan, menacé de périr, s'élança deux fois sur son épée, juste châtiment, dit Grégoire de Tours, de sa conduite envers l'évêque (1). Ne sont-ce pas là des exemples de ces suicides politiques, dont nous avons dit quelques mots en étudiant les causes déterminantes aux époques modernes. Au reste, ces faits n'ont rien qui doivent surprendre, car ils sont les résultats des passions, variables pour les formes, mais semblables pour le fond.

Le christianisme imprima une autre direction aux esprits, la rêverie mélancolique se fit religieuse. Ceci n'a rien qui doive surprendre. Les populations, effrayées des signes de décadence de la société, des ravages terribles causés par les barbares, sentant de toutes parts le sol trembler sous leurs pas, faisaient irruption dans les monastères. C'est ainsi que le moine Cassien, au v° siècle, réunit en peu de temps autour de lui, dans les Gaules, des milliers de cénobites. Mais si la vocation était pour beaucoup dans cet élan, il faut aussi reconnaître que le vieil homme n'était pas mort chez tous les religieux. Cassien lui-

---

nions *et la législation en matière de mort volontaire pendant le moyen âge.* Ce travail nous a été très-utile.

(1) Greg. Turon., *Hist. Franc.*, lib. IV, cap. xi. *Ibid.*, lib. X, cap. xviii. *Ibid.*, lib. VI, cap. xlv.

même, après avoir gémi, dans son *Spiritus tristitiæ*, sur une maladie appelée *accidia* ou *acedia*, signale plusieurs suicides dus à cette influence. Ce désordre de l'intelligence (véritable lypémanie) n'est pas plus étonnant que la *dysménorrhée des femmes cloîtrées*, dont nous avons parlé dans notre traité de la menstruation (1).

Les matériaux sur le suicide sont rares du Ve au Xe siècle, sauf les cas observés dans les couvents, et qui doivent, en grande partie, être rapportés à la folie. Mais au XIIe et au XIIIe siècle, il y eut une recrudescence dans le suicide qui se lie aux idées dominantes de ces temps.

Les chroniques du XIVe et du XVe siècle contiennent un certain nombre de morts volontaires d'individus qui ne sont arrêtés ni par la crainte de l'ignominie réservée à leur dépouille, ni par la terreur du supplice éternel. Marie Coronel, privée de son père, séparée de son mari par ordre de Pierre le Cruel (1353), se donna la mort, craignant de ne pouvoir résister aux tentations d'une jeunesse ardente. « Femme digne d'un meilleur siècle! s'écrie le jésuite Mariana : remarquable exemple de chasteté (2).

A la fin du XVe siècle, divers suicides d'hommes, de femmes et de moines furent accomplis dans les villes de Metz et de Strasbourg. « Au mois de janvier (1484), les nouvelles furent appor-
» tées à Metz que ung evesque de Strasbourg se avoit pendu et
» estranglé, et que la justice dudit lieu l'avoit fait enfoncer de-
» dans ung tonneaul et le mettre sur le Rhin et le laissier alleir à
» l'adventure. » A Metz, un compagnon, qui s'était pendu par amour, ayant été secouru à temps et sauvé, la justice le fit saisir et à *force de verges tout nud très-bien chaistoyer* (3). Charles VII, suivant toute apparence, se laissa mourir de

---

(1) *De la menstruation considérée dans ses rapports physiologiques et pathologiques*, p. 349, 1842, édition épuisée.
(2) *De rebus hispanicis*, lib. XVI, cap. XVII.
(3) Chron. de Metz, *loc. cit.*

faim (1). Le poëte Étienne Mancinel, auquel le pape Alexandre VI fit couper les deux mains et la langue pour une satire, voulut mourir de ses blessures (2).

Les suicides des juifs méritent d'être remarqués : ce fait se produit particulièrement depuis le xii° siècle. Les persécutions atroces exécutées contre cette race malheureuse rendent compte de cette terrible détermination. A York, cinq cents juifs furent voués à la mort; dans leur désespoir, ils se tuèrent les uns les autres, aimant mieux, dit un chroniqueur, être frappés par ceux de leur nation que périr de la main des incirconcis (3). En 1321, quarante juifs étaient enfermés dans une prison royale et attendaient le dernier supplice ; un vieillard, qu'ils appelaient leur père, consentit avec un jeune homme à délivrer de la vie ses compagnons qui l'en suppliaient ; lui-même fut tué par celui qui l'avait aidé dans cet horrible carnage (4).

Une autre maladie mentale, la possession démoniaque, si bien décrite dans l'ouvrage de M. Calmeil (la Folie), et qui fit beaucoup de victimes, eut aussi sa part dans le nombre des suicides; mais ce qui montre que les victimes de l'acedia et de la folie démoniaque étaient des exceptions, c'est que leurs morts ont frappé l'imagination contemporaine d'une sorte de frayeur mystérieuse.

Ce fut surtout à partir du xvi° siècle, celui de la Renaissance, qu'il se fit une sorte de réaction en faveur du suicide : quelques écrivains osèrent le justifier ; il inspira moins d'horreur et devint plus fréquent. Il est très-probable que l'étude du droit romain, l'admiration des temps antiques, le désir de les imiter, contribuèrent à modifier les idées du moyen âge sur ce point.

La mort du Florentin Philippe Strozzi, fait prisonnier à la bataille de Maronne par le grand-duc Côme 1er, mérite une men-

(1) Chron. Martinienne, ad finem.
(2) Duplessis-Mornay, Mystère d'antiquité.
(3) Recueil des hist. de France, t. XII, p. 428 et 466.
(4) Cent. de Guill. de Nangis, p. 96.

tion particulière. Strozzi, dont il a déjà été question, accusé d'avoir pris part à l'assassinat du duc Alexandre Ier, se tua pour ne pas compromettre ses amis par les aveux que la torture pourrait lui arracher (1538). Voici un fragment de son testament traduit par M. Bourquelot :

« Au Dieu libérateur. Pour ne pas rester plus longtemps au pouvoir de mes barbares ennemis, qui m'ont injustement et cruellement emprisonné, et qui peuvent me contraindre par la violence des tourments à révéler des choses nuisibles à mon honneur, à mes parents, à mes amis, comme cela est arrivé dernièrement à l'infortuné Julien de Gondi; moi, Philippe Strozzi, j'ai pris la seule résolution qui me restait, toute funeste qu'elle me paraît pour mon âme, la résolution de mettre fin à ma vie de mes propres mains. Je recommande mon âme à Dieu ,souverain miséricordieux, et je le prie humblement, à défaut d'autre grâce, de lui accorder pour dernier asile le séjour où habitent les âmes de Caton d'Utique et des hommes vertueux qui ont fait une semblable fin (1).

Les historiens ont conservé le souvenir de divers autres suicides accomplis ou tentés au xvie siècle. Suivant Guichardin, à la journée de Cérisoles, le duc d'Enghien, désespéré de la fortune du combat, essaya deux fois de se donner l'épée dans la gorge (2). Jérôme Cardan, l'un des plus grands esprits du xve siècle, périt des suites d'une abstinence prolongée (3).

La justice de l'Église et la justice civile continuèrent à condamner le suicide ; le protestantisme témoigna également son horreur pour le meurtre de soi-même. L'infortunée Jane Grey, que nous avons déjà citée, établit, dans sa réponse au docteur Aylmers qui lui avait proposé de se dérober au supplice par le poison, que le vrai chrétien doit attendre sa destinée (4).

(1) *Bibliothèque des Chartes*, t. IV, xive, xve et xvie siècles.
(2) Montaigne, *Essais*, t. III, chap. III.
(3) De Thou, lib. XII, p. 455.
(4) *Réflexions sur le suicide*, par madame de Staël.

En Angleterre, les partisans de la mort volontaire prirent hautement sa défense. Le chancelier Thomas Morus, dans son *Utopie*, origine de bien des hypothèses de ce nom, admit sa légitimité ; Jean Donne en publia une apologie. Ce furent ces récits et les drames lugubres de Philippe Mordaunt, de Richard Smith et de Charles Bloum, qui firent accréditer l'erreur que l'Angleterre était la terre classique du suicide. En France, de grands écrivains, et à leur tête Montaigne, ne dissimulèrent pas leur sympathie pour ce genre de mort. « Le sçavoir mourir, dit cet auteur célèbre, nous affranchit de toute subjection et contraincte (1). » Rousseau, Maupertuis, parlèrent également en faveur du suicide ; peut-être le premier ne faisait-il que soutenir un paradoxe ?

Le xviie siècle suspendit ce mouvement. Les croyances, un instant ébranlées par les événements et les livres, se rétablirent. La philosophie spiritualiste, dit M. Caro, ajouta aux nobles espérances de la foi les lumineuses certitudes de la raison, aussi cette direction des âmes opposa-t-elle un obstacle à l'ennui dont parle madame de Maintenon. Ce fut au xviiie siècle, et surtout à son déclin, que l'Europe, travaillée du malaise indéfinissable de toutes les idées nouvelles, vit se reproduire l'ancienne maladie des Serène, des Clément, des Stagyre, celle à laquelle Werther devait donner son nom (2).

Aujourd'hui, les lois qui punissaient les suicidés dans leur honneur, leur famille, ont été effacées de presque tous les codes. Quant à la manie elle-même, elle subsiste ; elle subsistera tant qu'il y aura des passionnés, des malheureux et des fous au monde, et ce n'est pas par des lois barbares qu'on la fera cesser.

En résumant les faits principaux de ce chapitre, on peut formuler les conclusions suivantes :

(1) *Essais*, t. I, chap. xxxix.
(2) E. Caro, *Du suicide dans ses rapports avec la civilisation*. Revue contemporaine, 4e année, t. XXIV, p. 518 et 660. — L'auteur nous a loué et critiqué avec justice ; nous avons fait tous nos efforts pour que cette seconde édition fût le livre futur qu'il demandait alors.

Le caractère distinctif du moyen âge, au point de vue du suicide, est la diminution progressive de cette maladie, surtout pendant la période de *croyance*.

Ce changement dans les idées doit être attribué à la prédominance du sentiment religieux, et aux peines portées par l'Église et la législation.

La diminution du suicide n'est pas cependant aussi générale dans le christianisme que dans le mahométisme, ce qui s'explique par la différence des dogmes de la liberté et du fatalisme.

Malgré l'influence de la religion, on voit de temps en temps le germe du suicide se reproduire et se manifester, surtout dans les monastères, circonstance probablement due aux erreurs de vocation, à la prédominance de la rêverie sur la réalité, de la pensée sur l'action, à la mélancolie naturelle à l'homme, et surtout au développement de certaines formes de l'aliénation, parmi lesquelles l'*acedia*, la *démonomanie* méritent une mention spéciale.

C'est à partir du XVIe siècle que la tendance au suicide devient plus prononcée. Cette recrudescence se lie au retour des études de l'antiquité, au relâchement des croyances religieuses, à la liberté d'examen, aux apologies du suicide ; mais cette disposition reste exceptionnelle jusqu'à ce que, les théories étant descendues dans les faits, elle se généralise et éclate au XVIIIe siècle, favorisée par l'esprit de doute, qui est le trait caractéristique de ce temps.

Temps modernes. — L'analyse des formes diverses du suicide, aux principales époques de l'histoire connue, nous a amené jusqu'au seuil du XIXe siècle ; mais, par nos recherches sur l'ennui, elle nous a fait, en même temps, assister au réveil de la tristesse antique, qui va inaugurer une autre phase du mal. La douleur, en effet, sera toujours le partage de l'homme ; car, eût-il conquis la santé, le bien-être et la longévité, il lui faudra, en fin de compte, se séparer de ceux qu'il aime et de cette vie rendue si heureuse !

M. Caro, qui a fait sur la première édition de ce livre un remarquable essai critique, compare la tristesse de l'esprit antique à la tristesse épicurienne, née de la satiété et regrettant que la jouissance, toujours renouvelée, ne durât pas une éternité. C'est la glorification de l'heure présente, et l'oubli calculé de l'heure prochaine. La tristesse moderne, au contraire, est pour lui ce sentiment nouveau de la mélancolie rêveuse et passionnée, jouissant de sa douleur même, savourant ses blessures, cherchant et caressant sa souffrance secrète. Rien de pareil dans l'antiquité, rien d'analogue dans la littérature du xviie siècle.

La mélancolie du christianisme, née du sentiment profond du néant de la vie en face de l'éternité, du néant de l'homme en face de Dieu, en éveillant l'idée de l'infini dans l'âme, ne lui laissera plus de repos ni de paix, et la terre ne suffira plus à remplir ses désirs. Cette tristesse s'exhale déjà des psaumes, du livre de Job, des écrits des Pères de l'Église; elle anime la belle littérature du xviie siècle. C'est elle qui dicte à Corneille ces stances magnifiques où Polyeucte, sur le point d'être livré aux bêtes, jette l'anathème du martyr aux voluptés du monde. Elle inspire Pascal, écrivant ces incomparables pensées qui renferment l'infini en une phrase. Elle empreint la grande parole de Bossuet d'une poésie presque lyrique. Mais au fond de la mélancolie chrétienne il y a des idées religieuses, positives et précises, un objet défini, des limites fixées. L'âme ne s'abandonne pas à de stériles rêveries ; elle s'assujettit à des pratiques réglées, qui sont tout à la fois une discipline et un appui.

La mélancolie moderne a aussi pour origine le sentiment douloureux de ce qu'il y a d'incomplet dans la destinée de l'homme; mais, au lieu de recourir à la foi, elle se laisse envahir par le doute, et est arrêtée par la méditation de ce contraste qui existe entre les vœux de l'homme et la réalité. Il y a là un vague terrible, dans lequel l'imagination se perd avec délices, la volonté s'anéantit. Mais cette contemplation de l'âme par elle-même l'énerve insensiblement et la rend incapable d'agir.

Cette incapacité d'action produit bientôt l'impuissance de vivre; la foi n'existant plus, il ne reste que l'inconnu, l'énigme. Au terme de ces tristesses sans remède, puisqu'elles sont sans cause, apparaît l'idée du suicide, comme l'unique moyen d'échapper à la fatigue de vivre et de connaître le mot de la destinée. C'est ce sentiment de la mélancolie moderne qui a produit Werther, Jacopo Ortis, Manfred, René, Obermann, Adolphe, Raphaël, Jacques, etc., triste famille dont Hamlet est le premier modèle, et avec laquelle nous avons déjà fait, en grande partie, connaissance lorsque nous avons décrit les symptômes de l'ennui. Le néant de l'âme, agitée par les rêves, n'est-ce pas le caractère des types de cette génération, à la fois enthousiaste et sceptique, métaphysique et sentimentale; faible de volonté, violente de passion, pleine de contradictions et de caprices, dédaignant l'action et périssant par l'oisiveté, situation morale que personne n'a mieux décrite que Gœthe lui-même dans ses mémoires (1).

Cet aperçu résume bien l'état des âmes à la fin du dernier siècle et au commencement du nôtre; mais la vague tentative de Gœthe ne s'est pas arrêtée à lui. Chateaubriand, Lamartine, George Sand ont eu la même fascination de la mort. Pris de l'ennui de la vie, les grands poëtes ont traversé la tentative du suicide. Ils nous représentent, avec le vif de la réalité, ce mal du siècle, que l'un d'eux a défini une maladie où la mort ressemble à un voluptueux évanouissement dans l'infini. Ils ont créé une littérature du suicide dont l'influence a été grande sur la génération qui nous a précédés.

A la vérité, cette époque s'éloigne de nous, mais le suicide ne diminue pas pour cela: il a changé de caractère; il tient à des causes nouvelles qui n'ont plus rien de littéraire, et parmi lesquelles il faut mettre en première ligne l'avénement de la démocratie « Elle nous déborde de toutes parts, disait un jour devant nous l'illustre Royer Collard, le temps n'est pas éloigné où elle

---

(1) Kesner, *Souvenirs de la jeunesse de Gœthe.*

sera la maîtresse du monde. » Il faut, sans doute, s'habituer aux principes équitables du mérite distribuant les rangs ; de la hiérarchie, fondée sur les services et le talent. Mais aussi quelles perturbations produit un semblable ordre de choses ! Au lieu d'une phalange d'élite, c'est la foule qui se présente, et, comme la médiocrité domine, que de déceptions dans ces incapacités ambitieuses ! Le déclassement considérable de ces activités ardentes, qui veulent à tout prix être quelque chose, l'impuissance retombant dans l'abîme, l'intelligence trahie par une volonté médiocre, le talent mal servi par la fortune, voilà bien des déceptions qui doivent engendrer des désespoirs sinistres ; aussi chaque jour les archives judiciaires enregistrent-elles les suicides de ces malheureux.

Quelles pénibles réflexions ne doit pas, d'un autre côté, suggérer le contraste du luxe et de la misère moderne, à laquelle une demi-instruction a donné la conscience d'elle-même, qui rougit de son état, et s'aigrit au contact presque continuel de ces splendeurs qui sont le lot des heureux du siècle. Un pareil spectacle, en surexcitant la soif de l'or, jette des milliers d'hommes dans les entreprises les plus hasardeuses, dans les spéculations les plus gigantesques, mais qui peuvent conduire rapidement à la fortune ; n'avons-nous pas vu, au chapitre des causes déterminantes, le membre du parlement Sadlier laisser derrière lui plus de cinquante mille victimes et mourir en entraînant dans sa ruine des contrées entières ! Sans doute, tout le monde ne spécule pas, mais tout le monde, à peu d'exceptions près, soupire passionnément après le bien-être et la richesse. La fièvre est partout. On surmène son activité ; la jouissance s'exagère comme le travail. Il n'y a pas eu d'époque où l'on ait plus abusé de la vie. Il n'y en a pas eu où plus d'hommes tombent, au milieu de leur carrière, comme foudroyés. C'est Goethe qui l'a dit : « Dans tous les genres, l'activité sans repos finit par la banqueroute, » et cette banqueroute, c'est, pour un grand nombre, celle de la raison ou de la vie, c'est la folie ou le suicide. Cet exposé si vrai resterait sans conclusion, si nous oublions de nommer le ramollissement du cerveau (paralysie générale), autre maladie de ce siècle, terminaison fréquente de ce surmènement universel, dont les morts, dans toute la force de l'âge, se comptent par milliers !

Nous n'avons pu résister au désir de reproduire une partie de l'esquisse tracée par le professeur de philosophie de la Faculté des lettres de Paris, parce qu'elle indique les principales influences sociales de l'époque ; elle est, d'ailleurs, un des caractères distinctifs de l'ordre d'idées des philosophes qui excellent à généraliser, s'éclairant, sans doute, des signes du temps ; tandis que les médecins s'appuient exclusivement sur les faits qu'ils analysent, comptent et n'admettent que lorsqu'ils sont nombreux et pesés. Ces deux méthodes, si différentes l'une de l'autre, doivent être bien établies, car elles expliquent la ligne de démarcation qui existe entre les philosophes et les médecins, quoique les uns et les autres n'aient qu'à gagner à se connaître ; c'est ce qu'ont compris beaucoup de bons esprits, dont les ouvrages se sont enrichis, depuis quelques années, de notions pratiques prises à la physiologie de l'homme.

Dans notre première édition, nous avons dit quelques mots du changement produit par la réforme, les doctrines encyclopédistes, l'affaiblissement des buts d'activité, le sentiment exagéré de la personnalité, vendant son propre cœur et livrant, aux railleries de la foule, ce trésor secret des sentiments intimes qu'on avait toujours respectés. Nous nous bornerons cette fois à les énumérer, parce qu'il faudrait donner trop d'étendue à ces influences, qui pâlissent, d'ailleurs, devant la toute-puissance des intérêts matériels. Il en sera de même de la fureur de l'insuccès, de l'absence de la règle et du sens moral, du culte de la force, du mal des regrets, du tourment de l'avenir, et d'autres symptômes du temps présent, qui seront un jour l'objet des méditations des moralistes.

Comme conclusion générale de ces trois époques, on peut formuler les propositions suivantes :

1° L'antiquité, par ses doctrines philosophiques et religieuses, essentiellement panthéistes et mystiques, a été très-favorable au développement du suicide.

2° Le moyen âge, au contraire, par l'établissement de la religion chrétienne, par la prédominance du sentiment religieux et de la philosophie spiritualiste, a réussi à diminuer le progrès de ce mal.

3° Enfin, la période contemporaine, en propageant le doute, en exaltant l'orgueil, en faisant de l'amour de soi, du scepticisme et de l'indifférence, une sorte de code à l'usage du grand nombre, en développant outre mesure la doctrine des intérêts matériels, a donné une nouvelle impulsion au suicide. A ces causes; il faut joindre l'avénement du principe démocratique.

En appelant l'attention sur les influences sociales favorables à la production du suicide, nous avons imité l'exemple des annalistes qui, lorsqu'ils racontent une époque, un événement, ont soin d'en indiquer toutes les circonstances importantes. Nous plaindrions ceux qui accuseraient la civilisation et s'efforceraient d'arrêter sa marche, sous prétexte qu'elle traîne après elle le suicide, la folie et le crime. Des maux, quelque grands qu'ils soient, inhérents à notre nature et à nos institutions, ne sauraient être des motifs de reproches contre un ordre de choses qui n'a cessé d'améliorer le sort de l'espèce humaine. Évoquer la civilisation, n'est-ce pas, en effet, rappeler que, par ses progrès, la vie a acquis une durée plus longue, le bien-être s'est répandu, l'instruction s'est multipliée, la liberté a été mieux comprise, l'amélioration de tous est devenue le but d'une foule de cœurs généreux ? Depuis l'origine du monde, le mal a suivi le bien comme l'ombre suit le corps, mais l'observation apprend aussi qu'il a diminué par la lutte incessante du juste contre l'injuste. Tout homme qui aime ses semblables doit combattre le mal, c'est la ligne de conduite que nous nous sommes tracée, c'est elle qui va nous guider dans la recherche de l'accroissement du suicide en France et dans les pays où il existe des documents sur ce sujet.

La première chose à faire, après le coup d'œil jeté sur l'influence des idées, dans leurs rapports avec la production du suicide, est de rechercher s'il est en voie de progrès. La statistique sera notre guide pour cette seconde partie de notre travail.

Mercier, dans son tableau de Paris, avait compté, en 1783, 150 suicides (1) ; M. Guerry, de 1827 à 1830, a relevé 6 900 morts volontaires (2), ce qui donne un mouvement de près de 1 800 chaque année. M. Petit, directeur médecin de l'asile de Nantes, continuant l'histoire de ce sinistre martyrologe, a trouvé, de 1835 à 1846, 33 032 victimes, environ 3 002 par an. Ainsi, dans l'espace de 15 ans, 40 532 individus se sont donné la mort. En portant en moyenne le chiffre annuel des suicides à 2 000, depuis le commencement de ce siècle, or à partir de 1834, il dépasse 2 500, et de 1844, 3 000, on trouve que 128 000 ont abrégé leur existence. Mais cette évaluation est fort loin de la vérité, car en y ajoutant les morts par accident, derrière lesquelles se cachent plus d'une mort volontaire, les suicides dissimulés, les tentatives qui, sur 4 595 suicides de Paris, se sont élevées à 1 864, il faudrait élever ce chiffre à plus de 300 000 personnes. Que serait-ce, enfin, si l'on y joignait le nombre de ceux qui ont désiré la mort !

La constatation du nombre des suicides par périodes, peut donner lieu à des objections, pour les commencements de ces recherches, parce que les points de repère manquent, mais les soins apportés en France aux relevés, surtout dans ces dernières années, nous paraissent lever tous les doutes.

A Paris, dit M. le docteur Brouc, de 1794 à 1804, il y a eu 167 suicides par année, tandis que de 1814 à 1823, ce chiffre s'est élevé à 334, et de 1830 à 1835, il a été de 382 en moyenne (3).

---

(1) Mercier, *Tableau de Paris*, nouvelle édition, t. III, p. 137. Paris, 1783.

(2) Guerry, *Statistique morale de la France*.

(3) Brouc, *Considérations sur les suicides de notre époque*. (*Annales d'hygiène et de méd. lég.*, p. 223, t. XVI).

DU SUICIDE DANS SES RAPPORTS AVEC LA CIVILISATION. 487

Sa progression est beaucoup plus rapide dans les dernières années de ces diverses périodes. En 1817, il y avait 285 suicides suivis de mort; en 1826, 357; en 1835, 487; de telle sorte que, dans l'espace des 18 années antérieures à 1825, l'accroissement aurait suivi à peu près cette progression : 3, 4, 6.

Avant les années 1827, 1828, 1829 et 1830, période choisie par M. Guerry pour son travail, le ministre de la justice ne publiait pas de comptes rendus de la justice criminelle, il n'y avait, par conséquent, que des éléments incomplets pour faire les calculs ; et, d'après même cette publication, jusqu'à l'année 1834 inclusivement, les matériaux, quoique beaucoup plus exacts, confondaient les sexes. Le total des suicides, pendant ces quatre années, a été, comme nous l'avons dit précédemment, de 6 900, environ 1 800 par an.

Nos relevés ne commencent qu'en 1834, parce qu'ayant pris connaissance des procès-verbaux antérieurs, nous les avons trouvés si défectueux, que nous avons dû renoncer à nous en servir. Les quatre premières années du travail que nous avons entrepris pour la France donnent un chiffre supérieur à celui de M. Guerry, puisqu'il est de 9 166, ce qui fait pour chaque année environ 2 300 suicides, 500 de plus que celui indiqué par ce savant. Si nous réunissons les dix années, le chiffre annuel se trouve porté à 2 600, 800 de plus que celui de la statistique morale. Il y a une remarque à faire sur ce chiffre de 2 600, c'est qu'il est presque aussi considérable que celui des crimes entre les personnes, et qu'il égale au moins trois fois celui des meurtres et des assassinats réunis; on peut de là, fait remarquer M. Guerry, tirer cette conclusion, que sur 3 morts violentes en France, mais non par suite d'accidents ou d'homicides involontaires, il est presque certain qu'il y a 2 suicides.

La progression des suicides augmente à mesure que nous avançons dans le siècle. Nous avons soutenu cette proposition en 1849, avec nos matériaux; M. Legoyt la met en évidence dans son dernier mémoire, que nous allons bientôt faire connaître, et il est certain que le même résultat aura lieu pour l'aliénation mentale. C'est là une leçon décisive que nous donne la statistique (1). Ainsi pour Paris, en 1843, on compte 25 suicides de de plus qu'en 1842, 58 de plus qu'en 1841, 25 de plus qu'en 1840, 71 de plus qu'en 1839, 69 de plus qu'en 1838, 105 de plus qu'en 1837, 126 de plus qu'en 1836, 147 de plus qu'en 1835 et enfin 189 de plus qu'en 1834. Cette progression a ici une importance réelle à cause du soin avec lequel les commissaires de police font leurs enquêtes et rédigent leurs procès-verbaux.

Cette progression est bien autrement marquée pour la France. En 1843, il y eu 154 suicides de plus qu'en 1842, 204 de plus qu'en 1841, 268 de plus qu'en 1840, 273 de plus qu'en 1839, 434 de plus qu'en 1838, 577 de plus qu'en 1837, 680 de plus qu'en 1834, 715 de plus qu'en 1835 et 942 de plus qu'en 1834, c'est-à-dire une augmentation du tiers environ (3, 2).

On invoquera pour combattre l'opinion de l'accroissement du suicide, l'attention que l'on apporte à la confection des tableaux et l'augmentation de la population ; ce sont les mêmes arguments employés pour combattre le développement plus considérable de la folie dans les pays civilisés. Nous nous bornerons à répondre qu'il est aujourd'hui parfaitement démontré que ces pays sont ceux qui comptent un plus grand nombre de fous, de suicides, de criminels, de naissances illégitimes et de mendiants, ce qui tient à l'exercice exagéré du cerveau, à l'influence toute puissante des causes morales et en particulier de la douleur, en un mot à tous les excitants de la sensibilité et à la prédominance des sentiments. Nous verrons, d'ailleurs, cette augmentation se montrer en d'autres contrées. Quant à l'augmentation de la population, les statisticiens en tiennent grand compte; M. Legoyt, en établissant ses calculs, a eu soin de dire que le suicide progressait plus rapidement que la population et la mortalité générale.

(1) *Recherches statistiques sur le suicide dans la folie* (Ann. d'hyg., n° 89, t. XLII, 1849).

DU SUICIDE DANS SES RAPPORTS AVEC LA CIVILISATION. 489

Pour donner plus d'évidence à cette proposition nous allons invoquer le témoignage de ce savant, qui a bien voulu nous communiquer son mémoire manuscrit sur le *Suicide dans les divers États de l'Europe;* voici ce que nous présente pour la France le relevé qui embrasse la période de 1827 à 1860 (33 ans).

Moyenne annuelle des suicides.

1827 — 30	1 739	soit 54 par million d'habitants.
1831 — 35	2 119	64 —
1836 — 40	2 574	76 —
1841 — 45	2 951	85 —
1846 — 50	3 446	97 —
1851 — 55	3 639	100 —
1856 — 60	4 001	110 —

Ainsi en 30 ans, il y a eu une augmentation de 56 suicides par million d'habitants, et par an de 1,86. Cet accroissement est continu, mais variable; il ne s'arrête pas, comme l'atteste le compte rendu de la justice criminelle pour 1861; cette année, en effet, les suicides accomplis se sont accrus de 10 pour 100; comparativement à 1860, il y en a eu 4 554, au lieu de 4 050, et dans le département de la Seine, ils se sont élevés de 695 à 769 (1).

L'accroissement du chiffre des suicides, quelque explication qu'on en veuille donner, est donc un fait constant; l'influence rayonnante de Paris et d'autres grands centres nous fournira un nouvel argument en faveur de notre opinion. La comparaison des éléments urbain et rural en sera une preuve encore plus apparente.

Tous les relevés annuels des suicides ont constamment montré que le département de la Seine, et surtout Paris, attei-

(1) *Rapport de M. Delangle, ministre de la justice.* (*Moniteur universel*, 24 avril 1863.) — Voir le Mémoire de M. Hippolyte Blanc : *Du suicide en France.* (*Journal de la Société de statistique de Paris*, 1862.)

gnaient le maximum des proportions ; il n'est donc pas sans intérêt de rechercher si le voisinage de la capitale n'exerce pas une influence sensible sur les départements qui l'environnent. Or, voici ce que font connaître les comptes rendus de la justice : dans les départements de la Seine, de Seine-et-Oise, de l'Oise, de Seine-et-Marne et de la Marne, etc., les suicides sont annuellement avec les habitants dans la proportion de 1 sur 2865, 4984, 5547, 5596 et 6071. Ils ne sont plus que dans celle de 1 sur 42156, 51283, 57955, 90178, 92648 pour les départements de la Lozère, des Hautes-Pyrénées, de la Haute-Loire, de l'Ariége et de l'Aveyron. Il paraît dont certain que l'action morale de la capitale rayonne du point central vers les parties environnantes.

En général, dit M. Guerry, de quelque point de la France que l'on parte, le nombre des suicides s'accroît régulièrement à mesure que l'on s'avance vers la capitale. Nous avons repris ses calculs pour la période de 1834 à 1843, et nous avons également trouvé que cette progression est surtout marquée pour les départements que traversent les routes de Paris à Lyon, à Strasbourg, à Nantes ou à Bordeaux. En partant de cette dernière ville, on constate successivement : dans les départements de la Charente, 1 suicide sur 13161 habitants ; d'Indre-et-Loire, 1 sur 9953 ; du Loiret, 1 sur 8891 ; puis enfin 1 sur 4984 dans le département de Seine-et-Oise. Cette observation est générale. On peut donc regarder comme un fait parfaitement démontré que le nombre des suicides augmente régulièrement et dans toutes les directions, à mesure qu'on s'approche de Paris.

Dans quelques départements du Sud-Est, le nombre des suicides s'accroît également à mesure que l'on s'avance vers Marseille, de sorte que cette ville serait pour la Provence et le Dauphiné ce qu'est Paris pour le reste de la France. Une autre remarque du même auteur, c'est que les départements où l'on attente le plus souvent à la vie des autres, sont précisément

DU SUICIDE DANS SES RAPPORTS AVEC LA CIVILISATION. 491

ceux où l'on attente le plus rarement à la sienne, et réciproquement.

En retrouvant toujours la prédominance du chiffre des villes sur celui des campagnes dans l'addition du nombre des morts volontaires, on devait être naturellement conduit à relever les éléments de la population urbaine et rurale. C'est ce qu'a fait M. Petit, médecin en chef de l'asile de Nantes. Son tableau du rapport des suicides avec la population établit trois divisions basées sur la progression successive des suicides : les deux premières contiennent 29 départements, la dernière 28. Indépendamment du nombre de suicides propre à chaque département, il a tenu compte de la population urbaine et de la population rurale. Il est en effet nécessaire, pour arriver à des résultats plus précis sur les éléments du suicide par rapport à la population, d'étudier leur nombre proportionnel dans les villes et les communes rurales du même département. M. Archambault, qui a fait ce travail pour la Meurthe, a constaté que les villes de ce département ne renferment que la quatrième partie de sa population, et cependant dans l'espace de 11 ans (1834 à 1845) il y a eu 115 suicides dans les villes et 95 dans les campagnes, ce qui établit un rapport environ de 19 à 5. M. Étoc-Demazy est arrivé presque à la même conclusion. M. Petit, ayant embrassé tous les départements dans ses recherches, présente des relevés plus complets, et par cela même plus intéressants ; voici les moyennes de ses trois tableaux :

		Moyenne de la population des villes.	Moyenne de la population des campagnes.	Un suicide sur :
1re série.	29 départements	22 pour 100	78 pour 100	9 918 habit.
2e série.	29 —	19 —	81 —	18 984 —
3e série.	28 —	14 —	86 —	36 721 —(1).

M. Legoyt, qui a également recherché les proportions des

(1) Petit, *Recherches statistiques sur l'étiologie du suicide*. Thèse, Paris, 1850, p. 20, tab. 4.

suicides dans les capitales, les villes et les campagnes, a noté les résultats suivants :

Les suicides sont beaucoup plus nombreux dans les capitales que dans le reste du pays. Ainsi, tandis qu'on compte en Angleterre 69 suicides par un million d'individus, le nombre s'élève à 91 à Londres. La proportion est aussi sensiblement différente pour la France et Paris, puisqu'elle est de 110 pour l'ensemble des 86 départements, et qu'elle monte à 646 pour Paris (1860). Paris est donc la ville du monde où le suicide fait le plus de victimes.

En Prusse la proportion du suicide est de 123 pour la population entière et de 212 pour Berlin. Dans le Danemark proprement dit elle est de 288 pour la monarchie et de 447 pour Copenhague. La même différence, quoiqu'en bien moindre degré, se produit dans les villes et les campagnes. Aussi, pendant qu'en Prusse on compte en moyenne 187 suicides pour un million d'individus, appartement à la population totale, la proportion est de 102 dans les campagnes. La même recherche faite dans le Danemark donne lieu aux résultats ci-après : villes 307, campagnes 271.

Ces données s'appliquent à la période de 1856-1860. Dans la période précédente(1851-1855) la proportion était, pour les villes, de 303, et, pour les campagnes, de 232; ainsi, dans ces dernières années, les campagnes n'ont plus que 36 suicides de moins que les villes par million d'individus, tandis que la différence, qui était de 71 dans la période précédente, s'élevait à un chiffre plus considérable encore dans les périodes antérieures. Il y aurait, au moins en Danemark, une tendance à l'égalité, au point de vue de la fréquence du suicide, entre les populations urbaines et rurales.

La conclusion à tirer de ces faits est évidente. Le chiffre du suicide est plus considérable dans les capitales et les villes que dans les campagnes ; l'élévation ou l'abaissement du chiffre des suicides est donc, jusqu'à présent, en rapport direct avec la force relative de l'élément urbain ou rural. Il y a cependant lieu de présumer, d'après la distinction établie par M. Legoyt entre la dernière période et la précédente, qu'avec les années, le suicide dans les campagnes pourrait atteindre la proportion des villes et même la dépasser. Cazauvieilh n'aurait donc fait que devancer cette opinion en soutenant que le suicide est généralement aussi fréquent dans les campagnes, où les besoins de la civilisation se sont étendus que dans les villes. Les causes de cette fréquence chez les paysans sont, d'après ce médecin, l'absence de tout frein, l'ambition d'agrandir leurs propriétés, la cupidité et la passion des boissons alcooliques qui gagne de plus en plus les campagnes (1). Sans nier l'influence de ces passions, qui sont d'ailleurs favorisées par l'ignorance, il faudrait voir si ces faits ne rentrent pas dans l'action exercée par Paris sur les lieux circonvoisins.

Accroissement successif du chiffre des suicides, influence morale de Paris et des grands centres sur ce résultat, prédominance de l'élément urbain sur l'élément rural, tels sont les faits qui semblent démontrer l'action exercée par la civilisation ; nous allons trouver d'autres arguments dans les influences dues à l'état civil, aux professions, aux institutions religieuses et politiques.

Notre résumé de l'état civil, embrassant 4 595 cas, donne pour le célibat, 2 080, le mariage 1 644 et le veuvage 560 ; les renseignements manquent dans 331 cas. En réunissant les chiffres de la première et de la troisième catégorie, on voit que la proportion des individus qui sont plus ou moins privés de famille est de 2 640. Un premier fait qui résulte de cet examen, c'est que le célibat et le veuvage sont plus exposés aux atteintes du suicide que le mariage. Il y a cependant sur la statistique de l'état civil quelques remarques critiques à faire. On manque d'abord de rapports exacts entre les divers éléments de la popula-

(1) J.-B. Cazauvieilh, *ouvr. cité*, p. 250. Paris, 1840.

tion, puis il n'est pas prouvé qu'un célibataire qui a attenté à ses jours eût pu se garantir par le mariage d'une pareille fin ; tout en faisant ces réserves, il faut reconnaître que les exigences croissantes de l'état social, la gêne, la misère même qui suivent le mariage, surtout si la famille s'accroît dans une proportion ternaire et au-dessus, empêchent beaucoup de personnes de se marier ; les conséquences de cette résolution pour les célibataires sont : l'isolement, la lutte contre les passions, une vie souvent désordonnée, la tristesse, l'affaiblissement des sentiments affectifs et la perte des illusions. Quant au veuvage, plusieurs des morts qu'on y constate peuvent avoir leur raison d'être dans le froissement douloureux des affections, la rupture des habitudes, le dérangement de position et la perte des espérances.

Il semblerait à priori que le travail dût être un excellent préservatif contre les pensées de mort ; on a vu cependant dans le tableau des professions que les artisans formaient près de la moitié du nombre total des suicidés (2,70). Lorsqu'on décompose les divers éléments de ce chiffre, on s'aperçoit promptement que tel individu qui exerce une profession manuelle serait capable d'occuper un rang distingué dans les professions libérales. Beaucoup d'artisans ont des états qui exigent du goût et un degré d'intelligence assez élevé. Naturellement, ceux qui se trouvent dans cette catégorie désirent pour eux et pour les leurs de s'élever dans l'échelle sociale. Il y a d'ailleurs d'autres influences qui neutralisent l'action salutaire du travail chez les artisans. Les journaux, les spectacles, les livres, les réunions, la contemplation incessante du luxe, agrandissent considérablement le cercle de leurs idées. C'est ce qu'a fait observer avec beaucoup de raison un écrivain qu'on ne lit jamais sans y trouver des traits de mœurs qui peignent une situation. « Pour arriver à l'idée du suicide, dit-il, il faut un certain exercice de l'intelligence et une certaine fermentation des passions. Les hommes qui n'ont pas étudié, les femmes qui n'ont pas lu les romans, n'ont pas dans leurs peines recours au suicide. Aussi y a-t-il plus de suicides chez les peuples civilisés que chez les peuples barbares, et l'on a remarqué qu'en Orient il n'y avait de suicides que depuis l'influence qu'y ont prises les idées européennes. »

— « Le suicide n'est pas la maladie des simples de cœur et d'esprit, ajoute-t-il dans un autre endroit, c'est la maladie des raffinés et des philosophes ; et si de nos jours, les artisans sont, hélas ! atteints eux-mêmes de la maladie du suicide, cela tient à ce que leur intelligence est sans cesse agacée et aigrie par la science et par la civilisation moderne (1). »

Les professions marquent la place de l'homme dans la société, elles mettent en relief son individualité, en établissant ses rapports avec ses semblables. C'est par elles que les sentiments et les passions se dessinent nettement, parce qu'ils ont un mobile et un but. Cette influence des professions fait préjuger la part importante qu'elles doivent avoir sur la production du suicide dans les pays civilisés où elles tendent de plus en plus à envahir tous les rangs et à rétrécir le cercle des oisifs. C'est ce qu'un simple coup d'œil suffit à démontrer. A l'immobilité d'autrefois, a succédé un mouvement rapide et continuel où l'on se précipite au hasard, le plus ordinairement sans avoir mesuré ses forces, étudié ses aptitudes, souvent sans apprentissage suffisant, et par cela même avec plus de savoir-faire que de science. Au milieu de cette mêlée furieuse de la concurrence illimitée, les artisans se trouvent aux prises avec l'avilissement des salaires, le chômage, avec des désirs qui ne peuvent être satisfaits et des privations nombreuses. A ces causes d'irritation viennent se joindre la jalousie contre ceux qu'ils accusent de les exploiter et le besoin de s'étourdir de leurs maux dans les jouissances du cabaret ; de leur côté, les maîtres ne sont pas moins tourmentés par le succès de leurs rivaux, les mécomptes, les revers et les chutes qui sont les conséquences inévitables de

---

(1) Saint-Marc Girardin, *Cours de littérature. Du suicide et de la haine de la vie*. Paris, 1843.

ces luttes sans cesse renaissantes, où le triomphe de l'un est la ruine de l'autre. Les rivalités d'intérêts matériels ont, en effet, le triste privilége de soulever les passions dépressives, la jalousie, l'envie, la haine, la vengeance, d'où naissent ensuite l'hypochondrie, les idées noires, la mélancolie, le *tædium vitæ*, le spleen et la monomanie suicide.

Les inventeurs ne sont pas moins cruellement traités que les chefs et les soldats de l'industrie. Leurs découvertes sont presque toujours méconnues, quelquefois raillées ou accueillies avec une froide indifférence. Ils meurent sur un grabat ou périssent de leurs mains avec le doute affreux que leur création, destinée à porter si haut leur nom, n'est peut-être qu'une conception de la folie.

Le chirurgien Leblanc trouve, de concert avec Dizé, de l'Académie de médecine, le moyen d'extraire la soude du sel marin et d'enrichir la France de 20 millions. Il présente son travail au corps savant le plus renommé de son temps; le rapport de M. Darcet va lui être défavorable, lorsque éclate la révolution. Ce n'est plus la science qui se montre hostile à sa découverte, c'est la Convention qui confisque sa propriété. Ruiné, il ne reste plus à Leblanc qu'à mourir, il met un terme à son existence (1).

Sur la même ligne viennent se ranger les artistes que leur sensibilité exagérée rend les plus malheureux des hommes. Cet idéal sur lequel ils avaient concentré toutes leurs pensées, il faut l'abandonner pour satisfaire aux réalités de la vie. A moins d'être vigoureusement trempés, leur cœur se brise en se voyant méconnus, incompris, persécutés ou même tournés en ridicule. Ce triste résultat n'est pas moins à craindre, lorsque la nécessité s'oppose à ce que l'on suive la carrière pour laquelle on était né et paralyse ainsi la vocation. Que serait-ce si nous parlions de la vivacité de leurs rivalités, des blessures de leur amour-

(1) Dubois (d'Amiens), *Éloge de Dizé*, 25 août 1852.

propre, de l'intensité de leurs souffrances? Le Dominiquin met fin à ses jours, si l'on en croit ses contemporains, accablé par les persécutions de ses rivaux et surtout par celles de Ribeira, dit l'Espagnolet. Celui-ci, à son tour, se tue, ne pouvant vaincre le désespoir que lui a causé l'enlèvement de sa fille par le vice-roi don Juan.

Qu'y a-t-il alors de surprenant que ceux qui ont usé dans ces combats acharnés leur force, leur énergie et leur intelligence, pour conquérir ce qu'ils croyaient le souverain bien, à bout de ressources, complétement désillusionnés, n'étant pas soutenus par une forte éducation morale et religieuse, n'ayant en perspective que la misère, préfèrent se donner la mort à traîner une vie désormais sans espoir, à travers les privations, les douleurs et les larmes?

Les considérations que nous venons de présenter sur les professions en général, ont fait voir que l'instruction seule ou mal dirigée concourait à développer outre mesure la sensibilité chez les artisans parisiens et à fausser leurs idées morales. Le même fait existe en province, quoique à un degré moins marqué. Ainsi, en comparant les départements qui envoient le plus d'élèves aux écoles avec ceux qui en fournissent le moins, on constate une tendance à l'augmentation du nombre des suicides dans les départements où l'instruction est la plus répandue. Ce résultat n'a rien qui doive surprendre, car l'instruction sans une bonne éducation, ne remplit qu'incomplétement le but proposé. A quoi sert-il, en effet, de savoir lire, écrire et calculer, lorsque les espérances viennent à s'écrouler, si, de bonne heure, le caractère n'a pas été dirigé vers le bien et le devoir, si les aptitudes n'ont pas été convenablement développées? On se sent trop faible pour continuer sa route, trop fort pour retourner sur ses pas, et l'on se trouve déplacé partout; le découragement s'empare de l'âme, l'on s'abandonne à de mauvaises pensées, et l'instruction ne sert alors qu'à donner de perfides conseils et à égarer la conscience.

Ces détails sur plusieurs des influences qui favorisent le développement du suicide chez les peuples civilisés devaient être bornés à quelques aperçus ; c'est la marche que nous allons suivre en parlant des institutions politiques et religieuses.

On ne saurait contester que, lorsque l'autorité d'un seul prédomine, le cercle des idées ne soit beaucoup plus restreint qu'aux époques où chacun peut prendre part aux affaires, où les cerveaux sont autant d'alambics, et où les sentiments sont aussi divers que les personnes. Mais par cela même que la liberté est plus grande, les lois, en élevant des barrières infranchissables aux désirs déréglés, irréalisables, contraires aux conventions sociales, contribuent à développer la pensée du suicide chez ces esprits malades, impatients de tout frein, pour lesquels le sentiment est tout, le raisonnement rien ; comme plus les idées et les besoins se multiplient, plus les entraves aux infractions augmentent, il en résulte pour cette catégorie une proportion plus grande de morts volontaires. Ce n'est pas seulement par sa constitution même que la politique influe sûr cette fâcheuse tendance, elle y prédispose encore par les révolutions et les catastrophes qui en sont les suites. Les chefs qui président au mouvement des idées, et leurs disciples, entraînés au delà des bornes, ne tardent pas à être abandonnés par cet immense troupeau qui suit la tradition ; le désespoir s'empare des utopistes, et la folie ou le suicide viennent mettre un terme à leur existence. D'un autre côté, les victimes froissées dans leurs affections, leurs intérêts, le plus souvent réduites aux dernières extrémités, ne trouvent aux maux qui les accablent d'autres ressources que la mort. Ainsi s'explique pourquoi aux époques critiques et de transition, le nombre des suicides est plus considérable que dans les temps d'autorité et de calme. Il paraîtrait cependant que, pendant la tourmente, la tension des esprits et d'autres circonstances modifient quelquefois l'impressionabilité, car on a constaté qu'en 1830 et 1848, il y avait eu moins de suicides et de fous que les années précédentes. — Les angoisses occasionnées par le maniement des affaires sont aussi une condition de causalité du suicide, et l'histoire a enregistré plus d'un événement tragique arrivé à de hauts personnages. — Lord C..., dévoré par la plus insatiable cupidité, commet les excès les plus révoltants; enfin les cris des milliers de malheureux qu'il a dépouillés font explosion et parviennent jusque dans sa patrie, dont il a cependant augmenté la gloire et les richesses; malgré ses efforts, une enquête s'ouvre, la mélancolie s'empare de lui, et il termine de ses propres mains sa glorieuse carrière. — B... remplit avec la plus la plus haute distinction les missions diplomatiques dont il est chargé. Il attache son nom à une négociation que l'esprit de parti a pu seul dénigrer; des chagrins venant de haut lieu ne cessent de l'obséder; il prend en dégoût l'existence et brise lui-même cette vie devenue si misérable. — « La mort de B..., écrivait un jeune prince qui a laissé d'honorables souvenirs, m'a *funesté*, et je pense qu'elle t'a fait la même impression. Je laisse de côté le triste effet produit à N..., où les lois sur le suicide sont si sévères; ce qui me touche, c'est la recherche des causes qui ont pu amener ce malheur. B... n'était pas malade; il a exécuté son plan avec le sang-froid d'un homme résolu. J'ai reçu des lettres de M..., et d'autres qui ne me laissent guère de doute. Il était ulcéré contre le père. Il avait tenu à F... d'étranges propos sur lui. L'action que le père exerce sur tous est si inflexible, que lorsqu'un homme d'État, compromis avec nous, ne peut le vaincre, il n'a plus d'autre ressource que le suicide. » (Lettre trouvée lors du sac des Tuileries en 1848.)

Les institutions religieuses, mal dirigées ou mal comprises, n'ont pas de résultats moins fâcheux. C'est ainsi que le sentiment d'où elles émanent et dont l'universalité décèle la haute origine, n'étant pas suffisamment contenu, peut s'exagérer jusqu'à l'extase, au mysticisme, etc., ou s'égarer dans des terreurs exagérées. Mais si le sombre fanatisme, l'ennui, le dégoût de la vie et le désir de goûter un bonheur infini peuvent porter au suicide, la folie joue un grand rôle dans cette résolution, et il suffit de se rappeler les morts volontaires des moines de Cassien, et les tendances des aliénés qui se croient damnés, pour ne conserver aucun doute à cet égard. — Il y a, d'ailleurs, aussi, dans l'élément religieux, un côté vague et mystérieux, inconnu et terrible, qui doit d'autant plus vivement agir sur les imaginations impressionnables, que chez elles le sentiment a toujours la part la plus grande. Cette influence de la religion est surtout sensible lorsque la conscience est aux prises avec le devoir ; et quand l'esprit n'est pas doué de force, il finit par succomber sous le poids de ses scrupules et de ses remords. La crainte, telle est, en effet, la principale condition de causalité du suicide chez les individus d'une religion peu éclairée et d'un caractère faible, surtout lorsque l'esprit est prédisposé par les récits effrayants et par la peur du diable. Cet enseignement négatif n'est pas moins nuisible en conduisant souvent au doute qui épuise et anéantit toute force morale. On courrait bien moins de dangers si, au lieu de lutter contre les passions qu'on excite encore plus par cette conduite, on s'occupait à les utiliser et à leur donner une bonne direction.

Parmi les conditions de causalité signalées, nous avons constamment remarqué que la civilisation était surtout influencée par la prédominance des sentiments, qui ne permettaient plus au raisonnement de se faire entendre; les renseignements, que nous avons pu nous procurer sur un certain nombre de localités où les suicides ont été constatés, pourront éclairer les lecteurs et leur permettre de se former une opinion.

Une première observation à faire, avant de nous livrer à nos recherches statistiques, c'est qu'il ne peut y avoir qu'une analogie incomplète entre des peuples qui diffèrent les uns des autres par la race, le tempérament, le caractère, les mœurs, les institutions et la littérature. A voir la vivacité du Français, la rapidité avec laquelle il prend une détermination, la pensée se présente naturellement à l'esprit qu'il aura eu le temps de se donner deux fois la mort, avant que l'Anglais, si flegmatique, si compassé dans ses démarches, n'ait fini d'élaborer son projet. Aussi y a-t-il lieu de croire par ce seul aperçu physiologique, que le nombre de suicides est plus considérable en France qu'en Angleterre et peut-être dans les autres pays. Nous maintenons néanmoins que partout où il y a effervescence des passions, agglomération d'hommes, la proportion des suicides est très-marquée, avec les modifications que comportent les différents degrés de la sensibilité.

L'accroissement du suicide en France, déjà indiqué par nous il y a plus de 18 ans (1) et qui vient d'être établi d'une manière incontestable par M. Legoyt, a été également démontré par ce savant pour diverses contrées de l'Europe. Ses résumés ont une importance assez grande pour que nous les transcrivions ici, ainsi que les réflexions qu'il en déduit. Généralement, dit-il, les états officiels ne nous ont pas permis d'étudier les suicides que pour un petit nombre d'années récentes. Il en a été autrement toutefois pour les pays ci-après : Bavière (1844-1861); Danemark (1835-1860); France (1827-1860); Hanovre (1825-1858); Mecklembourg (1811-1861); Prusse (1816-1860); Saxe-Royale (1834-1858); Suède (depuis 1780).

Pour ces pays, on peut affirmer que le suicide progresse plus rapidement que la population et que la mortalité générale. La marche la plus prompte a été observée dans la Saxe-Royale, le Danemark et la Suède ; l'accroissement du nombre des suicides y varie de 5 à 2 chaque année par million d'habitants. Pour la France, le taux d'accroissement annuel est de 1.86, et pour la Bavière de 1.77. Le Mecklembourg, la Prusse et le

---

(1) *Quelques remarques sur le suicide* (*Annal. d'hyg.*, t. XXV, p. 423, 1846). — *Mémoire cité* (*Annal. d'hyg.*, t. XLII, p. 89, 1849.) — *Du suicide et de la folie du suicide*, 1re édit., 1856. — Hippolyte Blanc, *Du suicide en France*. (*Journal de la Société de statistique de Paris*, 1862.)

Hanovre viennent, immédiatement après, dans les rapports suivants : 1.80, 1.40, 1.20.

Voulant déterminer (sous le bénéfice des observations que nous avons faites en commençant) la fréquence du suicide selon les pays, nous en avons recherché, continue l'auteur cité, le nombre pour un million d'habitants dans des périodes assez rapprochées, pour que cette comparaison fût, autant que possible, l'expression des faits actuels.

Voici pour les divers pays, objet de cette étude et par ordre d'accroissement de fréquence, le résultat de nos relevés.

Suicides par un million d'habitants. — Saxe Altembourg, 303 ; Danemark, 288; Saxe-Royale, 251; Sleswig, 209 ; Holstein, 173; Mecklembourg (Schwerin), 159; Lauenbourg, 156; Oldembourg, 155 ; Hanovre, 128 ; Prusse, 123 ; France, 110 ; Bade, 109; Norvége, 94 ; Bavière, 73 ; Angleterre, 69 ; Suède, 66 ; Belgique, 55 ; Autriche, 43 ; Écosse, 35 ; États-Unis, 32 ; Espagne, 14.

S'il était possible d'admettre l'exactitude des faits qui ont servi de base à cette comparaison, on pourrait dire que le suicide domine dans les états de l'Allemagne du Nord et dans les diverses parties du Danemark. La Suède et la Norvége, quoique appartenant à la même race, se placent à une assez grande distance du Danemark.

L'Angleterre, contrairement à une opinion généralement adoptée, se trouve aux derniers rangs dans l'ordre de la fréquence du suicide. La mort volontaire ne fait également qu'un petit nombre de victimes en Belgique, en Autriche et en Espagne, trois pays catholiques.

La France occupe une position intermédiaire ; elle viendrait au même rang que la Belgique, l'Autriche et l'Espagne, s'il était possible d'éliminer les suicides de Paris qui forment le septième du total afférent à la France entière.

Ces] données générales qui précisent nettement la question et la résolvent affirmativement dans le sens de l'accroissement, vont se trouver corroborées par les faits particuliers qui nous seront fournis par chacune des contrées sur lesquelles nous avons pu nous procurer des renseignements statistiques. Sans doute, ces matériaux n'ont pas toujours la précision désirable, et dans quelques-uns de ces pays, ils nous serviront simplement de documents, sans qu'il soit possible d'en tirer des conclusions rigoureuses ; mais, malgré cette réserve, nous nous trouvons dans des conditions bien meilleures que lorsque nous avons entrepris ce travail pour la première fois : aussi nos affirmations seront-elles plus positives. Nous avons la certitude qu'avec le concours des savants qui président officiellement en Europe aux recherches statistiques, il ne restera plus de doute d'ici à quelques années sur la marche progressive du suicide, lorsqu'il est sous l'influence de certaines idées dominantes.

La statistique de la Grande-Bretagne, par laquelle nous commençons cette revue, en suivant l'ordre alphabétique, constate pour l'Angleterre proprement dite et le comté de Galles, en 1838, 1 058 suicides (751 hommes, 307 femmes); en 1839, 943 (636 hommes, 307 femmes), en tout, 2 001; ce qui, pour une population de 15 900 000 habitants (1840), établirait, d'après l'opinion d'un éminent statisticien, M. Farr, en moyenne par année, une proportion de 1 suicide sur 15 900 individus; tandis qu'en France, avec des relevés bien plus complets, il est vrai, elle serait de 1 sur 13 461 habitants. — Quant au chiffre de Londres, il a été pour ces deux années de 419, environ 209 en moyenne, chiffre bien inférieur à celui de Paris pour les mêmes époques.

Nous rapprochons de cette statistique la suivante, qui a été publiée par le *Registrar general*.

Dans les cinq années 1852-1856, 5 415 personnes ont, en Angleterre, mis fin à leur existence par le suicide, savoir : 3 886 hommes et 1 529 femmes. La moyenne annuelle des suicides parmi les hommes est de 777.2, et parmi les femmes de 305.8. D'après la moyenne générale, plus de 1 000 personnes (1 083.) se sont suicidées chaque année. Le nombre le moins élevé de suicides a été de 1 031 en 1853, et le plus élevé de 1 182 en 1856.

La majorité des suicides a lieu entre les âges de 35 à 45 ans, 33 personnes des deux sexes se sont tuées à l'âge de 10 ans, et 14 personnes des deux sexes à l'âge de 85 ans (1).

M. Legoyt a noté, dans les quatre années de 1858 à 1861, 5 235 suicides, en moyenne 1 308 par année (2), ce qui indiquerait un accroissement.

L'auteur de la première statistique fait observer que les artisans sont plus frappés que les cultivateurs, et parmi les artisans, ceux qui vont en journée, travaillent au dehors, sont moins exposés que les ouvriers d'une constitution faible qui vivent sédentaires, et ont peu d'aisance et de repos. — On a aussi remarqué que le suicide était plus commun dans les comtés du sud et du Nord, où le plus grand nombre des habitants savent lire et écrire, que dans ceux où l'instruction est moins répandue. Les auteurs anglais ont émis l'opinion qu'il n'y a pas lieu de croire que le suicide ait augmenté, depuis quelques années, dans leur pays.

Nous n'avons pas à discuter cette question ; nous ferons seulement observer qu'il y a eu en Angleterre 12 055 morts par accidents en 1838, et 11 980 en 1839, sur lesquels on compte annuellement 1 000 submersions, sans que les procès-verbaux établissent si la mort, dans ce cas, a été le résultat d'un suicide ou d'un accident (3). Il ne faut pas d'ailleurs perdre de vue que les Anglais rangent parmi les aliénés un grand nombre de morts volontaires, tandis qu'on regarde en France comme suicides tous ceux dont le trépas violent ne peut pas être imputé à l'homicide. Cette différence d'appréciation doit en établir une dans les résultats; mais, cependant, il faut reconnaître que la Grande-Bretagne ne saurait maintenant être classée parmi les pays qui comptent le plus de suicides.

Les morts violentes de l'empire d'Autriche se sont élevés en

(1) *Moniteur universel* du 6 octobre 1858.
(2) Tous les relevés statistiques dont les sources ne sont pas indiquées, nous ont été communiqués par M. Legoyt.
(3) *Third annual Reports of the registrar general of births, deaths and marriages in England*, p. 81. London, 1841.

moyenne annuelle à 1 643, pendant les années qui se sont écoulées de 1852 à 1857, ce qui donne 43 morts volontaires par million d'habitants, proportion faible par rapport à celle d'autres pays, qu'indique la statistique des divers États de l'Europe.

Les journaux allemands ont appris qu'on allait modifier en Autriche l'ancien mode, suivi jusqu'à présent pour l'enterrement des suicidés, dans le sens des dispositions du Concordat, passé avec la cour romaine.

Il a été, en effet, résolu que tous les cas de suicide seraient examinés par une commission, qui déciderait si l'individu jouissait de son libre arbitre ou non. Le rapport du médecin sera communiqué à cette commission, et le curé de la localité aura droit d'assister à ses séances. Quand le curé sera d'accord avec la commission, l'enterrement aura lieu suivant les formes qu'il déterminera. Au cas contraire, on s'en référera au gouverneur de la province.

Pour que ces formalités puissent être remplies, on commencera toujours par inhumer le corps des suicidés en dehors du cimetière (1).

Le nombre de suicides en Bavière a été en progressant, durant l'espace de dix-huit années. Ainsi de 1844 à 1860, on a constaté un accroissement de 50 suicides par million d'habitants; il s'est élevé à 61, de 1851 à 1854, et à 73, de 1857 à 1861.

M. le docteur Mayer, d'Ansbach, qui a publié un bon travail sur les suicides de ce royaume, établit que leur accroissement, qui l'emporte sur l'accroissement proportionnel de la population, est, d'après les tableaux de statistique, le résultat de l'augmentation considérable du prix des subsistances pendant ces dernières années et de l'insuffisance des salaires. Il montre qu'il décroît avec l'agitation politique et reparaît avec le calme; il est plus fréquent dans les villes que dans les campagnes. L'auteur fait remarquer que l'infériorité des femmes, par rapport aux hommes,

(1) *Moniteur universel,* 13 novembre 1857.

n'existant pas chez les aliénés, on doit en conclure que cette cause est loin d'exercer son action sur tous les cas de mort volontaire.

La religion a mérité d'être prise en considération parmi les éléments du mal; ainsi, à égalité de population, le suicide est, chez les protestants trois fois plus commun que chez les catholiques, et d'environ un tiers plus fréquent que chez les juifs. Les personne mariées y sont plus exposées que les célibataires.

La moitié des suicidés jouissaient d'une bonne santé. On a constaté, chez le cinquième environ, un dérangement intellectuel; et chez le quart, une affection corporelle. Chez beaucoup il existait des conditions de famille ou de fortune peu favorables; chez les deux cinquièmes environ, ces conditions ne laissaient rien à désirer. Les suicides par suite d'affection mentale paraissent plus communs parmi les catholiques que parmi les protestants. (1)

La Belgique a compté, pendant les quatre années de 1835 à 1838, 620 suicides, ce qui donne en moyenne par année, 155, et pour la population, évaluée alors à 4 260 631 habitants, 1 suicide sur 27 488. Le nombre des morts volontaires a peu varié dans ces quatre années. De 1840 à 1844, il y a eu 1 161 suicides, et 1 267 de 1845 à 1849; ainsi, dans ces dix années, on a noté 243 suicides en moyenne par an, et 55 par un million d'habitants. Le chiffre de cette seconde série aurait donc subi une augmentation sur la première. Comme dans tous les relevés, la proportion a été plus considérable parmi les provinces qui renferment de grandes villes; celle du Brabant, qui est le siége de la capitale, a eu le chiffre le plus élevé de morts violentes. Les professions se sont ainsi réparties : arts et métiers, commerce, 243 ; cultivateurs, 235 ; professions libérales, 124 ; domestiques, 30. On retrouve ici la prédominance des professions libérales, manuelles, qui s'exercent, en général, dans les villes, sur celles

(1) C. Fr. Mayer, à Ansbach, *Études statistiques dans le royaume de Bavière*. Ce travail contient 124 pages et de nombreux tableaux bien faits.

qui s'adonnent aux travaux d'agriculture ; l'aliénation figure au chapitre de l'étiologie pour 276, et les causes morales pour 147. (1)

Le grand-duché de Bade, le Danemark et les duchés, l'Espagne ont fourni les renseignements suivants : le premier de ces États a eu 109 suicides par million d'habitants ; le second, dans les cinq années 1856 à 1860, a enregistré 7 236 suicides, en moyenne 447 par an, soit 288 par million d'habitants ; de 1835 à 1861, dans l'espace de 21 ans, il y a eu une augmentation moyenne de 79 morts violentes par million d'habitants, et par année de 3.8.

Pour la dernière période, les duchés ont offert les résultats suivants :

A Sleswig   84 suicidés, soit 209 pour un million d'habitants;
A Holstein   92   —   173   —
A Lauenbourg 8   —   8   —

Enfin, l'Espagne a présenté en 1859 198 suicides et 235 en 1860, ce qui donne en moyenne pour les deux années 14 par million d'habitants.

Si nous consultons la statistique de M. Prévost, nous trouvons que dans le canton de Genève, il y a eu pour une période de dix ans (1825-1834), 133 suicides, environ 13 1/2 par an. Le rapport du nombre des morts volontaires a été à celui des décès de 1 sur 90 1/8. Dans le département de la Seine, en n'ayant égard qu'aux suicides suivis de mort, cette proportion est de 1 sur 42. Le rapport du nombre des suicides à la population totale du canton (moyenne 53 000 âmes) est de 1 sur 3 985 habitants. Chaque année, le nombre des morts volontaires a paru s'accroître. De 6 qu'il était en 1824, on le voit s'élever en 1833 à 24. Il y a sans doute des oscillations, mais l'accroissement reprend ensuite son cours (2).

(1) *Statistique* de M. Heuschling, p. 51.
(2) Prévost, *Note sur le suicide dans le canton de Genève* (*Annal. d'hyg.* t. XV, p. 125. 1836).

En Hanovre, les relevés ont constaté :

	Moyenne annuelle.	soit par million d'habitants.
De 1825 à 1843	140 suicides	83
De 1848 à 1852	196 —	109
De 1853 à 1858	128 —	128

Il y a donc eu une augmentation de 45 suicides par million d'habitants, soit 1.8 par année.

Cette progression du suicide a été également établie dans la ville libre d'Hambourg. Déjà Schœn avait écrit qu'il y avait eu dans cette ville, en 1827, six fois plus de suicides qu'en 1821. Sans admettre cette différence, la *Bibliothèque universelle* (juin 1835) reconnaît que, dans un intervalle de peu d'années, les morts violentes y ont considérablement augmenté. En 1854, pendant le mois de juillet, il y a eu à Hambourg 24 suicides, chiffre énorme en comparaison de la population de cette ville, qui se compose de 120 000 âmes (1).

D'après les recherches du docteur Spengler, on a noté en 1848, dans le duché de Mecklembourg-Schwerin, 69 cas de suicides, soit 1 sur 7 478 habitants ; en 1846, 82 cas, soit 1 sur 6 367 ; en 1847, 71 cas, soit 1 sur 7 353 (2). Un relevé de 1811 à 1861, établit qu'il y a eu un accroissement de 80 suicides par million d'habitants, en 45 ans, soit 1.8 par année.

La Prusse, suivant le témoignage d'un grand nombre d'auteurs, occupe en Allemagne un chiffre élevé dans l'addition des suicides. D'après une statistique envoyée à M. le docteur Morel de Maréville (3), et qui s'étend de 1834 à 1843, le nombre de morts volontaires aurait été, dans cette période décennale, de 15 103 (12 359 hommes, 2 744 femmes). — En 1834, la proportion des suicides était de 1 359, le chiffre de la population de 13 509 927 habitants, ce qui donne 1 suicide sur 9 941 habitants.

---

(1) *Feuille de Hanovre.* (*Débats*, 14 août 1854.)
(2) *Union médicale*, 14 décembre 1848.
(3) *Note communiquée* par M. Diétrici, chef de bureau de statistique.

En 1843, la population s'élevait à 15 447 440 habitants, et le chiffre des suicides à 1720, d'où résulte évidemment une augmentation dans les meurtres de soi-même, puisque le rapport est de 1 suicide à 8 081 habitants. Dans ces divers chiffres ne sont pas compris les enfants, et il importe de savoir qu'en Prusse les suicides à 9, 10, 11, 15 ans ne sont pas rares. D'après l'ordre de répartition, le Brandebourg, qui renferme la capitale de la Prusse, est le premier en tête des États ; viennent ensuite la Silésie, la Saxe, la Poméranie, la Prusse, le duché de Posen, la Westphalie et les provinces rhénanes. Dans le Brandenbourg, la proportion des suicides est de 1 sur 6 800 habitants, et le tiers de tous ceux commis dans le royaume, tandis que dans la Westphalie, la proportion n'est plus que de 1 sur 29 444. On ne saurait méconnaître l'accroissement du nombre des suicides en Prusse, comme il avait été établi pour Berlin, d'après M. Quetelet. De 1758 à 1775, rapporte le célèbre directeur de l'observatoire de Bruxelles, on a compté 45 suicides; de 1778 à 1797, 62; de 1797 à 1808, 128 ; de 1813 à 1822, 546 (1). Le témoignage de M. Schœn vient ajouter un nouveau poids à ces faits. Selon lui, à Berlin, le rapport des suicides aux décès n'était en 1798 que de 1 à 900 morts ; or, ce même rapport se trouverait en 1828 de 1 à 100 (2). Enfin, dans un numéro d'août 1854 de la *Gazette nationale* de Berlin, on lisait :

« Jamais il n'y a eu autant de suicides qu'à présent, et par suite on n'a jamais trouvé plus de cadavres abandonnés. On attribue ces suicides à l'extrême cherté des vivres, et aussi aux chaleurs extraordinaires d'été (3).

Des relevés statistiques, faits depuis 1816 jusqu'en 1860, donnent les résultats suivants pour ce royaume.

(1) Quetelet, *Essai de physique sociale*.
(2) Schœn, *De la civilisation en Europe*.
(3) *Moniteur universel*, 27 août 1857.

	Hommes.	Femmes.	Total.
1814—1820	637	155	792
1821—1830	872	189	1 061
1831—1840	1 143	254	1 397
1841—1850	1 354	315	1 669
1851—1860	1 715	402	2 117
	5 721	1 315	7 036

Il résulte de ce tableau qu'en 35 ans, les suicides se sont accrus de 49 par million d'habitants et de 1.4 par année moyenne. Dans les villes, on compte 187 suicides par million, et dans les campagnes, 102 pour le même chiffre. (Legoyt.)

D'après la *statistique médicale et officielle des États sardes* (terre ferme), publiée en 1855 par le gouvernement piémontais sous la direction d'un savant, M. le docteur Bonino, le nombre des suicides dans ce royaume irait également en augmentant. Selon ce document, on aurait trouvé :

	Sur une population de	Suicides.	Pour le rapport.
En 1824	3 474 707 habit.	51	soit 1 sur 72 053
— 1830	3 972 490 —	60	— 1 — 57 572
— 1838	4 125 735 —	82	— 1 — 50 313

ce qui donnerait pour la première époque 12 suicides par million d'habitants, pour la seconde 13 et pour la dernière 15.

D'après une statistique de M. Terchio, sur le suicide en Piémont, Paris serait la capitale qui produirait le plus de morts volontaires, et Turin le moins. La première a eu, en effet, en 1855 1 suicidé sur 2 178 habitants, la seconde seulement 1 sur 9000 (1).

Nous manquons de renseignements exacts sur la Russie. Au premier abord on serait disposé à admettre que cette contrée présente un effectif peu élevé de suicides, c'est au moins ce que sa constitution apparente et l'exclamation qu'un de ses plus célèbres écrivains met dans la bouche d'un paysan porteraient à

(1) *Presse*, 17 mars 1854.

croire; mais la mort tragique de Lemontof et de plusieurs autres personnages remarquables prouve qu'il n'en est pas ainsi. Les faits que nous allons rapporter démontreront d'ailleurs que cette maladie s'observe dans cet empire, encore si peu connu. Parmi les gouvernements russes situés entre le 42° et le 52° degré de latitude, au nombre de 25, et dont la population de chacun était en moyenne de 777 746 habitants, on a compté, en 1819 et 1820, 1 suicide sur 38 882 habitants. Il y a eu, au contraire, dans les gouvernements russes, situés entre le 54° et le 64° degré de latitude, au nombre de 27, avec une population moyenne, de 808 854 habitants, 1 suicide sur 54 577 habitants. Ces chiffres, fait observer M. Brouc, attestent la coïncidence d'une production beaucoup moindre de suicides en Russie, avec une population plus considérable pour les gouvernements exposés à des saisons plus rigoureuses. Il ne faut pas cependant oublier que cette seconde série contient les deux grandes capitales de l'empire, dont les suicides se sont ainsi classés : gouvernement de Moscou, population 1 322 600 habitants, 1 suicide sur 55 108 individus; gouvernement de Saint-Pétersbourg, population 728 000 habitants, 1 suicide sur 29 475.

Le nombre des suicides annoncés dans le gouvernement de Saint-Pétersbourg est le 1/10 et une fraction de ceux constatés dans les gouvernements de la même zone, et le 1/23 et une fraction de tous ceux accomplis à cette époque dans la Russie entière. Il y a loin de ce chiffre avec la proportion de 1/6, qui était de 1827 à 1830, celle du département de la Seine par rapport à la France (1).

Les révolutions dont la Russie a été le théâtre, son mode de gouvernement, les influences climatériques et atmosphériques, la folie (2), doivent nécessairement avoir une influence sur la

(1) Marshall, *Digest of all accounts*, etc., 1833, p. 55. —Brouc, *Mémoire cité.*

(2) Une dame, d'une illustre famille de ce pays, qui a été dans une maison de santé de Paris, tourmentée par des persécutions exercées contre les catho-

production du suicide. Les deux communications suivantes montrent qu'il sévit fortement parmi les classes inférieures.

Il ne faut pas croire, dit un écrivain, que les serfs russes ne protestent pas à leur manière contre les maux dont les accablent les intendants; outre les seigneurs qui périssent chaque année de mort violente et dont le chiffre dépasse 20 et s'élève quelquefois beaucoup plus haut (nous lisions, en effet, dans un livre récent, que dans le courant de l'année dernière il y en a eu 60 de tués). Qui pourrait nombrer les suicides où les entraînent non-seulement leurs peines intellectuelles ou morales, mais les mauvais traitements dont ils sont victimes et le désespoir de leur misère? D'après la statistique de M Herman, sur un chiffre de 652 suicides qui se sont produits dans la seule partie occidentale des provinces du centre de l'empire, on en a compté, en 1821, 458 parmi les serfs; l'année suivante, sur un total de 673, ces mêmes serfs figurent pour 498 (1).

Voici un fait curieux que l'on peut lire dans le *Moniteur officiel* de 1791 : « Catherine II, lors de sa guerre contre les Suédois, obligée de faire de nombreuses levées d'hommes, et ne sachant plus où les trouver, déclara que tout sujet russe qui s'engagerait volontairement contre les Suédois aurait la liberté, au bout de quelques années de service. Aussitôt les serfs de quitter en foule les terres seigneuriales et d'accourir sous les drapeaux. Mais Catherine avait compté sans la noblesse. Celle-ci cria à la spoliation, et réclama la restitution des serfs qu'on lui avait enlevés. Catherine eut peur et céda ; les serfs durent renoncer à l'uniforme et reprendre leur triste livrée. Inconsolables de cette déception, et redoutant, d'ailleurs, le courroux de leurs maîtres, un grand nombre de ces malheureux aimèrent mieux se faire

liques, devint aliénée, et, pour se préparer au martyre, elle se brûla une main dans un accès de délire. Nous avons nous-même reçu plusieurs Russes aliénés.

(1) Leouzon le Duc, la *Russie contemporaine*, p. 300, Paris, 1853.

périr que de l'affronter. Ce suicide en masse eut lieu dans une prison où on les avait enfermés (1). »

La Saxe a droit à une mention spéciale pour le développement considérable du suicide. Ainsi dans le duché de Saxe-Altenbourg, la moyenne des suicides, de 1858 à 1861, a été de 41, soit 303 pour un million d'habitants, c'est le rapport le plus élevé qu'on ait trouvé jusqu'à présent.

Dans le royaume de Saxe, les suicides se sont distribués en vingt-quatre ans de la manière suivante :

	H.	F.	Total.	
1834 — 1840	145	64	209	soit 126 sur un million d'habit.
1841 — 1846	267	79	346	— 196 —
1847 — 1852	318	66	384	— 213 —
1853 — 1858	402	110	512	— 251 —

Enfin, les deux derniers pays de l'Europe sur lesquels nous possédions des documents ont également présenté un accroissement de suicides. C'est l'opinion du professeur Magnus pour la Suède, du moins à l'époque où il a publié son traité *de l'alcoolisme chronique;* nous avons déjà donné sur ce sujet une note au commencement de ce livre. Voici ce qu'on lit dans le *Traité des dégénérescences* de M. Morel :

« De 1836 à 1845, la Suède a compté 2 157 suicides (1,737 hommes, 420 femmes). La mortalité naturelle a été dans le même temps de 64 212 individus du sexe masculin, âgés de 25 à 50 ans, et celle par mort violente, de 1 082 du même âge, ce qui donne, à peu de chose près, 1 suicide sur 57 hommes; ce chiffre, déjà énorme, atteindrait une proportion vraiment effrayante, celle de 1 sur 39, si l'on considérait comme suicidés tous ceux qui sont morts en état d'ivresse ou des suites de l'intoxication alcoolique (2). »

Mais d'après M. Legoyt, la Suède et la Norvége se placeraient à une assez grande distance du Danemark, ce pays ayant

(1) Leouzon le Duc, *La Russie contemporaine,* p. 300. Paris, 1853.
(2) *Traité des dégénérescences physiques, intellectuelles et morales de l'espèce humaine,* par M. le docteur Morel, 2 vol. 1857. Analysé par A. Brierre de Boismont. (*Union médicale,* 21 mars et 2 mai 1857.)

288 suicides sur un million d'habitants, tandis que la Norvége n'en compte que 94 et la Suède 66.

Voici au reste ces relevés. La Norvége a fourni :

Périodes.	Moyenne annuelle.	Par million.
De 1851 — 1855	154 suicides.	105
De 1856 — 1860	145 —	94

Les chiffres de la Suède ont été distribués de la manière suivante :

Périodes.	Moyenne annuelle.	Par million.
1780 — 1807	62 suicidés.	38
1808 — 1830	115 —	47
1831 — 1835	164 —	55
1836 — 1840	214 —	69
1841 — 1845	212 —	66
1846 — 1850	229 —	67
1851 — 1855	253 —	71
1856 — 1859	204 —	66

Il semblerait résulter que l'augmentation considérable signalée par le docteur Magnus n'a eu qu'une durée passagère, et que l'accroissement, tout en ayant lieu, a été inférieur à celui des autres parties de l'Allemagne et de la Scandinavie sur lesquelles nous avons appelé l'attention. Cette différence de chiffres doit tenir aux sages mesures prises par le gouvernement suédois, lorsqu'il a connu ces déplorables conséquences de l'ivresse, et aux heureux résultats qui en ont suivi l'exécution.

Nous avions placé directement autrefois les États-Unis à côté de l'Angleterre, à cause de l'origine commune des deux peuples; mais ayant trouvé plus convenable d'étudier la question d'abord en Europe, nous ferons maintenant connaître le peu que nous avons recueilli sur cette partie du nouveau monde.

En 1860, dit M. Legoyt, il y a eu 1 002 suicides, soit 32 pour un million d'individus.

Le docteur Brigham, qui a relevé les suicides de cette contrée pour l'année 1844, a trouvé 184 cas (154 hommes, 30 femmes). La proportion du sexe féminin ne serait plus ici que de 1 sur 5, 1. Parmi 172 suicides dont les époques ont été indiquées, 104 se sont accomplis dans les mois les plus chauds, et 68 pendant le reste de l'année. Les États qui en ont compté le plus sont ceux de New York 44, de Pensylvanie 25, de Massachusetts 20, de la Louisiane 13, les autres ne présentent que de faibles unités. Parmi les causes présumées, on a noté les peines morales pour 37, l'aliénation pour 29, les abus alcooliques pour 14 et les maladies pour 3 ; les autres cas, montant à 100, ne contenaient aucun renseignement. Les genres de mort auxquels les suicidés ont eu le plus fréquemment recours ont été : la pendaison 64, la submersion 26, les armes à feu 26 et la section de la gorge 25 (141). Sur le chiffre total il y avait 15 étrangers, le reste se composait d'Américains. De ces 184 individus, 93, dont l'état civil était indiqué, se distribuaient de la manière suivante : mariés 59, célibataires 32, veuf et veuve 2 (1). — Le même auteur, dans une nouvelle notice, fait observer que le nombre des suicides a été bien plus considérable dans la ville de New York, relativement à la population, que dans les autres parties de l'État. En 1845, le chiffre total des habitants de l'État s'élevait à 2 233 272, et celui de la ville à 371 223. Or la proportion des suicides dans New York a été de 1 suicide sur 8 838 habitants, et de 1 sur 23 263 pour le reste de l'État (2). L'aliénation mentale paraît avoir une part importante dans la production du suicide aux États-Unis ; ainsi le compte rendu de l'asile du Maine constate que sur 868 individus aliénés admis dans cet établissement, 101 avaient présenté des symptômes de cette maladie, et que sur ce nombre 51, dont plusieurs étaient très-gravement atteints, avaient parfaitement guéri. L'esprit religieux mal dirigé entre aussi comme élément dans la production du suicide; les mémoires de M. Barnum contiennent un fait favorable à cette

(1) Brigham, *Statistics of suicides in the United states* (*American Journal of insanity*, vol. Ier, p. 225, 1844-1845).
(2) *Ibid.*, vol. III, p. 352. — Balbi, en ne tenant compte que des villes, donne une moyenne pour Boston et NewYork, de 1 sur 12 644 habitants. — *Tableau de la balance du globe pour 1827.* (*Revue encyclopédique*, 1854.)

opinion. « En 1831, dit-il, l'Amérique était en proie à une fermentation religieuse qui avait une tournure sauvage; on se suicidait par piété, on assassinait par dévotion (1). »

Il y a sur les États-Unis à faire une remarque qui, si elle était prise en considération par des hommes compétents, pourrait fournir des renseignements statistiques intéressants. La population de ce grand empire est composée de deux races distinctes, la blanche et la noire. Il résulterait des publications de Leuret et de M. Boudin que les suicides d'esclaves seraient fréquents dans ce pays. Déjà Esquirol avait dit que les nègres se donnaient souvent la mort, à bord des vaisseaux négriers, par la douleur d'être arrachés à leur sol natal, séparés de leur famille, accablés de mauvais traitements, et par la croyance qu'ils retourneraient dans leur patrie. D'après un document de M. Baly, cité par M. Boudin, les morts violentes, chez les nègres de New York, seraient deux fois plus considérables que celles de la population blanche, et la proportion des femmes nègres serait à celle des femmes blanches comme 1 425 est à 430 (2). M. Boudin attribue surtout ce résultat à l'influence du climat; ainsi il dit qu'en Amérique, passé le 36ᵉ degré de latitude, on voit apparaître l'esclavage, et que c'est à mesure que la race nègre s'éloigne de cette zone qu'elle est attaquée par la folie. L'action des climats est hors de doute, mais il y a évidemment autre chose. Comment, sans cela, les Italiens seraient-ils si peu enclins de nos jours au suicide, tandis que dans l'ancienne Rome cette maladie faisait parmi eux tant de victimes? Pourquoi les Anglais, qui comptent aujourd'hui un grand nombre de morts volontaires, en avaient-ils si peu du temps de la conquête romaine?

(1) *The life of P.-T. Barnum, writen by himself*; London, 1855.— Émile de Montégut, *Types américains, le Puffiste*. (*Revue des deux mondes*. Avril, 1855.)

(2) Baly, *On the mortality in prisons and the diseases most frequently fatal in the prisoners*. (*Transact.*, vol XXVIII, p. 113).— Boudin, *Pathologie comparée* (*Annales d'hygiène et de médecine légale*, t. XLII, p. 53. Paris, 1849.)

En résumé, les documents statistiques sur l'Europe et les États-Unis que nous avons pu consulter, ont établi que partout où il y avait une surexcitabilité nerveuse, des souffrances morales et physiques, le suicide était commun, et que dans la plupart de ces pays il allait en augmentant. Nous allons maintenant continuer notre étude dans des contrées fort éloignées de nous, dont naguère encore plusieurs nous étaient complétement fermées : là les chiffres nous feront défaut ; mais les exemples soumis à notre interprétation, faciles à contrôler et à vérifier par la rapidité de plus en plus grande des communications, nous permettront de constater si les mêmes causes produisent les mêmes résultats.

Malgré les réserves que nous avons faites sur la nature de plusieurs documents et les conclusions à en tirer, il est difficile de ne pas reconnaître que, partout où les excitants de la sensibilité générale sont très-développés, la proportion des suicides ne soit considérable. Parmi ces documents eux-mêmes, il en est qui, par l'exactitude avec laquelle ils ont été recueillis, par le caractère des hommes qui les ont rédigés, réclament une attention sérieuse ; et cette catégorie est précisément celle où l'on admet l'opinion de la progression des morts volontaires. Dans les pays où manquent les éléments statistiques, on peut voir que les affections dépressives ont une influence marquée sur cette fatale tendance. L'histoire est là, d'ailleurs, pour attester qu'avec des civilisations fort variées mais avancées, des populations, des villes entières, sous l'imminence de grandes catastrophes, n'ont pas hésité à se donner la mort, pour échapper à leurs ennemis. Dans les contrées, au contraire, où le dogme du fatalisme a préparé les hommes à courber la tête devant toutes les éventualités de la vie, on constate la rareté, pour ne pas dire l'absence du suicide.

Ainsi, quand bien même l'élément statistique, dont nous sommes loin de diminuer l'utilité, viendrait à nous faire défaut, nous retrouverions, dans l'analyse morale des nations et des hommes, les matériaux nécessaires pour juger la question, parce qu'en effet le point capital est la connaissance approfondie des passions et des idées dominantes. Déjà nous avons, à différentes reprises, fortement insisté sur l'importance de ce sujet ; nous allons encore essayer de lui donner quelques développements.

« Le chiffre, fait observer M. Étoc Demazy (1), compte les faits matériels, il les généralise ensuite pour les élever à l'état de principes ; mais les croyances, les sentiments intimes, la volonté intérieure et profonde de faire le bien ou le mal, le jugement que nous portons nous-mêmes de nos actions, le sens moral enfin sont des faits de conscience qui échappent par leur nature aux recherches du calcul ; la conscience n'est pas matière; elle n'est pas mesurable; elle ne peut s'exprimer par des chiffres. » Cette conviction, qui a toujours été la nôtre, nous a porté de très-bonne heure à faire le bilan moral des hommes qui ont été en rapport avec nous, et le résultat de cet examen a été que les passions, greffées sur le tempérament, le caractèfe, le degré de sensibilité ou d'irritabilité, l'aptitude intellectuelle, l'éducation, étaient les véritables mobiles des actions ; encore faut-il ne jamais perdre de vue qu'il y a une distinction très-essentielle à établir entre les passions avouées et les passions cachées. Deux hommes de talent ont pour mission, l'un de défendre un accusé, l'autre d'éclairer la justice sur les caractères du crime ; la lutte est à la hauteur des intérêts qui sont en jeu, chacun se retire émerveillé. Pénétrez plus avant dans les motifs de cette argumentation si savante, si vigoureuse, si brillante, vous y découvrez deux rivalités dont l'une a succombé dans une lutte connue ou cachée, et pour lesquelles la cause n'a été qu'un prétexte de s'attaquer, de se vaincre et de se venger d'une préférence. Presque tous les suicides exécutés avec liberté que nous avons analysés, un grand nombre même de ceux dus à la folie, nous ont révélé l'influence d'une passion bonne ou mauvaise. Les chiffres ne pourraient ébranler notre opinion sur ce point. Aussi n'hésitons-nous pas à déclarer que partout où la sensibi-

(1) Étoc Demazy, ouvr. cité, p. 80.

lité sera exagérée, partout où les souffrances seront multipliées, on comptera beaucoup plus d'infortunés qui se donneront la mort que dans les contrées où cette propriété sera moins développée et où les causes de stimulation seront plus limitées.

Passions tristes, douloureuses, oppressives, voilà le lot de l'humanité; on a beau les dissimuler, les dérober à tous les regards sous les dehors du bonheur, de la fortune, de l'empire de soi-même, dès qu'un observateur attentif s'est introduit dans la place, il sait ce qu'il doit croire des victoires de l'homme sur les misères et les douleurs morales.

Mais, dira-t-on, des milliers de personnes subissent ces épreuves, sont torturées par la douleur et n'attentent pas à leurs jours. Cela est vrai, et la remarque concernant l'irritabilité propre à chacun serait déjà une réponse à cette objection, si je n'en avais pas une autre à faire valoir. Au début de ma carrière, écrivais-je dans ma *Deuxième étude de l'influence de la civilisation sur le développement de la folie*, je fus placé, par ce que les uns appelleront le hasard, et moi ce que j'appelle la Providence, comme médecin ordinaire, ou plutôt comme petit médecin, dans de grandes familles, et, après un noviciat de plusieurs années, je savais, pour mon propre compte, que penser de ces névroses, de ces gastralgies, de ces maladies organiques du cœur et de l'estomac, de ces affections célébrales, etc., attribuées à l'irritation, à l'inflammation, à l'asthénie et à tant d'autres causes aussi profondes ; les secrets de ces existences si enviées m'étaient dévoilés, le suicide volontaire n'avait pas eu prise sur elles, mais le suicide moral, causé par le chagrin, ne les tuait pas moins sûrement, et j'aurais pu répéter avec un auteur célèbre : « Non, le bonheur n'a pas d'enseigne (1). »

Les passions, et surtout les passions dépressives sont, dans notre état de société, les causes le plus puissantes des morts violentes, et elles conduisent à ce résultat par leur conséquence

(1) A. Brierre de Boismont, *Deuxième étude de l'influence de la civilisation sur le développement de la folie*. (*Annales méd.-psych.*, 1853.)

inévitable, la douleur, qui constitue le phénomène initial du suicide. Cette action de la douleur dépend du développement en excès de la sensibilité, si bien nommée *émotivité* par M. Cerise. Chez les peuples civilisés, il existe une grande exaltation des sentiments moraux. Sentir, voilà le plus ardent de leurs désirs. Aussi a-t-on eu raison de soutenir que, dans la plupart des cas, c'était par le cœur et non par l'esprit, que l'aliénation mentale s'établissait chez l'homme.

La souffrance morale, telle est donc en dernière analyse l'origine la plus fréquente du suicide. Dans cette immense mêlée de la vie, tous souffrent, mais ceux-là surtout que la nature a doués d'une organisation nerveuse, impressionnable, susceptible à l'excès. Lorsque la douleur est arrivée à sa dernière période, qu'elle n'a plus de relâche, qu'elle a brisé les forces, les consolations humaines sont des mots vides de sens, car le moi ne les entend plus et le désespoir n'a d'autres issues que la folie ou le suicide.

L'observation de l'homme, partout où elle est possible, atteste ce pouvoir de la douleur, et c'est ce que vont confirmer les documents qui nous sont fournis par les voyageurs.

Les historiens ont rapporté que les Mexicains et les Péruviens, après la conquête de leurs pays par les Espagnols, la destruction de leur religion et de leurs lois, se donnaient la mort dans leur désespoir. Il en périt des milliers de cette manière (1).

M. Cattlin raconte, dans son ouvrage sur les Américains, que les Indiens se suicident quelquefois lorsqu'ils reviennent sans scalp, et qu'ils ne peuvent mettre une queue d'ennemi derrière eux.

On lit dans le voyage de M. Edmond Combes en Égypte et en Nubie : « Un misérable Turc, ayant à se plaindre d'une esclave, lui infligea lui-même une rude bastonnade; la victime, ayant trouvé le châtiment trop rigoureux pour sa faute, qui était légère, résolut de se donner la mort. Elle planta un pieu sur les bords d'un puits, y attacha fortement une corde, se passa un

(1) Esquirol, *Maladies mentales*, t. II, p. 591.

nœud coulant autour du cou et se laissa glisser dans le puits; son maître, l'ayant malheureusement découverte avant qu'elle eût expiré, la fit aussitôt retirer de la citerne, lui fit donner quelques soins, et lorsqu'il lui eut rendu ses forces, il la manda près de lui, lui appliqua une nouvelle bastonnade, et l'ayant solidement garrottée : « Puisque tu veux mourir, lui dit-il, je ne m'y » oppose pas, mais comme tu m'appartiens, je te choisirai un » genre de mort à ma manière. » Alors il lui passe sous le bras la corde avec laquelle elle avait voulu se pendre, attache cette corde au même pieu, sur les bords du même puits, et y jette cette malheureuse qui vécut, dit-on, huit jours, et mourut lentement, après avoir supporté d'horribles souffrances (1). »

La religion mahométane oppose des barrières presque insurmontables à la pensée du suicide. Élevés dans les croyances fatalistes, imbus de la doctrine que rien n'arrive sans la volonté d'Allah, les musulmans sont résignés à tout, et il suffit de les voir devant leurs maisons en feu pour se convaincre qu'ils joignent l'exemple au précepte. Il est possible cependant que le contact européen actuel modifie ces croyances? Ne voyait-on pas dernièrement à Alger, pour la première fois, un Arabe épouser une de ses compatriotes suivant la loi française? C'est peut-être aussi à cette influence qu'il faut attribuer le suicide suivant:

« Un acte de désespoir assez rare dans les habitudes de la population arabe s'est produit ces jours-ci dans un douar de la tribu des Cheurfas, situé entre les villages d'Aïn-du-Boudinar et du Font-du-Chelif.

» Une jeune femme indigène qui vivait en mauvaise intelligence avec quelques membres de la famille de son mari, n'a pu résister aux chagrins qu'elle en éprouvait et s'est précipitée dans le Chélif, où elle s'est noyée, abandonnant dans le gourbi qu'elle habitait son enfant âgé d'un mois et demi à peine. Son corps a été relevé par les soins de l'autorité judiciaire et soumis à une

(1) *Presse*, 18 septembre 1846.

autopsie qui a démontré que la mort ne pouvait être attribuée à un crime (1). »

M. Eugène Flandin, qui a beaucoup voyagé en Perse, fait observer qu'en ce pays, comme en Turquie, quel que soit le sort d'un individu, jamais on ne le voit, contre les décrets de Dieu, dans cet état de révolte qui conduit au suicide. L'homicide contre soi-même y est complétement inconnu (2).

La Chine est une des nations où le suicide paraît se pratiquer depuis la plus haute antiquité, et les faits actuels prouvent que cette barbare coutume n'a pas cessé d'exister.

M. le docteur Morache, médecin de l'ambassade française à Pékin, nous écrivait, le 10 juin 1863, de cette capitale : « Le suicide est très-fréquent chez les Chinois, moins que chez les Japonais cependant; ces deux peuples tiennent si peu à la vie, qu'il leur en coûte guère de la quitter, à condition toutefois de ne pas trop souffrir, car ils craignent la douleur. Les pendaisons et la mort par l'ouverture volontaire du ventre sont loin d'être rares, surtout chez les femmes, et le cabinet où j'écris cette lettre, autrefois l'appartement du palais d'un riche Chinois, nommé Esur, a été le théâtre d'un drame conjugal terminé de cette façon. L'histoire ne date que de quelques années, et nos jardiniers, servant alors dans cette même maison, croient que leur ancienne maîtresse revient encore la nuit se lamenter sur sa triste fin. »

On possède, depuis l'entrée des armées européennes dans l'empire chinois, des faits nombreux touchant les suicides de cette contrée.

Le *Sun* a publié l'extrait suivant de la correspondance d'un Anglais qui habite ce pays :

« Selon les rapports les plus exacts, 70 000 rebelles ont été publiquement exécutés à Canton à partir du commencement de la guerre; le 17 février dernier, 27 000 ont été suppliciés à Shan-

(1) *Courrier de Mostaganem.* (*Débats*, du 10 août 1863.)
(2) *Souvenirs d'un voyage en Perse.* (*Revue des deux mondes*, p. 1134 septembre 1852.)

King-Fu et 25 000 à Blenheim-Reach, après la prise de cette forteresse. J'ai visité la place des exécutions à Canton ; le terrain est noir de sang séché ; dans un coin sont amoncelés les vêtements des condamnés et la mèche de cheveux qui leur est enlevée avant le supplice en signe de dégradation. Dans les environs de Blenheim, des maisons spéciales ont été élevées dans un but curieux. Là les rebelles condamnés à mort peuvent se pendre ou s'empoisonner pour éviter l'exécution publique et le déshonneur. Beaucoup d'entre eux, surtout les femmes, profitent de cette faveur. Les supplices, en effet, sont horribles. Dernièrement, un des chefs des révoltés, Kam-Sin, qui, l'automne dernier, a tenu en échec toute la partie nord de la ville, fut coupé en cent huit morceaux. Ses principaux lieutenants et 700 de ses soldats subirent le même sort (1). »

« Il s'est passé à Nankin, dit *l'Estafette*, d'après un missionnaire français, une chose assez remarquable au commencement de cette année. On entendit pendant plusieurs jours un vacarme extraordinaire : tous les pétards, tous les tam-tams et tous les canons chinois semblaient s'être donné rendez-vous à Nankin. Aussi s'agissait-il de noces en masse. Les chefs rebelles, pour attacher davantage leurs subordonnés à leur cause, ont voulu les fixer au sol par le mariage et la propriété. Ils ont distribué, selon les mérites de chacun, les principales habitations de la ville aux soldats venus du Kouang-si et du Hou-kouang, et leur ont fait épouser à chacun une des nombreuses jeunes filles tombées en leur pouvoir.

» La joie de ces noces, quelque grande ou affectée qu'elle ait pu être, a dû s'assombrir bien des fois à la vue des scènes de désespoir qu'elles ont occasionnées. Des centaines de femmes, ne pouvant se résoudre à partager le sort de ces aventuriers, ont préféré mettre fin à leurs jours, comme au temps de la prise de Nankin, en s'étranglant, se jetant à l'eau ou s'ensevelissant sous les débris des habitations auxquelles elles avaient mis le feu (2). »

(1) *Moniteur universel* du 13 janvier 1856.
(2) Journal *la Presse* du 14 novembre 1856.

« Le spectacle, offert par la Chine, écrit-on de Shangaï, le 18 juin et le 10 juillet 1861, au journal anglais *le Globe*, est navrant : les Taepings ne cessent d'incendier et de piller les villes et les villages qui se trouvent sur leur chemin ; partout la misère et la dévastation. Au reste, les impérialistes, pas plus que leurs ennemis, ne font quartier. Toute la population est en proie à la terreur. Aussitôt qu'une ville est prise, les habitants, sachant le sort qui les attend, se tuent; tous les genres de mort suicide leur sont bons (1). »

« Les crimes des rebelles viennent enfin d'avoir leur châtiment et leur terme. Le correspondant du *Times*, en Chine, annonce la chute de Nankin, tombé au pouvoir des impérialistes, le 19 août, après plusieurs jours de combat. Le Tien-Wang, empereur des révoltés, s'est empoisonné pour ne pas se laisser prendre vivant. En entrant dans son palais, on le trouva expirant; plusieurs de ses femmes s'étaient pendues aux arbres du jardin, afin d'imiter l'exemple de leur auguste époux (2). »

« Il est impossible, dit un érudit, de parcourir le livre *Si-Yuen* sans demeurer convaincu que le nombre des attentats contre la vie des hommes est très-considérable, et surtout que le suicide est très-commun. On ne saurait se faire une idée de l'extrême facilité avec laquelle les Chinois se donnent la mort; il suffit quelquefois d'une futilité, d'un mot, pour les porter à se pendre ou à se précipiter au fond d'un puits ; ce sont les deux genres de suicide le plus en vogue. Dans les autres pays, quand on veut assouvir sa vengeance sur un ennemi, on cherche à le tuer. En Chine, c'est tout le contraire, on se suicide. Cette anomalie tient à plusieurs causes, dont voici les principales : d'abord la législation chinoise rend responsables des suicides ceux qui en sont la cause ou l'occasion. Il suit de là que lorsqu'on veut se venger d'un ennemi, on n'a qu'à se tuer, et on est assuré de lui susciter par ce moyen une affaire horrible. Il tombe immédiatement entre les mains

(1) *Le Siècle* du 10 novembre 1840.
(2) *Italie*, 1ᵉʳ octobre 1864.

de la justice, qui tout au moins le torture et le ruine complétement, si elle ne lui arrache par la vie. La famille du suicidé obtient ordinairement dans ces cas des dédommagements et des indemnités considérables ; aussi, il n'est pas rare de voir des malheureux, emportés par un atroce dévouement à leur famille, aller se donner stoïquement la mort chez des gens riches. L'exemple de la demande en dommages et intérêts, qui tend à faire chez nous de grands progrès, nous a donc été donné par ce peuple si corrompu ! En tuant son ennemi, le meurtrier expose au contraire, ses propres parents et ses amis, les déshonore, les réduit à la misère, et se prive lui-même des honneurs funèbres, point capital pour un Chinois, et auquel il tient par-dessus tout. Il est à remarquer, en second lieu, que l'opinion publique, au lieu de flétrir le suicide, l'honore et le glorifie. On trouve de l'héroïsme et de la magnanimité dans la conduite d'un homme qui attente à ses jours avec intrépidité pour se venger d'un ennemi qu'il ne peut écraser autrement ; enfin, on peut dire que les Chinois redoutent bien plus les souffrances que la mort. Ils font bon marché de la vie, pourvu qu'ils aient l'espérance de la perdre d'une manière brève et expéditive : c'est peut-être cette considération qui a porté la justice chinoise à rendre le jugement des criminels plus affreux et plus terrible que le supplice même (1) ! »

Un voyageur, témoin oculaire, a donné les détails suivants, touchant un suicide public accompli récemment à Hong-Kong par une veuve inconsolable :

« Il y a quelques jours, rapporte le correspondant du *Sun*, passant dans un faubourg, je me joignis au cortége d'une jeune femme, toute vêtue d'écarlate et parée d'ornements d'or, qui se rendait en palanquin, en invitant la foule à la suivre, dans un lieu où elle allait se pendre elle-même, afin d'échapper par le suicide au triste sort d'une veuve sans enfants. Elle espérait par le sacrifice

(1) *Journal de médecine et de chirurgie pratiques*, juillet 1856, p. 334 et suiv.

de sa vie acheter le bonheur d'une réunion immédiate à l'époux que la mort avait séparé d'elle. Dans un champ voisin de la maison de la veuve, un échafaud avait été dressé, au centre duquel s'élevait une potence. L'emplacement était couvert de curieux de l'un et de l'autre sexe. Les femmes étaient en nombre dominant; elles étaient vêtues de leurs plus beaux habits, comme si c'eût été un jour de réjouissance. Le cortége ayant atteint le pied de l'échafaud, la veuve descendit de son palanquin, aidée d'un de ses proches. Elle remercia la foule de son empressement à la venir voir, puis elle se mit à table sur l'échafaud et mangea en compagnie des femmes qu'elle avait invitées. Elle paraissait prendre à ce repas un plaisir extrême. On lui présenta un enfant qu'elle caressa et dont elle orna le cou d'un collier qu'elle portait elle-même; puis elle jeta à la foule une corbeille toute remplie de fleurs après quoi elle prononça un petit discours afin de faire connaître les raisons qui la déterminaient à quitter la vie. Enfin, une salve de trois boîtes annonça le moment fatal; mais il y eut un peu de retard à cause de l'absence d'un des frères de la veuve. Cela me permit d'examiner à l'aise ce que j'avais sous les yeux. La potence était formée de deux poutres supportant un fort bambou, au milieu duquel pendait une corde rouge. Le frère attendu s'étant présenté, la veuve monta sur un escabeau placé sous la corde, passa sa tête dans le nœud coulant, fit un signe d'adieu à la foule, et s'étant mis un foulard rouge sur le visage, se prépara à s'élancer dans le vide. On lui cria en ce moment que le nœud coulant était mal fait, elle s'empressa de le refaire, et ayant enfin rejeté l'escabeau, elle accomplit son suicide. Cependant la mort ne fut pas immédiate ; avec un sang-froid extraordinaire, elle envoyait encore de ses deux mains des saluts à la foule, jusqu'à ce qu'enfin la strangulation étant devenue complète, l'immobilité de la mort s'ensuivit. Le corps resta pendu l'espace d'une heure, après quoi les parents de la morte détachèrent son cadavre, puis se disputèrent la corde qui avait servi au suicide. C'est le troisième spectacle de ce genre qui est donné depuis quelques semaines.

Les autorités sont impuissantes à s'opposer à ces actes de folie ; un monument est toujours élevé à la mémoire de la veuve héroïque (1). »

La manie du suicide chez les Chinois les accompagne dans les pays étrangers, où ils émigrent momentanément.

« Une troupe d'acteurs chinois se trouvant à New York, sans argent, résolut un jour de se pendre en masse. Ils plantèrent des crochets aux quatre murs de leur chambre commune, assujettirent à ces crochets des bouts de corde terminés par un nœud coulant, et ils allaient, sur le commandement de leur directeur, y passer leur tête quand on ouvrit la porte. Cinq minutes plus tard, les trente-trois Chinois étaient pendus (2). »

On trouve dans l'ouvrage de M. Robert Tomes (*Panama en 1855*) un autre exemple de ces suicides au dehors :

« Les quarante-huit milles d'Angleterre qui séparent les deux océans sont franchis actuellement en quatre heures et demie; mais les obstacles apportés par le climat, les maladies et la nature même du terrain avaient d'abord paru insurmontables. Les fatigues, les privations étaient telles qu'après la retraite de tous les travailleurs, des ouvriers chinois, engagés par d'impitoyables entrepreneurs, se donnèrent la mort par centaines pour échapper à des souffrances devenues intolérables et auxquelles on leur défendait de se soustraire. Sur 800 de ces malheureux entraînés là par des promesses trompeuses, et aussi intéressants par leur courage qu'à plaindre pour leur sort, à peine s'il en survécut 200 qui, épuisés par la peste et les chagrins, furent transportés à la Jamaïque, où ils mènent aujourd'hui la triste existence de mendiants, après avoir vu leurs compatriotes mourir dans les plus affreux tourments (3). »

Au Japon, le suicide est souvent le résultat d'un ordre du souverain, et celui qui le reçoit l'exécute aussitôt, avec une décision

(1) *Moniteur universel*, 24 mars 1861.
(2) Oscar Comettant, *Trois ans aux États-Unis; le Siècle*, 9 mars 1854.
(3) *Moniteur universel*, 15 mai 1856.

qui semble attester le peu de cas qu'on fait de la vie dans cette contrée où l'intelligence et l'instruction sont cependant convenablement développées.

L'Opinion nationale extrait d'une lettre écrite de Yeddo, le 6 janvier de cette année, par un Français, les détails suivants :

« Les Japonais qui traversaient samedi les principales rues de Hondjo, qui est le quartier aristocratique de Yeddo, ont été surpris, non point de voir une maison couverte de haut en bas de tentures blanches, mais d'en rencontrer jusqu'à quatorze présentant le même aspect. La tenture blanche annonce en effet que la justice du taïkoun est descendue sur la maison qui s'en est revêtue; elle annonce qu'un ordre impérial est venu trouver le maître du logis ; elle annonce que dans la journée même un samourvi, c'est-à-dire un noble, un grand personnage ou même un obourjo ou haut fonctionnaire, a été condamné à s'ouvrir le ventre.

» Voici donc ce qui s'est passé dans chacune de ces quatorze maisons. Le coupable ou l'homme supposé tel, après avoir reçu l'avis du taïkoun, a fait à la hâte les préparatifs du grand voyage de l'éternité. Il a réuni autour de lui ses amis les plus chers et ses parents les plus proches; il a vidé avec eux une quantité honnête de cruches de zukki (eau-de-vie de riz) et de flacons de vin doux, en mangeant force sucreries et en égayant l'assemblée par ses saillies les plus spirituelles et ses meilleurs lazzi sur l'instabilité des choses humaines, jusqu'au moment où est arrivé enfin l'inspecteur impérial chargé d'assister à l'exécution de l'ordre souverain.

» Le maître de la maison, se levant alors de la natte sur laquelle il était assis, a adressé à ses amis un discours d'adieu : *Scinara! Scinara!* Au revoir! au revoir! Et, passant avec l'inspecteur et deux ou trois parents dans une autre pièce, il a entendu la lecture solennelle de son arrêt de mort, et tirant son sabre, s'est fendu d'un premier coup le ventre en travers, puis en long d'un deuxième, et s'est coupé la gorge d'un troisième.

Il arrive souvent que le condamné s'arrête après le premier coup ; mais, dans tous les cas, un domestique de confiance placé derrière lui met fin à ses souffrances, en lui tranchant la tête. Quel crime avaient commis ces malheureux, qui tous étaient de grands personnages? Je l'ignore, et tout le monde l'ignore comme moi. J'entends dire qu'ils avaient été convaincus d'être partisans trop sincères de l'alliance avec les Européens ; d'autres parlent d'une conspiration mystérieuse ; mais ce ne sont, je le répète, que de simples hypothèses (1). »

Il paraîtrait, d'après un passage des *mémoires* d'un Indien moderne, que le suicide, si commun dans les Indes, était défendu par leurs anciens livres sacrés, les Vedas, dont il fait remonter l'existence à douze siècles avant l'ère chrétienne.

C'est, dit-il, de cette source sublime de principes véritablement religieux que sortit le pur courant des lois civiles des Hindous ; elles prohibent sévèrement tous les crimes aujourd'hui punissables par les codes du monde civilisé.

En outre, le suicide, l'infanticide, les sacrifices sanglants, non-seulement de l'homme, mais de toute créature animée, y sont rangés parmi les crimes odieux.

Mais la superstition, les fables et le caractère égoïste de leurs prêtres ont, dans le cours des âges, engendré un tel degré d'immoralité et de corruption, que les Hindous de ce siècle, jugés au point de vue éclairé de leurs védantas, ou anciens théologiens, ne sont rien de plus que des kaffirs (2).

L'auteur rapporte ensuite deux exemples de suicide, que nous reproduisons. Le premier semble prouver que, malgré l'aboli-

(1) *Le Siècle*, 2 avril 1864.
(2) *Mémoires de Lutfullah*, *gentilhomme mahométan*, 1 vol in-12, chez Hachette, 1858, p. 203 et 204

tion du supplice par le feu, en usage parmi les veuves, due surtout à l'administration de lord William Bentinck, cette coutume barbare n'est pas encore complétement abolie. Le second est celui d'un cipaye qui se donna la mort après avoir massacré ses enfants.

Un matin, continue le narrateur, comme je donnais une leçon de persan au lieutenant Earle, du 24ᵉ régiment d'infanterie indigène, on vint nous apprendre qu'un *sutti* (on dit aussi une *suttée*) allait avoir lieu au village de Haholi, sur les bords de la rivière. Cette nouvelle me fit tressaillir aussi bien que mon jeune ami. Nous ne pouvions croire qu'un tel attentat pût être commis impunément, pendant qu'un résident britannique habitait la capitale même de la province. Nous avions à peine échangé nos observations à cet égard, que nous aperçûmes la lugubre procession précédée de la musique indigène, sortant de la ville et défilant sur le grand chemin, en face même de la résidence. Sans retard, nous courûmes à nos chevaux, et nous nous élançâmes vers le lieu de l'exécution, que nous atteignîmes après une demi-heure de galop, sous un soleil d'enfer. Nous y fûmes bientôt rejoints par un de mes élèves, le docteur Kaye, qui avait appris aussi la fatale nouvelle.

Au bout d'un quart d'heure d'attente, sur les bords de la rivière, à l'ombre d'un grand *pipeul*, nous vîmes venir la procession, et les brahmanes porteurs déposèrent leur fardeau au bord de l'eau, comme pour rafraîchir les pieds du cadavre au contact de cet élément. La face et les mains du mort étant exposées aux regards, nous reconnûmes que le défunt était un brahmane bien constitué, d'environ quarante ans.

Nous nous avançâmes vers la jeune veuve, qui était assise sous un autre pipeul, ayant sous ses yeux le corps et les préparatifs du bûcher sur lequel elle était prête à s'immoler. Elle était entourée de ses proches et d'autres personnes, au nombre d'une vingtaine environ. Elle s'entretenait avec tous de différents sujets sans laisser tomber la conversation. Elle était belle, pouvait avoir quinze ans, et sa contenance charmante ne révélait pas la moindre trace de crainte et d'angoisse. Le lieutenant Earle, qui possédait à fond la langue mahratte, jugeant le moment opportun, entra en conversation avec elle et lui adressa un discours vraiment éloquent, employant toute son énergie pour la dissuader de ce suicide, qu'il ne pouvait considérer que comme un meurtre volontaire, commis par les brahmanes, dont les funestes conseils, contraires à la loi hindoue, l'exposeraient à de cruels châtiments dans l'autre monde, après une mort horrible dans celui-ci.

Sa réponse fut brève : « Vous pourrez dire ce qui vous plaira, mais j'irai avec monseigneur. Il était écrit dans le livre du destin que je serais sa femme. Je dois appartenir à lui seul, et non à aucun autre. Je l'ai aimé uniquement, et ne pourrais désormais aimer personne avec la même sincérité. Je dois être sa fidèle compagne partout où il va. Ne prenez donc plus de souci de cette affaire, monsieur, et que la paix soit avec vous. »

Néanmoins le lieutenant Earle, poussé par le docteur Kaye et par moi, l'ayant suppliée de l'écouter encore un instant, elle se tourna vers lui, et il lui parla ainsi : « Ma chère dame, je vous prie de considérer une fois de plus l'acte que vous allez commettre ; n'agissez pas contre votre raison ; soyez sûre que nous sommes vos amis et non vos ennemis, que nous vous sauverons de cette affreuse mort par tous les moyens, si vous nous donnez le plus léger signe de votre consentement, et que nous vous assurerons une position honorable pour le reste de votre vie. » Et il ajouta : « Que n'essayez-vous de brûler un peu votre petit doigt avant d'abandonner aux flammes votre corps tout entier. »

Mais hélas! son fanatisme était allé trop loin pour être arrêté par ces conseils, et, avec un sourire de mépris, elle répliqua à M. Earle, qu'elle lui savait gré de sa sollicitude, dont pourtant elle n'avait pas besoin, car sa parole était une et inaltérable ; alors déchirant un morceau de son mouchoir, et le trempant dans l'huile de la lampe allumée, qui veille sans cesse, de jour et de nuit, dans ces cérémonies, elle le roula autour de son petit doigt et l'alluma avec vivacité. Linge et doigt brûlèrent en répandant une odeur de chair brûlée; pendant ce temps la jeune femme parlait à l'auditoire, sans trahir sa souffrance par une plainte ou par un soupir, bien que, sur sa face vivement colorée et sur son front perlé de sueur, nos yeux tristes et sans préjugés pussent lire les souffrances qu'elle éprouvait. Ce frénétique enthousiasme est, je crois, aidé et maintenu dans son paroxysme, par l'action de quelque narcotique, particulièrement du camphre, que les brahmanes administrent à haute dose à leurs victimes aussitôt qu'elles manifestent l'intention de se détruire.

Le bûcher préparé reçut le cadavre qui venait d'être lavé, et un sachet contenant environ une demi-livre de camphre fut attaché au cou de la veuve. Alors, elle se leva avec la vivacité dont elle avait fait preuve jusque-là, invoqua les dieux et courut au bûcher fatal. Elle en fit sept fois le tour, puis, y étant enfin entrée, elle plaça sur son sein la tête inanimée de son époux, et prenant une mèche allumée entre l'orteil et le second doigt de son pied gauche, elle mit le feu aux combustibles entremêlés aux bûches de bois. Dès qu'elle fut convenablement disposée, les brahmanes commencèrent à fermer les ouvertures du bûcher avec de lourdes poutrelles ; le docteur Kaye, surexcité par cette scène, ne put garder le silence plus longtemps. Quoiqu'il connût peu ou point l'idiome des assistants, il s'écria avec toute la force de son âme indignée : « Misérables ! Cela n'est pas bien ! *dar máza mat khôlo* (la porte ne doit pas être ouverte !), proférant ainsi tout le contraire de ce qu'il voulait dire. Ce contre-sens du bon docteur, même en ce moment tragique, arracha un sourire à ceux qui l'avaient compris.

Immédiatement après que la pauvre femme eut mis le feu au bûcher, les prêtres et les autres assistants, invoquant à grand cris le nom de leur dieu Rama, ordonnèrent aux tambours, aux flageolets, aux cymbales, qui accompagnaient la procession, de se joindre à leurs hurlements pour empêcher les cris de détresse

DU SUICIDE DANS SES RAPPORTS AVEC LA CIVILISATION. 533

de la victime de se faire entendre. Enfin, dès que les flammes se furent ouvert une issue de toutes parts, ils coupèrent avec leurs hachettes, les liens qui tenaient unis les quatres piliers de la toiture du bûcher, et l'énorme masse s'écroulant à la fois sur la délicate et frêle créature, l'anéantit en un instant. Bref, quinze minutes plus tard, tout cet embrasement n'était qu'un monceau de cendres ; la musique et les cris avaient cessé ; les exécuteurs, fatigués, s'assirent alors tranquillement sous un arbre, en attendant que le refroidissement des cendres leur permît de les jeter au courant de la rivière et de s'en retourner.

A cette époque, dit le même auteur, je fus témoin d'un autre suicide : un cipaye du 26ᵉ régiment d'infanterie indigène se tua après avoir immolé ses enfants.

C'était un Mahratte d'environ trente ans. Il venait de perdre, quelques jours auparavant, une femme bien-aimée, morte en couche et laissant à ses soins trois enfants en bas âge, dont le dernier ouvrait à peine les yeux, et dont l'aîné avait cinq ans.

Accablé de son malheur, ne sachant comment concilier ses devoirs de père avec ceux de soldat anglais, sa raison s'obscurcit, et il ne trouva pas de remède plus efficace à ses maux que de mettre un terme à son existence et à celle des innocentes petites créatures qui lui devaient le jour. Sa résolution arrêtée, il coupa la gorge aux deux plus âgés de ses enfants et se fit sauter le crâne. Je ne pus retenir mes larmes devant leurs cadavres, et le souvenir de leur misérable destin troubla longtemps mes nuits. (1)

Un grand nombre de voyageurs nous ont fait connaître la plupart des préjugés et des superstitions de l'Inde ; mais aucun, jusqu'à présent, ne nous avait rapporté le genre de suicide qu'un Hindou de Surate a mis récemment à exécution dans l'espérance de gagner le ciel.

Il existe dans certaines provinces de l'Hindoustan des *pindjera-*

(1) *Mém. cité*, p. 290.

dal, ou hôpitaux pour le service d'animaux (n'importe leur espèce, leur nombre ou le lieu d'où ils viennent) admis à la réforme par cause de vieillesse, d'infirmités ou de maladies quelconques. A Surate, particulièrement, il y a un vaste hôpital de ce genre où l'on voit pêle-mêle, et vivant en bon accord, des buffles, des vaches, des taureaux, des chevaux, des chèvres, des coqs, des poules, etc., etc.

Mais la chose la plus singulière qu'on y remarque, à gauche en entrant, est une énorme et large fosse, abritée par une baraque en bois, et n'ayant pas moins de vingt mètres de longueur sur quinze de largeur. Cette fosse sert de dépôt aux grains de toute nature que les Indiens veulent bien y apporter, et qui donne naissance et nourriture à une légion d'insectes si compacte, que le contenu de ce réceptacle n'a pas figure de grains; il n'offre que l'aspect d'une masse vivante, composée de tous les genres d'insectes et de parasites que l'on trouve ordinairement dans les demeures de la plus dégoûtante misère.

De pareilles institutions sont attachées à la plupart des grandes villes de la partie occidentale de l'Hindoustan. A Ariar, dans le Kotch, il y en a plusieurs destinées aux rats ; mais une est particulièrement entretenue dans un temple et réservée à la vermine des brahmines. On nourrit régulièrement ces insectes avec de la farine qui est fournie au moyen d'un impôt assis sur les revenus de la ville.

On n'avait jamais vu de pieux dévots se dévouer volontairement pour servir de nourriture à cette engeance affamée. Les Hindous et les Anglais eux-mêmes avaient toujours nié ce fait, généralement accrédité en Europe. Cependant, vers les premiers jours de décembre dernier, la ville de Barotch, sur la Nerbudda, a été témoin d'un pareil acte de superstition. Un brahmine avait convié pour le lendemain toute sa famille et tous ses collègues aux bords du réceptacle à grain, sans leur faire connaître le motif de son invitation.

A l'heure dite, il est arrivé les mains liées derrière le dos et s'est précipité dans la fosse, à la grande stupéfaction de tous les assistants. Le soir même, après plusieurs heures passées dans des souffrances horribles, occasionnées par les atteintes de cette multitude grouillante, son cadavre était réduit à l'état le plus complet de squelette (1).

Tous ceux qui ont écrit sur la traite, ont signalé les suicides des nègres, pour retourner dans leur pays.

Dans un mémoire lu à la Société d'anthropologie, le savant docteur Pruner-Bey s'est exprimé en ces termes sur cette race : Matérialiste au fond de son être, le nègre reste cependant à cet égard bien au-dessous du beau idéal du Chinois raffiné. Mais comme celui-ci, il préfère le suicide aux privations trop dures. Il choisit, en général, les moyens violents pour atteindre ce but fatal ; il s'asphyxie en refoulant la langue vers le larynx ; il se précipite d'en haut ; il se noie (2).

En parlant du suicide aux États-Unis, nous avons signalé sa fréquence parmi les nègres.

Si l'on doutait encore de l'amour des esclaves pour la liberté, dit un voyageur, le nombre immense des suicides qui se commettent parmi eux nous en offrirait une preuve irréfragable. Il y a des énergies dans cette race injustement maudite qui marchent à la mort comme à la délivrance, avec un calme héroïque et une obstination que rien ne lasse. On le sait si bien que c'est une partie sérieuse de la tâche des *feitors* (surveillants) d'empêcher les suicides dans les *fazendas* (habitations), et que le code noir du Brésil réserve cent cinquante coups de *chicote* (fouet avec des bouts de corde) à tout noir qui essaye de se détruire. Cela ne les arrête guère. Quand la surveillance continuelle exercée sur eux les empêche de se pendre, ils mangent de la terre, ce qui, au bout d'un certain temps, produit la phthisie. D'autres s'efforcent d'avaler leur langue.

(1) Le *Siècle*, 26 février 1854.
(2) Dr Pruner-Bey, *Mémoire sur les nègres*, publié dans les *Mémoires de la Société anthropologique*, t. I, 3e fascicule, p. 330.

J'ai connu un noir, Antonio, qui avait trois fois attenté à sa vie et toujours avec la même résolution. La première fois, il se pendit; il respirait encore lorsqu'on coupa la corde, et il répondit froidement à ceux qui l'interrogeaient sur les motifs de sa conduite : « *J'aime mieux mourir que d'être esclave!* » La deuxième fois, il s'élança d'un second étage sur le pavé; on le releva sanglant et à demi brisé. Il guérit de ses blessures, en répétant qu'*il aimait mieux mourir que d'être esclave*. La troisième fois, il s'ouvrit le ventre. On le trouva étendu sur le sol, en proie aux douleurs de l'agonie, et néanmoins on réussit à le sauver. Mais au lieu de remercier les médecins des soins habiles qu'ils lui prodiguaient, il leur disait sans cesse « *Vous vous donnez une peine inutile, car je recommencerai: j'aime mieux mourir que d'être esclave!* » L'administration de la Miséricorde, l'hôpital le plus riche du monde, eut enfin la bonne idée d'intervenir; elle acheta Antonio et l'affranchit immédiatement. Depuis qu'il est domestique libre à la Miséricorde, Antonio remplit ses devoirs avec zèle et n'a plus songé à se tuer.

Les relations de l'esclave avec un *maître* absolu, dont il lui faut accepter, sans avoir le droit de se plaindre, les volontés, les fantaisies, les injustices et les cruautés, sont assez douloureuses pour nous expliquer sa haine de la servitude et le désir ardent d'y échapper, même par la mort. Et cependant, tout n'est pas dit quand il a contenté son *maître* ou du moins subi les lois que celui-ci lui dicte. Cette couleur fatale, indélébile, qu'il porte comme le signe de Caïn, le condamne à s'incliner humblement devant un membre quelconque de la race privilégiée et à recevoir patiemment ses coups. S'il y manque, le blanc vengera sur lui son orgueil méconnu ou obtiendra du *maître* qu'il inflige à l'esclave *irrespectueux* un châtiment exemplaire (1).

Nous terminerons l'exposé de ces documents sur le suicide des contrées étrangères par le récit d'une coutume en usage parmi les tribus de la Nouvelle-Calédonie.

(1) Le *Siècle*, 1856.

Cette coutume est curieuse à cause de l'analogie qu'elle présente avec les suttées de l'Inde. Lorsqu'un indigène meurt, on place son corps sur un bouclier de bois résineux, et la femme du défunt est elle-même étendue sur le cadavre. On met le feu, et la malheureuse femme reste là jusqu'à ce qu'elle soit presque suffoquée. On la fait alors descendre, et une fois à terre, elle doit se tenir auprès du bucher et rétablir dans la position normale les membres du cadavre, soulevés et tordus par l'action du feu. La veuve recueille avec soin les cendres dans un sac qu'elle doit porter trois ans sur le dos, et devient esclave d'un parent du défunt. Le délai expiré, où convoque les tribus; on débarrasse la veuve de son sac de cendre, on verse sur son corps des flots d'huile de poisson avec des flocons de duvet de cygne qui s'attachent à la peau : elle est libre enfin et peut se remarier. Ce supplice produit une si forte impression, que souvent les veuves remariées, lorsqu'elles ont le malheur de perdre leur second mari, préfèrent *se suicider* plutôt que d'affronter un nouveau martyre (1).

L'étude que nous venons de faire du suicide, dans ses rapports avec les diverses civilisations, aurait pu, sans aucun doute, être plus riche en considérations générales, en déductions philosophiques ; mais telle qu'elle est, sa distribution nous a permis de suivre la marche de la maladie, depuis les temps anciens jusqu'à nos jours.

Partout, en effet, où nous nous sommes trouvé en présence de grandes civilisations, nous avons constamment noté la fréquence du suicide, et toujours aussi sa cause nous a paru être une douleur. Un fait nous a surtout frappé dans nos investigations, c'est l'influence à toutes ces époques de certaines idées dominantes sur la production du suicide. Qu'elles fussent religieuses, philosophiques, sociales, dès que ces idées présentaient un côté accessible à l'imagination, celle-ci s'en emparait, le développait outre

(1) *Wanderings among the Indians*, by Kane, London, 1859.

mesure, et les morts volontaires se multipliaient. Pas une idée remuant les âmes qui n'ait engendré le meurtre de soi-même, et l'idée chrétienne, qui seule diminua ses progrès au moyen âge, ne put l'empêcher de pénétrer dans les monastères.

Il y a donc évidemment une partie de l'organisation de l'homme tellement impressionnée par l'idée, qu'elle peut l'entraîner malgré lui dans l'abîme. Là est l'extrême difficulté du remède. Comment, en effet, trouver une formule générale contre un mal que contient en essence notre nature, et auquel le faux-savoir vient en aide?

L'histoire nous a fourni par milliers des preuves en faveur de notre opinion. L'Orient, que nous avons fouillé dans ses contrées les plus mystérieuses, l'Europe que nous avons interrogée avec le secours de la science moderne, nous ont répondu de la manière la plus affirmative. L'influence des idées sur le développement du suicide, point de départ de notre travail, nous conduisait à rechercher si ce mal était en progrès de nos jours. L'analyse morale se prononçait pour l'accroissement; la statistique, en lui prêtant son appui, est venue décider la question, à l'aide de ses relevés.

Quelque étendu que soit ce chapitre, et quoiqu'il renferme bien plus de faits importants que celui de la première édition, nous sentons que nous n'avons qu'effleuré le vaste sujet de l'influence de la civilisation sur le développement du suicide. Dans l'impossibilité d'agrandir davantage notre cadre, nous nous arrêterons à cette conclusion générale de ce sombre sujet : qu'on y entend, de toutes parts, le cri de la douleur, et nous en résumerons les points principaux dans les paragraphes suivants :

— La connaissance de l'histoire, à ses principales époques, apprend que le suicide en reproduit fidèlement l'état moral, de sorte qu'on pourrait suivre ainsi sa propre histoire aux différents âges de l'humanité.

—Poser ce principe, c'est établir ses rapports avec les diverses civilisations, d'où la nécessité d'en retracer les traits les plus saillants.

— Trois grandes époques se présentent naturellement à l'observation : l'antiquité, le moyen âge et les temps modernes ; leur synthèse peut être exposée en ces termes :

L'antiquité, essentiellement panthéiste et mystique, a été très-favorable au développement du suicide.

Le moyen âge, au contraire, par l'établissement d'une religion révélée, subordonnant tout à la volonté d'un maître souverain, a arrêté les progrès du mal.

Les temps modernes, en substituant l'individualité humaine au principe de l'obéissance passive, ont donné une nouvelle force au suicide.

— Le coup d'œil jeté sur les civilisations diverses, en mettant hors de doute la fréquence des suicides sous l'influence des idées dominantes, devait porter à s'enquérir si ce mal a progressé de notre temps.

— La statistique a répondu affirmativement à cette question. Les comptes rendus officiels de la justice criminelle établissent, en effet, une augmentation dans le chiffre des morts violentes de la France.

— Cette augmentation est aussi prouvée pour sept autres États de l'Europe, dans lesquels le suicide a également progressé (1).

— Cet accroissement du suicide, à notre époque, en nous rappelant ses rapports avec les diverses civilisations, nous a engagé à rechercher les idées qui ont pu produire ce résultat.

— Parmi celles dont les influences nous ont paru les plus marquées, nous citerons d'abord la mélancolie moderne, qui n'a plus la foi, se complaît dans un vague terrible et une incapacité d'action. C'est la maladie de Werther et de tant d'autres, qui, à la vérité, s'est éloignée de nous; puis sont venus l'idée démocratique, la croyance générale et en apparence fondée de la possibilité de parvenir à tout, et les déceptions cruelles qui résul-

(1) Legoyt, *Sur le suicide dans les divers états de l'Europe*. Paris, 1844.

tent de cette croyance; l'exagération de la doctrine des intérêts matériels, et les catastrophes de la concurrence illimitée; les excitations effrénées du luxe, et le sentiment des privations et de la misère, rendu plus amer par des notions plus étendues; l'affaiblissement de l'esprit religieux, le doute, les idées matérialistes, les commotions politiques et les ruines qui en sont les suites.

— Au nombre des causes secondaires qui contribuent au développement du suicide, on ne doit pas négliger l'influence des villes; ainsi le maximum des suicides se trouve à Paris; mais cette grande capitale à son tour rayonne sur les départements voisins, dont la proportion des morts volontaires est beaucoup plus forte que celle des départements qui s'en éloignent.

— Plusieurs grandes villes, Marseille entre autres, exercent une influence semblable à celle de Paris.

— La décomposition des éléments statistiques démontre que le chiffre des suicides est plus considérable dans les capitales et les villes que dans les campagnes, malgré la différence numérique des éléments urbain et rural.

— Le célibat et le veuvage contribuent à la production du suicide.

— L'instruction seule, sans le contrepoids de l'éducation religieuse et morale, paraît augmenter le chiffre des morts volontaires.

— Il faut aussi tenir grand compte de la part de l'organisation. Sa surexcitabilité du système nerveux, si commune parmi nos sociétés modernes, est le principal élément physique de la production du suicide.

— La prédominance des sentiments, chez les peuples civilisés, est la condition de causalité la plus puissante du développement du meurtre de soi-même; aussi voyons-nous les morts violentes très-nombreuses dans toutes les contrées où les passions sont surexcitées et n'ont d'autre frein que la loi. Partout, au contraire, où domine le dogme du fatalisme, comme dans les États mahométans, le suicide est une exception.

— L'analyse morale de l'homme, à défaut de documents statistiques, ne permet pas de douter que les passions ne soient, dans le plus grand nombre des cas, les causes du suicide ; c'est, du moins, ce que nous ont appris les faits recueillis en Europe et par les voyageurs dans les pays étrangers.

— Leur influence est d'autant plus prononcée que leur caractère est plus dépressif. Aussi agissent-elles, en définitive, par la douleur, qui est réellement le phénomène initial du suicide. Dans les cas mêmes où la folie est la cause de cette résolution fatale, on trouve fréquemment la douleur au point de départ.

— La douleur est surtout prédominante chez les peuples dont la sensibilité est développée démésurément, et où le besoin de sentir est l'objet de tous les désirs.

— L'observation prouve que c'est aux époques de civilisation avancée, ou plutôt de décadence, ce qui n'infirme pas les progrès de l'humanité, que la sensibilité atteint son plus haut degré d'exaltation ; les sentiments et les passions l'emportent alors sur le raisonnement, et la souffrance parvient à son apogée ; aussi ne doit-on pas être étonné que les maladies morales se montrent de préférence dans ces périodes.

— Le corollaire de ce résumé c'est que toute passion oppressive qui s'empare de l'homme d'une manière exclusive le conduit presque infailliblement à sa perte par la maladie, la folie ou le suicide.

— Ces réflexions seraient incomplètes si nous ne faisions observer que les opinions sur le suicide varient selon les civilisations ; ainsi, tandis que parmi les nations européennes et chrétiennes, le suicide est regardé comme un acte contraire à la religion et à la morale, les nations orientales le considèrent comme un fait agréable à la divinité, magnanime pour l'homme, et commandé par le devoir (Inde, Chine, Japon).

CHAPITRE VI.

DISTRIBUTION DES SUICIDES PAR RÉGIONS, MODES, ÉPOQUES.

Sommaire. — Remarques. — 1° *Lieux de naissance des suicidés*. — Proportion des Parisiens, des provinciaux et des étrangers à Paris. — Demeures des suicides. — Nombre et moyenne des suicides à Paris et dans les départements.— Distribution de la France par régions.— Rapport du nombre des suicides avec les régions. — Rapport du nombre des suicides avec la population.— Ordre des régions pour la répartition des lieux de naissance. — 2° *Lieux du suicide*. — 3° *Reconnaissance et constatations*.— 4° *Objets trouvés*. — 5° *Suicides réclamés, non réclamés, reconnus, non reconnus*. — 6° *Modes de suicide*. — Résumé. — 7° *Époques du suicide, le jour, le soir, la nuit*. — Résumé. — 8° *Distribution des suicides par jours, mois, saisons*. — Résumé.

Un moraliste de cœur et de talent a dit en parlant de ce chapitre que les faits y étaient d'une importance secondaire, et que des singularités de statistique, telles que l'augmentation des suicides pendant la saison chaude, leur diminution pendant la saison froide, leur chiffre plus considérable dans les deux premiers jours du mois, n'aboutissaient, en définitive, à rien de sérieux.

Déjà, dans la préface de la troisième édition des *Hallucinations*, nous avions signalé les différences de travaux des médecins et des philosophes, ceux-ci s'occupant des faits de l'ordre spirituel, ceux-là des faits de l'ordre physique ; mais nous avions eu soin d'ajouter qu'au lieu de s'isoler, les uns et les autres n'auraient qu'à gagner à se mieux connaître, puisqu'en résumé, leur étude est également celle des rapports du physique et du moral. S'il fallait une preuve de plus de ces différences de vues et d'études, elle nous serait fournie par cette appréciation critique d'un chapitre, aride, sans doute, mais qui contient des renseignements dont la connaissance du suicide ne saurait se passer. — Une simple énumération de quelques-uns de ses principaux paragraphes ne peut laisser aucun doute à cet égard.

Les éléments de la population des suicides à Paris, le nombre et la moyenne des morts volontaires dans la capitale, comparés à ceux des départements, la proportion de chacune de cinq régions de la France (nord, est, ouest, centre, sud), dans le chiffre total de ces accidents, le rapport du nombre des suicides avec la population, le classement des modes de suicide, indiquant, pour l'Europe, la prédominance de la pendaison et de la submersion, ne forment-ils pas, en effet, autant de parties dont la connaissance est indispensable à la solution de la question générale?

Le paragraphe de la distribution des suicides selon les saisons ne touche-t-il pas à son tour aux rapports si importants de l'homme avec les agents extérieurs? celui de l'augmentation des suicides dans les deux premiers jours de chaque mois ne serait-il pas la conséquence des angoisses douloureuses, dues aux échéances commerciales de chaque fin de mois? Une dernière observation, et c'est par elle que nous terminons notre réponse : n'est-ce pas dans ce chapitre que M. Tardieu a trouvé le passage relatif aux mains liées derrière le dos, par les suicides eux-mêmes, et dont il a tiré un parti très-utile pour la défense de l'accusé d'Aix? (Procès Armand, 1864.)

Cet exposé est la confirmation la plus évidente du jugement porté sur la médecine par un écrivain qui a analysé, dans le *Journal de l'Instruction publique*, la première édition de cet ouvrage; elle est, dit-il, une vaste clinique où la multiplicité des observations est indispensable, parce que celle qui ne frappe pas l'un, frappe l'autre des lecteurs ; l'art y perd, la science y gagne. Mais cette méthode elle-même n'est-elle pas le caractère distinctif qui sépare les compositions des médecins de celles des philosophes?

Examinons maintenant les divers éléments de ce chapitre.

1° *Lieux de naissance des suicides.*

Les anciens avaient fait la remarque que les capitales deviendraient rapidement désertes si elles n'étaient continuellement repeuplées par les provinces et surtout par les campagnes. *A priori*, on peut donc conclure que les provinciaux et les étrangers entrent pour une proportion considérable dans le chiffre des suicides commis à Paris ; c'est ce que vont nous faire connaître les lieux de naissance, indiqués par les 4595 cas que nous avons dépouillés :

Tableau des lieux de naissance. — Régions.

Paris	1,157	1,381
Banlieue	224	
Nord	1,217	
Est	392	
Centre	371	2,195
Ouest	156	
Sud	59	
Pays étrangers	297	1,019
Lieux inconnus	722	
		4,595

Si l'on prend séparément les divers éléments de ce tableau, on voit que la proportion de Paris (1157) est à celle des départements (2195) dans les rapports environ de 1 à 2. En additionnant le premier de ces chiffres avec celui de la banlieue, le rapport diminue et n'est plus que de 1 à 3. Ainsi, sur 3 individus qui se suicident à Paris, il y en a 2 environ qui sont étrangers au département.

Demeures des suicides. — La plupart de ceux qui attentent à leurs jours ont leur domicile dans le lieu où ils se tuent. Ainsi, sur les 4595 suicides, 3421 habitaient Paris, 700 la banlieue. Il y a cependant une proportion assez considérable de voyageurs qui mettent fin à leur existence dans la capitale. L'armée apporte aussi son contingent au suicide : pour les dix années, on compte 131 militaires en garnison. Voici, au reste, le tableau général :

DISTRIBUTION DES SUICIDES PAR RÉGIONS, MODES, ÉPOQUES.

Récapitulation des lieux de domicile.

Années.	Paris.	Banlieue.	Voyageurs, hôtels.	Garnison.	rien	Total.
1834.	284	33	21	4	10	352
1835.	305	61	15	6	7	394
1836.	318	58	13	15	11	415
1837.	336	56	24	16	4	436
1838.	347	81	21	11	13	473
1839.	359	63	21	17	10	470
1840.	375	104	17	9	11	516
1841.	358	65	21	17	22	483
1842.	364	87	15	17	32	515
1843.	375	92	23	19	32	541
	3 421	700	191	131	152	4 595

Il est à remarquer que les suicides des individus qui habitent Paris, sauf quelques légères exceptions, ont augmenté chaque année, tandis que le nombre de ceux des voyageurs est presque toujours resté le même. La proportion des militaires qui ont mis fin à leurs jours ne laisse pas que d'être élevée, puisque la moyenne en est de 13 par année; ce qui, sur une garnison de 30 000 hommes, donne 1 sur 2307. La proportion des militaires qui attentent à leurs jours a dû s'accroître avec la concentration plus grande des troupes dans la capitale. Dans une lettre, en date du 9 août 1864, que M. Legoyt nous a écrite sur ce sujet, il nous informe qu'en 1862 le nombre des suicides militaires, seulement pour l'*ensemble de la France*, a été de 231 sur un effectif moyen de 372 166 hommes, c'est 0, 62 pour 1000. En Angleterre, on a compté, en 1860, 26 suicides (dont 14 par armes à feu) sur un effectif qui n'est pas indiqué, mais le document qu'il a sous les yeux évalue le rapport à 0,31 pour 1000 soldats. On trouve encore ici, ajoute M. Legoyt, la grande disproportion qui existe entre les deux pays, au point de vue du suicide, tant dans la population civile que militaire (voy. page 51).

On a constaté, par les recherches précédentes, lorsque nous nous sommes occupé de l'influence des sexes, qu'en moyenne le nombre des suicides était à Paris de 459, et, en réunissant les tentatives, de 645 environ ; si l'on porte la population de cette ville à 1 million d'habitants, on aurait 1 suicide sur 2178 habitants, et avec les tentatives connues 1 sur 1550 ; pour le département de la Seine, la proportion est de 1 sur 2865. Le rapport pour toute la France est de 1 sur 13 461 habitants, et avec les tentatives, de 1 sur 6730 (1). Ces résultats ont dû changer avec la réunion de la banlieue.

En 1827, sur des données alors très-incomplètes, M. Balbi établissait, pour la France, que le chiffre des suicides est de 1 sur 20 740 habitants (2). Plus tard, d'après des faits plus nombreux, M. Quételet portait ce nombre à 1 sur 18 000 habitants (3). M. Guerry, dans un ouvrage considérable (4), établit que dans notre pays il y a 1 suicide sur 13 700 habitants, chiffre presque identique avec celui que nous avons donné plus haut.

M. Lélut, qui a repris ces recherches, fait observer que, en en comparant la moyenne actuelle du nombre des suicides constatés dans toute la France durant quelques années, par exemple pendant 1846, 1847, 1848, et qui, pour ces trois années réunies, est en moyenne de 3350, avec le chiffre actuel de la population, on trouverait 1 suicide sur 10 447 habitants. Cette proportion est beaucoup plus forte que celle à laquelle on était arrivé jusqu'alors. Mais la question ne doit pas être ainsi posée. En effet, sur les 35 000 000 d'habitants, il y en a au moins 6 000 000 qui ne se suicident pas : ce sont tous les enfants au-dessous de douze ans. Restent donc 29 000 000, ce qui donne 1 suicide sur 8656 habitants. Ce n'est pas tout : si l'on prend l'élément mâle, qui compte, selon le plus grand nombre d'auteurs, trois fois plus, et, selon quelques-uns, quatre fois plus de suicides que l'élément féminin, on trouve que le chiffre des sui-

(1) Nous prenons le chiffre actuel de 35 000 000 d'habitants (1852).
(2) Balbi, *Atlas*, etc. Tableau intitulé : *Monarchie française, comparée aux différents États de l'Europe*.
(3) Quételet, *Sur l'homme et le développement de ses facultés*, t. II, p. 248.
(4) Guerry, *Statistique morale de l'Angleterre*, 1864. Il n'y a que l'Introduction et les planches qui soient publiées.

cides dans la population mâle de la France est annuellement de
1 sur 5861 individus (1). M. Legoyt, dans la lettre citée plus
haut, évalue le nombre moyen annuel des suicides, de la période quinquennale de 1856 à 1860 en France (relevé postérieur à tous les autres) à 4000 ; c'est 1 suicide sur 9135 habitants, pour une population moyenne de 36 millions et demi
d'individus.

Les chiffres différents de ces statistiques ne sauraient être considérés comme des résultats négatifs. Ils proviennent, ainsi qu'il est facile de s'en apercevoir, de l'époque de ces relevés et de la nature de l'analyse. Lorsque nous avons fixé la proportion des suicidés en France à 1 sur 13 461 habitants, notre travail était basé sur les recensements publiés avant 1851. Celle de M. Lélut résulte de la décomposition de ses éléments. Quant au chiffre de M. Legoyt, qu'il porte à 1 sur 9135 individus, il l'appuie sur des recherches beaucoup plus récentes. Nous devons toutefois faire observer que ce savant statisticien, qui admet l'accroissement des suicides, et fait remarquer que leur nombre absolu s'est élevé à 1542 en 1827, à 4050 en 1860, ajoute que la moyenne d'accroissement qui, pour la période entière, est de 4,93 pour 100, n'a plus été que de 1,26 de 1850 à 1860, malgré l'augmentation de la population.

En examinant maintenant la marche du suicide dans son rapport avec le nombre des habitants, il trouve que, pour 10 000 habitants, le nombre des morts violentes, qui était de 5,41 en 1827-1830, s'est successivement élevé de 6,41 en 1831-1835, à 11,04 en 1856-1860. Mais, dans la période entière, il note des oscillations qui indiquent que le suicide, en France, ne suit pas un mouvement progressif régulier. (*Journal des économistes*, 1864.)

Rapport du nombre des suicidés avec les régions.

En représentant par 100 le nombre des suicides commis annuellement en France, de 1835 à 1843, en négligeant les fractions

(1) Lélut, *Rapport sur la prison cellulaire de Mazas*. Paris, 1852.

quand elles sont moindres qu'une demie, et forçant l'unité quand elles sont plus grandes, nous trouvons alors pour chacune des cinq régions les chiffres suivants :

RÉGIONS (1).	1835 Sur 100 suicides.	1836 Sur 100 suicides.	1837 Sur 100 suicides.	1838 Sur 100 suicides.	1839 Sur 100 suicides.	1840 Sur 100 suicides.	1841 Sur 100 suicides.	1842 Sur 100 suicides.	1843 Sur 100 suicides.	Moyenne sur 100 suicides.
Rég. du nord.	47	48	47	50	50	52	50	50	52	0,49
— de l'est..	17	16	17	15	16	14	15	15	16	0,16
— de l'ouest.	15	14	15	15	14	14	14	14	13	0,14
— du centre.	12	12	12	11	11	12	12	12	11	0,12
— du sud..	9	10	9	9	9	8	9	9	8	0,09
	100	100	100	100	100	100	100	100	100	100

Ce tableau, qui embrasse neuf années consécutives, montre que la prépondérance du nombre appartient au nord, qui comprend Paris, et qu'elle décroît successivement dans les autres régions. Relativement au nombre proportionnel des suicides

(1) *Division de la France en cinq régions*, d'après M. Guerry.

Nord. — Aisne, Ardennes, Calvados, Eure, Manche, Marne, Meuse, Moselle, Nord, Oise, Orne, Pas-de-Calais, Seine, Seine-Inférieure, Seine-et-Marne, Seine-et-Oise, Somme.......... 9 701 347

Sud. — Ardèche, Ariége, Aude, Aveyron, Bouches-du-Rhône, Gard, Haute-Garonne, Gers, Hérault, Lot, Lozère, Hautes-Pyrénées, Pyrénées-Orientales, Tarn, Tarn-et-Garonne, Vaucluse, Var. 5 376 390

Est. — Ain, Basses-Alpes, Hautes-Alpes, Aube, Côte-d'Or, Doubs, Drôme, Isère, Jura, Haute-Marne, Meurthe, Bas-Rhin, Haut-Rhin, Rhône, Haute-Saône, Saône-et-Loire, Vosges..... 6 503 838

Ouest. — Charente, Charente-Inférieure, Côtes-du-Nord, Dordogne, Finistère, Gironde, Ille-et-Vilaine, Landes, Loire-Inférieure, Lot-et-Garonne, Maine-et-Loire, Mayenne, Morbihan, Basses-Pyrénées, Deux-Sèvres, Vendée, Vienne............. 7 677 619

Centre. — Allier, Cantal, Cher, Corrèze, Creuse, Eure-et-Loir, Indre, Indre-et-Loire, Loire, Loir-et-Cher, Loiret, Haute-Loire, Nièvre, Puy-de-Dôme, Sarthe, Haute-Vienne, Yonne... 5 794 262

Corse.. 230 271

35 283 727

commis dans chaque région de la France, il n'a éprouvé que de très-faibles variations, puisqu'il n'a pas varié de plus de trois centièmes au-dessus de la moyenne dans la région du nord, de plus de deux centièmes dans celle de l'est, de plus d'un centième dans les trois autres. M. Guerry conclut d'un tableau semblable qu'il a dressé pour quatre années (1827 à 1830), que la distribution des suicides n'est pas moins régulière que celle des diverses espèces de crime contre les personnes ou contre la propriété. Dans la première édition de ce livre, j'avais dit que cette doctrine conduisait tout droit au fatalisme ; le savant statisticien m'a démontré que je n'avais pas suffisamment étudié ses travaux. J'accepte la critique ; mais, à mon tour, je dirai à l'auteur : Votre remarquable *Statistique morale de l'Angleterre* a grand besoin d'un texte explicatif.

Si nous examinons maintenant les rapports du nombre des suicides avec la population, voici ce que donne le calcul :

Rapport du nombre des suicides avec la population.

	1835.	1836.	1837.	1838.	1839.	1840.	1841.	1842.	1843.	Moyenne.
	1 suicide sur habit.	1 suicide sur habit.	1 suicide sur habit.	1 suicide sur habit.	1 suicide sur habit.	1 suicide sur habit.	1 suicide sur habit.	1 suicide sur habit.	1 suicide sur habit.	1 suicide sur habit.
Nord..	8,990	8,623	8,428	7,561	7,102	6,851	6,919	6,737	6,234	7,560
Est...	17,115	17,577	15,267	16,676	14,420	16,981	15,125	14,951	13,192	15,980
Centre.	20,330	20,259	20,620	19,477	18,394	17,244	16,892	18,631	17,883	19,123
Ouest .	22,318	23,407	21,627	20,365	20,638	19,838	18,910	18,863	19,686	20,768
Sud ..	27,153	24,001	24,109	22,976	22,216	23,895	23,074	19,912	21,166	23,601
Corse .	28,783	32,895	32,895	57,567	230,271	46,054	»	76,757	76,757	52,334

On remarque constamment au premier rang, chaque année, la région du nord (1), puis viennent les régions de l'est, du centre, de l'ouest, du sud, et au dernier rang l'île de Corse.

(1) Nous n'avons parlé que des régions, mais il ne faut pas oublier que les suicides de Paris forment le septième de ceux de toute la France.

Si nous passons maintenant en revue les départements qui apportent leur contingent de victimes au département de la Seine, nous voyons figurer en tête de la liste ceux de la région du nord, et dans cette région ce sont les départements avoisinant la capitale qui fournissent le plus grand nombre de suicides, tels sont ceux de Seine-et-Oise (229), de Seine-et-Marne (126), de l'Oise (121). Les trois départements de l'est qui comptent le plus de suicides sont ceux de la Meurthe (61), de la Côte-d'Or (60) et du Bas-Rhin (40) (1). Le département du Rhône n'entre dans le chiffre général que pour 24. La distance est la cause probable de cette diminution, car, dans le chiffre total des suicides de la région de l'est, le Rhône occupe un rang élevé.

La région du centre présente, parmi les chiffres les plus élevés, l'Yonne (57), le Loiret (47), l'Eure-et-Loir (36), le Cantal (35), le Puy-de-Dôme (30).

Les trois départements de l'ouest qui envoient le plus de suicides sont ceux de la Mayenne (21), de l'Ille-et-Vilaine (17), de la Loire-Inférieure (17). L'influence des distances se fait également sentir ici. Cette influence est encore plus prononcée dans la région du sud, dont les départements les plus élevés en chiffre, tels que ceux de l'Hérault, du Lot et de l'Ardèche, ne comptent que 8 à 6 suicides.

Résumé. — Sur 3 individus qui se suicident à Paris, 2 sont étrangers au département de la Seine.

— La plupart des individus qui attentent à leurs jours ont leur domicile dans le lieu où ils exécutent leur action.

— On compte pour la France en général 1 suicide sur 13 461 habitants, et d'après M. Legoyt 1 sur 9125, et 11 sur 100 000 (2).

(1) Nous n'avons pas donné le relevé de tous les départements qui ont fourn. leur contingent au chiffre de la Seine ; nous nous sommes borné, comme M. Guerry, aux départements qui figurent pour la plus forte portion dans le chiffre des morts volontaires.
(2) Legoyt, *Journal des économistes*, 1864 : *Suicides*, p. 352.

—Sur 100 individus qui se tuent annuellement en France, on trouve pour chacune des cinq régions que le chiffre des suicides, Paris compris, atteint son maximum dans le nord et décroît successivement dans l'est, l'ouest et le centre; il est au minimum dans la région du sud.

En recherchant le rapport qui existe entre le nombre des suicides commis dans chaque région et la population, on constate que les régions se présentent dans l'ordre suivant : nord, est, centre, ouest, sud. La Corse vient après toutes ces régions.

Le même ordre existe dans la répartition des lieux de naissance des suicides à Paris.

2° *Lieux du suicide.* — Domicile. — Hors du domicile. — Précautions à prendre dans les prisons, les asiles d'aliénés. — Endroits de préférence hors du domicile. — Tous les lieux ont été le théâtres de suicides.

Lorsqu'on fait le relevé des différents lieux qui ont été le théâtre des suicides, on arrive aux résultats suivants :

Domicile	2827
Seine-et-Marne	658
Canaux	225
Voie publique	298
Endroits divers (1)	176
Hôpitaux	139
Casernes	85
Prisons	68
Bois	96
Maisons de santé	23
	4595

Un des premiers faits que constate ce tableau, c'est que les suicides qui s'exécutent à domicile sont les plus nombreux.

Un assez grand nombre de personnes se tuent, cependant, loin de leur domicile. Très-fréquemment, elles viennent louer la

(1) Sous cette dénomination sont comprises des localités trop différentes et trop nombreuses pour entrer dans un tableau, mais dont plusieurs méritent une mention particulière.

veille, le jour même, dans un hôtel ou dans un garni, la chambre où doit s'accomplir le projet fatal.

Le lieu par excellence pour la submersion est la Seine; les ponts sont fréquemment choisis pour ce genre de mort. Après la Seine, l'endroit où l'on se noyait le plus était l'ancien canal Saint-Martin. La Marne n'a rendu qu'un petit nombre de corps.

Les hôpitaux comptent une proportion assez considérable de morts violentes, occasionnées par la présence d'aliénés et la fréquence des fièvres chaudes (méningites, délire aigu). Le désespoir causé par les souffrances et l'incurabilité de la maladie doivent également entrer en ligne de compte.

Le suicide des prisons arrive peu d'instants après l'arrestation de l'individu ; aussi faut-il redoubler, dans ce cas, de surveillance.

La remarque faite sur les hôpitaux s'applique également aux maisons de santé; les morts violentes qu'on y constate sont toutes dues à l'aliénation mentale. Lorsqu'on sait par expérience le grand nombre de fous qui ont une tendance au suicide, on ne peut s'expliquer que par la plus active et la plus incessante vigilance, la proportion peu considérable de ceux qui réalisent leur projet. Cette vigilance est encore devenue plus grande, et nous a forcé même à revenir aux moyens contentifs, depuis que le besoin de faire argent de tout a suggéré la pensée de demander des dommages et intérêts pour ce genre d'accidents.

Certains endroits sont recherchés par les individus qui se tuent hors de leur domicile, tels sont : les bois de Boulogne, de Vincennes, les toits, les cimetières, les carrières, les tours de Notre-Dame, l'Arc de triomphe, la colonne Vendôme (1), la colonne

(1) A cet édifice se rattache le suicide d'un des fils de Babeuf. Après la condamnation du père, prononcée en 1797 par la haute cour de justice de Vendôme, son fils Émile, qui n'avait que douze ans, voulant lui épargner la honte de l'échafaud, lui apporta le poignard avec lequel le tribun du peuple se frappa à plusieurs reprises. Ayant plus tard rencontré, en Espagne, le dénonciateur de son père, il le tua dans un duel dont il sortit grièvement blessé. Babeuf avait un autre fils nommé Camille, adopté par le général Durau, qui, à la seconde entrée des étrangers dans Paris, fou de patriotisme, se précipita du haut de la colonne Vendôme. (L'*Autographe*, 1864, p. 59.)

de Juillet. Pour clore cette nomenclature, nous dirons qu'il n'est pas de lieu, pas de rues, presque pas de maison où ne se soit accompli un événement de ce genre ; les théâtres, les églises mêmes ont été à différentes reprises ensanglantés par des catastrophes semblables. Plusieurs fois, en nous promenant la nuit dans Paris, il nous est arrivé de reconstruire, par la pensée, quelques-uns de ces suicides dont les scènes nous avaient plus vivement impressionné ; en jetant les yeux autour de nous, nous n'avions que l'embarras du choix ; ces maisons, si muettes en apparence, s'animaient, et nous voyions, par une véritable hallucination interne, apparaître les acteurs de ces terribles drames.

3º *De l'époque de la reconnaissance et du mode de constatation des suicides.* Presque tous les morts sont reconnus dans la première semaine. — L'ancienneté de la date annonce, en général, la submersion. — Commissaires, médecins, maires, juges de paix, gardes champêtres, Morgue.— Necessité d'un inspecteur.

Toutes les fois qu'un suicide a lieu, l'autorité intervient pour constater le fait et savoir comment il s'est effectué, depuis quelle époque il a été mis à exécution. En général, les morts sont reconnus le premier ou les premiers jours. Sur les 4595 procès-verbaux de suicides qui ont servi de base à nos travaux, 4244 ont été rédigés dans la première semaine. Le nombre des constatations diminue à mesure que l'on s'éloigne de cette époque. Plus la date du suicide est ancienne, plus il y a de certitude que l'individu qu'on suppose s'être donné la mort a dû recourir à la submersion. Les changements éprouvés par les corps, soit qu'ils se décomposent à l'air libre, soit qu'ils subissent leurs altérations dans l'eau, ont été trop bien décrits dans les ouvrages de médecine légale (1), pour que nous insistions de nouveau sur ce sujet ; on trouvera, d'ailleurs, dans nos observations médico-légales, ce que ce genre de recherches nous a paru présenter d'intéressant.

(1) Devergie, *Médecine légale*, 3º édit., 1852.

La constatation des suicides se fait à Paris par les commissaires de police qui mettent beaucoup de prudence et de soin dans leurs questions et dans les renseignements qu'ils consignent au procès-verbal. Un médecin les assiste, il rédige un rapport particulier. Ces pièces sont adressées au parquet, qui, lorsqu'il y a doute, désigne des médecins experts pour faire un nouveau rapport et procéder même, s'il est nécessaire, à l'autopsie. Dans la banlieue, surtout lorsqu'il n'y a pas de commissaire, les maires, les juges de paix, les gardes champêtres eux-mêmes rédigent les procès-verbaux, qui sont fort souvent insuffisants.

A la Morgue, autant que les circonstances le permettent, on écrit sur une feuille imprimée, d'une manière abrégée, les indications qui peuvent être fournies par les parents, les amis, les connaissances.

Les commissaires qui ont constaté les suicides représentent un chiffre de.. 4110
Celui des maires et des juges de paix est de. 485

4595

Sous le rapport administratif, les formalités voulues par les règlements ont été remplies, toutes les pièces n'ont pas cependant la même valeur; en général, les procès-verbaux rédigés par les maires manquent de détails ; il y a sans doute des exceptions, mais les enquêtes des commissaires de police fournissent des renseignements bien plus utiles. Les rapports médico-légaux des médecins devraient exister dans tous les cas, ils manquaient dans 431 ; l'absence de ce document a surtout été constatée pour les morts volontaires de la banlieue. Je l'avouerai, je n'ai pas toujours trouvé dans la rédaction de ces pièces la précision qu'elles devraient avoir ; quelques-unes sont d'un laconisme regrettable ; en somme, les descriptions ne sont pas constamment faites avec tout le soin et l'exactitude désirables. Ne pourrait-on pas faire dans cette circonstance ce qu'on a exécuté pour la vérification des décès, nommer un inspecteur qui serait chargé de la révision de tous les suicides, et rédigerait, lorsqu'il serait nécessaire, un nouveau procès-verbal, avec ou sans autopsie. L'adjonction de la banlieue à Paris a modifié cette manière de faire, et maintenant MM. les commissaires, assistés d'un médecin, rédigent les rapports concernant les suicides ; nous pouvons dire que la lecture de ces pièces est la preuve que l'histoire des causes du suicide trouve ses meilleurs matériaux à Paris.

Le relevé des individus portés à la Morgue, et dont le suicide a été constaté, s'élève à 807 pour nos dix années. M. Devergie, qui a publié dans les *Annales d'hygiène* un travail sur ce sujet pour la période de 1836 à 1846, a compté 1766 suicides, ce qui donne un chiffre de 176 par année ; la différence entre ce nombre et le nôtre tient à ce que la statistique de la ville de Paris et du département de la Seine, qui a servi de base à M. Devergie pour son travail, comporte des éléments bien différents, puisqu'elle comprend les morts accidentelles et violentes, volontaires et involontaires. Le chiffre que nous avons indiqué est le résumé des feuilles de la Morgue que nous avons toutes lues, et qui ne laissent aucune incertitude sur la nature de l'accident.

Les corps des suicidés que reçoit cet établissement sont pour les trois quarts retirés de l'eau, les autres appartiennent à des individus qui se sont pendus, tués par les armes à feu, asphyxiés, précipités, etc., et qui, pour la plupart, ont été trouvés sur la voie publique.

Dans le compte rendu de M. Devergie, la mort par submersion est aussi le mode le plus commun de suicide, puisque sur 1766 individus, on compte 1414 noyés. Tous les autres modes réunis ne constituent qu'un sixième du chiffre général. Si on les classe par catégorie, on a le tableau d'ensemble suivant : submersion, 1414 ; suspension, 114 ; morts par armes à feu, 98 ; asphyxie par le charbon, 46 ; chute d'un lieu élevé, 56 ; mort par armes tranchantes, 16 ; mort par empoisonnement, 11 ; écrasement par les voitures, 7 ; mort par l'alcool, 4. Total : 1766.

4° *Objets trouvés.* — Individus habillés, demi-habillés, avec chemise seule, nus. — Position du corps. — Nature des objets, avec l'asphyxie, la pendaison, les armes à feu, les instruments tranchants, le poison, la submersion.

Lorsque les magistrats chargés de constater un suicide font leur enquête, ils ont soin de noter la position du corps, l'état des vêtements, les objets qui ont servi à accomplir l'acte, etc. Persuadé que plusieurs de ces particularités pouvaient offrir de l'intérêt, nous allons entrer dans quelques détails à cet égard.

Vêtements. — Sur les 4595 individus qui ont servi de base à nos recherches :

3084 étaient habillés,
291 — demi-habillés (1),
987 — déshabillés (2),
64 . — nus,
169 — sans indication.

La plupart de ceux qui étaient demi-habillés ou déshabillés appartenaient à la catégorie des suicides par le charbon. Un certain nombre de ceux qui s'étaient donné la mort par strangulation avaient également enlevé une partie de leurs vêtements. La majorité des individus trouvés nus avaient été retirés de l'eau ; plusieurs cependant étaient étendus sur le plancher de la chambre : parmi ces derniers, il y en avait quelques-uns qui ne s'étaient mis dans cet état que pour se livrer au libertinage le plus effréné ; leurs désirs assouvis, ils s'étaient détruits.

Tantôt les vêtements étaient disposés avec ordre, symétrie, en paquet ; tantôt, au contraire, ils étaient déchirés, jetés çà et là, mouillés, ensanglantés ; plusieurs étaient couverts de taches de sperme, surtout les caleçons, les chemises, les pantalons.

(1) Ceux ou celles qui n'avaient qu'un pantalon et une chemise, ou un jupon et une chemise.
(2) Ceux ou celles qui n'avaient que leur chemise.

Position des corps. — Elle a été indiquée dans 1577 cas, le plus grand nombre était sur le lit (1147).

Nous ne comprenons point dans cette énumération les pendus, les noyés et ceux qui se sont précipités.

Objets trouvés. — Leur nombre varie suivant le genre de mort : l'*asphyxie par le charbon* est celui qui en présente le plus. Les vases à Paris sont les moyens le plus généralement employés. Nous avons trouvé indiqués 1261 réchauds, fourneaux, etc. Lorsque les réchauds manquaient, les foyers étaient construits avec des grilles, des fils de fer, des chenets, des pelles, des pincettes, des briques, des pierres (13). A défaut d'ustensiles quelconques, les suicides se sont bornés à placer un tas de charbon au milieu de la chambre et à y mettre le feu ; dans 79 cas de ce genre, 45 fois il ne restait plus qu'un amas de cendres, 34 fois le charbon était encore en ignition.

L'asphyxie par le charbon n'est pas seulement nuisible à l'individu, elle peut être préjudiciable à autrui. Nous avons cité l'observation d'un homme, qui s'étant donné la mort par ce moyen, manqua de faire périr un camarade qui couchait dans la même chambre que lui. Un accident beaucoup plus fréquent, puisqu'il a été noté 13 fois, est le feu. Tantôt il se communique au parquet, aux meubles ; tantôt aux vêtements de la victime qui tombe sur le foyer. Dans trois circonstances, on trouva une main, un pied, une partie du corps brûlés.

Un grand nombre de ceux qui se font périr par le charbon bouchent avec soin toutes les ouvertures par lesquelles l'air pourrait s'introduire.

Parmi ceux qui s'asphyxient, plusieurs, pour échapper à la souffrance, s'étourdissent, ou, pour rendre leurs derniers moments plus gais, prennent des boissons alcooliques, des liqueurs ; cette circonstance a été notée dans 74 cas.

Les objets trouvés chez les *pendus* consistent généralement dans les divers liens qui ont servi à accomplir leur dessein.

Une indication à tirer de la connaissance de ces faits, c'est que dans les prisons, comme dans les établissements d'aliénés, il faut enlever aux prisonniers et aux monomanes suicides, tous les liens dont ils pourraient se servir, du moins ceux dont ils font le plus usage.

Il arrive assez souvent que le lien se rompt et que l'individu tombe à terre ; nous avons recueilli 14 cas de ce genre. Quoique chez plusieurs de ces hommes, la rupture eût eu lieu au moment même de la pendaison, la mort n'en avait pas moins été le résultat. Quelques pendus ont néanmoins dû la vie à cette circonstance.

Les points d'appui choisis par les pendus pour mettre à exécution leur projet sont tous ceux qui peuvent servir à attacher le lien ; parmi ces supports, on trouve des boutons de portes, des verroux, des fermetures de croisées ; aussi un grand nombre de ces individus étaient-ils debout, pliés, les pieds reposant sur le sol.

Armes à feu.—Les procès-verbaux constatent que l'on a recueilli 327 pistolets et 131 fusils déchargés. Beaucoup de ces armes avaient encore un côté chargé. Plusieurs de ces suicidés avaient le doigt sur la détente, et tenaient l'arme plus ou moins serrée. Parmi ceux qui ont mis fin de cette manière à leur existence, un s'est tué en présence de son parent, un autre au moment où l'on pénétrait dans sa chambre. On a noté dans 52 cas les moyens à l'aide desquels ceux qui s'étaient détruits avec des fusils avaient fait partir l'arme : 34 fois, la décharge a eu lieu avec le pied soit seul, soit aidé d'une corde ; 18 fois au moyen de baguettes, de ficelles, de pincettes, etc. Dans ces circonstances, l'individu avait fait avec son pied une poulie de renvoi.

Deux fois la mort a été donnée par un petit canon et par une machine infernale formée de quatre petits canons.

Instruments tranchants.—Les couteaux et les rasoirs sont, dans ce cas, les instruments de prédilection, ceux qu'on a d'ailleurs presque toujours sous la main. Dans les 175 cas où les procès-verbaux ont décrit les objets, ils figuraient pour 134. 41 de ces instruments étaient couverts de sang.

Le *poison* est en général contenu dans des boîtes ou des fioles. Dans 95 cas dont les détails sont connus, les substances le plus fréquemment employées sont l'acide sulfurique, l'arsenic, l'opium, le laudanum et l'acide nitrique (80).

Sur 60 cas qui se rapportent à tous les genres de mort précédents, nous avons noté quelques détails que nous croyons devoir consigner ici.

Lorsque la submersion a lieu par désespoir d'amour, l'homme et la femme s'attachent souvent pour périr ensemble. Il y a des personnes dont la résolution est tellement arrêtée, que, pour que rien ne s'oppose à l'exécution de leur projet, elles se lient les jambes, se nouent les mains derrière le dos, se bandent les yeux, se placent dans la bouche des bâillons ou des tampons de diverse nature. D'autres se passent autour du cou une corde à laquelle est suspendue une lourde pierre, ou bien elles emplissent leurs poches de cailloux, etc.

Dans l'asphyxie par le charbon, on constate fréquemment la présence d'objets religieux, surtout chez les femmes.

Quand l'homme et la femme s'asphyxient ensemble, il n'est pas rare de les trouver sur le même lit, les bras passés autour du cou. Une fois, deux jeunes gens étaient complétement enlacés, il y avait au milieu de la chambre sept réchauds allumés, sur la cheminée 64 francs en argent, dans la commode et l'armoire un billet de 100 francs, une timbale, une montre d'argent et beaucoup de linge.

Des infortunés qui se tuent par misère, redoutant la même destinée pour les leurs, prennent la résolution terrible de les faire mourir avec eux. Des voisins préviennent le commissaire de police du quartier qu'une femme, logeant dans la même maison, n'a pas paru depuis trois jours. Le fonctionnaire fait ouvrir la porte : on aperçoit trois réchauds éteints ; sur la paillasse du lit est étendue sans vie la malheureuse femme ; ses trois enfants, couchés sur un matelas placé à terre, ont également cessé d'exister, leur visage n'annonce aucune souffrance. La chambre, complétement dégarnie, ne révèle que trop les privations de cette misérable famille. D'autres fois, les suicides font périr avec eux les animaux qu'ils aimaient, leurs chiens, leurs chats, leurs oiseaux. Dans deux faits de ce genre, les chiens ont succombé, mais les chats, après avoir beaucoup vomi, ont survécu.

Un acteur célèbre contemporain voyant, dans un pareil moment, se débattre un petit serin qu'il avait élevé, brisa un carreau, ce qui sauva lui et l'oiseau.

De jeunes filles, des femmes, lorsqu'elles ont pris la détermination de s'asphyxier, se parent de leurs plus beaux habits, se couronnent de fleurs, tiennent des bouquets à la main. Plusieurs, que l'inconstance d'un amant ou le refus de la famille a jetées dans le désespoir, s'habillent comme pour la cérémonie du mariage ; le bouquet virginal est attaché à leur côté et la couronne de roses blanches posée sur leur tête.

L'inventaire des objets laissés par les suicidés prouve que chez les ouvriers, la misère n'est pas la |cause exclusive de la mort : dans plusieurs centaines de cas, on a trouvé depuis 20 francs jusqu'à 200, et même une fois 12 000 francs. La quantité de bijoux, d'argenterie est aussi fort grande.

Parmi les objets, il en est qui présentent un grand intérêt, ce sont les lettres, les notes manuscrites, etc. ; nous en avons fait un chapitre à part.

5° *Suicidés réclamés, non réclamés, reconnus, non reconnus.*

Un grand nombre d'individus appartenant à des familles pauvres, ou n'ayant pas de parents à Paris, ne sont pas réclamés. Cet abandon tient aussi à ce que beaucoup de personnes ne se soucient point de faire connaître leurs rapports avec les suicidés, n'ont pas les moyens de payer les frais, ou ne veulent pas faire cette dépense. Misère, amour-propre, égoïsme, peur, tels sont les mobiles les plus ordinaires de cette détermination. Cette section comprend deux tableaux : nous donnons d'abord celui des *suicidés réclamés et non réclamés.*

	Hommes.		Femmes.
Réclamés	1,732	Réclamées	813
Non réclamés	1,404	Non réclamées	523
Indigents (enterrés gratuitement)	68	Indigentes (enterrées gratuitement)	34
Rien d'indiqué	15	Rien d'indiqué	6
	3,219		1,376

Si, par les motifs que nous avons signalés, un grand nombre d'individus ne sont pas réclamés, presque tous ceux, cependant, qui attentent à leurs jours sont reconnus; c'est ce que démontre le tableau suivant :

Suicides reconnus et non reconnus.

	Hommes.		Femmes.
Reconnus	3,145	Reconnues	1,353
Non reconnus	70	Non reconnues	21
Rien d'indiqué	4	Rien d'indiqué	2
	3,219		1,376

Ainsi, 91 individus seulement, sur le chiffre total, n'ont pas été reconnus. Ils se composaient d'étrangers ou de nationaux récemment arrivés à Paris, qui n'avaient aucun papier, et sur le compte desquels personne n'a pu fournir d'éclaircissement. Plusieurs de ces individus étaient tellement défigurés par leur séjour dans l'eau, qu'en l'absence de toute indication il a été impossible de constater leur identité. La même chose est arrivée dans des mutilations considérables par armes à feu. M. Chevalier a récemment indiqué un procédé qui permet de reconnaître les individus après un assez long séjour dans l'eau. Les scènes douloureuses dues à la recherche de la constatation des individus, et auxquelles nous avons plusieurs fois assisté, lorsque nous visitions la Morgue, nous ont fait sentir tout le prix de cette découverte qui a été, je crois, appliquée pour la première fois en Angleterre (voy. le *Courrier des Sciences*, par V. Meunier, 1864).

6° *Modes de suicide à Paris.* — Tableau. — Influence des âges et des sexes sur le choix des moyens. — Préférence des femmes pour le charbon. — Ordre. — Modes de suicide en France. — Tableaux. — Suicides doubles. — Remarques sur les divers modes de suicide. — De la combustion volontaire. — Du suicide par le chloroforme. — Observation sur les modes divers et successifs chez les mêmes individus. — Résumé.

Lorsqu'on a formé la résolution de se tuer, on est influencé dans le choix des moyens par l'âge, le sexe, la condition sociale et une multitude d'autres circonstances souvent très-difficiles à apprécier. Pour ne citer qu'un exemple de ces influences, pris des diverses époques de la vie, il y a longtemps qu'on a fait la remarque que l'homme dans sa jeunesse a recours à la suspension, que bientôt il abandonne pour les armes à feu. A mesure que sa vigueur s'affaiblit, il revient aux premiers moyens, et c'est ordinairement par la suspension que périt le vieillard qui attente à ses jours.

Les différents genres de suicides à Paris (1834 à 1843) peuvent être ainsi classés :

1. Charbon.
2. Submersion.
3. Strangulation.
4. Armes à feu.
5. Précipitation.
6. Instruments tranchants, aigus.
7. Empoisonnement.
8. Écrasement.
9. Abstinence.

Les modes de perpétration du suicide, sans distinction de sexe, sont très-variés ; nous avons vu, d'après la statistique officielle que plus des deux tiers des suicides avaient recours à la submersion et à la strangulation. Ajoutons, en ce qui concerne l'asphyxie, que les deux tiers de ceux qui se donnent la mort par ce moyen appartiennent au département de la Seine. Le tableau des modes de suicide à Paris, et que nous avons recueilli avec le plus grand soin, établit que pendant les dix années de 1834 à 1843, l'asphyxie par le charbon a tenu le premier rang, ce qui a été aussi constaté par M. Trebuchet.

Nous donnons ci-après ce tableau.

MODES DE SUICIDE A PARIS. 563

Récapitulation des modes de suicide (1).

INSTRUMENTS, MOYENS DE SUICIDE.	SEXES.	1834	1835	1836	1837	1838	1839	1840	1841	1842	1843	TOTAUX, H. F. RÉUNIS.	
Asphyxie par le charbon....	H.	77	89	68	58	68	81	77	81	77	84	760	1432
	F.	51	63	55	73	75	63	76	73	73	70	672	
Calfeutrement..		58	76	61	62	55	58	47	53	63	64	597	
Submersion...	H.	27	44	53	58	78	75	90	79	95	106	705	985
	F.	11	18	20	34	28	35	30	34	34	36	280	
Strangulation..	H.	50	53	62	51	55	53	82	84	77	89	656	790
	F.	11	8	15	9	18	9	18	16	16	14	134	
Suspension....		30	17	25	18	27	30	41	47	47	56	338	
Armes à feu...	H.	64	65	66	67	47	58	48	47	53	54	569	578
	F.	1	3	1	0	2	1	0	0	0	1	9	
Précipitation d'un lieu élevé...	H.	16	18	23	24	28	26	26	23	26	25	235	433
	F.	17	9	20	18	29	25	27	14	21	18	198	
Instruments tranchants ou aigus.	H.	18	11	15	18	16	21	11	15	19	26	170	203
	F.	2	3	2	4	4	4	3	3	7	1	33	
Section du cou..		9	7	8	9	16	20	10	11	14	17	121	
Empoisonnement	H.	5	2	9	15	14	16	17	6	5	15	104	157
	F.	2	3	5	6	7	1	11	7	9	2	53	
Écrasement...		0	5	1	1	3	2	0	1	3	0	16	
Abstinence ...		»	»	»	»	»	»	»	1	»		1	
		352	394	415	436	472	470	516	483	516	551	4595	

L'asphyxie se présentait à l'esprit comme le moyen que les femmes devaient choisir de préférence ; c'est, en effet, ce qui a lieu pour notre période décennale, mais avec cette particularité qu'elle est en première ligne pour les deux sexes. La facilité de se procurer la matière première, qu'on a d'ail-

(1) Les suspensions, le calfeutrement et les sections du cou ne sont pas additionnées dans les colonnes, comme faisant double emploi.

leurs presque toujours sous la main, l'habitude de s'en servir, la croyance que le charbon conduit par le sommeil à la mort, la position dans le lit, sont autant de circonstances qui favorisent son emploi. Dans le relevé de M. Devergie, de 1827 à 1836, la submersion est le genre de mort le plus fréquent à Paris, l'asphyxie ne vient qu'en seconde ligne. Nous ferons d'abord observer que notre tableau est conforme à celui de M. Trébuchet, inséré dans les *Annales d'hygiène*, 1850, t. L, p. 370. Il y a néanmoins une légère différence : ainsi M. Trébuchet classe les suicides de Paris pour 1851 de la manière suivante : *Asphyxie, submersion, strangulation, précipitation, armes à feu, instruments tranchants* et *empoisonnement*. La précipitation a sans doute quelque chose d'effrayant qui semblerait devoir en détourner les femmes : il est probable qu'un des motifs qui les poussent, est l'opinion généralement répandue qu'on a cessé de vivre avant d'avoir touché le sol ; ajoutons qu'ici encore, on n'est pas obligé de porter des mains violentes sur soi. Une autre considération qui n'est pas sans importance, c'est la rapidité avec laquelle la détermination peut s'exécuter, ce qui dépend du vertige et de ce quelque chose de spontané, d'entraînant, d'irrésistible, qui tient au moyen lui-même.

La proportion des femmes qui s'empoisonnent est d'à peu près la moitié de celle des hommes. Le peu d'appareil de poison, la promptitude des préparatifs et de l'exécution, expliquent l'emploi de ce moyen, dont l'usage serait beaucoup plus général sans les difficultés apportées à la vente par les lois.

En analysant le tableau précédent et le suivant, on constate que les moyens de destruction auxquels l'homme recourt de préférence sont la strangulation et la submersion, puis les armes à feu. Pour les femmes, la submersion domine, la strangulation lui succède. A Paris, l'asphyxie a été en première ligne chez les femmes qui ont attenté à leurs jours.

Récapitulation des modes de suicide en France pour neuf années, 1835 à 1843 (1).

INSTRUMENTS, MOYENS DE SUICIDE.	SEXES.	1835	1836	1837	1838	1839	1840	1841	1842	1843	TOTAUX, H. F. RÉUNIS.	
Submersion	H.	458	520	502	534	595	586	638	609	720	5162 }	8015
	F.	247	269	307	317	363	303	331	338	378	2853 }	
Strangulation et suspension ...	H.	567	529	587	599	653	687	732	738	775	5867 }	7402
	F.	134	143	157	181	163	209	177	202	179	1545 }	
Armes à feu ...	H.	493	470	407	427	433	448	458	437	440	4013 }	4082
	F.	13	8	7	8	7	7	8	1	10	69 }	
Asphyxie par le charbon	H.	109	85	81	101	110	103	103	102	117	911 }	1673
	F.	69	71	77	100	79	94	89	94	89	762 }	
Précip., chute vol. d'un lieu élevé..	H.	53	58	66	65	92	69	59	77	78	617 }	1006
	F.	25	36	39	54	51	60	37	50	37	389 }	
Instruments tranchants et aigus.	H.	60	74	99	96	91	100	97	114	103	834 }	974
	F.	15	13	17	19	15	12	8	29	14	140 }	
Poison	H.	33	30	54	47	60	52	45	41	51	413 }	601
	F.	18	17	23	19	20	25	25	21	20	188 }	
Moyens divers...	H.	11	9	15	17	15	5	7	11	7	97 }	120
	F.	»	8	5	2	2	2	»	2	2	13 }	
		2305	2340	2443	2586	2747	2752	2814	2866	3020		23873

Dans ce tableau, la submersion occupe le premier rang, la pendaison le second et le premier pour les hommes, les armes à feu le troisième, et l'asphyxie par le charbon, qui était la première dans le tableau de Paris, descend, pour la France, au quatrième rang.

Cet ordre est également celui qu'on observe dans le relevé de M. Petit.

(1) Les années 1833-1834 ne contiennent pas le tableau des *moyens de suicide*. — Les relevés de 1835 à 1843 sont extraits des comptes généraux de la justice criminelle en France.

Récapitulation des modes de suicide en France (1836 à 1847).

1. Submersion	11,048	Report.	30,735
2. Strangulation	10,605	6. Instruments tranchants	1,328
3. Armes à feu	5,362	7. Poison	791
4. Charbon	2,321	8. Moyens divers	178
5. Précipitation	1,399		
À reporter.	30,735		33,032

Le dernier travail de M. Legoyt qui embrasse une période de 30 années pour la France (1827 à 1860) range les modes de suicide de la manière suivante :

		Hommes.	Femmes.
1. Strangulation, pendaison	14,806	12,152	2,654
2. Submersion	11,845	7,668	4,177
3. Armes à feu	4,390	4,337	53
4. Asphyxie par le charbon	3,224	1,917	1,307
5. Instruments tranchants, aigus	1,522	1,272	250
6. Chutes volontaires	1,380	862	518
7. Poison	756	474	282
8. Autres	282	228	54
	38,205	28,910	9,295

On remarquera que les modes de suicide les plus nombreux sont, dans ce tableau, la strangulation et la submersion; ces deux modes s'observent également en Belgique, en Danemark, en Espagne, dans le grand-duché de Mecklembourg-Schwerin et en Saxe. Certains genres de mort sont préférés par les femmes; l'asphyxie par le charbon est celui où elles se rapprochent le plus des hommes; viennent ensuite les suicides par la précipitation et le poison. L'idée du sang leur inspire une véritable répugnance, aussi les morts par instruments tranchants et surtout par les armes à feu sont-elles celles où la proportion des femmes est la plus faible.

Le plus ordinairement le suicide est isolé, il arrive quelquefois cependant que deux personnes se donnent la mort en même temps, ainsi que nous en avons déjà cité des exemples. Dans notre relevé général, nous avons trouvé 50 doubles suicides.

Sous le rapport du sexe, les cas sont ainsi répartis :

Hommes et femmes.	38
Hommes seuls.	4
Femmes seules.	8
	50

Quant à l'état civil,

24 étaient célibataires (amants et maîtresses).
8 — mariés l'un et l'autre (*id.*).
6 — époux.
12 — amis ou amies.

Le genre de mort choisi par ces 100 personnes a été 38 fois le charbon, 8 fois la submersion, 3 fois les armes à feu, 1 fois le poison.

Nous ne saurions clore cette nomenclature des modes divers de suicide, sans parler de la mort par le chloroforme et de celle par la combustion volontaire sur laquelle Bricheteau a lu à l'Académie de médecine une observation intitulée : *Cas de mort, suite de combustion volontaire chez un aliéné, dans un accès de délire*, adressé à l'Académie par M. le docteur Madin, de Verdun. — M. P..., âgé de trente-six ans, fut si vivement affecté de la perte d'une femme tendrement aimée, qu'il tomba dans une profonde mélancolie, avec hallucinations de la vue et de l'ouïe. Cet état de délire n'était qu'intermittent et n'empêchait pas M. P... de remplir exactement et convenablement ses fonctions publiques. Après un assez long intervalle de calme, il songea à se remarier ; les difficultés qu'il éprouva pour contracter de nouveaux liens ramenèrent son délire ; les hallucinations devinrent plus fréquentes et d'une nature plus inquiétante. M. Madin, appelé auprès de lui, le trouva livré aux conceptions délirantes les plus étranges : entre autres choses, il croyait avoir reçu la mission de brûler les mauvais livres et les autres objets contraires aux bonnes mœurs. Cette manie de brûler faisant des progrès, M. P... faillit plusieurs fois incendier sa maison avec des torches enflammées. Le délire n'était pas continu et offrait des intermittences pendant lesquels M. P... était le premier à rire de ses extravagances. Le 18 janvier 1836, à deux heures du matin, M. Madin fut appelé auprès de M. P..., qui s'était volontairement livré aux flammes, en expiation des fautes qu'il se reprochait. A cet effet, il avait dressé un bûcher dans la cheminée de la cuisine, et s'était placé dessus, après y avoir mis le feu. La fumée résultant de la combustion avait fait connaître aux domestiques ce tragique événement ; une énorme quantité de graisse mêlée à du sang s'était écoulée jusqu'à deux mètres du foyer.

M. Madin fut surpris de trouver le malade calme et presque souriant, au milieu d'une horrible fumée qui lui permettait à peine de respirer. M. P... se réjouissait à haute voix d'aller rejoindre sa femme, après avoir expié, disait-il, ses forfaits sur un bûcher attisé par ses propres mains, d'après l'ordre de Dieu. Le malade avait les jambes, les cuisses et les fesses entièrement brûlées, les os blanchis et calcinés, les organes génitaux carbonisés et les mains réduites à l'état de moignons noirâtres et informes ; le reste du corps était intact. Dix minutes s'étaient à peine écoulées depuis que le malade avait été enveloppé dans un immense linge enduite de cérat, lorsque sa voix, auparavant ferme et retentissante, s'affaiblit tout à coup ; le pouls devint insaisissable ; la mort était imminente. M. Madin, ayant brusquement enlevé l'appareil, reconnut que l'une des artères poplitées, corrodée par le feu, avait donné lieu à une hémorrhagie mortelle (1). Que de réflexions inspire ce suicide !

Le fait observé par M. Madin peut être rapproché de celui de Mathieu Lovat, ce cordonnier de Venise qui s'était lui-même crucifié, après s'être couronné d'épines, amputé les parties

(1) *Académie des sciences*, séance du 2 novembre 1852.

génitales et fait au flanc gauche une large plaie avec un tranchet. Ce malheureux, qui ne succomba point à ses blessures, ne souffrait pas dans les redoublements de son délire, mais seulement dans les intervalles lucides (1).

Le journal *le Droit*, du 6 novembre 1853, a publié un fait analogue.

Parmi les modes divers de suicide, il ne faut pas oublier le chloroforme.

Du moment que cet agent anesthésique a été indroduit dans la pratique, il y avait lieu de soupçonner qu'il deviendrait une arme dans les mains de ceux qui voudraient attenter à leur vie. Pourquoi faut-il que le premier exemple de suicide par le chloroforme nous soit fourni par un homme de l'art ? « Le médecin en chef de l'hôpital royal de Vienne (Autriche), le docteur Reyer, causait la semaine passée, avec ses collègues, du genre de mort le moins douloureux ; il paraissait dans les meilleures conditions de santé et d'intelligence. Ces jours derniers, on l'a trouvé sans vie dans sa chambre, ayant encore le nez et la bouche plongés dans un sac à éthérisation rempli de chloroforme, qu'il avait eu la précaution de fixer avec des bandelettes de diachylon (2). »

Nous rappellerons ici ce que nous avons constaté dans les tentatives : les suicides ont souvent recours à plusieurs moyens successifs, pour hâter leur trépas.

Résumé. — Le mode de suicide varie suivant l'âge, le sexe, la condition sociale et une multitude d'autres circonstances.

Le nombre des suicides doubles représente, à Paris, la quatre-vingt-douzième partie du chiffre général.

Beaucoup de ceux qui attentent à leurs jours, ne voyant pas la mort venir assez vite, recourent immédiatement à d'autres moyens.

(1) Forbes Winslow, *Anatomy of suicide*, p. 331, London, 1840.
(2) *Union médicale*, 26 août 1851.

7° *Distribution des suicides, en général, d'après les époques du jour, du soir et de la nuit.* — Remarques sur diverses espèces de suicides d'après les heures. — Influence du jour. — Résumé.

L'homme qui va mettre fin à ses jours recherche en général la solitude, l'isolement; aussi serait-on porté à croire que la plupart des actes de ce genre s'accomplissent pendant la nuit. Voici, cependant, ce que nos recherches nous apprennent à cet égard :

Époques des suicides.

Jour	2,094
Soir	766
Nuit	658
Rien	1,077
	4,595

Ainsi, dans ce tableau, les suicides effectués le jour sont les plus nombreux, viennent ensuite ceux qui ont lieu le soir; les suicides de la nuit sont les derniers dans l'ordre numérique. Si l'on additionne les suicides du soir et de la nuit, leur proportion est encore inférieure (1424) à celle des suicides du jour. Les motifs de cette influence du jour sur l'acte de suicide nous paraissent se rattacher à deux conditions physiologiques : l'impression pénible que causent à un grand nombre d'individus l'obscurité, la silence de la nuit, surtout quand ils souffrent, et le besoin du sommeil, besoin si impérieux que le condamné s'endort au moment de subir sa peine.

En décomposant les 2094 cas de suicides de jour, on en trouve 712 dont les heures ne sont pas indiquées, et 1382 dont les heures sont précisées. La première série est ainsi formée :

Jour	183
Matin	389
Après-midi	140
	712

Le matin, dans cette série, est donc l'époque du jour qui compte le plus de suicides.

La seconde série peut être partagée en deux sections :

Heures du matin.		Heures de l'après-midi.	
5 heures	70	1 heure	79
6 —	102	2 —	117
7 —	102	3 —	109
8 —	126	4 —	89
9 —	104	5 —	86
10 —	110	6 —	67
11 —	81	7 — (1)	17
12 —	123		564
	818		

Comme dans la série précédente, le matin est l'époque où les suicides sont le plus nombreux.

Les heures les plus chargées, dans ces deux séries, sont les suivantes :

8 heures du matin	126	3 heures après-midi	109
12 — —	123	9 — du matin	104
2 — après-midi	117	6 — —	102
10 — du matin	110	7 — —	102

Les suicides du soir sont au nombre de 766.

415 fois les heures n'ont pas été désignées ; dans 351 cas, où elles ont été indiquées, les faits se présentent dans l'ordre suivant :

3 heures	35	9 heures	69
7 —	72	10 —	62
8 —	69	11 —	44

658 suicides ont eu lieu pendant la nuit ; sur ce nombre, les heures de 398 ne sont pas déterminées, elles sont au contraire désignées dans les 260 cas suivants :

---

(1) Heures de la saison d'été. Dans cette période de temps, plusieurs heures participent encore du mouvement de la journée.

Minuit	65	3 heures	45
1 heure	51	4 —	50
2 —	49		

En défalquant les heures du soir, qui appartiennent encore à la journée par le mouvement, les occupations, les plaisirs, on voit que la proportion de ceux qui se tuent pendant la nuit est la moins considérable de toutes.

Cette influence du jour, de la lumière, du bruit, du mouvement habituel de la vie, est surtout prononcée pendant les mois les plus longs, qui sont ceux où il se commet le plus de suicides, tandis qu'elle décroît d'une manière sensible dans les mois dont les jours sont les plus courts, qui sont ceux aussi où l'on compte le moins de suicides. Cette remarque a été également faite par M. Petit, qui dit qu'avec l'élévation et l'abaissement progressif du chiffre des suicides, coïncident exactement l'allongement et la diminution de la durée des jours. Il y a ici un rapport de cause à effet.

Quelques modes de suicide donnent lieu à des observations particulières. On remarque qu'à partir de cinq heures du matin jusqu'à sept heures du soir, les strangulations sont excessivement nombreuses, tandis qu'elles décroissent d'une manière très-sensible avec l'apparition du soir et des premières heures de la nuit. En effet, le chiffre des suicides dont l'heure est connue, et qui s'élève à 335, ne comprend pas moins de 267 cas, dans la première série, tandis qu'il n'est que de 68 dans la seconde.

Presque tous les suicides par arme à feu ont leur époque précise, ce qui s'explique par l'attention qu'excite la détonation. Ainsi, sur 578 cas connus, 39 seuls n'ont pas fourni de renseignements.

Les faits avec indications d'heure sont au nombre de 448. Sur ce dernier chiffre, 388 individus se sont suicidés de cinq heures du matin à sept heures du soir, et seulement 60 pendant les heures du silence.

Dans les suicides par *chute*, où le nombre des femmes est presque égal à celui des hommes, si l'on compare ceux qui ont eu lieu de cinq heures du matin à sept heures du soir, on trouve que le chiffre de cette section est de 263, et celui de la nuit de 192. Toutes les fois que le suicide s'exécute à l'aide d'un moyen douloureux, bruyant, visible, le nombre des cas connus augmente : ainsi, tandis qu'on n'a pu se procurer aucun renseignement sur une proportion considérable des individus qui se sont asphyxiés, noyés, étranglés, nous avons vu cette proportion diminuer considérablement pour eux qui attentent à leurs jours par les armes à feu, les précipitations ; c'est ce que nous constaterons également pour les instruments tranchants, les empoisonnements, les écrasements, etc.

L'observation faite pour les genres de suicides précédents ne varie pas dans celui par les instruments tranchants ; c'est toujours de cinq heures du matin à sept heures du soir que ces morts violentes sont le plus fréquentes. Ainsi, sur les 138 cas indiqués, 108 appartiennent à cette époque, tandis qu'on ne compte que 30, de huit heures du soir à cinq heures du matin.

157 individus ont mis fin à leur existence par le *poison*.

Sur 110 individus dont les heures de mort sont indiquées, 77 se sont suicidés de cinq heures du matin à sept heures du soir, et 23 de huit heures du soir à cinq heures du matin.

Dans les 16 cas de suicides par écrasement sous les voitures ou par les chemins de fer, tous les accidents ont eu lieu de jour, à des heures déterminées, depuis sept heures du matin jusqu'à six heures du soir.

Sur 15 suicides d'aliénés, dont nous avons recueilli les observations, les deux tiers ont eu lieu le jour, et la plupart le matin.

Résumé. — On peut donc poser en principe que les suicides sont plus nombreux le jour que la nuit.

Les heures du matin l'emportent par la fréquence des suicides sur les autres heures de la journée.

Dans toutes les espèces de suicides, c'est également pendant la période diurne que la plupart des individus attentent à leurs jours.

La proportion des heures connues devient d'autant plus considérable que le suicide s'exécute à l'aide de moyens plus douloureux, plus bruyants, plus visibles.

Cette influence du jour, de la lumière, du mouvement de la vie, est mise hors de doute par l'élévation et l'abaissement progressif du chiffre des suicides, coïncidant exactement avec l'allongement et la diminution de la durée des jours.

La conséquence à tirer de cette influence du jour sur la production du suicide, c'est que l'homme a besoin d'une certaine excitation pour accomplir cet acte, tandis que le silence de la nuit augmente encore les angoisses de son âme.

8° *Distribution des suicides par jours, mois, saisons, années.* — Influence de la chaleur, du froid, de la séve, des terrains. — Résumé.

Les influences atmosphériques ont été étudiées avec beaucoup de soin dans leurs rapports avec les maladies, la folie, les crimes, elles ne sont pas moins prononcées à l'égard du suicide. Comment d'ailleurs en serait-il autrement, l'esprit et le corps ne sont-ils pas dans une mutuelle dépendance l'un de l'autre? Sans doute l'esprit, fortifié par la religion, la morale et une saine philosophie, peut s'élever au-dessus des exigences du corps et les asservir même à ses volontés; mais ces faits sont des exceptions, et l'homme, dans la plupart des cas, subit l'action des agents extérieurs.

Pour réunir le plus d'éléments possible sur ce sujet, nous avons distribué les suicides par jours, mois, saisons, années. Toutes ces recherches n'ont pas la même valeur, elles peuvent cependant conduire à des résultats nouveaux.

Examinés par jour, les suicides de Paris se répartissent ainsi:

STATISTIQUE DES SUICIDES PAR MOIS, SAISONS.

Pendant les 10 premiers jours du mois....... 1,727
— les 10 suivants................. 1,488
— les 10 derniers................. 1,380

4,595

Les chiffres des morts volontaires seraient donc plus considérables dans les dix premiers jours du mois que dans les suivants; la proportion la moins forte serait pour la dernière série, qui, déjà plus faible numériquement, l'est encore davantage, si l'on en retranche le trente et unième jour. De tous les jours les plus chargés dans nos tableaux, sont le premier, qui compte 266 cas, et le second, qui en réunit 190.

Les inductions que l'on peut tirer de l'examen comparatif des mois sont beaucoup plus positives; il suffit, en effet, de jeter un coup d'œil sur le tableau suivant, pour saisir les rapports entre les suicides et les mois.

Récapitulation des mois.

MOIS.	1834	1835	1836	1837	1838	1839	1840	1841	1842	1843	Totaux.
Janvier...	37	32	36	41	28	42	37	44	35	46	378
Février...	23	25	39	40	30	35	43	33	51	40	359
Mars ...	19	27	31	32	44	46	40	49	43	55	386
Avril....	25	23	38	35	42	46	32	39	45	43	368
Mai.....	31	46	43	44	50	46	58	45	43	77	483
Juin.....	27	35	44	40	55	38	60	46	50	42	437
Juillet....	34	43	42	43	63	45	56	54	45	59	484
Août.....	35	45	32	40	39	43	57	40	53	49	433
Septembre	28	29	34	32	37	30	38	29	36	34	327
Octobre..	41	34	29	42	36	33	38	36	40	37	366
Novembre	30	39	22	16	24	35	31	35	37	29	298
Décembre	22	16	25	31	24	31	26	33	38	30	276
	352	394	415	436	472	470	516	483	516	541	4595

En groupant les mois par série de quatre, on a les résultats ci-après :

1,491 pour les 4 premiers mois de l'année.
1,837 — 4 mois suivants.
1,267 — 4 derniers mois.

Total.... 4,595

Ce tableau montre, en effet, que les mois où il se commet le plus de suicides sont les plus beaux, les plus chauds et les plus longs de l'année ; la proportion diminue d'une manière notable dans les quatre mois suivants ; l'augmentation recommence en janvier, février, mars et avril. Les mois de novembre et de décembre sont ceux qui comptent le moins de suicides ; le mois de juillet, dans notre tableau, atteint, au contraire, le sommet de la pyramide.

En reprenant les faits pour toute la France, de 1835 à 1843, on obtient des résultats absolument semblables ; c'est ce que met hors de doute le tableau suivant :

Suicides par mois pour toute la France.

Récapitulation générale : hommes et femmes.

MOIS.	1835	1836	1837	1838	1839	1840	1841	1842	1843	Totaux.
Janvier.....	160	156	175	150	172	222	175	191	225	1626
Février.....	152	165	176	143	185	217	184	195	230	1647
Mars	205	205	213	230	228	215	276	226	283	2081
Avril	204	193	226	236	251	284	279	239	258	2167
Mai	239	249	244	278	304	304	296	312	318	2544
Juin.......	241	261	261	299	275	287	281	348	334	2587
Juillet	294	283	285	298	296	262	298	270	336	2622
Août.......	219	209	210	251	238	239	244	299	267	2176
Septembre..	169	161	194	207	218	199	209	191	207	1755
Octobre....	158	182	182	218	207	190	206	177	194	1692
Novembre...	162	146	138	154	194	158	176	194	198	1520
Décembre...	105	130	139	144	179	175	190	224	170	1456
	2305	2340	2443	2586	2747	2752	2814	2866	3020	23873

En divisant l'année par groupes de quatre mois, on a :

    7,521 pour les 4 premiers.
    9,929 — 4 suivants.
    6,423 — 4 derniers.

Total... 23,873

Cette proportion est aussi celle de M. Petit ; il n'y a de différence que pour le mois de juin, qui excède celui de juillet de 90 suicides. Dans une note de l'introduction de la statistique de

STATISTIQUE DES MOIS DU SUICIDE. 577

l'Angleterre, M. Guerry dit que pour chacun des 9,499 jours, composant la période totale de vingt-six années comprises de 1835 à 1860, et sur un total de 85,344 suicides, on a calculé, pour chacun des douze mois, et pour la France entière, le nombre moyen des suicides par jour. Il résulte de ce calcul que le *maximum* des suicides arrive également en juin, époque où tombe le solstice d'été, et le *minimum* en décembre, époque du solstice d'hiver.

Sur 10,000 suicides, voici l'ordre de fréquence et de décroissance dans la période de 1835 à 1860 :

Juin.	Mai.	Juillet.	Avril.	Août.	Mars.
1,084	1,019	1,011	937	889	839
(7e)	(6e)	(8e)	(5e)	(9e)	(4e)

Septembre.	Février.	Octobre.	Janvier.	Novembre.	Décembre.
790	748	724	681	640	638
(10e)	(3e)	(11e)	(2e)	(12e)	(1er)

En commençant par le mois le plus faible, on arrive au mois le plus chargé, pour redescendre au mois qui compte le moins de suicides.

Décembre.	638	Juin.	1,084
Janvier.	681	Juillet.	1,011
Février.	748	Août.	889
Mars.	839	Septembre.	790
Avril.	937	Octobre.	724
Mai.	1019	Novembre.	640
	4,862		5,138
	5,138		
	10,000		

Il importe cependant de faire observer, que ces résultats, déduits d'un calcul de 26 années et d'un total de 85,344 suicides, séparés en deux périodes de 13 années, présentent des variations : ainsi juin peut momentanément perdre son rang; mais ces variations ne sont que des exceptions dans la moyenne

37

générale. Le *maximum* du nombre des suicides a lieu donc, non pas comme on l'a répété si souvent, « à la fin des jours brumeux de l'automne, à l'époque du deuil de la nature et des funèbres souvenirs » ; mais, tout au contraire, ce maximum arrive justement au solstice d'été, à la *Saint-Jean*, lorsque les jours ont leur plus longue durée, et que le soleil est dans tout son éclat. C'est l'opinion que nous avions soutenue dans ce chapitre, lors de notre première édition.

À cette occasion, M. Guerry fait cette remarque : « On voit par là comment les vérités de littérature ou de sentiment viennent s'accorder avec les vérités d'observation positive! (p. XLV.)

En prenant les six mois les plus chauds de l'année, nous trouvons, pour Paris, 2532 suicides, et pour les six mois les plus froids, 2063. La proportion est la même pour la France : de 1835 à 1843, on a 13,851 cas pour les six mois les plus chauds et 10,022 pour les six mois où la température est moins élevée.

L'influence de la chaleur a été notée par plusieurs auteurs, Fodéré et Duglas observaient plus de suicides à Marseille quand le thermomètre s'élevait à 22 degrés (Réaumur). Esquirol, dans un relevé des entrées à la Salpêtrière pendant six années, a trouvé pour le trimestre de janvier, 42 suicides ; pour celui d'avril, 58 ; de juillet, 61 ; et d'octobre, 31. Le même auteur assure avoir remarqué, comme Cabanis, qu'après un été très-sec, un automne pluvieux est plus fécond en suicides. M. Petit ne croit pas que la chaleur soit l'unique cause, ni peut-être la principale cause des différences dans le nombre des suicides, suivant les saisons. Il se fonde sur ce que la progression des suicides commence en janvier, où la température moyenne est la plus basse, et s'arrête en juin, tandis que la température continue à monter en juillet et se maintient élevée en août. Nous pourrions objecter à M. Petit que, dans nos deux tableaux, le maximum des suicides est en juillet, mais nous croyons également que la chaleur n'est pas la seule influence, et qu'il faut aussi tenir compte du réveil général de la nature.

Les recherches faites, dans ces derniers temps, sur l'influence de la lune, par MM. Etoc-Demazy et Archambault, ont donné des résultats contradictoires. La disposition des terrains et leur situation semblent, au contraire, avoir une action plus décisive. Ainsi, on voit sur le tableau n° 4 de M. Petit que les pays de plaines, les terrains tertiaires, se rencontrent le plus souvent dans les départements qui ont le plus fourni de suicides, tandis que les régions montagneuses, les terrains primitifs, occupent plus généralement la fin du tableau.

Résumé. — Ces résultats ne laissent aucun doute sur les influences atmosphériques et telluriques. On peut donc établir que la chaleur et le froid ont une action marquée sur la production du suicide. Il est certain, en effet, que les mois de juin et de juillet sont les plus fertiles en accidents de ce genre, et que les mois de novembre et de décembre sont ceux qui en comptent le moins.

Ces influences ne sont pas les seules, celle des saisons entre comme élément important dans la détermination du suicide ; c'est ainsi que le réveil général de la nature y contribue d'une manière spéciale.

La composition des terrains et leur situation doivent aussi être prises en considération.

CHAPITRE VII.

TRAITEMENT DU SUICIDE.

SOMMAIRE. — Considérations sur les origines du suicide. — Moyens préventifs. — Nécessité d'une bonne éducation. — Utilité du croisement. — Faits tirés des animaux et des hommes. — Hérédité. — Sa puissance. — Mariages consanguins; lois des Chinois à cet égard. — Conséquences de la violation des préceptes de l'hygiène et de l'organisme. — *Deux sections :* État de raison, état de folie. — *Première section :* État de raison. — SOMMAIRE. — Moyens moraux et physiques. — Influence des idées dominantes; moyens à employer. — Importance des devoirs. — But d'activité. — Arguments contre le mal. — Arguments tirés de Dieu, de la société, de la famille. — Direction des passions. — Préceptes de Dumas. — Conseils aux parents, aux maîtres, pour la jeunesse. — Influence du sentiment religieux, du respect de la loi, de l'amour de la patrie, pour l'âge mûr. — Traitement moral. — Méthode de diversion. — Moyens religieux, confession, cloître. — Conseils à la vieillesse. — Inutilité des peines comminatoires chez les peuples civilisés. — Part considérable de la folie dans le suicide. — Mesures préventives. — Moyens physiques, suicides symptomatiques. — Traitement du suicide chez les paysans. — Traitement du suicide instantané. — Résumé.

1° *Généralités.* — La division établie par le titre du livre est la preuve que, pour nous, la thérapeutique doit former deux sections différentes, suivant l'état de raison ou de délire. C'est la méthode que nous allons suivre dans la description du traitement, en faisant précéder celui de l'état de raison de considérations générales dont l'importance ne saurait être contestée.

Le traitement du suicide a toujours été la partie vulnérable, la pierre d'achoppement de l'étude de cette grave maladie. Nous ne sommes donc pas surpris qu'un professeur, dont le nom est inscrit en premier rang des médecins légistes de l'époque, ait dit dans son analyse bienveillante de la première édition de ce livre : « Les considérations thérapeutiques, quelque élevées, quelque sages qu'elles soient, sont, dans le plus grand nombre des cas, condamnées à rester impuissantes devant ce mal qui, moral ou physique, ne se révèlera le plus souvent que par son irréparable résultat. »

Il est difficile, en effet, si l'on a bien présentes à la pensée les causes multipliées et diverses du suicide, parmi lesquelles les croyances, les institutions, les coutumes, les maux, les préjugés, la littérature, la transmission héréditaire, la folie, etc., jouent un rôle si important, de ne pas éprouver un découragement profond à la vue de ces obstacles, qui remontent à l'antiquité la plus reculée.

Ce découragement s'accroît encore quand on jette un coup d'œil sur l'état actuel des âmes. Au lieu d'un concours généreux, l'indifférence et l'abstention. Ici le sentiment religieux considérablement affaibli ; là les principes sacrés des devoirs, de la patrie, du respect de soi-même méconnus, oubliés, ou à l'usage du petit nombre. Partout l'assaut à l'or, dont la conquête promet des jouissances hâtives dans une vie si courte. Au milieu de cet abaissement général de la force morale, les passions mêmes déguisées, au fond toujours semblables, arrêtées dans leurs satisfactions, apportent leur contingent au suicide. Il n'est pas jusqu'aux choses les plus respectables qui ne contribuent à ce résultat. Notre législation, vantée à juste titre, n'a-t-elle pas ses imperfections et ses faiblesses ? Qui de nous ne se rappelle cette prisonnière s'accusant d'un parricide, parce qu'elle préférait mourir plutôt que de souffrir davantage les angoisses de la détention préventive, double peine pour le coupable et injustice sans dédommagement pour l'innocent (1). L'emprisonnement par suite de vagabondage, dû à la misère, est une pénalité non moins sévère et qui peut également avoir des suites douloureuses, comme l'atteste l'observation que nous allons rapporter.

P... orphelin, avant l'âge où il aurait pu se suffire à lui-même,

(1) La lecture du procès Trümpy-Demme à Berne nous a appris que cette injustice n'existait pas dans ce canton, et qu'une indemnité était accordée au prisonnier dont l'innocence était reconnue. Les accusés ayant été acquittés, madame Demme a obtenu des dommages et intérêts (*Droit*, octob. et nov. 1864).

se trouva confié aux soins d'un ami de son père, instituteur dans sa ville natale. Celui-ci le battit et le maltraita tellement, que l'élève s'enfuit à Paris. Là il se réfugia chez un oncle qui, six mois après, sous un prétexte futile, le chassait honteusement de chez lui. Au bout de quelques jours, P... ayant vendu tous ses effets, sans ressource, sans asile, alla se cacher dans les carrières de Montmartre, où il fut arrêté comme vagabond. Personne ne le réclamant, il fut condamné à six mois de prison.

Accablé de honte et de chagrin, il tomba malade pendant quatre mois ; lorsqu'il fut rendu à la liberté, après l'expiration de sa peine, il n'avait pu encore gagner que six francs. Cette faible somme dépensée, P... venait s'asseoir de nouveau sur les bancs de la police correctionnelle. Cette fois, les juges eurent sans doute pitié de sa triste position et ne le condamnèrent qu'à une mois de prison. Pendant ce dernier séjour à la Force, il fut en butte aux obsessions des prisonniers qui lui conseillaient de s'enrôler parmi eux et de leur enseigner quelque bon coup à faire. Lorsqu'ils virent qu'il ne cédait pas, ils le tourmentèrent de toutes les manières et en firent leur jouet.

Quand le pauvre P... sortit de cet enfer, aux prises avec les mêmes nécessités, assailli par la faim, son désespoir ne connut plus de bornes ; le suicide s'offrit à lui comme son seul refuge, et quoiqu'il fût attaché à la vie, il se précipita dans la Seine. Arrêté pour la troisième fois, il fut conduit à Bicêtre. Son histoire, ajoute M. Lisle, qui suivait alors les leçons de Leuret, médecin de cet hospice, doit être celle d'un grand nombre de malheureux, elle produisit sur moi une vive impression.

Rien ne dénotait en cet homme le moindre trouble d'esprit, et il en était arrivé à ce degré de misère de s'estimer heureux d'avoir été admis dans l'asile des aliénés, où il avait au moins le pain de chaque jour, en échange de quelques légers services qu'il rendait aux malades (1).

Si, comme nous n'avons cessé de le demander dans nos écrits,

(1) E. Lisle, *Du suicide*, ouvrage cité, p. 170.

GÉNÉRALITÉS. — TRAITEMENT DU SUICIDE. 583

un asile eût été ouvert pour les malheureux sans travail, et que le besoin condamne au vagabondage, P... n'eût pas été soumis à ces pénibles épreuves et n'eût pas encouru de pénalité.

Quelque rétréci que soit ce cadre, il établit d'abord l'existence du mal, aussi bien dans les causes générales que dans les causes secondaires, et il démontre ensuite les difficultés sans nombre inhérentes à la question du traitement. Pour arriver à des résultats désirables, il faudrait un remaniement complet de l'état social, et une pareille entreprise ne peut être que l'œuvre des siècles. Est-ce à dire pour cela qu'il n'y a rien à faire? Loin de nous cette pensée. Les éducateurs naturels de l'homme, la mère, l'instituteur, le prêtre, l'autorité doivent combiner leurs efforts, pour déposer de bonne heure dans le cœur et l'esprit de l'enfant les notions pratiques des devoirs et celles non moins utiles des rapports du physique et du moral.

Prétendre, en effet, que les remèdes employés jusqu'alors ont été efficaces, c'est se tromper soi-même et imiter la conduite de ceux qui ayant à traiter une épidémie paludéenne se borneraient à prodiguer le quinquina, sans songer à assainir les localités. Là est évidemment la fausse route; en n'ayant recours qu'aux palliatifs, on a sans aucun doute sauvé des individus, mais le mal est resté entier et n'a cessé de grandir ; c'est donc au mal lui-même qu'il faut s'en prendre, en l'attaquant dans ses sources. Le suicide a deux racines principales, l'esprit et le corps. Au premier, faussé par l'éducation, l'enseignement, l'exemple, le roman, le théâtre et les idées dominantes, il faut opposer la science pratique de la vie, la religion, la morale et les institutions libres ; au second, altéré dans son organisme, il faut pratiquer la seule opération qui puisse réussir, la transfusion du sang. Qu'on se représente par la pensée ces deux causes ayant agi successivement pendant plusieurs générations sur les individus d'une même famille, et l'on comprendra très-bien, suivant la remarque de M. Morel, qu'à chaque transmission héréditaire de nouveaux éléments pathologiques se seront surajoutés à ceux qui existaient déjà ; les conséquences de ces dépôts maladifs seront des modifications organiques si profondes, que le retour à l'état normal offrira des obstacles qui paraîtront presque insurmontables.

Comment alors reprocher à la médecine curative d'être impuissante, lorsqu'on lui amène ces malades dans de telles conditions, encore aggravées par les combinaisons qui ont lieu durant la longue période de l'incubation? Que peut-elle faire en pareil cas? Soulager, améliorer. La médecine préventive a seule le pouvoir de combattre avec succès l'ennemi. Prévenir, voilà donc le but vers lequel doivent tendre les efforts des véritables médecins.

Il y a certainement beaucoup de mal dans le monde, il y a aussi beaucoup de bien ; et limiter le mal n'est pas aussi difficile qu'on serait tenté de le croire. L'éducation pratique, celle qui initie à la science de la vie, nous paraît encore le meilleur guide; aussi recommandons-nous d'inculquer à la jeunesse des notions précises sur son organisation et sur ses rapports avec les agents extérieurs; d'insister auprès des gouvernements sur la nécessité d'une étude plus approfondie de la climatologie et sur les avantages qu'ils retireraient de communications fréquentes avec les savants qui s'occupent de l'hygiène (1) ; la santé des peuples est liée à ces rapports mutuels. Voyez par ce qu'ont déjà produit ces rapprochements momentanés, ce qu'ils produiraient s'ils étaient constants. Les médecins et les moralistes signalent les dangers, pour la santé et l'intelligence, de la réunion dans un même lieu des criminels de tout âge et de toute catégorie ; cette protestation dure des siècles ; enfin, elle est entendue, les âges et les degrés sont séparés. Les derniers comptes rendus de la justice criminelle et la note de M. Bertin sur la colonie de Mettray

(1) En fondant un comité supérieur d'hygiène et des comités locaux pour toute la France, le gouvernement a fait une chose très-utile ; mais pourquoi ne pas utiliser les matériaux qui lui arrivent de tous côtés ? Avec la publicité, il encouragerait les travailleurs, et livrerait à la discussion une multitude de faits intéressants qui seraient l'occasion de nombreuses réformes et d'immenses améliorations pour la santé publique.

nous font connaître les suites de ces améliorations. Pour la justice criminelle, c'est la diminution sensible du nombre des crimes et des délits avec des circonstances (insuffisance des récoltes) qui auraient sûrement produit une augmentation, si la sollicitude de l'autorité, secondée par la charité privée, n'avait imposé silence aux excitations de la misère. Pour la colonie de Mettray, c'est l'abaissement considérable du chiffre des récidives, qui de 75 p. 100, lorsque les enfants étaient réunis avec les criminels dans les prisons, descend à 15, lorsque le travail des champs et la vie de famille ont remplacé la confusion ancienne.

Le professeur Magnus Huss (de Stockholm) avait décrit, en médecin moraliste, le douloureux cortége des dégradations causées par l'ivresse (p. 6 et 63). Le gouvernement suédois s'émut de ses révélations, et l'ordonnance de 1854 énuméra les remèdes opposés au mal et leurs heureuses conséquences. Depuis la suppression des droits sur les esprits, en 1825, la fabrication sans frein de l'eau-de-vie consumait en grande partie l'excédant des blés, tout en ruinant et en démoralisant le peuple. Cette malheureuse industrie avait gagné les campagnes, où elle était exercée pendant six mois. Limitée par la loi nouvelle à deux mois, et frappée d'un droit considérable, elle a vu disparaître les 9/10es de ses alambics, et la fabrication a été réduite de deux tiers. Ces mesures ont déjà produit les changements les plus favorables pour le bien-être des classes laborieuses et l'accroissement de la richesse publique. Le travail manuel, si modiquement rétribué, s'est augmenté au delà de 70 p. 100. Ces modifications importantes n'ont pas seulement été constatées en Suède, l'*Union médicale* les a retrouvées en Prusse et en Silésie, et le docteur Morel les a aussi notées aux États-Unis (1).

Les mesures préventives peuvent donc arrêter le mal à ses commencements; mais si l'on ne s'est pas opposé à ses progrès, si la dégénérescence est accomplie, laissera-t-on périr ceux qui

(1) D^r. Morel, *Traité des dégénérescences physiques, intellectuelles et morales de l'espèce humaine.* 1 vol. in-8°. Paris, 1857.

en sont atteints, et les individus bien portants se gâter à leur contact? L'observation est là pour apprendre qu'on peut encore combattre l'altération de l'espèce par un remède héroïque, le croisement. Les faits sont concluants dans les races domestiques. L'Angleterre a fait en ce genre des choses prodigieuses. Sans sortir de France, et pour nous en tenir à deux expériences qui datent de quelques années, nous citerons la race des moutons charmois et celle des porcs de Boulogne. Par l'habile mélange des races berrichonne et tourangelle, puis des métis de ces dernières et des béliers mérinos et new-kents, on a obtenu, en les unissant aux chétives brebis du haut Limousin, des produits d'une valeur double de celle des mères, qu'on recherche aujourd'hui jusque dans la Grande-Bretagne. Quant aux porcs de Boulogne et de Montreuil, ils proviennent d'une race locale profondément abâtardie, qu'on a relevée par le croisement avec les yorkshires et les new-leicesters. Les métis ainsi obtenus ont été mariés ensemble, et il s'est formé sur place une race supérieure qui alimente annuellement un commerce considérable. Relativement aux objections adressées au croisement, il suffira de dire que l'insuccès a dépendu de ce qu'on avait agi contrairement aux données les plus élémentaires de la physiologie ; et c'est en particulier ce qui est arrivé quand on a voulu mêler à toutes nos races chevalines le sang du cheval anglais. Il est douloureux de penser que l'amélioration des animaux soit l'objet de tant de travaux efficaces, tandis que celle de l'homme ne donne lieu qu'à de timides essais.

Quelque réservé que nous soyons dans les comparaisons tirées de nous aux animaux, nous croyons qu'elles doivent être prises en considération. Il y a d'ailleurs des expériences toutes faites sur l'espèce humaine, qui jettent un grand jour sur la question.

Partout où des observations précises ont été recueillies, les métis se montrent supérieurs à la race colorée, presque égaux et parfois supérieurs, à certains égards, à la race blanche elle-même. Aux Philippines, les métis sont très-nombreux et forment une classe active, industrieuse, brave, qui a déjà arraché à la métropole de sérieuses et justes concessions. A peine est-il besoin de rappeler ce qu'étaient à St-Domingue ces hommes de couleur qui ont expié si cruellement leur alliance avec les noirs. Au Brésil, grâce à sa valeur intellectuelle et morale, la race croisée de blanc et de noir a su vaincre en grande partie le préjugé du sang, et elle est surtout remarquable par des aptitudes pour la culture des arts, bien plus développées chez elle que chez les blancs de race pure. Dans ce même empire, nous trouvons une province entière habitée par une race croisée d'Européens et d'indigènes. Quel a été le résultat de ce mariage? Le cachet particulier des paulistas, leur caractère chevaleresque, leur bravoure, leur persévérance, ont été racontés dans des ouvrages estimables par des auteurs sérieux (1). Il y a une trentaine d'années, l'évêque Hébert de Calcutta indiquait, dans un livre faisant partie de la collection des voyages modernes, les dangers que pouvait faire courir un jour à la mère patrie le nombre toujours croissant des métis, dont la turbulence, l'activité, les passions lui inspiraient dès cette époque de vives inquiétudes. La *Revue coloniale* a publié récemment un article du docteur Godineau, sur le tempérament des Hindous, qui contient un paragraphe à l'appui de la doctrine que nous soutenons. Tandis que la race indienne, parquée dans ses castes, immobilisée dans ses rites, ses coutumes, est restée ce qu'elle était au temps d'Alexandre, subissant tous les genres d'esclavage, la classe musulmane, qui résulte du mélange de l'Hindou avec les peuples descendus des plateaux de l'Irlande, présente seule les attributs de la vigueur et de la santé. Elle se distingue de la population hindoue par la hauteur de sa taille, le développement du système musculaire, l'énergie de l'innervation et une meilleure constitu-

(1) De Quatrefages, *Histoire naturelle de l'homme* (*Revue des deux mondes*, 1857).

tion du sang. Cette supériorité physique n'est pas due seulement à une nourriture plus abondante et plus azotée, à une vie plus active, elle tient surtout à un croisement de races.

Plus on creuse la question d'hérédité, plus on est convaincu que c'est le mode de transmission le plus fréquent des maladies; c'est particulièrement entre les consanguins que ces conséquences sont déplorables. L'état d'infirmité intellectuelle et physique des descendants de la grandesse d'Espagne, noté par les auteurs ; le grand nombre d'idiots, d'aliénés, d'épileptiques, de scrofuleux qu'on compte dans la généalogie des familles françaises de noblesse ancienne, tiennent à la même cause. Depuis plusieurs années, de bons mémoires ont mis en lumière les conséquences déplorables du mariage entre proches parents, et le dernier recensement de 1853 annonce qu'en une seule année, plus de 2400 mariages avaient été contractés entre parents ; or, pour tous ceux qui ont étudié avec soin les suites des alliances consanguines, n'est-il pas évident qu'il faut chercher dans ces unions une des causes de l'accroissement de la proportion des aliénés, des idiots, des sourds et muets et des suicides (1)?

En traitant de l'influence de la civilisation sur le développement de la folie et du suicide, nous avons eu toujours grand soin de faire observer qu'il n'y avait aucune comparaison à établir entre les temps où l'homme était esclave, serf, foulé aux pieds par ses maîtres, et ceux où la légalité devant la loi est le privilège de

(1) Les discussions, si ardentes de ces derniers temps, sur les mariages consanguins ont tout remis en question ; il est cependant un argument des adversaires de l'opinion générale qui mérite d'être pris en considération : c'est l'innocuité de ces mariages, lorsque les contractants sont purs d'antécédents fâcheux. Au milieu de ces dissidences d'opinion, nous avons fait appel à nos souvenirs ; il est résulté pour nous de cet examen la conviction que le débat était mal engagé, et que l'influence pernicieuse de ces unions, au point de vue surtout des influences héréditaires, finirait par prévaloir. C'est un premier pas ; mais il faudra en faire un plus décisif, celui de la santé, si indignement sacrifiée aux rapports de convenances. Quand, enfin, comprendra-t-on que le bonheur du mariage est dans le choix raisonné des époux?

tous. Mais si nous avons rendu justice aux conquêtes de la civilisation, nous n'avons pas hésité à dire qu'elle avait une action marquée sur la production de ces deux maladies par la stimulation continuelle qu'elle ne cessait d'imprimer au système nerveux, par les mécomptes de tout genre qui succédaient aux aspirations vers le bien-être et par l'immense quantité de malheureux qu'elle enivrait de désirs, sans leur donner les moyens de les satisfaire. Ce n'est pas seulement par la nature des idées que la civilisation tend à multiplier le nombre des aliénés et des suicides, elle contribue encore à ce résultat par la violation des préceptes de l'hygiène et par l'ignorance des lois de l'organisme. Les exemples de cette seconde catégorie sont probants, et ils surabondent. La géographie physique enseigne que certains terrains sont hostiles à l'homme, qu'ils déterminent chez lui une infirmité dégoûtante, bientôt compliquée d'une dégradation hideuse de tout son être ; des milliers de crétins peuplent cependant ces lieux maudits, et aucune précaution n'est prise, quoique la Maurienne et la Tarentaise aient été affranchies de cette lèpre à l'aide de l'hygiène. L'ivrognerie multiplie les suicides, les aliénés et les idiots dans une proportion presque mathématique et engendre une seconde dégénérescence de l'espèce humaine ; à l'exception de deux ou trois pays, aucune mesure réglementaire préventive n'est décrétée contre ce vice, et de tous côtés, au contraire, s'ouvrent des cabarets et des boutiques de gin. La science établit avec la dernière évidence la transmission héréditaire des maladies, les dangers des mariages consanguins, et lorsque des peuples comme les Chinois (1) proscrivent ces alliances dans

(1) Sir John Bowring, *De la population de la Chine*. Les lois rigoureuses qui prohibent les mariages à un certain degré de parenté (elles ne défendent pas, cependant, le mariage avec une belle-sœur) ont pour résultat de rendre les mariages plus féconds et les enfants qui en proviennent plus sains et plus robustes. Les répugnances contre les mariages de personnes du même sang sont tellement fortes, qu'un homme et une femme du même sang, c'est-à-dire de la même famille, ne sauraient s'unir légalement.

les degrés de parenté les plus éloignés, les individus et les gouvernements des nations éclairées montrent l'indifférence la plus complète pour les corruptions du genre humain, tandis qu'il n'est pas d'essais qu'il ne tentent pour améliorer par le croisement les races d'animaux déchus.

Ce sont pour ces blessés de la civilisation que nous avons, à tant de reprises, élevé la voix. Sans doute, la société a fait acte de justice pour plusieurs d'entre eux, en leur ouvrant des maisons de secours ; son bienfait a été cependant incomplet, car elle a laissé sur le seuil légal des milliers de faibles d'esprit, d'imbéciles, etc., d'autant plus à plaindre qu'ils viennent souvent expier dans la misère, les prisons, les bagnes, la tache originelle. Les mesures adoptées, disions-nous en rendant compte d'un ouvrage important, constituent un progrès, mais elles sont nécessairement transitoires ; et dans un avenir peu éloigné il faudra remonter aux sources du mal pour en arrêter l'extension (1).

En indiquant les moyens dont l'emploi judicieux peut arrêter les progrès du mal, nous avons dit un mot des institutions libres. Nous n'avons ici ni le temps, ni l'espace de développer cet ordre de considérations, nous ne pouvons qu'adhérer de toutes nos forces à l'opinion de M. de Witt. Après avoir établi que la société française et la société anglaise présentaient au xviiie siècle une corruption de mœurs égale des deux côtés, il prouve par des arguments sans réplique qu'elle céda en Angleterre à l'influence vivifiante des institutions libres, tandis qu'elle persista en France, sous l'empire du régime absolu, et conduisit le pays à la révolution (2). Tant il est vrai que la liberté, malgré ses excès passagers, est encore la meilleure garantie des droits des individus et des peuples!

(1) Morel, ouvrage cité, analysé par A. Brierre de Boismont (*Union médicale* des 21 mars et 2 mai 1857).

(2) Cornelis de Witt, *La société française et la société anglaise au* xviiie *siècle.* 1 vol. Paris, 1864.

PREMIÈRE SECTION.

ÉTAT DE RAISON.

SOMMAIRE. — Moyens moraux et physiques.

Il est de la dernière évidence que les ouvrages moraux contre le suicide n'ont été écrits que pour ceux qui peuvent les lire et les comprendre ; la preuve, c'est que plus d'une fois ils ont changé la résolution fatale et rendu au monde des malheureux qui allaient le quitter violemment. Ces faits incontestables ont une valeur significative dans la question, car il est très-rare, et pour notre part nous n'en avons jamais observé d'exemple, que les aliénés soient détournés de l'idée de se donner la mort par le raisonnement, lorsqu'ils sont sous l'empire de leurs conceptions délirantes. Mais les suicides qui ont la conscience de leur acte ne sauraient être traités d'une manière uniforme. Il en est qui écouteront la voix de la religion, d'autres qui se rendront aux arguments de la morale. Ceux-ci ne céderont qu'aux sentiments de la nature, ceux-là à la variété des distractions. Une forte émotion dissipera à l'instant les nuages de l'esprit. Tout le succès est dans le choix des moyens.

Guérir les maladies, voilà le devoir du médecin ; les prévenir, tel est but qu'il doit avoir sans cesse devant les yeux.

L'histoire nous apprend que, dès la plus haute antiquité, les idées dominantes ont exercé une grande influence sur la production du suicide parmi les nations civilisées. Ce pouvoir, nous le retrouvons au moyen âge et dans les temps modernes. Au nombre des idées actuelles dont l'action est puissante, les moralistes s'accordent à placer au premier rang le doute, le scepticisme, l'indifférence, l'infériorité des faits moraux, la prééminence des faits matériels ; cette énumération serait incomplète si l'on n'y joignait l'idée démocratique.

Il suffit d'indiquer ces sources pour faire sentir la nécessité de leur opposer les digues les plus solides. Contre le doute, le scepticisme et l'indifférence, les gouvernements ne sauraient faire assez d'efforts, car si ces desséchements de cœur sont mortels pour ceux qui les éprouvent, ils ne sont pas moins dangereux pour la vie des États. De toutes les armes, la plus efficace, celle dont le pouvoir a le plus de force, est la religion qui enseigne le dévouement et la résignation, sans ôter à l'homme sa spontanéité et sa liberté; il faut que l'exemple en soit donné de haut et qu'il n'y ait pas alliance intéressée entre les deux pouvoirs : car la religion, en France surtout, pour être bien accueillie, doit protéger les petits, modérer les grands, agir par la persuasion et ne jamais s'imposer par la force. L'histoire est là pour prouver que toutes les fois qu'elle a eu recours à ce dernier moyen, des revers en ont fatalement été la conséquence.

Le développement du sens moral n'est pas moins indispensable que l'enseignement religieux. Il n'est pas de meilleure manière de le faire pénétrer dans une nation que de choisir les fonctionnaires de l'État parmi les réputations sans tache, de préférer la vertu au dévouement ou à la flatterie ; de leur côté, les citoyens ne doivent pas élever aux honneurs ceux qui n'ont pas de principes arrêtés sur le juste et l'injuste et entrer en communauté d'intérêts avec eux, quelles que soient d'ailleurs leur capacité et leur position. L'honnêteté (et elle s'allie souvent au mérite), voilà la devise des gouvernements et des peuples.

L'idée démocratique, qui, bien réglée, est la loi de l'humanité, puisqu'elle donne à tous la liberté, suscite à son tour des idées qui ont aussi leur influence dans la question de suicide ; une surtout, la satisfaction des désirs de la chair, de l'homme animal, suivant l'expression d'un médecin contemporain, a pris une extension prodigieuse.

Le bonheur matériel, telle est la pensée dominante des peuples civilisés. Renfermée dans les limites de l'honnête et du juste, cette pensée n'a rien de contraire aux doctrines spiritualistes ; les misères inhérentes à notre nature, la mort, mettront d'ailleurs un contre-poids à cette poursuite incessante.

Le sentiment du bien-être convenablement dirigé, sans bouleversement subit, sans ruine, sans effusion de sang, aura pour conséquences naturelles d'effacer les barrières et les préjugés des peuples ; d'ouvrir des débouchés immenses à l'agriculture, à l'industrie; de rattacher l'homme à la terre, en lui faisant sentir qu'il a une place marquée dans cette lutte pour l'amélioration générale de l'espèce, en y comprenant la sienne ; et d'affaiblir dans son esprit la teinte mélancolique, due trop souvent aux souffrances physiques et morales auxquelles le condamne l'état actuel de la société.

Nous sommes donc persuadé que la recherche du bien-être doit donner une nouvelle force à l'instinct de conservation que battent journellement en brèche tant de passions oppressives ; mais cette impulsion naturelle a besoin d'être fortement modérée par le sentiment des devoirs. Pour que ces puissants auxiliaires secondent le but d'activité nécessaire à tout homme et conforme, autant que possible, à son caractère, à ses goûts et à ses aptitudes, ils doivent faire partie intégrante de l'éducation, être enseignés dès son commencement. Il importe également que les maîtres chargés de ces fonctions les plus importantes de toutes, se pénètrent de leur apostolat, et que l'autorité sache bien que la régénération et l'avenir de la société sont dans le corps enseignant.

Combattre les idées dominantes dans ce qu'elles ont de *dangereux* ou d'*exagéré* est un premier pas dans la lutte contre le suicide ; il faut parler d'une manière plus directe à l'esprit, en lui montrant que le meurtre volontaire est un crime envers Dieu, la société et sa noble origine.

L'homme a ici-bas des droits, il a aussi des devoirs envers lui-même, envers ses semblables, et les malheurs, les souffrances, quels qu'ils soient, ne sauraient l'affranchir de l'accomplissement de ses devoirs. Il faut donc, quoi qu'il arrive, qu'il reste à son poste, qu'il accomplisse sa tâche dans la mesure de ses forces, de son intelligence, de la situation qu'il occupe, et qu'il attende patiemment, s'il est malheureux ici-bas, que Dieu mette fin à ses souffrances ; Dieu seul le peut (1). Caton se révolte, le mendiant obéit, dit M. de Lamartine ; obéir à Dieu, voilà la vraie gloire (2)!

M. Jules Simon, qui a très-vigoureusement combattu la doctrine des stoïciens sur le suicide, prouve d'une manière irréfutable qu'elle tombe, dès que l'homme cesse d'être sa propre fin. S'il y a un Dieu, nous ne pouvons aller à lui que quand il nous appelle. Si des devoirs ont été imposés à l'homme, le crime est encore plus grand de se dérober à sa tâche que d'y faillir. Quand bien même il nous serait démontré que nous ne pouvons plus rien pour personne, ce qui est impossible, nous ne serions pas maîtres de notre vie, car nous ne pouvons attenter à l'ordre universel en nous (3).

« Depuis l'idéal des arts jusqu'aux règles de la conduite, écrivait en 1554 l'infortunée Jane Grey au docteur Aylmers, tout doit se rapporter à la foi religieuse, et la vie n'a pour but que d'enseigner l'immortalité. Si je me dérobais au malheur éclatant qui m'est destiné, je ne fortifierais point par mon exemple l'espérance de ceux que mon sort doit émouvoir. Les anciens élevaient leur âme par la contemplation de leurs propres forces, les chrétiens ont un témoin, et c'est devant lui qu'il faut vivre et mourir ; les anciens voulaient glorifier la nature humaine, les chrétiens ne se regardent que comme la manifestation de Dieu sur la terre ; les anciens mettaient au premier rang des vertus la mort qui soustrait au pouvoir des oppresseurs, les chrétiens estiment davantage le dévouement qui nous soumet aux volontés de la Providence. Lorsque la destinée est pour ainsi dire face à face de nous, notre courage consiste à l'attendre ; et regarder le sort est plus fier que de s'en détourner. »

L'objection contre le mal, tant invoquée par les meurtriers d'eux-mêmes, n'a pas la valeur qu'ils lui ont attribuée, par la

(1) Bertin, *le Droit*, 27 mars 1859.
(2) *Cours de littérature*, 1856, p. 75.
(3) Jules Simon, *le Devoir*, p. 433 et suiv. Paris, 1854.

raison que le mal rentre dans l'ordre général, sans cela Dieu ne l'eût pas permis.

La considération du mal nous a rappelé un fait d'observation qui ne peut que vivement impressionner. Nous avons connu un grand nombre d'hommes, réduits aux dernières extrémités, sans argent, sans ressources, sans protection, ayant usé tous les moyens, et auxquels il ne restait en perspective que le désespoir et le suicide. Après les avoir perdus de vue pendant plusieurs années, nous les avons retrouvés engagés dans le mouvement du monde et ayant complétement oublié leurs funestes dispositions. Cette remarque, que chacun est à même de faire, nous paraît une objection sérieuse contre la fatalité du suicide. Il n'existe pas plus de situations désespérées que d'hommes indispensables. Le temps est un remède à tous les maux. Celui qui sait temporiser trouve toujours une occasion favorable.

La Providence, sans doute, soumet l'homme à de grandes épreuves, elle ne l'abandonne jamais. Il y a mille exemples de malheureux, qui, s'ils avaient attendu quelques jours, quelques heures même, auraient eu les moyens de soutenir la lutte.

Supposons maintenant qu'il n'y ait pas de Dieu, le but que se propose le suicide n'en est pas pour cela plus certain, car il n'est aucunement prouvé que le néant succède à la mort. N'est-il pas, au contraire, très-possible que dans l'ordre interverti où l'on entre irrégulièrement et au hasard, en mourant contre le cours ordinaire, on s'expose à des maux bien plus terribles que ceux dont on a prétendu se débarrasser ? Rien, d'ailleurs, n'établit que, dans cet autre monde, le suicide ne se trouve pas en présence du juge suprême, de l'immortalité de l'âme et de l'éternité ! Madame de Staël a eu raison de dire : comment se croit-on assuré d'échapper par le suicide à la douleur qui nous poursuit ? Quelle certitude les athées peuvent-ils avoir de l'anéantissement, et les philosophes du mode d'existence que la nature leur réserve ?

Si Dieu a un compte sévère à demander à celui qui attente à ses jours, la société ne doit pas se montrer moins rigide à son égard ; non-seulement il la prive de la part d'efforts et de travail qu'elle était en droit d'attendre de lui pour les avances qu'elle lui avait faites, mais la doctrine qu'il professe est éminemment nuisible à sa sûreté : car l'homme qui dispose à son gré de sa vie est maître de celle des autres. Il n'y a qu'un pas de l'envie de mourir à l'envie de tuer, a dit Delisle de Sales dans la *Philosophie de la nature*. Depuis l'assassinat de M. Calemard de Lafayette et le suicide de son meurtrier, il y a plus de trente ans, sur la place Louis XV, les faits de ce genre ne se sont que trop répétés. Si la mort était un sommeil sans réveil, une simple dissolution des molécules, le canon du pistolet qui peut nous en abréger le chemin ne serait pas à dédaigner, puisqu'il nous dispenserait de vertu dans cette vie et de responsabilité dans une autre (Isidore Cahen). La question est en effet là.

Enfin, le suicide ne s'immole pas seul, il plonge sa famille dans la douleur et l'entraîne souvent dans sa ruine; avec moins d'égoïsme et plus de persévérance, il eût pu sauver lui et les siens.

Il faut donc s'appuyer sur les considérations empruntées à ces trois ordres de faits, et si l'on est à la hauteur de cette mission, on sera souvent assez heureux pour détourner par le raisonnement le suicide de sa cruelle résolution, ce qui n'a presque jamais lieu pour l'aliéné, et cette différence est importante à constater.

Un jeune homme, d'une imagination ardente, doué de talents naturels qu'avait développés une excellente éducation, mais sans fortune, rencontre dans un des grands théâtres de la capitale une demoiselle immensément riche dont il devient éperdûment amoureux. Afin de parvenir jusqu'à elle, il se précipite avec toute l'ardeur de son âge et l'aiguillon d'une grande passion dans la mêlée de la vie. Ses efforts sont couronnés de succès, et, en peu d'années, il réussit à se faire un nom et à acquérir une honnête aisance. Pour obtenir celle qu'il aime et dont il est aimé en secret, il faut un poste brillant. Le parti qu'il sert de sa plume arrive enfin au pouvoir, ses services sont d'une telle nature qu'il ne doute pas un seul instant de la récompense. Un jour se passe sans recevoir de nouvelles, enfin une estafette lui apporte sa nomination à un emploi subalterne dans une administration dont ses collaborateurs ont pris les premières places. Au même instant il apprend que la femme qui a été le mobile de toutes ses actions se marie à un ministre étranger. La vie lui est odieuse, il rentre dans son appartement, désespéré, allume des fourneaux et tombe privé de connaissance.

Son projet avait été deviné par un domestique dévoué qui accourut assez à temps pour le rappeler à la vie. Un ecclésiastique fut mandé en toute hâte ; c'était un de ces hommes d'élite habitués par les devoirs du sacerdoce à pénétrer les mystères du cœur ; il découvrit dans l'expression des regards tout le travail d'une vie vainement employée à chercher un but qui fût digne d'elle. S'animant alors de la charité dont son âme était remplie, il montra à l'infortuné la nécessité d'une croyance qui offrît un aliment et des espérances à la pensée. Il lui fit voir le vide de l'esprit, rassasié des petitesses et des misères de la vie, tandis que la religion était pour l'ennui un soulagement toujours prêt, pour la douleur irréparable une école de résignation, pour l'ambition trompée une consolation d'une grandeur surhumaine.

Pendant qu'il lui parlait avec la ferveur d'un ministre tout plein de ses devoirs, la mère du jeune homme se précipita dans la chambre ; la scène déchirante qui fut le résultat de cette pénible entrevue parut produire une profonde impression sur le malade, il leva les yeux au ciel d'un air qui annonçait combien il se repentait de son action.

Vingt ans après, l'ecclésiastique, devenu évêque, se trouvait dans le salon d'un de ses amis, député, riche, considéré, marié à une femme de son choix. La maladie du fils unique, en proie à un ennui qui le dévorait et menaçait d'amener une catastrophe, les avait rassemblés, le prélat fut naturellement conduit à raconter l'événement auquel il avait assisté. « Je connais la personne dont vous parlez, dit le député, c'est moi-même. Lorsque je fus rétabli, je voulus m'entretenir avec vous des idées religieuses que notre entretien avait réveillées dans mon cœur, vous étiez parti pour la province, vos exhortations avaient dissipé mes doutes ou plutôt le nuage formé par les passions. Je me retirai du tourbillon où je m'étais jeté; j'appliquai mon goût pour l'étude à des travaux sérieux, la réputation et la fortune vinrent me trouver à la campagne où je vivais tranquille, et, pour comble de bonheur, j'épousai la chère compagne de ma vie, dont le mariage avait été empêché par la ruine de son père. »

Dans la conversation, M. P... avait laissé soupçonner l'existence d'un journal de ses douleurs jusqu'au moment fatal ; aux demandes détournées qu'on lui adressa, il sentit que la lecture de ce manuscrit était ardemment désirée, et cédant aux muettes prières de sa famille, il le tira de son secrétaire et le remit à sa femme. Ce récit fidèle qui reproduisait jour par jour les projets, les vœux, les rêves, les angoisses, les tortures et le désespoir d'une âme emportée par l'imagination et sans guide pour la diriger, produisit sur tous, et en particulier sur le fils, une émotion des plus vives. A la vue de son père qui s'était retiré pendant la lecture, il se précipita tout en larmes dans ses bras. — Mon père! vous m'avez sauvé! voyez! Et, tirant un pistolet de sa poche : Cette nuit, je me donnais la mort (1).

Que de malheureux périssent ainsi par impatience !

Il est sans doute de la plus haute utilité de faire un appel énergique aux devoirs, de démontrer la criminalité du suicide; il n'est pas moins nécessaire de diriger de bonne heure les passions, qui, dans l'immense majorité des cas, sont les promoteurs, les véritables causes déterminantes du suicide.

L'éducation peut encore rendre alors les plus grands services, en épiant l'éveil de la passion dominante, et en employant toute son influence à la contenir, la neutraliser, la vaincre. Les exemples de Socrate, de saint François de Sales, du duc de Bourgogne et de tant d'autres, sont là pour attester ce pouvoir quand il est exercé avec habileté.

(1) Édouard Alletz, *Maladies du siècle*. Paris, 1835.

ÉTAT DE RAISON. — TRAITEMENT DU SUICIDE.

Lorsqu'on étudie les passions avec soin, on reconnaît que le plus ordinairement leur pouvoir tyrannique ne s'établit pas d'emblée sur nous. C'est par le défaut de surveillance de la famille et des maîtres, et plus tard par des concessions successives qu'elles atteignent ce point culminant. Dès qu'on s'habitue à leur céder, la pente devient de plus en plus facile, et la chute a lieu presque sans avertissement. On ne saurait assez le répéter, le salut est au commencement ; jamais alors la conscience ne fait défaut ; ses appels sont pleins de force et ils ne s'affaiblissent qu'avec le temps. Il est donc de la dernière évidence que pour se préserver des tristes états qui conduisent au suicide, il faut travailler de bonne heure à se rendre maître de ses passions, surtout de celles qu'on sent devoir dominer. C'est aux parents et surtout à la mère qu'incombe d'abord le devoir d'étudier, dès le plus jeune âge, les premières manifestations mimiques de leurs enfants, afin de lutter contre elles, dès qu'ils s'aperçoivent qu'elles sont mauvaises. C'est aux maîtres ensuite à bien étudier le moral de leurs élèves.

Nous voudrions pouvoir crier de toutes nos forces à ces malheureux jeunes gens qui se laissent entraîner pas la passion, savez-vous où vous courez? A la dégradation morale, à la perte. Cette fierté que vous prisez tant, vous allez la fouler aux pieds. Il faudra vous incliner devant celui-ci, vous humilier devant celui-là, vous courber devant tous, inventer mille subterfuges, d'abord la rougeur au front, puis avec l'indifférence que donne la perte du sens moral, et un jour, le visage ridé, le corps sans force, l'esprit sans énergie, vous n'entendrez plus que la voix intérieure qui ne cessera de vous répéter : Perdus, perdus, par notre faute !

Dumas recommande, pour combattre la tendance au suicide, de s'accoutumer à l'ordre, à la modération, à la patience, aux privations, de s'endurcir à la douleur, de se plier, comme il convient, aux choses qu'on ne peut empêcher ou changer, etc. Le bonheur de la vie, ajoute-t-il, dépend de tous ces soins ; pour être heureux, il faut les prendre dès sa jeunesse.

Ces conseils excellents, que nous eussions voulu reproduire en entier, parce qu'ils signalent les différences d'époque, ne s'adressent, d'ailleurs, qu'aux esprits forts, à ceux qui réfléchissent de bonne heure, qui profitent des avis, des conseils, à ceux qui ont déjà expérimenté la vie, et malheureusement c'est le petit nombre, la plupart des hommes et des jeunes gens sont peu aptes à en profiter. Chez ces organisations mobiles, impressionnables, la réflexion porte rarement au suicide, c'est la sensibilité qui est surtout mise en jeu : aussi les entraînements de la passion, les romans, les spectacles, les narrations d'anecdotes et les conversations relatives à ce genre de mort, les peines d'amour, l'oisiveté, les désirs sans but, la rêverie, ont-ils chez eux une grande influence sur le développement de la pensée du suicide. Un des premiers devoirs des parents et des instituteurs, est donc de mettre en garde ces jeunes âmes contre les excitants qui ne peuvent que développer outre mesure la sensibilité si naturelle à leur âge. Quelle règle établir en pareil cas? Notre expérience nous fait presque hésiter. Nous avons vu la pensée de suicide se montrer au sein de la famille, avec l'indulgence, la fermeté, la religion. L'empreinte héréditaire, l'organisation, la diversité des caractères, la légèreté de l'humeur, l'amour du plaisir, l'éloignement du travail, le milieu environnant, étaient autant d'éléments à consulter. Nous le déclarons hautement, il y a eu plus d'une fois, dans ces cas, des problèmes dont il nous a été impossible de trouver la solution. En face de ces difficultés, il faut pourtant prendre un parti. Voici pour la famille les conseils que nous donnerions : Si vous avez plusieurs enfants, soyez ferme et juste, n'ayez point de préférence, développez, autant qu'il sera en vous, le sentiment d'une amitié réciproque; jetez dans leurs âmes les germes de la religion, de la morale et des devoirs, regardez bien la direction qui leur est propre, et ne cédez pas à cette illusion de tant de parents qui veulent refaire leurs enfants à leur image. A chacun sa personnalité. Dans les fautes de leur âge, employez avec discernement la punition, le pardon ou l'oubli. Soyez le plus possible leur ami. Donnez-leur de bonne heure un but d'activité et faites tous vos efforts pour qu'ils cherchent à l'atteindre. Il faut néanmoins vous attendre à en rencontrer parmi eux qui vous diront : Je n'ai pas d'ambition, et si j'étais libre, je ne ferais rien. Au fond, c'est le plus grand nombre, car la paresse est le trait distinctif de cet âge et peut-être de tous les âges! Tournez la difficulté sans trop les harceler, et tirez-en ce que vous pourrez ; il ne faut pas vous le dissimuler, le souffle du dehors ébranlera plus d'une fois votre échafaudage. Encore, dans les conseils que nous venons de tracer, avons-nous supposé le père et la mère intelligents, pénétrés de leurs devoirs, capables de les remplir : le contraire aura lieu dans le plus grand nombre de cas. A ceux que leur intelligence et leur position ne mettront point en état d'élever leurs enfants, il ne reste pour ressources que de les placer dans les établissements publics. Là, d'autres difficultés se présenteront. Les premières viendront d'abord des maîtres qui n'ont pas les connaissances indispensables sur la physiologie et l'hygiène, puis de l'enseignement lui-même ; en entendant vanter le dévouement des Codrus, des Décius, des Curtius, l'héroïsme de Régulus, en lisant le récit de la mort de Thémistocle, etc., l'élève se familiarisera avec la mort volontaire, et lorsque les contrariétés, qui ont tant d'importance à cet âge, viendront l'assaillir, la mort lui paraîtra son unique refuge. Il faudrait que les maîtres chargés de l'enseignement corrigeassent, contre-balançassent les mauvais effets de ces impressions par de courtes réflexions, des commentaires historiques, qu'ils apprissent de bonne heure aux jeunes gens les devoirs qu'ils sont appelés à remplir ; le latin et le grec y perdraient quelques heures, l'éducation et la force morale y gagneraient beaucoup. Il faudrait, au lieu de collections d'unités, voir les individualités, imiter une corporation célèbre, dont la maxime est de bien connaître les caractères des élèves qui lui sont confiés, et de les diriger en conséquence.

Enfin, lorsque l'ennui, si fréquent parmi les jeunes gens, vient à s'emparer de leurs âmes, il faut redoubler de précautions. Trois moyens ont surtout été recommandés dans ce cas : ne pas aimer sa tristesse, avoir une famille, exercer une profession. Fuir la tristesse, en effet, c'est fuir l'idée fixe dont l'action constante sur le cerveau est d'amener la folie ; or, rien ne contribue davantage à enraciner la tristesse, que la rêverie et l'amour de la solitude. De tous les moyens destinés à prévenir ce résultat, un des meilleurs est sans contredit le mariage. Choisir une compagne vertueuse, sympathique, qui adoucisse les peines de la vie, les partage avec vous, vous donne des enfants destinés par une bonne éducation à devenir la consolation de votre vie, surtout ne pas préférer l'argent aux qualités ; voilà ce qu'il faut bien avoir présent à la pensée. Il manquerait à ces deux puissants auxiliaires le lien intermédiaire, le travail, qui est la loi de l'humanité : aussi la profession complète-t-elle la réunion des trois choses les plus propres à conjurer l'ennui. Il existe une nation chez laquelle le travail pour travailler et pour ne se reposer jamais, est la tendance générale ; cette nation est celle des Américains. Leur but dans le travail, c'est d'employer l'énergie qui est en eux, de s'épanouir, de se manifester, de vivre en un mot avec le plus d'intensité possible. Aussi les Américains sont-ils plus avancés que les Anglais dans l'idée pratique et philosophique du travail, et plus en rapport avec l'esprit des temps à venir, et partant plus dans la réalité.

L'Américain professe la religion de l'activité humaine. Il se console de toutes les douleurs par le travail. Combien de médecins avons-nous vus supporter la perte d'êtres chéris, que rien ne pouvait plus remplacer, par la seule influence du travail !

Afin d'obtenir un résultat aussi complet que possible, des efforts unanimes sont nécessaires d'un côté pour ranimer la foi religieuse, de l'autre pour graver dans les cœurs des jeunes gens le sentiment des devoirs. Le bonheur de la vie est lié à leur accomplissement.

L'obéissance à la loi est au premier rang parmi les devoirs. La loi, suivant un éminent prélat, est la raison suprême des choses dans l'ordre moral, comme dans l'ordre physique. Elle est par cela même le principe et la garantie de l'ordre, et l'ordre est la condition de la vie, dans toutes les sphères de la création. Quand l'être moral viole la loi, il sort de l'ordre, il entre en opposition avec la volonté suprême; il cherche follement à se faire lui-même sa voie. De là son agitation, son trouble, son malheur. Qui entreprend de renverser les lois, dit le grand évêque de Meaux, n'est pas seulement un ennemi public, mais aussi un ennemi de Dieu. Car Dieu n'a-t-il pas fait entendre ces paroles: « C'est par moi que les législateurs font les lois et que les juges décernent la justice sur la terre. » —« Passant, écrivaient les guerriers de Léonidas sur les rochers des Thermopyles, va dire à Sparte que nous sommes morts ici pour la défense de ses saintes lois. »

L'amour de la patrie n'est pas moins nécessaire que l'obéissance aux lois. Aimer son pays est le premier, le plus grand des devoirs, et le patriotisme, le principe de toutes les vertus publiques. Le véritable citoyen sait lui faire au besoin le sacrifice de sa fortune et de sa vie. Malheur aux nations où l'intérêt privé est mis au-dessus de la chose publique, les lois n'y sont plus respectées, et dès qu'elles gênent l'égoïsme, elles sont éludées par la ruse ou attaquées par la violence (1) !

Si dès le jeune âge on inculquait ces principes, on développerait les sentiments généreux, on fortifierait l'esprit contre ses faiblesses et ses défaillances, et on lui fournirait les armes les plus propres à résister au suicide.

Dans nos inspections des écoles primaires libres et communales, en qualité de délégué cantonal, nous nous sommes enquis avec soin des moyens à l'aide desquels la religion, la morale, le sentiment des devoirs étaient enseignés chez les jeunes enfants, dont l'imagination est alors si propre à recevoir les impressions.

(1) *Mandement* de Mgr Sibour, archevêque de Paris, *pour développer et confirmer le décret du concile de Paris, relatif à l'intervention du clergé dans les affaires politiques.* Paris, 1854.

Partout on nous a montré le Catéchisme, l'Évangile, l'Abrégé de l'Écriture sainte. C'était sans doute une bonne réponse, elle ne nous a pas complétement satisfait. Pour quiconque a observé les enfants dans leurs jeux, leurs conversations, loin de la tenue officielle de la classe, il est hors de doute qu'ils sont avides de récits, de narrations, d'anecdotes. Ce qui est sérieux fixe peu leur attention : ne faut-il pas frotter de miel les bords du vase qui contient la médecine pour la leur faire avaler? Pourquoi après l'enseignement grave des vérités religieuses, ne leur en rendrait-on pas le sens plus intelligible, la pratique plus facile, par la lecture de quelques histoires intéressantes de personnages dont les actions et les paroles seraient les commentaires et les explications de préceptes qui se graveraient bien mieux dans leur esprit?

Si l'enseignement religieux nous a du moins offert des bases importantes, celui qui concerne la morale, les devoirs, nous a paru presque nul. Entendons-nous bien, il ne s'agit point de critiques adressées aux maîtres, dont la moralité est incontestable, mais de la manière dont on apprend aux garçons leurs rapports avec la famille, la société, la patrie, et aux filles ce qu'elles doivent savoir pour devenir de bonnes mères, d'habiles ménagères et de véritables citoyennes. N'y a-t-il pas là une lacune à combler par la publication de petits livres, qui, à l'imitation de ceux de l'Angleterre et des États-Unis, traiteraient de ces divers sujets sous une forme attrayante? La lecture de ces ouvrages serait faite dans les classes deux ou trois fois la semaine.

Plus tard, lorsque ces jeunes êtres auraient grandi et que leur intelligence se serait développée, nous conseillerions d'imiter la conduite des deux nations déjà citées. Depuis quelques années, elles ont vu se produire un grand nombre d'hommes riches, intelligents, instruits, appartenant aux classes les plus éclairées, qui se sont donné la mission de faire des cours au peuple et de l'initier à des connaissances destinées à agrandir utilement le cercle de ses idées et à améliorer sa position. Rien de plus aisé dans ces enseignements, que d'inspirer aux auditeurs l'estime d'eux-mêmes, l'amour du bien, le sentiment des devoirs, par des anecdotes et des récits bien amenés et par des paroles chaleureuses. C'est en ne perdant jamais un instant de vue la pensée de la moralisation de toutes les classes, que la civilisation portera les fruits qu'on est en droit d'attendre d'elle. Depuis l'expression de ce vœu, quelques essais ont été tentés ; nous les voudrions généraux et permanents !

Un célèbre médecin aliéniste, Esquirol, dont nous nous honorons d'avoir été l'élève, avait aussi compris l'extrême valeur de ces préceptes. Voici sur ce sujet en quels termes il s'exprime :

« Si par son éducation, l'homme n'a pas fortifié son âme par les croyances religieuses, par les préceptes de la morale, par les habitudes d'ordre et de conduite régulières ; s'il n'a pas appris à respecter les lois, à remplir les devoirs de la société, à supporter les vicissitudes de la vie ; s'il a appris, au contraire, à mépriser ses semblables, à dédaigner les auteurs de ses jours, à être impérieux dans ses désirs et ses caprices, certainement, toutes choses égales d'ailleurs, il sera plus disposé à terminer volontairement son existence, dès qu'il éprouvera quelque chagrin ou quelques revers. L'homme a besoin d'une autorité qui dirige ses passions et gouverne ses actions ; livré à sa propre faiblesse, il tombe dans l'indifférence et après dans le doute, rien ne soutient son courage ; il est désarmé contre les souffrances de la vie, contre les angoisses du cœur, etc. (1). »

Le docteur Descuret dit dans la *Médecine des passions* : « Sur une centaine de suicides dont j'ai été appelé à constater la mort, je n'en ai trouvé que quatre commis par des personnes d'une piété reconnue, et toutes les quatre étaient aliénées. »

La pensée de la mort chez les jeunes gens est, en général, mobile et fugace comme leurs idées. Il en résulte qu'à cette période de la vie, le suicide est rarement réfléchi et peu fréquent. Il n'en est plus ainsi dans l'âge adulte, où les morts

(1) *Maladies mentales*, 1839, t. I, p. 587.

volontaires sont excessivement nombreuses, et souvent liées à des déterminations plus ou moins anciennes. La force des passions est alors la meilleure explication de la grande quantité des morts volontaires. Cette réflexion s'applique aussi à la vieillesse, où d'autres passions conduisent au même résultat.

C'est ici que le traitement moral a véritablement son application. On raconte que le célèbre médecin Bouvard, entrant chez un de ses clients, négociant considéré, le trouva, les traits altérés, exprimant une douleur profonde et une détermination arrêtée. « Vous souffrez, lui dit-il, que puis-je faire pour vous? — Mon mal n'est pas de ceux que la médecine soit en état de guérir, répondit le client de Bouvard. — Vous croyez, je vais toujours formuler une ordonnance. Lisez maintenant, ajouta-t-il, en lui présentant un papier sur lequel étaient écrits ces mots: *Bon pour trente mille francs.* » La physionomie du négociant changea à l'instant même d'expression, et prenant les mains de Bouvard, il s'écria : « Vous m'avez sauvé l'honneur et la vie. »

On cite un trait semblable de Montesquieu. Un Anglais qui ne manquait pas de quelque talent littéraire, lui ayant écrit : « Si j'avais cent écus, je ne me tuerais pas, » le grand écrivain s'empressa de lui envoyer la somme; et ce généreux don conserva les jours de l'étranger.

Nous pourrions mettre en regard de ces deux anecdotes, une troisième, celle du *vol au suicide*, dont furent victimes Paillet et une foule d'hommes célèbres ; nous préférons renvoyer le lecteur à un curieux article, publié sur ce sujet par M. Jules Lecomte (Chronique du *Monde illustré*, 1862 ou 1863).

De pareilles consultations sont malheureusement fort rares : mais il y a des consolations, des services, des amitiés qui peuvent soustraire le suicide à ces déterminations. Nous en avons vu plusieurs exemples. C'est à ceux qui entourent le malade à diriger vers ce but toutes les ressources de leur esprit, et surtout à les chercher dans les inspirations de leur cœur. Les accents de parents aimés, d'une femme, d'un mari, d'enfants, d'amis, d'un ministre de Dieu, ont souvent été entendus dans ces circonstances critiques.

La logique du bon sens a aussi détourné le suicide de sa fatale résolution. Nous extrayons d'un livre anglais l'anecdote suivante :

Un pauvre, ayant été ramasser du bois dans Hyde-Park, vit un homme bien mis, ayant une épée au côté, qui se promenait d'un air triste et rêveur. Croyant que c'était un officier qui venait là pour se battre en duel, il se cacha derrière un arbre. Le gentilhomme s'approcha de cet endroit, ouvrit un papier qu'il lut avec l'esprit fort ému et le déchira ensuite. Il tira de sa poche un pistolet, regarda l'amorce et cassa la pierre avec une clef. Après avoir jeté son chapeau à terre, il appuya le pistolet sur son front ; l'amorce prit, le coup ne partit point. L'homme qui s'était caché, s'élance sur l'officier et lui arrache son pistolet. Celui-ci met l'épée à la main et veut en percer son libérateur qui lui dit tranquillement : « Frappez, je crains aussi peu la mort que vous, j'ai plus de courage ; il y a vingt ans que je vis dans les peines et l'indigence, et j'ai laissé à Dieu le soin de mettre fin à mes maux. » Le gentilhomme, frappé de cette réponse, resta un moment immobile, puis répandit un torrent de larmes, et tira sa bourse qu'il donna au pauvre homme. Il prit ensuite son nom, son adresse, et lui fit jurer de ne faire aucune perquisition à son sujet, si le hasard les rapprochait encore. Pendant le reste de sa vie, le pauvre reçut de son généreux inconnu des secours qui lui permirent de passer des jours plus heureux.

L'observation à laquelle on doit les *entretiens* de M. Guillon sur le *suicide*, est encore plus concluante que la précédente. Dans le premier cas, ce fut comme un trait de lumière qui éclaira l'esprit de l'officier ; dans le second, il fallut toutes les ressources de l'esprit et du cœur pour vaincre une passion violente, qui avait appelé à son aide les arguments les plus forts en faveur du suicide.

Une sensation nouvelle, un autre ordre d'idées peuvent triompher de la pensée du suicide, lorsque tous les autres moyens ont échoué. Un ancien élève de l'École polytechnique, arrivé à un grade élevé par l'étendue et la solidité de ses connaissances, était asssailli d'idées noires, et parlait souvent à notre ami le docteur Caffe, de l'intention où il était de se donner la mort. Comme son raisonnement était très-sensé et ses idées bien arrêtées, notre confrère craignit de ne pouvoir l'emporter dans la lutte. Un jour que son client l'entretenait de nouveau de son projet, le médecin se contenta de lui dire : « J'ai la conviction que votre idée de suicide se lie à quelque lésion du cerveau que je serais assez curieux de connaître dans l'intérêt de la science ; recommandez bien avant de vous donner la mort, qu'on m'envoie chercher pour faire votre autopsie, afin que je puisse constater la nature de l'altération. » Cette réponse, proférée avec un grand flegme, produisit une impression si heureuse, que le malade ne parla plus de suicide. Il s'est marié, a eu plusieurs enfants, il les élève, et remplit avec distinction les devoirs de sa profession ; son caractère est devenu gai ; jamais il ne fait allusion à son ancien projet (1).

L'expérience prouve que les ressources morales contre ce mal, dans les cas individuels, sont très-nombreuses et qu'il suffit de les bien choisir. Le docteur Reid raconte qu'ayant été consulté par un homme qui voulait mettre fin à ses jours, il lui conseilla de se livrer à la composition d'une œuvre d'imagination. L'idée lui plut ; à mesure que le roman avançait, son ardeur au travail augmentait ; lorsque la composition de l'œuvre fut terminée, la pensée triste n'existait plus. Un hypochondriaque, dominé par la même idée, se mit à faire des recherches très-longues sur les différents genres de morts, dans l'intention de choisir celui qui serait le moins douloureux. Après plusieurs mois d'études biblio-

(1) Lorsque la pensée du suicide existe chez les gens raisonnables, il faut toujours se placer au point de vue de l'existence d'une maladie physique, établir que le désordre de l'esprit n'est que l'effet d'une disposition morbide des organes, réagissant sur le cerveau et les nerfs, et affirmer que la maladie est curable. Nous avons eu un exemple saisissant du succès de ce traitement chez une dame à laquelle nous avons ainsi sauvé la raison et la vie.

graphiques, il se trouva qu'il avait totalement oublié son but. L'infortuné Kotzebue, qui périt si misérablement sous les coups d'un fou fanatique, eut dans un jour de désespoir la pensée du suicide ; son esprit chassa cette image funèbre en composant le drame de *Misanthropie et Repentir*. C'était sans doute par suite de sa conviction dans la toute-puissance d'une occupation que lord Bacon engageait les esprits mélancoliques à se livrer à l'étude des mathématiques.

Le mariage, si utile aux jeunes gens pour combattre l'ennui, ne l'est pas moins dans l'âge mûr pour dissiper la mélancolie et les idées noires. Que d'hommes ont dû à la salutaire influence exercée par des femmes, heureusement choisies, d'avoir supporté les épreuves de la vie ! Arago rapporte, dans son *Éloge de James Watt*, que le caractère de ce savant illustre ne put résister aux attaques incessantes de ses adversaires. Les longs procès qu'ils lui avaient intentés excitèrent en lui des sentiments de dépit et de découragement, qui se faisaient jour quelquefois dans des termes acerbes ; son esprit était d'ailleurs si rempli de caprices, qu'un de ses amis lui dit : Inventez donc un régulateur pour vous-même. Grâce à sa seconde femme, mademoiselle Mac-Grégor, douée de goûts sérieux et studieux, l'esprit capricieux de Watt, qui eût peut-être, dans ces pénibles circonstances, tourné sans elle à la mélancolie, dont il avait déjà donné quelques indices, fut constamment tenu en éveil. Il n'y avait pas de maison plus agréable que la sienne, et où la science du confort et du bon accueil fût mieux pratiquée. Aussi était-elle trois fois par semaine le rendez-vous des hommes les plus distingués par leur conversation ou leurs succès littéraires. Au milieu d'eux, James Watt recommençait sa jeunesse, ou plutôt une autre jeunesse, celle d'un homme du monde, d'un poëte et d'un romancier. N'est-ce pas là un des éléments du traitement de la vie de famille que nous préconisons depuis tant d'années ?

Nous avons eu maintes fois l'occasion de constater cette action bienfaisante de la conversation. Il y a peu de temps, une dame atteinte d'une monomanie de jalousie, avec tendance à la tristesse, fut guérie par des paroles. Il n'est pas d'homme intelligent qui, dans un accès de spleen, rencontrant un causeur agréable, enjoué, spirituel, n'ait vu ses idées passer sans efforts du noir au blanc. Un ancien ministre des finances, M. Roy, qui appréciait beaucoup cette influence sur la digestion, disait à un de ses convives, dont la conversation était pleine de charmes : « Vous venez me remercier ; c'est moi, monsieur, qui suis votre obligé, un maître de maison est heureux de rencontrer des assaisonnements aussi sains et aussi délicats. »

La tristesse, la mélancolie, l'ennui, le dégoût de la vie, le spleen ont leurs degrés d'intensité, et c'est sur cette échelle que doivent se graduer les agents thérapeutiques. Lorsque les idées noires ne sont pas profondément enracinées, les distractions seront souvent fécondes en résultats. Si la conversation pour les hommes d'esprit est un moyen de diversion puissant, les plaisirs de la société, les soirées, les spectacles, les concerts, ont aussi leur part d'influence. Les voyages ont plus d'une fois triomphé de la mélancolie. La vue d'une belle nature imprime une direction particulière aux idées. L'amour des arts, leur culture sont également des moyens énergiques de diversion. On sait les succès que le célèbre chanteur Farinelli obtint auprès de Philippe V, en proie à une mélancolie profonde, et qui ne voulait même pas prendre les premiers soins de sa personne. Le docteur F. Winslow raconte qu'une jeune dame, passionnée pour la musique, avait manifesté l'intention de se tuer. Sa famille, craignant un malheur, la plaça dans un établissement où elle fut veillée avec le plus grand soin. L'idée fatale ne l'abandonna pas jusqu'au moment où l'on eût la prévoyance de lui envoyer sa harpe. A peine l'eut-elle entre ses mains qu'on vit s'affaiblir la mélancolie, et avec elle la tendance au suicide. Elle exprima à ses amis toute la reconnaissance de leur bonne pensée, et avoua hautement le changement avantageux que la musique avait produit sur son humeur (1).

(1) Forbes Winslow, *The anatomy of suicide*, p. 177. London, 1840.

La méthode de diversion ou d'émotion peut se varier à l'infini. C'est au tact du médecin de deviner celle qui changera la chaîne vicieuse des idées ; quelquefois un heureux hasard peut vous mettre sur la voie : souvent il en est de cela comme de la fortune, une simple cloison vous en sépare, mais qui ouvrira la communication ?

On peut aussi imprimer à l'esprit un nouveau but d'activité par le développement d'une aptitude, d'un goût, d'un penchant. Une personne qu'un grand chagrin avait jetée dans un désespoir extrême, en fut débarrassée par le goût des autographes qu'on éveilla en elle. Lorsque la tendance au suicide résiste aux moyens employés, il suffit quelquefois pour en triompher de mettre l'individu aux prises avec une passion forte.

D'autres fois, au but d'activité normal, il faut joindre un ensemble de mesures, suggérées par le caractère, l'humeur, la position du malade.

Un médecin qui s'était acquis une réputation méritée par ses travaux, devint peu à peu la proie d'une affection mélancolique, dont le germe était dans son organisation nerveuse et excessivement impressionnable. Un mot, un geste, une contrariété, un accident atmosphérique le plongeaient à l'instant même dans la tristesse ; l'étude lui était alors insupportable ; sa famille, qu'il chérissait, ne lui apportait aucune consolation ; il était obligé de la quitter momentanément et ne se trouvait mieux que dans la solitude. Quelquefois il passait des heures entières à la même place, voulant prendre une résolution et ne le pouvant pas ; son esprit était en proie aux idées les plus noires, le dégoût et l'ennui pesaient sur lui comme un manteau de plomb ; parfois une idée, acquérant une fixité étrange, ne lui laissait plus un moment de repos ; c'était surtout lorsque la notion de santé se présentait à l'œil intérieur, que son imagination enfantait les combinaisons les plus douloureuses ; en un moment incommensurable, il avait parcouru les phases entières du mal, et un trouble extrême, qui semblait l'avant-coureur de la terminaison fatale, s'emparait de tout son être. Dans d'autres circonstances, c'était une préoccupation morale dont l'intensité devenait telle, que la lumière intellectuelle était presque obscurcie. Le spasme fini, ce médecin ne pouvait s'empêcher de comparer ces idées maladives avec celles des aliénés ; il en saisissait la filiation et en tirait des conséquences de nature à l'impressionner vivement. Sa profession ne pouvait d'ailleurs qu'aggraver cette disposition de son esprit. Il comprit le danger qui le menaçait : doué d'un bon jugement, d'une volonté forte, il médita un plan de conduite qui pût contre-balancer les mauvais effets de son organisation et le péril de sa position.

Fuir le danger lui parut la première règle à suivre. Dans ce but, il prit la résolution de ne se mettre au travail, qu'il aimait par-dessus tout, qu'aux heures où l'esprit était libre et dispos. Il eut soin de ne pas s'attacher exclusivement à un sujet, quelque intéressant qu'il fût. Afin d'éviter la tension cérébrale qui en est si souvent la conséquence, il abandonnait un instant son travail pour s'occuper d'autres points scientifiques ou littéraires d'une moindre importance et plus variés. Pour l'emploi de son temps, il consultait la nature de ses idées et l'état de sa santé. Était-il mal disposé ou assailli par les diables bleus, il quittait aussitôt son cabinet et se livrait à la flânerie dans les beaux quartiers. Si ce moyen était inefficace, il improvisait une partie de campagne, un dîner, une distraction quelconque, jamais il n'arrêtait d'avance un plan d'amusement. Un peu moins d'argent, un peu plus de gaieté, telle était sa devise ; une conversation agréable, un spectacle attrayant, une fête du monde, étaient ses armes contre sa mélancolie ; la diversité des sensations était surtout son grand moyen thérapeutique. Partout où il y avait quelque chose à voir, on était sûr de le rencontrer. Les théâtres en plein vent, les promenades à la mode, les concerts, les exhibitions d'art, les voyages d'agrément, les réunions du peuple, les raouts du monde lui offraient d'utiles diversions pendant la durée de sa maladie noire. Dès que l'accès était sur le déclin, il reprenait ses occupations régulières, renonçait à cette vie d'agitation, jusqu'à la nouvelle apparition du mal. Parvenu à une grande aisance, il évitait avec un soin extrême la satiété; quand son état était normal, il n'eût jamais pris un plaisir deux jours de suite. Quelque fête splendide qu'on annonçât, il ne s'y rendait que quand il se sentait libre d'esprit, en bonne disposition de corps. Sa maxime était de travailler comme s'il devait vivre un siècle, et d'employer le jour présent comme s'il ne devait pas avoir de lendemain. Ce traitement, adopté pour résister à un mal qui fait de si nombreuses victimes et qui l'eût moissonné de bonne heure (car dans la lutte qu'il avait soutenue, comme tant d'autres, il avait eu son long jour d'angoisse et de désespoir), l'avait conduit à éviter toutes les sensations pénibles. Aussi prit-il, après un mûr examen, la résolution de ne suivre aucune de ces routes que l'on ne parcourt presque jamais sans y recevoir des blessures toujours saignantes, sans y puiser le germe de maladies souvent mortelles, et, ce qui est plus pénible encore, sans y laisser quelque chose de sa propre estime.

Peu à peu les accès de mélancolie s'éloignèrent; l'attaque d'hypochondrie, comme si elle eût quitté la place à regret, revenait de temps en temps avec force et se prolongeait. Alors, il n'hésitait pas à recourir à quelque émotion puissante, et suivait les conseils de Bacon, qui dans l'*Histoire de la vie et de la mort*, recommande comme utiles à la vie et à la mort les choses décolletées et enjouées. En insistant sur ce moyen thérapeutique, nous croyons agir en vrai praticien, car lorsque la vie ou la raison d'un homme sont en péril, on ne doit pas balancer, après avoir épuisé les remèdes connus, à faire résonner le clavier de la sensibilité pour découvrir s'il existe une note cachée qui sera peut-être l'ancre de salut.

Seize années de ce régime médico-psychologique eurent les résultats qu'on était en droit d'espérer. Les idées noires qui jadis avaient des proportions énormes, se rapetissèrent de plus en plus, et n'apparurent qu'à de longs intervalles, les jours de **calme** se multiplièrent, et la vie redevint ce qu'elle devrait être pour tous, un mélange de biens et de maux. Dix ans après, l'amélioration était la même.

Une activité diversifiée mais continuelle fut en résumé la base de ce traitement. Cette observation prouve avec quelle sagacité les grands poëtes observent la nature humaine, car l'auteur, sans le savoir, mit en pratique cette remarque profonde de Gœthe : Une excessive délicatesse qui fait que l'on attache trop de prix à la personnalité propre, peut être une cause d'hypochondrie, si elle n'est contre-balancée par une grande activité.

On doit méditer cette thérapeutique morale, elle est applicable à un grand nombre de cas analogues, avec les différences de tempérament, de caractère et de position.

Les souvenirs d'une personne chérie, la simple vue d'un objet qui lui a appartenu, ont quelquefois suffi pour chasser à jamais la pensée du suicide. — Un vigneron, désespéré de ne pouvoir épouser celle qu'il aime, prend la résolution de se tuer, il ne veut pas mourir sans lui faire connaître le motif de sa résolution. « J'allai, dit-il, à mon armoire pour y prendre de l'encre et du papier. Pendant que j'y furetais, ma main tomba sur une petite boîte qui renfermait divers objets ayant appartenu à ma pauvre mère : ses bagues, son chapelet, sa croix d'argent, sa pièce bénite, d'autres choses encore. Je restai un instant à les tenir entre mes doigts; je voulais m'en séparer, je ne le pouvais pas. A la fin, sentant que mon cœur commençait à se gonfler, je rejetai brusquement la boîte, et je m'assis pour écrire. Dès les premières lignes, de grosses larmes m'emplirent les yeux ; j'eus de la peine à les refouler. A la muraille en face de moi pendait un grand crucifix de bois noir, contre lequel, du vivant de mes parents, se tournait toute la famille pour faire la prière du soir. Dois-je ne l'attribuer qu'aux larmes qui me troublaient la vue? Je ne sais, mais tout à coup le Christ me sembla prendre les traits de mon pauvre père. Il avait la figure triste, deux fois même je crus le voir remuer la tête d'un air de reproche. La plume me tomba des mains, je mis ma lettre en mille pièces. — Non, non, m'écriai-je, non, mon père, je ne le ferai pas, je ne vous causerai pas ce chagrin !

» J'étais tombé à genoux ; je voulus prier, je ne pus que pleurer à chaudes larmes. Sans mon pauvre père, sans son avertissement, qu'allais-je faire? Je n'y pense jamais sans avoir honte de moi-même. Au moins mourrai-je le front huilé, et me portera-t-on en terre bénite (1). »

Toutes les âmes aimantes comprendront cette influence ; aussi recommandons-nous aux cœurs bons et sensibles d'évoquer ces pieux souvenirs. Il est bien difficile que l'image de ceux que l'on a aimés, que l'on aime encore, n'arrête la main prête à frapper.

Ces fibres sont-elles insensibles, rien n'est encore perdu, si l'on forme la résolution de se consacrer au soulagement des malheureux. Cherchez autour de vous, pénétrez dans ces réduits où gémissent entassés des pauvres honteux, cloués par la maladie, les privations, sur une paille à demi corrompue, élevez vos yeux vers le ciel, prenez l'engagement sacré de vous dévouer à l'amélioration de leur sort, et cette vie qui était pour vous un fardeau insupportable, va devenir le soutien, la consolation de ces infortunés. Ah! si l'on savait toutes les jouissances que procure le dévouement à ses semblables, il y aurait bien moins de catastrophes en ce monde !

Pendant les quelques années que nous avons été administrateur du bureau de bienfaisance du onzième arrondissement, chargé de la visite des malades gratuits, commissaire pour les secours d'hospice à domicile et le placement des indigents dans les hôpitaux, nous avons vu l'infortune sous bien des formes. Quelquefois, sans doute, notre charité a été trompée, malgré notre expérience, mais nous pouvons déclarer que, le plus souvent, nous sommes sorti des demeures de la pauvreté avec la consolation d'avoir secouru de véritables mal-

(1) Charles Toubin, *Hist. jurassienne* (*Revue des deux mondes*, août 1854).

heureux, dignes du plus grand intérêt, et la satisfaction bien douce d'avoir découvert des misères ignorées. On disait un jour devant nous que Paris était le refuge des pécheurs, il est juste d'ajouter qu'il est aussi celui des affligés. Là, en effet, viennent s'ensevelir la plupart de ceux que l'adversité a frappés.

Dans une de ces explorations, qui nous rappellent de si touchants souvenirs, nous fûmes introduit chez un ancien élève d'une école célèbre, ingénieur civil, marié, père de plusieurs enfants, qui allait s'expatrier avec sa famille, pour tenter encore de pourvoir à ses besoins. Le gouvernement lui avait accordé le passage sur un de ses bâtiments. Avant de partir, il réclamait de l'Assistance publique le placement d'urgence d'une amie qui ne l'avait jamais quitté, et que sa position actuelle ne lui permettait pas d'emmener au delà des mers. Nous lui expliquâmes, avec tous les ménagements possibles, le mandat que nous avait confié l'administration. Dès les premiers mots d'une conversation pénible, contrainte, mais très-mesurée, nous comprîmes que cet infortuné, atteint d'une maladie grave, se séparait de sa mère dont il était le fils naturel. Les renseignements sur son compte étaient excellents; la mauvaise chance, l'altération de sa santé l'avaient empêché de réussir. Son désir, celui surtout de la femme qui s'imposait ce cruel sacrifice, étaient d'obtenir une admission à la Salpêtrière. L'exposé que nous fîmes à la commission d'enquête de cette douloureuse situation, émut tous les cœurs; un secours d'argent fut immédiatement accordé, et une place aux Petits ménages assurée à la pauvre mère.

Nous ne saurions assez remercier M. le directeur général et l'administration de l'Assistance publique de la bienveillance avec laquelle ils ont accueilli nos demandes. Leur succès a sauvé la vie à des indigents qui se seraient suicidés, nous en avons la conviction, en se voyant dans la rue sans aucune ressource. Plus d'un de ces malheureux eût préféré la mort aux dépôts de Saint-Denis et de Villers-Cotterets. L'un d'eux, réduit à cette triste extrémité, a terminé ses jours par le charbon.

N'avions-nous pas raison de soutenir que le dégoût de la vie peut trouver les plus puissantes diversions, le salut même, dans les services rendus à ceux qui vont périr de misère et de faim. Engagez-vous avec le cœur dans cette voie, et vous arriverez toujours à temps.

Le médecin ne doit négliger aucune des mesures propres à sauver ses malades, et il ne faut pas que la fausse honte l'empêche de remplir son devoir. *Scribo in acre romano*, a dit Baglivi ; pour quoi n'ajouterions-nous pas : *Scribo in acre christiano*. Qu'importent les attaques, si les secours religieux peuvent nous fournir les moyens d'arracher à la mort un certain nombre d'infortunés ?

Que de fois nous avons entendu des malades, qui nous exposaient leurs souffrance morales, s'écrier : Sans la religion nous nous serions donné la mort. Il n'est pas d'année que parmi nos clients nous ne constations le même fait. Il y a peu de temps encore, une pauvre dame, que l'inconduite de son fils avait jetée dans la mélancolie la plus profonde, nous répétait : La religion m'a détournée de bien des tentatives, le pourra-t-elle toujours ?

La religion catholique a deux leviers par excellence, qui ont sauvé de nombreuses victimes, ces deux leviers sont la confession et le cloître (1). Leur nom pourra faire sourire de pitié plusieurs métaphysiciens allemands, et d'autres encore, qui ont pour devise : Point de vérité hors nos croyances, ou : Périssent les nations plutôt qu'un principe. Comme nous n'avons qu'une pensée, celle de guérir, nous sommes dans l'obligation de recommander un moyen qui a produit d'admirables effets. D'ailleurs, pour nous permettre une pareille hardiesse, nous nous sommes appuyé sur une grande autorité philosophique,

---

(1) Nous avons vu avec peine un protestant, médecin éclairé, critiquer ces deux moyens. Il n'avait qu'à relire ce passage, et il se serait bien vite aperçu que ce conseil ne s'adressait qu'aux catholiques, et que celui qui le donnait ne damnait personne.

celle de Leibnitz, l'illustre auteur de la *Théodicée* (1). « On ne saurait nier, dit l'émule des Malebranche et des Descartes, que toute l'institution de la confession ne soit parfaitement digne de la sagesse divine, et si quelque chose est louable, grand et glorieux dans la religion, certainement c'est le sacrement de la réconciliation, que les Chinois et les Japonais ont tant admiré eux-mêmes. Cette nécessité de la confession devient, en effet, pour un grand nombre, un frein salutaire ; elle apporte à ceux qui sont tombés une grande consolation, de telle sorte que je regarde un confesseur pieux, grave et prudent, comme un des plus puissants instruments de Dieu, pour le salut des âmes. »

Nous ajouterons seulement à ce passage du manuscrit de Leibnitz, tout entier de sa main, imprimé depuis quelques années pour la première fois, et cité par M. de Ravignan, les paroles suivantes de cet orateur chrétien : « Étrange et douce merveille! ces trois choses, l'aveu, le repentir, le pardon, consa-

(1) Quant à ceux que la critique pourrait émouvoir, et qui s'affligeraient d'être traités de chrétien ou d'esprit borné (*as a christian or an ordinary man*), et d'être accusés de substituer à la philosophie hégélienne des tendances orthodoxes, ils pourront se consoler en lisant ces paroles de Hegel, sur l'ouvrage de Leibnitz : « Il n'a cherché qu'à faire un roman de métaphysique. Cela sonne bien aux oreilles pieuses, mais cela ne signifie rien, ne prouve rien ; c'est un bavardage aussi ennuyeux que boiteux, tout au plus bon pour la foule. » (*Œuvres complètes*, t. XV, p. 407 et suivantes, 2ᵉ édition.) M. Feuerbach est encore plus explicite : « L'air d'orthodoxie stupide de la *Théodicée* gâte le peu qu'on y trouve d'idées plausibles » (*Exposé critique du système de Leibnitz*, l. c., § 16.) Ces paroles de mépris de Hegel et de M. Feuerbach, adressées à la mémoire d'un des plus grands esprits philosophiques des temps modernes, et, sans contredit, d'une des plus belles gloires de l'Allemagne, ne peuvent qu'affliger ceux qui ont aussi la religion du Génie, et leur faire facilement oublier les épithètes de chrétien et d'intelligence bornée. Quant à la sophistique et à l'exégèse, dont parle M. Saint-René Taillandier, si ces méthodes ont réussi à détrôner Dieu, nous ne voyons pas ce que l'humanité, qui a tant besoin d'être consolée, a gagné à ce qu'elles missent à sa place l'homme que nous connaissons, rétabli dans la plénitude de son être, et qui a pris pour devise : *Eritis sicut Deus* (*).

(*) *Le Roman et les Réformes religieuses en Allemagne*, par M. Saint-René Taillandier (*Revue des deux mondes*, juin 1855).

créés dans l'institution catholique, garanties par la mission du prêtre, ont apporté au monde plus de paix, plus de joies, plus de changements heureux, plus de déterminations généreuses, plus d'héroïques sacrifices, plus d'œuvres utiles ou sublimes, que les inspirations du génie et tout l'enthousiasme de la gloire. »

Nous parlons ici en médecin et en observateur du cœur humain. Trouvez un meilleur moyen à opposer au remords, cette cause si fréquente de maladies de langueur, d'affections organiques, d'hallucinations, de folie, de suicide, et nous serons heureux de le signaler à ces milliers d'âmes souffrantes qui ont besoin d'être consolées !

C'est cette même influence qui a fait entrer dans les cloîtres tant d'hommes brisés par la douleur. Leur action bienfaisante n'avait pas échappé à Napoléon ; il avait reconnu nécessaire l'existence d'un certain nombre de couvents, pour servir d'asiles aux grands malheurs, aux cœurs à pénitence extraordinaire, de refuge aux imaginations exaltées qui ne conviennent plus au monde, et auxquelles le monde est à charge et à dégoût.

Dans les luttes entre la foi et la passion, fait observer M. Paulin Limayrac, les âmes grandissent et s'élèvent à de telles hauteurs au-dessus des choses ordinaires de la vie, qu'elles ne peuvent plus en redescendre pour se remettre au train vulgaire.

Ces âmes ont tour à tour goûté des joies si ineffables et tellement souffert, qu'après de semblables épanouissements de bonheur, comme après d'aussi terribles orages, elles ne sauraient plus se réfugier que dans la mort ou dans le cloître. L'équilibre est rompu à jamais et l'apaisement impossible. Les solitudes de la Trappe ne furent-elles pas pour René un véritable tombeau, comme le couvent des Carmélites pour madame de la Valière ? Le cloître, pour ces deux belles âmes inguérissables, fut un suicide sanctifié.

Autrefois, dans les classes élevées, le désespoir de l'amour conduisait droit au cloître, et dans les classes populaires ce désespoir ne se traduisait ni par le cloître ni par la mort. Aujourd'hui, le cloître n'existe plus pour les classes d'en haut, et la mort est venue pour les classes d'en bas. Combien de pauvres filles, dans les faubourgs de Paris seulement, se voyant abandonnées et trahies, s'enferment dans leur mansarde et allument un réchaud !

La conclusion de ces remarques n'est-elle pas que les couvents peuvent servir d'abris aux âmes que les passions ont réduites au désespoir ? C'est aussi notre conviction, et l'accroissement qu'ont pris ces asiles volontaires en est jusqu'à un certain point la preuve.

La statistique a montré que la vieillesse n'était pas à l'abri du suicide, et ses tableaux ne laissent aucun doute à cet égard. Le célèbre Barthez dit en pleurant, un an après la mort de sa gouvernante, qui ne l'avait pas quitté pendant quarante ans : « Je m'en veux de n'avoir pas imité mon père, qui, à l'âge de quatre-vingt-dix ans, s'est laissé mourir de faim, à cause de la perte de sa seconde femme (1). »

M. Descuret a fait la remarque ingénieuse, que la plupart de ceux dont il a vérifié le décès étaient seuls et sans animaux domestiques. La vue d'un chien fidèle a souvent suffi pour rattacher à la vie des cœurs profondément blessés, et sous ce rapport le tableau de l'ami du pauvre est un véritable trait de mœurs. Il est donc nécessaire que le vieillard, d'un caractère mélancolique, se crée un entourage agréable, qui comble les vides qu'ont fait les années parmi les siens. A leur tour, les parents, les amis, doivent redoubler d'égards, de déférence, d'attention, pour l'empêcher d'apercevoir cette sorte de désert qui s'étend autour de lui. Ce qu'il lui faudrait surtout, ce serait l'espérance d'un meilleur avenir et les joies de la famille.

Le suicide n'est pas seulement individuel, il peut aussi se propager par imitation, par enseignement, par une sorte de con-

(1) *Exposition de la doctrine de Barthez*, par Lordat.

tagion morale. — Il y a longtemps qu'on a noté les conséquences désastreuses de *Werther* et d'autres livres analogues. Un écrivain disait : « Il lit *Werther*, le voilà tout monté pour l'enivrement de la mort. » Comment s'opposer à cette influence dont les éléments sont très-divers ? Le meilleur préservatif est de fortifier l'esprit par une bonne éducation, le corps par une gymnastique éclairée, quand le tempérament nerveux s'annonce de bonne heure, de flétrir enfin par une critique énergique les ouvrages qui font l'éloge de ces nombreuses histoires de suicides, dont les détails souvent romanesques impressionnent si douloureusement les organisations pour lesquelles tout est émotion. Si la voix de la raison pouvait se faire entendre, nous recommanderions à ces sensitives humaines de fuir ce qui attriste, assombrit leur imagination. Qu'elles imitent l'exemple de ceux qui ont horreur de la douleur, s'en défendent par tous les moyens possibles, et vont chercher une diversion dans un gros bon rire !

Beaucoup d'auteurs ont signalé l'influence imitatrice des feuilles publiques sur la production du suicide. Leurs récits, généralement choisis parmi les plus émouvants, doivent affecter profondément une imagination avide de l'extraordinaire.

« Lorsqu'il est si bien démontré, dit M. de Latena, que l'exemple a tout pouvoir sur notre imagination, n'est-il pas probable que des hommes endurcis ou démoralisés par la vue continuelle ou par le récit de tous les crimes, chercheront à les imiter pour assouvir leurs passions ? Conservez la publicité qui peut contenir, mais restreignez celle qui peut développer les penchants dangereux (1). » J'ai dit ailleurs que la liberté était comme la lance d'Achille, qu'elle guérissait les blessures qu'elle faisait.

Que penser des peines comminatoires ? Elles ne sont plus dans nos mœurs (2), frappent des innocents ; elles auraient en outre

(1) N. V. de Latena, *Étude de l'homme*, p. 442. Paris, 1854.
(2) Tout au plus pourrait-on les appliquer aux nations ignorantes. La *Revue de Paris* rapporte (29 avril 1845) que les nègres de Cuba, atteints de

pour résultat, comme l'a très-bien fait observer le P. Debreyne, de porter à l'imitation les aliénés suicides, qui sont si nombreux et ne pourraient qu'augmenter chez leurs enfants la fatale prédisposition. Quant à ceux qui croient que ces lois les détourneraient par rapport à leur famille, ils ignorent complétement que chez ces malades les affections sont constitutionnelles, et que les sentiments affectifs sont souvent pervertis. L'Église, dans un but fort louable, a privé les suicides de la sépulture chrétienne; à l'époque où elle fit ses ordonnances, l'aliénation mentale n'était ni connue, ni développée comme elle l'est de nos jours. Il est maintenant démontré que les fous apportent un contingent considérable au chiffre des suicides; il faut donc des preuves incontestables de l'exercice du libre arbitre, pour user de sévérité à l'égard du coupable. Cette observation est d'autant plus nécessaire qu'on a eu plusieurs fois l'occasion de constater que la tentative du suicide était le premier signe d'une folie que jusqu'alors personne n'avait soupçonnée. Ceux qui ont toujours un remède souverain pour chaque mal devraient se rappeler l'efficacité de celui dont parle Dangeau, dans ses mémoires : « Aujourd'hui le roi a donné à Madame la Dauphine un homme qui s'est tué lui-même (la confiscation de son bien) ; elle espère en tirer beaucoup d'argent. »

Nous sommes surpris que deux esprits aussi éminents que MM. Chauveau (Adolphe) et Faustin Hélie aient pensé que l'inscription seule du suicide parmi les délits serait déjà un avertissement et une leçon, et que celui qui aurait prêté au coupable une simple assistance, aujourd'hui impunie, serait aussi atteint (1).

L'opinion de M. Charles Desmaze, ancien procureur impérial

nostalgie, se suicidaient en grand nombre, s'imaginant qu'ils ressusciteraient le troisième jour. On en compta un jour jusqu'à trente. Le conseil municipal n'abolit cette funeste pratique qu'en ordonnant que tous les suicidés seraient brûlés à l'exception de leur tête, leurs cendres jetées à la mer et la tête exposée un mois.

(1) *Théorie du Code pénal*, t. V, p. 225.

ÉTAT DE RAISON. — TRAITEMENT DU SUICIDE. 623

à Laon, maintenant juge d'instruction à Paris, est beaucoup plus conforme aux faits que nous avons continuellement sous les yeux.

« Reconnaissons, dit ce magistrat, que, dans toutes les époques, dans tous les pays, la loi a été impuissante contre le fait, inhérent, pour ainsi dire, à notre humanité même (1). »

Si les peines comminatoires ne nous paraissent plus en rapport avec l'expérience, il y a cependant des punitions qui peuvent diminuer le nombre des suicides : telles sont celles qui infligeraient l'amende, la prison ou quelques jours de travail au profit de l'État, à ceux qui s'enivreraient. Maladies, crimes, folie, suicides, telles sont les tristes conséquences de l'ivrognerie. Diminuer le nombre des cabarets, former des sociétés de tempérance, sont sans doute de bonnes mesures ; la loi doit aussi restreindre le plus possible cette passion basse et honteuse, ses moyens les plus efficaces sont encore les peines graduées. Il y a pour le législateur une lacune à combler. Les impôts qu'on retire de l'immoralité se soldent par des comptes courants trop connus !

Nous sommes heureux d'invoquer sur ce point l'autorité de M. le baron de Watteville : « Des peines rigoureuses et pécuniaires devraient être appliquées, dit-il, suivant la gravité des délits, à ceux qui laissent un homme s'enivrer chez eux ou qui vendent des boissons à un homme ivre. Non-seulement le cabaret réduit l'ouvrier à la plus profonde misère, mais il le démoralise complétement et détruit sa santé à tout jamais. Sans une législation spéciale contre les hommes qui fréquentent les cabarets, il n'y a rien à faire pour améliorer le sort des classes pauvres (2). » L'accroissement du nombre des fous et des sui-

---

(1) *Suicides dans l'arrondissement de Laon, de* 1826 à 1853. L'auteur fait la remarque que le nombre des suicides dans l'arrondissement de Laon s'y est constamment élevé depuis 1830. Il était alors de 13 seulement ; il est aujourd'hui de 26, après s'être élevé jusqu'à 41 en 1852, sur une population totale de 245 580 habitants. (Page 9.)

(2) De Watteville, *Rapport à S. Exc. le ministre de l'intérieur sur l'admi-*

cides par l'abus des liqueurs alcooliques est le meilleur commentaire de ces paroles.

Déjà, à l'article IVROGNERIE, nous avons signalé les heureux effets des sociétés de tempérance, constatons maintenant les résultats considérables dus à l'action de la loi.

— On lit dans les journaux de New-York (États Unis), 21 avril 1855 :

« En 1852, époque où, dans l'État du Maine, les prisons et
» les dépôts de mendicité étaient si pleins, qu'il était question
» de construire de nouveaux bâtiments pour servir de succur-
» sales à ces établissements, la législature de cet État rendit une
» loi qui défendait, sous des peines sévères, la vente en détail
» de toute boisson alcoolique. Par suite de cette mesure salu-
» taire, les crimes et les délits, ainsi que la misère, ont diminué
» progressivement dans le Maine, et actuellement, c'est-à-dire
» au bout d'un espace de trois ans à peine, depuis la cessation
» du débit des liqueurs spiritueuses, les prisons et les dépôts de
» mendicité du Maine sont presque vides, et le gouvernement
» a décidé d'en réduire le nombre. A Portland, deux de ces
» établissements viennent déjà d'être mis en vente publique.

» L'exemple donné par le parlement du Maine a été suivi suc-
» cessivement par ceux de dix autres États de l'Union, et tout
» récemment encore par l'État de Wisconsin, de sorte qu'à cette
» heure, dans treize des États de l'Union, la vente au détail des
» boissons alcooliques est prohibée (1). »

nistration des bureaux de bienfaisance et la situation du paupérisme en France. On lit dans ce curieux document qu'il existe dans notre pays 1 mendiant sur 104 habitants. 9336 communes seulement ont un bureau de bienfaisance. Leur population est de 16 524 883 âmes, et le chiffre des indigents inscrits à leurs bureaux est de 1 329 659, ce qui donne donc 1 indigent sur 12 habitants. La moyenne des secours annuels de ces communes est de 12 fr. 70 cent. par indigent, mais la quotité des sommes distribuées varie de 1 centime à 899 fr. 51 cent., c'est-à-dire que les uns n'ont rien, tandis que les autres regorgent de secours.

(1) *Journal des Débats* du 14 mai 1855.

Quels que soient les obstacles apportés à l'ivrognerie, élément si considérable de la misère, il resterait encore beaucoup à faire contre cette dernière cause dont nous avons montré toute la puissance dans la statistique du suicide. Il y a d'autres mesures à prendre; les ouvriers qui ont vieilli sous l'uniforme civil de l'industrie ont droit à toutes les sympathies, et il faudrait généraliser pour eux les créations récentes du gouvernement. Les sociétés de secours mutuels, les asiles pour les invalides civils devraient couvrir toute la France. Le zèle des préfets ne saurait être assez stimulé pour la propagation de ces utiles établissements, et l'autorité supérieure récompenserait publiquement ceux qui se seraient le plus distingués. Diminuer les causes de la misère, c'est resserrer le cercle du suicide, et nous pouvons répéter ici ce que nous écrivions dans notre *Relation historique et médicale du choléra-morbus de Pologne*, en 1831 : « Combattre la misère, dans la mesure du possible, est sans doute une recommandation sur laquelle on ne saurait assez insister ; il n'est pas moins utile de s'occuper des intérêts matériels des classes ouvrières. » Nous ne pouvons mieux faire que de citer les paroles de l'académicien Droz, de si regrettable mémoire : « Améliorez l'éducation, dit-il, faites pénétrer dans les âmes le sentiment de la dignité humaine ; que, sous l'heureuse influence de la religion, des mœurs et de la paix, l'état de la société devienne assez prospère pour que l'ouvrier ait quelque part aux douceurs de la vie, et vous verrez qu'il ne voudra pas se marier avant d'être certain que ses enfants auront les mêmes avantages. La population ne tendra pas à dépasser les moyens d'existence, dès que l'état de la civilisation sera meilleur. En dehors du progrès moral des masses, en dehors de la pratique, par elles, d'une vie régulière, tout ce qu'on pourra proposer pour arrêter le débordement de la population dangereuse sera chimérique. Mais aussi il faut que les lois générales favorisent l'effort que feront les classes nécessiteuses pour rendre leur condition meilleure ; autrement, leur désir d'acheter par leur labeur une existence plus heureuse se changerait en désespoir, et la société serait bouleversée (1). » L'amélioration, le bien-être des classes ouvrières, tel est, en effet, le noble but que doivent se proposer les gens de bien. On y arrivera par l'association.

Moyens physiques, suicides symptomatiques. — Si l'idée déréglée st souvent le point de départ du suicide ; si la thérapeutique morale doit s'attacher à la redresser, il n'en est pas moins certain qu'elle réagit sur le corps et y détermine des dérangements physiques plus ou moins marqués. Certains états morbides peuvent à leur tour retentir sur le cerveau et faire naître la tendance au suicide. L'influence des mauvaises digestions sur la production des idées noires n'est ignorée de personne. On lit l'anecdote suivante dans l'*Anatomie du suicide* de F. Winslow : « Voltaire, qui était alors réfugié en Angleterre, causait un soir avec un riche habitant de ce pays de la perversité humaine; le thème leur échauffa tellement l'imagination, qu'ils prirent la résolution de quitter ensemble le lendemain matin un monde si corrompu. Fidèle à sa promesse, l'insulaire se présenta de bonne heure chez Voltaire pour lui rappeler leur engagement ; celui-ci se contenta de lui répondre : — Ah ! monsieur, pardonnez-moi, j'ai bien dormi; mon remède a opéré, le soleil est dans tout son éclat. » Les anciens connaissaient cette action des intestins sur le cerveau. *Melancholicos infra vehementiús purgabis*, avait dit Hippocrate. Dans l'opinion d'Amelung, si malheureusement assassiné, il y a quelques années, par un aliéné de son asile, un grand nombre de suicides dont la cause n'est pas appréciable dépendent d'une lésion des organes du bas-ventre.

Les altérations du foie ont coïncidé dans plus d'une circonstance avec la disposition à la tristesse. Cette remarque a surtout été faite en Angleterre, où les dérangements de l'organe biliaire sont très-fréquents ; aussi les médecins doivent-ils examiner avec soin ces deux systèmes d'organes.

(1) Michel Chevalier, introduction à la 3ᵉ édition du *Traité d'économie politique* de M. J. Droz. — *Débats* du 28 août 1854.

ÉTAT DE RAISON. — TRAITEMENT DU SUICIDE.

Lorsqu'il y a propension au suicide, il faut rechercher s'il n'existe pas de vestiges de maladies cérébrales primitives, secondaires, obscures, de disposition aux congestions vers la tête; une émission sanguine a quelquefois suffi pour faire disparaître l'idée noire.

Un négociant de la Cité, ayant fait quelques pertes dans son commerce, en fut très-affecté et conçut la pensée de mettre fin à ses jours ; mais comme il était intelligent et élevé dans de bons principes, il lutta avec force contre l'idée de la destruction. Ayant éprouvé une nouvelle contrariété, il dit un soir à son premier commis qu'il se sentait la tête lourde et serrée, et qu'il avait le pressentiment qu'il lui arriverait quelque chose avant le matin. Le commis lui conseilla, mais en vain, de recourir à un médecin. Vers le milieu de la nuit, il s'éveilla dans une grande agitation, en proie à des sensations si extraordinaires, que le suicide lui semblait son unique secours. Dans cet état, il s'élança de son lit, appela ses domestiques et leur ordonna de lui amener à l'instant même un chirurgien. A peine celui-ci, qui demeurait dans le voisinage, entrait-il dans la chambre, que le négociant s'écria : « Saignez-moi, ou je me coupe la gorge. » L'opération fut pratiquée sur-le-champ, et dès que le sang commença à couler le malade dit : « Mon Dieu, je vous remercie ! j'ai été sauvé de moi-même. » L'idée du suicide l'avait complétement abandonné (1).

Une dame d'une quarantaine d'années était tombée dans une mélancolie profonde qui lui faisait désirer la mort. Des contrariétés domestiques et l'influence du temps critique avaient été le point de départ de cette maladie. Pendant plusieurs mois on eut recours inutilement à tous les moyens en usage : l'affection triste, loin de diminuer, faisait des progrès sensibles ; le médecin qui la soignait nous recommanda de pratiquer une saignée du pied. L'opération eut les résultats les plus heureux. En peu de jours, il se fit un changement remarquable dans son humeur, et au bout d'un mois elle retournait au milieu de sa famille, l'esprit libre de la funeste pensée qui l'avait obsédée.

(1) Forbes Winslow, *ouvr. cit.*, p. 236.

C'est à quelque modification organique particulière qu'il faut rapporter la pensée qui tourmenta le docteur Marc, d'une manière intermittente, pendant plusieurs années, et dont nous avons parlé ailleurs.

Nous partageons l'opinion de la plupart des médecins aliénistes modernes sur les dangers des émissions sanguines; il ne faut pas cependant se jeter d'un extrême dans l'autre. L'observation démontre, en effet, que la saignée rend souvent de grands services : nous nous rappelons une jeune dame maniaque dont l'état restait stationnaire; nous lui fîmes faire le premier jour une application de vingt sangsues, et le lendemain une seconde de quarante sangsues. La perte du sang fut suivie de symptômes convulsifs en apparence effrayants, le retour à la raison eut lieu presque instantanément. Les ventouses derrière les oreilles ont été avantageuses.

Dans l'étiologie du suicide, nous avons montré que l'idée noire pouvait surgir pendant le cour d'un assez grand nombre de maladies. On l'a vue se déclarer avec les affections des voies urinaires, la spermatorrhée, les maladies du cœur, des organes génitaux, le scorbut et beaucoup d'autres entités morbides, dont l'énumération a déjà été faite. Il faut donc, dans les soins à donner aux suicides, s'enquérir avec sollicitude des causes et des phénomènes physiques, en un mot tenir grand compte de l'état psycho-somatique. L'état des viscères doit être exploré avec une grande attention. Ainsi on recherchera si la tête est le siége de douleurs, de tension, d'embarras, de pesanteur, s'il y a des éblouissements, des bourdonnements d'oreille. On surveillera non moins attentivement les dispositions de l'estomac. Il faudra s'enquérir également des maladies antérieures, des suppressions de flux, d'exanthèmes, de la nature des sécrétions et des excrétions ; en un mot, interroger l'économie entière dans son passé et son présent, imiter ce qu'on fait si bien dans l'école de M. Louis : ici les détails les plus minutieux ont tous leur importance.

La connaissance du genre d'alimentation peut éclairer les

causes du suicide. M. Cazauvieilh a fait voir que les boissons âpres, acerbes, aigres, passant à la fermentation acéteuse, favorisaient chez les paysans la tendance à se tuer. Nous ne croyons pas devoir passer sous silence les conseils qu'il donne pour traiter cette maladie quand elle les attaque : « Il faut, dit-il, employer surtout à leur égard les recommandations morales, ne pas les abandonner à eux-mêmes, ne pas abonder dans leur sens, ne pas les combatre par des idées menaçantes, supporter avec calme leur susceptibilité ; car les moyens qu'on pourrait prescrire avec succès chez d'autres, tels que les exercices du corps, les travaux manuels, la culture des champs, n'ont plus chez eux la même efficacité que chez les citadins. Le traitement préservatif par excellence, ajoute-t-il, serait de lutter avec force contre les causes dont les principales, chez les paysans, sont le relâchement des croyances religieuses, la cupidité, l'apathie, l'ignorance superstitieuse, le libertinage, les alliances avec des familles de fous et de suicides. Leur insouciance à cet égard est si grande, qu'une fille à laquelle on disait que son prétendu était ivrogne et épileptique : « Soit, répondit-elle, je le corrigerai et je le ramasserai (1). » L'abus des boissons alcooliques est aussi chez eux une cause fréquente de suicide. En résumé, dans le traitement, on doit tenir un égal compte de l'état intellectuel et somatique, et ne pas puiser ses ressources dans un seul ordre de choses. Cette recommandation n'est pas moins applicable aux suicides de l'état de raison qu'aux suicides de l'état de délire.

Suicides instantanés.—Avant de parler du traitement des suicides dus à l'aliénation mentale, nous devons dire un mot des morts volontaires qui ont lieu instantanément.

Le docteur F. Winslow rapporte dans son journal qu'une femme dont on n'avait jusqu'alors aucunement suspecté le désordre de l'intelligence se leva brusquement de table et s'élança vers la croisée pour se précipiter au dehors. Ce fut le premier symptôme d'une exaltation maniaque de longue durée. Un

(1) Cazauvieilh, *ouvr. cit.*

homme qui passait sur un pont, se jette dans la rivière. On l'in terroge, il lui est impossible de se rendre compte de cet acte insolite. Dans plusieurs circonstances semblables, nous avons également voulu nous enquérir des motifs de la tentative, les personnes nous ont répondu : Nous ne savons pas comment cela s'est fait, nous avons été entraînées malgré nous, nous ne nous rappelons aucun détail.

Dans les cas de l'espèce, lorsqu'on a pu prévenir la tentative ou sauver l'individu, il faut prendre en considération l'état moral et physique, et agir d'après les préceptes qui sont formulés au traitement général du suicide de l'état de raison ou de folie.

Résumé. — L'emploi des moyens palliatifs dans le traitement du suicide de l'état de raison explique son insuffisance.

— Pour diminuer les progrès du mal, il faut recourir au traitement préventif.

— L'enseignement religieux et moral pour l'esprit, le croisement de la race pour le corps, sont les mesures les plus efficaces, dans l'état actuel.

— L'étude de la physiologie et de l'hygiène doit faire partie de l'éducation publique.

— On ne saurait assez recommander d'éviter les mariages entre proches parents, quand l'origine est maladive, et entre personnes entachées d'un vice héréditaire.

— Les ouvrages de morale ne détournent du suicide que ceux qui ont conservé la raison.

— Les idées dominantes de chaque époque ayant toujours exercé une influence marquée sur la production de cette maladie, doivent être prises en grande considération.

— Le suicide est un crime envers Dieu, la société et l'individu.

— Le raisonnement peut triompher de l'idée du suicide, lorsque la passion seule est en jeu ; dans l'état de folie, un pareil résultat est rarement obtenu.

— La sage direction des passions peut rendre d'importants

services, mais leur éducation demande à être entreprise de bonne heure.

— Il faut combattre chez les jeunes gens la tendance au suicide par une pédagogie éclairée.

— Lorsque l'ennui les accable, trois moyens doivent être recommandés, fuir la tristesse, avoir une famille, exercer une profession.

— Il importe de se hâter d'inculquer aux jeunes gens le sentiment et l'amour du devoir, et de diriger en même temps leur esprit vers un but d'activité.

— C'est surtout dans l'âge mûr que le raisonnement, les moyens moraux, la méthode de diversion, peuvent être couronnés de succès.

— Les hommes intelligents, affectées de spleen, d'hypochondrie, d'idées noires, qui connaissent leur mal, peuvent à l'aide d'un ensemble de mesures suggérées par le caractère, l'humeur, etc., vaincre leur mal ou le rendre tolérable.

— Il existe dans la religion catholique deux puissants leviers qui ont arraché plus d'une victime au suicide, ces deux leviers sont la confession et le cloître.

— La vieillesse, par l'isolement où elle se trouve, est souvent poussée au suicide. La meilleure manière de vaincre cette disposition est de créer autour d'elle une nouvelle famille.

— L'imitation, sorte de contagion morale, contribue à propager le suicide. Il faut lui opposer une éducation morale et physique éclairée, et recommander aux personnes nerveuses, impressionnables, de fuir les entretiens, les livres qui traitent de ce sujet.

— Les peines comminatoires sont tout au plus bonnes pour les nations ignorantes ; il y a des punitions qui, infligées à certains vices, à l'ivrognerie, par exemple, pourraient diminuer le nombre des suicides.

— La thérapeutique morale est d'une haute importance, elle guérit dans beaucoup de cas individuels ; il faut aussi rechercher si l'état physique n'est pas un élément de maladie et lui opposer alors un traitement convenable.

— La pensée du suicide peut naître subitement ; le traitement, en pareille circonstance, dépend de l'état de raison ou de folie.

DEUXIÈME SECTION.

ÉTAT DE FOLIE.

SOMMAIRE. — Moyens physiques et moraux. — Nécessité de l'isolement. — Historique du traitement. — Période d'acuité. — Bains prolongés et irrigations continues. — Affusions froides. — Méthode hydrothérapique. — Frictions. — Alimentation forcée. — Moyens coercitifs. — Morphine. — Vie de famille. — Travail manuel, agricole. — Distractions. — Voyages. — Méthode de diversion. — Crises. — De quelques formes particulières à la folie avec tendance au suicide. — Traitement préventif pour les enfants nés de parents aliénés. — Résumé.

L'analyse des causes du suicide dans les passions et la folie, l'étude de la symptomatologie et de la nature du mal dans ces deux catégories, ont suffisamment montré les caractères différentiels qui séparent les personnes qui se tuent librement de celles qui cèdent à des conceptions délirantes. Le mode de traitement par lequel nous avons souvent guéri les aliénés suicides, et dont nous allons reproduire les points principaux, achèvera d'établir la ligne de démarcation.

Ce n'est plus par le raisonnement ou en évoquant les souvenirs de la Divinité, de la famille, des devoirs, que nous essayerons de combattre cette funeste tendance. Dans l'immense majorité des cas, nous aurons d'abord recours à l'isolement, aux mesures coercitives, aux agents thérapeutiques, et ce n'est que lorsque la période aiguë sera passée que nous nous servirons de l'influence de la vie de famille qui nous rend de si grands services.

S'il était besoin de prouver la nécessité de l'isolement dans la folie suicide, les exemples se presseraient en foule sous notre plume.

Un jeune homme, employé d'une maison de commerce, élevé dans d'excellents principes, plein de dévouement pour sa famille, se livre avec une extrême ardeur au travail ; il cherche par tous les moyens possibles à se créer une existence indépendante, afin d'améliorer l'état précaire de sa mère et de sa sœur. Sous l'influence de cette préoccupation constante, il s'exalte, perd le sommeil, l'appétit, ne peut plus vaquer aux devoirs de sa place. Le délire s'empare de lui ; il tient des propos incohérents, pousse des cris, veut attenter à ses jours, il se croit tombé au pouvoir du diable. Ses tentatives se renouvellent ; sa mère éplorée le conduit dans l'établissement de la rue Neuve-Sainte-Geneviève. Il est en proie à une grande excitation ; il ne veut pas manger, il est damné, son état est affreux ; nous sommes des misérables qui le tourmentent sans cesse. Plusieurs fois, il se précipite la tête la première contre terre. Malgré toutes les précautions, il se fait à la figure de graves contusions. On est contraint de le camisoler et de le fixer. A force de bains prolongés et d'irrigations continues, l'agitation cesse. Ce malade si intéressant passe plusieurs heures avec nous ; peu à peu le calme rentre dans son âme, il connaît son état, pense à son avenir et nous quitte en convalescence au bout de deux mois. Ce jeune homme a repris ses occupations, et pendant longtemps nous avons eu de ses nouvelles ; il était parfaitement rétabli.

Il est évident que si la mesure de l'isolement était prise à temps, on arracherait à la mort beaucoup de ces infortunés dont la fin malheureuse vient chaque matin grossir les colonnes de journaux. L'isolement alors ne doit pas cesser trop promptement, car, plus d'une fois, des familles que leur dévouement pour leurs parents, l'impression qu'elles éprouvaient de leurs plaintes, de leurs supplications, avaient vivement émues, et qui, d'après leurs assurances répétées de guérison, les retiraient des maisons de santé avant qu'ils fussent guéris, ont eu la douleur de les voir périr chez eux de mort violente. Comment pourrait-il en être autrement, lorsque la cause de l'aliénation se lie souvent à des chagrins domestiques, à des revers de fortune, etc. ? De violentes réclamations ayant été faites dans ces derniers temps contre la séquestration, nous avons pris note de tous les accidents causés par les aliénés laissés en liberté. En un espace très-court, leur nombre s'est élevé à 60 cas. Nous continuons ces recherches; ce sera une de nos réponses aux adversaires de la loi du 30 juin 1838,

Cette première mesure mise à exécution, il faut combattre la période d'acuité par les remèdes les plus propres à la calmer. Esquissons en peu de mots l'histoire moderne de la médication suivie par nos devanciers.

Esquirol, qui considérait le suicide comme un acte consécutif du délire des passions ou de la folie, a écrit qu'il avait peu de chose à dire sur le traitement d'un symptôme. C'est aussi le raisonnement qu'il a tenu pour l'hallucination, et il faut reconnaître que Leuret a victorieusement réfuté cet argument.

Quant aux moyens employés par ce grand médecin, ce sont ceux qu'il a mis en usage pour l'aliénation mentale et, en particulier, pour les monomanies tristes. Un des premiers, il a institué les préceptes de la vie commune pour les suicides, et introduit la sonde œsophagienne par les fosses nasales dans les cas de refus d'aliments. La méthode d'Avenbrugger, qui consiste à placer un exutoire sur la région du foie et à faire boire abondamment de l'eau, a été essayée sans succès par Esquirol; il en a été de même de celle de Theden et de Leroy (d'Anvers), qui préconisaient plus spécialement l'eau froide.

M. Falret a obtenu quelques succès à l'aide des vomitifs lorsque, le suicide compliquant le début de la manie et de la mélancolie, les malades s'obstinent à ne prendre aucune nourriture. Amar recommandait, quand l'émétique ne produit pas de vomissement, d'administrer une petite dose d'opium, et c'est sans doute les cas de guérison dus à ce médicament qui ont fait reprendre l'usage de cette substance dans la folie suicide. Depuis longtemps M. Voisin prescrit deux larges vésicatoires aux jambes des malades qui ont une propension aux idées tristes. Ce moyen, dont nous nous servons également, nous a paru agir d'une manière favorable chez plusieurs d'entre eux par la diversion qu'il opère; en effet, ces individus qui n'ont pas hésité à faire des tentatives, se préoccupent outre mesure de leur exutoire, s'en tourmentent, et la fixité de la pensée maladive s'en trouve parfois singulièrement diminuée.

Nous aurions pu donner une grande extension à ces préliminaires, en y joignant les préceptes moraux et les médications recommandées chez les monomanes tristes; nous avons pensé qu'il serait plus avantageux pour les lecteurs de connaître les résultats de notre pratique, dont les caractères distinctifs sont le petit nombre, la simplicité des médicaments et la prédominance de l'hygiène.

Dans toutes les formes aiguës, nous avons prescrit les *bains prolongés et les irrigations continues* pendant cinq, six, sept, huit heures et plus, en réduisant de beaucoup la durée quand nous avions à traiter des organisations débilitées, des femmes chlorotiques, et en insistant au contraire sur ce moyen lorsque l'hystérie compliquait l'affection mentale; nous suspendions l'emploi des bains dans les cas de chlorose, d'anémie, si l'acuité était modérée, si la nourriture était insuffisante et si les malades se décoloraient, maigrissaient. Il ne faut pas croire que cet agent thérapeutique ait une action aussi marquée dans les formes tristes que dans la manie aiguë (1). Sur 117 individus que nous avons soumis à cette médication, en en déduisant 8 cas de démence, de paralysie générale, d'imbécillité et d'épilepsie, 68 ont résisté à l'action des bains, il a fallu en discontinuer l'usage. Chez plusieurs de ces malades, l'affection avait déjà une date ancienne; la plupart offraient des symptômes aigus (2).

(1) Dans la manie aiguë elle-même, certains individus succombent en quelques jours, malgré les bains. Il existe alors une sorte de marasme qui doit se lier à une déperdition considérable du fluide nerveux.

(2) Ce moyen, que nous avons le premier systématisé, a été le sujet de deux études, dont l'une a paru dans les *Mémoires de l'Académie de médecine*, t. XIII, et l'autre dans la *Revue médicale*, 1848, t. II. Nous avons donné le

Il y a des aliénés, surtout quand ils présentent des signes de faiblesse, d'apathie, de stupidité, de débilité des voies digestives, qui éprouvent un soulagement notable des affusions froides, faites quatre à cinq minutes sur la tête, le tronc et le long de la colonne vertébrale, pendant que le corps est plongé jusqu'à la ceinture dans un bain à la température ordinaire.

C'est encore dans les mêmes circonstances que nous avons eu recours à la méthode hydrothérapique, dont les bons effets ont été préconisés par plusieurs médecins spécialistes. Comme moyen révulsif, cette méthode remplit assez complétement les indications et répond jusqu'à un certain point au précepte thérapeutique formulé de la manière suivante par M. Trousseau : « Étant donnée une lésion, produire artificiellement dans un autre lieu une lésion plus énergique et moins dangereuse, afin d'atténuer la première. » Il faut aussi reconnaître, d'après la remarque de M. Lubanski, que l'hydrothérapie est à la fois un moyen palliatif et une précieuse ressource curative contre les congestions chroniques (1).

La sécheresse de la peau, les perversions de la sensibilité, le défaut d'énergie du système circulatoire nous ont fait recourir depuis longtemps à l'emploi des frictions sèches avec une brosse de flanelle douce. On les pratique d'abord sur les membres supérieurs et inférieurs pendant huit à dix minutes, puis sur la paroi antérieure du tronc, et l'on termine par la région postérieure, en suivant le trajet de la colonne vertébrale. Ces frictions doivent durer chaque fois un quart d'heure ; elles peuvent être renouvelées matin et soir. Plusieurs fois, elles ont produit une réaction marquée, et réveillé à un haut degré l'action des organes génitaux. Chez un malade hypochondriaque, qui croyait à chaque instant mourir et ne sortait jamais seul dans la crainte de tomber ou de se trouver mal, les frictions exci-

résultat postérieur de notre pratique dans le tome IV du *Traité de médecine* du professeur Requin, p. 773, 1863.
(1) *Gazette médicale de Lyon*, n° 6, juin 1854. — Lubanski, *Études pratiques sur l'hydrothérapie*, 1847, 1 vol. in-8.

tèrent tellement le spasme sexuel qu'il fallut momentanément les suspendre.

Les émissions sanguines (sangsues, ventouses) ont été prescrites, lorsqu'il y avait des signes de pléthore, de congestion, dé suppression. Plusieurs fois, nous avons donné les émétocathartiques, quand il existait des indices d'embarras gastrique ou pour déterminer une secousse, une perturbation, dans les cas d'apathie, d'immobilité, de stupidité.

Lorsque les malades refusaient obstinément de manger, nous introduisions les aliments à l'aide de la sonde œsophagienne, d'après un mode qui nous est propre. Presque toujours ce procédé a suffi pour que les aliénés ne persistassent pas dans leur idée. Nous avons vu dépérir et s'éteindre plusieurs de ceux à l'égard desquels on avait manqué de fermeté dès le principe et qu'on avait laissés se nourrir d'une manière irrégulière. D'autres ont été alimentés à l'aide des sondes de MM. Baillarger et Émile Blanche, portées dans l'estomac; mais comme ils n'en éprouvaient presque aucune douleur, ils s'y habituaient facilement, et l'on était obligé d'en continuer l'emploi pendant un temps assez long. Dans deux cas, la durée de cette alimentation a été de six semaines à deux mois. Le docteur Zélaschi a rapporté une observation fort curieuse où ce procédé fut mis en usage pendant deux ans et cinquante jours chez un lypémaniaque halluciné qui finit par guérir (1). La bouche d'argent inventée par M. Billod nous a souvent été utile; mais comme elle est peu douloureuse, plusieurs malades persévèrent dans leur refus, et la mort peut arriver par insuffisance de nourriture.

On s'est beaucoup exagéré les effets de l'intimidation; il est des cas assez nombreux où elle est nécessaire, et elle a plus d'une fois sauvé la vie et rendu la raison aux malades. Nous avons eu souvent l'occasion de traiter des aliénés qui, par un motif ou par un autre, se seraient laissés mourir de faim, le voulaient même; ce malheur nous est rarement arrivé quand

(1) *Annales médico-psychologiques*, juillet 1854.

nous les avons mis aux prises avec une douleur qui les impressionnait fortement. Ce sujet étant neuf dans la science, nous croyons devoir entrer ici dans quelques détails.

Nourrir l'aliéné qui se condamne à un jeûne absolu ou ne prend pas assez pour vivre, est sans doute un point important; les exhortations, l'adresse, la ruse, la crainte, les douches, les affusions froides, la camisole, les moyens mécaniques, prescrits dans ce but, ont été couronnés de succès. On a également vu des malades, après une abstinence très-prolongée, puisque M. Falret, dans ses leçons, cite un cas qui avait plus de quarante jours de date, revenir d'eux-mêmes à leurs habitudes. Il ne suffit pas cependant de nourrir, car il n'est pas rare de voir des individus qui sont ainsi alimentés depuis un temps assez long, sans que leur conception délirante ait été aucunement modifiée. Aussi avons-nous pensé que si l'on pouvait triompher dès le début de la perversion de l'instinct, on obtiendrait un résultat bien autrement avantageux,, que si l'on se contentait d'alimenter le monomane. Pour cela, il fallait un moyen énergique, vigoureux, puissant, à la hauteur de l'opiniâtreté de l'aliéné ; nous l'avons tenté, sans être arrêté par ces considérations que la fausse philanthropie est si habile à faire valoir, et qui tiennent aussi au défaut de pratique.

Voici le procédé que nous employons depuis bien des années: Après avoir attendu deux ou trois jours, quelquefois plus, suivant les forces du malade et la nature des symptômes, mis en usage les moyens signalés plus haut, s'il n'existe pas de symptômes fébriles, nous prévenons l'aliéné que nous allons être obligé de recourir à un traitement douloureux qui lui fera beaucoup de mal, mais que notre conscience ne nous permet pas d'assister comme simple témoin à la perte d'un homme qu'on peut sauver malgré lui. Quelques-uns, intimidés, cèdent momentanément, le plus grand nombre résistent ; nous faisons camisoler le patient, qu'on assujettit dans un fauteuil de force. Nous introduisons ensuite dans l'une des fosses nasales la sonde œsophagienne ordinaire, munie d'un mandrin de fer légèrement recourbé à son extrémité inférieure, jusqu'à ce qu'elle soit arrivée dans l'arrière-bouche ; on retire alors le mandrin. Nous ne cherchons pas à faire pénétrer la sonde dans l'œsophage, parce que tel n'est pas le dessein que nous nous proposons ; un aide ferme la bouche avec sa main ou une serviette ; un autre applique ses doigts sur la narine restée libre, et nous versons le bouillon, le tapioka, etc., à l'aide d'un entonnoir. On peut encore se servir d'une seringue à injecter dont on place l'extrémité dans la sonde. Le malade fait tous ses efforts pour ne pas avaler, mais en cherchant à respirer, il est contraint de pratiquer la déglutition. Dès que l'entonnoir est vide, nous laissons respirer l'aliéné quelques instants, puis nous recommençons à verser. Il y a ici une véritable lutte, parfois des symptômes d'asphyxie commençante, un aspect capable d'effrayer ; il y a aussi presque certitude de succès, car la plupart de ces aliénés cèdent à la première épreuve et affrontent rarement la seconde, surtout si l'on n'a pas temporisé. Il y a plus : la terreur de la sonde agit quelquefois comme une véritable révulsion morale, et les malades sont non-seulement guéris de leur perversion instinctive, mais encore de leur folie. Une jeune fille ne voulait rien prendre, parce que tout ce qu'on lui offrait lui paraissait recouvert de sperme humain. Les raisonnements, les moyens employés avaient été sans succès. L'alimentation forcée la guérit en deux jours. — Un des exemples les plus décisifs est celui d'un aliéné paralytique qui tenait les dents tellement serrées, qu'on aurait plutôt réussi à les briser qu'à lui ouvrir la bouche. Ce malade croyait que le diable s'était emparé de lui. A la deuxième introduction, il mangea facilement. Son abstinence, qui durait depuis cinq à six jours, lui avait donné l'aspect d'un homme qui a une lésion organique, il exhalait une odeur fétide, les lèvres et la langue étaient noires. Tous ces signes disparurent en trois jours. A partir de ce moment, il reprit des aliments, on n'avait besoin que de lui montrer la sonde pour le faire obéir.

Ce moyen ne réussit pas toujours, exige une grande prudence : il nous a néanmoins donné de beaux résultats. L'alimentation forcée est sans résultats avec l'état fébrile.

Le refus des aliments peut quelquefois tenir à l'éloignement du foyer domestique. Dans deux cas, où cette cause nous a été bien prouvée, nous avons renvoyé les malades chez eux, et ce parti a été couronné de succès. Il arrive par contre que des monomanes qui ne voulaient rien prendre des mains de leurs parents, à peine conduits en maison de santé, acceptent des aliments, et les craintes que l'on avait conçues s'évanouissent. Un jeune homme de province s'était abstenu de toute nourriture depuis cinq jours ; dès son entrée, il se mit à table. Au bout de dix jours, il était complétement rétabli.

Une inspiration suffit quelquefois pour triompher de ce refus obstiné. Un malade présentant des signes d'imbécillité, qui ne voulait plus parler depuis plusieurs mois, cesse tout à coup de manger. Cette abstinence se prolonge pendant six jours. La famille effrayée me demande d'appeler en consultation Esquirol. Ce célèbre médecin prescrit quelques remèdes et recommande surtout de mener de suite le malade à la campagne, pour essayer de faire diversion à ses idées. Il était six heures ; j'avais quelques personnes à dîner, on se met à table. J'ai la pensée d'y faire asseoir le malade. A la vue de mets plus nombreux, plus délicatement apprêtés, il sourit, accepte ce qu'on lui présente, mange avec un grand appétit, et à partir de ce moment, il ne recommença plus sa tentative. Nous n'avons jamais pu savoir ce qui l'avait poussé à cette détermination ; ce qu'il y a de plus étonnant, c'est que ce malade que nous croyions imbécile, s'est rétabli au bout de plusieurs années. Lorsqu'il fut rencontré par une personne de notre famille, il était marié et dans la conversation qu'il eut avec cette parente, il parla très-raisonnablement.

La proportion assez forte de ceux que nous avons vus essayer de se tuer, se tuer même malgré la présence d'un domestique, quelquefois pendant son sommeil, nous a fait prendre la résolution d'employer les moyens coercitifs chez les malades dont 'idée est opiniâtre, continue, et donne lieu à des tentatives.

La camisole et le manchon sont ceux que nous mettons en usage. Le langage que nous tenons en pareille circonstance aux malades témoigne du regret que nous éprouvons d'en être réduits à cette dure extrémité; nous leur répétons d'un ton pénétré que la confiance des parents, la douleur d'un pareil événement, les comptes que nous avons à rendre à l'autorité, nous forcent à user de ces mesures. Lorsque l'œil est revenu à l'état naturel, que la pensée dominante s'est affaiblie et n'apparaît plus que de loin en loin, nous nous relâchons de nos précautions. Il y a longtemps que nous avons écrit que dans les cas de l'espèce, le point important était de gagner du temps. Il faut d'ailleurs, dans l'emploi de ces mesures, beaucoup de tact, de fermeté et de douceur, discerner les cas et parler toujours aux malades, comme le conseillait Daquin, le langage de la raison, quand bien même ils sembleraient ne pas l'entendre.

Les Anglais et les Allemands ont beaucoup préconisé la morphine dans les formes tristes, et le docteur anglais Seymour en a obtenu d'assez nombreux succès dans la monomanie suicide. Nous avons fréquemment prescrit l'acétate de morphine, aux doses successives de 2, 3, 5 centigrammes, lorsque les aliénés à tendances suicides ne dormaient pas, étaient en proie à une vive agitation, sous l'obsession continuelle de leur idée. Nous n'en avons jamais constaté d'effets nuisibles, et plusieurs fois l'exagération de la sensibilité a fini par se calmer. Il faut en continuer l'administration pendant deux ou trois mois, en cesser et en reprendre l'usage.

Il y a des circonstances particulières, où, en présence d'une disposition hystérique, d'habitudes érotiques, nous nous sommes servi avec avantage du camphre et de la valériane en lavement. Le bain et l'irrigation sont encore le meilleur remède.

Peut-être pourrait-on en pareil cas essayer de recourir au

✝ mariage! Le fait suivant, raconté par Esquirol, prouve que ce moyen a été quelquefois couronné de succès. Nous croyons cependant, d'après notre expérience, qu'il serait inefficace, si l'idée de suicide dépendait de l'aliénation mentale.

« Une demoiselle, âgée de seize ans, fut sur le point d'être violée par son père; elle en éprouva tant d'horreur, qu'elle eut de fortes convulsions. Le surlendemain, elle prit, en une fois, une potion opiacée, préparée pour plusieurs jours. Les accidents qui suivirent furent des plus graves, et cette jeune personne resta sujette à des attaques de nerfs très-rapprochés et très-violentes.

» Deux ans après, fatiguée de cette état, elle avala 15 grains de tartre émétique (75 centigrammes); elle vomit beaucoup; les convulsions augmentèrent. Mademoiselle R... fut envoyée à Paris; elle avait alors dix-neuf ans. Sa taille était élevée, son embonpoint marqué, son teint vermeil; cependant, elle éprouvait presque continuellement les souffrances et les convulsions les plus variées et les plus singulières; elle était successivement aveugle, sourde ou muette, incapable de marcher ou d'avaler. Cet état persistait pendant quelques heures, un jour et même deux; quelquefois sa langue sortait de deux pouces hors de la bouche, se tuméfiait; dans d'autres instants, la malade ne pouvait avaler, quelque effort qu'elle fît; elle a passé sept jours une fois sans pouvoir rien prendre. Je l'ai vue tomber de toute sa hauteur sur un parquet, tantôt sur le dos, tantôt sur la face; je l'ai vue tourner sur elle-même pendant une heure, sans qu'il fût possible à quatre personnes de l'empêcher.

» J'avais appliqué un vésicatoire à la jambe gauche; lorsque mademoiselle R... devenait aveugle, sourde, muette, ou restait sans mouvement, l'application d'une seule goutte de vinaigre sur les plaies du vésicatoire lui rendait subitement la vue, l'ouïe, la parole ou le mouvement. Après quinze jours, ce moyen s'usa. Tout le monde jugeait que cette femme était hystérique. On parlait si souvent à cette demoiselle du bien que lui ferait le mariage, qu'enfin elle se laissa séduire dans la seule pensée de se guérir.

» Après sept ou huit mois, son état ne changeant pas, mademoiselle R... avala 12 grains de tartre émétique (60 centigrammes); elle fit des efforts de vomissements atroces et vomit un peu de sang; cependant elle se rétablit des accidents convulsifs, mais non de ces maux de nerfs. Désespérée, elle disparut: ses parents, ses amis la crurent noyée. Quatre mois après, passant près de la porte Saint-Martin, je me sens saisi au collet de mon habit. Je fis un grand effort pour me dégager. « Vous
» ne m'échapperez pas, » me dit une voix que je reconnus; je me retourne et m'écrie : « Que faites-vous là, mademoi-
» selle ?... — Je me guéris; n'ai-je pas tout fait pour me guérir?
» N'ai-je pas essayé vainement de terminer ma déplorable exis-
» tence? Tout le monde ne m'a-t-il pas répété, vous comme
» les autres, que le mariage me guérirait? Qui eût voulu se
» marier avec moi? Eh bien, si l'horrible remède que je fais ne
» me guérit pas, j'irai me jeter dans la rivière. »

» Cette malheureuse personne était vêtue des haillons de la prostitution la plus abjecte; elle était dans la plus grande misère, et souvent privée des moyens de satisfaire les premiers besoins de la vie. Six mois après, mademoiselle R... fit une fausse couche, les maux de nerfs, les convulsions et les autres phénomènes se montrèrent moins intenses et moins fréquents. Un an plus tard, c'est-à-dire vingt-deux mois depuis que mademoiselle R... menait ce genre de vie elle accoucha. Dès lors, presque tous les symptômes disparurent; elle se retira chez une domestique qui l'avait servie à son arrivée à Paris; elle se rétablit parfaitement, réclama de retourner dans sa famille, s'y maria quelque temps après, et est devenue mère de quatre enfants (1). »

Les toniques, dont nous avons déjà parlé dans la chlorose,

---

(1) Esquirol, *ouvr. cit.*, t. I, p. 538.

sont souvent utiles. Un jeune homme, en proie à des idées de suicide, avait été énergiquement traité par les antiphlogistiques, il en était résulté une grande faiblesse. Nous lui prescrivîmes le quinquina en décoction, associé à une bonne nourriture et au vin de Bordeaux. Ses idées tristes disparurent, et il recouvra rapidement la raison avec la force.

On ne saurait assez insister, chez les monomanes tristes, sur la nécessité d'une nourriture saine, abondante et réparatrice à laquelle on ajoute, après chaque repas, un verre à vin de bon bordeaux ou de bourgogne. L'état du système circulatoire mérite une attention sérieuse : existe-t-il des signes de chlorose ou d'anémie, il faut recourir aux préparations ferrugineuses. Avec le retour des globules, il n'est pas rare de voir disparaître l'idée du suicide.

Il est un auxiliaire du traitement qui nous a rendu les plus grands services dans ces sortes de maladies, et surtout pendant la période de convalescence ou d'amélioration ; cet auxiliaire si puissant est *la vie de famille*. Puisque la douleur morale est dans l'immense majorité des cas le point de départ de la folie, comme elle l'est également d'un grand nombre d'affections organiques, le simple bon sens ne conseille-t-il pas de traiter cette maladie par les consolations, la bienveillance, la bonté, le dévouement de tous les instants? C'est ici que conviennent surtout les recommandations de Haslam sur les qualités extérieures, mais les avantages physiques seraient d'un médiocre secours s'ils ne se trouvaient réunis à un caractère bon et ferme en même temps, à une patience inaltérable, à une organisation mobile et peu impressionnable, car un contact continuel avec les aliénés n'est pas sans danger, et peu d'hommes ont l'égalité d'humeur nécessaire pour entendre la répétition non interrompue de leurs plaintes, de leurs chimères, de leurs injures, de leurs médisances, de leurs calomnies, de leurs complots, et supporter sans rien dire l'injustice sous toutes les formes. — Il n'y a que les femmes qui puissent se dévouer à ce saint sacerdoce, et les exemples du bien qu'elles peuvent faire les encouragent dans cette voie de sacrifices.

Lorsque nous prîmes, en 1838, la direction de la maison de santé de la rue Neuve Sainte-Geneviève, nous comprîmes qu'il fallait opposer aux inconvénients nombreux de cet établissement une méthode de traitement qui pût lutter avec avantage contre les obstacles que présentait l'emplacement. La vie de famille, dont l'excellente et respectable madame Blanche nous avait suggéré l'idée, nous parut le moyen par excellence. Je m'en reposai, pour l'exécution de cet essai, sur la digne compagne que la Providence m'avait donnée. Pénétrée des avantages que présentait ce mode de traitement pour les malades, elle réunit dans son appartement des monomanes de toute catégorie, surtout ceux qui voulaient attenter à leurs jours, étaient en proie à de sombres tristesses ou assaillis par des hallucinations douloureuses, quelquefois même les aliénés qui avaient des pensées de mort contre les autres. Cet apostolat ne durait pas une heure ou deux, mais la journée entière. Là, sans cesse au milieu d'eux, les raisonnant, les encourageant, les réprimandant ou les plaisantant suivant les circonstances, elle recevait les visiteurs, faisait ses affaires et forçait ses hôtes à être spectateurs de ce qui se passait. Si jamais le vœu de cet ancien qui voulait que les maisons fussent de verre, reçut son application, ce fut sans aucun doute dans ce cas exceptionnel. Malgré eux, les monomanes absorbés dans leur idée fixe étaient forcés d'écouter ce qui se disait. Cette variété de personnages, de conversations, d'objets, exerçait à la longue son influence sur leur esprit, et nous pourrions citer des exemples pleins d'intérêt de malades semblables à des statues, n'écoutant rien, ou désespérés, annonçant des résolutions sinistres, tenant sans cesse les mêmes discours, que cette pression de tous les moments finissait par ébranler, faire sortir de leur engourdissement et ramener aux réalités de la vie. Un officier supérieur se laisse abattre par un violent chagrin ; une mélancolie profonde s'empare de lui, il ne veut plus quitter son appartement, le moindre exercice lui devient insupportable, plusieurs fois il cherche à mettre un terme à son existence. Assis dans un coin de la chambre de madame de B..., il paraît complétement étranger à ce qui se passe autour de lui. Chaque jour on lui adresse à diverses reprises la parole, il reste muet ou ne répond que par des monosyllabes. Peu à peu il se ranime, se mêle à la conversation, prend part aux divertissements, et consent à faire des promenades au dehors; d'abord il ne veut sortir qu'avec la directrice. Dans une de ces excursions au bois de Boulogne, il s'arrête un jour brusquement, la regarde en face et lui dit : « Vous n'avez pas peur de vous trouver seule avec moi, si je vous tuais ! « Madame de B... lui répond : « Une pareille pensée ne m'est jamais venue dans l'esprit ; je suis femme, vous êtes militaire, votre protection ne m'est-elle pas acquise? — Vous avez raison, répliqua l'officier, » et depuis il n'a plus fait d'allusion à cette conversation. Quelque temps après, il quitta l'établissement, trop tôt, mais pouvant reprendre ses occupations.

L'infortuné Gérard de Nerval a raconté dans son dernier ouvrage, *Le rêve et la vie*, qu'il serait plus juste d'appeler le rêve et la mort, une anecdote où il fut lui-même acteur, et qui trouve ici naturellement sa place.

« Parmi les malades de la maison de santé où j'avais été conduit se trouvait un jeune homme, ancien soldat d'Afrique, qui depuis six semaines se refusait à prendre de la nourriture. Au moyen d'un long tuyau de caoutchouc, introduit dans une narine, on lui faisait couler dans l'estomac une assez grande quantité de semoule ou de chocolat.

» Ce spectacle m'impressionna vivement. Je rencontrais un être indéfinissable, assis comme un sphinx aux portes suprêmes de l'existence. Je me pris à l'aimer à cause de son malheur et de son abandon, et je me sentis relevé par cette sympathie et cette pitié. Je passais des heures entières à m'examiner mentalement, la tête penchée sur la sienne et lui tenant les mains.

Il me semblait qu'un certain magnétisme réunissait nos deux esprits, et je fus ravi quand la première fois une parole sortit de sa bouche. On n'en voulait rien croire; et j'attribuais à mon ardente volonté ce commencement de guérison. Le pauvre garçon, de qui la vie intelligente s'était si singulièrement retirée, recevait des soins qui triomphaient peu à peu de sa torpeur. Ayant appris qu'il était né à la campagne, je passais des heures entières à lui chanter d'anciennes chansons de village, auxquelles je cherchais à donner l'expression la plus touchante. J'eus le bonheur de voir qu'il les entendait et qu'il répétait certaines parties de ces chants. Un jour, enfin, il ouvrit les yeux un seul instant, et je vis qu'ils étaient bleus comme ceux de l'esprit qui m'était apparu en rêve. Un matin, à quelques jours de là, il tint ses grands yeux ouverts et ne les ferma plus, il se mit aussitôt à parler, mais seulement par intervalle, et me reconnut, me tutoyant et m'appelant frère. Cependant il ne voulait pas davantage se résoudre à manger. Un jour, revenant du jardin, il me dit : « J'ai soif. »

» J'allai lui chercher à boire; le verre toucha ses lèvres sans qu'il pût avaler.

» — Pourquoi, lui dis-je, ne veux-tu pas manger et boire comme les autres ?

» — C'est que je suis mort, dit-il ; j'ai été enterré dans tel cimetière, à telle place.

» — Et maintenant, où crois-tu être ?

» — En purgatoire, j'accomplis mon expiation (1). »

Ce fragment d'observation est un curieux exemple de l'influence de la vie de famille, et prouve en même temps la part des conceptions délirantes dans les déterminations des aliénés.

Depuis notre arrivée au faubourg Saint-Antoine, la distribution de la maison nous a permis de donner plus d'extension à cette méthode de traitement. Aidé par une famille nom-

---

(1) Gérard de Nerval, *Le rêve et la vie*. — *Aurélia*, Paris, 1855, p. 124 et 128.

breuse qui nous seconde activement dans nos efforts, nous avons obtenu des améliorations, des guérisons qui avaient résisté à tous les autres moyens.

L'époque où il faut commencer ce traitement varie suivant la nature des symptômes ; ainsi il est souvent nécessaire d'attendre que les malades soient plus calmes, qu'ils n'aient plus que leur idée fixe. Le mélancolique-suicide qu'on a maintenu, pendant la période aiguë, dix ou douze heures au bain, celui qui a été soumis à l'alimentation forcée, ceux envers lesquels on a été dans l'obligation de recourir aux mesures coercitives, ne peuvent s'empêcher de reconnaître, par le contraste des moyens, que les mesures rigoureuses employées contre eux étaient dictées par leur seul intérêt. — Cette séparation d'avec les malades dont ils étaient auparavant les compagnons exerce une salutaire influence sur leur esprit, en réveillant d'autres sentiments. Que de pensées sinistres nous avons vues disparaître à ce contact journalier ! Plus d'une fois, des convalescents ont hésité à nous quitter, et ce qui est une bien douce récompense, des liaisons reconnaissantes et durables se sont formées.

Cette vie intime et familière a eu pour nous d'autres résultats intéressants au point de vue psychologique, en nous facilitant les moyens de nous livrer à une analyse minutieuse des facultés intellectuelles et morales de nos malades. Cette observation de tous les jours, de toutes les heures, de toutes les minutes, reproduite avec une parfaite exactitude de mémoire par la compagne dévouée qui nous est d'un si grand secours, en nous donnant la conviction du lien commun qui unit toutes les idées, ne nous a pas permis de croire à l'existence d'un délire partiel absolument circonscrit, et nous a fourni en même temps les renseignements les plus utiles sur la responsabilité des aliénés (1). Pourquoi donc

---

(1) Voyez, sur ce sujet, nos Mémoires : *De l'état des facultés dans les délires partiels ou monomanies.* (*Annal. méd.-psych.*, t. V, 2ᵉ série, p. 567, année 1853), et *De la responsabilité légale des aliénés* (*Annal. d'hyg. et de méd. lég.*, 2ᵉ série, t. XX, 1863.)

refuser à l'esprit l'unité, qui est la loi de la physiologie, de la pathologie et de l'univers ?

Il ne faut pas s'imaginer que les monomanes tristes reçoivent toujours avec reconnaissance les consolations qu'on leur prodigue, se prêtent avec plaisir à cette vie en commun. Il en est qui détestent les réunions, sont douloureusement affectés par la douce gaieté, les distractions du salon, des jardins; d'autres, d'un caractère jaloux, égoïste, ne peuvent supporter qu'on s'occupe également des divers malades ou voient avec peine le bonheur des autres. Chez plusieurs, l'éloignement pour la société est dû à leurs conceptions délirantes. A part ces exceptions, on peut dire que cette méthode de traitement améliore et est même couronnée de succès dans un grand nombre de cas. L'action incessante du raisonnement bienveillant, des avis, des exhortations, des consolations, ce don si sublime de pleurer avec ceux qui souffrent, ces marques d'intérêt, de sympathie, prodiguées chaque jour aux blessés de la société, par des étrangers qu'anime le désir ardent de soulager, finit par produire à la longue une impression sur ces esprits malades, et la glace se fond peu à peu. Mais il faut rendre justice à qui de droit, c'est la femme qui a la meilleure part dans ce résultat. Le caractère de l'homme, comme nous l'avons déjà fait observer, ne peut se plier à cette sorte d'esclavage, à ces répétitions continuelles, à ces plaintes assourdissantes, à ces paroles blessantes qui retentissent sans cesse aux oreilles et ébranlent le cerveau. On ne saurait assez recommander aux médecins qui se destinent au traitement des aliénés d'apporter un grand soin dans le choix de leur femme, car elle peut rendre d'immenses services à l'établissement, et il en est qu'elle peut seule rendre.

On a beaucoup parlé, depuis quelques années, du *Traitement familial*. Nous ne croyons pas nous tromper en disant qu'il y a longtemps que nous le mettons en pratique. C'est le témoignage que nous a rendu le célèbre Ferrus, dans une des séances de la Société médico-psychologique, où l'on agitait la question de Gheel.

Voici ses paroles textuelles : « On vient de citer, dit-il, comme
» exemple la colonie de Gheel... Mieux vaut cent fois pour les
» aliénés une liberté restreinte, réfléchie, scientifique, telle que
» M. Brierre sait la donner à ses malades dans sa maison de
» santé que j'ai vue très-bien ordonnée. » Tout en reproduisant
avec reconnaissance cet éloge d'un inspecteur général, nous nous
empressons de reconnaître, qu'avec le concours de MM. Parigot
et surtout Bulckens, la colonie a fait de notables progrès; mais
ajoutons aussi que l'infirmerie est le commencement d'un asile
fermé, et qu'à ce point de vue, la colonie rentre, sur une échelle
plus large, dans le système de colonisation mixte que nous croyons
préférable. (*Ann. méd.-psych.*, 3⁰ série, t. VII, p. 108, 1861.)

Les avantages de la vie de famille, surtout pour les monomanes tristes, sont trop évidents pour que nous y insistions plus longtemps ; il en est un qui frappera les esprits judicieux. Pour appliquer cette partie du traitement moral, il n'est pas besoin de qualités supérieures : un cœur droit, bon et religieux y réussira très-bien. L'homme de génie obtiendra, par des règles exceptionnelles, quelques guérisons éclatantes ; l'homme bienveillant, qui considérera les aliénés, malgré leurs mauvaises qualités, comme des enfants qui lui sont confiés et sera sans cesse au milieu d'eux, aura des guérisons moins brillantes, mais plus fructueuses et à coup sûr plus persistantes. Ce résultat n'est pas le seul, il en est d'autres qui ne sont pas moins positifs. On nous amène des malades indociles, mécontents de tout, agités, se croyant entourés d'ennemis, ne voulant rien faire de ce qu'on leur demande, déraisonnables dans leurs actes, se plaignant sans cesse, difficiles, souvent même insupportables. A peine quelques jours se sont-ils passés depuis leur entrée, que cette existence en commun assouplit leurs caractères, et bientôt ils se mettent à l'unisson de leurs commensaux. Sans doute, il n'y a pas encore guérison, mais l'ordre dont ils subissent la loi est déjà une amélioration. Une autre conséquence de la réunion des deux sexes, sous la surveillance continuelle de l'un des chefs de l'établissement et avec les précautions qu'exige la nature des affections mentales, c'est le mouvement, l'entrain, la physionomie normale, l'air de vie enfin que présentent les malades ainsi rassemblés.

Comparez le spectacle que vous avez sous les yeux avec celui des divisions où les sexes sont séparés, je ne crains pas de dire parqués, et il est impossible que l'observation la plus superficielle ne vous fasse pas saisir de suite les différences des deux méthodes. La déduction est toute naturelle : voulez-vous rendre à la société des malades que la nécessité a contraint d'isoler, montrez-leur les bons côtés de cette société, en remplissant près d'eux les fonctions de consolateur, d'ami, en un mot, de médecin de l'âme et du corps. Nous croyons être dans le vrai en disant que par la méthode des bains prolongés et des irrigations continues, par l'institution de la vie de famille, nous avons fait faire un progrès à la thérapeutique des maladies mentales, et fourni un argument de plus en faveur du système de la colonisation des aliénés, ou des fermes agricoles. Ces deux améliorations n'ont-elles pas d'ailleurs pour elles le cachet de tout ce qui est durable, la simplicité du moyen (1) ?

Dans les asiles publics, les travaux manuels rendent depuis longtemps de véritables services, en modifiant la direction des idées des monomanes suicides, et en contribuant à leur procurer du sommeil ; il ne faut pas cependant plus exagérer l'action de cet agent thérapeutique que celle des bains prolongés, de la vie de famille, etc. Le travail manuel n'est pas d'ailleurs à l'usage de toutes les classes de la société. Plus on vit par le cerveau, moins on est disposé à se servir de ses bras, et si l'on cite quelques exemples isolés, l'observation montre que les hommes

(1) A. Brierre de Boismont, *De la thérapeutique des maladies mentales.* Voyez l'*Union médicale* des 16, 21 et 26 juin 1855. Voyez aussi la *Note sur la colonisation des aliénés*, lue à l'Institut le 15 juillet 1861, le Mémoire, *Études bibliographiques et pratiques sur la colonisation des aliénés* (*Ann. d'hyg. et de méd. lég.*, 2° série, t. XVII, p. 380, 1862) et les *Comptes rendus* de MM. Azzurri sur l'asile de Rome, et Salerio sur celui de San Servolo, à Venise, 1864.

riches ou qui exercent des professions libérales, ont une répugnance presque invincible pour la fatigue corporelle. Le jardinage, l'horticulture, inspirent moins d'éloignement aux gens du monde. On peut encore remplacer jusqu'à un certain point les travaux agricoles par une gymnastique bien entendue. Depuis longtemps nous recommandons l'emploi de ce moyen, et lorsque les malades ont assez d'empire sur eux-mêmes pour s'y soumettre, il contribue à améliorer l'état mental. Dans les classes aisées, il faut suppléer à l'éloignement pour la fatigue physique et la nature des moyens par les exercices de corps qui peuvent distraire les malades, tels que les jeux de billard, de tonneau, l'équitation, l'escrime, les promenades, et aussi par la lecture, le chant, les distractions variées, etc. Un des points capitaux du traitement, c'est la distribution régulière du jour, de telle sorte que chaque heure ait son occupation, sans qu'on aperçoive la contrainte. L'inaction, le désœuvrement, la rêverie, doivent être combattus par tous les moyens possibles. La musique, les soirées dansantes, sont des divertissements adoptés par beaucoup d'établissements.

Lorsque la convalescence commence, le séjour à la campagne, les voyages surtout contribuent puissamment à amener et à consolider la guérison; l'état chronique s'en est trouvé lui-même plusieurs fois amélioré. Le déplacement n'a plus les mêmes avantages, lorsque les malades sont en proie à leurs conceptions délirantes, à leurs hallucinations. On a quelquefois recours aux voyages en désespoir de cause; sans citer les observations où l'indifférence, l'apathie, le mécontentement même des malades les ont rendus complétement inutiles, les archives de la science ont enregistré souvent des évasions, des suicides, des meurtres dont plusieurs médecins ont été les victimes.

Les voyages sur mer pourraient être de quelque utilité, si l'on jugeait nécessaire de déterminer des secousses dans l'économie; ils doivent être de courte durée, et proscrits quand il existe des idées tristes, des hallucinations et une disposition au suicide.

Quelquefois une émotion nouvelle, une passion, font ce que le changement continuel de lieux n'avait pu produire. L'observation suivante en est une preuve bien convaincante.

Il y a trente-cinq ans j'accompagnai à l'étranger un homme qui venait de passer trois mois dans une maison de santé, pour un accès de folie avec tentative de suicide. Une grande spéculation dans laquelle se trouvaient engagés plusieurs millions et qu'il avait crus perdus sans ressource, avait été la cause du dérangement de son esprit. Lorsque nous partîmes, M. de C..., était convalescent, il conservait cependant une apathie que rien ne pouvait surmonter et une résolution arrêtée de se donner la mort, que son défaut d'énergie l'empêchait seul de mettre à exécution. Jeune, agréable de figure, instruit, causant bien, il passait ses journées au lit ou dans l'indolence la plus complète : cet état de l'esprit, qui me causait une foule de désagréments, était aussi mon meilleur garant contre sa malheureuse idée, car le raisonnement l'ennuyait sans l'impressionner, il trouvait des arguments pour tout; le plus ordinairement, il se contentait de me répondre : « Je n'aime que l'industrie, j'ai donné aux puissances financières un exemple de folie, aucune d'elles ne pourra désormais avoir de confiance en moi, je n'ai plus qu'à mourir. »

J'essayai de toutes les distractions, de tous les plaisirs, aucun changement ne se manifesta dans son état; quelquefois il me disait d'une manière ironique : « Vous voyagez pour vous; quand vous serez las de ces courses continuelles, vous m'en préviendrez, et je vous assure que je me trouverai moins mal, dès que je pourrai rester en place. »

Ces dispositions existaient depuis huit mois, lorsque nous prîmes la résolution de nous arrêter dans une grande capitale renommée par l'hospitalité de ses habitants. Deux jours après, nous recevions une invitation de passer la soirée chez une dame dont les salons étaient le rendez-vous du monde élégant. Après la présentation, M. de C... fut placé auprès d'une jeune femme d'une grande beauté, qui n'était que depuis peu de temps dans la ville. On racontait sur elle une affaire romanesque. En butte à la jalousie d'un homme excessivement violent qui l'avait fort maltraitée et avait même, ajoutait-on, été sur le point de la tuer, elle avait été contrainte de s'éloigner furtivement de son pays pour échapper au danger qui la menaçait.

Pendant la soirée, M. de C... dansa plusieurs fois avec l'étrangère. A notre retour à l'hôtel, il me parla le premier de cette dame. Ce fut un trait de lumière; il est guéri, me murmurai-je à moi-même. La position de la personne dont vous m'entretenez, lui répondis-je, me paraît fort intéressante; la violence de son persécuteur l'expose chaque jour à des périls très-grands. Vous êtes jeune, spirituel, plein de courage, voilà plus de qualités qu'il n'en faut pour venir à son secours et la protéger efficacement. A peine quelques jours s'étaient-ils écoulés qu'un changement complet s'était opéré dans toute la personne de M. de C... Il ne passait plus au lit des journées entières, se rasait sans cette hésitation qui m'avait causé tant d'alarmes, causait avec une extrême gaieté, sortait fréquemment et avait enfin secoué la torpeur qui l'anéantissait.

Un mois après cette soirée, M. de C... avait repris la liberté entière de son esprit. L'homme du monde avait remplacé le malade insouciant, la pensée du suicide avait disparu, et il comprenait qu'il était encore appelé par sa position, sa fortune, son âge et son éducation à occuper un rang dans son pays. La guérison était certaine; nous nous quittâmes pour ne plus nous revoir comme amis, quoique au moment de la séparation il me remerciât, les larmes aux yeux, des soins que je lui avais prodigués.

Au bout de deux ans, je le rencontrai à Paris, au théâtre des Italiens; il venait de se marier; sa conversation, l'état général de sa santé, l'expression de son regard, annonçaient que le désordre d'autrefois n'avait laissé aucune trace; investi par la confiance de ses concitoyens d'un poste élevé, il s'y montra homme de sens et de bon conseil, en même temps qu'il déployait dans ses affaires particulières une aptitude remarquable. Il est mort il y a quelques années, d'une maladie accidentelle, laissant une grande fortune et n'ayant présenté pendant les vingt ans qui s'étaient écoulés depuis sa maladie aucun symptôme qui pût faire soupçonner, aux personnes du monde, la rectitude de son esprit et mettre sur la voie de son ancienne affection.

Esquirol raconte qu'un littérateur forma le projet, dans un moment de désespoir, de se jeter dans la Tamise. Il était sur le parapet du pont, prêt à s'élancer dans le fleuve, lorsqu'il fut assailli par des voleurs. Il fait volte-face à l'instant, se défend courageusement et parvient à leur échapper. Il rentre chez lui sous l'impression de cette aventure : l'idée du suicide avait complétement disparu, et pendant le reste de sa longue carrière (car il vécut jusqu'à quatre-vingt-quatre ans) il n'en fut plus tourmenté, quoique souvent réduit aux expédients. Ce fait et plusieurs autres ont porté le médecin de la Salpêtrière à émettre l'opinion que le suicide guérissait quelquefois spontanément par l'influence des agents hygiéniques, par quelque crise physique ou morale, par des médicaments.

Une observation publiée par Parkman est favorable à l'opinion soutenue par Esquirol. Un homme était déjà depuis un temps assez long atteint d'aliénation mentale avec tendance au suicide. L'immobilité dans laquelle il paraissait plongé l'avait fait abandonner, et l'on ne s'en occupait plus que pour les besoins physiques, lorsqu'on s'aperçut qu'il se couvrait de poux. En même temps, on reconnut que l'expression de la figure changeait, il faisait attention aux objets environnants ; peu à peu il se mêla au mouvement de la vie; ses raisonnements avaient de la suite ; enfin il devint évident que la raison lui était revenue. En l'interrogeant avec soin, on constata que la tendance au suicide avait entièrement cessé. Ce sont les faits analogues qui ont engagé les médecins spécialistes à remplacer le mot incurable par celui de chronique.

Dans l'exposé qui vient d'être présenté, nous avons surtout eu en vue la forme générale de la monomanie triste; nous allons dire quelques mots de plusieurs espèces particulières. Il arrive fréquemment que la tendance au suicide se montre à un haut degré dans la folie mélancolique des femmes nouvellement accouchées (*folie ou manie puerpérale*), dans la folie des ivrognes, la stupidité, la folie épileptique et le délire aigu, avec refus des boissons et des aliments.

Une grande surveillance est nécessaire dans ces diverses espèces; il ne faut pas que les malades soient quittés un seul instant, et il est même des cas où l'impulsion instinctive, automatique se répète si souvent, que les moyens contentifs sont les seuls qui puissent prévenir un malheur.

La tendance au suicide dans le délire des buveurs et la folie épileptique cesse avec les accès ; quelquefois cependant les malades sont si désespérés de leur état, qu'ils prennent la résolution de mettre fin à une existence qui leur est à charge. Le *Traité de l'épilepsie* de M. Delasiauve en contient un exemple.

Lorsque la stupidité se complique d'hallucinations effrayantes, les malades sont assez fréquemment entraînés à se donner la mort; il importe donc aussi, dans ce cas, de se tenir sur ses gardes.

Les précautions prises pour empêcher une catastrophe sont sans doute de première nécessité ; elles seraient purement palliatives, si l'on n'y joignait le traitement médical et moral. Nous avons fait connaître celui qui convient le plus ordinairement; nous renvoyons, pour les remèdes spéciaux à employer dans les variétés que nous signalons, aux Traités d'Esquirol, de Guislain, de M. Morel et au neuvième volume publié par nous dans la *Bibliothèque des médecins praticiens*.

Nous avons retracé aussi fidèlement que possible les règles de conduite que nous suivons depuis de longues années dans le traitement de la folie suicide, directe ou indirecte; il nous reste à parler de la prophylaxie que nous avons eu plusieurs fois l'occasion de recommander pour les enfants nés de parents aliénés.

Et d'abord, l'hérédité a-t-elle une influence aussi fatale et surtout aussi générale que l'ont prétendu plusieurs aliénistes modernes? Nous croyons qu'il convient de faire ici des réserves : il est évident, par exemple, qu'il faut établir une grande différence entre les enfants nés avant la folie des parents ou après son apparition, entre l'influence des mères et des pères, etc. Si, au lieu de se borner à l'action bien connue de la folie directe et même collatérale, avec les nuances indiquées, on grossit le catalogue des causes, en faisant un appel à toutes les maladies nerveuses, au tempérament scrofuleux, lymphatique, à la diathèse rhumatismale, cancéreuse, même à la phthisie, probablement à la psore, etc., il est évident que la folie sera la règle, et le bon sens, l'exception. Déjà une réaction commence contre ces opinions extrêmes ; nous croyons, avec plusieurs médecins américains et français, que la vérité est au milieu. En étudiant d'ailleurs d'une manière pratique cette question si capitale de l'hérédité, on constate des courants contraires, parmi lesquels prédomine une force créatrice qui, à chaque instant, lutte contre l'hérédité, et d'éléments morbides fait naître des germes pleins de force et de santé. C'est ainsi qu'on voit souvent des parents poitrinaires donner le jour à des enfants qui ne sont jamais affectés de cette maladie. Sans ces modificateurs puissants, l'hérédité maladive ne tarderait pas à infecter la société.

L'expérience ne permet pas de douter aujourd'hui que l'on ne guérisse les enfants atteints à leur tour d'affections mentales et qui sont traités au début du mal ; mais si ces faits sont bien établis, la science n'a cessé également de proclamer que la meilleure des médecines était celle qui prévenait : c'est pour remplir cette utile indication que nous allons donner quelques conseils sur ce qu'il convient de faire en pareil cas.

La folie attaque par voie d'hérédité le principe psycho-somatique ; elle se transmet plus spécialement par les organes matériels ; le corps doit donc être d'abord la base du traitement préventif. La première chose à faire est de choisir à l'enfant une nourrice bien constituée, dont les antécédents soient parfaitement connus. Le milieu à habiter n'est pas indifférent : puisqu'on change les conditions du crétinisme, en transplantant le nouveau-né dans d'autres endroits, pourquoi ne pas appliquer les mêmes règles aux enfants issus de parents aliénés? Ce qu'il importe d'abord d'obtenir, c'est le développement le plus régulier possible du corps ; au lieu de l'emprisonner dans d'étroites habitations, il est indispensable qu'il se meuve en plein air, dans les parties les plus élevées, les plus orientées et les plus saines. Lorsque l'enfant a acquis une certaine force, on commence à le soumettre à des exercices gymnastiques, modérés, destinés surtout à fortifier les parties les plus faibles. Il est bien entendu que nous ne parlons pas ici de la gymnastique qui consiste en tours de force, mais de celle qui favorise l'action musculaire, lui donne de la précision et de l'adresse. Le mouvement est la vie des enfants, et il devient d'autant plus précieux qu'il est réglé et dirigé vers un but utile. Dans les premiers temps de cette éducation, la gymnastique a lieu tous les jours, comme un amusement et sans fatigue. Plus tard, lorsque le cercle de l'instruction s'élargit, il suffit de deux ou trois leçons par semaine.

À mesure que l'enfant grandit, les exercices corporels se multiplient. La natation doit nécessairement faire partie du programme : elle peut être une planche de salut. Les exercices corporels ont aussi leur utilité.

Les exercices, quels qu'ils soient, exigent de la régularité; car si l'ordre est la principale condition d'une vie bien réglée, c'est surtout aux enfants dont il est ici question que la régularité est indispensable ; le grand art au début est de rendre l'ordre agréable et de n'en pas faire un devoir monotone, fatigant. — Parents et maîtres se pénétreront de l'importance de ce précepte.

La nourriture n'est pas un objet indifférent. Rien de plus malsain pour les enfants que de manger à toute heure, de se nourrir de sucreries, de fruits, de pâtisseries qu'ils se procurent avec leur argent de poche. Si les besoins de l'estomac nécessitent des repas plus fréquents, on les satisfait à des heures fixes, jusqu'à ce que l'appétit se soit régularisé, que la constitution se soit formée. La nourriture des enfants doit être de facile digestion : la soupe grasse, le bœuf, les viandes rôties, les légumes assimilables, quelques fruits bien mûrs, la boisson du pays, en forment les principaux éléments. Dans les familles riches, l'alimentation a l'inconvénient d'être trop abondante et trop succulente. Les ragoûts, les assaisonnements, les vins de luxe ne peuvent que nuire. Il ne faut pas sans doute pousser les choses à l'extrême, néanmoins les mets recherchés doivent être l'exception.

Bientôt les besoins d'un autre ordre se font sentir, les enfants se montrent curieux, ils interrogent, écoutent, lisent souvent avec ardeur les ouvrages qui leur tombent sous la main. Le médecin philosophe qui prête une oreille attentive à leurs discours, remarque avec peine que leur esprit est rempli de notions fausses, futiles, exagérées, reproduction fidèle de ce qui se dit autour d'eux. Plus tard, à moins d'une grande surveillance, leurs idées, leurs conversations, sont la copie décalquée de la littérature de l'époque, à tel point qu'on peut juger des amitiés successives d'une femme, par l'esprit de ses écrits. Cette aptitude à tout recevoir, qui n'a d'autre contrôle que l'imagination, exige une surveillance continuelle chez les enfants nés de parents malades. Une conséquence naturelle de cette remarque, c'est que le choix des personnages qui entourent les enfants demande un grand discernement. Les domestiques sont souvent, sous ce rapport, une véritable calamité. — Règle capitale, depuis l'enfance jusqu'à l'adolescence, il faut écarter tout individu qui peut fausser les idées.

Pour le corps, j'ai recommandé une nourriture substantielle, de facile digestion, régulière, répétée s'il est nécessaire, un milieu bien choisi, des exercices salutaires ; le précepte n'est pas moins important pour l'esprit. C'est ici que commence le rôle du maître. Des notions sages mais courtes sur Dieu, la religion, la famille, les devoirs, présentées sous la forme attrayante de récits, de paraboles, seront le point de départ de son enseignement. Le besoin de l'instruction est-il vif chez l'enfant ou plutôt manifeste-t-il un instinct de curiosité, au lieu de le soumettre à l'étude abstraite de la grammaire ou des langues mortes, qui demandent une logique au-dessus de sa portée et sèment la confusion dans l'intelligence du plus grand nombre, il faut parler à ses yeux, à son imagination : l'histoire naturelle est le meilleur de tous les moyens ; animaux, plantes, géologie, avec dessins, sont des mines inépuisables d'intérêt et plus tard d'utilité. Des lectures choisies diversifieront ces études. Vers douze à treize ans, on peut commencer l'étude raisonnée du français, à laquelle on joint celle de l'histoire et de la géographie. Vers quinze ans, il sera temps de mettre le jeune homme à l'étude des langues mortes ; en deux ans, elles s'apprennent, pour peu qu'on ait quelque aptitude. On dissimule ce que ce travail peut avoir d'aride, par des cours de dessin, de chimie, de mathématiques et de physique.

Si le jeune homme n'était pas destiné aux professions qui nécessitent le baccalauréat, nous préférerions de beaucoup les langues vivantes aux langues mortes.

A cette époque de la vie, les exercices de l'escrime, de la danse, du cheval, contribuent à fortifier et à développer le corps.

L'instituteur doit modérer l'ardeur, si elle est trop prononcée, et à mesure que les années augmentent, que la raison se forme, insister sur les travaux sérieux, car ce qu'il importe par-dessus tout, c'est de renfermer l'imagination dans des limites convenables et de faire prédominer le jugement. Le côté réel de la vie, voilà ce que le jeune homme doit avoir toujours présent à l'esprit.

Aux organisations nerveuses, impressionnables, les spectacles, les romans qui transportent dans un monde faux et rêveur, doivent être sévèrement défendus, ou du moins bornés à ceux qui s'approchent le plus de la réalité, signalent les travers des individus, de la société, ou peignent le développement des beaux caractères. Nous n'avons eu que trop d'exemples, chez les personnes ainsi organisées, des suites déplorables dues à ces influences pour ne pas en signaler les dangers.

C'est surtout aux jeunes demoiselles que ces conseils s'adressent. A raison de la mobilité de leur être, de la prédominance de la sensibilité générale, du besoin d'émotivité, il faut se tenir en garde contre tout ce qui peut augmenter la susceptibilité de leur système nerveux, à n'accorder aux arts d'agrément, à la musique surtout, que le strict nécessaire, et les façonner de bonne heure aux devoirs de l'épouse, de la mère de famille et de la citoyenne. Leur éducation n'est pas moins à refaire que celle des historiens qui devront un jour publier une seconde édition de l'histoire, revue, augmentée et considérablement corrigée.

Ces règles elles-mêmes seraient inefficaces, sans le concours d'une bonne éducation religieuse et morale. La religion ne doit pas consister dans de simples formules sèchement dites et machinalement répétées. Il y a sur ce point des précautions à prendre, il faut éviter tout ce qui pourrait donner aux enfants une crainte exagérée des châtiments, des peines, des supplices d'un monde à venir. Il est sans doute utile de leur répéter que Dieu punit le méchant et récompense les bons ; mais il ne faut pas faire une peinture effrayante des flammes éternelles, des tourments des damnés, car on jette dans ces jeunes âmes des germes d'effroi, qui trop souvent se changent plus tard en monomanie religieuse, en démonomanie, en folie suicide, etc. Le plus sage est d'insister modérément sur ces matières.

L'amour de Dieu, poussé trop loin, a d'autres inconvénients : on ne pense qu'à la prière, à l'église ; il n'est pas rare de voir se manifester une tendance au mysticisme, et plus tard des folies religieuses d'une nature toute différente. Un directeur, instruit, sensé, connaissant la position, est d'une extrême importance. Comme la religion est appelée à rendre de grands services, il ne faut pas qu'elle prenne une part trop large dans la vie de l'enfant, pour lequel tout ce qui est sérieux ne doit pas durer longtemps, si l'on veut fixer son attention et obtenir un bon résultat. En développant le sentiment religieux, on doit aussi faire tous ses efforts pour inspirer l'amour du devoir et jeter les fondements d'une forte éducation morale. Il ne s'agit pas de cet enseignement banal que l'on débite partout, mais des leçons d'un maître vertueux, au choix duquel les parents ne sauraient apporter un trop grand soin. L'habitude, prise de bonne heure, de remplir ses devoirs est un des plus puissants auxiliaires de la raison; la règle à suivre est un juste milieu, c'est-à-dire une religion sans bigoterie, des principes moraux sans puritanisme. Le sentiment religieux et le principe spiritualiste, convenablement développés, sont les meilleurs freins à opposer à ceux qui, sacrifiant tout au temps présent, ne tiennent aucun compte de la postérité. Si tous les puissants de la terre avaient une notion vraie de Dieu et de l'immortalité de l'âme, les injustices, les crimes et les calamités seraient moins nombreux!

Dans la direction de l'enfant il ne faut jamais perdre de vue la connaissance de son caractère, afin de modérer, d'arrêter même ce qui est trop vif, de favoriser le développement de ce qui est faible et de neutraliser les mauvais germes. Une bonne éducation, confiée à un maître doué d'un cœur généreux et d'un esprit intelligent, peut faire de grandes choses; il suffit, pour s'en convaincre, d'avoir observé ce qu'on a obtenu dans ces derniers temps des idiots, qu'on est presque parvenu à élever a l'état d'homme.

De son côté, le maître doit se tenir sur ses gardes et se rappeler que s'il note des singularités, elles proviennent souvent d'une origine maladive, et que la sévérité ordinaire manquerait ici complétement son but. Si les enfants sont doués de qualités brillantes, il aura sans cesse présent à l'esprit que la raison doit passer avant les considérations de succès.

Le médecin de la famille, qui ne devrait jamais être changé, a lui même un ministère important à exercer, car les renseignements ou les conseils qu'il donnera sont de la plus haute utilité; il fournira des indications précieuses sur les rapports existants

TRAITEMENT PRÉVENTIF DE LA FOLIE SUICIDE. 663

entre les parents et les enfants ; comme toute défectuosité d'organes, toute prédominance de systèmes, pourraient devenir des causes occasionnelles d'aliénation, il fera ses efforts pour diminuer leurs influences.

Si j'insiste tant sur l'éducation morale et religieuse, sur le choix des personnes qui sont successivement mises en rapport avec l'enfant, le jeune homme et la jeune fille, c'est qu'il faut les prémunir contre des instincts, des émotions qui ne se font que trop prématurément sentir. En pareil cas, c'est sur le tempérament, l'organisation, l'humeur qu'il faut se régler. Nous avons vu les excès très-fréquemment, la continence beaucoup plus rarement, contribuer également au développement de la folie.

Enfin, lorsque l'époque du mariage est arrivée, les plus grandes précautions seront apportées au choix des époux. Les considérations de fortune, source de tant de malheurs, doivent complétement disparaître devant celles du caractère moral et de l'état physique. Attributs de la santé, nul vestige d'influence héréditaire, éducation morale excellente, caractère ferme et bon, jugement droit, telles sont les conditions indispensables de celui ou de celle qui doivent contre-balancer le principe originel. C'est en pareille circonstance qu'il faut avoir la sagacité du blanc dont l'œil exercé reconnaît le sang noir à la lunule de l'ongle.

Dans le plan qui vient d'être tracé, on remarquera l'absence de remèdes ; c'est qu'en effet il s'agit de modifier les deux éléments constitutifs de l'homme, pour le mettre en état de soutenir la lutte contre le principe de transmission héréditaire, et c'est seulement par une bonne hygiène, un système pédagogique, bien combiné, suivi avec persévérance, qu'on obtiendra ce résultat. Le système des colonies agricoles, dirigé par des hommes éclairés, animés d'intentions généreuses, ramène au bien une foule d'enfants auxquels les parents avaient transmis le germe de leurs vices ; le système éducateur que nous recommandons, modifié suivant les circonstances, ne sera pas moins puissant sur les enfants nés de parents malades.

En 1847, nous terminions un article sur le suicide, publié dans le *Constitutionnel*, en disant : « Il est à craindre que, malgré tous les efforts, la folie et les passions ne fassent toujours des victimes. » Un savant médecin, dont le nom fait à juste titre autorité parmi nous, M. le docteur Parchappe, croit qu'on pourrait remédier aux progrès vraiment effrayants de la contagion du mal, en l'attaquant dans sa source, dans le prétendu droit conditionnel d'homicide, qui est généralement accordé à l'homme.

Pour supprimer le meurtre, sous toutes les formes qu'il revêt, il faudrait, suivant notre honorable confrère, d'abord, que l'idée de la légitimité de l'homicide fût absolument effacée de la raison humaine; il faudrait, de plus, qu'à cette idée inhumaine et impie fût subtituée l'idée de l'inviolabilité de la vie dans l'homme (1).

Nous faisons des vœux pour que la réforme demandée par M. Parchappe s'exécute, car si elle devait amener l'extinction du suicide, il aurait rendu un immense service à l'humanité. A un autre point de vue, nous avons demandé cette réforme dans un article qui traitait de l'*influence de la peine de mort sur l'imitation et l'exemple* (2).

L'impression générale produite par l'ensemble du chapitre du traitement est bien certainement que, pour le suicide de l'état de raison, les moyens moraux obtiennent, dans beaucoup de cas individuels, la guérison de cette terrible affection. Les observations de Bouvard, de Montesquieu, de Reid, de Kotzebue, de Watt, de F. Winslow, de MM. Alletz, Caffe et les nôtres, formant un total de 21 cas, sont les pièces à l'appui de cette opinion. Les succès sont bien plus nombreux relativement à la folie suicide, puisqu'ils s'élèvent à 41 sur 117 observations, pour la première édition de ce livre, et à 99 sur 265, pour le second. De pareils résultats sont encourageants, aussi les médecins et les moralistes doivent-ils redoubler d'efforts. Guérir le mal, est la mission habituelle des médecins; le prévenir, voilà le but que tous se proposeront d'atteindre.

(1) Max. Parchappe, *De l'extinction du suicide* (Rev. de Rouen), janv. 1844.
(2) *Union médicale*, 10 juillet 1863.

Résumé. — Le traitement du suicide dans la folie diffère complétement de celui de l'état de raison.

— Le plus ordinairement, il faut recourir à l'isolement, aux agents thérapeutiques, aux mesure coercitives.

— Les bains prolongés et les irrigations continues conviennent dans la période aiguë de la folie suicide.

— Les affusions froides, l'hydrothérapie, les préparations toniques, antispasmodiques, peuvent aussi être employées avec succès. Il en est de même des frictions sèches, des émissions sanguines, des vésicatoires, etc.

— L'alimentation forcée à l'aide de la sonde œsophagienne, d'après notre procédé, est quelquefois indispensable dans les refus prolongés d'aliments.

— L'emploi de la morphine paraît avoir une action avantageuse dans le traitement du suicide.

— Une bonne alimentation est d'une haute importance dans les cas de l'espèce.

— Lorsque la période aiguë est passée, la vie de famille rend de grands services.

— Ce traitement, justement appelé *familial*, mis en pratique par nous il y a près de vingt-cinq ans, doit prendre rang parmi les mesures proposées depuis quelques années pour améliorer le sort des aliénés.

— A l'époque de la convalescence, la campagne, les voyages, les distractions, la gymnastique, le travail intellectuel et manuel contribuent à hâter et à consolider la guérison.

— Une diversion morale peut amener la guérison dans les cas où la maladie reste stationnaire.

— La guérison de la folie suicide peut être due à une crise physique ou morale.

— Les enfants nés de parents suicides doivent être l'objet d'un traitement préventif, qui consiste dans une éducation physique et intellectuelle particulière, dirigée avec sagacité et persévérance par des personnes choisies.

CHAPITRE VIII.

MÉDECINE LÉGALE (1).

SOMMAIRE. — 1° *Asphyxie par le charbon.* — Accidents secondaires, le suicide peut devenir homicide. — Possibilité de confondre le suicide avec l'homicide ; moyens auxiliaires, usage fréquent des liqueurs fortes. — État normal de la face. — Faits de tentatives diverses. — 2° *Asphyxie par submersion.* — Syncope. — État des organes génitaux au moment de la menstruation. — Erreurs dues à l'altération des traits. — Lésions, résultats de chutes ou d'autres tentatives pouvant égarer le jugement. — 3° *Asphyxie par strangulation et suspension.* — État des organes sexuels. — Possibilité de la strangulation, le corps appuyant sur le sol. — Remarques sur les liens, le sillon, l'absence d'empreinte. — Rapidité de la mort. — Phénomènes à l'instant de la pendaison. — 4° *Plaies d'armes à feu.* — Lieux d'élection, tête, poitrine, abdomen. — Fréquence du suicide dans la bouche. — Décapitation. — Effets d'armes à feu tirées dans la bouche entièrement close. — Persistance de la vie après la lésion du cœur. — Incendie. — Signes médico-légaux des blessures à bout portant ou à distance. — 5° *Précipitation.* — Plaies de tête plus fréquentes. — Chutes d'un lieu très-élevé sans fractures. — Commotion cérébrale, spinale. — 6° *Instruments tranchants.* — Fréquence de la section du col. — Suicides par doubles moyens. — Plaies du cœur. — Persistance de la vie après la lésion de l'organe. — Observation. — Plaies du bras et du pli du bras, de poitrine, de l'épigastre et de l'abdomen. — 7° *Empoisonnement.* — Acide nitrique, arsenic, opium, laudanum, aconit. — Autres substances. — Observation. — 8° *Écrasement.* — 9° *Abstinence.* — 10° *Simulation du suicide.* — 11° *Suicides réels ou intentionnels, polices d'assurance sur la vie.* — 12° *Du suicide dans ses rapports avec l'homicide.* — 13° *Responsabilité médicale dans les cas de suicides d'aliénés.* — 14° *Destruction de valeurs par un fou suicide.*

L'importance qu'a prise la médecine légale dans les tribunaux, en France et en Allemagne, surtout depuis quelques années, les services qu'elle a rendus dans une foule de circonstances, devaient diriger les efforts des travailleurs de ce côté. Les méde-

(1) On pourra consulter le travail que nous avons publié sur le même sujet dans les *Annales d'hygiène et de médecine légale*, 1848, t. XL, p. 411, et dont nous avons retranché ici toutes les observations et un grand nombre de paragraphes. Voyez aussi *La folie devant les tribunaux*, par Legrand du Saulle, 1864.

cins aliénistes n'ont pas failli à cette mission, et les observations nombreuses consignées par eux, dans les *Annales médico-psychologiques* et les *Annales d'hygiène et de médecine légale*, sont aussi instructives pour les lecteurs, que consolantes pour l'humanité. Dans notre première édition nous avons fait une large part aux faits médico-légaux des 4595 procès-verbaux qui nous ont servi de matériaux. Sans trop l'amoindrir, car elle a déjà apporté son contingent à deux grands procès, à l'un, en apprenant que les pendus laissaient souvent aller sous eux, à l'autre, en démontrant que les suicides pouvaient se lier les mains derrière le dos (et ce contingent n'a pas été et ne sera pas le seul), nous la réduirons cependant quelque peu, pour parler de la simulation du suicide, de l'assurance sur la vie, de la responsabilité médicale, dans les cas de suicide, de la destruction de valeurs par un fou suicide, questions qui ont surgi depuis notre publication.

La fréquence des suicides qui, pour le seul département de la Seine, montent à près de six cents par année, sans compter les tentatives, qui forment environ la moitié en sus, n'a que trop suffisamment fourni aux médecins légistes l'occasion d'établir des règles pour chaque genre de mort, et de préciser, dans l'immense majorité des cas, les signes qui différencient le suicide de l'homicide. Aussi notre attention n'est-elle point de parcourir ce vaste champ; nous voulons seulement faire connaître quelques résultats auxquels nous a conduit le dépouillement des 4595 procès-verbaux sur lesquels a porté notre examen.

Les suicides composant ce chiffre total se divisent en :

1426	cas	d'asphyxie par le charbon.
989	—	par submersion.
796	—	par strangulation.
578	—	par armes à feu.
424	—	par précipitation.
207	—	par instruments tranchants.
158	—	par empoisonnement.
16	—	par écrasement
1	—	par abstinence.
4595		

Nous suivons dans notre examen l'ordre que présente ce tableau.

1° *Asphyxie par le charbon.* — Les symptômes de ce genre de mort sont trop bien connus pour que nous les rappelions; aussi n'entretiendrons-nous nos lecteurs que des particularités qui ont plus spécialement appelé notre attention.

L'asphyxie par le charbon donne lieu à des accidents secondaires qui peuvent entraîner la mort, quoiqu'on soit parvenu à dissiper les symptômes de l'asphyxie. Nous avons noté dans un cas la paralysie des membres ; plusieurs jours après la tentative, ils étaient encore dans l'immobilité et fort peu sensibles. Ce fait a été observé par M. Cruveilhier, et consigné dans la thèse de M. Bourdon. Les membres peuvent au contraire être agités de spasmes, de mouvements convulsifs ; l'un de ces asphyxiés avait les poignets contournés. La pneumonie, tantôt simple, tantôt double, a été constatée ; le plus ordinairement les individus succombent. Un d'eux, chez lequel on avait suivi le développement de l'affection, vécut onze jours.

Les hémorrhagies sont communes. Elles peuvent avoir lieu par les fosses nasales, la bouche ; c'est le cas le plus ordinaire; elles se font aussi par le fondement. Quelques personnes ont eu des émissions de sperme. Chez un asphyxié dont les extrémités inférieures étaient beaucoup plus injectées qu'elles ne le sont ordinairement dans ce genre de mort, la verge laissait sortir à la pression une liqueur blanchâtre, qui par l'odeur et la couleur ressemblait au fluide séminal ; le rapporteur mentionne dans son procès-verbal qu'il avait deux fois rencontré cette particularité. Dans un autre cas, la verge était en érection, et il y avait eu une émission abondante de sperme.

La chaleur peut se conserver fort longtemps ; elle était presque entière, dix heures après la mort, chez un homme qui était couché et bien couvert. Un autre conservait un peu de chaleur dans le dos après quarante heures ; la température était entre 14 et 15 degrés. Une femme fut trouvée encore chaude et flexible, et à côté d'elle était un petit chien roide et donnant une sensation de froid très-prononcée.

La mort a quelquefois lieu très-promptement, ce qui dépend de l'étroitesse du local, de la manière exacte dont il est calfeutré. La décomposition rapide peut être la conséquence de ces deux causes réunies, jointes à l'élévatioon de la température. Chez un homme mort dans la nuit, et qui fut examiné vers le milieu de la journée, l'odeur était insupportable, la figure noire, tuméfiée; l'œil faisait saillie hors de l'orbite ; il y avait des phlyctènes sur le corps.

On pourrait quelquefois confondre la mort par accident avec le suicide, et la différence n'est pas toujours facile à établir. Un homme qui avait l'habitude de s'enivrer se couche à côté de son camarade qu'il croit endormi; celui-ci venait de s'asphyxier à l'aide d'un réchaud. L'odeur du gaz, la gêne de la respiration, l'instinct de la vie, le poussèrent à ouvrir la croisée. Sans ce mouvement automatique, il était perdu ; on eût rangé cet accident parmi les doubles suicides. Ce cas donne lieu à plus d'une réflexion ; car on pourrait enivrer un homme, le placer ensuite dans une pièce qui contiendrait du charbon en ignition, et dire qu'il s'est asphyxié. Nous en avons rapporté un exemple. Au reste, il est très-fréquent de trouver des fioles, des bouteilles ayant contenu des préparations opiacées, des liqueurs fortes dans l'appartement de ceux qui se sont donné la mort par le charbon. Il est hors de doute que, dans ce cas, les individus cherchent à rendre la mort moins douloureuse en s'étourdissant, ou à l'assurer par un second moyen. Il y a vingt ans, nous fûmes appelé au milieu de la nuit pour secourir une jeune fille qui, dans son désespoir amoureux, avait voulu s'asphyxier. Ses préparatifs terminés, elle avala une demi-bouteille d'eau-de-vie et s'assoupit presque aussitôt. Lorsque nous l'eûmes rappelée à la vie, elle ne conservait aucun souvenir de ce qui s'était passé. Dans une autre circonstance, les vapeurs gazeuses ayant surpris l'homme pendant qu'il était debout, il y eut une chute qui amena la fracture de l'occipital ; de sorte qu'on aurait pu croire qu'il avait été frappé, tué, et qu'on avait simulé l'asphyxie. Ce sujet est intéressant au point de vue médico-légal.

Les observateurs ont noté dans l'asphyxie par le charbon, le gonflement du visage, sa rougeur anormale, le luisant et le brillant des yeux, l'écoulement de mucosités blanchâtres et sanguinolentes par la bouche et les fosses nasales. Plusieurs de ces signes peuvent manquer ; ainsi il arrive quelquefois que la face ne décèle aucun signe de l'asphyxie par le charbon : les traits sont naturels, la figure est tranquille et calme ; la plupart de ceux qui se trouvaient dans cette catégorie (ils étaient au nombre de 11) semblaient dormir. Dans un de ces cas où le rapport indiquait que la figure ne présentait ni bouffissure, ni injection, ni écoulement quelconque par la bouche et les fosses nasales, le rapporteur attribua cet état de choses à la rapidité de la mort, à la grande quantité du charbon et à l'étroitesse de la pièce entièrement calfeutrée ! Un autre individu dont les traits étaient calmes, la langue sans gonflement, et chez lequel il n'existait aucun signe apoplectique, avait, comme dans les cas précédents, la verge en érection et sa chemise couverte de taches spermatiques.

Un homme et une femme, couchés sur le même lit, se tenaient embrassés ; leur figure ne révélait aucune souffrance, elle semblait même exprimer le bonheur. Ce double suicide suggéra les réflexions suivantes : on se croit heureux, tout semble en effet l'annoncer, et voilà qu'on apprend que ce père de famille qui aimait sa femme et ses enfants, jouissait d'une fortune acquise par des travaux honorables, une probité irréprochable, a une passion secrète ; et un matin tombe au milieu des siens la nouvelle foudroyante qu'il vient de se donner la mort avec sa maîtresse. Le bonheur domestique durait depuis vingt ans. Comptez donc sur quelque chose ! N'est-ce pas le cas de s'écrier avec Crésus : « Solon ! Solon ! »

Six de ces asphyxiés donnaient encore des signes de vie. L'un d'eux avait même repris entièrement connaissance, il succomba deux jours après.

Un mari et une femme s'étaient asphyxiés ensemble; la femme put être sauvée, parce qu'elle était plus près de la croisée ; le mari, qui était dans la ruelle, fut trouvé froid. Dans un autre cas, absolument semblable, la femme survécut également, quoique le corps de l'amant fût froid ; elle déclara n'avoir conservé aucun souvenir de ce qui s'était passé. Lorsqu'elle commença à revenir au sentiment de l'existence, elle entendait frapper, il lui était impossible de faire aucun mouvement. Une femme qu'on était parvenu à ranimer, ne voulut recevoir aucun secours et battit même ceux qui s'efforçaient de lui être utiles. Un individu vécut trois jours sans recouvrer l'usage de ses sens.

Deux hommes, craignant que l'asphyxie par le charbon ne manquât ou se prolongeât trop, eurent recours à d'autres moyens. L'un se serra le cou avec une cravate, qui détermina une empreinte circulaire très-marquée. L'asphyxie avait occasionné une tuméfaction considérable de la face et du cou. Un autre, voyant que l'asphyxie marchait trop lentement, s'ouvrit la carotide gauche.

Deux amants contrariés dans leur liaison prennent la résolution de se tuer. L'homme tire à sa maîtresse un coup de pistolet qui lui traverse le poumon et les gros vaisseaux du cœur. En la voyant sans vie, il cherche inutilement à se frapper avec l'arme tranchante; alors prenant un pistolet, il se décharge l'arme dans la région frontale. Un réchaud allumé met fin à cette série de tentatives diverses.

2° ASPHYXIE PAR LA SUBMERSION.—Il arrive quelquefois que l'asphyxie par la submersion paraît plutôt due à une syncope qu'à la privation de l'air. Un homme fut retiré de l'eau, peu de minutes après sa chute : on trouva le cerveau légèrement congestionné, il y avait absence de sang dans le cœur. Les rapporteurs furent portés à conclure que la mort avait eu lieu plutôt par l'effet d'une syncope, survenue au moment de la chute du corps dans l'eau, que par l'asphyxie due à la submersion. Une femme se jeta dans la Seine ; elle en fut retirée aussitôt : elle avait déjà cessé de vivre. Une mort aussi rapide fut justement considérée comme le résultat d'une vive frayeur. Cette femme, qui était à l'époque de ses règles, ayant été ouverte, on trouva la matrice, les trompes et les ovaires injectés, tous les vaisseaux gorgés de sang. Le col utérin, d'un rouge vif, était entouré d'un cercle d'apparence hémorrhoïdaire. La cavité utérine, très-injectée, était enduite d'une matière muqueuse et sanguinolente ; la vulve avait une couleur de sang (1).

L'asphyxie par submersion peut être très-prompte. Un homme s'enfonça la tête dans un vase où il n'y avait qu'un pied d'eau ; on le retira immédiatement : il vécut seulement quelques instants.

La décomposition peut être plus rapide qu'elle n'est indiquée dans les ouvrages de médecine légale. Un homme fut repêché trois jours après sa submersion ; c'était en été, par un température ordinaire. Les yeux faisaient saillie hors de l'orbite ; on apercevait des taches noires sur le tronc et les extrémités ; l'épiderme des mains se détachait ; il y avait des plaques violacées et jaunâtres sur les cuisses. Le cerveau était en bouillie, d'une couleur grisâtre ; l'estomac et les intestins étaient distendus par des gaz.

Les changements apportés par le séjour dans l'eau peuvent tromper les rédacteurs des procès-verbaux ; ainsi on lit dans l'un d'eux que l'individu avait trente ans, et l'enquête prouva qu'il n'en avait que quatorze. Dans un autre procès-verbal, la personne noyée fut désignée comme ayant quarante ans environ, et l'on apprit qu'elle n'en avait que seize. Un examen borné à l'extérieur ou fait avec légèreté peut donc parfois induire en erreur.

Quelques noyés portent des traces de contusions, de bles-

---

(1) A. Brierre de Boismont, *De la menstruation*, ouvr. cit., p. 181. Paris, 1842.

sures, de strangulation, qui sont le résultat de chutes ou d'autres tentatives faites avant la submersion, mais qui exigent aussi un examen approfondi, pour qu'il ne reste pas de doute entre le suicide et l'homicide. Cependant la solution de cette dernière question n'est pas toujours facile. Un homme en tombant se fait plusieurs contusions et plaies pénétrantes ; il avait rencontré un croc à trois branches, qui avait déchiré la peau du ventre, donné issue aux instestins et divisé en même temps l'artère crurale. L'examen du lieu, la nature des plaies, ne laissèrent aucune incertitude sur la cause de ces solutions de continuité. Un asphyxié, dont la cravate serrait assez fortement le cou, avait à la partie antérieure de cette région et à la partie supérieure de la poitrine une grande ecchymose ; les rapporteurs se demandèrent si elle était due à la seule constriction causée par le lien ?

Les docteurs Guichard et Cousin furent requis par M. le procureur du roi, pour donner leur avis dans un cas où l'on soupçonnait un assassinat. Il existait, à la partie antérieure de la région du cœur, deux petites plaies pénétrantes faites du vivant de l'individu, qui pouvait avoir été précipité ensuite dans l'eau, où l'état blanchâtre des pieds et des mains annonçait qu'il avait séjourné quelque temps. A l'autopsie, ces médecins constatèrent que les deux plaies n'avaient que très-superficiellement intéressé le poumon gauche, tandis que les téguments de la tête, la substance du cerveau, le parenchyme pulmonaire et les cavités droites du cœur, gorgés de sang, annonçaient qu'il avait réellement péri par submersion ; cependant ajoutèrent-ils, rien ne prouve que l'individu n'ait pas été frappé auparavant par des assassins et qu'il n'ait été ensuite précipité dans l'eau, comme cela n'est que trop malheureusement arrivé !

3° ASPHYXIE PAR STRANGULATION ET SUSPENSION. — 790 individus, dont 656 hommes et 134 femmes, ont mis fin à leurs jours par ce mode de suicide. Sur ce nombre, la suspension a été notée 338 fois. 76 hommes, le dixième environ du chiffre total, ont été trouvés en érection d'après les procès-verbaux, ce qui ne veut pas dire qu'il n'y en eût beaucoup plus. Plusieurs avaient la verge très-volumineuse. L'érection était considérable chez un homme de cinquante ans, dont le gland très-gros offrait une teinte brune. L'érection fut constatée dans deux cas, dix heures après la strangulation ; elle persistait encore cinq jours après dans un autre cas, mais la verge avait subi un commencement de putréfaction.

114 individus, ce qui forme environ le septième du chiffre total des strangulés, avaient eu des éjaculations plus ou moins abondantes. Les taches de sperme existaient en général sur la chemise. La liqueur spermatique se retrouvait entre le gland et le prépuce et dans le canal. Quelquefois, il n'y avait qu'un fluide peu abondant, transparent, légèrement visqueux, qui paraissait uniquement constitué par la liqueur prostatique. Chez un de ces individus, en enlevant le pantalon, il se fit sur-le-champ une forte éjaculation. Dans un cas, où il y avait des taches de sperme abondantes sur la chemise, les cuisses, un tabouret voisin, on constata une luxation de la seconde vertèbre sur la première ; la tête était très-mobile. Un assez bon nombre de ces suicides avaient en même temps des évacuations d'urine et de matières fécales. Cette disposition tient-elle à un spasme ou à un relâchement des sphincters ? Ce fait, qui n'a été consigné nulle part, pas même dans les traités *ex-professo* de médecine légale, a été invoqué et mis en lumière par M. Devergie, dans le procès de l'accusé Duroulle, qui était accusé d'avoir étranglé sa femme (1).

Dans 17 autres cas, où ces détails ont été consignés, 7 fois il n'y avait point d'érection, 10 fois il n'existait pas de traces

(1) A. Devergie, *affaire Duroulle*.— *Consultation médico-légale sur un cas de mort par suspension* (*Annales d'hygiène et de médecine légale*, p. 460, avril 1855). — Duroulle avait été condamné par la cour d'assises d'Évreux, le 4 février 1854, aux travaux forcés à perpétuité. L'arrêt ayant été cassé, Duroulle a été acquitté par la cour impériale de Rouen, devant laquelle il avait été renvoyé.

d'émissions spermatiques. Ainsi, sur les 656 hommes qui se sont pendus, les symptômes relatifs aux organes génitaux ont été notés dans 207 cas, c'est-à-dire dans un tiers environ du chiffre entier : 190, ou le quart, présentaient des érections ou des émissions spermatiques.

Il ne reste aujourd'hui aucune incertitude sur la possibilité de strangulation, quelle que soient les différentes positions du corps sur le sol. Les détails statistiques que nous allons donner confirment des faits déjà connus. Nous avons trouvé cette circonstance mentionnée dans 174 procès-verbaux, environ le quart du nombre total (4,58).

112 de ces individus étaient debout contre les murs; tantôt les pieds reposaient sur le sol à plat, en même temps que les genoux étaient fortement pliés, de sorte qu'il était évident qu'ils avaient pesé sur le lien soit involontairement, soit avec conscience; la position de plusieurs d'entre eux faisait même supposer qu'ils auraient pu se dégager s'ils l'avaient voulu ; tantôt les pieds touchaient encore la terre, mais moins complétement ; quelques-uns même n'y arrivaient que par l'extrémité des orteils. Un homme était adossé contre l'échelle à laquelle il s'était pendu, les pieds horizontalement sur le sol ; son suicide présenta cette particularité qu'il s'exécuta dans la même chambre où, quelques jours avant, un autre homme, qu'il s'était empressé de secourir, avait fait une double tentative de suicide. (Toutes ces particularités sont en général indiquées avec plus de soin par MM. les commissaires de police que par MM. les médecins légistes.)

11 avaient pour supports des chaises sur lesquelles ils étaient montés pour mettre leur projet à exécution ; tantôt les deux pieds portaient à plat sur la chaise, tantôt un seul pied appuyait sur les barreaux et l'autre touchait le sol ; 6 s'étaient pendus debout dans leur lit, les pieds reposaient en plein sur les matelas et les genoux étaient pliés. 23 étaient accroupis, à genoux, ployés en deux. L'un de ces derniers était à genoux sur une

chaise et avait les pieds à terre. La plupart étaient à genoux sur le sol, l'un semblait uriner ; un autre avait le cou serré seulement à sa partie antérieure.

4 après s'être attachés aux colonnettes de leur lit, s'étaient laissés glisser ou avaient glissé à terre, de sorte que leur corps était presque parallèle au sol.

11 étaient assis sur des chaises ou des matelas à terre. Un d'eux fut trouvé dans une voiture, assis, la tête passée dans une de ces ganses qui servent de poignées et appuyant sur la glace, il n'y avait pas d'autre lien. 6 individus étaient couchés dans leur lit. Un de ceux-ci s'était étranglé avec la corde qui servait à le soulever, quoiqu'il n'eût qu'un bras. Deux autres s'étaient asphyxiés, en se serrant le cou avec une cravate; l'un de ces derniers avait les jambes demi-fléchies sur quatre coussins, et la cravate était fortement nouée. Parmi les faits de ce genre qui prouvent la possibilité de se donner la mort dans la position horizontale, nous citerons le suivant dont nous garantissons l'authenticité.

Un gentilhomme étranger est placé dans un établissement justement renommé. « Monsieur, disent les parents au direc-
» teur, nous ne vous demandons qu'une seule chose, c'est d'em-
» pêcher cet infortuné de se détruire, comme il l'a déjà essayé
» à diverses reprises. Prenez les mesures que vous jugerez con-
» venables; nous vous donnons liberté entière. » Le directeur, homme habile et expérimenté, place deux gardiens auprès de l'étranger.

Celui-ci, fatigué du long voyage qu'il vient de faire, désire se coucher ; les deux gardiens sont établis de chaque côté du malade, prêts à s'élancer au moindre mouvement. Les objets propres à exécuter un suicide sont soigneusement écartés.

Une demi-heure après, l'étranger ordonne d'appeler le directeur : « Monsieur, lui dit-il, je conçois que, d'après la recomman-
» dation de mes parents, vous usiez de toutes les précautions
» possibles ; je n'ai aucune objection à faire à cela ; mais il ne

» faut pas me torturer, et c'est, je vous l'avouerai, un supplice
» insupportable que d'avoir sans cesse devant moi ces deux
» hommes dont les yeux ne me quittent pas un seul instant.
» Je tombe de fatigue, et il m'est impossible de dormir. Placez-
» les où vous voudrez ; de grâce, qu'ils ne restent pas ainsi
» penchés sur moi. »

Le directeur obtempère à sa demande ; les gardiens sont retirés des deux côtés du lit avec l'ordre de ne pas le perdre de vue. Deux heures après, le directeur revient : « Comment va votre malade ? — Il est tranquille et repose. » Le directeur s'approche ; il appelle le malade, point de réponse ; il touche, point de mouvement. D'un geste rapide, il enlève les couvertures ; le doute affreux qui a traversé son esprit est éclairci : l'étranger est mort sous les yeux de ses domestiques, et, sans que ceux-ci lui aient vu faire le plus léger mouvement ; il a déchiré le bas de sa chemise de batiste, l'a roulé en cordonnet, placé autour de son cou, et un simple nœud fortement serré lui a suffi pour mettre à exécution son idée fixe (1).

Nous avons observé un suicide absolument semblable chez une femme, à l'Hôtel-Dieu, lorsque nous suivions la visite du docteur Husson.

La dame religieuse de service avait demandé, à cinq heures du matin, à la malade comment elle allait ; celle-ci lui avait répondu qu'elle était bien. A six heures, la religieuse s'approcha de son lit et lui fit la même question : comme elle ne répondait pas et que sa figure avait quelque chose de particulier, elle la découvrit et s'aperçut qu'elle avait un mouchoir autour du cou. On s'empressa de lui porter des secours, elle était morte.

Il arrive assez souvent que le lien se rompt ; dans 8 procès-verbaux où cette circonstance fut notée, les individus étaient

---

(1) A. Brierre de Boismont, *Observations critiques sur le système de non-restraint, suivi en Angleterre à l'égard des aliénés* (*Annales médico-psychologiques*, t. IV, p. 113). Nous avons modifié depuis notre opinion trop exclusive. — Duchesne, *Sur la strangulation* (*Ann. d'hyg.*, 1845, vol. XXXIV, p. 141).

debout ou par terre. Une fois, le lien resté intact était si étroit, que, vérification faite, le médecin et l'officier public ne purent s'expliquer comment la tête avait pu sortir par une ouverture semblable. Le sillon, ses caractères médico-légaux, le lien, les antécédents de l'individu, ne permettaient pas cependant d'avoir le moindre doute sur le suicide.

Le sillon a donné lieu sept fois à quelques observations. Dans un cas, il avait une profondeur de 4 à 5 lignes, la peau était jaunâtre, desséchée, semblable à du parchemin : au-dessus et au-dessous de ce sillon existaient des ecchymoses. Dans un autre cas, l'empreinte, d'un pouce de profondeur, était dure, noire, sèche, comme parcheminée. Cette impression avait été déterminée par une forte corde. Une fois, le lien, composé d'un fil fouet, avait divisé la peau comme un rasoir, à une profondeur de 4 lignes.

Un individu présentait un sillon, au centre duquel se trouvait une ecchymose; la compression avait été très-forte. Chez un autre, dont le sillon remontait derrière les oreilles, celui-ci était brun et ecchymosé. Un troisième individu avait un sillon peu profond à la partie antérieure du cou, sur le côté droit et en arrière ; la peau sur son trajet n'était ni ecchymosée, ni éraillée.

Quelquefois le lien circulaire ne laisse aucune empreinte, comme l'atteste l'observation suivante que nous avons recueillie.

Une vieille femme, d'environ quatre-vingts ans, fabrique un lien dont la partie moyenne est constituée par un bas de laine, et l'attache à l'espagnolette d'une croisée ; elle passe sa tête dans cette espèce d'anneau ; peu d'instants après, on entre dans sa chambre, elle était debout, les pieds à plat sur le sol, la tête inclinée sur le bas qui enveloppait le cou des deux côtés, jusqu'aux apophyses mastoïdes. La pauvre femme n'existait plus ; il n'y avait pas l'ombre d'un sillon, ni d'une empreinte quelconque. La mort avait eu lieu par une légère compression du cartilage thyroïde, déterminant à l'instant des symptômes de suffocation. Ce dernier phénomène s'observe également chez les individus très-nerveux, lorsqu'ils se trouvent engagés dans une foule, quoiqu'ils n'aient aucun obstacle autour du cou ; et ils perdraient connaissance, s'ils ne parvenaient à se dégager. Nous avons connu des personnes dont il suffisait de presser les deux côtés de ce cartilage, pour qu'ils éprouvassent à l'instant un commencement de suffocation.

Dans un rapport fait par le docteur Magistel, on lit : « Contre l'ordinaire, en pareille circonstance, l'empreinte est oblique de bas en haut et d'arrière en avant, de sorte que le nœud coulant, au lieu de correspondre à la nuque, comme cela arrive généralement, ou sur les côtés, se trouve dans le cas présent, immédiatement sous le menton, et réellement au-dessus de la langue. »

Parmi les circonstances à noter dans ces nombreuses strangulations, il en est plusieurs qui nous ont paru offrir un véritable intérêt.

La rapidité avec laquelle la mort arrive dans quelques cas, est réellement surprenante.

Une femme qui se défiait des intentions de sa sœur enfonce brusquement la porte de sa chambre ; elle la trouve debout sur son lit avec la corde roulée autour du cou. Elle s'élance pour la décrocher : l'autre la regarde fixement, ploie les genoux, fait quelques soupirs ; tous les secours furent inutiles. Dans un autre cas, le mouchoir avait seulement serré la partie antérieure du cou, pendant un instant presque indivisible. Par les soins du médecin, la circulation fut rétablie ; puis quelques heures après, elle se ralentit de nouveau, et la mort eut lieu, malgré l'énergie des moyens employés.

La lecture des nombreux procès-verbaux sur l'asphyxie par strangulation a ajouté de nouveaux faits à ceux qui ne sont déjà que malheureusement trop connus, à l'appui de ce cruel préjugé qui veut qu'on ne touche au corps d'un suicidé qu'en présence d'un fonctionnaire. Quelques infortunés donnaient encore des signes de vie ; des ignorants, des fanatiques de l'autorité quand même, n'ont pas voulu ou ont empêché de prodiguer des secours.

Une circonstance que nous avons plusieurs fois notée dans les rapports, c'est qu'il n'existait aucune trace de turgescence, de congestion dans le cerveau, les sinus, les poumons. Chez un de ces individus, pendu depuis dix heures, dont la verge était en érection, on voyait beaucoup de sperme sur la chemise, la pression en faisait sortir du canal ; il n'y avait point de symptômes apoplectiques, de saillie de la langue, de proéminence du globe oculaire ; les pieds portaient en plein sur le sol.

La pendaison peut être la terminaison de divers autres tentatives de suicide. Un individu, après s'être fait plusieurs blessures graves au cou, s'ouvre l'artère brachiale gauche et la veine du même côté ; en un instant la chambre, les draps, le lit, sont inondés de sang ; ainsi mutilé et affaibli, il a encore la force de se pendre à un clou. On trouve quelquefois chez les pendus les mains attachées derrière le dos ; deux individus les avaient si fortement liées avec un foulard, qu'on eut beaucoup de peine à les dégager.

Quelques-uns de ceux qui furent rappelés à la vie déclarèrent qu'ils avaient vu comme un éclair leur passer devant les yeux et qu'ils avaient senti leurs jambes d'une pesanteur extrême ; aucun n'a fait allusion à l'état qui semblerait résulter des phénomènes des organes génitaux. Plusieurs ont affirmé qu'ils avaient perdu à l'instant même tout sentiment de l'existence.

4° PLAIES PAR ARMES A FEU. — Les blessures par armes à feu ont été, dans ces derniers temps, l'objet d'études approfondies. On trouve dans les *Leçons orales* de Dupuytren des recherches fort intéressantes sur le trajet des balles et sur la manière dont elles se comportent, suivant la nature des corps qu'elles traversent, et d'après leur point d'émergence (1). Nous allons essayer d'ajouter quelques faits à ceux déjà connus, ils nous seront

(1) Dupuytren, *ouvr. cit*.

fournis par l'analyse de 368 procès-verbaux, formant plus de la moitié du chiffre total (578).

Considérés d'après les régions, les plaies par armes à feu se partagent ainsi :

Tête............................... 297
Poitrine, abdomen................. 71

Le lieu d'élection est donc, dans le plus grand nombre de cas, la tête, et c'est probablement à cette fréquence qu'est due la locution *se brûler* ou *se faire sauter la cervelle*.

Les hommes qui terminent ainsi leurs jours sont sans doute mus par la pensée de ne pas souffrir, et peut-être aussi par celle de rester inconnus.

Nous avons recueilli l'observation d'un homme blessé mortellement par une balle, qui avait fracturé le temporal droit et intéressé l'œil gauche; il eut encore la force d'ouvrir une croisée, de monter sur le bord et de s'élancer dans la rue, de la hauteur d'un troisième étage.

Bouche. — 234 procès-verbaux, relatifs à ce genre de mort, généralement dû à des pistolets, nous ont paru présenter des particularités intéressantes. Sur ce nombre de suicides, 39 ont eu des déchirures des commissures avec des fractures diverses ; 56 n'ont eu que peu ou point de déchirures des commissures, la voûte palatine a surtout été lésée ; 109 ont eu la partie antérieure de la face du frontal et des portions plus ou moins considérables de la tête enlevées.

Les déchirures des commissures étaient rayonnées, comme en étoile, en lambeaux irréguliers, s'étendaient jusqu'aux favoris ou consistaient en une séparation des lèvres sur la ligne médiane. Quelquefois les lèvres et les joues étaient horriblement déchirées. Le maxillaire inférieur était très-souvent fracturé, ainsi que le maxillaire supérieur. Ces solutions de continuité s'expliquent par le contre-coup, le refoulement de l'air et sa dilatation.

Quelquefois les bords de la bouche n'avaient subi aucune

déchirure; mais, dans ce cas comme dans le précédent, on trouvait assez fréquemment la langue, la luette, les piliers, la partie postérieure et supérieure du pharynx contus, déchirés, la base du cerveau fracturée à la réunion du sphénoïde avec l'occipital.

Un certain nombre de ces faits nous ont paru mériter quelques détails. Un individu présentait une bouffissure des lèvres, des joues, avec une teinte bleuâtre au pourtour de la bouche; les maxillaires supérieur et inférieur, la voûte palatine, n'étaient le siége d'aucune lésion. Le coup de pistolet n'avait point été entendu, parce que le bout de l'arme avait été profondément enfoncé dans la bouche; les commissures des lèvres étaient intactes. Dans un autre cas, il n'y eut qu'une hémorrhagie buccale et pulmonaire considérable. Le même fait d'absence de détonation s'est reproduit une troisième fois ; les personnes qui étaient dans la chambre ne perçurent aucun bruit; le médecin attribua cette particularité à ce que le suicide avait exactement appliqué ses lèvres sur le canon du pistolet et enfoncé sa tête sous les couvertures. Il arrive quelquefois qu'on ne trouve point la balle, quoiqu'il existe des désordres dans les parties environnantes; dans une circonstance semblable, elle était logée dans la langue, qu'elle avait labourée suivant une étendue considérable.

Nous avons soigné un jeune homme de dix-huit ans qui s'était tiré un coup de pistolet au-dessus de la bosse frontale droite. Il vécut deux jours, comprenant parfaitement toutes les questions qu'on lui faisait. Je pratiquai l'autopsie ; la balle avait traversé diagonalement les deux lobes antérieurs qui étaient dilacérés, remplis de sang dans leur tiers supérieur ; l'intelligence était restée intacte jusqu'aux derniers moments.

Lorsque la charge est considérable, que le pistolet est de gros calibre, ou que l'arme est une carabine, un fusil de munition, les désordres sont beaucoup plus étendus que dans le cas précédent. Les procès-verbaux relatifs à ce genre de désordres s'élèvent à 139.

Dans 52 cas, les lésions portaient exclusivement sur la face ;

celle-ci se trouvait ou complétement emportée avec le frontal et une portion des pariétaux, ou seulement mutilée dans une partie. Chez un de ces individus, toute la région antérieure du front était ouverte depuis les sourcils jusqu'au sommet de la tête ; on apercevait le cervelet, qui n'avait pas été enlevé ; un grand lambeau des téguments du crâne était suspendu à une branche d'arbre, à une hauteur de plus de vingt pieds. Dans quelques circonstances, les médecins ont constaté qu'un côté de la face seulement était enlevé.

Il peut arriver que la partie supérieure de la tête soit emportée en entier, la voûte du crâne est projetée au loin, souvent il n'en reste que la base; parfois le désordre est encore plus considérable, on ne découvre qu'un simple fragment de peau, et l'individu est littéralement décapité. Dans ces cas, il y a des déperditions énormes de substance cérébrale; celle-ci peut manquer, à l'exception du cervelet, qui peut lui-même être aussi lancé au dehors.

Dans quelques circonstances, la tête vole en éclats, comme si l'on avait introduit un obus dans la bouche, ce qui dépend du calibre et de la charge.

Thorax. — Les lésions de cette partie du corps étaient, en proportion, beaucoup moins grandes que celles de la tête, leur nombre s'élevait encore à 71, savoir : 45 au cœur, 23 à la poitrine, 3 au ventre.

Les plaies du cœur présentaient, en général, deux ouvertures; la première presque ronde, à bords dentelés, noirâtres; la seconde souvent aussi ronde, tantôt plus grande, tantôt plus petite. Il y avait quelquefois en même temps fracture de la côte voisine. Le cœur dans toutes ces blessures était plus ou moins atteint; une fois, il était réduit à une sorte de bouillie. La mort a été instantanée dans tous les cas, à l'exception d'un ; l'individu vécut plusieurs heures, quoiqu'il eût le ventricule gauche lésé. Nous avons cité plusieurs exemples analogues, dans les *Leçons orales* de Dupuytren.

Un des accidents assez fréquents des armes à feu est l'incendie qu'elles allument. La bourre met le feu à la chemise, aux vêtements, et l'individu se trouve plus ou moins brûlé. Le feu, dans quelques circonstances, s'est même communiqué à l'appartement.

Outre la plaie principale, on constate, dans un certain nombre de cas, d'autres lésions qui ont été déterminées par l'explosion de l'arme. Chez un individu, le poignet avait été désarticulé, et il existait une luxation des os de la première rangée sur ceux de la deuxième. Un autre individu avait tous les doigts fracturés. Il est assez commun de trouver un doigt emporté et des mutilations plus ou moins étendues de la main.

Les plaies de poitrine ont fixé notre attention, à cause des désordres produits par l'entrée et la sortie des projectiles.

Presque toujours les armes sont appliquées immédiatement sur le corps, soit nu, soit couvert de ses vêtements. Dans le premier cas, les ouvertures d'entrée sont souvent rondes, à bords secs, noirs et charbonnés; quelquefois il existe à la peau une plaque de couleur jaunâtre, brune, grillée.

Dans d'autres circonstances, la plaie est arrondie, mais ses bords sont inégaux, contus, mâchés, et la peau, dans une étendue de plusieurs pouces, est jaunâtre. D'autres fois, l'ouverture de sortie, irrégulièrement ronde, est plus large, et ses bords sont renversés en dehors. L'ouverture d'entrée peut être parfaitement ronde, comme si elle avait été faite avec un emporte-pièce, ou bien elle est irrégulière, large à l'entrée, circulaire à la sortie. Nous avons noté une fois que, la première avait plus de six lignes de diamètre, la seconde n'en avait que trois, ce qu'expliquent la nature de la charge et le changement de calibre de la balle.

La médecine légale, lorsqu'il y a doute, peut tirer des renseignements précieux de la brûlure des vêtements et des parties sous-jacentes, des altérations de la peau (les assassins tirant presque toujours à distance), des blessures et des mutilations des mains, de la direction du coup, du lieu d'élection.

5° PRÉCIPITATION, CHUTE. — Les chutes volontaires sont nombreuses, puisqu'elles comprennent 424 cas, un peu moins du dixième du nombre total des suicides.

Les lésions indiquées auxquelles elles ont donné lieu se présentent dans l'ordre suivant.

Les plaies et fractures de tête sont évidemment, de tous ces désordres, les plus nombreux, car elles s'élèvent à 215. Les détails sur ce genre de mort sont très-précis dans les procès-verbaux. Presque toujours, en effet, les rapporteurs décrivant la nature des altérations font connaître que la tête a été écrasée, etc. Viennent ensuite les lésions de la colonne vertébrale, les commotions simples, les fractures des membres et surtout celles des extrémités inférieures.

Les désordres qui accompagnent cette variété de suicide offrent des particularités que nous ne devons pas passer sous silence.

Dans 40 cas, on n'a pu s'expliquer la mort que par des commotions cérébrales ou cérébro-spinales. Les deux tiers de ces précipitations ont eu lieu du deuxième et du troisième étage ; il en est un certain nombre qui se sont faites du cinquième et du sixième étage. Une d'elles, attestée par le médecin, le maire et un grand nombre de témoins oculaires, est sans contredit un des cas les plus extraordinaires que l'on connaisse. L'individu qui fait le sujet de cette observation, et dont il a déjà été question, était un aliéné ; il était monté sur une plate-forme de l'église de L..., s'avançant en pointe dans le vide ; à chaque instant il faisait des dispositions pour s'élancer. L'officier municipal était arrivé très-près de lui, évitant de faire aucun mouvement qui pût l'alarmer. Après avoir parlementé quelques minutes, il lui vit faire un geste qui lui parut significatif : au moment où il étendait la main pour le saisir, le fou s'élança, tourbillonna dans l'espace d'une hauteur de 16 mètres environ, tomba sur la terre, se releva et alla se jeter dans une carrière à proximité, au fond de laquelle il roula. Dans sa fureur, trouvant encore des forces, il se traîna auprès d'un second puits contigu au lieu où il était étendu et s'y précipita. La hauteur mesurée de ces trois chutes successives donna une élévation de 50 mètres. Il n'y avait ni fractures ni commotion cérébro-spinale. Il survint seulement un gonflement considérable des jambes avec infiltration sanguine énorme de ces parties. Tous ces accidents se dissipèrent en quinze jours. La chute n'eut aucune influence sur la folie. Nous avons reçu dans notre établissement un certain nombre d'aliénés qui s'étaient également jetés de très-haut, et chez lesquels il n'existait point de fracture.

Presque toujours, dans ces cas, les individus tombent sur les pieds, mais il arrive aussi fort souvent que des rebords d'auvents, des supports plus ou moins flexibles, les arrêtent dans leurs chutes, ou du moins en ralentissent la vitesse. Les accidents déterminés par la secousse peuvent être limités au cerveau, ils peuvent s'étendre à tout l'axe cérébro-spinal. Dans 10 cas, les procès-verbaux mentionnaient cette double lésion. Les ouvertures de cadavres ne laissent quelquefois découvrir aucun vestige d'altération pathologique. Un individu fait une chute du sixième étage; on l'examine, il semble avoir conservé l'usage de toutes ses fonctions; il répond bien, ne se plaint que fort peu. Relevé et transporté à l'hôpital, il y expire en entrant. L'autopsie ne révèle aucune lésion qui permette d'expliquer la mort autrement que par l'ébranlement général. La secousse imprimée au système nerveux peut déterminer des lésions anatomiques appréciables : des épanchements sanguins s'observent alors dans les centres nerveux ; les organes internes sont aussi quelquefois contus, déchirés, remplis de foyers sanguins. Un homme se brise la colonne, les deux jambes, le sternum, plusieurs côtes droites et gauches, et l'on trouve de plus un épanchement de sang dans la plèvre, un autre épanchement sanguin dans le poumon et une déchirure du foie. Dans plusieurs cas, la chute a eu lieu aux époques menstruelles.

Les lésions de la colonne vertébrale étaient au nombre de 37.

Dans 11 cas, la colonne seule était lésée ; dans 26 autres, il y avait complication de fractures des membres, du bassin, etc.

Chez un assez grand nombre d'individus, la mort paraissait bien évidemment avoir été plutôt occasionnée par la commotion cérébro-spinale que par les blessures du rachis et de la moelle, qui n'avaient qu'une étendue et une gravité médiocres.

Les *fractures des membres*, divisées en simples et en compliquées, formaient 67 cas. Les plaies simples, sans sortie des fragments, au nombre de 26, consistaient en écrasement du calcanéum, de plusieurs métatarsiens, et en fractures des extrémités supérieures et inférieures. Souvent les condyles du fémur, la rotule étaient broyés.

Les accidents de la commotion existaient dans un certain nombre de cas ; mais ils étaient surtout prononcés dans la seconde catégorie, formant 41 cas.

6° INSTRUMENTS TRANCHANTS. — Un certain nombre d'individus attentent à leurs jours au moyen d'instruments tranchants. Leur proportion a été de 207, environ la vingt-deuxième partie du chiffre général.

Section du col. — Le nombre de ceux dont nous avons recueilli les observations comprend 71 individus ; sur ce chiffre, 57 n'ont pas fait d'autres tentatives. Nous allons dire quelques mots des cas de cette catégorie. La proportion la plus forte a été celle des individus qui se sont coupé la gorge en avant, sur la ligne médiane, avec des couteaux, des canifs, le plus ordinairement avec des rasoirs. Cet endroit est celui qui est choisi de préférence ; à raison de la disposition anatomique des vaisseaux, ce genre de suicide manque fréquemment son effet. Dans 28 procès-verbaux, contenant des détails assez précis sur cette lésion, l'instrument avait pénétré profondément, divisé plus ou moins complétement les muscles, les vaisseaux artériels et veineux, le pharynx, la trachée artère, et ne s'était arrêté qu'à la colonne vertébrale. Dans plusieurs cas, la plaie, affreusement béante, laissait voir toutes les parties intéressées. Chez un individu qui présentait une plaie de 18 centimètres, la peau, le peaucier, les aponévroses cervicales, les muscles sterno-mastoïdien, thyro-hyoïdien, scapulo-hyoïdien, les veines jugulaires externe et interne, avaient été divisés; les carotides, à nu, étaient intactes. Un de ces malheureux, qui avait une plaie de 27 millimètres de profondeur sur 81 de largeur, tenait encore un rasoir à la main; il s'efforçait de se porter de nouveaux coups : on fut obligé de le maintenir.

Beaucoup de ces larges blessures avaient été faites d'un seul coup ; mais dans d'autres cas, les suicidés s'y étaient repris à diverses fois. Un de ces individus avait, en réalité, déchiqueté la plaie avec un canif ; un autre s'était mutilé la gorge avec une scie. Deux hommes eurent la force, après s'être coupé le cou devant la glace de leur cheminée, de faire un assez long trajet, en s'accrochant aux meubles et inondant tout l'appartement de leur sang, pour aller regagner leur lit, s'y étendre et mourir.

Le pronostic de ces sortes de blessures peut donner lieu à des erreurs. A deux reprises différentes, des chirurgiens distingués déclarèrent la blessure mortelle, et quelque temps après les malades quittaient l'hôpital radicalement guéris.

Nous avons dit que quatorze individus avaient cherché à se donner la mort non-seulement par la section du cou, mais encore en se frappant ailleurs ; le plus grand nombre des individus de cette catégorie ont essayé de s'ouvrir les veines du bras et les artères, plusieurs y sont parvenus. D'autres se sont ensuite jetés par la fenêtre. Un de ces derniers, après s'être fait une blessure au front, avoir divisé la carotide droite, l'artère crurale, le pli du bras, tomba par terre, à raison de la grande quantité de sang qu'il perdait ; il se releva ensuite et s'élança de la croisée dans la rue.

Dans un autre cas, l'individu, après s'être fait des sections superficielles au cou, deux autres sections à la partie interne de chaque bras, coupa la saphène et périt par l'hémorrhagie de cette veine. Un de ces malheureux qui avait divisé les carotides, ouvert la trachée, et traversé le poumon, montrait encore une telle fureur que, quoique mortellement blessé, personne n'osa lui retirer le couteau dont il s'était servi pour accomplir ces différents actes.

Un certain nombre de ces suicidés s'étaient fait, en outre, des blessures au ventre, par lesquelles s'échappaient des anses intestinales divisées. Un d'eux se coupe le cou, la racine de la verge, entre l'instrument dans le cœur et l'abdomen, et s'ouvre enfin les vaisseaux de l'avant-bras. Lorsque les tentatives de suicide sont ainsi répétées et variables, la folie en est presque toujours la cause.

Plaies du cœur. — 23 individus se sont donné la mort, en se frappant au cœur; l'un d'eux, outre la blessure principale, avait vingt-cinq piqûres à la région précordiale. 2 avaient enfoncé l'instrument à diverses reprises, et présentaient trois et même un plus grand nombre de plaies de cet organe : les blessures, dans ce dernier cas, avaient été faites par un foret. 4 individus n'ont cessé de vivre qu'au bout d'un temps plus ou moins long. Le premier a survécu une heure à une blessure occasionnée par un grand couteau de chasse qui lui avait traversé l'organe; le deuxième, qui s'était enfoncé un poignard dans le ventricule gauche, vécut deux heures; le troisième, qui avait le cœur également traversé, a parcouru une distance de plus de cent pas pour se rendre à l'hôpital, où il est mort presque aussitôt en arrivant; le quatrième, qui s'était donné un coup de couteau dont la lame avait pénétré dans le ventricule gauche, n'expira qu'au bout de six jours. Un homme se frappa de quatre coups de poignard, dont deux pénétrèrent dans le ventricule gauche, et il eut encore la force de se jeter à l'eau. Les faits avaient été constatés par plusieurs témoins; le cadavre ne fut repêché que longtemps après, présentant des signes d'une décomposition avancée. L'autopsie établit les lésions du cœur. Sans les circonstances commémoratives, comment aurait-on pu reconnaître si le mort avait été assassiné ou s'il s'était suicidé?

Une fille fut examinée à l'hôpital Beaujon par le professeur Blandin, qui constata un épanchement de sang d'environ une livre dans la plèvre gauche, une membrane rougeâtre enveloppant le cœur, une plaie de 4 lignes à l'extérieur et de 3 lignes à l'intérieur du ventricule gauche. La mort n'était survenue que quinze heures après la blessure (1).

Plaies de l'abdomen. — Elles étaient au nombre de trois. L'une d'elles était compliquée de lésions fort nombreuses et donna lieu à une erreur de diagnostic remarquable. Le péricarde, le ventricule droit et le diaphragme étaient traversés ; le jéjunum avait été lésé, la veine cave était ouverte en trois endroits; le rein gauche divisé, le foie blessé, l'aorte divisée ; l'instrument tranchant avait été évidemment enfoncé plusieurs fois et retourné dans différentes directions; pendant près de trois heures, ces nombreuses blessures ne déterminèrent aucun accident, et le chirurgien de l'hôpital émit l'opinion que la plaie n'avait point intéressé de parties importantes. La mort eut lieu instantanément.

7° EMPOISONNEMENT. — A mesure que nous avançons dans les différents modes de suicide, nous voyons leur proportion décroître, d'après les règles qu'il serait facile d'établir. Ainsi, tandis que la mort par instruments représentait environ la vingt-deuxième partie du chiffre général, celle par les empoisonnements n'en est plus que la vingt-neuvième partie, et son rang dans l'échelle du suicide le septième. Le nombre des empoisonnements connus est de 157.

Acide sulfurique. — Plusieurs de ceux qui s'étaient empoisonnés avec cet acide n'offrirent que des symptômes peu intenses.

Acide nitrique. — Sur les 7 individus dont l'examen put

(1) Voyez, dans les *Leçons orales* de Dupuytren, l'article *Sur les plaies du cœur*, l'observation si intéressante de monseigneur le duc de Berry, et, pour les détails de l'observation ci-dessus, le mémoire que nous avons publié dans les *Annales d'hygiène*, en 1848, t. XL, p. 411.

être fait, deux présentaient des taches brunâtres de la muqueuse buccale et des débris de fausses membranes. Chez un d'eux, la mort survint plus particulièrement par la tuméfaction de la glotte et de l'épiglotte.

Presque toujours les taches étaient jaunâtres ou d'un blanc jaunâtre ; on les rencontrait sur les lèvres, la langue, l'intérieur de la cavité buccale. Dans plusieurs cas, l'épiderme de la bouche était enlevé, la langue racornie et les membres étaient rétractés.

Un homme, après avoir avalé une cuillerée d'acide nitrique, vécut un mois, la langue dénudée, avec des symptômes de gastrite suraiguë. Dans un cas, il n'existait point de coloration jaunâtre au pourtour des lèvres, dans la bouche, le pharynx, mais à la fin de l'œsophage, dans l'estomac et à l'orifice pylorique, il y avait des eschares jaunâtres, la muqueuse était détruite au grand cul-de-sac; il y avait aussi des eschares jaunâtres flottantes dans le duodénum. Les vomissements ont été moins observés que dans l'empoisonnement par l'acide sulfurique.

M. Rayer nous a raconté qu'il avait reçu dans son service un jeune homme qui avait des nausées continuelles. Plusieurs confrères, après l'avoir examiné avec attention, s'imaginèrent qu'il simulait un empoisonnement. On ne trouvait, en effet, aucune trace de substance corrosive sur les lèvres, dans l'intérieur de la bouche et même dans l'arrière-bouche. A l'autopsie, on constata toutes les lésions propres à l'empoisonnement par l'acide nitrique. Cette absence de symptômes extérieurs provenait de ce que ce jeune homme avait avalé l'acide à la régalade, ce qu'il avait, d'ailleurs, lui-même déclaré.

Arsenic. — Parmi les individus chez lesquels la mort eut lieu par cet empoisonnement, deux n'éprouvèrent que des souffrances très-modérées; ils ne se plaignaient point, accusaient à peine des douleurs; ils vomissaient et allaient à la garderobe sans effort. Ils s'éteignirent en quelques heures, sans lutte, sans altération des traits, sans contraction, et comme par un simple épuisement de la force nerveuse.

Dans deux autres cas, la mort fut assez rapide. L'un de ces hommes avait pris le poison à cinq heures du matin ; les déjections commencèrent à six heures, les vomissements à sept; la mort eut lieu à midi. L'autre s'était ingéré l'arsenic à six heures du matin; la mort survint à une heure de l'après-midi, sans douleur. Chez un de ces suicidés, on nota des lésions cérébrales qui ont été données comme propres à la folie. L'arachnoïde était épaissie, injectée, adhérente ; les substances grise et blanche étaient fortement piquetées ; la membrane muqueuse intestinale rosée ; les poumons avaient une coloration rouge sanguinolente. On n'avait jamais constaté chez lui des signes d'aliénation mentale.

Une fois on trouva les pupilles dilatées, la rétine ecchymosée, le ventre ballonné. Enfin, dans un cas, les mains étaient crispées, violacées, les mâchoires serrées, la rigidité cadavérique plus grande et plus prompte.

Opium, laudanum. — Cinq fois les circonstances furent notées avec quelques détails ; un seul de ces faits nous a paru devoir être consigné.

Un homme et une femme se donnent la mort par contrariété d'amour ; on constate seulement l'événement quatorze jours après. Des débris de charbon semblent attester que l'asphyxie par l'acide carbonique a été la cause de ce double suicide, mais on trouve dans la main de la femme un flacon ayant contenu du laudanum. L'homme, qui avait succombé aux seuls effets du charbon, présentait une couleur noire ; la putréfaction était très-avancée, l'odeur infecte ; la femme, parfaitement conservée, offrait une légère coloration rosée, un enfoncement des yeux, des traits grippés, la roideur cadavérique des membres; les ongles étaient mous, les doigts contractés.

Autres substances. — Un homme, qui s'était fait mourir avec de l'acide prussique, présentait une rigidité cadavérique très-grande;

les extrémités des mains étaient violacées, et les poignets contractés comme dans les convulsions de l'enfance ; le facies était celui d'un homme fatigué par une maladie chronique ou par les excès. Nous avons recueilli l'observation d'un médecin chez lequel l'acide prussique ne détermina aucun accident.

Un individu ayant succombé à un empoisonnement par l'eau seconde (acide nitro-muriatique), on trouva l'estomac ulcéré et perforé ; il avait contracté des adhérences avec la rate ; l'abdomen était le siége d'une péritonite ; l'estomac, outre ses ulcérations et ses rides nombreuses, était considérablement raccorni ; le pharynx et l'œsophage étaient revenus sur eux-mêmes. L'individu avait vécu trois mois, et sa santé générale paraissait même bonne ; un excès d'aliments fut la seule cause appréciable des accidents qui amenèrent la mort.

L'emploi des substances toxiques végétales a été souvent noté dans les suicides, mais l'empoisonnement par l'aconit mangé en salade, est rare, si même il a été constaté ; aussi pensons-nous que le fait suivant, qui s'est passé dans la commune de Sommery, mérite une mention particulière.

Une jeune fille d'une vingtaine d'années, nommée P..., rapporte le procès-verbal, s'est empoisonnée volontairement avec des feuilles d'aconit mêlées à une salade. Cette plante, très-commune dans les jardins, trop commune même, puisque l'année dernière on assure qu'un empoisonnement a encore eu lieu par son emploi dans le canton de Buchy, constitue un poison des plus violents. Il est malheureux que la connaissance de ses effets toxiques se répande, et qu'une substance vénéneuse de cette nature se trouve à la portée de beaucoup de personnes.

Au reste, ceux qui seraient tentés d'imiter cette malheureuse jeune fille changeraient bien vite de résolution, s'ils avaient été témoins de sa mort ; elle n'a succombé qu'après deux heures de souffrances tellement intolérables, qu'elle suppliait son père et sa mère de la jeter à l'eau pour les abréger.

Quelques feuilles d'aconit ont suffi pour causer sa mort.

L'emploi de cette plante peut donc déterminer à de très-graves accidents, et il ne serait pas sans utilité que sa propagation fût l'objet de l'attention particulière de l'autorité (1).

8° Écrasement. — Le suicide par écrasement se présente dans des proportions fort restreintes, 16 individus seulement, la deux cent quatre-vingt-septième partie environ du chiffre total, se sont tués de cette manière. Presque toujours c'est en se précipitant sous des voitures pesamment chargées, qu'ils ont réalisé leur projet. La mort est le plus souvent instantanée et entraîne avec elle des désordres qu'il est facile de constater. Quelquefois les individus présentent des lésions à peine appréciables. Un homme, qui se promenait depuis quelque temps sur la place de la Bastille, apercevant une voiture chargée qui descendait assez vite le faubourg, se jette au-devant des roues, la voiture lui passe sur le corps, on le relève, il n'avait aucune blessure et put même dire aux personnes qui l'entouraient et s'empressaient de lui porter des secours, qu'il avait voulu se tuer parce qu'il était très-malheureux. On le transporta à l'hôpital Saint-Antoine, où nous assistâmes à son pansement. Le corps ne portait aucune trace de blessures, la sensibilité de l'abdomen faisait pressentir que la roue avait dû passer à cet endroit. L'accident avait eu lieu dans la soirée ; le malade, dont l'aspect extérieur ne présageait rien de grave, expira le lendemain. A l'autopsie, on trouva les intestins contusionnés, couverts de nombreuses ecchymoses ; le ventre était rempli de sang qui provenait d'une déchirure du foie, dont la substance avait été fortement contuse. Dans d'autres circonstances, on a, constaté des déchirures de la vessie avec épanchement considérable d'urine.

Depuis quelques années, les chemins de fer ont été le théâtre de suicides. Ce genre de mort a donné lieu à des mu-

(1) *Journal de chimie médicale* (*Abeille médicale*, 15 novembre 1853, p. 318).

tilations plus ou moins étendues, parmi lesquelles le broiement du corps, la division des membres, et surtout la détroncation, ont été observés. Dans un cas, la tête avait été entièrement broyée.

9° ABSTINENCE. — La mort par abstinence n'a été constatée dans les procès-verbaux que dans une seule circonstance : la science en possède plusieurs exemples ; c'est surtout chez les aliénés qu'elle se remarque. La durée de l'abstinence chez ces malades peut être fort longue. L'haleine alors a une fétidité spéciale qu'il est impossible d'oublier, lorsqu'on l'a sentie quelque temps. Les lésions trouvées après la mort, surtout lorsque celle-ci a été rapide, sont en général peu marquées. Quand l'abstinence s'est prolongée, la muqueuse de l'œsophage et celle de l'estomac sont rouges, quelquefois ramollies, converties en une sorte de bouillie, elles peuvent être complétement décolorées. L'estomac peut diminuer de volume ou paraître revenu sur lui-même. Dans plusieurs cas d'alimentation insuffisante de longue durée, on a vu les intestins grêles réduits au volume d'une plume à écrire.

La gangrène des poumons, suivant Guislain, est assez fréquente chez les aliénés qui périssent des suites de l'abstinence.

Tout récemment une de nos clientes a succombé à une affection semblable; la fétidité de l'haleine était insupportable.

Un des faits les plus curieux de ce genre est celui que Marc a raconté dans la *Bibliothèque médicale* et dont on peut lire aussi l'observation dans son ouvrage sur la médecine légale des aliénés.

Un négociant âgé de trente-deux ans, qui par une série de calamités, avait perdu une grande fortune, et n'avait pas été suffisamment secouru par sa famille, conçut le projet de se laisser mourir de faim. Dans cette intention, il se dirigea, le 15 septembre 1818, vers un bois peu fréquenté, y creusa sa fosse dont il fit son habitation, et où il fut trouvé le 3 octobre par un aubergiste du voisinage. Malgré une abstinence, prolongée pendant vingt-trois jours, interrompue seulement par l'ingestion d'une bouteille de bière et d'un peu d'eau ; le malheureux respirait encore, il était sans connaissance, et il expira immédiatement après que l'aubergiste lui eut fait avaler, avec beaucoup de peine, une tasse de bouillon et un jaune d'œuf. On trouva sur lui un journal, écrit au crayon, jusqu'à la date du 29 septembre, que Hufeland a publié et qui été traduit par Marc.

10° SIMULATION DU SUICIDE. — Il peut arriver que l'individu qui a commis un crime emploie tous les moyens qui sont en son pouvoir pour faire croire que la victime a attenté à ses jours; quelquefois le coupable lui-même simule le suicide et il y a des observations d'hommes qui ont été sur le point de se prendre dans leurs propres filets. En octobre 1847, la cour d'assises de Paris condamna à la peine de mort un épicier dont la femme fut trouvée sans vie. Il était lui-même froid, insensible, dans un véritable état de stupeur. Les objections contre la réalité de son suicide furent tirées de la quantité considérable d'acide carbonique qui avait été dégagée par la combustion du charbon, de l'impossibilité que la lampe fût restée allumée toute la nuit dans la chambre hermétiquement fermée et remplie de gaz délétères, parce que les expériences faites par les docteurs Bayard, Lassaigne et Charpentier établissaient que la lampe s'était éteinte une heure quarante minutes après la fermeture de la porte de la chambre. On n'admit pas que l'inculpé eût eu la force de se lever, lorsqu'il fut revenu à lui après la mort de sa femme, pour aller boire trois verres d'alcool, ainsi qu'il le prétendait. Il y avait cependant un carreau cassé dans la chambre, ce qui pouvait expliquer l'absence d'odeur qui avait été notée. L'asphyxie avait commencé le soir, et il était huit heures du matin quand on pénétra dans la pièce (1).

Il existe le plus ordinairement dans la science des moyens propres à éclairer la justice, mais si l'on se rappelle les obser-

(1) Le Droit, 1er octobre 1847.

vations d'individus qui ont survécu à des tentatives d'asphyxie, tandis que leurs compagnons ont succombé, on comprendra que nous eussions hésité à prononcer une condamnation en pareil cas.

Il y a quelques années, on a signalé le fait de deux personnes soumises, dans des conditions identiques, à l'inhalation de la vapeur de charbon qui, chez l'une, détermina la prompte cessation de la vie, et ne produisit sur l'autre, plus faible en apparence, que des effets passagers.

Un nouveau cas de ce genre vient de se produire :

Le sieur A..., tailleur, avait eu l'occasion d'employer à des travaux de sa profession une jeune personne nommée C..., qui exerçait l'état de couturière. Bientôt s'étaient établies entre eux des relations intimes et depuis quelque temps ils vivaient maritalement.

Tous deux désiraient cependant légitimer leur union, et ils faisaient à ce sujet d'actives démarches, lorsque des obstacles à leur mariage furent suscités par les parents de Marguerite C... Désespérant de les surmonter, la jeune fille déclara au sieur A... qu'elle allait cesser de demeurer avec lui. Celui-ci manifestant la plus vive douleur, s'écria que la vie lui devenait à charge et qu'il était déterminé à se détruire. Sa maîtresse, après avoir cherché en vain à combattre sa résolution, lui dit qu'elle était prête à mourir avec lui.

Hier, vers cinq heures du soir, ils prirent ensemble des mesures pour accomplir leur funeste projet. Dans leur chambre à coucher, calfeutrée avec soin, ils placèrent un fourneau de grande dimension, rempli de charbon allumé. Ils avaient acheté un décalitre de ce combustible, et ils laissèrent ce qui en resta dans un panier auprès du fourneau ; ensuite ils se mirent au lit. Il était environ minuit, quand Marguerite C... se réveilla comme d'un évanouissement. Elle appela le sieur A...; ne recevant pas de réponse, elle se leva, alluma une chandelle et s'assura que son amant ne donnait plus aucun signe de vie.

Déterminée à mourir, elle remplit le fourneau de charbon qu'elle souffla jusqu'à ce qu'il fût complétement embrasé, puis elle se recoucha. Le charbon se consuma entièrement sans qu'elle éprouvât autre chose qu'un léger mal de tête. Elle se leva de nouveau et mit dans le fourneau une telle quantité de charbon, qu'il en tomba une partie sur le carreau de la chambre. Les vapeurs de ce brasier incandescent la jetèrent dans un évanouissement de courte durée.

Cependant les voisins avaient conçu quelques soupçons que confirmèrent les exhalaisons méphitiques qui s'échappaient des fissures de la porte d'entrée. Ayant jeté cette porte en dedans, ils pénétrèrent dans la chambre à coucher, dont ils s'empressèrent d'ouvrir les fenêtres. Ils trouvèrent le sieur A... mort dans son lit. Marguerite C... était étendue à terre; le mouvement de l'air la fit revenir à elle; elle raconta ce qui venait d'avoir lieu, et l'enquête du commissaire de police prouva que les choses s'étaient passées comme elle l'avait déclaré (1).

Cette observation établit de la manière la plus évidente qu'un individu plongé dans un milieu d'acide carbonique peut survivre ; les faits que nous avons rapportés au commencement de ce chapitre en sont une preuve convaincante. La même chose a été constatée pour les animaux ; ainsi, on a vu des chiens périr, tandis que des chats placés dans la même pièce avaient résisté aux émanations. La persistance de la lumière de la lampe qu'on a invoquée contre l'épicier condamné, n'a pas toute la valeur qu'on lui a attribuée, parce que dans la narration d'un asphyxié par le charbon, écrite par lui-même, on voit qu'au bout d'une heure et quelques minutes, ce mode d'éclairage commençait seulement à faiblir, tandis que la chandelle s'était promptement éteinte (p. 284) ; d'ailleurs, dans l'observation de l'épicier, il y avait un carreau cassé.

Parmi les cas de simulation d'homicide où le suicide peut avoir

(1) *Débats*, 6 juin 1851

une part importante, il en est un dont le retentissement a été immense et qui est encore dans toutes les mémoires.

Le 7 juillet 1864, vers huit heures du soir, un homme dans la force de l'âge, domestique au service de M. Armand, à Montpellier, le sieur Maurice Roux, est trouvé dans une cave de la maison, étendu sur le sol, les pieds et les mains liées, étranglé, presque sans vie. Ranimé par les soins des médecins, il fait comprendre que c'est son maître qui, après lui avoir asséné un coup derrière la tête, l'aurait ensuite étranglé et chargé de liens.

D'après sa déposition, il serait resté plus de onze heures, gisant sur le sol de la cave.

Nous extrairons du mémoire de M. le professeur Tardieu, en faveur de M. Armand, les faits les plus saillants de cette remarquable consultation médico-légale.

La première chose à examiner était le lien constricteur du cou, chez le sieur Maurice Roux ; il consistait en une petite corde enroulée et non nouée autour du cou, et faisant plusieurs tours, quatre suivant les uns, six et même dix suivant les autres, et laissant sur la peau des traces peu profondes, non ecchymosées, largement espacées entre elles. Or, quatre ans avant cette expertise, M. Tardieu établissait dans un mémoire, que les tours multipliés que fait autour du cou le lien constricteur appartiennent plus spécialement au suicide (1) ; une autre remarque non moins décisive à l'appui de cette opinion, c'est le peu d'empreinte de la constriction sur la peau, tandis que dans l'homicide, les marques sont très-apparentes, très-étendues et très-profondes. Quant au serrement de la corde, il peut très-bien s'expliquer par le gonflement spontané des parties et l'humidité de la cave.

La ligature des mains et des pieds n'est pas plus favorable à l'homicide, car indépendamment de la nature de ces liens, M. Tardieu a rappelé que rien n'était plus commun que de voir des suicidés, se défiant d'eux-mêmes, se lier les mains et les pieds

---

(1) A. Tardieu, *Études médico-légales sur la strangulation* (*Annales d'hygiène publique et de médecine légale*, 2ᵉ série, 1859, t. XI).

avant d'accomplir leur projet, et il cite à cette occasion un passage de notre traité *Du suicide et de la folie suicide*, ainsi conçu : « Il y a des personnes dont la résolution est tellement arrêtée que, pour que rien ne s'oppose à l'exécution de leur projet, elles se lient les genoux, les jambes, *se nouent les mains derrière le dos*,... etc. » (1re édition, 1856, p. 407.) Nous pourrions ajouter à cette citation le fait du négociant de Stettin qui se pendit, les mains liées derrière le dos.

Dans toute affaire criminelle, préciser l'heure exacte à laquelle le crime a été commis, est le point capital. La déclaration de Maurice Roux pose en fait que c'est, dans la matinée du 7 juillet, vers huit heures et demie, que s'est passée la scène de violence dont il a été victime et dont il accuse son maître, M. Armand. Il demeure établi que c'est dans la soirée du même jour, vers huit heures, qu'il a été découvert gisant sur le sol à demi mort. Il n'y a pas à sortir de ces deux termes. Onze heures se sont écoulées entre le moment où Maurice Roux a été frappé, étranglé et lié, et celui où il a été trouvé, délivré et heureusement rappelé à la vie. Cette durée de onze heures est inadmissible; elle n'a pas même eu une heure d'existence, et c'est ce qui va être démontré jusqu'à l'évidence.

De l'aveu des docteurs Brousse et Surdun, qui rédigèrent les rapports, l'état de Roux, lorsqu'ils l'examinèrent à huit heures du soir, était celui d'une asphyxie imminente, produite par la constriction du cou, c'est-à-dire par la strangulation. Or, cette menace d'asphyxie, surtout par la strangulation, ne peut dépasser une ou deux heures, c'est ce que mettent hors de doute les recherches spéciales du docteur Faure sur l'asphyxie (1). Nous n'en citerons qu'une dont la portée n'échappera à personne. Un chien au cou duquel on passe une corde fixée par un nœud coulant, mais qu'on ne serre pas et dont on laisse l'extrémité flottante, est mort étranglé au bout d'une heure. A cet exemple de strangulation la plus passive, opposez une tentative

(1) Faure, *Archives générales de médecine*, 5e série, t. XI.

criminelle, opérée à l'improviste sur un individu hors d'état de résister, la strangulation reste l'un des genres de mort violente les plus prompts et les plus terribles.

Quelque positives que soient ces données de la science, il y a un fait incontestable, c'est que les signes matériels les plus évidents prouvent que le sieur Maurice Roux n'a eu le cou, les pieds et les mains serrés que fort peu de temps.

Qui ne sait qu'une constriction, opérée d'une façon quelconque sur une partie du corps dont toute la circonférence est embrassée, a pour effet de déterminer très-rapidement le gonflement et le changement de couleur de cette partie? La ligature faite au bras avant une saignée, une cravate, une jarretière ou un anneau trop serrés produisent ce résultat visible pour tous les yeux, et qui ne se fait attendre ni une heure, ni deux, ni dix.

Il y a plus : « Pour peu que la tentative de strangulation ait été sérieuse, on trouve sur la face, sur le cou et même sur la poitrine des points ecchymotiques et des extravasations sanguines qui en sont un des signes les plus constants. Ce sont là, disions-nous il y a quatre ans, fait observer M. Tardieu, des caractères positifs auxquels un expert habile reconnaîtra le résultat d'une tentative de strangulation, et dont l'absence le mettra sûrement en garde contre la fraude. »

Or, quels sont les signes présentés par Roux? Sa face est blême, le cou n'offre que quelques sugillations peu profondes dont les traces, dit M. Surdun, sont *toutes fraîches;* il n'y a pas d'ecchymoses, et les pieds et les mains ne sont pas tuméfiés, malgré la constriction assez forte des poignets et des chevilles. D'où cette conclusion forcée, que ni le cou, ni les mains, ni les pieds n'étaient serrés depuis longtemps.

La rapidité avec laquelle Maurice Roux a repris ses sens, prouve sans réplique que, loin d'être depuis onze heures sous l'influence de l'asphyxie, il en subissait les premières atteintes. Lorsque celle-ci, en effet, a agi fortement ou très-longuement, il faut parfois plusieurs heures pour que les soins les mieux dirigés réussissent à réveiller quelques signes de vie. La strangulation incomplète elle-même peut aussi laisser, après que le lien a été enlevé, une perte de connaissance prolongée pendant plusieurs heures.

Sur cette question capitale, à savoir, le moment précis où Maurice Roux aurait été en butte aux violences dont il s'est dit victime, on peut donc affirmer : que, s'il eût été lié pendant onze heures, ou même pendant un temps beaucoup plus court, il eût eu la face, les pieds et les mains gonflés et noirs ; que, s'il eût subi une constriction même modérée du cou, celle-ci eût progressivement augmenté et produit certainement la mort dans un espace de temps infiniment moins long que celui qu'il a assigné à sa prétendue torture ; qu'enfin, fort heureusement pour lui, il n'a subi qu'un commencement d'asphyxie et non une asphyxie prolongée, contre laquelle ne l'eussent protégé ni le relâchement possible du lien constricteur, ni une force de résistance individuelle particulière, ni un évanouissement indéfiniment prolongé, etc.

Le refroidissement partiel, suivant M. Brousse, général ou du moins plus étendu, suivant M. Surdun, s'explique sur un être vivant par le séjour dans une cave au mois de juillet.

Le coup porté derrière la tête par M. Armand à son domestique, pendant qu'à genoux il ramassait du bois, ne résistera pas plus à l'examen que toutes les allégations précédentes.

Le rapport de M. Surdun, écrit trois jours après l'événement, est ainsi conçu : « J'examinai la nuque avec précaution sans déranger le malade et ne trouvai rien ; cependant le lendemain, je vis dans cette région, au milieu et tout près de l'insertion supérieure du muscle trapèze droit, une petite excoriation placée en long sur la saillie de ce muscle, de couleur brune, de 2 centimètres de longueur et d'un centimètre dans sa plus grande largeur. » Il a été depuis reconnu par M. Surdun que l'excoriation siégeait sur la saillie de ce muscle à la nuque.

En admettant que le coup qui a renversé Roux ait été porté

par un bâton ou une bûche, ainsi qu'il l'a prétendu, et avec assez de violence pour amener la commotion, il devait de toute nécessité laisser des traces de contusion, telles que bosse sanguine, ecchymoses ou plaie contuse ; rien de tout cela n'existait, et, suivant M. Tardieu, il est beaucoup plus naturel d'attribuer l'écorchure superficielle du cuir chevelu et celle du côté aux mouvements imprimés par les assistants au corps étendu sur un sol raboteux et parsemé de morceaux de charbon écrasé.

Les invraisemblances de l'évanouissement, produit par le coup asséné sur la tête de Roux, et qui cependant ne l'aurait pas empêché de suivre les mouvements de son agresseur et d'en suivre les moindres gestes, ne paraissent pas moins choquantes, car les trois raisons qu'il donne de cette circonstance sont d'une contradiction flagrante et par cela même sans valeur. Cet homme, en effet, ne peut pas à la fois avoir vu et n'avoir pas vu ; il était évanoui ou il ne l'était pas, et l'on ne saurait, avec la commotion indiquée, admettre cet état intermédiaire entre la perte de connaissance et la conservation des sens.

Mais ce n'est pas tout : à un certain moment, peu importe lequel, cet homme a repris ses sens, s'est rendu compte, à ce qu'il dit expressément, de sa position, a reconnu qu'il était étranglé et lié, qu'il est resté ainsi jusqu'au moment où l'on est venu à son aide, et qu'il a même entendu du bruit, pendant tout ce temps, dans les caves voisines, sans pouvoir appeler.

Que Maurice Roux ait repris ses sens au bout d'un temps plus ou moins long, qu'il se soit aperçu qu'il avait les pieds et les mains liés, cela se conçoit et cela n'a rien qui doive surprendre. Mais il oublie un autre lien qui a son importance, c'est la corde que son agresseur lui avait passée autour du cou et qu'il avait fortement serrée, d'après son propre dire. Comment un lien, dans ces conditions, n'aurait-il pas déterminé une strangulation complète et par conséquent empêché la victime de reprendre ses sens ? Mais admettons que la corde, qui n'était pas nouée, se soit relâchée, malgré ses tours multipliés, et que la respiration et la vie se soient rétablies. Maurice Roux, qui n'était plus alors étranglé, mais simplement lié, avait toute la facilité d'appeler à son secours les personnes qu'il entendait près de lui.

Le mutisme dont on a fait grand bruit et que Roux a mimé avec tant d'expression n'est qu'un jeu, ajoute M. Tardieu; jamais la strangulation ne fait perdre la parole, c'est-à-dire la faculté d'articuler les mots, pas plus qu'elle n'atteint la faculté de trouver les expressions. On observe seulement chez ceux qui ont été victimes d'une tentative de suicide une gêne douloureuse de parler, en rapport avec les désordres du cou, et une altération plus ou moins marquée de la voix, mais non pas la perte de la parole.

Sa simulation, consistant à jouer soi-même sa vie pour faire payer sa mort à un autre, n'est pas d'ailleurs sans précédent, ainsi que l'atteste le fait suivant :

« En 1854, au mois de mai, un employé de l'octroi de Paris fut trouvé dans sa chambre à demi asphyxié. Rappelé à la vie, il accusa sa femme d'avoir allumé le fourneau qui avait failli lui donner la mort. Celle-ci, protestant hautement de son innocence, soutenait qu'elle avait quitté son domicile peu de temps après le retour de son mari, et qu'elle n'avait pas allumé de fourneau. Les témoignages les plus certains, et les expériences auxquelles nous procédâmes de concert avec Lassaigne sur les conditions physiques dans lesquelles s'était accomplie l'asphyxie, ne laissèrent pas de doute sur la véracité de cette femme, que son mari renonça lui-même à contredire ; et il resta prouvé que celui-ci avait simulé une asphyxie dont il avait malgré lui ressenti les effets, pour pouvoir accuser sa femme et arriver à obtenir une séparation à laquelle, pour sa part, elle s'était toujours refusée. »

Comparez cet acte à celui du valet de chambre de M. Armand, la pensée et le mode d'exécution sont exactement les mêmes ; l'instrument seul diffère.

Les conclusions à tirer de la consultation médico-légale de

M. Tardieu se présentant d'elles-mêmes, nous les reproduirons telles que ce savant médecin légiste les a formulées.

1° Le sieur Maurice est l'unique auteur de la prétendue scène de violences dont il s'est dit la victime, et qui aurait eu lieu le 7 juillet dernier, à huit heures du matin, dans l'une des caves de la maison de son maître. Il a tout imaginé, tout combiné, tout accompli de sa propre main.

2° Il est faux et absolument inadmissible qu'il ait pu rester pendant plus de dix heures dans l'état où il a été trouvé le même jour, à sept heures du soir.

3° Les constatations matérielles dont sa propre personne a été l'objet démontrent d'une manière irréfragable qu'il ne s'était lié le cou, les pieds et les mains que fort peu de temps avant l'heure où il savait que l'on avait coutume de descendre à la cave, pour prendre le vin nécessaire au repas, et où l'on y est en effet descendu.

4° L'écorchure constatée à la partie postérieure de la tête ne peut, en aucun cas, être attribuée à un coup de bûche ou de bâton asséné par une main homicide. Une pareille violence eût laissé de tout autres traces.

5° L'évanouissement, si étrangement lucide, dans lequel il dit avoir été plongé, le mutisme complet qu'il a simulé, la pantomime à laquelle il s'est livré, sont autant de supercheries grossières que l'observation et l'expérience démentent de la manière la plus formelle.

6° C'est à son insu, et sans qu'il ait pu le penser, que d'ellemême la constriction du cou s'est graduellement augmentée, comme cela devait nécessairement arriver, et qu'il a failli périr étranglé dans ce jeu perfide qu'il avait imaginé, et pour lequel ses récits mensongers avaient préparé une autre victime.

Ces conclusions ont été adoptées par MM. les docteurs Tourdes, Ch. Rouget, Sirus Pirondi, E. Gromier et Jacquemet, qui ont motivé leurs adhésions dans de lumineux développements.

Le jury d'Aix a acquitté M. Armand (1).

M. Tardieu a lu à l'Académie de médecine un mémoire pour établir les caractères propres à la mort par suffocation. Ses expériences, faites *sur* 116 *enfants nouveau-nés*, lui ont montré *les signes de l'étouffement dans* 58 *cas.* Voici ses conclusions : « La seule présence des extravasations sanguines disséminées sous la plèvre et sous le cuir chevelu, à quelque degré et en si petit nombre que ce soit, suffit pour établir d'une manière positive que la suffocation est bien en réalité la cause de la mort. A ces lésions viennent s'ajouter, d'une manière moins constante, les taches ecchymotiques sous le péricarde, la rupture de quelques vésicules superficielles et la présence d'écume fine, blanche ou légèrement rosée, dans les voies aériennes, ainsi que les diverses traces extérieures de violence, telles que l'aplatissement du nez et des lèvres, l'excoriation des téguments, la dépression et l'écrasement des parois de la poitrine et du ventre, etc., etc. Ces signes, ajoute M. Tardieu, permettent de distinguer sûrement la mort par suffocation de la submersion, de la pendaison et même de la strangulation, et fournissent ainsi, dans plus d'un cas, un moyen précieux de ne pas confondre l'homicide avec le suicide (2). »

Depuis la publication de nos observations médico-légales sur les suicides, nous avons recueilli quelques particularités intéressantes relativement au sillon. Cette empreinte peut être déterminée sur le vivant, par une compression quelconque. Plusieurs fois nous l'avons vue produite par le collet de la baignoire de force; nous nous rappelons surtout un homme, atteint de chorée au plus haut degré, qui portait aux parties antérieures et latérales du cou une compression circulaire très-marquée, due à l'agitation de ses mouvements. Cet homme étant tombé, la tête la première, dans un tonneau de jardin, où il puisait de l'eau,

(1) Toutes ces pièces ont été publiées dans le numéro d'avril 1864 des *Annales d'hygiène et de médecine légale.*
(2) A. Tardieu, *Des signes de la mort par suffocation* (*Union médicale,* 3 mars 1855).

fut trouvé mort quelque temps après, avec un sillon au devant du cou. L'examen juridique, fait avec beaucoup de soin par un médecin expérimenté, lui suggéra la pensée d'un suicide. J'exposai ce que j'avais observé, touchant l'impression déterminée par le collet de la baignoire ; il y eut doute, le parquet considéra la mort comme un accident. Dans la physiologie du suicide, j'ai rapporté quelques faits de persistance prolongée du sillon, chez des monomanes tristes ; l'une de ces malades conservait l'empreinte près de deux mois après sa tentative. Le lien a différentes fois déterminé une ecchymose plus ou moins considérable, sur la partie antérieure de la poitrine. Quant à la direction du sillon, nous l'avons vue deux fois parfaitement perpendiculaire au plan, chez deux individus qui s'étaient étranglés dans leur lit, au milieu du monde, avec les plus grandes précautions. Enfin, il peut arriver qu'il n'y ait aucune empreinte, comme dans l'observation de cette femme âgée, qui avait passé son cou dans une anse faite avec un bas de laine (p. 688).

Les tentatives doubles, triples de suicide, par des moyens divers, sont de nature à faire faire de sérieuses réflexions et à inspirer une très-grande réserve, lorsque le cas est douteux. Il nous suffira de rappeler l'observation de cet homme qui se frappa de quatre coups de poignard dans la région du cœur, dont deux pénétraient dans le ventricule gauche (p. 689), et qui eut encore la force de marcher pour aller se jeter à l'eau.

Les faits avaient été constatés par plusieurs témoins; sans leur témoignage, comment aurait-on résolu la question du suicide ou de l'assassinat? L'étendue de l'ouvrage nous oblige à ne pas insister davantage sur ce point ; on trouvera dans ce chapitre des exemples à méditer, et nous ne doutons pas qu'ils n'aient pour résultat de conseiller la prudence dans les circonstances difficiles.

La simulation du suicide peut être tentée dans un but de vengeance, d'intérêt, ainsi que le prouvent les observations précédentes ; le suicide lui-même peut être accompli pour de pareils motifs. Nous avons rapporté l'observation d'un négociant allemand qu'on trouva mort sur un grand chemin ; il s'était fait assurer pour une somme de 40 000 francs. Un procès s'engagea ; la vérité fut découverte par un ami qui avait assisté à ses derniers moments (p. 76). Les Sociétés d'assurance sur la vie devaient conduire à ce résultat et donner lieu à des procès où la cause de la mort serait invoquée comme cause d'annulation du contrat. Depuis quelques années les suicides effectués par des aliénés ont également suggéré des demandes en dommages et intérêts, fondées sur le défaut de surveillance, le tort fait aux familles par la mort d'un fou, etc.

Ces questions contentieuses nous paraissent assez importantes pour que nous les éclairions par des exemples.

11° SUICIDES RÉELS OU INTENTIONNELS, POLICES D'ASSURANCE SUR LA VIE. — On se tue, comme nous l'avons établi après de mûres délibérations, parce que la mort est préférable à la situation présente ; mais on se tue aussi par dévouement. Il n'est donc pas surprenant qu'un père, qu'un mari s'immolent dans l'intérêt de leurs familles. Les Compagnies, qui croient au suicide des gens raisonnables, ont voulu prendre leurs précautions contre lui, et elles en ont fait une cause d'annulation.

C'est à des faits de ce genre que se rapportent les deux observations qu'on va lire.

Assurance sur la vie, mort violente due à un accident ou à un suicide. — Débats contradictoires. — Condamnation au payement de la police d'assurance.

Le 7 septembre 1858, à sept heures du matin, un coup de feu retentit sur le boulevard Beaumarchais. Une fumée s'échappe d'une voiture de place ; le témoin Weber fait arrêter le cocher, et l'on trouve, dans l'angle gauche de la voiture, le corps d'un homme dont le crâne était ouvert et dont la mort avait été instantanée.

Cet événement était-il le résultat d'un accident ou d'un suicide? A la solution de l'une de ces deux questions était attachée l'issue d'un procès, qui ne tarda pas à s'engager, car plusieurs mois auparavant, le mort s'était fait assurer pour 150 000 francs.

Des plaidoyers très-remarquables ont été prononcés par les parties adverses, nous nous bornerons à faire connaître le réquisitoire de M. Pinard, substitut de M. le procureur impérial, parce que l'opinion de la magistrature doit surtout appeler notre attention.

« L'homme dont la mort est le sujet de ces débats, était T..., commissaire-priseur, âgé de trente et un an, poursuivi et condamné deux fois pour des faits professionnels, et dans une situation de fortune déplorable. La présomption du suicide devait naître. C'est à la justice de se prononcer aujourd'hui, soit pour les Compagnies, soit pour la famille.

» Or, n'oublions pas le point de départ de ce débat. Il s'agit de résilier un contrat. La base de la résiliation, c'est le suicide. C'est donc aux Compagnies qui demandent la résiliation à faire la preuve. Cette preuve, elles ne peuvent la demander qu'à des constatations matérielles ou à des constatations morales.

» Envisageons d'abord les constatations matérielles en elles-mêmes. Le premier fait à relever, c'est la blessure. Le procès-verbal constate que le crâne est ouvert et la cervelle répandue. Les Compagnies en tirent les conséquences que le coup tiré à bout portant, a dû être dirigé perpendiculairement; si T... avait dormi, disent-elles, il aurait posé son fusil près de lui, ou si le fusil était parti par accident entre ses mains, il aurait labouré la figure de bas en haut. Il y a là un indice en faveur des Compagnies ; mais la famille peut encore répondre : « S'il a voulu se tuer, pourquoi choisir le front, cette partie la plus résistante de la tête, qui peut permettre si facilement une déviation de la balle et du plomb.

» Le second fait, c'est la main gauche contractée et tachée de sang à l'intérieur, principalement au pouce et au doigt indicateur. Les Compagnies s'en emparent et disent : « Cette main contractée et tachée a dû maintenir l'extrémité du canon sur le front, donc il y a direction donnée et volonté de se tuer. Il y a encore là un indice ; mais la famille répond encore avec certaine vraisemblance : Si le fait s'était ainsi passé, vous trouveriez autre chose que la main gauche contractée et tachée. Les muscles du cou seraient contractés, ceux du tronc le seraient également, et le corps penché alors sur le canon, serait, au moment de la mort tombé en avant, au lieu de s'affaisser en arrière dans l'angle de la voiture. »

» Comment le fusil est-il chargé? Avec du petit plomb. Si T... a l'intention arrêtée du suicide, et s'il vise au front, la partie la plus dure du crâne, n'est-il pas étrange de charger avec du petit plomb et de s'exposer à une blessure plutôt qu'à la mort? C'est encore là une circonstance matérielle plus favorable à l'hypothèse d'une mort accidentelle.

» La décharge volontaire, comment se sera-t-elle produite? T..., aura-t-il fait usage de la main? Il semble à peu près impossible que le front, appuyé contre le canon, il ait pu avec la main atteindre la gachette. A-t-il fait usage du pied? Le pied non déchaussé n'aurait pu que très-difficilement atteindre à la gachette ; dans tous les cas, c'était s'exposer à de singulières déviations. »

« Arrivons à la seconde partie de ce débat. J'entends encore ce langage élevé, si approprié à la dignité de la pensée, avec lequel l'éloquent défenseur des Compagnies disait à votre dernière audience : « Une tête d'homme tombera sur la déclaration d'un jury, convaincu par des preuves morales ; le vol, l'incendie, l'assassinat s'établiront par des preuves morales, et ici devant des magistrats nous ne justifierons pas du suicide de la même manière ! » J'admets complétement cette théorie, je dis même aux Compagnies : « En dehors de toute preuve matérielle, je me contenterai de la preuve morale, à elle seule elle détermine ma conviction. Mais il faut qu'elle soit la preuve et non la présomption ; entre une preuve et une présomption, il y a souvent un abîme. La présomption, elle me permet de dire : il y a tant de chances pour, il y a tant de chances contre. La preuve, qu'elle soit morale ou matérielle, elle ne me permet pas un calcul de chances, une supposition de probabilités, elle s'impose à moi, elle me subjugue, elle me fait dire sans hésiter : C'est la vérité, je suis vaincu, deux fois vaincu, je suis convaincu. »

« Les faits sont là pour attester que la situation financière est aussi déplorable que la situation administrative. C'est dans cette double situation d'homme obéré et d'officier ministériel discrédité que doit se trouver la preuve morale du suicide dans le système des Compagnies, c'est cette triste situation qui a amené le suicide. Mais comme cette situation ne s'est pas révélée le 7 septembre, comme elle avait une date ancienne déjà, la résolution qu'elle a fait naître n'a pu être *instantanée* chez cet homme ; elle a dû se former et progresser lentement, à mesure que l'avenir était sombre, que l'abîme se creusait. »

« Sa résolution, ou au moins la préoccupation qui l'amène, avait donc une date bien antérieure à l'événement. Cette pensée qui germe, pensée si triste qu'elle doit amener le suicide, elle devra lui arracher de temps à autre un mot douloureux, une exclamation de tristesse, un retour sur le passé, un découragement sur l'avenir. Les âmes le plus fortement trempées, même celles qui veulent cacher leur désespoir et la résolution fatale, fruit de ce désespoir lui-même, ont de ces accès involontaires où la douleur se montre. C'est la nature humaine, et quand cette faiblesse apparente, constante, universelle s'impose aux êtres les plus fermes, comment en supposer exempt T..., l'homme ardent, impressionnable et léger ? T..., aura donc parlé. Il n'aura pas révélé le projet de suicide, mais les angoisses qui le déterminent, il les aura trahies. »

« Pas un mot ne lui échappe, pas une parole de confidence à un ami, quand on a trente et un ans, et que le célibat lui-même rend à la fois l'épanchement nécessaire et facile. Pas un mot dans ses lettres, où on ne relève que cette ligne à son beau-frère : « Tu comprends que ta lettre n'est pas faite pour me » faire plaisir. »

» Non-seulement on ne surprend pas chez T... ces faiblesses momentanées, ces tristesses involontaires, ces demi-confidences qui traversent involontairement la fatale résolution, mais jusqu'au dernier jour, on voit se révéler la gaieté ou la légèreté. Lisez sa correspondance, depuis le 14 juillet jusqu'au jour de la mort, suivez-le pas à pas du 28 août au 7 septembre, il n'a ni le style, ni l'attitude de l'homme désespéré. Ce désespoir, il veut le cacher, dit-on, soit! Mais le dissimuler avec un pareil empire ou une pareille habileté, c'est avoir une trempe d'âme bien héroïque ou un suprême cynisme : ces deux extrêmes sont bien rares.

» Dans le système des Compagnies, T... doit, en se tuant, faire croire à une mort accidentelle et éviter ainsi le procès en résiliation. Or, n'est-il pas naturel alors de se tuer dans les bois? S'avancer seul dans un fourré, accrocher le fusil à un buisson, c'est donner tout de suite l'idée d'un de ces accidents de chasse, malheureusement trop fréquents. Se tuer, au contraire, dans une voiture de place, c'est faire naître immédiatement le soupçon du suicide, c'est amener ces débats, susciter le procès, faire plaider la résiliation du contrat et le déshonneur de l'accusé.

» Faut-il parler du caractère de l'homme? T..., s'il faut en croire ceux qui l'ont approché, était actif, ardent et léger. Sa position, comme officier ministériel, atteste à la fois l'imprévoyance et le défaut de sens moral. Il devait supporter fort légèrement les deux condamnations qui l'avaient frappé. Il n'appartenait ni à la catégorie de ceux que le repentir chrétien doit, comme on l'a si bien dit, préserver du suicide, ni à celle de ceux qui se tuent parce qu'ils ont en dehors de toute foi, un sentiment délicat et exagéré de l'honneur, il prenait la vie sans songer beaucoup au devoir, sans songer davantage au remords.

» La question n'est donc pas résolue, parce que la preuve morale n'est pas faite ; non, vous ne pouvez pas dire que vous êtes arrivés à cette évidence morale, votre conscience n'est pas convaincue ; elle n'est pas subjuguée.

» Je comprends qu'on me trouve difficile pour la preuve. Mais à cela il y a deux raisons : la première, c'est qu'il s'agit d'une résiliation, et que les Compagnies doivent l'établir comme demanderesses ; la seconde, c'est qu'il s'agit d'un suicide, et qu'un semblable fait ne doit pas s'induire, mais se prouver comme un délit.

» Je n'examine pas ces théories élevées qu'on a données de part et d'autre sur le suicide ; je ne demande pas à l'aide de quels principes on y résiste ? avec quelles *tendances* on y succombe ? Je constate seulement un fait matériel et palpable ; or ce fait, le voici : nous sommes loin de ces législations trop sévères qui, sans pitié pour la mort, jetaient aux gémonies ou attachaient sur une claie les cadavres des suicides. Nous vivons, au contraire, au sein d'une société affaiblie, qui voit le suicide se multiplier avec indifférence. Elle a pour lui plus de pitié que de colère. Le regarde-t-elle comme un bien ? le regarde-t-elle comme un mal ? On dirait à entendre certaines doctrines et à voir les ravages de cette maladie s'étendre à toutes les classes, que la société a des doutes à cet égard, et qu'elle amnistie ceux qui la quittent. Faut-il s'étonner de ces doutes, quand il se rencontre des poëtes pour dire aux âmes malades : « La mort est un sommeil. On peut dormir et briser le vase, si la liqueur est trop amère. » Faut-il s'en étonner, quand il se rencontre des esprits plus hardis pour dire à tous : La mort est un droit, et les déshérités peuvent quitter un monde qui les abandonne. Contre ce double cri de la faiblesse ou de l'orgueil, il faut que nous maintenions ce vieux principe qu'on a taxé de lieu commun, comme si les lieux communs n'étaient pas des vérités éternelles : Ou le suicide vient de la folie, et il est un malheur ; ou il vient de la volonté, et il reste toujours un crime.

» N'est-il pas une protestation contre l'autre vie, une protestation contre le principe immortel que nous portons en nous, une protestation contre les devoirs sociaux, qui nous ont fait naître et que nous devons accomplir jusqu'au bout! Dès lors toute société qui tend à se perpétuer doit garder contre ce mal des croyances immortelles. Dès lors, devant les magistrats, il faut que le suicide soit toujours une tache à infliger à l'homme, un crime à graver sur une tombe, un déshonneur à léguer à une famille.

» Mais puisque la preuve n'est pas faite, que l'alternative me poursuit et que je suis encore entre la mort accidentelle possible et le suicide probable, oh! alors, j'incline pour le possible et je maintiens le contrat. »

Le tribunal, conformément à ces conclusions, a condamné les Compagnies à payer à la famille l'assurance de 150 000 francs.

Nous avons copié presque textuellement le discours de M. Pinard, surtout en ce qui concerne les constatations morales, et nous sommes persuadé que les lecteurs le trouveront comme nous, très-habile, très-élevé, très-éloquent.

Les débats ont-ils démontré clairement que M. T... ne s'est pas suicidé? Non. Ont-ils prouvé d'une façon irrésistible qu'il s'est tué? Pas davantage. Le doute devait nécessairement être interprété contre les Compagnies, et c'est ce qu'a fait le tribunal.

Mais tous les arguments importants ont-ils été produits? Ceux mêmes qu'on a fait valoir sont-ils sans réplique? La question du suicide, si nettement posée, n'a-t-elle pas d'autres faces, qui n'ont été ni indiquées ni soupçonnées? Tout en nous inclinant devant la décision des magistrats, nous allons essayer d'aborder ces sujets si délicats et cependant si pleins d'intérêt.

Et d'abord parlons des constatations matérielles. A notre extrême surprise, on a passé sous silence des faits notoires et qui ont une grande valeur. M. T..., dit le procès-verbal, était dans la position d'un homme qui cherche à se reposer, et son attitude annonce plutôt un accident qu'un suicide. Il est évident que M. T... ne pouvait se tenir debout dans la voiture, et que la position dans laquelle il se trouvait était celle qui convenait le mieux, s'il avait l'intention d'attenter à ses jours. Le fusil était placé entre ses jambes; en appuyant la partie supérieure du front sur le canon, il pouvait facilement, avec l'extrémité du doigt médius, faire partir la détente à une distance de 92 à 93 centimètres, ainsi que nous nous en sommes assuré, en répétant plusieurs fois l'expérience. Cette distance est plus que suffisante et n'exige aucun effort, ni aucun déplacement. Sans doute, il y a des différences suivant la longueur du fusil et celle de la crosse ; mais, dans le cas de dimensions ordinaires, on peut facilement atteindre la détente à cette distance. Le lieu d'élection n'a rien d'étonnant, quand l'homme qui se sert d'une arme à feu ne veut pas laisser planer de soupçons. A l'âge où était parvenu M. T..., et avec sa connaissance des armes à feu, il devait très-bien savoir que les suicides qui se déterminent pour ce genre de mort placent le plus ordinairement l'arme dans la bouche.

Sur 368 procès-verbaux que nous avons dépouillés et dont nous avons donné l'analyse dans notre livre sur le suicide et la folie suicide, voici comment les faits se sont répartis, d'après le mémoire des *Annales d'hygiène et de médecine légale* (t. XL, 1848, p. 434).

Front...........................	14
Œil.............................	9
Tempes........................	26
Menton........................	13
Oreille.........................	1
Bouche........................	234
	297
Poitrine et abdomen............	71
	368

La tête est donc le point choisi dans le plus grand nombre de cas; mais la tête elle-même a des parties qui révèlent à l'instant la nature de l'acte : telles sont la bouche et les tempes. L'ouverture buccale ne peut laisser aucune incertitude à cet égard. On voit cependant que 14 suicides ont appliqué l'arme sur le front; cette région, malgré sa dureté, est par conséquent accessible à la charge, puisque la mort a eu lieu dans les 14 cas, avec des destructions plus ou moins considérables de la partie supérieure de la tête. La contraction de la main est un phénomène fort ordinaire; elle annonce qu'elle tenait quelque chose au moment de la mort, et il arrive fréquemment qu'elle soit teinte de sang par le choc ou la détente. Ce mouvement est instinctif; l'individu qui va mourir se cramponne au premier objet qu'il peut saisir, et s'il lui échappe, le mouvement se continue dans le vide avec une telle force, qu'on a toutes les peines possibles à écarter les doigts : c'est le dernier cri de l'organisme. L'objection de la contraction des muscles du cou est nouvelle pour nous, nous ne l'avons pas notée dans nos procès-verbaux, et d'ailleurs elle ne détruit en rien notre explication.

On s'est demandé pourquoi T... avait fait usage de petit plomb pour viser au front, la partie la plus dure du crâne? Il n'y a rien d'immuable dans l'organisme humain. Tous ceux qui ont disséqué savent qu'il y a des coronaux très-minces, et les médecins qui se trouvaient sur le boulevard des Italiens le jour où notre infortuné confrère Bennati se brisa l'os du front, dans une chute de sa hauteur, ont constaté qu'il avait les os du crâne très-minces, quoiqu'il fût grand, fort et bien constitué. Mais il y a autre chose encore plus concluant à répondre : T... était chasseur, et, à ce titre, il savait très-bien qu'au sortir du fusil le petit plomb est ramassé et qu'il ne s'écarte qu'à distance; appliqué sur la partie ou tiré de près, le coup fait balle. Cette disposition, qui est parfaitement connue, ne pouvait échapper à T...; quant au changement de numéro de son plomb, et à plus forte raison à la substitution d'une balle, ils eussent été les signes accusateurs du suicide.

Voyons maintenant la seconde partie de ce débat, celle des constatations morales. M. le substitut, s'appuyant sur la date déjà ancienne de la triste situation de T..., fait observer que la résolution qu'elle a fait naître n'a pu être *instantanée* et qu'elle a dû se former lentement et progresser chaque jour. Or, s'il en est ainsi, et il est impossible qu'il en soit autrement, comment se fait-il que T..., pendant plusieurs mois, n'ait eu aucun de ces accès involontaires de douleur par lesquels se trahissent les âmes les plus fortement trempées? Non-seulement T... n'a pas eu de ces faiblesses momentanées, de ces tristesses involontaires, mais, jusqu'au dernier moment, on voit se révéler la gaieté ou la légèreté; sa correspondance n'est pas celle d'un désespéré. Une pareille dissimulation annonce une trempe d'âme bien héroïque ou un suprême cynisme. Ces deux extrêmes sont bien rares. Cette appréciation réelle d'une des faces du suicide, et que par cela même nous comprenons très-bien, mérite une discussion sérieuse.

Admettons que l'idée du suicide se soit développée peu à peu, en résulte-t-il qu'elle doive se trahir par des paroles ou des actes? Rien n'est absolu dans le monde; toujours à côté d'une formule générale vient se placer une formule exceptionnelle. Ainsi on a dit que tous les suicides, au moment de se tuer, n'étaient plus maîtres d'eux, qu'ils éprouvaient une agitation extrême et ne pouvaient diriger leurs pensées. Nous avons en effet trouvé, parmi nos 4595 procès-verbaux, beaucoup d'écrits qui étaient tremblés, illisibles, attestaient les angoisses de l'esprit, déterminées par l'idée de l'acte qui allait s'accomplir. Mais en regard des écrits qui montrent le désordre intellectuel de leurs auteurs viennent se placer ceux qui prouvent la liberté d'esprit et le sang-froid des personnages qui les ont dictés. J'ouvre, dans mes cartons, 48 lettres qui ne laissent aucun doute sur la possibilité de se faire mourir avec toutes les apparences de la raison, du sang-froid, et sans le moindre dérangement physique. Je citerai seulement un passage de l'une d'elles :
« On dit qu'il n'y a pas de courage à se suicider, que c'est folie! Eh bien, moi qui suis à deux doigts de ma fin, je soutiens le contraire : sain d'esprit et de corps, voyant que le gaz carbonique ne produisait pas assez facilement son effet, je me suis relevé à plusieurs reprises pour rallumer le charbon et lui donner

plus de force. J'ai toute ma raison ; un vieux soldat ne craint pas la mort ! J'aurais dû périr sur un champ de bataille ! Quel malheur que celui d'Essling, où mon régiment s'est couvert de gloire, n'ait pas été mon tombeau ! » Cette citation suffit pour faire connaître les dispositions d'esprit d'un des individus de cette catégorie ; toutes les autres n'en sont qu'une répétition.

Il importe de remarquer que la plupart de ces lettres étaient tracées d'une main ferme ; vingt-six étaient très-bien écrites, plusieurs n'offraient aucune rature, et quelques-unes étaient fort longues.

Quatre-vingt-cinq personnes ont laissé des testaments. La plupart de ces pièces portent l'empreinte d'une volonté ferme et d'une lucidité parfaite. Ils sont, d'ailleurs, écrits sous l'influence des idées qui dirigent les hommes en pareille circonstance.

On peut donc conserver dans les écrits une grande liberté d'esprit et une grande tranquillité physique. Les mêmes caractères peuvent être constatés chez ceux qui ont résolu d'attenter à leur existence, parce qu'ils savent qu'ils tomberont un jour ou l'autre dans les mains de la justice.

Le médecin, dont nous avons raconté la tragique histoire et que nous avons pu voir de près, pendant plusieurs années, est un exemple de la vérité de cette remarque. Un jour que nous nous entretenions du suicide, il nous dit : « Je ne vois pas pourquoi on se préoccupe tant de la mort volontaire, et pourquoi elle inspire un si grand effroi ? C'est un moyen de sortir d'une foule d'impasses dans lesquelles on se trouve acculé par sa faute ou par celle des autres. Aujourd'hui le suicide met fin à toutes les situations critiques. Vivant, vous auriez servi de glose à ceux qui courent après les émotions ; mort, on dresse un procès-verbal, et tout est fini. Quelque temps après, arrêté en flagrant délit de vol, il mettait fin à son existence avec le plus grand sang-froid, à l'aide d'un flacon d'acide prussique qui ne le quittait jamais. Devant les magistrats, ce suicide, d'après M. Pinard, est une tache à infliger à l'homme, un crime à graver sur une tombe, un déshonneur à léguer à une famille; mais devant les familles et le monde, c'est la solution la moins malheureuse d'un événement terrible, c'est l'image de la pierre lancée dans l'eau qui, après avoir produit quelques ronds, ne laisse plus après elle qu'une surface unie.

C'est ce que mettent hors de doute les deux observations que nous avons déjà citées; l'une, de ce jeune homme qui, s'étant rendu dans un tir de Paris, visa soixante-douze fois la mouche, avec le plus grand calme, pendant une heure et se brûla la cervelle au soixante-treizième coup; l'autre, de cet homme qui, dans un restaurant, où il avait conduit une courtisane, après avoir fait un bon dîner et s'être approché trois fois de cette femme, se tua immédiatement avec une arme à feu (p. 443, 313). Le premier de ces individus était sans crédit et avait fait des faux. Le second n'avait pas une pièce de monnaie sur lui.

On peut donc, dans certaines positions fâcheuses et avec de mauvaises conditions morales, se tuer sans que les spectateurs aient été mis en garde par les paroles, les gestes, les actes des suicides.

Attenter à ses jours n'est pas, d'ailleurs, une détermination aussi grave, aussi effrayante que le prétendent les moralistes. Dans toute question, il ne faut jamais oublier d'en décomposer les éléments. Soutenir que les devoirs, la morale sont également compris par tout le monde, c'est nier l'inégalité et la différence des intelligences, des aptitudes, des penchants, des sentiments. Les suicides, dont on vient de lire les observations, ont mis fin à leur existence par des motifs blâmables qui, toutefois, ont leur raison d'être; mais, comme on l'a très-bien dit M. A. de Sèze, il y a mille misères, il y a donc mille suicides différents. Dans un chapitre curieux de notre ouvrage, écrit avec les autobiographies des victimes, il y a deux paragraphes, consacrés aux motifs futiles et aux motifs faux, prouvant les exceptions nombreuses qu'apporte la diversité des organisations et des caractères aux règles établies. Une jeune fille se tue parce qu'on lui fait remarquer avec quelque vivacité qu'elle a oublié de broder une rose sur une bretelle. Une autre se pend, parce qu'elle craint que l'absence de cils ne l'empêche de trouver un protecteur. Un garde municipal auquel son brigadier n'avait pas permis de descendre de cheval, pour satisfaire un besoin, rentre à la caserne exaspéré et dit à ses camarades : « Est-ce que je serai toujours soldat? » Quelques minutes après, on entend une détonation : il venait de se tuer. Évidemment tout est relatif, le monde du chiffonnier, de l'artisan, n'est pas celui de l'écrivain, de l'homme d'État; un mot, une idée qui entraînera l'un passera inaperçu chez l'autre.

Tout semble annoncer qu'à l'instant suprême, la vérité doit se faire entendre. L'observation prouve cependant que les mauvais instincts, la vanité ne cèdent pas même devant la mort. Un homme écrit à son frère, directeur d'une grande administration, une lettre dans laquelle il lui reproche de l'abandonner et de l'éviter parce qu'il est pauvre, et il la termine, en lui disant : Je vous pardonne ma mort. La prétendue victime de l'orgueil est un débauché, un faiseur de dupes, furieux de la prospérité de son frère, et qui se venge de son sort mérité par une calomnie contre l'homme de bien.

D'autrefois, c'est un individu qui se pose comme ne pouvant vaincre son amour pour une femme mariée, et l'enquête révèle que l'objet de sa passion est une fille publique aux dépens de laquelle il vivait.

Il y a donc des individus qui attentent à leurs jours tantôt d'une manière instantanée, tantôt au bout d'un temps plus ou moins long, par des motifs vrais, faux, futiles, sans avoir non-seulement montré de faiblesse, mais en sauvant même les apparences.

M. le substitut a paru surpris du lieu du suicide. N'était-il pas plus naturel, a-t-il dit, de se tuer dans les bois? Mettre fin à son existence, au contraire, dans une voiture, c'est faire naître le soupçon du meurtre de soi-même. Les médecins, qui ont étudié avec soin les divers éléments de cette question, savent très-bien, que tout résolu qu'on soit à en finir, il n'est pas rare qu'on ajourne l'exécution jusqu'au dernier moment. On trouve mille raisons pour différer, j'en ai donné un exemple bien douloureux dans le récit des derniers moments de Saint-Edme, un des auteurs de la *Biographie des hommes du jour;* mais il y a une autre raison que nous devons faire connaître, et qui nous a été révélée par la statistique : sur 3518 cas de mort volontaire dont l'époque est indiquée dans les pièces que nous avons parcourues, 2094 fois le suicide a eu lieu le jour, 766 le soir et 658 la nuit (1). Ainsi, dans ce tableau, les suicides effectués le jour sont les plus nombreux ; viennent ensuite ceux qui ont lieu le soir, les suicides de la nuit sont les derniers.

La conséquence à tirer de cette influence du jour sur la production du suicide, c'est que l'homme a besoin d'une certaine excitation, pour accomplir cet acte, tandis que le silence, l'obscurité, la nuit augmentent les angoisses de son âme.

Dans les conclusions du ministère public, nous avons trouvé cette phrase : « En face des opinions actuelles, il faut maintenir ce principe : ou le suicide vient de la folie, et il est un malheur, ou il vient de la volonté, et il est toujours un crime, et dès lors, devant des magistrats, il faut que le suicide soit toujours une tache à infliger à l'homme, un crime à graver sur une tombe, un déshonneur à léguer à une famille ! » Nous sommes vivement touché de ces nobles et généreuses paroles, mais ne souffrent-elles aucune exception ? sont-elles toujours justes ?

Nous croyons, sans aucun doute, que le suicide réfléchi est une offense envers Dieu et la société, mais comment qualifier de crime, comme nous l'avons déjà dit ailleurs, l'action de ce vieillard paralysé qui s'asphyxie pour conserver quelques ressources à sa fille; celle de ces proscrits de Toulon, qui s'élancent à la mer, pour ne pas faire couler la barque où sont entassés leurs compagnons d'infortune, et enfin la résolution suprême de

(1) *Du suicide et de la folie-suicide,* p. 419.

P. Strozzi qui, prisonnier de son ennemi, Côme de Médicis, craignant d'être forcé par la torture de révéler ses complices et de se déshonorer, descend de lui-même au tombeau.

Si Strozzi est criminel, à coup sûr son crime est d'une nature toute particulière, car les sympathies des gens de bien ne lui feront pas défaut et sa mémoire sera toujours respectée. N'est-ce pas pour ces suicides que M. de Sacy a dit : « Il y aurait moins de lâchetés dans le monde si l'on savait faire à propos le sacrifice de sa vie ! »

Notre appréciation des constatations matérielles et morales est faite, nous y joindrons une observation qui rentre entièrement dans cette étude, et prouve que les jugements humains peuvent s'égarer par l'absence de preuves nécessaires. Le fait suivant, que nous avons rapporté plus au long page 76, en est un exemple.

Un négociant fut trouvé étranglé sur la route de Stettin. Le mauvais état de ses affaires fit d'abord penser à un suicide. Mais la position du cadavre qui avait *les mains liées derrière le dos*, des traces de spoliation ébranlèrent beaucoup cette opinion. Ce négociant avait assuré sa vie à la banque de Gotha pour une somme de 10 000 écus (40 000 francs environ), qui devait être remise à sa famille, sauf le cas où la mort serait due à un suicide. Une lettre du mort, envoyée par un anonyme, dissipa les incertitudes, en prouvant qu'il s'était pendu à un poteau, d'où un ami était venu l'enlever, d'après un accord fait entre eux, pour le mettre dans une attitude propre à faire supposer un meurtre. Le nom de cet ami était enlevé par une coupure et l'on n'a pu l'apprendre jusqu'ici.

En terminant son remarquable réquisitoire, M. le substitut du procureur impérial disait : « Puisque je suis placé entre la mort accidentelle possible et le suicide probable, j'incline pour le possible et je maintiens le contrat. « Tout en concevant cette opinion, si l'on me demandait mon avis, je répondrais : « Après avoir examiné les trois plaidoiries et les avoir commentées à l'aide de nombreuses observations que j'ai recueillies, j'incline fortement pour le probable qui me paraît la vérité. »

Résumé. — Dans l'hypothèse du suicide, nous avons ajouté aux constatations matérielles : 1° la possibilité de faire partir la détente dans la position assise, au moyen du doigt médius étendu, à 93 centimètres de distance; 2° les observations de suicide, dans la région frontale; 3° la contraction involontaire et excessivement fréquente de la main qui tient l'arme, sans que cette contraction entraîne, néanmoins, celles des muscles du cou et du tronc, ce qui n'a d'ailleurs qu'une importance minime ; 4° le fait du petit plomb, faisant balle, lorsque le coup est tiré de très-près.

Dans les constatations morales, nous avons noté les particularités suivantes :

1° Beaucoup de suicides conservent, au milieu de leurs préparatifs, la liberté d'esprit et le sang-froid, attestés par leurs lettres et leurs testaments ;

2° Les mêmes caractères se retrouvent chez des individus qu'on a pu étudier, pendant plus ou moins longtemps, avec la pensée qu'ils se suicideraient à un moment donné ;

3° Quelques hommes se tuent, avec un cynisme extrême ;

4° Le suicide n'est pas une détermination effrayante pour tout le monde ; il y a des individus qui attentent à leurs jours par les motifs les plus frivoles ;

5° La comédie de la mort se joue même à l'instant suprême comme le prouvent les motifs faux et calomniateurs ;

6° La lumière et le bruit paraissent avoir une certaine influence sur la production du suicide ;

7° L'opinion qu'il y a toujours crime, lorsque l'individu s'est donné la mort avec conscience, est de nature à faire naître de grands doutes ;

8° Enfin, un homme peut mettre fin à son existence, sans que les constatations matérielles et morales en donnent la preuve (1).

(1) A. Brierre de Boismont, *Recherches médico-légales sur le suicide à l'occasion d'un cas douteux de mort accidentelle ou violente* (Annales d'hygiène publique et de médecine légale, 2ᵉ série, t. XII, p. 126 et suiv. Paris, 1859). Ce mémoire devait naturellement s'appuyer sur le livre, aussi en reproduit-il plusieurs passages.

Dans un travail très-bien fait, sur le même sujet, et publié également par les *Annales d'hygiène*, M. A. Tardieu n'hésite pas à conclure que :

La direction de la blessure, constatée à la tête, l'obliquité qu'elle a exigée dans la position de l'arme, eu égard à l'étroitesse de la voiture, démontrent, de la manière la plus positive, que le coup a été préparé, adroitement tiré, et que la mort du sieur T... est le résultat non d'un accident, mais d'un suicide (1).

Les Sociétés d'assurance ont été condamnées à payer la police.

La deuxième affaire n'a pas moins d'intérêt que la précédente, surtout à cause de la jurisprudence de la magistrature.

TRIBUNAL CIVIL DE LA SEINE (4ᵉ CHAMBRE).

Assurance sur la vie. — Folie. — Clause relative au suicide de l'assuré.— Préméditation.

Ne saurait être considérée comme contraire aux bonnes mœurs, et par conséquent n'est pas nulle la clause d'une police d'assurance sur la vie aux termes de laquelle si l'assuré perd la vie par un suicide, le contrat n'est annulé qu'autant que la cause qui a donné lieu au décès, s'est produite avant la police ou pendant les douze premiers mois qui ont suivi sa date.

Si le suicide s'est produit au delà du temps fixé, le montant de l'assurance est dû par la Compagnie, à moins qu'elle ne prouve que l'assuré a contracté, en vue d'un suicide prémédité ou sous l'empire d'une cause alors existante ou tout au moins prochaine.

Le 30 septembre 1859, un négociant de Paris, le sieur Morin, faisait assurer sa vie par la Compagnie anglaise *The defender*. La Compagnie s'engageait à payer au décès de l'assuré, à la veuve et à ses héritiers, la somme de 40 000 francs, moyennant une prime annuelle de 1524 francs que l'assuré s'obligeait à payer à partir du 30 septembre 1859. L'article 4 de la police portait que,

---

(1) *Question médico-légale sur un cas de mort violente par un coup de feu survenu soit par le fait d'un suicide, soit par accident* (*Annales d'hygiène*, t. XIII, p. 443 et suiv. Paris, 1860).

si l'assuré perdait la vie par suite de suicide, de duel ou de condamnation judiciaire, il ne s'ensuivrait nullité de l'assurance qu'autant que dans ces trois circonstances, la cause qui aurait donné lieu au décès, se serait produite avant la police ou pendant les douze mois qui auraient suivi sa date.

Or, le 30 janvier 1861, le sieur Morin était trouvé pendu dans un hôtel de la rue Notre-Dame de Recouvrance. L'homme de l'art chargé d'examiner le corps constata que la mort était le résultat d'un suicide.

On trouva, d'ailleurs, un écrit que le sieur Morin avait adressé à sa femme quelques instants avant de mourir : il lui disait qu'il souffrait depuis longtemps et qu'il était presque heureux de mettre fin à ses jours.

Enfin, un beau-frère du défunt, appelé lors de la rédaction du procès-verbal auquel donna lieu la découverte du cadavre, déclara que plusieurs fois déjà le sieur Morin avait tenté de se suicider.

La dame Morin a réclamé à la Compagnie *The defender* le payement des 40 000 francs, montant de l'assurance.

La Compagnie a répondu qu'en Angleterre, il est vrai, le suicide non prémédité au moment de l'assurance n'entraînait pas la nullité de cette assurance, quand il avait lieu plus d'un an après la possession de la police ; mais qu'en France l'article 4 de la police du 30 septembre 1859 était nul, comme contraire à l'ordre public ; cet article serait un encouragement au suicide, que condamnent la morale et la loi religieuse ; aussi les statuts des Compagnies françaises d'assurance sur la vie annulent-ils les polices, sans tenir compte de l'époque du suicide, dès que l'assuré se tue volontairement.

La Compagnie *The defender* a ajouté qu'en Angleterre, comme en France, l'assurance est annulée par le fait d'un suicide prémédité, et elle prétendait que dans l'espèce la préméditation résultait du choix fait par l'assuré d'une Compagnie anglaise, du peu de temps, seize mois seulement, écoulé entre l'assurance et le suicide, du dernier écrit du sieur Morin et de ses tentatives antérieures de suicide.

La dame veuve Morin a porté sa réclamation devant le tribunal civil de la Seine, car le *Defender* a une succursale à Paris.

Elle a soutenu que l'article 4 de la police d'assurance n'avait rien de contraire à l'ordre public; le suicide est condamnable, mais il est rarement réfléchi; le plus souvent il s'accomplit sous l'influence d'une excitation cérébrale qui ne laisse pas à l'homme la libre appréciation de ses actes. Pourquoi donc serait-il défendu de s'assurer contre le trouble mental qui fait de l'idée du suicide une irrésistible monomanie? On craint qu'une pensée de spéculation posthume rende les suicides plus fréquents. Oublie-t-on que l'amour de la vie et la crainte de la mort sont instinctifs chez l'homme? Ce danger, d'ailleurs, est possible, même dans le cas où la police fait du suicide de l'assuré une cause de nullité; car la preuve du suicide est souvent difficile. Mieux vaudrait alors proscrire le principe même des assurances sur la vie, dont la légalité a été consacrée dès 1818 par un avis du conseil d'État, et il serait tout au moins étrange de voir ce système radical, que de très-bons esprits, il est vrai, ont soutenu, remis en honneur par la Compagnie *The defender*, qui oublie qu'elle a encaissé des primes en vertu du contrat qu'elle veut aujourd'hui déchirer. Il ne restait donc, selon la demanderesse, qu'une question à examiner.

L'assuré a-t-il contracté avec la Compagnie dans la prévision de son suicide? Dans ce cas, en effet, la police d'assurance devrait être anéantie; mais la demanderesse prétendait que toutes les circonstances de la cause démontraient que le suicide de son mari n'avait pas été prémédité de si longue date.

Conformément à ce système, développé par M. Durrier, avocat de la veuve Morin, et malgré la plaidoirie de M. Nicolet, avocat de la Compagnie *The defender*, le tribunal a rendu le jugement ci-après :

« Attendu que, suivant police d'assurance en date des 30 septembre et 9 octobre 1859, la Compagnie *The defender* s'est engagée envers Morin à payer après son décès, à sa veuve, ou à ses héritiers à son défaut, la somme de 40 000 francs, moyennant une prime annuelle de 1524 francs que Morin était tenu de lui payer à partir du 30 septembre 1859; que Morin est décédé le 30 janvier 1861 par suite de suicide ;

» Attendu qu'il est dit article 4 de ladite police, que si l'assuré perd la vie par suite de suicide, de duel ou de condamnation judiciaire, il ne s'ensuivra nullité de l'assurance qu'autant que dans [ces trois circonstances la cause qui a donné lieu au décès s'est produite avant la police ou pendant les douze premiers mois qui ont suivi sa date;

» Qu'une clause semblable, qui ne veut pas que la police d'assurance puisse valoir, lorsqu'il est possible de supposer qu'elle a été souscrite en vue d'un suicide prémédité, sous l'empire d'une cause alors existante ou d'une cause prochaine et privée, et qui la maintient en dehors de ces cas, donne à la morale en même temps qu'aux intérêts de la Compagnie les satisfactions suffisantes et ne saurait être considérée comme contraire à ses lois ;

» Que la Compagnie *The defender* a pensé, et avec raison, qu'au delà du temps si largement fixé par elle en l'article précité, aucune présomption de préméditation n'était plus possible, et que le suicide ne pouvait plus alors être considéré que comme le fait instantané de la démence ou d'une raison momentanément égarée par les étreintes d'un chagrin, d'une douleur ou d'un désespoir violent; qu'en effet, la société ne saurait sérieusement avoir à craindre, à un autre point de vue, qu'un contrat d'assurance de la nature de celui dont s'agit puisse porter l'homme, qui tient si fortement à la vie, même au milieu de ses plus grandes misères, à la trancher violemment pour ouvrir plus tôt sa succession à ses héritiers et les enrichir de suite du montant de l'assurance en se dégageant du payement des primes; que d'ailleurs la Compagnie *The defender*, qui a fait elle-même le contrat, serait aujourd'hui assez mal venue à le critiquer, après en avoir profité par la perception de ces primes;

» Attendu, en revenant au point de vue qu'embrasse la clause susrelatée, que rien dans la cause ne vient établir que Morin, lorsqu'il a souscrit sa police, fût sous l'empire d'une de ces causes qui peuvent quelquefois porter un homme à attenter à sa vie ; qu'il n'appert pas que la paix et le bonheur de son foyer domestique fussent en quoi que ce soit troublés ; que sa santé était bonne d'après les rapports du médecin de la Compagnie elle-même ; que sa fortune était dans un état des plus convenables pour sa position, et qu'en admettant même, comme le prétend la Compagnie *The defender*, que des pensées de suicide eussent précédemment traversé son esprit, il n'en résulterait pas la preuve pour cela que ce soit sous le coup d'une semblable pensée qu'il aurait souscrit ladite police avec l'intention arrêtée d'y donner suite aussitôt que l'année fixée par la clause en question serait expirée ;

» Qu'indépendamment de la répugnance que la raison éprouve à admettre la possibilité d'une telle détermination prévue par le contrat et maintenue pendant une année, tout dans la cause tend à démontrer le contraire ;

» Qu'il est constant, en effet, que l'année était expirée depuis plusieurs mois lors de l'événement ; que vers la fin de novembre 1860, alors que quatorze mois déjà s'étaient écoulés depuis la souscription de la police, Morin songeait à aller s'établir avec sa famille à Jassy, pour y monter une maison de commerce, et faisait toutes ses dispositions en conséquence, et que ce n'est que deux mois plus tard encore et au milieu de ces projets qu'il a tout à coup, le 30 janvier, tranché ses jours sans que rien l'eût fait prévoir.

» Que vouloir, comme le veut la Compagnie *The defender*, que Morin n'ait formé son projet d'établissement à Jassy que pour tâcher de se soustraire à la pensée de suicide qui l'assiégeait, c'est évidemment reconnaître tout à la fois, et que l'assurance sur la vie n'avait pas été contractée par lui avec l'intention arrêtée de se donner la mort, et que ce n'est pas en raison de cette assurance qu'il se l'est donnée : que les faits articulés par la Compagnie ne sont pas concluants, et qu'en cet état le tribunal n'a pas à rechercher dans le mystère des faiblesses et des misères humaines quelle peut être la cause qui a porté Morin à cet acte que condamnent la morale et la religion, et que la démence seule peut faire excuser;

» Sans s'arrêter ni avoir égard aux faits articulés, dont il n'y a lieu d'ordonner la preuve, condamne la Compagnie *The defender* à payer à la veuve Morin la somme de 40 000 francs, montant de l'assurance dont il s'agit, ensemble les intérêts tels que de droit (1). »

Il y avait une partie fort intéressante à traiter et qui ne l'a pas été, c'est celle de la folie.

12° DU SUICIDE DANS SES RAPPORTS AVEC L'HOMICIDE. — Il est aujourd'hui bien établi, par des observations nombreuses, que des individus poursuivis par l'idée du suicide, mais ne voulant pas se tuer eux-mêmes, parce que leurs principes religieux s'y opposent, assassinent la première personne venue, afin d'avoir le temps de se réconcilier avec Dieu, et de mourir en état de grâce. L'examen approfondi de ces individus dont il est indispensable, quand l'acte ne porte pas avec lui la preuve positive et directe de l'aliénation mentale, de scruter la vie entière, d'étudier à fond la constitution physique, d'analyser toutes les actions, toutes les habitudes, ne permet pas de douter qu'ils ne soient frappés d'une incapacité morale organique. Presque toujours, en effet, on trouve dans ces explications la faiblesse de l'intelligence, la perversion du jugement et du sens moral, l'absence des notions du juste et de l'injuste, du bien et du mal, et d'autres symptômes que nous avons énumérés dans le mémoire sur la responsabilité légale des aliénés, toutes conditions qui ne sauraient faire assimiler ces individus à des coupables jouissant de la plénitude de leurs facultés. Voici un homme qui veut mourir, et qui commet un crime pour atteindre son but.

(1) *Droit* et *Gazette des tribunaux*, 26 mars 1862.

Mais avec le bon sens le plus ordinaire, il doit s'apercevoir que cette route n'est rien moins que sûre, car il peut obtenir le bénéfice des circonstances atténuantes, ce qui est presque toujours arrivé depuis Henriette Cornier, et au lieu d'en finir avec l'existence, il sera confondu pour le reste de sa vie avec d'ignobles ou d'affreux scélérats. Il peut être considéré comme aliéné et envoyé dans un asile, à l'exemple des deux frères D... que nous avons eus dans nos établissements, et de beaucoup d'autres. Le moyen même que ce coupable d'une nouvelle espèce met en usage pour parvenir à ses fins, est le renversement complet du sens commun général. On alléguera que l'incendie de cette maison qui va ruiner toute une famille, peut-être plusieurs, le meurtre de cet inconnu qui est le soutien, la joie des siens, peuvent présenter tout ce qui constitue un projet mûrement conçu, délibéré, exécuté; mais cette réunion de circonstances qui paraissent si concluantes, s'observe à chaque instant dans nos maisons. J'ai rapporté, lors de la discussion sur la monomanie, l'observation citée par Haslam, de cet aliéné anglais qui, maltraité par son gardien, jure de s'en venger; il affecte une grande apparence de calme, convient de ses torts, se rend utile, gagne la confiance, s'empare un jour d'un couteau de cuisine qu'il cache pendant quelque temps, et, profitant d'une occasion favorable, il assassine le gardien. Interrogé longtemps après par Haslam, il lui raconte avec un sentiment de bonheur tous les détails de cette affaire et le plaisir qu'il avait eu à tuer son persécuteur. La logique du crime, sa préméditation, sont évidentes dans ce cas, et cependant on n'a jamais mis en doute la folie de cet homme qui avait des accès de folie furieuse, avec hallucinations, et est mort en démence à l'hospice de Bethleem.

Ce qui fait la différence capitale de ces exemples, leur criterium, en un mot, c'est la nature chimérique, inintelligible, absurde même pour les esprits les plus vulgaires, de l'idée métaphysique qui conduit au crime, tandis que tout le monde comprend les actions coupables, commises à l'instigation de leurs mobiles ordinaires, la vengeance, la jalousie, la haine, le vol, etc., et sent qu'elles sont passibles des peines de la loi.

Le point capital dans tous les faits de ce genre, c'est la recherche de l'état maladif de l'individu et la preuve de l'aliénation. Vouloir se borner aux faits psychologiques, c'est oublier que l'homme se compose de deux natures et que les phénomènes physiques ont une valeur considérable. Dans l'étude sur la *monomanie*, j'ai particulièrement insisté sur l'importance de ces deux ordres de considérations (1).

Esquirol, qui a consigné dans son ouvrage plusieurs observations d'individus qui avaient tué des innocents, pour avoir le temps de faire leur paix avec Dieu, constate qu'ils appartenaient tous à la catégorie des monomanes tristes, qu'il a appelés *lypémaniaques*.

Nous avons publié, dans les *Annales médico-psychologiques*, un travail sur ce sujet, dont nous allons extraire un certain nombre d'observations qui offrent un grand intérêt pour l'étude de ce point de médecine légale.

Daniel Volkner, né à Friedland, en Prusse, après s'être enrôlé deux fois, commença à avoir, en 1753, des idées de meurtre dont l'origine semblait se rattacher à un enthousiasme religieux. La pensée de jouir du bonheur céleste eut pour résultat de lui inspirer l'ennui de la vie et le désir de s'en affranchir. Le seul moyen qui s'offrit à lui pour atteindre ce but, fut de mériter la mort par un meurtre; il s'imaginait qu'après cet acte il aurait le temps de faire sa paix avec Dieu.

Pour mettre son projet à exécution, il invita deux petites filles à monter dans sa chambre et leur partagea son souper. Immédiatement après, mettant la main sur le front de l'une d'elles, il lui incline la tête en arrière, et avec un couteau qu'il avait aiguisé à dessein un ou deux jours auparavant, il lui coupe la gorge. Aussitôt il se rend en prison et avoue qu'il a maintenant

(1) A. Brierre de Boismont, *De l'état des facultés dans la monomanie, de la nécessité d'étudier les symptômes physiques et psychologiques* (*Annales d'hygiène*, p. 399 et 1857, p. 436. Paris, 1853 et 57).

beaucoup de regrets. Son sommeil fut fort calme toute la nuit; il disait que l'inquiétude extraordinaire qu'il avait éprouvée depuis trois semaines avait cessé au moment où il avait commis le meurtre.

Pendant l'interrogatoire, il s'exprima avec précision et montra beaucoup de réserve, soit dans ses actions, soit dans ses paroles. Il raconta les principales circonstances de sa vie, dit qu'il savait parfaitement bien les suites que devait avoir son action, et que ce serait avec plaisir *qu'il satisferait de tout son sang* (1). Cette observation est extraite du *Magasin psychologique allemand* de Moritz, 1756. Crichton l'a insérée dans son intéressant ouvrage sur la folie, et M. Falret l'a traduite de l'anglais dans le bon traité qu'il a donné, en 1823, sur *le suicide et l'hypochondrie*. Ce médecin n'hésite pas, en s'appuyant sur ce fait et d'autres semblables, à proclamer en pareil cas l'existence de l'aliénation mentale.

L'infortuné dont nous venons de raconter l'histoire fut condamné. Dans l'observation suivante, la maladie fut reconnue et l'insensée fut enfermée dans un hospice.

Augusta-Wilhermine Strohm, âgée de près de trente ans, d'une constitution saine et robuste, n'ayant jusque-là manifesté aucun signe de mélancolie, invite une de ses connaissances, la nommée Sophie Flugel (de Perne), à prendre le café chez elle. Celle-ci, se trouvant un peu échauffée, se repose sur le lit et y reste quelque temps avant de s'endormir. La fille Strohm l'observe, et lorsqu'elle s'aperçoit que le sommeil est profond, elle se rend dans la cuisine, y prend une hachette, ainsi qu'un couteau qu'elle avait eu soin d'aiguiser d'avance, revient et porte avec le premier de ces instruments plusieurs coups sur la tête de son amie. Flugel s'éveille et emploie à sa défense le peu de force qu'elle conserve. Augusta Strohm saisit alors le couteau et achève de l'assassiner en le lui plongeant plusieurs fois dans la poitrine.

(1) Gall, *ouvr. cit.*, p. 148.

Dans la prison, elle raconta que c'était la vue de deux exécutions qui lui avait suggéré son idée. L'analyse que nous avons donnée dans l'*Union médicale*, du mémoire de M. C. Livi sur la peine de mort contient des faits analogues. (Voy. la note ci-après.) Dès ce moment, elle regarda comme le plus grand bonheur celui de pouvoir terminer sa vie de la même manière, c'est-à-dire de pouvoir être préparée à la mort et de faire une fin aussi édifiante que la condamnée.

On peut lire, dans le *Tableau des États danois*, par Catteau, Paris, 1802, la terrible influence qu'eut sur les habitants de ce pays, vers le milieu du dernier siècle, le spectacle de la pendaison (1).

Ni la haine, ni tout autre ressentiment, ne lui avaient désigné sa victime, qui, au contraire, était une de ses meilleures amies ; peut-être même ne l'avait-elle choisie, ainsi que cela s'est observé quelquefois chez les aliénés de cette catégorie, que dans l'intention de lui procurer une belle fin (2).

Celui qui se propose de quitter la vie n'ayant pas assez d'énergie pour exécuter lui-même son dessein, peut se faire aider par une main étrangère. Ce cas, on le pense bien, est extrêmement rare ; il s'est cependant présenté.

Il y a vingt et quelques années, un mélancolique, atteint au plus haut degré d'une propension au suicide, arriva de la province (du département de la Somme, autant que je me le rappelle), à Paris, bien décidé à mourir. Il obtint d'une fille publique qu'elle l'aiderait dans son entreprise funeste. Séduite par l'appât d'un léger lucre, et entraînée probablement aussi par l'effet des boissons enivrantes dont elle avait fait usage en déjeunant avec lui, elle aida à lui enfoncer un instrument piquant dans la poitrine; l'infortuné, quoique grièvement blessé, ne suc-

(1) A. Brierre de Boismont, *De l'état des facultés dans les délires partiels ou monomanies*, 1853, t. L, p. 399. — *De la monomanie dans ses rapports avec la médecine et la loi*, 1857, t. VII, p. 436 et suiv. ; t. VIII, p. 430 et suiv.

(2) Marc, *ouvr. cit.*, t. I, p. 235.

comba pas. Ayant conservé la même propension, il se suicida quelque temps après. La fille publique fut condamnée à quinze ans de travaux forcés et à l'exposition (1).

A tous ces faits, nous pourrions joindre celui d'un homme qui, à la suite de grands chagrins domestiques, fut pris de l'idée de mettre fin à ses jours ; comme il ne se sentait pas le courage nécessaire pour exécuter son projet, à force d'y penser, il imagina que le plus sûr moyen de réussir était de tuer une personne qu'il connaissait à peine. Ces deux idées faisaient le tourment de ses jours.

Il arrive quelquefois que le malheureux ainsi poursuivi par l'idée d'en finir, se dénonce comme l'auteur d'un crime capital. Tous les journaux anglais ont rapporté l'histoire d'un petit marchand de la Cité qui vint se constituer prisonnier, en s'avouant coupable du meurtre d'une domestique qui avait disparu de chez lui, et que les recherches les plus actives n'avaient pu faire découvrir. L'affaire s'instruisit ; le marchand persévérait dans sa déposition et donnait des détails très-précis ; on croyait à sa culpabilité, lorsqu'on apprit que la domestique était retrouvée. Celle-ci dit qu'elle avait quitté la maison, parce qu'elle se trouvait peu convenablement traitée, et que le récit de son prétendu assassinat n'était qu'une invention de son ancien maître. On examina le pauvre homme qui s'était dénoncé. D'abord, il persista dans sa première déclaration ; mais, pressé de questions, il finit par avouer le motif réel de son action. J'étais malheureux, criblé de dettes, rien ne me réussissait, j'avais éprouvé de violentes contrariétés ; la vie était devenue un fardeau pour moi, la lecture des journaux, sans cesse remplis de meurtres et de confessions de meurtriers, me suggéra l'idée d'employer ce moyen pour me débarrasser de l'existence. Le journal anglais qui cite cette anecdote ajoute qu'on eut toutes les peines du monde à faire sortir ce monomane de prison.

Dans toutes les observations que nous venons de citer, le

(1) Marc, *id.*, p. 164.

libre arbitre, ce régulateur de l'homme, ce signe caractéristique de la raison, n'existe plus. L'équilibre entre les facultés de l'entendement et de la volonté est rompu. Les individus sont poussés fatalement, ils obéissent à une influence irrésistible, à une idée fausse, comme les aliénés de nos établissements qui répètent à satiété qu'ils ne peuvent faire autrement. La perversion morale, qui les porte à tuer pour être tués, est absolument semblable à celles qui entraînent d'autres insensés à voler, à mettre le feu, à se prostituer. Nous avons connu plusieurs dames, et en particulier une femme d'une grande naissance, qui, à certaines époques, quittaient furtivement leur maison pour aller provoquer les hommes de la plus basse classe ; jamais les magistrats et les préfets de police n'ont hésité à considérer ces femmes comme privées de raison et à les faire enfermer dans des établissements spéciaux.

L'irrésistibilité de certains actes, leur spontanéité, l'impuissance de la volonté en pareil cas, sont des faits incontestables. Un homme cause tranquillement avec ses amis : tout à coup il s'élance, franchit un parapet et tombe dans l'eau. Retiré aussitôt, on lui demande les motifs d'une pareille conduite ; il n'en sait rien, il a cédé à une force qui l'a entraîné malgré lui. Une dame noble, d'une haute piété, ne peut s'empêcher d'adresser les mots les plus grossiers aux personnes qui l'approchent. Nous l'avons entendue un jour, et nous aurions pu dire d'elle comme de Vert-Vert :

> Les b., les f. voltigeaient sur son bec.

En rendant compte des *folies instantanées* (1), nous avons signalé la germination soudaine de milliers de pensées désordonnées qui, le plus ordinairement étouffées à leur naissance, ont souvent donné lieu aux actes les plus excentriques. On doit à Pariset l'anecdote d'un littérateur distingué qui, en contem-

(1) *Union médicale*, septembre 1851.

plant un tableau à une exposition, fut saisi d'un tel désir de crever ce tableau, qu'il n'eut que le temps de se retirer à la hâte. L'observation intime ne montre-t-elle pas que mille circonstances fortuites peuvent donner naissance à ces idées désordonnées? « Depuis plus de vingt ans, dit Marc, que je suis chargé de constater la situation mentale des aliénés placés dans les maisons de santé, j'ai eu l'occasion d'examiner plus de deux cents malades atteints de monomanie instinctive, et, chez tous, les idées fausses ou les actes m'ont paru le résultat direct d'une lésion de la volonté (1).

A priori, on comprend donc qu'une perversion des facultés affectives puisse porter un homme à se tuer, ou à en tuer un autre pour mourir ensuite.

Les motifs qui poussent les individus à commettre un meurtre pour pouvoir périr à leur tour sont très-variés, mais évidemment en dehors de la volonté. Ainsi, les uns ne se sentent pas le courage de se suicider, les autres veulent avoir le temps de paraître devant Dieu.

Or, l'expérience apprend que chez ces individus il existe souvent un état maladif somatique, et l'unité psychique ne permet pas, d'ailleurs, de fractionner ainsi les facultés de l'esprit.

Des faits qui précèdent, on peut tirer la conséquence qu'il existe deux catégories de cette maladie mentale : dans la première, les individus obéissent à des conceptions délirantes, à des hallucinations, à des raisonnements faux ; le dérangement de leur raison est évident pour tout le monde.

Dans la seconde, les malades ne présentent, en apparence, aucune altération appréciable de l'intelligence et souvent même des affections. Ils sont poussés par un instinct aveugle, par quelque chose d'indéfinissable, par une puissance irrésistible, par une détermination irréfléchie, une lésion de la volonté, une perte du

---

(1) *De la folie dans ses rapports avec les questions médico-judiciaires*, t. I, p. 245. Paris, 1840.

libre arbitre. Cette deuxième section est sans contredit la plus difficile à reconnaître; mais, comme dans les monomanies homicides, on peut y parvenir par l'examen attentif des motifs, des antécédents, des symptômes. Dans le doute, il vaut mieux s'abstenir. La justice des hommes, qui condamne par an des milliers d'individus dont toutes les actions coupables ont un motif réel, intéressé, appréciable, compromettrait-elle beaucoup les intérêts de la société, quand elle renverrait comme un fou, dans un établissement spécial, un homme dont l'acte incriminé ne peut s'expliquer par aucun motif plausible, ou du moins dont les motifs sont si fantastiques ou si futiles, que la raison ne saurait les admettre? Cet argument est notre réponse aux personnes qui ont accusé les médecins de vouloir sauver tous les criminels. Le dégustateur de vins qui se pendit parce qu'il ne distinguait plus la qualité des vins, rentrait évidemment dans la catégorie des insensés.

L'opinion que nous soutenons ici est celle de savants très versés dans l'étude des maladies mentales.

« Le monomaniaque, dit Marc, qui attente à la vie de quelqu'un parce que, voulant mourir et n'ayant pas le courage de se donner la mort, il veut se faire condamner, est un fou comme ce monomaniaque auquel une hallucination du sens de l'ouïe fait entendre des propos insultants, et qui, pour se venger, attaque dans sa colère la première personne qui se présente à sa vue. »

« Parmi ces malheureux, fait observer Esquirol, il en est qui ne veulent pas se tuer dans la crainte d'être damnés, sachant que le suicide est un grand crime, dont ils ne pourront obtenir le pardon; tandis que, étant certains d'être condamnés à mort, après qu'ils auront commis un meurtre, ils espèrent avoir le temps, avant le supplice, de se réconcilier avec Dieu et de se préparer *à bien mourir*. Il en est qui tuent les personnes qui leur sont les plus chères pour les préserver des peines de la vie, des dangers de la damnation; enfin on en a vu tuer les objets de leur plus vive tendresse, ne voulant pas s'en séparer, croyant

47

être réunis avec eux après la mort. Peut-on croire, ajoute-t-il avec raison, qu'une pareille violation des lois de la nature, que tant d'exaltation de l'imagination, que tant d'égarement de la sensibilité, puissent se concilier avec la plénitude de la santé, avec l'intégrité de la raison? Ne faut-il pas, au contraire, être arrivé au dernier degré du délire pour se déterminer à tuer une femme que l'on chérit, des enfants qu'on adore? N'est-ce pas s'abandonner à la fois aux actes les plus contraires à la loi naturelle, à l'instinct de la conservation? Et cependant plusieurs faits prouvent que ces malheureux, hors de cet acte, avant et après son accomplissement, sont calmes et raisonnables. Ce calme, cette raison, ne s'observent-ils pas chez ces maniaques qui, pour le plus léger motif, pour la contrariété la plus inoffensive, vont se livrer aux manifestations de la fureur la plus aveugle? Ce ne sont pas les signes du délire qui manquent chez celui qui se suicide, ce sont les observateurs qui ne sont pas à portée de tout voir et de bien voir (1). »

Il est donc constant qu'il existe une variété de monomanie-suicide dans laquelle les individus tuent pour être tués, afin d'avoir le temps de faire pénitence, de rentrer en grâce auprès de Dieu et de jouir ainsi du bonheur éternel. Dans quelques cas, ils avouent qu'ils n'ont pas le courage de se donner la mort ou qu'ils préfèrent périr sur l'échafaud. Après l'acte, ils sont calmes, ne manifestent ni regrets ni remords, et s'applaudissent d'avoir accompli leur projet. Plusieurs de ces insensés prennent des précautions pour assurer leurs coups et pour en dérober les preuves. Quelques-uns regrettent ce qu'ils ont fait, déclarent que l'agitation dans laquelle ils étaient, a cessé avec le meurtre. Devant les cadavres de leurs victimes, ils restent impassibles, et racontent froidement, et comme s'il s'agissait d'une chose ordinaire, tous les détails de leur crime. D'autres viennent, aussitôt après l'assassinat, en faire la déclaration aux magis-

(1) Tome I, p. 571.

trats, et demandent instamment qu'on les fasse mourir. Parmi ces aliénés, il en est qui résistent à leur idée, ou luttent longtemps avant de succomber. Enfin plusieurs sont entraînés fatalement et exécutent leur projet avec une extrême rapidité. Dans ce dernier cas, l'impulsion est parfois subite, plus forte que la volonté; le crime est commis sans motifs, sans précautions, le plus ordinairement sur des personnes inconnues, quelquefois sur des personnes chéries. Aujourd'hui, presque tous ces individus sont enfermés comme fous.

L'Angleterre a établi pour cette catégorie de malades, à Bethlehem (hospice d'aliénés à Londres), une section spéciale connue sous le nom de *Division des fous criminels*, qui seraient mieux appelés *dangereux*. En 1823, il y avait dans cette section 54 malades, et en 1846, lorsque nous la visitâmes, on en comptait 97, dont les actes pouvaient être ramenés aux trois chefs suivants :

```
1° Contre l'État.....................  2
2° Contre les personnes..............  63
3° Contre les propriétés.............  32
                                       ──
                                       97
```

Le docteur Alex. Morison, l'un des médecins de cet hôpital, qui a publié sur les maladies mentales un bon traité, nous dit que la folie n'était pas douteuse chez ces aliénés. Depuis cette époque, on a établi un second établissement du même genre à Dendrum, en Irlande.

La connaissance de ces faits, leur nombre, la conviction où je suis qu'ils ne peuvent s'expliquer que par la folie, opinion partagée par les médecins aliénistes de tous les pays, la création déjà ancienne en Angleterre d'une division particulière pour ces insensés, m'ont fait proposer l'établissement d'un hôpital spécial pour les fous vagabonds et criminels, auquel le nom de fous nuisibles conviendrait beaucoup mieux (1).

(1) *Annales d'hygiène et de médecine légale*, 1846, t. XXXV, p. 396.

Ce moyen concilie les droits de la société et les égards dus au malheur. Cette opinion est aussi celle de M. le docteur H. Roger. Dans son compte rendu du travail que j'avais envoyé à l'*Union médicale* sur le fait qui avait impressionné si douloureusement la ville de Lyon (1), il s'exprime en ces termes :

« Au moyen âge, ces fous redoutables, et d'autres souvent fort inoffensifs, les sorciers, par exemple, mouraient sur le bûcher comme les criminels ; insensés ou coupables, on brûlait tout, laissant à Dieu le soin de reconnaître les innocents. La justice de nos jours est moins expéditive : plus éclairée, elle distingue davantage. Mais s'il est juste de regarder ces crimes insolites, ces forfaits inexplicables, comme le douloureux produit de l'aliénation mentale, il n'en faut pas moins aviser à ce que les citoyens paisibles et raisonnables soient préservés efficacement des coups aveugles de ces furieux. Que ces terribles monomanes soient absous au point de vue de la criminalité, ainsi le veulent sans doute l'humanité et la philosophie chrétienne ; mais au moins est-on en droit de demander qu'ils soient mis à tout jamais dans l'impossibilité de nuire ou de répéter leurs actes de folie impitoyable, comme l'aliéné fanatique de Pinel (2). »

13° RESPONSABILITÉ MÉDICALE DANS LES CAS DE SUICIDES D'ALIÉNÉS. — De tout temps, les aliénés se sont tués, et l'exemple du roi Cléomène, que nous avons cité parmi les suicides de l'antiquité, ne laisse aucun doute à cet égard. Les quinze faits qui nous sont propres, les dix inscrits au chapitre de la symptomatologie, les vingt-trois accomplis de 1834 à 1843 dans les maisons de santé de Paris, soumises à la visite du médecin des décès, celui du fou qui s'étrangla, dans la cour de l'asile de Gand, au

---

(1) *Constitutionnel*, 30 septembre 1851.
(2) A. Brierre de Boismont, *Des rapports de la folie-suicide avec l'homicide* (*Annales médico-psychologiques*, 1851, p. 626 et suiv.). Ce mémoire contient un grand nombre d'observations. — Voyez le mémoire de M. le docteur Dechambre, *De la monomanie homicide-suicide* (*Gazette médicale*, 1852).

moment où Guislain faisait sa visite, confirment cette sentence d'Esquirol : *Tout aliéné qui voudra réellement se tuer, arrivera à son but, malgré les plus grandes précautions.*

Cette opinion, qui est aussi celle des médecins aliénistes, et leur fait redoubler de surveillance, lorsqu'on leur confie de semblables malades, les avait mis jusqu'à ces derniers temps à l'abri des poursuites (1). Quelques personnes cependant ont pensé que le suicide d'un aliéné, souvent malade depuis longtemps, causait un tort réel à sa famille ! Elles ont été naturellement d'avis que ce dommage, suite fréquente d'un projet médité, dissimulé et préparé par une série de combinaisons plus ou moins habiles, pouvait être réparé moyennant une somme d'argent !

C'est pour éclairer la solution de cette question que nous allons donner un extrait des deux affaires suivantes :

Madame C..., âgée de trente ans environ fut conduite en juillet 1860, dans la maison de santé de ma fille, le prix de mon établissement ayant paru trop élevé à la famille. Cette dame présentait à un haut degré les symptômes de la monomanie triste avec idées de suicide. De l'aveu de ses parents et du sien, la maladie avait au moins dix ans de date, et, dès cette époque, madame C... avait fait une première tentative de suicide. Depuis quinze jours, elle s'enfuyait à chaque instant dans la campagne, pour se cacher dans les blés, se mettre la tête contre terre afin de s'étouffer, elle s'était même enfoncée dans la bouche un tampon de linge qui avait déterminé des symptômes d'asphyxie, pendant plusieurs heures. Ces tentatives diverses avaient été faites chez elle et en présence des siens. Une domestique particulière fut attachée à sa personne, avec la recommandation expresse de ne pas la quitter. Ses parents avaient demandé,

(1) Toute tentative de suicide doit être déclarée à M. le commissaire de police du quartier, qui rédige un procès-verbal, assisté d'un médecin. Ce rapport est envoyé au préfet et au procureur impérial.

comme une grâce, de ne point la laisser au milieu des autres aliénées et de ne point lui mettre la camisole.

Conformément à ces désirs, madame C... passa la première journée dans le jardin, réservé aux malades tranquilles, avec sa domestique. Elle parut s'y plaire ; mais la suite fit voir qu'elle avait étudié la localité pour pouvoir s'évader. Le lendemain matin, la malade demanda à retourner au jardin. Elle y était depuis deux heures, quand la directrice de l'établissement vint la visiter. Elle trouva la gardienne en pleurs, qui lui dit qu'elle craignait bien qu'elle ne se fût évadée. Il était arrivé, dans cette circonstance, ce qui arrive presque toujours en pareil cas. L'évasion s'était effectuée quelque temps auparavant, et au lieu de prévenir aussitôt le chef de l'établissement, on avait perdu des moments précieux à chercher la fugitive. Quant à celle-ci, voici ce qu'elle avait fait : prétextant un besoin, elle s'était placée derrière un massif. La première fois elle avait reparu ; mais à la seconde ou à la troisième répétition de ce manége, elle s'était cachée dans un de ces massifs, et, pendant qu'on parcourait le jardin, elle avait gagné un petit toit de cabane qu'elle avait remarqué la veille, et de là, franchissant le mur, elle s'était élancée dans la rue.

Les recherches les plus actives furent faites dans tous les lieux environnants. L'autorité fut prévenue. Un instant on crut la retrouver. Des employés de l'octroi l'avaient vue passer, puis sa trace se perdit. Au point du jour, le lendemain matin, on constatait son suicide, elle avait été coupée en deux par le chemin de fer de ceinture.

Le procès-verbal du commissaire de police, transmis au parquet et à la préfecture de police ne donna lieu à aucune poursuite. Il n'en fut pas de même de la famille, elle intenta une action en dommages et intérêts, tarifée à la somme de 3000 fr. Cette poursuite était fondée sur le tort résultant pour le ménage C... de la mort d'une aliénée, qui avait fait dix ans auparavant une tentative de suicide, qui l'avait renouvelée, nombre de fois chez elle, quinze jours avant son admission, et avait avoué au médecin adjoint de mon établissement que cette pensée ne la quittait jamais. L'argument principal était la négligence qu'on avait mise à la surveiller, puisqu'elle avait pu s'évader.

Voyons maintenant ce qu'on peut opposer aux motifs développés contre l'évasion ; car on accordait que le suicide, accompli dans la maison, en présence des gardiens, n'eût pu être incriminé.

Toutes les précautions indiquées en pareil cas avaient été prises. La malade avait une gardienne particulière à laquelle des aliénées semblables avaient été confiées, qui avait ordre de ne pas la quitter, de la remettre à une autre domestique en cas d'éloignement et de recourir à la camisole si elle faisait une tentative. La directrice ne pouvait rien faire de plus, à moins de l'accompagner elle-même, ce qui est peu praticable quand il y a 60 pensionnaires dans l'établissement et que plusieurs sont atteintes du même mal.

Il ne faut pas perdre de vue que madame C..., à part ses conceptions délirantes, raisonnait convenablement, pouvait combiner son projet, l'exécuter, parce que la fixité de l'idée appelle à elle toutes les forces de l'intelligence, et que, dans ce cas, l'aliéné a, sur ceux qui l'entourent, la supériorité d'une volonté constamment tendue vers un but, tandis que chez les gardiens, l'inattention fait bientôt place aux recommandations, qui se perdent dans le cours ordinaire de leurs pensées et l'influence de l'habitude.

Mais, dira-t-on, malgré la surveillance exercée, la malade s'est évadée ! Vous ignorez donc, pourrait-on répondre, qu'il n'est pas d'établissement public ou privé, quelque bien tenu qu'il soit, d'où il ne s'échappe des aliénés. Ceux-ci dont, jour et nuit, la pensée est la même, car l'insomnie est très-fréquente chez eux, ont un avantage incontestable sur les surveillants, à raison de la fixité de l'idée qui, si elle est leur maladie, est également leur puissance. Aussi l'aliéné monomane qui veut s'évader, se tuer,

tuer quelqu'un, atteindra-t-il souvent son but. Pour prévenir ces événements, il ne reste que la ressource de le camisoler ou de l'enfermer dans une cellule de sûreté, mesures contre lesquelles on ne cesse de protester, aujourd'hui surtout, où les partisans de la colonie de Gheel ne veulent plus qu'on emprisonne les aliénés dans les asiles fermés.

Pourquoi d'ailleurs le directeur d'un asile serait-il plus responsable d'une évasion lorsqu'il a pris ses précautions pour l'empêcher, fait ses recommandations, en conséquence, que le directeur d'une prison ? Il est matériellement impossible que, dans les deux cas, ces chefs puissent surveiller eux-mêmes des centaines d'individus ; il faut qu'ils délèguent leur pouvoir à des gardiens ; or, à moins de suspicion, le directeur d'une prison n'est jamais poursuivi pour une évasion ; et, cependant, il a pour s'en garantir le cachot, les menottes, la camisole, les chaînes, les chemins de ronde et les hautes murailles.

Les conditions sont différentes pour le directeur d'asile. L'individu qui lui est confié est un malade et non un coupable. Il doit faire tous ses efforts pour adoucir sa position, la rendre supportable, et l'avertir qu'il sera obligé de prendre des mesures de répression, s'il fait un acte répréhensible. Il est de règle de ne recourir à ces moyens, surtout lorsque l'aliéné est tranquille et conserve de l'empire sur lui-même, que quand il y a eu une manifestation. Ce sont justement les malades de cette catégorie, qui combinent les projets d'évasion, de suicide, etc. Les asiles publics et privés devant déguiser, le plus possible, la séquestration, ne sauraient s'entourer des précautions de défense, à l'usage des prisons. Heureusement pour leurs directeurs, que les aliénés n'ont pas la même force de volonté, car la position ne serait pas tenable. Il n'est donc pas surprenant qu'il y ait des suicides dans ces établissements. Pour l'année 1853, M. Legoyt, chef de bureau de la statistique générale de France, en signalait dix-sept cas, sans parler des tentatives qui sont excessivement nombreuses.

Afin de se bien se pénétrer de la difficulté de prévenir les morts violentes parmi les aliénés, il ne faut pas perdre de vue que le suicide peut être prémédité ou instantané. Dans le premier cas, la maladie redouble de dissimulation, de ruses, d'adresse, et c'est au moment où l'on s'y attendait le moins, ou lorsque le danger semblait éloigné, qu'il accomplit son projet. Dans le second, l'acte a lieu sans qu'aucun indice ait éveillé l'attention. Ce chapitre contient des exemples concluants de ces deux classes de suicides; nous en rapporterons deux autres, relatifs à l'instantanéité. Une jeune dame causait fort tranquillement avec une de ses gardiennes. Tout à coup, elle saisit avec la rapidité de l'éclair, la ganse qui maintenait les rideaux de son lit, la serre autour de son cou avec une telle énergie, en s'enfonçant la figure dans son matelas, que les efforts des deux gardiennes, un instant surprises, sont d'abord impuissants. Enfin, l'une d'elles a l'idée de lui donner une forte chiquenaude sur le derrière du cou, la malade relève brusquement la tête, on profite de ce mouvement pour introduire une main entre la peau et le lien, et saisir ses deux bras. La figure était déjà violacée, et le tégument cutané conserva, pendant plusieurs jours, l'empreinte du sillon. Durant près d'une semaine, cette jeune dame renouvela ces tentatives soudaines, mais, dès la première, nous l'avions mise dans l'impossibilité de les effectuer.

Quelquefois, c'est une hallucination qui pousse à ces suicides imprévus. Un négociant avait demandé qu'on le plaçât en maison de santé avec un domestique, pour l'empêcher de se faire mal. Un jour que celui-ci avait le dos tourné, le malade se précipite vers la glace de la cheminée, la tête en avant. Le choc est si violent que le cristal vole en éclats. L'aliéné tombe sans connaissance, baigné dans son sang; lorsqu'il est revenu à lui, il déclare qu'il a vu dans le miroir deux chiens énormes s'élançant pour le dévorer, et que voulant échapper à cet affreux supplice, il a cherché aussitôt à se tuer.

Cet exposé ne suffit-il pas pour montrer les difficultés pour ne pas dire les impossibilités d'empêcher certains suicides ? C'est cette conviction, fondée sur la connaissance du mal, qui faisait que les médecins spécialistes se croyaient à l'abri de la demande en indemnité et qu'ils croient encore que, lorsque l'enquête administrative et judiciaire a démontré qu'ils avaient rempli leur devoir, ils ne sauraient être condamnés par les tribunaux.

A la première proposition qui nous fut faite d'arranger cette affaire, d'abord pour 3000 francs et plus tard pour 15 000 francs, nous répondîmes par un refus formel. Persuadé que nous n'avions rien à nous reprocher, nous déclarâmes que notre intention était de nous en rapporter aux tribunaux, qui décideraient si les médecins d'aliénés, qui ont constamment à redouter des évasions, des suicides, des actes de violence, des attentats contre leurs propriétés, leur existence, devaient encore craindre d'être poursuivis, lorsqu'un malade s'enfuit ou se tue, quand ils ont pris toutes les mesures prescrites en pareil cas.

Le procès eut lieu, il fut soutenu de part et d'autre par des avocats de talent, mais qui ne connaissaient pas les aliénés. Le jugement fut remis à huitaine. Un ami, d'un esprit sûr, nous conseilla de transiger, beaucoup de personnes le désiraient. Trois mille francs terminèrent le débat, juste la somme à laquelle on avait primitivement évalué le dommage.

Cette transaction nous a laissé une impression pénible, parce que nous avions la conviction de notre bon droit. Elle a eu, en outre, pour conséquence de nous faire refuser ces malades, quand ils étaient trop inquiétants, et de nous obliger à recourir aux mesures coercitives, dès que nous reconnaissions cette tendance parmi ceux qui nous étaient confiés, ce qui est un pas rétrograde dans la réforme. Il est très-probable que si nous n'avions pas cédé à des considérations de convenance et d'intérêt, notre procès aurait eu le résultat de celui du médecin dont nous allons emprunter le récit aux journaux judiciaires.

TRIBUNAL CIVIL DE LA SEINE (4° CHAMBRE).

Présidence de M. CASSEMICHE. Audience du 29 juin 1864.

Suicide d'un aliéné sur le chemin de fer du Bourbonnais. — Action en responsabilité.—Demande de 60 000 fr. en dommages-intérêts.

Le 31 mai 1863, sur la demande de la famille, un aliéné du nom de Ricard, que nous avons eu dans notre établissement, était transféré, par le chemin de fer du Bourbonnais, de la maison de santé de l'Assomption de Clermont-Ferrand, à la maison impériale de Charenton. M. le docteur H... et deux frères religieux, tous les trois attachés à l'établissement de l'Assomption, l'accompagnaient. Ils avaient pris place seuls avec lui, dans un wagon réservé. Tout à coup, au moment où le train quittait la station de Cosne, Ricard trompant la surveillance de ses compagnons de voyage, ouvrit une portière et se précipita sur la voie ferrée. Quand on le releva, il avait le crâne fracassé ; transporté à l'hôpital de Cosne, il a succombé au bout de quelques heures.

Sa veuve, à raison de ce douloureux événement, forma, devant le tribunal civil de la Seine, une demande en 60 000 francs de dommages-intérêts, tant contre la Compagnie de Lyon que contre M. le docteur et les deux religieux.

Elle prétendit, par l'organe de M° Delasalle, son avocat, que le chef de gare de Clermont-Ferrand avait engagé la responsabilité de la Compagnie de Lyon, en refusant de fournir pour le transfèrement d'un aliéné, ainsi qu'il y était obligé par les règlements ministériels, un compartiment spécial, ne pouvant pas s'ouvrir de l'intérieur. Quant aux trois autres défendeurs, ils avaient manqué de vigilance ; s'ils avaient mieux surveillé l'aliéné, confié à leurs soins, l'accident qui avait prématurément mis fin à ses jours ne se serait pas produit.

Mais le tribunal, après avoir entendu M° du Miral, avocat de M. le docteur H... et des deux frères, et M° Péronne, avocat de la Compagnie de Lyon, conformément, d'ailleurs, aux conclusions de M. l'avocat impérial Huet, considérant, en ce qui touche la Compagnie de Lyon, que si, aux termes d'un arrêté ministériel du 15 juin 1858, les Compagnies de chemin de fer sont tenues de fournir, à prix réduit, des compartiments réservés aux aliénés, accompagnés d'infirmiers ou de gendarmes, c'est seulement sur la réquisition administrative ; que dans l'espèce, aucune réquisition de ce genre n'avait été faite à la Compagnie du chemin de fer de Lyon, pour le transfèrement de l'aliéné Ricard, de la maison de santé de Clermont-Ferrand, dans la maison impériale de Charenton ; en ce qui touche les autres défendeurs, considérant qu'il résultait des documents produits dans la cause, que, pour le transfèrement dont il s'agit, le directeur de la maison de santé de l'Assomption avait pris toutes les précautions que pouvaient suggérer la prudence la plus éclairée, qu'il avait fait accompagner l'aliéné Ricard par le docteur H... et par deux frères attachés à l'établissement ; que de leur côté, ceux-ci s'étaient munis d'une camisole de force pour le cas où l'emploi en serait reconnu nécessaire, dans le cours du voyage ; que jusqu'à la station de Cosne, Ricard était resté dans l'état de calme le plus parfait ; qu'il manifestait la plus grande satisfaction d'être transféré, suivant le désir qu'il en avait exprimé, dans la maison impériale de Charenton, où il avait déjà séjourné à diverses reprises ; qu'après avoir séjourné à la station de Cosne, il était remonté, sans difficulté aucune, dans le wagon, manifestant toujours la même satisfaction, et conservant le même calme ; que sur le désir exprimé par lui de fumer un cigare, cette permission lui avait été accordée par le docteur H..., en vue de l'entretenir dans ces dispositions paisibles, et qu'il avait été, à cet effet, placé momentanément près de la portière ; que tout à coup, et sans que rien eût pu faire prévoir à ses gardiens une pareille détermination, il s'était précipité sur la voie par ladite portière dont il était parvenu à faire jouer les verrous targettes, ou crochets extérieurs, dans les mouvements naturels à l'action d'un fumeur ; que s'il était certain qu'il avait trompé la vigilance de ses gardiens, il n'était établi à la charge de ces derniers aucun fait qui pût être juridiquement qualifié d'imprudence et de négligence, et les rendre responsables des conséquences de sa mort, survenue à la suite de cette chute ; considérant, qu'au surplus, il n'était nullement établi que la mort de Ricard eût été pour sa veuve l'occasion d'un préjudice appréciable en argent ; que Ricard, pédicure ambulant, séquestré déjà à différentes reprises depuis 1853 dans des établissements d'aliénés, était hors d'état d'exercer fructueusement à l'avenir son industrie ; que sa succession avait été répudiée par ses héritiers présomptifs, lesquels seuls avaient pourvu aux frais de son transfèrement ; par ces motifs déboute la veuve Ricard de sa demande et la condamne aux dépens (1).

Ce fait n'est-il pas une preuve concluante que l'aliéné se tuera toujours, quand il le voudra ? Quels que soient les motifs qui aient poussé Ricard à se précipiter au dehors, trois hommes expérimentés n'ont pu, dans un espace aussi rapproché que celui où ils se trouvaient, étendre la main assez rapidement pour saisir l'aliéné, qu'ils ne devaient pas perdre de vue dans un pareil lieu. En admettant que Ricard n'ait pas eu l'intention de se tuer, qu'il n'ait voulu qu'échapper à ses gardiens ou à ses ennemis, s'il eût eu la chance de ne pas se blesser, comme cela est arrivé à un autre aliéné qu'on amenait par le chemin de fer dans notre établissement, il pouvait facilement s'évader. Quant aux différences à établir entre cette évasion et celle de la dame C..., nous n'en voyons point ; car, dans les deux cas, les aliénés avaient également trompé leurs surveillants par leur apparence de calme, leur dissimulation, leur genre de ruse, résultat auquel ils arriveront toujours en pareil cas, parce que leur pensée ne perd jamais le but qu'elle se propose. Si le docteur H... a été déclaré irresponsable, parce que le tribunal a reconnu qu'il avait

(1) Le *Droit*, 18 et 19 juillet 1864.

fait son devoir, nous ne voyons pas pourquoi les mêmes conclusions ne nous auraient pas été appliquées (1).

14° DESTRUCTION PAR UN FOU-SUICIDE DE BILLETS DE BANQUE, DEMANDE EN RESTITUTION, PROCÈS A UNE COMPAGNIE D'ASSURANCE POUR AVOIR TRAITÉ AVEC UN ALIÉNÉ. — Nous terminerons ce chapitre par le récit d'un fait qui a eu quelque retentissement. Un ancien capitaine, officier de la Légion d'honneur, âgé de soixante-dix-huit ans, M. S..., se fit sauter la cervelle le 26 juin 1855. Par haine contre sa femme et son fils, il avait, de son vivant, dénaturé sa fortune, qu'il avait convertie en soixante mille francs de rentes viagères. Avant sa mort, il avait écrit une note, énonçant qu'il avait le 20 juin 40 380 francs, dont 33 000 en billets de banque et 7050 en or et en argent. Le commissaire, qui procédait à l'inventaire, ne trouva que 6732 fr. 55 c. d'argent, et dans la cheminée, un paquet de billets de banque, achevant de brûler dont il recueillit les fragments et les cendres; c'était incontestablement le reste des valeurs qu'il avait indiquées, dont il n'avait pas voulu que ses héritiers profitassent. On découvrit, parmi ses papiers, une autre note reproduisant, d'après le *Constitutionnel* du 15 juillet 1838, le suicide d'un vieillard d'Exeter, qui avait jeté une à une, dans un étang, toutes les guinées contenues dans un énorme coffre ; puis, de retour chez lui, avait brûlé son testament et ses billets. Sa nièce, qui lui rendait la vie amère, étant accourue pour mettre un terme à cette destruction, il retourna immédiatement vers l'étang et s'y noya. M. S..., dans ses papiers, parlait sans cesse de finir comme l'Anglais d'Exeter, et donnait des preuves évidentes de ses conceptions délirantes.

(1) Des circulaires du ministre des travaux publics, en date du 6 août 1857 et 15 juin 1858, règlent les conditions du transport des aliénés par les chemins de fer. Il est accordé un compartiment de seconde classe, moyennant le prix réduit des dix places. Cette condition ne peut pas toujours être remplie. Il serait nécessaire qu'un nouvel arrêté prévînt les difficultés qui peuvent surgir, quand les familles sont hors d'état de payer toutes les places, ou quand les malades n'appartiennent pas au département.

Après l'émotion d'une fin aussi tragique, les héritiers se mirent en mesure de recueillir les débris de la succession, et s'appuyant sur la note du 20 juin et les restes des billets échappés au feu, ils demandèrent à la banque le remboursement des 33 000 francs.

Le tribunal rendit un jugement par lequel : attendu que les fragments produits ne présentent pas les caractères nécessaires pour reconnaître la sincérité des titres, qu'en conséquence, aussi bien dans l'intérêt des tiers que dans celui de la banque de France, il n'y avait pas lieu de faire droit à la demande, déclara les demandeurs non recevables et les condamna aux dépens (1).

Battus sur ce point, les héritiers attaquèrent la Compagnie d'assurances sur la vie, *la Nationale*, siégeant à Tours, comme ayant traité avec un véritable aliéné. La note rédigée par M. Leroy, avoué à la cour, démontre, en effet, que tous les placements viagers ne sont pas seulement l'œuvre d'un fou, mais qu'ils portent encore avec eux la trace de la démence du rentier. Si la *Nationale* a eu gain de cause, ce que nous ignorons, un aliéné a pu traiter avec cette Compagnie, et son suicide n'a eu aucune influence sur la validité des placements qu'il lui avait faits, dans le but bien évident de déshériter et de ruiner sa famille, par suite de ses conceptions délirantes ! ! !

(1) *Le Droit*, 14 janvier 1857.

FIN.

TABLE DES CHAPITRES [1].

PRÉFACE V
CHAPITRE Ier. Des causes du suicide...................... 1
CHAPITRE II. Analyse des derniers sentiments exprimés par les
              suicidés dans leurs écrits.................... 296
CHAPITRE III. Symptomatologie (physiologie morbide) du suicide
              des aliénés................................ 332
CHAPITRE IV. De la nature du suicide...................... 413
CHAPITRE V. Du suicide dans ses rapports avec la civilisation.... 462
CHAPITRE VI. Distribution des suicides par régions, modes, époques... 542
CHAPITRE VII. Traitement du suicide...................... 580
CHAPITRE VIII. Médecine légale........................... 666

(1) Pour plus de détails, voyez la Table alphabétique et analytique qui fait suite.

FIN DE LA TABLE DES CHAPITRES.

TABLE ANALYTIQUE

Par abréviation, s. signifie suicide ou suicides.

A

Abdomen (Plaies de l'), 690.
Absolu (Notre opinion sur l'), 442.
Abstinence (S. par), 680.
Abus des boissons alcooliques, ses effets, 6.
Accouchement, son influence, 26.
Accroissement du s., 488, 489, 501, 547.
Activité (But d'), 611.
Acedia, Accidia, Athumia des moines, 252.
Adolescence, ses tendances à l'ennui, au s., 272.
Afrique (Le s. en), 467.
Age, son influence sur le s., 28, 422, 426.
— par périodes décennales, 34, 35.
— du nombre des suicides à chaque période de la vie, 37.
Alcoolisme chronique, 6, 63, 585.
Aliénés (Suicides dans les asiles d'), 336.
Alimentation forcée, 637.
Aliments. Les aliénés les refusent souvent, 380.
Ambition, son influence sur le s., 171.
Amour, son influence sur le s., 119.
Amour du gain (Suicides dus à l'), 177.
Amour-propre, son influence sur le s., 171.
Analyse des derniers sentiments exprimés par les suicidés dans leurs écrits, 297.
— morale. Son enseignement, 517.
Anatomie pathologique, 466.

Anesthésie chez les al. s., 392.
Angleterre (S. en), 479, 502, 503.
Animaux (S. chez les), 459.
Antiquité (Prédominance du moral sur le s. dans l'), 2, 465.
Antoclès, son s., 471.
Apathie, son influence sur le s., 13.
Appréciation du s. par un suicidé, 128.
Aptitude intellectuelle, sa part dans le s., 11.
Arabes. Suicide, 521.
Archambault. Eléments urbain, rural, 491.
Arles (Le concile d'). Sa décision sur le s., 474.
Armand (Affaire), 699.
Armée (S. dans l'), 51, 545.
Armes à feu (Plaies par), 680.
Artisans (S. nombreux parmi les), 49.
Artistes. Dégoût de la vie, 273, 496.
Asphyxie par le charbon, 668.
— par submersion, 671.
— par strangulation et suspension, 673.
Assurances sur la vie, suicides, 76, 708, 724.
Asthley Cooper. Ses pensées de s., 275.
Atmosphère. Son influence sur le s., 20, 209.
Aubanel. Suicides des mélancoliques, 229.
Augustin (Saint). Son opinion sur le s., 474.
Autriche (S. en), 504.
Avarice (S. dus à l'), 177.

48

754 TABLE ANALYTIQUE.

B.

Babeuf (fils). Son s., 552.
Bacon. Ses conseils sur le s. 609, 613.
Bade (Grand-duché de). S. du, 507.
Bains prolongés et irrigations, 635.
Balzac (De). Son mot sur la gloire, 107.
Barthez. Son opinion sur le s., 620.
Bavière (Accroissement du s. en), 501, 504.
Beaurepaire. Son s., 189.
Belgique (S. en), 506.
Benjamin Constant. Son ennui, 265.
Bernoulli. Art de conjecturer, 412.
Bertholet. Ses idées sur le s., 452.
Bertin. Un suic. par crainte du déshonneur, 143.
— Son opinion sur le s., 593.
Billod. Sa bouche pour nourrir, 637.
Bizarres (Motifs) du s., 329.
Blanc (H.). Du s. en France, 489, 504.
Blanc de céruse. Son influence sur le s., 224.
Blount. Son objection sur l'identité du principe du suicide et du crime, 412, 617.
Bonino. Sa statistique des États Sardes, 510.
Boréales (Mers). Suic. dans les, 210.
Boudhisme. Son influence sur le s., 466.
Boudin. Son opinion sur le s. des nègres, 516.
Bourdin, croit le suicide un acte de folie, 444.
Bourquelot. L'ennui du moyen âge, 250, 474.
Bourse (Jeux de), leur influence sur le s., 162.
Bouvart. Sa consultation, 606.
Brague (Le concile de). Sa doctrine sur le s., 474.
Brahmanes. Leurs s., 465.
Brigham (Docteur). Son relevé des s. aux États-Unis, 514.
Brouc. Son relevé des s., 486.
Bucknill. S. dans les asiles, 336.
Buonafé (De). Clubs de s., 467.
Busoni. Son opinion sur le s., 128.

C.

Calenture, 21.
Calmeil. Suicide des démonolâtres, 255.
— Sur le s. du moyen âge, 477.
Calomnie. Son influence sur le s., 169.
Campagnes. Leur influence sur le s. 491, 492, 493.
Canning. Anecdote d'un s., 137.
Capitales. Leur influence sur le s., 489, 492.
Caractère. Son influence, 11.
— triste, sombre, mélancolique, son influence sur le s., 243.
Caractères. Leur expression dans le s., 116, 341.
Cardan (Jérôme). Son s., 478.
Caro. Son opinion sur le s., 481.
Carrière. Observ. d'un s., 178.
Cassien. Acédia des moines, 252.
Cattlin. S. des Indiens, 520.
Causes du suicide, 1.
— Leur état complexe, 13.
— Leur influence sur le s. d'après le caractère des individus, 116.
— déterminantes, leur influence sur le s., 56.
— prédisposantes, 15.
Cazauvielh. Hérédité du s., 16, 18, 629.
Célibat. Son influence sur le s., 39, 493.
Celtes (S. chez les), 468.
Cérébrales (Maladies) négligées, 211.
Césaire. Acedia ou accidia des monastères, 253.
Chagrins en général, 107.
— domestiques, leur influence sur le s., 93.
Chaldéens (Rareté du s. chez les), 466.
Chaleur. Son influence sur le s., 209, 578.
Chamfort. Son s., 186.
Charbon (Asphyxie par le) 668.
Charité (Esprit de). Son utilité, 615.
Chateaubriand. Sa peinture de l'ennui, 262, 273.
Chatterton. Son s., 171.
Chereau. S. d'Othon, 416.
Chauveau. Son opinion sur les., 622.

TABLE ANALYTIQUE.

Chine (Le suic. en), 466, 522.
Chute (S. par), 685.
Chloroforme (S. par le), 569.
Christianisme (Son influence sur le), 245, 473.
Chrysostôme (Saint Jean). Sa description de l'ennui, 248.
Cicéron. Son opinion sur le s. 469.
Civil (État). Son influence sur le s., 39, 493.
Civilisation (Considérations sur la), 463, 485, 495, 589.
Clément. Sa ressemblance avec Werther, 246.
Clémentines (Les). Leur peinture de l'ennui mélancolique, 246.
Cléomène. Son s., 471.
Climat. Son influence, 20, 22.
Clottre (Utilité du), 617.
Clubs de suicides, 467.
Cœur (Plaies du), 689.
Colère (S. dus à la), 177.
Coleridge. Son anecdote, 312.
Combes (Edmond). S. d'un esclave en Egypte, 520.
Combustion volontaire (S. par), 567.
Comminatoires (Peines), leur inutilité, 621, 623, 624.
Comourants (Académie des), 467.
Comptes rendus de la Justice criminelle, 216, 429, 512.
Conceptions délirantes des aliénés, 341, 345.
Conciles. Leurs opinions sur le s. 474.
Condamnés (Influence du s. sur les), 25.
Confession (Utilité de la), 617.
Confucius (S. des philosop. de l'école de), 466.
Consanguins (Mariages), 588.
Conseils sur le s., à qui servent-ils? 600.
Constatation des s. (Modes de), 553.
Contagion morale du s., 258.
Contradictions de l'homme, 327.
Contrariétés, 107.
Convention (Suic. des secrétaires, de la). 177.
Conversation. Son influence sur les idées tristes, 609.
Craintes du s., 358.
Crises (Utilité des), 655.
Croisement. Son utilité, 586.

Crommelink. S. dans les asiles, 336.
Cyniques. Leur opinion sur le s., 469.
Cyrénéens. Leur opinion sur le s., 469.

D.

Danemark (Accroissement du s. en), 501, 507.
Dangeau. Son anecdote sur le s., 622.
David (d'Angers). Sa tentative de s., 455.
Dechambre. Son opinion sur les faits, 441.
Delasiauve. Du *delirium tremens*, 73.
Delécluse. Son observ. sur les dernières paroles des mourants, 314.
Délire. Son influence sur le s., 236.
— aigu. Son influence sur le s., 237.
Démence. Sa part dans le s., 224.
Demeures des s., 544.
Démocratie. Son influence sur le s., 482, 592.
Démonolâtres, leur s., 255, 477.
Départements (Elèves aux écoles des), 497.
— Leur nombre proportionnel de s., 550.
Dépression. Son influence sur le s., 238.
Désastres. Leur influence sur le s., 193, 194.
Descuret. S. de conventionnels, 176.
— Son observ. sur les gens religieux, 605, 620.
Des Etangs. Sa classification des s., 59.
— Suicides politiq., 182.
Deshonneur (Crainte du), 140.
Desmaze. Son opinion sur le s., 622.
Détenus (S. des), 53.
Déterminations subites de s., 293.
Devergie. Ses relevés de s., 555, 564.
Devoirs. Leur utilité contre le s., 593, 595, 598, 602, 604.
Dévouement exagéré (Suic. dus au), 177, 193, 195.
Dieu (Crime du s. envers), 594.
Différences des travaux des médecins et des philosophes, 542.

TABLE ANALYTIQUE.

Diogène. Son s., 469.
Disette. Son influence sur le s., 80.
Distractions. Leur utilité dans le s., 610.
Distribution des s. par régions, modes, époques, 542.
Diversion (Méthode de), 613, 614.
Division des motifs des s., en vrais ou présumés vrais, futiles, faux, inconnus, 57, 292.
Domestiques (S. des), 50.
Dominiquin (Le). Son s., 497.
Doubles suicides, 330, 567.
Douleur. Son influence sur le s., 57, 520, 537.
— Sa division en douleurs vraies, futiles, fausses, inconnues, 57.
Doute. Son influence sur le s., 290, 469.
Droz. Son opinion sur les ouvriers, 625.
Du Deffand (Madame). Son ennui, 257, 287.
Dumas. Ses conseils sur le s., 599.
Dupuytren. Ses idées sur le s., 202, 275, 437.
Durand-Fardel. Du s. chez les enfants, 28.

E.

Ecrasement (S. par), 694.
Ecrits. Remarques sur les aliénés, 235.
— Souvent la reproduction de la vie, 282.
— (Derniers). Sentiments exprimés par eux, 297.
— Leur rareté chez les aliénés s., 369.
Edifices publics (S. du haut des), 552.
Edme (Bourg Saint-). Son s., 444.
Education, 599, 601, 603, 657.
Egypte (Le s. en), 467.
Ellis. Ses remarq. sur l'hérédité du s. 16.
Embarras d'argent. Son influence sur le s., 80.
Emotions. Leur influence sur le s., 608, 653.
Empoisonnement (S. par), 690.
Emprisonnement cellulaire. Son influence sur le s., 53.

Enfants (Influence du s. sur les), 28.
— (Suicides d'), 190.
— nés de parents suicidés (traitement préventif), 656.
Enghien (Le duc d'). Tentativ. de s., 478.
Ennui. Son influence sur le s., 244, 268, 276, 283, 287, 289.
Epicharis. Son s., 442.
Epicuriens. Leur opinion sur le s., 470.
Epoques (Les trois) des suicides, 465.
— de transition. Leur influence sur le s., 498.
— critiques. Leur influence sur le s., 498.
— des suicides, 542, 570.
Espagne (S. en), 507.
Esprit. Son influence sur le s., 117.
— de révolte, 469.
Esquirol. Ses observations et ses conseils sur le s., 391, 392, 428, 605, 640, 642, 655.
Etat civil, dans ses rapports avec le s., 39, 493.
— de fortune, dans ses rapports avec le s., 41.
Etats-Unis (S. aux), 514.
Etoc-Demuzy. Son opinion sur le s., 36, 435, 491, 518.
Etrangers (S. des) à Paris, 545.
Exaltation d'esprit. Son influence sur le s., 238.

F

Faiblesse d'esprit. Son influence sur le s., 238.
Faits. Leur caractère et leur interprétation, 440.
Falret (J. P.) Hérédité de la folie, 17.
Familial (Traitement), 649.
Famille (Crime du s. envers la), 596.
Farinelli. Son influence sur Philippe V, 610.
Fatalité. Ses suites graves, 14.
— Son influence sur le s., 521.
Faustin Hélie. Son opinion sur le s., 622.
Femmes (Influence du s. chez les), 23, 26.
— (Ennui chez les), 289.

TABLE ANALYTIQUE. 757

Femmes. Leur proportion dans le s., 23.
Ferrus (G.). S. chez les prisonniers, 26, 53, 649.
Fièvre cérébrale. Son influence, 8.
Filles. Leur éducation, 661.
Flandin (Eugène). Rareté du s. en Perse, 522.
Folie dans ses rapports avec l'ivrognerie, 66.
— Son influence sur le s., 212, 216, 461.
— Causes de s. dans l'antiquité, 470.
— Elle n'est pas la seule cause du s., 213, 417, 424, 427.
— (Réserves sur la), 415, 416.
Folie-suicide (Traitement de la), 632.
Forbes-Winslow. Influence des distractions, 610.
— Son anecdote de Voltaire, 626, obs. 627, 629, 638.
Forçats (S. des), 53.
Formule du suicide (Aliénés et gens raisonnables); elle ne lève pas toutes les difficultés, 412.
Fortune (Etat de). Son influence, 41.
Français. Leur extrême sensibilité, 9.
— (Prédominance de la sensibilité chez les), 8.
France (S. en), 25, 489.
— (Accroissement du s. en), 501.
Franck (Ad.). Son opinion sur le s., 461.
Fréquence de la pensée du s. chez les hommes célèbres, 418, 428, 451.
Friedreich. S. chez les enfants, 30.
Froid. Son influence sur le s., 210.

G

Gall (F. G.). Hérédité de la folie, 15.
Gastronome (S. d'un), 117.
Gaulois (S. des), 468.
Généralisation (Réflexions sur la, 415.
Génésique (Instinct). Son exaltation, 69.
Genève (Canton de). S. du, 507.
Gérard de Nerval. Son observ. d'un malade, 646.
Géricault. Sa tentat. de s., 455.

Girolami (G.). S. dans les asiles, 336, 379.
Girondins (S. des), 187.
Godineau (Docteur). Son opinion sur le croisement, 587.
Grèce (Le s. en), 468.
Grégoire de Tours (Saint). Ses récits, 474.
Grey (Jane). Son opinion sur le s., 478.
Gros. Son organisation, ses tendances, 274.
Grossesse. Son influence sur le s., 26.
Groupes du s. Leur division, 60.
Guérison des aliénés-s., 407.
Guerry. Son relevé et ses obs. sur le s., 298, 486, 549, 577.
Guillon. Ses entretiens sur le s., 607.
Gymnastique. Son utilité, 652.
Gymnosophistes. Leurs s., 465.

H

Habitants de Paris (S. des), 545.
Hallucinations. Leur influence sur le s., 225.
— et illusions des aliénés-s., 387.
Hambourg (S. à), 508.
Hamlet (Tristesse et ennui d'), 257.
Hanovre (Accroissement du s. en), 501, 508.
Haydon (Peintre anglais). Son s., 448.
Hébreux (Rareté et fréquence du s. chez les), 466, 477.
Hégésias. Son s., 469.
Hérédité. Son influence sur le s., 3, 15, 19, 339, 588.
— n'est pas une loi fatale, 14, 657.
— chez les aliénés-suicides, 339.
Homicide dû au s. 596.
— (Simulation d'), 698.
— dans ses rapports avec les s., 729.
Homme (Opinion de Montaigne sur l'), 415.
Hommes. Leur proportion dans le s., 23.
Horace. Sa mention du s., 345.
Horrors (The). Sorte de fièvre chaude, 21.
Hydrothérapie. Son emploi dans le s., 636

TABLE ANALYTIQUE.

Hygiène. Ignorance de ses premières notions, 3.
— Son influence sur le traitement, 584, 603.
Hypochondrie. Son influence sur le s., 242, 355.

I

Idée démocratique. Son influence sur le s., 482, 592.
Idées dominantes. Leur influence sur le s., 465, 518, 537, 591, 593.
— noires, 279, 281.
— tristes (Conseils sur les), 610.
Imitation. Son influence sur le s., 232, 403, 620.
Impression morale sur le s., 607.
Impulsions morbides irrésistibles, 396, 735.
Inclinations. Leur action sur le s., 56.
Inconduite. Son influence sur le s., 85.
Inde (Un épisode de la guerre de l'), 215, faits, 465, 520, 529, 533.
Industrie, industriels. Rapports avec le s., 41, 46, 49.
Influences atmosphériques et telluriques sur le s., 579.
Innéité (Loi d'), 20.
Instantané (Suicide), 20.
Instantanéité de l'idée du s., 292, 629, 739, 745.
— peut avoir une cause antérieure, 292.
Instinct de conservation (Influence sur l'), 414.
Institutions libres. Leur utilité, 590.
— religieuses, politiques. Leur influence sur le s., 498.
Instruction, dans ses rapports avec le s., 42, 497, 604, 659.
Intelligence. Ses rapports avec le s., 117.
Intérêts matériels. Leur influence sur le s., 112, 483, 592.
Intimidation. Son utilité, 637.
Inventeurs. Leur s., 496.
Irrésistibilité du penchant au s. chez les aliénés, 395, 396, 404, 735.
Irritabilité. Son influence sur le s., 12.

Isolement. Son utilité dans la folie-Suicide. 632.
Italie (S. en), 540.
Ivrognerie. Ses effets, 6.
— Son influence sur le s., 62.
— (S. instantané dû à l'), 66.
— conduit à la folie, 66.
— conduit au s., 67.
— détermine la perversion des facultés et l'irrésistibilité du penchant, 69.

J

Jalousie. Son influence sur le s., 134.
Jane Grey. Son opinion sur le s., 594.
Japon (Le s. au), 466, 527.
Jérôme (Saint). Sa mélancolie des moines, 249.
Jeu. Son influence sur le s., 162.
Jeunes gens (Conseils aux) sur le s., 600.
Joinville (Prince de). Sa lettre, 499.
Josèphe. Suicides de Josaphat, 466.
Juge. Sa pétition à Pierre le Grand, 303.
Juifs (Le s. chez les), 466, 477.

K

Kotzebue. Son anecdote, 609.

L

Lamartine (De). Sa peinture de l'ennui, 263.
Latena (De). Son opinion sur la publicité, 621.
Lazzari. Son suicide, 110.
Leblanc. Son suicide,, 496.
Lecomte (Jules). Lettres de Rachel, 447, 456.
— Le vol au s., 606.
Legoyt. Son opinion sur les progrès du s., 426, 487, 489, 491, 513, 545, 566.
Leibnitz. Son opinion sur la confession, 618.
Lélut. Son opinion sur le s. des aliénés, 440, 546.
Le Roy de Méricourt. De la calenture, 21.

Lettres (Dernières). Analyse des sentiments qu'elles expriment, 297.
— raisonnables des aliénés, 368.
— Leur rareté au moment de la mort chez les aliénés, 369.
Lherminier. Son opinion sur le s., 459.
Liberté dans le s., 413.
Libertinage. Son influence sur le s., 313, 314.
Libre arbitre (Du) dans le s., 413, 459.
Lieux de naissance des s. à Paris, 544.
— du suicide, 544.
Lisle. Relevés de s., 217, 583.
Logique du bon sens. Son influence sur le s., 607.
Lucas (P.). Hérédité dans les familles, 5.
Lucrèce. Son opinion sur le s., 468, 470.
Lune. Son influence sur les s., 579.
Luxe (S. dus au), 179.
— Son influence sur le s., 179.
Lypémanie. Son influence sur le s., 16.

M

Magendie. Son projet de s., 456.
Magnan. Son ordre du jour sur le s., 52.
Magnin. L'ennui mélancolique des monastères, 250.
Magnus Huss. Son opinion sur l'ivrognerie, 6, 63, 585.
Mahométans (Les) se suicident peu, 521.
Maine (Etat du). Loi contre l'ivrognerie, 624.
Maintenon (Madame de). Son ennui, 259, 479.
Mal (Objections contre le), 594.
Maladies. Leur influence sur l'ivresse, 71, 628.
— Leur influence sur le s., 7, 199.
Manque d'ouvrage. Son influence sur le s., 88.
Marc. Son état mental, 423, 695, 737.
Marcel. De la folie alcoolique, 67, 405.
Maréchal des logis (Le). Son s., 286.

Marguerite d'Autriche. Ses idées de s., 452.
Mariage quelquefois utile, 642.
Mariages consanguins, 588.
Mariana. Son opinion sur le s., 476.
Marie Coronel. Son s., 476.
Marseille. Son influence sur les s., 490.
Mathieu. Son tableau des âges, 37.
Maxime-Ducamp. Sa description du s., 265.
Mayer (Docteur). Des s. en Bavière, 505.
Mecklembourg (Accroissement du s., en), 501, 508.
Médecin (S. remarquable d'un), 430.
Médecine légale, 666.
Médecins. Nature de leurs travaux, 484, 542.
Mélancolie antique, moderne, 481.
Mélancolique (Caractère). Son influence sur le s., 243.
Mercier. Ses relevés sur le s., 486.
Mérovée. Son s., 475.
Mers boréales. Leur influence sur le s., 210.
Mesures coercitives, 640.
— préventives. Leur utilité, 584.
Météorologie. Son influence, 20.
Méthode de diversion, 610.
Metz (S. de), 476.
Mexicains. Leurs s., 520.
Militaires (S. des), 51, 545.
Mirabeau. Sa pensée de s., 201.
Misère. Son influence sur le s., 7, 73, 625.
Modes de suicide, 542, 562.
Moi (Danger de l'exagération du), 485, 495.
Moines. Leur maladie de tristesse, 250, 473.
Mois (Chiffre des s. dans les), 575.
Monastères (S. des), 252.
Monge. Ses pensées de s., 452.
Monomanie du vol ébrieuse, homicide ébrieuse, suicide homicide, ébrieuse, 62.
Monomanie-suicide simple, 396.
Monomanies proprement dites, rares mais existent, 404.
Montaigne. Son opinion sur le s., 479.
— S. chez les enfants, 29, 416.
Montmorency (La duchesse de). Ses pensées de s., 451.

Morache (Docteur). Du s. en Chine, 522.
Moral. Sa prédominance dans l'antiquité sur la production du s., 2, 581, 583, 584 et suiv., 608.
Moralité dans ses rapports ave le s., 44.
Moraux (Moyens) dans le traitement du s., 591.
Moreau, de Tours. Hérédité de la folie, 19, 392.
Morel. Ses recherches sur les descendants des alcoolisés, 6, 63, 583, 585.
Morgue, 554.
— (Relevé des s. de la), 555.
Mortalité des suicides-aliénés, 406.
Morus (Thomas). Son utopie, 479.
Motifs du s. Leur différence chez les aliénés et les gens raisonnables, 368.
— divers, 177.
— futiles. Causes du s., 116.
— inconnus du s., 292.
— divers, futiles, faux, inconnus, 108, 177, 292.
Moyen âge. Ennui et suicides des moines, 250, 473.
— (Etat du suicide pendant le), 473.
Moyens physiques, 626.
M*** (docteur-médecin). Son s., 430.

N

Napoléon. Ses idées sur le s., 275, 437.
Nations. Influence de leurs caractères différentiels sur le s., 501.
Nature du s., 413.
Néant. Objection, 595.
Nègres (S. des), 516, 535.
Nicolas (Le pape). Son opinion sur le s., 474.
Norvége (S. en), 514.
Nostalgie. Cause de s., 223.
Nourrit. Une cause de son s., 273.
Nouvelle-Californie (S. dans la), 537.

O

Objets trouvés, avec ou sur les s., 556.

Oliveira (Em. d'). Maladie de Panama, 209.
Opinions exaltées (S. dus aux), 177.
Ordre numérique, proportionnel, de groupement et d'analogie, 60.
Organisation. Son influence, 10.
Organisme (Influence de l'), 418, 421, 427.
Orgueil. Son influence sur le s., 171.
Orient. Origine du s., 1, 465.
Othon. Son s., 416.
Ouvriers. Nécessité d'améliorer leur sort, 625.

P

Palliatifs. Leur influence limitée, 583.
Panthéisme. Son influence sur le s., 2.
Paradoxe de l'opinion sur le s., 417.
Paralysie générale, 224.
Parchappe. Son opinion sur le s., 664.
Paresse. Son influence sur le s., 90.
Paris. Son influence sur le s., 27, 489, 490.
— Ses éléments de suicide, 544.
Pariset. Sa tentative de s., 275.
Parkman. Son observ. d'un fou s., guéri par une crise, 655.
Passions. Leur influence sur le s., 56, 463, 500, 518, 598, 599, 653.
Patrie (Nécessité de l'amour de la), 603.
Pauvreté. Son influence sur le s., 73, 518.
Paysans. Leur conduite envers leurs parents vieux, 426.
Peines comminatoires. Leur inutilité, 621, 623, 624.
Pellagre (S. dus à la), 209.
Pendaison, 673.
Persans. Leurs s. rares, 522.
Péruviens. Leurs s., 520.
Perversion morale, transmise par les parents, causée par une maladie, 5.
Petit. Tableau des s., 41, 49, 216, 565.
— Son relevé du s., 486, 491, 578.
Pétrone. Son s., 470.

Peur. Son influence sur le s., 195, 219.

Philosophes. Différences de leurs travaux, 484, 542.

Physiologie. Ignorance de ses premières notions, 3.
— morbide des aliénés, 332.

Physionomie. Son expression dans le s., 427, 440, 442, 444.

Physique. Sa part sur la production du s., 2, 583, 585, 586, 588, 589.

Piémont (Le s. en), 510.

Pierre-le-Grand. Sa réponse à un juge qui veut se tuer, 403.

Pietra Santa (de). S. chez les prisonniers, 53.

Plaies par armes à feu, 680.
— du cœur, 689.

Platon. Son opinion sur le s., 468.

Plomb. Son action sur le s., 224.

Poison, 559.

Politique (S. dus à la), 177, 182, 498.

Pomponius Atticus. Son s., 201.

Population. Son rapport avec les s., 549.

Poursuites judiciaires. (Craintes de) Leurs suites, 140.

Précipitation (S. par), 685.

Prévost. S. de Genève, 507.

Prisons. Leur influence sur les s., 26, 53, 581.

Privations. Leur influence sur le s., 194.

Professions dans leurs rapports avec le s., 46, 494, 495, 497.

Progression des s., 487, 488, 489.

Proscrits de Toulon (S. des), 193.

Prostituées (S. des), 52.

Prud'hon. Ses idées de s., 453.

Prusse (Accroissement des s. en), 501, 508.

Puberté. Son influence sur l'ennui et le s., 273.

Pyrrhonisme. Son influence sur le s., 469.

Q

Quatrefages (de). Son opinion sur le croisement, 587.

R

Race. Sa part dans le s., 2.

Rachel. Ses idées sur le s., 448, 455.

Raikes (S. de lord), 163.

Raison et folie, 364.
— Son apparence chez les aliénés, 384.

Raisonnement. Son utilité, 607.

Raphaël. Sa mélancolie, 263.

Réclamés, non réclamés. Individus s., 560.

Reconnus, non-reconnus (S.), 561.

Réforme. Son influence sur le caractère, 484 (voy. 1re édit., p. 33).

Refus des aliments chez les aliénés s., 380.

Régions (Rapport des s. avec les), 542, 547.

Reid. Son conseil à un s., 608.

Religieux (Sentiment). Son utilité, 662.

Religions. Leur influence sur le s., 354, 499.

Remords. Son influence sur le s., 140.

Rémusat (Ch. de). Son opinion sur Chatterton, 172.

Renaissance. Son influence sur le s., 477.

Renaudin. De la pathogénie de la folie, 13.

René. Son influence sur le s., 262.

Responsabilité médicale. S. d'aliénés, 740, 747.

Ressources morales. Leur influence sur le s., 608.

Rêverie. Son influence sur le s., 257.

Revers de fortune. Leur influence sur le s., 80.
— double s., 330.

Révolte (Voy. *Esprit de*), 469.

Révolution (S. de la), 184.

Révolutions. Leur influence sur le s., 498.

Ribeira dit l'Espagnolet. Son s., 497.

Richelot. S. en Angleterre, en Ecosse, 52.

Riches (Ennui des), 277.

Romans (S. dus aux), 177.

Rome (Le s. à), 468.

Rousseau (Saint-Preux), 260.

Roux (Maurice). Simulation du s., 699.

Rurale (Population). Son influence sur le s., 491.
Russie (S. en), 510.

S

Sacy (de). Son opinion sur le s., 215.
Sadleir, membre du parlement. Son s., 168, 483.
Saint-Edme. Son s., 444.
Saint-Marc Girardin. Son opinion sur le s., 257, 460, 495.
Saint-Preux, 260.
Saint-Simon. Sa tentative de s., 428.
Saisons. Leur influence sur le s., 574.
Sand (George). Ses idées de s., 418.
Sangfroid dans le s., 321, 430, 443, 717.
Sancerre (De). Sa réponse à François II, 303.
Saxe (Accroissement du s. en), 501, 513.
Schoen. Du suicide en Europe, 508.
Section du cou, 687.
Sénèque. Sa description de l'ennui, 245.
Sensibilité. Son influence, 8.
Sens moral. Son influence sur le traitement, 593, 599.
Sentiments exprimés par les suicidés dans leurs écrits, bons, mauvais, mixtes, 300.
— Leur influence sur le s., 500.
Sentir (Manière de) sur le s., 117.
Sereine. Son ennui, 245.
Sésostris (S. de), 467.
Sexe. Son influence, 23, 426.
Seymour. Son emploi de la morphine, 641.
Shakspeare. Sa description de la tristesse, 258.
Siècles (Influence de quelques) sur le s., 257.
Simon (Jules). Son opinion sur le s., 594.
Simulation du s. S. simulé, 696.
Siroco (Vent du). Son influence, 22.
Skaë. S. dans les asiles, 336.
Société (Crime du s. envers la), 595.
— (Influence de la) sur le s., 595.
Sociétés de tempérance. Leur influence sur l'ivrognerie, 63.

Sombre (Caractère). Son influence sur le s., 243.
Sombre, roi dans l'Inde. Son s., 127.
Sonde œsophagienne. Son utilité, 637.
Sophie Monnier (l'amie de Mirabeau). Son s., 126.
Souffrance morale. Son influence sur le s., 520.
Spéculations. Leur influence sur le s., 162.
Spengler (Docteur), 508.
Spiritualisme. Son utilité, 662.
Spleen anglais, 257, 210, 610, 255
Staël (Madame de). Son opinion sur le s., 595.
Stagyre. Son esquisse, 247.
Statistique (Réponses aux critiques sur la), 58, 548.
Stobée. Son s., d'un ennuyé, 261.
Stoïciens. Leur opinion sur le s., 470.
Strangulation, suspension (Asphyxie par), 673.
— Sillon dans la, 706.
Strasbourg (S. de), 476.
Strozzi (Philippe). Son s., 441, 477.
Submersion (Asphyxie par), 671.
Suède (Accroissement du s. en), 6, 501, 513.
Suétone. S. d'Othon, 417.
Suicide (Du) dans ses rapports avec la civilisation, 462.
— dans ses rapports avec l'homicide, 729.
— d'un viveur, 117.
Suicides accomplis par les aliénés, 360, 740; responsabilité médicale, id. 747; contrats avec les aliénés s., 750.
— des gens raisonnables, 414.
— instantanés, 230, 292, 629, 739, 745.
— politiques, 182.
— symptomatiques, 626.
— en vue d'assurances sur la vie, 76, 708, 724.
— Dommages et intérêts, 552.
— (Constatation des), 553.
— doubles, divers, 567.
— Leur rapport avec les régions, 546.
— Leur rapport avec la population, 549.
— Nombre proportionnel par régions, varie peu, 549.

TABLE ANALYTIQUE.

Suicides. Leur distribution par heures, 570.
— Leur distribution par jours, mois, saisons, années, 574.
Suicidés. Objets trouvés, 556 ; réclamés, non reconnus, 560.
Suttées, 530, 537.
Symptomatologie des aliénés, 332.
Synapothanoumènes (S. des). Comourants, 467.
Systèmes absolus (Mon opinion sur les), 412.
— philosophiques. Leur influence sur le s., 474, 485.

T

Tableau général des causes simples, 60.
Tædium vitæ. Son influence sur le s., 244.
Tardieu, 451, 542, 581, 699, 723.
Tempérament. Son influence, 10.
Température (Influence de la), 20.
Temps modernes (Du s. des), 480, 581.
Tentatives, 27, 358, 361.
Terchio. Du s. en Piémont, 510.
Terreur (S. dus à la), 177.
Tissot. De l'influence de l'esprit de révolte, 469.
Toussenel. S. des hirondelles, 459.
Traitement du suicide, 580.
— de l'état de raison, moyens moraux et physiques, 591.
— d'un médecin qui avait des idées tristes, 611.
— de l'état de folie,, 632.
— familial, 649.
— du suicide. Son utilité, 664.
Tranchants (Instruments). S. par, 687.
Transition. Influence des époques de transition, 498.
Travail. Son influence sur le s., 494.
Trebuchet. Ses relevés du s., 564.
Triste (Caractère). Son influence sur le s., 243.

Tristesse antique, moderne, 481.
Trouble de l'esprit dans le s., 322.
Turquie (Rareté du s. en), 521, 522.

U

Urbaine (Population). Sa proportion dans le s., 491.

V

Vanité. Son influence sur le s, 171, 315.
Vengeance (S. dus à la), 177.
Vengeur (S. des marins du), 191.
Verga. Son observ., 637.
Vertige (Du) de l'abîme, 432.
Vêtements, 556.
Veuvage, 39.
Viala (S. de), 190.
Vie de famille. Son utilité pour la responsabilité des aliénés, 648.
— dans la folie-suicide, 644.
Vieillesse. Son influence sur le s., 36, 425.
Vigny (Alfred de). Son opinion sur le s., 173, 267.
Villes. Leur influence sur le s., 490.
Vinchon. Son opinion sur le s., 444.
Voisin. Son traitement, 634.
Vol (Le) au s., 606.
Voltaire. Son idée noire, 626.
Voyages. Leur utilité, 652.
Voyageurs (S. des) à Paris, 545.

W

Walpole (Horace.) Sa remarque à l'occasion d'un s., 175.
Watt (James). Son genre de vie, 609.
Watteville (De). Sa répression du s., 628.
Werther. Son influence sur le s., 257, 260, 261.

Z

Zénon. Son s., 470.

FIN DE LA TABLE ANALYTIQUE.

Paris. — Imprimerie de E. MARTINET, rue Mignon, 2.

www.ingramcontent.com/pod-product-compliance
Lightning Source LLC
Chambersburg PA
CBHW061734300426
44115CB00009B/1219